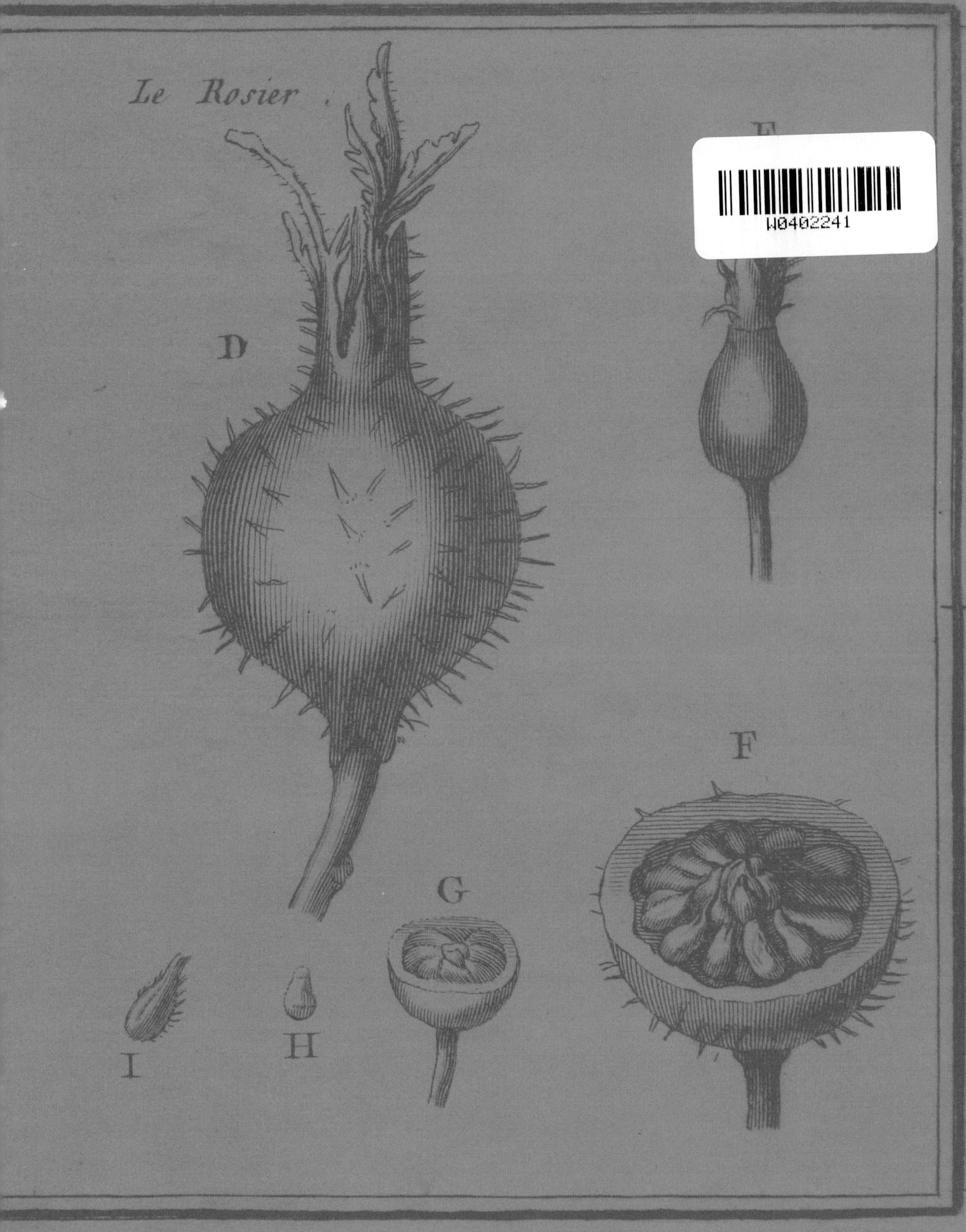

Kupferstich auf Falttafel (Frontispiz) in GUILLEMEAU, Jean Louis Marie, Histoire Naturelle de la Rose, Paris 1800

Christine Meile und Udo Karl

Alte Rosen – alte Zeiten

Leben mit Rosen und ihrer Geschichte

Wißner

Inhalt

»Die Zeit, die du für deine Rose verloren hast, sie macht deine Rose so wichtig«

« C'est le temps que tu as perdu pour ta rose qui fait ta rose si importante »

Ein bemerkenswerter Sinnspruch von Antoine de Saint-Exupéry, beeindruckend und bedeutungsvoll wie überhaupt die Texte in seinem berühmten Büchlein »Der kleine Prinz«, die mich immer wieder anrühren, wenn ich darin lese. Eine der Interpretationen dieses philosophischen Spruchs ist: Der kleine Prinz hat sich auf Reisen begeben, um noch andere, schönere Blumen zu entdecken als die eine, die er besitzt, um am Ende dann doch zu erkennen, wie einzigartig seine Rose ist, die zu Hause auf ihn wartet.

Wenn ich seit Jahren mit meinem Mann Udo zur Zeit der Rosenblüte reise, um Rosarien und Rosengärten im In- und Ausland zu besuchen und um dort Rosen zu fotografieren, denke ich auch an Saint-Exupérys Spruch. Ich habe Sehnsucht nach meinen, für mich, einzigartigen Rosen in meinem Garten und möchte am liebsten die Reise abbrechen.

Jedes Jahr, Mitte Mai, wächst die Spannung: Wer wird in meinem Garten die erste der Wildrosen sein? Wenn täglich dann immer mehr dieser ursprünglichen Blüten sich öffnen, ist für mich jede einzelne, ist jeder dieser Sträucher unverwechselbar. Diese Phase ist die Zeit der Vorfreude, der Neugier und Ungeduld auf eine einmalige Hoch-Zeit der Rosenblüte. Doch noch begegne ich täglich der zarten, einfachblühenden Anmut und möchte eigentlich lieber die Zeit anhalten. Und zwei bis drei Wochen später beginnt das Wettspiel von neuem: Wer ist die erste der Gartenrosen? Das darf sie nur für einen Tag sein, dann geht es Schlag auf Schlag. »Halt, halt, nicht so schnell!« möchte ich rufen. Und ausgerechnet jetzt geht es wieder auf die Reise, zwar meist nur für zwei oder drei Tage; aber während dieser Stunden darf ich nicht bei der Geburt jeder einzelnen Blüte dabei sein. Tatsächlich habe ich doch immer noch »die Lust zu reisen gegen einen Rosenstrauch eingetauscht«, wie es der Titel meines ersten Rosenbuches verkündete.

»Der kleine Prinz« in einer Aufführung der Augsburger Puppenkiste

Meine heutige Rosensammlung von über 600 verschiedenen Sorten, ist das Resultat einer großen Leidenschaft für all die Kostbarkeiten und die Prachtentfaltung von Mai bis Anfang August. Die Zeit dazwischen überbrückt die Natur mit all den anderen Blüten und Früchten, dem Wechselspiel des Lichtes und der Farben, dem Wiedererwachen im Frühling und dem herrlichen Gesang der Vögel. Wenn dieser verstummt, tröstet mich wieder das Aufblühen der Rosen – nicht ihre Quantität, auch nicht die Qualität, es ist die Identität jeder einzelnen meiner Rosen.

Zurück zur Natur

»Rosen sammeln« – daran dachte ich vor dreißig Jahren noch nicht, als wir endlich 1974 in den Garten meiner Kindheit einzogen. Ich sage bewusst: »in den Garten« einzogen. Nun lebten wir in einem Naturparadies, das mein Vater dreißig Jahre zuvor aus einem ehemaligen Acker am Rande eines Waldes geschaffen hatte.

Das Häuschen, das wir zusammen, Hans-G. Meile, mein erster, inzwischen verstorbener Mann, und ich entworfen hatten, war einzugsbereit. Aber noch wichtiger für mich war, dass wir von nun an kein stressiges Doppelleben mehr führen mussten: Nur an Wochenenden bei schönem Wetter tags in den Garten fahren und abends wieder zurück müssen in die lärmende, stinkende, staubige Stadt. Jetzt konnte ich tagaus, tagein jederzeit raus in den Garten gehen.

Zufällig war zur Zeit des Einzugs Hochsommer. Die Türen zum Garten konnten ständig offen bleiben. Für mich und meine Dackel war jeder Tag ein neues Abenteuer mitten in der Natur.

Die Gartengestaltung war allein mein Thema. Da aber im August noch keine Pflanzzeit ist, hatte ich noch Zeit, mir Pflanzen auszusuchen und mir Gedanken über das künftige Bild meines Gartens zu machen. Rosen wünschte ich mir rings um das Häuschen; bis an die Fenstertüren sollten sie blühen. So fing ich gleich damit an und bestellte an die 100 Rosen, alle mit verschiedenen Namen und Farben per Katalog bei Kordes in Norddeutschland. Damals – Mitte der 1970er-Jahre – sah der Katalog für mich Rosenneuling herrlich bunt aus. Eine Rosenblüte glich der andern, lediglich die Farbe muss wohl ausgetauscht gewesen sein. Die Rosen sahen aus wie die auf den Pralinenpackungen. Zu dieser Zeit hatte ich überhaupt keine Ahnung von Rosen. Nicht nur im Katalog glichen sich die Blütenformen, überall in den Gärten oder öffentlichen Anlagen standen, so empfand ich es, dieselben Rosen. Bis zu jener Zeit hatte sich für mich noch nie die Gelegenheit geboten, andere Formen kennen zu lernen. Zunächst verwunderte ich mich einfach über die vielfältigen Farben. Ich fand alles interessant: Da gab es eine apricot-bräunliche Rose, die den Namen 'Whisky' trug, eine rosafarbene hieß 'Pariser Charme', 'Mainzer Karneval' versprach eine verrückt fliederfarbene zu sein. 'Whisky' überlebte nur den ersten Winter, 'Mainzer Karneval' vielleicht zwei Winter mehr, 'Pariser Charme' jedoch steht immer noch in meinem Garten, wenn auch von den ursprünglichen drei Pflanzen zwei erfroren sind. Diese eine aber möchte ich schon erhalten, denn irgendwann sind die Züchtungen aus den 1950er-Jahren auch verschwunden.

Rosen tragen sogar Namen? Das war ein Grund zum Staunen. Später begegnete ich Rosenfreunden, die Rosen ohne Namen in ihren Gärten hatten; für sie war dies anfangs nicht wichtig. Heute finden sie es schade, dass ihren Rosen die Namen abhanden gekommen sind.

Als ich anfing, sagten mir die Bezeichnungen »Polyantharose« »Teerose«, oder »Teehybride« nichts. Schmerzliche Erfahrungen machten mich erst später klüger. Zum Beispiel, dass »Teerosen« in unserem Klima alle nicht brauchbar sind, weil sie bei uns in weiten Teilen Bayerns im Winter erfrieren, davon stand nichts in dem aufwändigen, bunten Katalog. Die Verschiedenheit zwischen einer Polyantharose und einer Teerose besteht also nicht nur im Aussehen, ich muss auch etwas über relevante vererbte Merkmale wissen wie unterschiedliche Frostempfindlichkeit.

Am Anfang meiner Rosenleidenschaft

Entsetzt machte ich zum ersten Mal Bekanntschaft mit dem Sternrußtau: Bei vielen dieser Rosen bekam das grüne Laub plötzlich schwarze Flecken – nach und nach standen sie nackt da. Auf staksigen Trieben war etwas wie eine missglückte Blüte obenauf gepiekst. Wenn ich die Rosen bis ganz unten beschnitten hatte, trieben sie allerdings wieder schön grün aus aber noch während der Blütezeit erschienen wieder die schwarzen Flecken. Dann war es Herbst und der Winter breitete gnädig sein weißes Tuch darüber. Und im nächsten Jahr wiederholte sich alles. Im *Rosenbogen* – der Vierteljahresschrift des *Vereins Deutscher Rosenfreunde*, dessen Mitglied ich schon zu Beginn meiner Rosenleidenschaft wurde – konnte man nur ganzseitige Anzeigen für die »chemische Keule« finden. Spritzen mit Gift, das wollte ich von Anfang an vermeiden. Ich gewöhnte mich an den Zustand und pflanzte verschiedene Stauden zwischen die Rosen, um die nackten Stängel zu verbergen.
Als Gärtnerin musste ich – und muss es immer noch – lernen mit Kompromissen zu leben. Im Laufe der Zeit änderte sich so nicht nur mein Garten, auch ich mich selbst.

Der Zauber des Geschichtlichen

Jedoch, ein paar Rosen in dem Katalog waren von anderer Art, wenigstens in ihren Beschreibungen. Abbildungen dafür gab es keine. Was mein Interesse weckte, waren die Jahreszahlen hinter den Rosennamen. Es handelte sich um alte Rosensorten, teils aus dem 18., dem 17. Jahrhundert oder sogar aus noch früheren Epochen. Wenn mich meine Erinnerung nicht trügt, dann bestellte ich etwa vier verschiedene Sorten: *R.* × *alba* 'Suaveolens', das bedeutet »lieblich duftend«, 'Celeste', das ist die »Himmlische« und 'Maiden's Blush', meint das »Erröten des jungen Mädchens«. Ein rot blühender Rosenstrauch war auch dabei, die Sorte 'Rose à Parfum de L'Haÿ'. Eigentlich müsste ich mich ja darüber wundern, dass ich auch eine Rose von 1901 – also vom Anfang meines Jahrhunderts auswählte. Ob dies wegen der Beschreibung des Duftes oder wegen der roten Farbe geschah, das weiß ich nicht

Der Charme
Alter Rosen

mehr. Wie ich Jahre später entdeckte, gehört sie zu den geschichtlich wichtigen Sorten meiner heutigen Sammlung. 'Parfum de L'Haÿ', wie sie auch noch genannt wird, ist die Züchtung eines berühmten französischen Rosensammlers, Jules Gravereaux, der 1894 die weltberühmte Rosensammlung in L'Haÿ, etwa 30 km südlich des Zentrums von Paris, anlegte: »Roseraie de L'Haÿ«, heute »Roseraie du Val de Marne«.
Der mit Spannung erwartete erste Rosensommer 1975 brachte die große Überraschung: Es waren nicht die Modernen Rosen in ihrem bunt zusammengewürfelten Farbenspektrum, es waren die Alten Rosen, von denen eine enorme Faszination ausging. Bis dahin hatte ich noch nie so zarte Blüten gesehen, die trotz ihrer gefüllten Form so durchscheinend wirken wie feines Porzellan. Oder doch? Hatte ich nicht vor ein paar Jahren einen interessanten Artikel in der Schweizer Zeitschrift *Annabelle* gelesen? Die Journalistin Claire Hofmann erzählte hier in einer liebenswürdigen Art über die Rosensammlung und die Geschichte der Sammelleidenschaft der Exgemahlin des Kaisers Napoléon. Abbildungen des berühmten Malers Pierre Joseph Redouté, der viele Pflanzen ihres Gartens – darunter auch Rosen – in Zeichnungen festgehalten hat, weckten in mir damals schon den Wunsch, dieselben Rosen zu besitzen.

Zum Glück hatte ich den Artikel aufgehoben und es stellte sich heraus, dass die beschriebenen Rosen exakt meine Zufallsbestellungen waren. Ein Hinweis, wo weitere Alte Rosen zu erhalten sind, führte mich zu der Rosenschule Huber in Dottikon, nahe Zürich. Richard Huber hatte einige Jahre zuvor begonnen, »Alte Rosen« zu vermehren und wieder in den Handel zu bringen. Seine Auswahl war schon sehr beachtlich, oder besser ausgedrückt, für mich riesig, da ich ja erst am Anfang stand. Ich bestellte in den folgenden Jahren im Frühjahr und im Herbst jeweils 13–15 Rosensorten mit wunderbar klingenden Namen. Bei jeder Bestellung wuchs die Zahl der französischen Herzoginnen und anderer eindrucksvoller Titel. Selbstverständlich verkehrten auch ihre Hofdamen in meinem Garten. Charmante Französinnen, die vor ihren Mädchennamen die Bezeichnung »Belle« tragen, 'Belle Isis', 'Belle Hélène', 'Belle Virginie' versprachen besondere Schönheiten zu sein. Etliche Mesdames, die vielleicht die Züchter ehren wollten, hielten sich erwartungsgemäß auch unter ihnen auf. Ein 'Cardinal de Richelieu' gesellte sich bald dazu, ebenso berühmte Generäle, beispielsweise 'Général Kléber'. Obwohl ich der Meinung bin, dass Rosen eigentlich weibliche Namen tragen sollten und Namen von Generälen schon gar nichts in einem friedlichen Garten zu suchen haben. Und ausgerechnet 'Général Kléber' ist von solch mädchenhafter Zartheit. Gerade für diese Rose würde ich mir einen passenderen und wohlklingenderen Namen wünschen.
Von nun an wollte ich nur noch diese wundervollen »alten« Sorten besitzen und von da an habe ich mich den Alten Rosen verschrieben. Jedes schöne Antlitz einer Rose weckte in mir den Wunsch noch eine weitere Sorte und noch eine usw. zu sehen und gleichfalls zu besitzen. Und ohne, dass ich es selbst bemerkte, steckte ich schon mitten drin in einer gewissen Sammelwut und war bald bekannt als Liebhaberin Alter Rosen. Der Garten wurde dadurch immer geschichtsträchtiger, es entstand im Laufe der Jahre ein kleines, lebendiges »Rosen-Museum«.
Das Sammeln von Antiquitäten war schon seit längerem meine Leidenschaft gewesen, z. B. zierliche Möbel mit Intarsien für das kleine Haus, kleine Gebrauchsgegenstände, verschiedene klitzekleine alte Wanduhren, deren Zeiger um wenige Sekunden verschoben wurden, damit ihre Gongschläge hintereinander zu hören sind. So hatten wir unseren Spaß, wenn so mancher Gast, leicht irritiert, suchend im Zimmer herum schaute, denn von überall her waren verschiedenartige Töne zu hören.
Der Gedanke an die Menschen, die vorher mit diesen Dingen gelebt und sie benutzt hatten und nun nicht mehr da waren, machten mich gleichzeitig traurig und doch freute ich mich auch darüber, dass ihre Gegenstände, die sie ein Stück ihres Lebensweges begleitet hatten, nun einen liebevollen Platz in meinem Häuschen fanden. So ist es verständlich, dass ich mich auch intensivst mit den Namensträgerinnen meiner gesammelten Rosen beschäftigte. Darüber hinaus habe ich bis heute nicht aufgehört zu fragen: Was waren das für Menschen, die als »Züchter« damals so viele schöne Rosen unter ihren Sämlingen entdeckten und eifrig in den Handel brachten? Wer oder was steckte hinter dem Namen, was war das für eine Person? Wen wollte der Züchter mit dieser Rose ehren? Welche historische Anspielung kommt bei den Namen zum Tragen? Die Alten Rosen erzählen uns ihre Geschichten oder bewahren ihr Geheimnis, was ihnen einen romantischen Zauber verleiht.

Gibt es eine Sehnsucht nach Alten Rosen?

Es gibt eine Menge Gründe, warum Menschen Bilder Alter Rosen in ihr Herz geschlossen haben und sich immer wieder auf die Suche begeben, ihnen im Original zu begegnen. Im Mittelpunkt steht meistens: Alte Rosen verfügen über eine Vergangenheit, jede ist nur das, was man sieht. Alte Rosen können Geschichten erzählen – neue Rosen haben noch keine. Alte Rosen tragen in sich Zeichen ihrer Zeit. Sie sprechen mit dem Betrachter, wenn er sich dafür aufgeschlossen zeigt. Und doch ist die Regel, dass es von jeher das Bestreben eines Gartenbesitzers ist, sich die allerneuesten Züchtungen in seinen Garten zu pflanzen. In meinem Bekanntenkreis oder meiner Umgebung war mir in den 1970er-Jahren niemand bekannt, der eine Alte Rose aus dem 19. Jahrhundert in seinem Garten stehen hatte. Missionarisch warb ich deshalb in Gartenzeitschriften mit Fotos und Texten für diese robusten Rosenschönheiten, denn ich wollte nun alle Gartenfreunde inspirieren; jeder sollte mindestens einer der alten Schönheiten in seinem Garten einen Platz einräumen. Meine Erkenntnis daraus ist, dass die Menschen, die zu den Liebhabern Alter Rosen gehören, doch einiges bewegen können. Paradox jedoch ist es, dass ich ein bisschen darüber traurig bin, dass es viele dieser Rosen, die vor dreißig Jahren noch selten waren, heute auch in zahllosen großen Gartencentern und in Baumärkten haufenweise zu kaufen gibt. Vielleicht stört es mich deshalb, weil das Besondere zur Massenware degradiert ist?

Positiv kann ich sagen, es ist mir andererseits gelungen, viele Menschen für die Alten Rosen eingenommen zu haben. Ich weitete meine Aktivitäten »in Sachen Rosen« immer mehr aus: »Tage der offenen Gartentür« wurden zu Wochen; so lange die Alten Rosen blühten führte ich Wissbegierige, Wissensdurstige, Schönheitsliebende, Neugierige und Schaulustige durch die »Rosengasse« in meinem Garten. In rund fünfzehn Jahren waren es sicherlich mehrere Tausend Besucher und wenn ich davon ein Drittel von der Schönheit der Alten Rosen bezaubert und gewonnen habe, dann habe ich viel erreicht. Das Bayerische Fernsehen drehte einen Film im Rahmen der Serie »Unter unserem Himmel« – heute sage ich herablassend: Mit diesen paar Rosen, die 1987 in dem Garten standen. Aber den Zuschauern gefiel es und mich spornte das gleichzeitig an, noch mehr vergessene Rosen zu suchen und zu pflanzen. In jenen Tagen rief mich der damalige Direktor des Botanischen Gartens in München an. Er wollte dort auch Alte Rosen präsentieren und äußerte den Wunsch, ihm einige Empfehlungen zu geben, was ich gerne tat. Erst nach dem Tod von Hans Meile folgten Dia-Vorträge und damit begab ich mich erstmals außer Haus, beziehungsweise ich versuchte auch außerhalb meines Gartens, noch mehr Rosenbegeisterte für die Alten Rosen zu gewinnen.

Rosengasse

Hans Meile zeichnete die Rosen in einer Technik wie Redouté, Aquarelle, akribisch in mehreren Schichten übereinander, jedoch zeitlich nacheinander, nicht nass in nass. Auch seine schönen Bilder trugen zur Verbreitung »unserer« Rosen bei. Eine Augsburger Galerie gestaltete eine Ausstellung mit den Aquarellen von Hans Meile und wollte diese zwei Jahre später wiederholen. Eine Mitarbeiterin der Galerie ließ sich anfänglich von dem Zauber der Alten Rosen nach einem Rundgang durch unseren Garten verlocken und überredete uns, die Vernissage in unserem Garten durchzuführen. Jedoch trafen hier zwei Welten aufeinander, die einander nicht begriffen: Aussteiger, die bewusst einen Naturgarten anstrebten, und Stadtmenschen, die in einem Fernsehfilm das Leben jener Menschen interessant finden und vielleicht für Romantik schwärmen aber in natura doch ihre geordneten Hausgärten vorziehen.

R. villosa 'pomifera duplex' mit Vogel (Zilpzalp), Aquarell Hans G. Meile

Da in jenem Sommer die Stechmücken besonders zahlreich auftraten und diese sich schon in ihrer aufdringlichen Art blutrünstig auf eine opulente Gästeschar zu freuen schienen, meinte die Dame konsterniert, dies sei den potentiellen Kunden nicht zuzumuten. Auch einige andere Dinge, die in einem normal gestalteten Garten eine Selbstverständlichkeit sind, aber in unserem naturnah angelegten Garten nicht vorhanden waren, wie gut begehbare Wege, auch nach einem Regenwetter, schienen plötzlich für gutsituierte Stadtbewohner nicht akzeptabel zu sein. So organisierten wir eine eigene Vernissage selber auf unsere Weise und luden nur unsere Bekannten und Freunde ein. Zum Präsentieren der Aquarelle bastelten wir uns originelle Notenständer und platzierten sie jeweils neben das Original der Rose. Dazu kommentierte ich die Namen und eine kurze Geschichte jeder Rose und erzählte dazu den Gästen zusätzliche Historchen zu den Alten Rosen. Damals konnte man noch mit den Jahreszahlen die Leute beeindrucken. Das war dann die Geburtsstunde zur Idee für unser erstes Buch mit dem von mir ausgesuchten, adäquaten Titel: »... *ich habe die Lust zu reisen gegen einen Rosenstrauch eingetauscht*«, ein Zitat aus einem Brief von Hugo v. Hofmannsthal. Mich konnte nichts dazu bewegen, meinen Rosengarten zu verlassen. Indessen habe ich bei meiner Suche nach Alten Rosen in Katalogen und in Bestandsverzeichnissen von Sammlungen der Rosarien, von denen man Rosen beziehen kann, keine Entfernung gescheut und Bestellungen seltener Sorten in England, Frankreich, Belgien, Dänemark oder in der Schweiz realisiert.

Als verrückte oder kauzige Sammlerin möchte ich allerdings nicht gesehen werden. Mir – und mittlerweile meinem zweiten Mann Udo – ist sehr wichtig, Kenntnisse über Eigenschaften der Rosen zu gewinnen. Vergleiche der Alten Rosen mit modernen Sorten sind besonders Udo ein Anliegen. Eigene Beobachtungen aus unserem Garten zusammenzutragen und anderen Rosenfreunden mitzuteilen, ist auch uns zur Aufgabe geworden.

Daraus hat sich für mich ergeben, dass meine drei Jahrzehnte lange Erfahrung mit den Alten Rosensorten nicht nur für das Gärtnern in meiner Region wichtig ist, sondern sich auch gut übertragen lässt auf Gegenden, die nach Klima und Bodenverhältnissen vergleichbar sind – z. B. Mittelgebirgslagen ab 500 m NN. »Rosen für schwierige Lagen« wurde so auch zu einem unserer spezielleren Themen.

Die Rose und der Winter

Die Realität des Winters, wie er in weiten Teilen Bayerns herrscht, hat auch das Gesicht unserer Sammlung mitgestaltet. Winterhärte, Frosthärte, Frostresistenz – was versteht man darunter?

Einfach nur »hart« bezeichnete man früher eine Rose, die scheinbar allerorten die Winter übersteht wie z. B. in August Jägers *Rosenlexikon* von 1936. Christian Nickels erklärt uns genau hundert Jahre zuvor: »Harte Rosen nennt man in mehreren Ländern gemeiniglich jene Rosen, die im Freien im Winter aushalten und nicht immerblühend sind.«

Zugegeben, an dem Thema »harte« oder »frostharte« Rosen kann man sich allenthalben die Zähne ausbeißen. Und die Meinungen darüber gehen gehörig auseinander. Teils liegt es an der Unklarheit der Begriffe, die im Reden miteinander zudem oft unterschiedlich gebraucht

Unsere Rosen im »Waldgarten« auf über 500 m Höhe bei Augsburg

werden. Teils liegt es an der Komplexität des Zusammenwirkens etlicher Faktoren bei der Rose wie bei der Umgebung, die immer wieder die sich abzeichnenden Regeln durchkreuzt. Mal ist der Kältetod durch Gefrieren das Schadbild, mal sind es Vertrocknungen von Pflanzenteilen. Die Pflanzen wirken mit unterschiedlichen Strategien dagegen. Die Wetterseite kontert mal mit Dauerzwang, mal launisch mit extremen Schwankungen. Auf Seiten der Rose ist es der reichtzeitige Stopp des Wachstums vor dem Winter, die Abdichtung der Zellen und eine Bindung des Wassers, z. B. an Zucker oder Salze, die den Zusammenschluss zu Eiskristallen verhindert. Hier wirken sich genetische Veranlagungen stärker aus als gärtnerisches Handeln im Freiland. Die genetischen Momente, die eine aus subtropischem Klima (*R. chinensis* usw.) stammende Rose frostempfindlich sein lassen und solche, die Rosen befähigen, die nördlichen Regionen oder in großer Höhe Frost und Schnee auszuhalten (*R. rugosa*, *R. gallica* usw.) bilden kein zusammenhängendes Gen, das sich am Stück vererbt. Dadurch reagieren auch schon innerhalb einer Abstammungsgruppe die Hybriden individuell unterschiedlich auf die Bedrohungen in unseren Wintern. Auf Pauschalurteile über Rosengruppen ist kein absoluter Verlass. Genau so wenig ist andererseits Verlass auf Zuordnungen einer Gegend zu einer Klimazone per Schemakarte. Zu eng liegen unterschiedliche Verhältnisse nebeneinander. Die Verteilung von Weinbau, Ackerflächen, Weidewirtschaft und Wald spiegelt die Erfahrungen von Jahrhunderten wider,

Sommer und Winter im Garten von E. Pelzer in Deggendorf (ca. 300 m hoch) Fotos: E. Pelzer

die zeigen, wie Wetter und Landschaft ineinandergreifen. Gebirgslagen und Flussniederungen, Höhenlage über NN, Windrichtungen und Ausgesetztsein den durchziehenden Großwetterlagen bestimmen, wie lang der Winter dauert, wann die Rosen wieder treiben und wann die gefährlichen Spätfröste in den Garten einbrechen. Wasser speichert Wärme für den Winter, verzögert aber die Erwärmung im Frühling und Sommer. Trockenheit spielt dem Winterschaden in die Hände. Und letztendlich ist auch hier in den einzelnen Gegenden jeweils der Standort des Gartens ganz maßgeblich beteiligt. Ebenso das Mikroklima bis hin zu den einzelnen unterschiedlichen Stellen das Gartens, das ganz entscheidend ist. Ein Grundstück kann sich in einer Gegend befinden, in der man vorwiegend ungünstige Winterbedingungen vorfindet, der Garten aber liegt eingebettet und geschützt zwischen Häusern, neben asphaltierten Straßen, die zusammen mit den Hauswänden Wärme speichern und reflektieren, und darunter befindet sich noch die Abwasserkanalisation. Ein anderer Garten, z. B. im Bayerischen Wald in einem Talrand gelegen, ist mit seinen Höhenangaben um 530 m nicht allein durch mehr Frost gefährdet, sondern kann zusätzlich auch von anderen ungünstigen Merkmalen betroffen sein. Das Grundstück durchfließt z. B. ein romantischer Bach, der schnell durch hohe Niederschläge ansteigen kann, Boden- und Luftfeuchtigkeit sind dadurch lange vorhanden. Gallicas und Rugosas sind hier die Favoriten. Eine Stadt, wenn auch mit etwa derselben Höhe in einer anderen Region, hat wieder ganz andere klimatische Bedingungen.

Das Bild aus dem Waldviertel zeigt Alte Rosen auf 800 m Höhe. In diesem Teil Österreichs herrscht mehr Kontinentalklima vor. Ein dort ansässiger Baumschuler vermutet, dass deshalb Damaszenerrosen so gut gedeihen, wie Martina, die Besitzerin des Gartens, erzählt. Winter mit einer geschlossenen Schneedecke – die teilweise zwei Meter Höhe erreichen kann – von Ende Oktober bis April ist keine Seltenheit. Aber ebenso könne sie bei Tauwetter im Dezember Frühlingsspaziergänge unternehmen oder sich bei 20° vor der Hauswand sonnen. Dafür müssen die Bewohner im Januar, Februar mit -30° rechnen, wenn sich gerade ein sibirisches Hoch einfindet. Die Rosenblüte beginnt frühestens Mitte Juni und dauert bis Ende Juli – am 10. August berichtete mir Martina, dass sie sich immer noch an einigen verspäteten Blüten bei 'Maiden's Blush' und 'Fantin Latour' erfreuen kann. Die Sommer können extrem heiß sein, jedoch stürzt bei Regen die Temperatur gleich unter 10°.

»Frostresistente« Rosensorten werden uns in entsprechenden Katalogen versprochen. Die Versand-Rosengärtnerei kennt das Klima von ihrem Standort oder übernimmt kurzerhand die Daten anderer Kataloge oder aus Büchern, und wenn die Pflanzen in ihrer Region gut den Winter überstehen, dann bezeichnen sie diese auch als »frostresistent«. Doch sollten wir uns nicht blindlings auf diese Auskünfte verlassen. Wir müssen noch andere Kriterien in Erwägung ziehen. Die Meeresnähe in Holstein lässt mich an gleichmäßigere Temperaturen denken, als sie bei uns im Voralpenland vorherrschen: Gerade der krasse Tag- und Nacht-Unterschied in den gefährdeten Wintermonaten Januar, Februar und März durch stärkere Sonneneinstrahlung sowie überraschende Wärmeeinbrüche durch Föhn sind eine Bedrohung für die Rosen, weil sie die Pflanze aus der Winterruhe wecken, oder austrocknen, wenn der Boden noch gefroren ist. Dieser Wechsel zwischen solchen Tagen und strengen Nachtfrösten lässt so manche Rose bis zum Stock oder mindestens bis zur Erdanhäufelung herunterfrieren.
Es gibt ein paar Hilfestellungen, die man in härteren Zonen beherzigen sollte; das fängt schon beim Pflanzen der Rosen an: Etwa 3 bis 5 cm sollte die Veredlungsstelle unter der Erddecke liegen. Das Anhäufeln mit Erde ist in jedem Winter die beste Vorsorge. Zusätzlich wird es den frostgefährdeten Rosen gefallen, wenn sie eine Abdeckung mit Fichten- oder Tannenzweigen erhalten. Bei Kletterrosen oder kleinen Sträuchern ist eine Schilfmatte oder ein Jutesack angebracht wie es auf dem Foto aus einem Garten in Deggendorf, am Tor zum Bayerischen Wald, zu sehen und dort auch angebracht ist, damit die Rosen dann so üppig blühen wie auf dem zweiten Bild. Sinnvoll ist es, die Abdeckungen in solchen Regionen nicht vor April zu entfernen. Spätfröste, die auch noch Mitte April auftreten können, richten selbst bei so genannten »frostresistenten« Sorten großen Schaden an.

oben: Blick vom Garten ins Tal in 530 m Höhe im Bayerischen Wald
unten: Auf ca. 800 m Höhe im Waldviertel in Österreich

Allerdings machte ich die Erfahrung bei sehr frostempfindlichen Rosensorten, dass in ausnehmend ungünstigen Wintern diese Methode auch nichts mehr nützt. 'Mutabilis' und 'Alberic Barbier' sind trotz Schilfmattenabdeckung jedesmal bis zum Boden heruntergefroren. Andere Sorten, die zufällig hinter der Matte standen und nicht extra von der Schutzwand ausgenommen werden konnten, trugen natürlich sowieso keinen Schaden davon, wie z. B. 'Capreolata' oder 'Bonica 82'. Vor Frost kann ich die Rosen natürlich mit so einer Hilfe niemals schützen, sondern nur um die Pflanzen gegen Verdunstung abzusichern durch gefährliche Sonneneinwirkung.

Claudia Wolf bevorzugt in ihrem Garten bei Regen im Bayerischen Wald Gallica- und Rugosa-Sorten

Vorbeugend ist es hilfreich, wenn nach Mitte Juli nicht mehr gedüngt wird.

Es wird auch empfohlen, im ausgehenden Sommer eine Gabe Kaliumdünger der Rosenerde beizugeben. Dies entwässert die Pflanzenzellen und lässt das Holz besser reifen. Die Pflanzen schließen dann ihr Wachstum im Herbst rechtzeitig ab und sind im Winter weniger in Gefahr zu erfrieren.

Schnee soll angeblich der beste Frostschutz sein, wie man aus manchen Büchern erfährt. Doch wer mal eine fortwährende Schneedecke von Ende November bis April erlebt hat, der wird eines Besseren belehrt. Gefahr Nummer eins ist, dass Rosenpflanzen unter der Schneedecke faulen, genau so wie ich es in einem nassen Winter mit Laubabdeckung feststellen musste. In Gärten, die außerhalb von Ortschaften liegen, müssen wir mit den Wühlmäusen rechnen, die mit Vorliebe die Rosenwurzeln abfressen. Als guten Informanten gebe ich Rudolf Geschwind an, der in einem Aufsatz in der *Wiener Gartenzeitung* (18. Jg., 1893) schrieb, dass der Winter 1892/93 alle empfindlichen Rosen trotz gutem Schutzmaterial und einer 45 cm hohen Schneedecke vernichtete.

Wenn eine Rose es schafft, an ihrem Standort allen Gefahren eines Winters zu trotzen, verdankt sie es wohl mehreren Eigenschaften und Verhaltensweisen, die jeweils wichtig sind, um schädliche Einflüsse ungünstiger Winterbedingungen abzuwehren.

Nicht jeder Verlust einer Rose während der Winterzeit ist dem Winterwetter bzw. der »mangelnden Frosthärte der Sorte« zuzuschreiben! Der »Rosenvater« Dietrich Woessner hielt von Listen mit frostresistenten Sorten wenig. Er schrieb in einem Artikel im *Rosenbogen* 3-88 (»Auswirkungen der Frostjahre auf die Rosen«) von seinen Erfahrungen über die er fünf Frostjahre (1929/30, 1957/58, 1978/79, 1984/85, 1986/87), über die er genauestens Aufzeichnungen führte. Das Ergebnis war, dass es »kein auf Vergleichsjahre bezogenes, einheitliches Verhalten der jeweiligen Vergleichssorten gibt«. In einem Frostjahr zeigten sich die einen als besonders frostunempfindlich, im nächsten hingegen trat genau das Gegenteil bei derselben Sorte auf.

Das Wissen über ererbte Frosthärte oder auch das Gegenteil, die fehlende Frostresistenz, einer Rose ist mir persönlich seit Jahren, in denen ich viel Erfahrung mit ihnen gesammelt habe, sehr wichtig. Generell lassen sich aus der Zugehörigkeit zu einer Rosengruppe oder aus der Kenntnis über die Eltern oder über sonstige Vorfahren einer Rosensorte Prognosen ableiten. So sind die einheimischen Wildrosen, ihre Hybriden und ebenfalls Abkömmlinge unserer »Ur-Gartenrosen« von *R. alba* und *R. gallica* gut frosthart. *R. centifolia*- und *R. damascena*-Hybriden sind nicht so frostresistent, China-, Noisette- und Bourbon-Rosen noch erheblich empfindlicher. Moschata- und »Englische Rosen« z. B. erleben durch »ungünstigere Winter-Bedingungen« Entwicklungseinschnitte, die sie nie zu solchen stattlichen Sträuchern heranwachsen lassen, wie man sie in den häufig aus dem Englischen übersetzten Büchern oder Zeitschriftenartikeln sieht. Vielfach ist auch die Frosthärte der Unterlage von Bedeutung, was allerdings noch von manchen Rosenfachleuten gerne angezweifelt wird. Ich erkundige mich vor meiner ersten Bestellung bei der Rosenschule, welche Unterlagen diese verwendet.

Ganz wichtig ist: Jeder sollte seine Rosen an seinen Standorten beobachten und sich über einen längeren Zeitraum Notizen machen. Ich führe erst seit etwa zehn Jahren genau Buch über Wetter und Temperaturen. Individuelle Abweichungen einzelner Rosenpflanzen erlebte ich immer wieder. Manches »Unerklärliche« kann so auf Ursachen zurückgeführt werden, die sich eventuell beeinflussen lassen. Meistens werden in der Literatur und in Zeitschriften nur üppigst blühende Rosen in Gärten gezeigt, die sich in klimatisch bevorzugteren Landschaften befinden. Es soll aber uns weniger Begünstigte unsere Freude an den Rosen nicht trüben, deshalb bin ich bewusst auf das Thema Frostempfindlichkeit ausführlicher eingegangen.

Jetzt schon auf die Klimaerwärmung zu spekulieren, wäre zu leichtsinnig. Die prophezeiten Veränderungen sind langfristig. Schon seit Beginn der Wetteraufzeichnungen lieferte uns das Wetter immer wieder extreme Kapriolen.

Die Rose und die Vergangenheit

Die Realität der Vergangenheit, wie sie sich aus verlässlicher Literatur und immer wieder neu hinzugezogenen historischen Quellen für uns ergibt, beeinflusste obendrein meine Sammlung. Zwar steht auch heute noch die Schönheit der Rosen bei meiner Fotografie im Vordergrund, doch bei der Auswahl der Rosen gewann recht bald die Suche nach raren und besonders geschichtsträchtigen Sorten die Oberhand. Und mit diesen Rosen zog auch der Zweifel an der Sortenechtheit in den Garten ein. Diesem entgegen zu wirken reichte irgendwann unser Bestand an aktueller Fachliteratur, Enzyklopädien und bekannten Reprints alter Werke nicht mehr aus. Weitere alte Rosen-Verzeichnisse, Abbildungen, zeitgenössische Kommentare und Querverweise mussten aufgetrieben werden. Der Besuch von Bibliotheken, Kontakte mit Gleichgesinnten, Stöbern im Internet und Käufe antiquarischer Werke erweiterten stark die Basis unserer Vergleichsmöglichkeiten. Mit zunehmender Kenntnis gesellten sich dem Mehr an Sicherheit auch immer wieder neue Qualitäten von Bedenken bei, aber auch ein Gefühl, den Geltungswert von Annahmen abzuschätzen. Unsere Texte zu den »Rosen in meinem Garten« nehmen häufig Bezug auf diese Quellen, die am Schluss des Buches, vor dem Namen- und Rosenindex, in chronologischer Übersicht aufgelistet sind. Die Texte gehen auch auf politische und kulturelle Umstände zum Zeitpunkt des bekannt Werdens in den jeweiligen Ländern ein.

Je mehr alte Rosenliteratur ins Haus kam, fesselten uns auch die Menschen deren Verdienste nicht in der Rosenzüchtung liegen, sondern in der Sichtung und Verbreitung von Rosen und der Liebe zu dieser Gattung in all ihrer Vielfalt, einschließlich derer, die diese Vielfalt zu deuten, zu systematisieren und zu sortieren versuchten. Davon geprägt ist das Kapitel »Rosenschreiber«. Es schildert Lebensbilder und historische Hintergründe für einzelne Phasen des 18. und 19. Jahrhunderts in Mitteleuropa. Wichtiges über die Anfänge des Roseninteresses und der Botanik im 15. bis 17. Jahrhunderts fasst die Einleitung zum Kapitel Wildrosen zusammen und erläutert am Beispiel der Rosen von Eichstätt die Rolle der lateinischen Sprache.

Rosen in meinem Garten

Alba
Gallica
Damaszener
Zentifolien
Moosrosen
Portland
Chinarosen
Teerosen
Bourbon-Rosen
Remontantrosen
Noisetterosen
Polyantha
Rambler
Wildrosen

Die Alba-Rosen
– mythisches Weiß

Dass die ersten Rosen meiner späteren Sammelleidenschaft Albarosen waren, halte ich für puren Zufall. Erst später, so nach und nach, erfuhr ich damals aus Rosenbüchern über die verschiedenen historischen Rosengruppen: Alba, Gallica, Damaszener, Zentifolien. Heute dagegen gibt es für »Anfänger« eine große Auswahl an Rosenbüchern, während in jener Zeit kaum etwas in dieser Art auf dem deutschen Buchmarkt vorhanden war. Die ersten Rosen suchte ich also nur nach ihrer Beschreibung aus: Von den zarten Pastelltönen der Blüten war ich sehr angetan. Züchtungs- oder Einführungsjahr sollte sehr früh sein, das war mir ein wichtiges Kriterium. Wesentlich waren jedoch auch die Angaben zur Wuchshöhe, da ich mir ja vorher überlegen musste, ob ich sie in den Hintergrund pflanzen muss. Sträucher der *R.* × *alba*-Sorten werden sehr hoch und sehr breit durch ihre lockeren, überhängenden Zweige. Freilich wusste ich erst durch meine jahrelangen Beobachtungen einiges mehr, Größenangaben in Büchern oder Katalogen differieren oft, denn Klima und Bodenverhältnisse haben einen großen Einfluss. In meinem Klima (500 m NN, südlich der Donau) kann ich nicht die gleiche Größe erwarten wie in milderen Gegenden etwa der Rheinebene, England oder im südlichen Frankreich. Leicht komme ich nach einer Fahrt durch Weingegenden Frankreichs in Versuchung, zu zweifeln, ob es denn noch Sinn mache, in unserer so rosenunfreundlichen Gegend weiterhin Rosen zu pflanzen. Aber schließlich siegt dann doch wieder der Ansporn dieser Herausforderung den Widrigkeiten zu trotzen. In Bayern sind Rosen wertvoller als in Gegenden wo sie wachsen wie »Unkraut«. Vielleicht ist es gerade die Mühe und Umsorgung der Rosen, die sie mir so wertvoll machen – und damit bin ich wieder bei meinem Anfangszitat von Saint-Exupéry angelangt.

Die Albas und ihre Hybriden

Um *R.* × *alba* rankt sich viel Geheimnisvolles. Sie entstand möglicherweise im Mittelmeerraum. C. C. Hurst, der von 1920 bis 1940 Chromosomenforschungen anstellte, fand dabei heraus, dass *R.* × *alba* eine Kreuzung aus *R. canina* (der Hundsrose) und *R. damascena* sei. Andere Quellen vermuten eine Abstammung von *R. corymbifera* × *R. gallica*. Ganz gewiß ist *R. canina*, die einfache Hundsrose, eine Urahnin; DNA-Vergleichsuntersuchungen unserer Tage ergaben weitere Hinweise darauf.

Als Gartenrosen sind die Albarosen schon hochbejahrt. Auf alten Gemälden des 15. Jahrhunderts erkennen wir deutlich halbgefüllte weiße Rosen, beispielsweise *R.* × *alba* 'Semiplena'. Im 17. und 18. Jahrhundert waren sie sehr beliebt und wurden viel in die Gärten gepflanzt. Im 19. Jahrhundert verkauften Gärtnereien noch zahlreiche Alba-Sorten: 1825 schon 120 Sorten, 1850 dann nur noch 60, die öfterblühenden, großblütigen Remontant- und Tee-Hybriden setzten sich mehr durch; 1875 können wir die verbliebenen Albarosen an zwei Händen abzählen. Das Verzeichnis von Jules Gravereaux brachte es zumindest auf 15 Sorten. Insgesamt soll sich die Zahl der bis dahin jemals entstandenen Sorten auf 191 belaufen. Brent Dickerson listet allerdings nur 138 gefundene Namen und Synonyme in seiner umfangreichen 1999 erschienenen Quellenstudie auf, die er auf nur ca. 59 wirklich verschiedene Sorten bezieht. Heute sind schätzungsweise 25 im Handel; im

Europa-Rosarium Sangerhausen können wir 27 bewundern. In unserem Garten blühen im Juni bis jetzt 16 Varietäten der *Rosa × alba*.
Allgemeine Angaben über historisch nachweisbare Mengen sind zweifellos etwas kritisch zu betrachten. Vergleicht man Rosennamen in alten Büchern, zusätzlich die aus verschiedenen Ländern wie England, Frankreich oder Amerika, stellt man fest, dass es sich vielfach um ein und dieselbe Rose handelte mit verschiedenen Synonymen. Nicht immer ist es jedoch so deutlich belegt wie bei 'Maiden's Blush', die ein sehr gutes Beispiel dafür ist. Die Engländer nennen sie so, in Deutschland und in den angrenzenden Ländern ist sie ebenfalls mit diesem Namen vertraut, während sie in Frankreich schon immer unter 'Cuisse de Nymphe' geführt wurde (das griechische Wort »Nymphe« bedeutet zugleich Braut und Knospe). Wir finden in Deutschland beide Namen wörtlich übersetzt, in Duisburg beim Handelsgärtner Johann Erben (1823) und dem Kaufmann Wilhelm Keller (1828) 'Der kleine Nymphenschenkel' oder 'Das errötende Mädchen'.
Thory wählte als Bildunterschrift 'La Virginale' auf den bezaubernden Aquarellen Redoutés. 'Incarnata', 'La Séduisante' (die allerdings wieder eine andere Variante war, s. u. Beschreibung 'Maiden's Blush'), *R. × alba* oder *R. × alba var. regalis* (Thory) sind weitere alte Synonyme. Wobei noch 'Great Maiden's Blush' und 'Maiden's Blush Small' oder 'Cuisse de Nymphe émue' für weitere Verwirrungen sorgen.

Was verbindet die Alba-Rosen?

Ihre Blüten sind überwiegend weiß, einige Sorten zartrosa getönt, der Duft ist lieblich. Alle Albarosen sind einmalblühend, vorwiegend im Juni. Typisch ist das graugrüne Laub, eine Farbschattierung, die mal mehr mal weniger in Erscheinung tritt. Dieses grauschimmernde Laub war zusätzlich ein Grund, dass es hauptsächlich Sorten dieser Gruppe waren, die anfangs Eingang in meinen Garten fanden. Die Farbe des Laubes hebt sich kontrastreich von anderen Grüntönen der Sträucher ab und erhöht damit noch den besonderen gestalterischen Wert, wenn die Blütezeit der einmalblühenden Rosen vorbei ist. Stacheln sind meist sehr wenig vorhanden, sie sind dünn und spitz, abgesehen von einigen Ausnahmen.
Der Wuchs (etwa 1,80 – 2,50 m) ist zunächst aufrecht, dann, bedingt durch lange, dünne Triebe, stark auseinanderfallend. Deshalb ist es vorteilhafter, wenn diese Strauchrosen solitär gepflanzt werden, damit ihr anmutiger Charme mehr zur Geltung kommt. Die Gruppe der Albarosen ist relativ frostresistent. Einige Sorten, insbesondere die weißen, neigen in manchen Sommern zu Rosenrost (orangefarbene Pusteln), was nicht mit dem Sternrußtau (schwarze Flecken) zu verwechseln ist. Ein solcher, je nach Witterung auftretender Befall schwächt aber keineswegs die Pflanze, so dass dies bedrohlich wäre. Der Strauch ist sehr robust und verträgt auch notwendige, gezielte Rückschnitte. Charakteristisch für Albarosen sei auch, so sagt man ihnen nach, dass sie noch gute Blühwilligkeit in lichtem Halbschatten besitzen. Aber wer sich üppig blühende Alba-Rosen wünscht, sollte doch lieber einen sonnigeren Platz für sie aussuchen. Oder anders gesagt, man soll sich nicht wundern, wenn man im Halbschatten auch nur ein Drittel der möglichen Rosenblüte erhält.
Verschiedene hohe Laubbäume sorgen in unserem Waldrandgarten für lichten Schatten. Ich möchte aber nicht den Anschein erwecken, dass ich klugerweise dorthin meine Albarosen gepflanzt habe, weil mir dies anfangs bekannt war; ich konnte mir nur später dazu gratulieren, dass es kein Fehler war. Das Pflanzen dort geschah einfach aus Ermangelung sonniger Stellen. Etliche andere Rosen, die von der Beschreibung her angebliche Sonnenkinder sind, müssen leider in meinem Garten mit Halbschatten vorlieb nehmen. Entschädigt werde ich durch räumliche Tiefe und viele Abstufungen des Lichts, längere Blühzeiten und weniger Verblassen der Farben. Die größeren Sträucher helfen zudem, den Garten in Bereiche zu gliedern und lauschige Nischen abzugrenzen.
Meine ersten drei Bestellungen, ausgewählt nur nach Beschreibung, wobei das frühe Datum ihrer Entstehung für mich maßgeblich und entscheidend war:

R. × *alba* 'Suaveolens'

R.× alba 'Suaveolens'
(In Deutschland eingeführt von Dieck 1889)
Synonym: *Rosa alba* 'Suaveolens'
'Suaveolens', was soviel wie »lieblich duftend« bedeutet, gehört zu meinen erstgepflanzten Albarosen. Damals ahnte ich noch nicht, wie schwierig es ist, Herkunft und Identität der Alten Rosen zu prüfen und wie mich viele Jahre später die Suche nach der »richtigen, wahren Sorte« manchmal zur Verzweiflung bringen wird. Peter Beales bemerkt in seinem Buch *Klassische Rosen*: »In Deutschland wird *R.* × *alba* 'Suaveolens' als von 'Semiplena' verschieden angesehen«. Das ist sie auch. Es sind zwei durch die Blüte eindeutig unterscheidbare Alba-Sorten auf dem Markt, zumindest in der Schweiz und in Deutschland. Die Blüten der einen sind stärker gefüllt und etwas quirliger angeordnet – das ist 'Suaveolens'. Selten sind die gelben Staubgefäße klar sichtbar. Auch neuere Autoren halten leider daran fest, dass diese beiden Sorten identisch seien. Im Duft kann ich ebenfalls einen Unterschied feststellen. Er ist »lieblich«, was der Duftexperte Klaus-Jürgen Strobel als »Lindenblüte« klassifiziert. Georg Dieck, ein Botaniker und Wildrosensammler aus Zöschen in Sachsen, hat die 'Suaveolens' auf einer Inspektionsreise zu den Duftrosenfeldern Bulgariens ausgelesen und 1889 von dort mitgebracht. Im Osmanischen Reich wurde im 19. Jahrhundert Rosenöl aus den am stärksten duftenden Strauchrosen gewonnen. 'Suaveolens' soll eine aus *R.* × *alba* 'Semiplena' entstandene Sorte sein. Vermutlich ist die Albarose 'Suaveolens' aus Dr. Diecks Sammlung nie nach England oder Frankreich gelangt. (Die in J. Gravereaux' Katalog von 1902 auftauchende R. suaveolens meint eine R. rubiginosa Varietät).

Blüte dicht, aber locker gefüllt | **Farbe** milchweiß | **Duft** lieblich | **Laub** graugrün | **Stacheln** mäßig | **Früchte** zahlreich, länglich-oval, orange | **Höhe** 1,80–2,00 m | **Frosthärte** sehr gut, Klimazone 4–5

Ferner pflanzte ich 'Celestial' und ahnte dabei noch nicht, dass mit dieser Rose meine große Leidenschaft für Alte Rosen beginnen sollte. Gleichzeitig aber auch die Suche nach der Identität.

'Celestial' (Vermutlich Holland, 18. Jahrhundert)
Synonym: 'Celeste'
'Celestial', das ist für mich die »Himmlische«, was man mit diesem Namen sicher auch ausdrücken wollte. Fabelhaft zu erkennen ist der Kontrast des stark graugrün, im Frühsommer sogar bläulich schimmernden Laubes zu den zart rosafarbenen, mitunter leicht bläulich-rosa Blüten. Hier scheint sich das Blau des Himmels am frühen Morgen auf den seidigen Blütenblättern wiederzuspiegeln. Halb gefüllt, ja fast einfach blühend zeigen sie ganz geöffnet ihre gelben Staubgefäße. Entsprechend reifen die Früchte im Herbst aus. Der Duft ist wunderbar. Ein imposanter Strauch von etwa 1,80 m Höhe, mit wenig Stacheln, die jedoch lang und sehr spitz an den bogigen Zweigen sitzen.
'Celeste' ist in unseren Tagen der gebräuchlichste Name, jedoch ergab sich bei meinen Nachforschungen in alten Büchern und Katalogen aus unserem Bücherschrank, dass 'Celeste' eine andere Sorte war, hier und da mit einem Beinamen, z. B. 'Celeste Blanche'. Im Katalog des Handelsgärtners Johann Erben aus Duisburg,

1823, trägt die Nummer 200 den lateinischen Namen *Rosa coelestis, flore nivea pleno*, »weiß mit himmelblauen Schein«. Mit großer Wahrscheinlichkeit existiert diese gefüllte, weißblühende Sorte nicht mehr. Nachfolgend beschreiben sie mehrere Autoren wie Christian Nickels, (*Cultur, Benennung und Beschreibung der Rose*,1836, S. 20) die Alba-Rose 'Coelestis': »… Blütenkrone weiß mit einem leichten Schatten lichtblau…«. In *The Rose Garden,* 1848, erwähnt William Paul, S. 92, Nr. 17 dieselbe 'Céleste Blanche' und Nr. 18 eine 'Celestial', »flowers flesh colour, beautifully tinted with the most delicate pink, of medium size, double: form, cupped. Habit, erect; growth moderate«.

Die auf S. 79, in der Gruppe der *R. gallica*, Hybrid Chinese, Nr. 36, beschriebene 'Celestial' »flowers rosy crimson, marbled and shaded with crimson purple …« ist wohl eine nicht mehr existierende (oder inzwischen mit einem anderen Namen versehene) Sorte. Schon Wilhelm Döll erwähnt sie 1855 in dem Buch *Der Rosen-Garten* nicht mehr, jedoch 'Celeste blanche' (S. 288, Nr. 9) und Celestial' (S. 289, Nr. 10) '»Blüten fleischfarben, mit dem zartesten Roth gefärbt, mittelgroß, voll, schalenförmig; Habitus aufrecht; Wuchs mäßig«. Auf Seite 291, Nr. 1 charakterisiert er eine weitere 'Celestial' »Blüten blassrosa, halbgefüllt; Form kompakt; Wuchs kräftig«. Hier handelt es sich um eine bezaubernde Rubiginosa-Hybride. Sie wird im ganzen 19. Jahrhundert am häufigsten genannt.

Um das Ergebnis meiner Sucherei noch undurchsichtiger zu machen, sei noch auf einen Autor verwiesen: Theodor Nietner, *Die Rose*, 1880, zählt vier verschiedene Rosen mit dem Namen 'Céleste' auf: Nr. 920 Alba-Rose pomponia (weiß, mittelgroß, halbgefüllt), Nr. 921 Tee-Hybride (blassrosa, sehr groß, voll, stark duftend), Nr. 922 Alba-Rose (hellincarnat, mittelgroß, voll, schalenförmig, eine der schönsten dieser Gruppe), das würde unserer heutigen Albarose 'Celeste' entsprechen. Nr. 923 Alba-Rose 'Céleste blanche' (weiß, mittelgroß, gefüllt). Die einzige 'Celestial' (Nr. 924) ist hier eine indica hybrida, eine Tee-Hybride (lebhaft rosa, mittelgroß, voll). Einfacher macht es mir Johannes Wesselhöft (*Der Rosenfreund*, 1866), indem er nur zwei verschiedene Sorten mit Namen 'Célestial' anbietet, 'Céleste' kommt nicht vor. Die bereits erwähnte *R. rubiginosa* Hybride und die Alba-Rose, beide gleichen Namens, 'Celestial' – »Blumen mittelgroß, voll, blassrosa-fleischfarben, von Schalenform. Obgleich eine alte Rose so ist sie doch jetzt noch von großem Werthe und kann als eine der schönsten dieser Gruppe betrachtet werden. Eignet sich gut zur Säulen- und Pyramidenform.« Lässt mich diese Beschreibung an unsere gegenwärtige 'Celeste' denken?

Unsicher macht mich zusätzlich der Tatbestand, dass noch eine ähnliche, jedoch gefüllte Variante im Handel ist. Derzeit, nach mehr als dreißig Jahren »Sammeln und Forschen«, bin ich unsicherer denn je. Denn je mehr »Beweise« man zusammenträgt, um die richtige, die wahre Rose aufzuspüren, desto verworrener erscheinen mir die Ergebnisse. Meistens gibt es kein absolut zuverlässiges Endresultat.

Blüte halb gefüllt, gelbe Staubfäden sichtbar | **Farbe** zartrosa bis hellrosa, bläulich überhaucht | **Duft** lieblich | **Laub** graugrün | **Stacheln** mäßig | **Früchte** zahlreich, orange | **Höhe** 1,80–2,00 m | **Frosthärte** sehr gut, Klimazone 4–5

'Celestial'

'Maiden's Blush' Blüten und Strauch

Die dritte Albasorte, für die ich mich entschied, war

'Maiden's Blush' (England, seit dem 15. Jahrhundert bekannt)

Synonyme: 'Cuisse de Nymphe', 'La Virginale', *R.* × *alba* var. Regalis (Thory)

Die hellrosafarbenen, gefüllten Blüten erfreuen uns je nach Wetter über viele Wochen lang. Man kann sie wirklich als »die am längsten blühende Sorte der Einmalblühenden« nennen. In manchen Jahren treiben noch während der Blütezeit bereits junge Zweige mit noch fest geschlossenen Knospen, die sich erst öffnen, wenn die ersten längst abgeblüht sind. So verlängert sich die Blütezeit noch einmal um einige Wochen. Die Triebe sind mit zahlreichen langen, dünnen Stacheln versehen und im Herbst zieren orangefarbene Hagebutten 'Maiden's Blush'. Ursprünglich auf einer Unterlage gezogen, bildete meine Rose erst nach Jahren Ausläufer. Auf diese Art und Weise sicherten die Alten Rosen sich seit vielen Jahrhunderten ihren Fortbestand.

Ob es heute noch 'Maiden's Blush Small' gibt, die kleinere Blüten besitzen soll, bezweifle ich inzwischen sehr. Die ursprüngliche Rose 'Maiden's Blush' mag in den Jahrhunderten mehrere Hybridisierungen erlebt haben, die sich alle mehr oder weniger ähnlich sind. Bodenverhältnisse, Klima, Sonneneinwirkungsdauer haben einen sehr großen Einfluss auf Blütenfarben. In Frankreich fotografierte ich eine im Halbschatten und auf magerem, ausgetrockneten Boden stehende 'Cuisse de Nymphe'. Sie ist heller in der Blüte als die in Deutschland stehende 'Maiden's Blush', im Habitus locker, fast schwach.

In einigen alten Büchern – z. B. bei W. Paul (*The Rose Garden*, 1848) – trug sie auch den Namen 'Petite Cuisse de Nymphe' (»Bl. fleischfarben, klein und voll«). Ob es sich dabei um die gleiche Sorte handelt wie die oben genannte 'Maiden's Blush Small', ist ungewiss.

August Jäger, der für Deutschland ein bedeutendes *Rosenlexikon* bearbeitete und 1936 fertiggestellt hatte, aber erst 1960 durch das Rosarium Sangerhausen herausgebracht werden konnte, zählt mehrere Albasorten auf, u. a. 'Petite Cuisse de Nymphe', eine Züchtung von Prévost, entstanden um 1830, »fleischfarben bis weißblühend, zuweilen auch rosa, mittelgroß, gefüllt« und bis 2 m hoch (Syn. *R. alba* rubigens Prévost).

Eine weitere Albarose 'Cuisse de Nymphe émue', von Dumont de Courset 1802 gezüchtet, wird als lebhaft fleischfarben, mittelgroß beschrieben, Syn. 'Cuisse de Nymphe à ovaire lisse' und 'Belle Thérèse' (W. Paul beschreibt die Blüten von 'Belle Thérèse' mit »hochrosa«). Letztere nennt 1838 Catherine F. Gore 'Royale Rouge', bzw. 'Belle Thérèse'; »Blüten groß oder mittelgroß, halbgefüllt, von einem hellen Rosa«.

Zwei »große« Alba-Sorten sind in Jägers *Rosenlexikon* verzeichnet: 'Grand Cuisse de Nymphe', »fleischfarben, Jahr und Züchter unbekannt« und eine andere Hybride, 'Cuisse de Nymphe«, soll von Vibert 1830 stammen; »fleischfarben und blasse Ränder« – hier verweist er auf Redoutés Namen 'Royal'. Endlich finden wir unter dem Namen 'Maiden's Blush' in Jägers *Rosenlexikon* noch mal eine andere Albahybride: Ein *R. alba* Sämling. Dieser soll 1797 aus Kew Garden kommen und diese Rose ist mit den ausführlichsten Merkmalen versehen: »blass fleischrosa, Mitte dunkelrosa, mittelgroß bis groß« usw. Höhe 1,50 m. Soweit könnte sie unserer heutigen Rose ähnlich sein.

Die Engländerin Catherine F. Gore in *The Book of Roses*, 1838 (Reprint Coleman 1978) kennt drei verschiedene Albasorten mit 'Cuisse de Nymphe', der Name 'Maiden's Blush' dagegen kommt hier nicht vor: 'Cuisse de Nymphe' (Syn. 'La Royal'), 'Cuisse de Nymphe émue' und 'Small Cuisse de Nymphe' (Syn. 'Alba Rubigens').

'La Séduisante' schildert Wilhelm Döll (*Der Rosen-Garten)* als mit »fleischrosa Blüten und Triebe mit kleinen roten Stacheln«. Die Gebr. Schultheis (*Deutsches Rosen-Buch*, 1889) meinen, 'La Séduisante' sei von Miellez, »die Blüten lebhaft fleischfarben«. 'Maiden's Blush' dagegen bezeichnen sie als »weiß mit zart fleischfarben im Zentrum«. Dieselbe Meinung hat W. Paul von 'Maiden's Blush': »Blüte sanft weißrosa«. Mit anfangs kleinen, leuchtend roten Stacheln bekam ich eine Fundrose geschickt. Die Rose sollte 'Maiden's Blush' darstellen. Wie groß war meine Aufregung, als ich die Beschreibung zu 'La Séduisante' las! Aber im zweiten Jahr schon verschwanden die roten Stacheln, sie waren von nun an beige-bräunlich wie bei der richtigen 'Maiden's Blush'. Trotz sonstiger großer Ähnlichkeit mit 'Maiden's Blush' handelt es sich vielleicht um eine andere Variante; die Fruchtknoten zeigen stark rötlichen Flaum.

Th. Nietner gibt eine Darstellung von 'La Séduisante' als »Blüten rosenrot« und »Triebe mit kleinen roten Stacheln bedeckt« wieder. Er nennt im gleichen Buch eine indica Noisette 'Maidenblush' mit Synonym 'Rouge-Virginale' und eine »Albarose 'Maidenblush' see 'Carnea alba'", wobei wir bei einem weiteren Namen wären: Hier sind wir dann unter der Nummer 874 doch noch bei 'Maiden's Blush' angekommen. Sie wird als »weißlichrosa, mittelgroß, voll und kugelig« beschrieben.

Kann man sich hierbei nicht lebhaft vorstellen, wie im Laufe der Zeit abweichende Sorten in den Handel und in die Gärten kamen?

Blüte gut gefüllt | **Farbe** blassrosa, im Zentrum leicht dunkler, im Verblühen weißlichrosa | **Duft** gut | **Laub** graugrün | **Stacheln** zahlreich | **Früchte** vereinzelt, rund, orange | **Höhe** 1,60–1,80 m | **Frosthärte** sehr gut, Klimazone 5

Rose und Mythenbildung

***R. × alba* 'Maxima'** (England, seit dem 15. Jahrhundert bekannt oder noch früher)

Synonyme: 'Alba Maxima', 'Maxima', »Weiße Rose von York«, Jakobitenrose, 'Bonnie Prince Charlie's Rose'

Sie ist nicht nur eine der ältesten Gartenrosen, sie ist auch ein Beispiel dafür, dass sich über eine so lange Zeit viele Geschichten bei einer Rose ansammeln. Diese illustrieren auch gut die symbolische Funktion der Rose:

In England wurde eine weiße Rose einst Vorlage für die Wappenrose von York – ob *R. × alba* 'Semiplena' oder tatsächlich 'Maxima' gemeint war, muss offen bleiben. Ab 1485 musste sich die Weiße Rose für die Zeit der Tudor-Herrschaft (bis 1603, Tod von Elisabeth I.) der roten Rose in einem gemeinsamen Symbol (Tudorrose) unterordnen. Danach folgte Jacob I., Sohn der letzten eigenständigen schottischen Königin Maria Stuart. Weil er auch Herzog von York war,

R. × *alba* 'Maxima'
Strauch, Blüte und Hagebutte

trat die Weiße Rose als alleiniges Symbol wieder ins Bewusstsein der Schotten. Fast 150 Jahre lang steht sie für den Anspruch der schottischen Stuarts auf den Thron des vereinigten Königreiches. Seitdem wird die 'Alba Maxima' mit den Anhängern Jacobs in Verbindung gebracht und Jacobitenrose genannt. Damals wurde die 'Maxima' einerseits zum Symbol der schottischen Eigenständigkeit und andererseits zum Zeichen für die von den Stuarts betriebene Wiederannäherung an den Katholizismus in England. In einer Zeit, in der ganz Europa durch Religionskriege verheert wurde und der Herrschaftsstil des Absolutismus sich auszubreiten begann, hatten es die Stuarts in einem Land, das sich wie kein anderes durch Autonomie und parlamentarische Mitbestimmung hervorgetan hatte, besonders schwer an der Macht zu bleiben. So wurde nicht nur Karl I., Sohn Jakobs I., nach heftiger Auseinandersetzung mit dem Parlament hingerichtet. Später passierte es Jacob II., dass er wegen innenpolitischer Krisen und französischer Bedrohung der Niederlande kurzerhand durch den protestantischen Oranier William III. ersetzt wurde. 1715 haben die Hannoveraner Könige endgültig nach einem letzten Zwischenspiel Jakobs II. die Herrscherzeit der Stuarts abgelöst.

Jakobs Enkel Karl Eduard, von den Schotten liebevoll »Bonnie Prince Charlie« genannt, war schließlich der letzte Stuart, der es dennoch versuchte, wieder an die Macht zu gelangen. Mit jugendlichem Elan, naivem Optimismus und dem Glauben an die Hilfe Frankreichs (damals im Krieg mit England) verließ er sein dortiges Exil und zog von Schottland aus mit einem kleinen Haufen von Anhängern gen London. Er scheiterte 1746, die Zeiten hatten sich gewaltig geändert.

Gewiss hat die weiße Alba 'Maxima' mit dazu beigetragen, dass die Geschichten um Bonnie Prince Charlie im Laufe des 19. Jahrhunderts einen Mythos begründeten, der sich z. B. auch darin zeigt, dass im englischsprachigen Raum mehr als 50 Buchtitel mit der Geschichte, den Geschichten, der Person und der Mythenbildung um diesen Volkshelden befassen. Umgekehrt gehört eine solche Aura zu dem, was zusätzlich die Freude an Alten Rosen nähren kann.

Auch mir hat die Legende um die Rose 'Maxima' diese wertvoller gemacht. In meinem erwähnten ersten Buch habe ich darüber erzählt.

Inzwischen hat sich aber meine persönliche Geschichte daran angehängt:

Durch Heirat Bayerischer Kronprinzen erwarb das Haus Wittelsbach Anfang des 20. Jahrhunderts die – freilich formale – Anwartschaft auf den vereinigten schottischen und englischen Thron. Da ich der Meinung war, dass die »Stuart-Rose« unbedingt in den Garten von Herzog Albrecht von Bayern gehört, überreichte ich ihm damals diese Rosenpflanze, zusätzlich das inzwischen gedruckte Buch, in dem die Story beschrieben ist. Bald darauf erhielt ich von ihm eine Plakette aus der Nymphenburger Porzellanmanufaktur mit König Ludwig II., zusammen mit einem persönlichen Dankesbrief. Das bayerische Selbstbewusstsein zeigt immer wieder Züge, die dem schottischen verwandt sind.

Tatsächlich ist 'Maxima' eine unverwüstliche Rose. Ich sah einmal einen imposanten Strauch in einem alten Garten, angelehnt und überragend an einen großen Felsblock mit einer fast nicht mehr leserlichen, eingravierten Beschriftung. Der Vater der betagten Gartenbesitzerin hatte hier seinen treuen Hund begraben, ihm ein Denkmal gesetzt und als Grabschmuck 'Maxima' hinzugepflanzt. Die Dame war sehr stolz auf diesen prächtigen Strauch.

Durch den anfänglichen Hauch von Rosa der später in milchigweiß übergehenden Blüten lässt sich 'Maxima' gut von 'Suaveolens' und anderen Alba-Rosen unterscheiden. Der Duft der Blüten ist sehr angenehm. Die Triebe zeigen wenig, aber dafür sehr lange, spitze Stacheln. Die Enden sind völlig stachelfrei. Der Strauch wird bis zu zwei Meter hoch. Hagebutten bilden sich nur sehr wenige aus.

Blüte dicht gefüllt | **Farbe** milchweiß | **Duft** leicht | **Laub** graugrün | **Stacheln** wenig | **Früchte** selten, orange | **Höhe** 1,80–2,00 m | **Frosthärte** sehr gut, Klimazone 4–5

Immer mehr Alba-Sorten in meinem Garten

Mittlerweile hatte ich an den zartfarbigen Albarosen immer mehr Gefallen gefunden. So bestellte ich nacheinander noch andere hell rosafarbene und weiße Sorten. – Jetzt hier dem Alphabet nach vorgestellt.

'Amelia' (Frankreich, Vibert 1823)

In unvergleichbar warmen Rosatönen blüht 'Amelia' auf und wechselt dann, vollerblüht, in zartrosafarben über. Das Farbspiel der Blütenbouquets ist von eindrucksvoller Schönheit. Diese Rose ist, neben 'Celestial', meine Favoritin der rosafarbenen Albarosen. Der Duft ist so lieblich wie die Farbe ihrer Blüten. Ein leicht graugrüner Schimmer des Laubes ist charakteristisch, die Triebe sind sporadisch bestachelt und besitzen zusätzlich eine Menge kleiner, spitzer Borsten. Unsere geliebte 'Amelia' steht an einem hellen, aber fast sonnenlosen Platz, das verlängert nicht nur die Blütezeit, sondern es verzögert auch das Verblassen der Blüten. Augenfällig sind an diesem Strauch die unterschiedlichen, gleichzeitig dunkleren und helleren Blüten. Unerklärlich ist für mich, dass 'Amelia' oft als niedrigwachsend bezeichnet wird, wohingegen die Rose bei uns sich zu einem stattlichen Strauch von über zwei Meter Höhe entwickelt hat. In der Literatur heißt es bisweilen, dass sie leicht mit der Damaszenerrose 'Celsiana' verwechselt werden kann. Mit nur einem flüchtigen Blick mögen sich zwar die Blüten etwas ähneln, aber genauer betrachtet unterscheiden sie sich doch. Allein schon das Laub zeigt einen Unterschied; während das von 'Amelia' leicht graugrün bis dunkelgrün ist und die Fiederblättchen rundlich, im Vergleich zu 'Celsiana', deren Fiederblättchen hellgrün und

R. × alba 'Amelia' Blüte und Hagebutte

Vergleich der Blätter: links 'Amelia', rechts 'Celsiana'

oben zugespitzt sind. Der lockere Wuchs der Damaszenerrose unterscheidet sich ebenso durch ihre dünnen Zweige von der Albarose. Denn 'Amelia' reckt ihre kräftigen Triebe in Höhe und Breite. Bei dieser treten selten Hagebutten auf, die wenigen sehen rund aus, während 'Celsiana' mehr Hagebutten bildet, diese typisch länglich und bis in den oberen Stiel orange gefärbt sind.

Blüte locker gefüllt | **Farbe** mittleres Rosa, hellrosa und weißlich verblassend | **Duft** leicht | **Laub** leicht graugrün | **Stacheln** wenig, spitz, viele Borsten | **Früchte** selten, rund, orange | **Höhe** 1,80–2,00 m | **Frosthärte** sehr gut, Klimazone 5

'Armide' (Vibert, 1818)

Vibert wählte als Namensgeberin entweder die Figur Armida, eine Zauberin aus dem Mittelalter, oder aber ihn beeindruckte eine Oper, die dieses Motiv der Armida behandelt. Zur Zeit Viberts gab es vier Opern zu diesem Thema: Lully (1686, Paris), Gluck (1777 Paris), Joseph Haydn (1784, Esterházy), 1817 kam von Rossini in Neapel dessen Oper »Armida« zur Uraufführung. Insgesamt kennt man heute sogar über dreißig Vertonungen dieses Themas, die 1639 in Venedig ihren Anfang nahmen.

Armida, eine der beeindruckendsten Frauengestalten in Torquato Tassos Kreuzzugsdichtung »Das Befreite Jerusalem«, deutsch 1781–83, war die Tochter des Königs Arbilan von Damaskus. Durch ihre Schönheit und ihre Zauberkünste stiftete sie unter den Christenhelden Verwirrung. In ihrem Zaubergarten versetzte sie den Kreuzritter Rinaldo in Trance. Seitdem steht der Name Armida als Symbol für das »verführerische Weib«, hinter dem aber eine radikale Liebe als Alternative nur Tod und Rache kennt.

Christoph Willibald Gluck (1714 – 1787), Opernkomponist der Vorklassik, war ein Reformer für diese Gattung der Musik. Nach mehreren aufsehenerregenden und erfolgreichen Opern, die in Paris, wo er seit Jahren lebte, zur Uraufführung kamen, war seine fünfte Reformoper »Armide« (1777 – Text von Philippe Quinault) nur ein mäßiger Erfolg. Seine sechste und letzte Oper, und heute bekannteste, »Iphigenie auf Tauris« (1779) dagegen brachte ihm die größten Anerkennungen. Später, nach Vibert's Zeit, kam noch eine weitere »Armida«-Oper hinzu: In Dvořáks Todesjahr 1904 wurde dessen Oper in Prag uraufgeführt.

Meine Rosenpflanze steht erst seit einem Jahr in meinem Garten und trotzdem erfreute sie schon im ersten Sommer mit einem Blütenbüschel – weiß, locker gefüllt und schön. Nur – es ist leider nicht 'Armide'. Die Triebe meiner Pflanze sind stachellos. Leicht rosa getönt sind lediglich die Knospen, sie besitzen stark ausgeprägte Sepalen. Ein Vergleich mit 'Mme Plantier' bestätigte meinen Verdacht. Eine Rosenfreundin glaubte die richtige 'Armide' in Dänemark gefunden zu haben, ließ sie, nachdem sie sie in ihrem eigenen Garten gepflanzt hatte, in einer deutschen Rosenschule vermehren. Nun glauben wieder manche Rosensammler, die wahre 'Armide' in ihrem Garten stehen zu haben. 'Armide' (leider die falsche) wird nur von sehr wenigen Rosenbaumschulen angeboten, davon zwei in Dänemark. Schade, bis Duisburg hatte es die richtige Rose 1823 schon geschafft.

Steckbrief der richtigen 'Armide':
Die Blüten dieser Sorte werden als stark gefüllt beschrieben, rosa, zartrosa bis weiß, Staubgefäße und Griffel bilden ein grünes Auge. Ihre Höhe soll ca. 1,80 m sein.

'Belle Amour'

Sie ist die einzige Alba-Hybride, deren Blüten in einem dunkleren, leicht lachsrosafarbenen Ton sind. Angeblich wurde sie 1950 in der Normandie in einem Klostergarten in Elboef von der englischen Gartengestalterin und Floristin

Nancy Lindsay gefunden. Gerade diese Story bewog mich dazu, dass ich diese Rose auch in meinem Garten haben wollte. Gelegentlich wird 'Belle Amour' auch bei den Damaszenerrosen eingereiht, da sie auch von dieser Klasse einige Merkmale in ihrem Erbgut trägt. Die Triebe sind mit vielen spitzen, langen Stacheln bestückt. Im Herbst erscheinen zahlreiche rund-ovale, orangerote Früchte. Der Strauch wird etwa 1,80 m hoch und ist gut frosthart.

Blüte locker gefüllt | **Farbe** lachsrosa bis rosa | **Duft** gut | **Laub** graugrün | **Stacheln** zahlreich, lang, spitz | **Früchte** zahlreich, orange | **Höhe** 1,80 m | **Frosthärte** sehr gut, Klimazone 4–5

'Blush Hip' (England, vor 1848)

'Blush Hip' übersteigt weitaus die 2,50 m Strauch-Höhe, wenn man den weichen Trieben hilft und ihnen die Gelegenheit gibt, sich in einen Baum oder Strauch, hier in unserem Garten in einen Nadelbaum, emporzustrecken. Sie benötigt keine Anbindung, da sie viele Stacheln und Borsten hat. Es stimmt nicht, wie öfters behauptet wird, dass 'Blush Hip' stachellos sei. Die Triebe sind stark überhängend, besonders zur Zeit der Blüte. So erreicht der Strauch bei uns eine Höhe von 1,80 m und die Triebe, die in die Fichte ranken, schaffen sicher mehr als drei Meter. Die wunderbaren, gefüllten rosa Blüten neigen bei Dauerregen zum Verkleben, so dass es in einer regenreichen Gegend wie unserer immer wieder vorkommt, dass Blüten sich nicht mehr richtig öffnen. Die Blütezeit von 'Blush Hip' beginnt sehr früh im Juni. Zusammen mit 'Suaveolens' gehört sie zu den am ersten blühenden Albarosen. Hagebutten bildet sie keine.
W. Paul erwähnt 1848 eine 'Blush Hip, New'. Gab es auch eine alte? Sehr große Ähnlichkeit besteht zu der Damaszenerrose 'Blush Damask'.

Blüte gefüllt | **Farbe** rosa, später leicht verblassend | **Duft** sehr gut | **Laub** graugrün | **Stacheln** zahlreich, lang, spitz, viele Borsten | **Früchte** keine | **Höhe** 1,80–über 3,00 m | **Frosthärte** sehr gut, Klimazone 5

'Chloris' (Frankreich, Descemet vor 1814)

Das häufig in der Literatur verwendete Synonym 'Rosée du Matin' war eine andere Rose des

oben: 'Belle Amour'
Mitte und unten: 'Blush Hip'
Blüte und Strauch

Chloris wird durch Zephir zur Flora (Ausschnitt aus Botticelli »Der Frühling«, 1482)

'Chloris'

Züchters Descemet. Noch in den Katalogen von Vibert unterscheiden sich – wie F. Joyaux erwähnt – 'Chloris' und 'Rosée du Matin' durch verschiedene Nummern.

Descemet hat diese Rose nach einer Natur-Göttin aus der Antike benannt, es entspricht dem Zeitgeist der damaligen Begeisterung für das Altertum. Die Namen einiger anderer seiner Züchtungen sind ebenfalls diesem Umfeld entnommen; so z. B. die der Drei Grazien Aglaia (Glanz), Euphrosine (Frohsinn), Thalia (Jugend). Chloris spielt in der griechischen Mythologie die Rolle einer Vorbotin des Frühlings. Botticelli hat 1482 in seinem Gemälde »Primavera«, einem erzählenden Fries für die Medici in Florenz, die Verwandlung der winterlich verblassten Natur in die blühende, metaphorisch dargestellt durch das Einsetzen des lauen Windes Zephyr. Das Wiedererwachen der Vegetation beginnt. Er vollzieht diese Metamorphose seiner Nymphe »Chloris« in die Blumengöttin »Flora«.

Anmutig wie Mini-Edelröschen erscheinen die sich öffnenden Blütenknospen, während sie sich ganz geöffnet in kleine Puderquasten verwandeln und ein völlig anderes Aussehen zeigen. Zart puderrosa und leicht duftend sind die kleinen Blüten. Die Zweige sind völlig stachellos wie bei 'Mme Plantier'. Hagebutten bilden sich bei meiner Pflanze kaum aus. 'Chloris' wird auch sehr hoch, etwa zwei Meter, und durch ihre überhängenden Zweige fällt der Strauch erheblich auseinander. Im Umkreis von mehreren Quadratmetern verschickt sie besonders viele Ausläufer. Sie will sich damit, so wie die Gallica-Rosen, ihren Fortbestand sichern.

Blüte mittelgroß, dicht gefüllt, gute Form | **Farbe** hellrosa, dunklere Mitte | **Duft** leicht | **Laub** graugrün | **Stacheln** keine **Früchte** sehr selten | **Höhe** 1,80–2,20 m | **Frosthärte** sehr gut, Klimazone 4–5

'Félicité Parmentier'

(Belgien, Parmentier, vor 1841)

Diese Alba-Hybride wird nicht so hoch wie die anderen ihrer Art, nur etwa 1,50 m. Es könnte sein, dass sie eine Damaszener-Rose unter ihren Vorfahren hat.

Was mir so sehr an den Blüten gefällt, sind die noch nicht vollständig aufgeblühten Knospen. Sie erinnern mich sehr an die Seiden-Rosen, die die Damen im Rokoko als Haarschmuck und an ihren kostbaren Brokat-Gewändern trugen. So zu sehen auf alten französischen Gemälden wie etwa von Fragonard oder Boucher. Da kokettieren kleine, kugelige Rosenblüten mit verführerischem Rosaton in ihrem Innern, während die äußeren zarten Petalen sie noch schützend umschließen – genau so wie bei den

wahrhaftigen Blüten der 'Félicité Parmentier'. Weiter geöffnet hat die Blüte das Aussehen einer Puderquaste und sie behält noch eine Weile ihr herrliches Rosa, um alsbald dann zu verblassen. Je nach Sonneneinstrahlung schreitet die Farbverwandlung schneller voran. Lange und spitze Stacheln sind an den Trieben großzügig verteilt, so dass man den Eindruck gewinnt, 'Félicité Parmentier' besitze nur wenige. Hagebutten habe ich keine festgestellt.

Blüte dicht gefüllt, pomponartig | **Farbe** hellrosa, innen dunkler, später insgesamt verblassend zu fast cremeweiß | **Duft** gut | **Laub** mittleres Graugrün | **Stacheln** mäßig, spitz | **Früchte** keine | **Höhe** 1,50 m | **Frosthärte** sehr gut, Klimazone 5

'Jeanne d'Arc' (Frankreich, Vibert 1818)

Synonym: 'Anglica Minor'

Es war der Name der es mir wieder angetan hat. Ihre Blüten sind prächtig und ihre Blütezeit währt lange. Der Duft ist vorzüglich. Pflanze und Blüten erscheinen mir kräftiger als andere Alba-Hybriden. Aber das dürfte mehr die Suggestion ihres Namens sein. Auf alle Fälle ist sie so kämpferisch wie ihre Namensgeberin, die ja wohl jeder kennt. Als ein Opfer der Wühlmäuse glaubte ich schon, sie verloren zu haben. Jedoch: Sie kämpfte sich durch und ist heute wieder ein stattlicher Strauch. Das Laub ist graugrün, die Stacheln an den Trieben sind kräftig zupackend, lang und spitz, aber nicht sehr zahlreich. Der Strauch erreicht eine Höhe bis zwei Meter.

Blüte dicht gefüllt | **Farbe** weiß bis cremeweiß | **Duft** sehr gut **Laub** graugrün | **Stacheln** lang, spitz | **Früchte** wenig, orange **Höhe** 1,80–2,00 m | **Frosthärte** sehr gut, Klimazone 4–5

'Königin von Dänemark'

(Holstein, Booth 1816/1826)

Synonyme: 'Queen of Denmark' (in England), 'Reine du Danemark', meistens wird sie auch im Ausland unter ihrem ursprünglichen deutschen Namen angeboten.

'Félicité Parmentier'

'Jeanne d'Arc'

Eine Nuance dunkler als bei anderen Alba-Sorten ist das Rosa im Blüteninnern von 'Königin von Dänemark', zum Rand verläuft der Farbton zu fast weiß. Der intensivere rosa Grundton ist nicht ganz typisch für eine Alba-Rose, vermutlich haben wir eine Alba-Damaszener-Hybride vor uns. Und über die für eine Alba-Rose ungewöhnlich starke Stachelbildung wunderte ich mich schon lange. Sie soll ein Sämling von 'Maiden's Blush' sein – deren Stachelbildung ja auch sehr ausgeprägt ist – gefunden 1816 in der Baumschule Booth, elbabwärts in Flottbek vor den Toren Hamburgs (heute ein Stadtteil an der Elbchaussee) – so die Söhne des Schotten James, der 1795 im damals von Dänemark regierten Holstein die Firma gegründet hatte. Der andere Elternteil dieser Fundrose muss eine Hybride sein, die ihr gleich mehrere genetische Besonderheiten weitergab: Schweizer Untersuchungen in den 1980er-Jahren weisen im Rot der Blütenmitte reichlich Päonin nach, ein Farbstoff, zu dessen Produktion in solchem Umfang nur *R. rugosa* fähig ist.

Aber von Rätseln war diese Rose schon immer umgeben: Zunächst wurde sie in der Baumschule zurückgehalten und ab 1820 vereinzelt unter dem Namen 'New Maiden's Blush' weitergegeben. In den Booth-Katalog gelangte sie mit dem heutigen Namen erst 1826, nach ausreichender Vermehrung und mit ausdrücklich königlicher Erlaubnis der Namensgeberin, einer Marie von Hessen-Kassel (1767–1852), die den Landgrafen Karl zum Vater und eine dänische Königstochter zur Mutter hatte. Zwei Jahre später finden wir eine 'Königin von Dänemark' im Sammelverzeichnis des Duisburger Kaufmanns Wilhelm Keller, abgedruckt in den Annalen der Blumisterei, allerdings bei den Gallicas mit »purpurrötlich« – warum? Auch eine 'Geburt der Venus' taucht dort auf (»Mitte gefaltet, sanftrosa, äußere Blätter weißlich gerandet«). Von woher bezog Keller eigentlich seine Rosen, Züchterangaben oder Jahreszahlen tauchen nur sehr selten auf? Die Grundaustattung stammte von seinem Nachbarn, dem Gärtner Johann Erben (Katalog 1823). Eine Lieferantenspur zu neueren Sorten führt zu Auguste Miellez bei Lille, nahe der belgischen bzw. damals noch niederländischen Grenze, der vor 1828 (nach Brent Dickerson) unter großen Mengen anderer Gallicas, die sich teils auch bei Keller finden, eine 'Reine de Danemarck' gezüchtet haben soll, vielleicht auch nur nach Frankreich eingeführt und weiterverkauft. Keller übersetzte, so weit es ging – wie viele andere Autoren dieser Zeit in Deutschland – die Rosennamen ins Deutsche. Im Jahr darauf scheint die Königin nicht mehr im Booth-Katalog gestanden zu haben – in Bosse's *Vollständiges Handbuch der Blumengärtnerei*, 1829 in Oldenburg zusammengetragen, suchen wir die Rose vergeblich. Der eigenständig gedruckte Keller-Katalog von 1833 listet überraschend die Königin nicht mehr auf und die Venus nun bei den Alba-Rosen mit nachgebesserter Beschreibung (»Umgebung fleischfarbig, runde stark gefüllte Form«). Unsere nächste handelsgärtnerische Fundstelle ist die 2. Aufl. des *Rose Amateur's Guide* des englischen Baumschulgärtners Rivers: Die Alba »Queen of Denmark« steht, als ausgezeichnete Schau-Rose bewährt, auch 1839/40 wieder in seinem Katalog. Booth habe sie für einen hohen Preis nach London verkauft. Neu sei u. a. im Katalog eine China-Hybride 'Belle Courtisanne'. – Seltsam! Was war inzwischen geschehen?

Allgemein bekannt ist der Ärger, den Booth nach 1826 mit dem Leiter des Hamburger Botanischen Gartens bekam, der behauptete, die als neu verkaufte 'Königin von Dänemark' gliche exakt einer bei ihm stehenden 'Belle Courtisanne'. Diese sei bereits 1806 als Sämling der Centifolie 'Maidensblush' in Frankreich entstanden, was nach einer Umfrage von Georg Booth von niemandem in Frankreich bestätigt werden konnte. Ein Pamphlet dazu wurde 1834 in Paris veröffentlicht. Hardy berichtet darin in einem Brief an Booth, dass er eine völlig neue Rose unter diesem Namen 1830 aus Hamburg erhalten hätte. Gelangte die Hamburger Courtisane von dort zu Rivers, wo sie später spurlos verschwand, jedoch nicht ohne sich zuvor 1836 in eine Bengalrose von Laffay verwandelt zu haben? War dem Kaufmann Keller die 'Königin von Dänemark' zu unsicher geworden und vertraute er mehr auf eine vermeintliche »Venusgeburt« aus Frankreich? Im 1838 in England erschienenen *Book of Roses* erwähnt Catherine F. Gore

'Königin von Dänemark' Blüte und Hagebutte

die fraglichen Rosen jedenfalls in keiner ihrer Listen, die sie zum großen Teil von Monsieur Boitard (1836) übernommen hatte. Der 1838er Booth-Katalog bot bei den Rosen fast 1150 Arten und Sorten, vermutlich ohne die Königin. Diese wanderte weiter als 'Queen of Denmark' von Rivers aus in die USA zur Baumschule des befreundeten William R. Prince, der in seinem *Manual of Roses* mit Katalog von 1846 bei den Albas die Queen mit eigener Nummer und »Large blush, superb« von der ebenfalls zu ihm gelangten 'Naissance de Venus' mit »deep pink, beautiful« abzugrenzen wusste. In deutschen Landen stellte inzwischen Christian Nickels in Preßburg, der aber mit Duisburg in Kontakt gestanden hatte, 1838 in seiner großen Liste der Einmalblühenden die Königin wie bei Miellez in die Rubrik der Gallica provincialis. Als Synonym gab er die französische Übersetzung an: 'Reine de Danemarc'. Am Schluss erwähnte er, dass »es auch eine Rosa alba mit diesem Namen geben soll, die fleischfarb blüht.« In England setzte der junge William Paul mit seinem Buch *The Rose Garden* 1848 einen Meilenstein. Er stellte die hochgelobte Queen eindeutig zu den Albas und erklärte kurzerhand die Bezeichnung »Naissance de Venus« zum Synonym. Die deutsche Übersetzung durch Wilhelm Döll von 1855 behält diese Version bei. Doch spätestens ab 1866, Wesselhöfts *Rosenfreund*, verschwand die rätselhafte Venusgeburt völlig. Auch in Frankreich will niemand davon gehört haben. Wohingegen der Name »Reine of Danemark« – wohl wegen der preußisch-dänischen Spannungen – aktuell blieb, z. B. für eine Remontanthybride des französischen Züchters Granger 1857 oder für eine Damaszener von Miellez 1860 – so in August Jägers *Rosenlexikon* 1936. Während die Rosenfirma Gebr. Schultheis 1889 sich noch französisch gibt mit der Reine von 1857 (Remontant-Hybride) und der Reine von J. Booth u. Söhne (als Damaszener ohne Jahreszahl), hat sich die 'Königin von Dänemark' jetzt auch in Frankreich und England offiziell durchgesetzt. Bei Jäger finden sich noch als Spur aus der bewegten Vergangenheit die Klassifizierung Centifolie, wie in L'Haÿ. Noch in der Gegenwartsliteratur gibt es Relikte aus dem Überlebenskampf wie der Hinweis, dass die Königin in England 1840 entstanden sei.

Blüte dicht gefüllt | **Farbe** mittleres Rosa, zum Rand verblassend | **Duft** sehr gut | **Laub** graugrün | **Stacheln** zahlreich, kräftig, lang, spitz | **Früchte** selten, orange | **Höhe** 1,60–1,80 m **Frosthärte** sehr gut, Klimazone 4–5

'Minette'

'Minette' (Frankreich, Vibert 1819)

Diese bezaubernde Rose haben wir vor vier Jahren aus der Gärtnerei des Europa-Rosariums Sangerhausen mitgebracht. Sie ist in meinem Garten noch niedrig, Informationen zufolge soll sie etwa 1,50 m hoch werden. Die Blüten sind locker gefüllt, zartrosa, durchscheinend wie Seide, woraus man schließen kann, dass die Blüten bei längerer Regenzeit leider verkleben. Das Innere zeigt sich anfangs etwas markanter im Farbton. Auffallend sind die langen Kelchblätter an den Knospen. Das mittelgrüne Laub ist leicht glänzend mit rötlicher Mittelrippe. Im dritten Sommer brachte sie einige Nachblüten hervor.

Blüte locker gefüllt | **Farbe** zart rosa, zum Rand heller, später zu weiß verblassend | **Duft** gut | **Laub** mittelgrün | **Stacheln** wenig | **Früchte** selten, orange | **Höhe** 1,50 m | **Frosthärte** sehr gut, Klimazone 5

'Mme Plantier'

'Mme Plantier' (Frankreich, Plantier 1835)

In 'Mme Plantier' mit ihren dünnen, verzweigten Trieben steckt »Chinablut«; sie wird mitunter, vor allem in der alten Literatur, auch zu den frostempfindlichen Noisetterosen gezählt. Trotzdem hat 'Mme Plantier' noch nie durch Frostschäden Verluste erlitten. Am schönsten wirkt sie, wenn sie ihre Arme mit gebogenen Fingern an den Enden in einen hohen Strauch oder kleinen Baum schieben kann, so wie bei uns. Hier hängt ein Teil der langen Triebe wie Lianen in einer benachbarten Felsenbirne, allerdings von uns wegen des Gesamtgewichts durch kleine Kordeln gesichert. Da sie kaum Stacheln hat, kann sie sich nicht zusätzlich wie eine Klette anheften. Ihr Habitus ist sehr locker. 'Mme Plantier' bekommt keine Hagebutten. Sollte ich schon mal erwähnt haben, dass 'Semiplena' mir die liebste unter den weißen Albarosen ist, dann muss ich hier sagen, 'Mme Plantier' hat mindestens gleichrangig den ersten Platz verdient. Wunderschöne, cremeweiße Blüten, meist in großen Büscheln, machen diesen Rosenstrauch so liebenswert. Der Duft ist ausgezeichnet. Ihre verschwenderische Blütenpracht beglückt uns erst etwas später als die anderen Albarosen. Auch das ist ein Hinweis auf das Besondere in ihrer Abstammung. Als Strauch wird sie etwa zwei Meter hoch, jedoch mit hochgebundenen Zweigen schafft sie weit mehr als drei Meter.

'Princesse de Lamballe'

Blüte locker gefüllt | **Farbe** weiß bis cremeweiß, Knospen zart rosa | **Duft** gut | **Laub** graugrün | **Stacheln** äußerst selten | **Früchte** selten | **Höhe** 2,00–3,00 m **Frosthärte** sehr gut, Klimazone 4–5

'Princesse de Lamballe' (Miellez vor 1829)

Auch wieder eine Alba-Hybride, die ich mir wegen ihres Namens in den Garten pflanzte. Die Zeit der Entstehung dieser Rose war kurz vor der Vertreibung des letzten Bourbonenkönigs. Als ich vor einigen Jahren den Namen dieser Rose las, war er mir sofort vertraut. Lamballe, hieß so nicht die hübsche kleine Stadt in der Bretagne, noch westlicher als St. Malo, schon nahe dem Meer, am Ärmelkanal? Vor zehn Jahren befanden wir uns dort »Auf den Spuren unserer Väter«, einer Erkundungstour durch Frankreichs Nordwesten. Mein Vater hatte die Landschaft geliebt und viel in der Normandie und der Bretagne gemalt. Lamballe war eine dieser Stationen. Ein Schloss war uns im Ort nicht aufgefallen. Unsere Nachforschungen ergaben, dass die eindrucksvolle romanische Kirche Notre Dame einst einem Schloss als Kapelle gedient hatte. Das Schloss war auf Befehl von Kardinal Richelieu im 17. Jahrhundert geschleift worden.

Wer aber war nun diese Prinzessin?
Im Jahre 1767 heiratete ein Bourbone mit dem Titel eines Prinzen von Lamballe eine Turiner Adlige aus dem Hause Savoyen-Carignan. Marie Thérèse Louise ging nach seinem baldigen Tod als »Princesse de Lamballe« in die französische Geschichte ein. Sie wurde am Hofe Ludwigs XVI. zu einer Vertrauten der aus Österreich stammenden Königin Marie Antoinette und erhielt 1774 als Hofdame eine gehobene Anstellung. Als nach der französischen Revolution das Königspaar trotz »Hausarrest« 1791 floh, verließ auch die Prinzessin von Lamballe Frankreich, um in England das Exil des Königs und der Königin vorzubereiten. Als sie von dem Scheitern ihrer Flucht erfuhr, kehrte sie besorgt Anfang 1792 nach Paris zurück. Sie wurde verhaftet, erhielt aber die Erlaubnis die Gefangenschaft mit Marie Antoinette zu teilen. Drei Wochen später wurde sie trotzdem in ein anderes Gefängnis verbracht, wo sie schwören sollte, den König, die Königin und das Königreich zu hassen. Sie weigerte sich und wurde dadurch selbst Opfer des Hasses auf Adel und Monarchie: Beim Verlassen des Gerichts wurde sie mit einem Säbelhieb niedergestreckt. Man zeigte Marie Antoinette den aufgespießten Kopf ihrer Vertrauten vor dem Fenster des Gefängnisses, um sie seelisch zu quälen.

So sind es leider nicht nur schöne Dinge, die sich mit einem interessanten Namen verbinden. Princesse de Lamballe steht auf alle Fälle aber auch für die Treue und Freundschaft, die den Tod nicht scheut.
Obwohl nur nach der Beschreibung ausgesucht, war die Rose eine angenehme Überraschung. Von den schönen, milchweißen Blüten geht ein gewisser Charme aus. Der Duft ist ausgezeichnet. Manche Triebe haben wenige spitze Stacheln, einzelne sind völlig stachellos. Im Handel kommt sie selten vor.

Blüte stark gefüllt | **Farbe** weiß bis cremeweiß | **Duft** sehr gut **Laub** graugrün | **Stacheln** wenig, spitz | **Früchte** oval, orange **Höhe** 1,80 m | **Frosthärte** sehr gut, Klimazone 4–5

Rosa × *alba* 'Semiplena'

(England, 15. Jahrhundert)
Synonym: 'Semiplena', 'Semi-Plena'
'Semiplena' gehört zu den ältesten Sorten, wie bereits weiter oben erwähnt. Sie ist mein Liebling unter den weißblühenden Albarosen. Die Anordnung der kleineren, inneren Kronenblätter erinnern mich an Rüschen oder an Volants, wie sie an Kleidern oder Blusen in den 1960er-Jahren sehr beliebt waren und in der Mode sich nun im Jahre 2006 wiederholte. Besonders auffallend erscheinen in dieser halbgefüllten Blüte die leuchtend gelben Staubfäden. Die Blüten von 'Semiplena' unterscheiden sich erheblich von denen der 'Suaveolens'. Die freiliegenden Staubgefäße werden viel von Bienen besucht. Sie gehört zu den Albarosen, zumindest bei mir, die die meisten Hagebutten ausbildet. Die Autoren Roger Phillips und Martyn Rix schreiben in ihrem Buch (deutsche Ausgabe *Rosarium*, 2005), 'Semiplena' vertrage keinen Schatten. Nun, mein Exemplar bekommt im Sommer erst am Spätnachmittag für zwei Stunden Sonne. Trotzdem ist sie übersäht mit Blüten und im Herbst mit vielen leuchtenden Hagebutten. Die Anzahl der spitzen, langen Stacheln sind mäßig. Den Duft empfinde ich geringfügig lebhafter als bei anderen Albarosen. In der Literatur wird öfters erwähnt, dass 'Semiplena' (ebenso 'Suaveolens') in Bulgarien zur Rosenöl-Gewinnung angepflanzt wurde.

R. × *alba* 'Semiplena'

Blüte halb gefüllt | **Farbe** cremeweiß | **Duft** gut | **Laub** graugrün **Stacheln** mäßig, spitz | **Früchte** zahlreich, rund, orange | **Höhe** 1,80–2,00 m | **Frosthärte** sehr gut, Klimazone 4–5

'Sappho' (England, etwa 1817)

Der Name verpflichtete mich geradezu: Diese Rose musste in meinem Garten stehen, denn die Namen des Altertums passen besonders gut zu den Alten Rosen und verweisen auch auf die Zeit der Klassik, in der eine erste Welle der Neuzüchtungen des 19. Jahrhunderts entstand.
Sappho war die größte Dichterin der Antike (zwischen 630 und 570 v. Chr.), adelig geboren, vermutlich aus Eresos oder Mytilene auf Lesbos stammend. Sie war verheiratet mit einem reichen Mann aus Andros und hatte eine Tochter namens Kleïs, die sie wohl sehr liebte:

»Ja ich hab ein schönes Kind,
golden aufgeblühten Blumen
gleichgeraten an Gestalt: Kleïs, *die einzig liebe;*
nicht um alles Lyderland tausch ich sie …«

Außer zwei vollständigen Gedichten gibt es nur noch Fragmente, wie beispielsweise das nachfolgend von mir ausgesuchte:

»… haben Tautropfen schön übergossen blühende
Rosen und Kerbel zart
und die honiggesüßte Lotosblüte«

Bezeichnungen wie *»Rosenarme«*, *»Rosenfinger«*, *»und die Rosen sind allerorten«* – finden sich ab und zu in den Texten, jedoch kommen Rosen nicht sehr häufig vor. Es waren die Blumen allgemein, die besungen wurden. Der Grundton ihrer Lieder

'Sappho' Blüten und Hagebutten

war eine Innigkeit der Empfindung. Der nach Sappho benannte elfsilbige Vers (Sapphischer Vers) ist auch in die deutsche Dichtung übergegangen. Sappho wurde vorwiegend im 19. Jahrhundert viele Male übersetzt bzw. es gab viele Versuche. Wie der Übersetzer meiner Sappho-Ausgabe Joachim Schickel bekundet, ist die deutsche Sprache hierzu am geeignetsten. Zur Zeit Sapphos gab es mehrere so genannte Sängerschulen. Man könnte diese Sängerschulen als generelle »Kunstschule« verstehen: Junge, talentierte Mädchen (oder Knaben) erhielten eine Ausbildung in Kunst. Im Falle von Sappho wurden die Mädchen im Dichten und im Gesang unterwiesen.

Noch einiges zum Habitus der Pflanze und ihren schönen Blüten: Sie ähneln denen von 'Semiplena', ich erlebe sie aber reinweiß. Der Duft ist gut. Die Triebe von 'Sappho' sind dünn und fast ohne Stacheln. Im Herbst bilden sich für 'Sappho' charakteristische, längliche, rote Früchte aus. Der Wuchs ist stark, sie wird 1,80 bis 2,00 m hoch. Diese spezielle Sorte 'Sappho' ist im Europa-Rosarium Sangerhausen zu finden. Ich habe sie über die Rosenschule Weingart erhalten und von diesen beiden stammen die spärlichen Herkunftsdaten. Sonst entdeckte ich in keinem meiner zahlreichen Rosenbücher etwas über diese Sorte. Es gab und gibt heute verschiedene andere Varietäten gleichen Namens, jedoch weder eine Albarose, noch eine andere Art, auf die die Beschreibung passen würde. Sie ist möglicherweise eine der vielen Mutationen, die im Verlaufe der Jahre und Jahrhunderte aus den Albarosen entstanden ist. Es ist aber nicht die Sorte, die zusammen mit 'Mlle. Blanche Lafitte' für die Zucht einiger schöner weißer Bourbon- und Noisetterosen verwendet wurde. Hierbei handelt es sich um eine herbstblühende Damaszenerrose – 'Sapho' – mit nur einem »p« geschrieben.

Blüte halb gefüllt | **Farbe** rein weiß | **Duft** gut | **Laub** graugrün
Stacheln äußerst selten | **Früchte** zahlreich, orangerot, länglich
Höhe 1,80–2,00 m | **Frosthärte** sehr gut, Klimazone 5

Rosa gallica

»Schöneres als die französischen Rosen kann es nicht geben«

Auch Gallicas gehörten anfangs zu den Zufallsrosen, die in meinem Garten einzogen. Oder nein, doch nicht ganz zufällig, denn seit meiner Jugend liebe ich alles Französische. Und da waren es wohl auch die französischen Namen, deren Klang mich damals in Versuchung brachte, *R. gallica*, die Französische Rose und ihre Abkömmlinge in den Garten zu holen.

Zu Zeiten des englischen Züchters William Paul wusste jeder Gartenfreund, was eine Französische Rose ist: Rosa gallica oder auch einfach Gartenrose. Sie waren damals der Inbegriff von Gartenrose. Die meisten kamen in dieser Epoche aus Frankreich, führend im 19. Jahrhundert in der Rosenzüchtung. Was die Einteilung der Handelsware Gartenrose betrifft, da werden die Gärtner der damaligen Zeit – und auch manche Kunden – die einzelnen Rosensorten gerne mal in die falsche Schublade geschoben haben, wie es auch heute bei so manchen Gärtnern oder Garteningenieuren wenig Probleme gibt, wenn sie Sorten nicht kennen oder die Verkaufsförderung im Sinn haben. Da sagte mir kürzlich ein Gärtner, als ich ihn auf ein Etikett mit dem Namen 'Mme E. Calvat' und dem Zusatz »Englische Rose« hinwies: »So verkauft's sich besser«.

Sobald ich in meiner Anfangszeit die ersten Gallicarosen in Blüte sah, war ich von dem Kontrast, mit dem sie meinen Rosengarten belebten, begeistert: Hier die zarten Blüten und der lockere Habitus der Albarosen, da die kräftigen Farben und stark gefüllten Formen der Gallica-Sorten; die einen, die Albarosen, weiß und hellrosa, die anderen, eher dunkel und im Grundton rot. Irrtümlich dachte ich anfangs, dass alle Gallicarosen rot bis purpur wären. Dabei gibt es auch viele helle Töne wie beispielsweise meine frühen persönlichen Lieblings-Hybriden: 'Belle Isis', 'Duchesse d'Angoulème', 'Belle sans Flatterie' und 'Duchesse de Montebello'.

Natürliche Vorkommen der Wildrose *R. gallica* L. gibt es vorwiegend in mediterranen Gegenden und in Gebirgslagen wie in der Schweiz. Von Kleinasien kommend – möglicherweise war der Kaukasus ihr Entstehungsgebiet – hat sie sich in Mittel- und Südeuropa ausgebreitet. Selbst in den Grassteppen Südrusslands ist sie noch zu finden. Bei uns in Süddeutschland, auch im bayerischen Schwaben, ist sie als heimisch nachgewiesen.

Die ganz reine Art findet man kaum. Gallica-Rosen hybridisieren leicht – das heißt, sie lassen sich gut kreuzen, was ihre spezifischen Merkmale mit denen anderer Rosen kombiniert. So sind viele Hybriden entstanden, zufällig in der Natur, aber vor allem in Gärten mit *R.* × *damaszena*, *R.* × *centifolia* oder später mit Varietäten der *R. chinensis*.

»Die französische Rose nähert sich der Centifolie mehr, als irgend einer anderen Gruppe; sie unterscheidet sich von ihr nur durch einen mehr aufrechten gedrungenen Wuchs, auch sind die Dornen kleiner und weniger zahlreich, und die Blumen sind flacher«, formuliert Wilhelm Döll (in der Übersetzung *Der Rosen-Garten*, 1855, S.258). Weiter heißt es in der Übersetzung:

»... schöneres als die französischen Rosen kann es nicht geben«. Gemeint sind damit die Gallica-Rosen, die in der ersten Hälfte des 19. Jahrhunderts den weltweiten Rosenmarkt beherrschten.

Wie wahr! Die große Auswahl reicht von einfachblühenden, halb oder stark gefüllten, manchmal rosettenförmigen über gestreiften oder gepunkteten bis zu Blüten mit samtigem Schimmer auf dunklen Petalen oder in tiefem, weinhefegrauem Violett.

Bald fiel mir die absolute Robustheit und die enorme Winterhärte auf, dazu kommt noch die Anspruchslosigkeit. Diese Rosen sind mit mageren Böden ebenso zufrieden und müssen nicht jedes Jahr gedüngt werden, ohne dass sie deswegen ihre Blühfreudigkeit einbüßen. Sie wachsen größtenteils schmal aufrecht, werden nicht so hoch und breit wie Albarosen und sind deshalb auch ideal für kleinere Gärten. Die »großen« Ausnahmen bilden zum Beispiel 'Belle sans Flatterie' und 'Duchesse de Montebello'.

Auch die Apothekerrose kann höher werden als allgemein angegeben wird. Ich habe damals unbefangen Katalog-Angaben, hier 1,20 m bis 1,50 m als absolutes Maß genommen und arglos diese drei in den Vordergrund gepflanzt. Die niedrigeren dahinterstehenden waren dann bald versteckt hinter riesigen Sträuchern. Eine kleine Umgestaltung war später nicht zu umgehen. Schließlich musste ein neuer Pfad her, der nun hinter den höheren Strauchrosen wieder die niedrigeren zugänglich macht.

Was verbindet die Gallica-Rosen?

Bezogen auf die Rosen insgesamt fasst man die Gallica-Gruppe mit den ihr, wie schon erwähnt, nahestehenden Zentifolien sowie mit den Damaszenern und Moosrosen als die Sektion Gallicanae zusammen. Innerhalb der Gallica-Gruppe – also der Wildvarietäten und der Garten-Hybriden – gibt es Gemeinsamkeiten, die Gallicas einander ähnlich machen oder als verwandt – auch wenn nur entfernt – erscheinen lassen.

Die Blüten sind meist dunkelpurpur oder bläulichrot, aber auch hell- oder dunkelrosafarben. Weiß kommt nur ganz selten vor, jedoch findet sich der Grundton weiß bei einigen gestreiften Arten. Viele andere gestreifte oder gepunktete Varietäten, deren Grundton rosa oder lila sein kann, haben weiß in der Musterung. Die Blüten sind in Büscheln zu 3 bis 4 angeordnet. Der Duft ist gut, bei einigen sehr intensiv. Alle Gallica-Rosen sind einmalblühend, Blütezeit bei uns erst ab Mitte Juni. Das Laub der Art ist vorwiegend dunkelgrün, kräftig und oft ledrig. Die Zweige sind kaum bestachelt, sie besitzen häufig zusätzliche Borsten. Der Wuchs (meist bis 1,50 m) ist in der Norm aufrecht. Gesundheit, Robustheit und Genügsamkeit habe ich ja schon erwähnt.

Grundsätzlich sind sie Sonnenkinder, jedoch ist zu empfehlen, die dunkelroten Sorten besser nicht ganztägig der Sonne auszusetzen, da diese Farben schneller verbrennen, so wie beispielsweise bei 'Cardinal de Richelieu'. Gallica-Rosen bilden sehr gerne Ausläufer, was unter Umständen in den Beeten lästig sein kann. Aber dieses Verhalten verhalf ihr in so langer Zeit zu überleben. Für diese Ausläufer finde ich genügend dankbare Abnehmer. In früheren Jahren, d. h. Anfang des 19. Jahrhundert, war die Ausläuferbildung wichtig für die Vermehrung. Heute wird das – aus gärtnerischer Sicht – als schlechte Eigenschaft gewertet.

Die Gruppe der Gallica-Rosen gehört zu den ältesten Gartenrosen und ist die wichtigste beim Zustandekommen der aktiven gärtnerischen Rosenzüchtung. Fast alle modernen Gartenrosen haben Urahnen in dieser Gruppe. Mitte des 20. Jahrhunderts holte man die Gallicas wieder hervor, um durch eine Art »Rückzüchtung« z. B. das Aussehen Alter Rosen wieder in die modernen Sortengruppen einzukreuzen. Die allgemein bekannte 'Constance Spray' war 1961 die erste Züchtung von David Austins so genannten Englischen Rosen, aus der *R. gallica* 'Belle Isis' und der Floribundarose 'Dainty Maid'. Schon in den 1930er-Jahren hatte Wilhelm Kordes den Gedanken, die Park- und Strauchrosen durch solche Rückzüchtungen robuster zu machen. Es entstand z. B. die bekannte Frühlingsserie.

Aus der Züchtungsgeschichte der Gallicas

William Paul nennt 1848 in seinem Buch 471 Gallicasorten und 52 entfernter verwandte Hybriden. Die Niederlande waren im 17. Jahrhundert ein bedeutender Mittelpunkt der Rosenzucht. Gerade die Palette der Gallicarosen in ihrer großen Vielfalt und Hybridisierfreudigkeit waren wie geschaffen für einen florierenden Handel. Ende des 18. Jahrhunderts war diese Ro-

R. gallica 'Officinalis'

sengruppe äußerst beliebt, schon Schwarzkopf in Kassel experimentierte mit ihnen. Die ersten größeren Mengen Gallica-Sorten drängten Ende des 18. Jahrhundert aus Holland und belgischen Gebieten nach Frankreich, begünstigt durch Napoleons Besetzung der Niederlande. Außerdem waren durch die Kontinentalsperre gegen England die Holländer und Franzosen zu intensiverem Handel gezwungen. Gallicarosen hatten in Frankreich große Resonanz und kamen in Mode. Die französischen Gärtner eigneten sich alsbald die Kunst der Rosenzüchtung an. Narcisse Henri François Desportes verzeichnete in seinem Katalog 1200 verschiedene Gallica-Sorten, heute kennt man noch um die 300, wobei nicht alle im Handel sind, sondern etliche nur noch in den großen Rosarien stehen, sowie bei Spezialsammlern.

Die Holländer ließen nach Jahren den rosengärtnerischen Zweig wieder verkümmern und konzentrierten das Geschäft auf andere Blumen, die gerade die Mode verlangte, während in Frankreich nach 1800 Descemet, Vibert und Laffay ihr Züchtungswerk ausbauten. Von da an entstanden schier unendlich viele Sorten mit feinen Unterschieden. Frankreich mit Belgien und Luxemburg, England und Deutschland waren vom Rosenfieber befallen. Als Züchtungsnation jedoch ging Frankreich voran und beherrschte das 19. Jahrhundert. Noch 1848 wollten die Engländer nur die französischen Rosen besitzen, wie William Paul schrieb. Er rief die englischen Rosengärtner auf, doch eigene Züchtungen hervorzubringen. Trotz eifrigen Bemühens der englischen Gärtnereibetriebe mit der Rosenzucht verlangten die Kunden weiterhin die französischen Rosen. Erstaunlich fand ich ja schon des Öfteren, dass es einige Rosensorten von englischen Züchtern mit französischen Namen gibt. Da mag wohl der Gedanke des Züchters gewesen sein, den Kunden eine »französische Rose« anzubieten – der umgekehrte Fall von heute.

Wenn britische Autoren schreiben, England wäre das führende Land der Rosenzüchtung im 19. Jahrhundert gewesen, dann stimmt das so nicht. Bennet, den beispielsweise Beales erwähnt, ist hauptsächlich durch eine Serie von Tee-Hybriden-Züchtungen in den Jahren um 1880 bekannt geworden. Aber ein Jahrhundert ist lang und in dieser langen Zeit entstanden die meisten Rosenzüchtungen unbestreitbar in Frankreich.

Provins, Provinz, Provence

Schon im Mittelalter gehörte die *R. gallica* zu den Heilpflanzen, hauptsächlich in Klöstern wurde sie für diesen Zweck häufig gezogen. Seit dem 13. Jahrhundert kultivierten die Franzosen Gallicarosen in großen Mengen als medizinische Pflanze und verarbeiteten sie für den drogistischen Markt.

In Provins, einer kleinen Stadt etwa 50 km südöstlich von Paris, wurde sie großflächig angebaut, daher der Name »Rose de Provins«. Leider führt dieser Name, auch heute noch, zu Verwechslungen mit der Provencer-Rose, gemeint ist hierbei die *R. × centifolia* Lindl. In alten Büchern taucht diese Vermengung fast überall auf. Man übersetzte das lateinische *R. provincialis* Pronv. mit Provencer-Rose, Herkunft Provence. Besonders die »Achat«- (oder Agat) Rosen ordnete man hier ein, so auch noch bei G. C. L. Sigwart 1829, einem Professor aus Tübingen, der das »Vollständige Handbuch der Garten Kunst« von Louis Noisette (Paris, 1826/28) ins Deutsche übertrug.

Sehr bald war Provins die Hauptstadt für die Produktion von *R. gallica*. In dem Ort gab es zahlreiche Apotheker, die aus den getrockneten, zerstoßenen Blütenblättern diverse Heilmittel und Tinkturen herstellten. Oder auch Rosenöl, das damals sehr beliebt war. Die Kenntnis der Gewinnung von Duftstoffen ist ja gleichfalls sehr alt.

Je älter die Bücher sind, desto schwieriger verständlich wird die Auslegung, ob der Autor mit dem Begriff »Provinz« eine Zentifolie oder eine Gallica meinte, z. B. in *Allgemeines Oeconomisches Lexicon* (bey Johann Friedrich Gleditschens sel. Sohn, Leipzig, 1731). Damals fand man von der Rose »deren vielerley Gattungen, so daß manche Gärten deren dreysig bis vierzig aufzuweisen haben.« Der Autor unterscheidet dreizehn verschiedene Rosentypen, hier die ersten drei: »Die gemeinesten sind die rothe oder Provinz-Rose, diese behalten ihren Geruch, wenn sie getrocknet, und werden zu wohlriechenden Dingen, Rosen-Essig, und säuerlichen Rosen-Zucker gebraucht. Die bleich-rothe oder Zucker-Rose wird zu dem einfachen Rosen-Zucker genommen.« Hier sind die Provins-Rosen gemeint, die Gallicarosen – aus »Provins« wurde »Provinz«. Der Begriff »Zucker-Rose« war ein allgemein gültiger Name im 18. und 19. Jahrhundert.

***Rosa gallica* 'Officinalis'** ist die älteste und bekannteste dieser frühen gärtnerisch und ökonomisch genutzten Rosen, auch als 'Apothekerrose' bezeichnet. In Klostergärten wurde *R. gallica* 'Officinalis' zu Heilzwecken angebaut. Überliefert ist dies z. B. von dem Mönch Walahfried Strabo aus dem 13. Jahrhundert des Klosters auf der Insel Reichenau im Bodensee.

Ihre weithin leuchtend karminroten, halb gefüllten Blüten werden von mir und gleichermaßen auch von den Hummeln und den Bienen geliebt; sie werden von den leuchtend gelben Staubfäden angelockt. Der Strauch wächst zunächst aufrecht, einzelne Zweige neigen sich aber durch die Last der Vielzahl der großen Blüten. Im Herbst leuchten dann die vielen großen, runden, orangefarbenen Hagebutten, die im Laufe des Winters dann schwarz werden. Jeder meiner Hunde hatte diese Früchte zum Fressen gern.

Blüte locker gefüllt | **Farbe** karminrot | **Duft** leicht | **Laub** dunkelgrün | **Stacheln** wenig | **Früchte** viele, orange, später schwarz **Höhe** 1,50–1,80 m | **Frosthärte** sehr gut, Klimazone 4–5

Aus der Palette der Gallica-Hybriden in meinem Garten

'Agar' (Frankreich, Vibert 1843)

Eine für diese Gruppe typische Sorte ist 'Agar'. Die Blüten sind von auffallendem Rosa, leicht rot gesprenkelt, was bei den Gallicarosen öfter der Fall ist. Das Laub zeigt eher helleres Grün, die Zweige sind stark bewehrt.

Agar, eine Sklavin Abrahams – war ihre Schönheit so berühmt oder kam in den 1840er-Jahren das Alte Testament wieder in Mode? Die Rose soll weit älter sein als das genannte Jahr. Vibert verdanken wir nur ihre Wiedereinführung.

Blüte mittelgroß, stark gefüllt, geviertelt | **Farbe** rosa, leicht karmesin gesprenkelt | **Duft** mittel | **Laub** mittel- bis hellgrün **Stacheln** zahlreich | **Früchte** keine | **Höhe** 1,50–1,80 m | **Frosthärte** sehr gut, Klimazone 4–5

'Agar'

links: 'Agatha Incarnata'
rechts: 'Agathe Fatime'

'Agatha Incarnata' (vor 1811) *R. × frankofurtana*
Synonyme: 'Agathe carnée', 'Agathe Incarnata', 'Die Agatrose von Frankfurt'
Nach etwa 26 Jahren verschwand diese Rose plötzlich aus meinem Garten. Ich war sehr traurig darüber und wollte mir diese Rose wieder besorgen, aber wie das so ist: Entweder sie war gerade nicht erhältlich, oder ich hatte es wieder vergessen. Eine kleine Hoffnung gab es doch: Es ist eine Gallica-Rose, so wie sie plötzlich vom Erdboden verschwand, taucht sie vielleicht eines schönen Tages aus demselben wieder auf. Und so war es dann. Niemand kann sich mein Glücksgefühl vorstellen – sie ist wieder da! Möglicherweise hatten Mäuse Wurzeln abgefressen, aber aus dem Rest, der noch in der Erde steckte, bildete sie in den Jahren der Versenkung einen neuen Rosenstock.
Es gibt eine kleine Untergruppe von Gallica-Hybriden, die »Agatha-Rosen«. Diese Bezeichnung kommt vermutlich aus dem Französischen »agate« und bedeutet übersetzt Achat. Im Besitz eines äußeren, heller leuchtenden Randes der geöffneten Blüte sind sich alle Agatherosen gleich, während die inneren Blütenblätter in der Farbe dunkler erscheinen. Zusätzlich sind die Blütenblätter stark geädert und erinnern an Achatsteine, die sehr stark in ihren geschichteten Lagen von Chalzedon variieren und den ästhetischen Reiz des Achats begründen.
Der Bezug zu Frankfurt darf einerseits in den schon zur Zeit des C. Clusius mit Rosen gut ausgestatteten Gärten der reichen Frankfurter Kaufleute des 16. Jahrhunderts gesucht werden, die sich schon früh die teuersten Sorten aller Blumen leisten konnten. Andererseits wohl auch in den Verbindungen Frankfurts zu Flandern und den Niederlanden. Nach der Reformation waren niederländische Protestanten rheinaufwärts geflüchtet und in Hanau angesiedelt worden. Frankfurt wurde auch wichtiges Verlagszentrum und druckte nach der Welle der Kräuterbücher die ersten Florilegien, eine Art Schaufenster jener Bürgergärten, aber auch erste Kataloge, wie der des Holländers Sweerts, 1621 für die Messe in Frankfurt. Botaniker und Blumenmaler sorgten für den rheinischen Kulturaustausch, von Basel bis zum Delta. Das erklärt auch das Aufblühen von Gartenbaubetrieben, in denen durchaus ebenfalls neue Rosensorten entstehen konnten.

Blüte gut gefüllt, geviertelt | **Farbe** mittel- bis hellrosa | **Duft** sehr gut | **Laub** leicht graugrün | **Stacheln** wenig, klein | **Früchte** selten | **Höhe** 1,50–1,60 m | **Frosthärte** sehr gut, Klimazone 4–5

'Agathe Fatime'
(Frankreich, Descemet, vor 1815)
'Agathe Fatime' ist eine wundervolle Rose. Eine sehr frühe Züchtung, die die Zeichen ihrer Zeit verkörpert: stark gefüllt, mit einem Knopf oder Auge in der Mitte der Blüte, einzigartig in ihrer Leuchtkraft; lebhaft karmesinrot, nach außen weichere, malvenfarbige Töne. Die Schönheit entsteht aber aus einem Gesamteindruck. Der aufrechtwachsende Strauch ist stark belaubt und die kräftigen Farbelemente der Blüten kontrastieren ausgezeichnet mit dem grünen Laub. Die Pflanze ist erst seit einem Jahr in meinem

links: 'Aimable Amie'
rechts: 'Aimable Rouge'

Garten, aber in dem einen Blütensommer schloss ich diese Rose in mein Herz.

Blüte mittelgroß, stark gefüllt, Auge im Zentrum | **Farbe** karminrosa, zum Rand blasser | **Duft** leicht | **Laub** dunkelgrün **Stacheln** wenig, klein | **Früchte** keine | **Höhe** 1,20–1,50 m | **Frosthärte** sehr gut, Klimazone 4–5

'Aimable Amie' (vermutlich Holland, vor 1843)
Die Blüten sind bezaubernd in ihren wechselnden hell- und dunkelrosa Tönen, von innen nach außen heller werdend; ja, die Rose gehört zu den zahlreichen Sorten, die jährlich, witterungsbedingt, launenhaft ihre Farbe von hell zu dunkel wechseln. Der Strauch wächst, atypisch, weniger aufrecht, er verzweigt sich etwas. Dabei blüht er in Überfülle. Warum habe ich diese liebenswerte Rose nicht schon früher gepflanzt? Jetzt treten sie – meine »liebenswürdige Freundin« mit der Rose 'Aimable Rouge' – gemeinsam als ein anmutiges und kontrastreiches Paar in meinem Garten auf.

Blüte stark gefüllt | **Farbe** hellrosa bis dunkler rosa | **Duft** sehr gut | **Laub** dunkelgrün | **Stacheln** wenig, Borsten | **Früchte** wenig, dunkelrot | **Höhe** 1,50 m | **Frosthärte** sehr gut, Klimazone 5

'Aimable Rouge' (Herkunft vermutlich Deutschland, vor 1785. **Neue Quelle** S. 320)
Gleichmäßig angeordnete Blütenblätter leuchten in warmem Rot. Dieser reine Farbton lässt auf Gallica-China-Hybride schließen. Ein Vergleich unserer heute noch existierenden Rose mit der von Salomon Pinhas um 1800 in Kassel geschaffenen Abbildung legt die Identität beider sehr nahe. Der Name auf der Tafel 42 der Aquarellsammlung lautet 'Aimable Rouge' und war mit dem Verzeichnis der Baumschule Napoleonshöhe von 1811 abgestimmt. Französisch, die höfische Sprache am kurfürstlichen Hof zu Kassel, kam auch dem Interims-Regenten Jérôme Bonaparte (1806–1813) sehr entgegen. Das Ehepaar Wernt und Hedi Grimm hatte 1978 die Aquarelle in der kurfürstlichen Bibliothek ausfindig gemacht. Interessant ist die Bemerkung von Dr. Grimm zur Tafel 42 (*Rosen-Sammlung zu Wilhelmshöhe*, Regensburg, 2001), dass 1785 Conrad Moench, Professor für Botanik am Carolinum Kassel, in seiner Bestandsaufnahme der landgräflichen Rosensammlung angibt, diese Rose sei eine in Weißenstein, wie das Schloss mit Park damals noch hieß, gezogene Abart der *R. belgica*. Gehen wir weiter zurück, finden wir bei Otto v. Münchhausen 1770 in seiner Rosenliste unter den Sämlingen aus *R. belgica* bereits eine *R. belgica flore rubro*, eine mögliche Mutterpflanze, da belegt ist, dass der rosenzüchtende Gärtner Daniel August Schwarzkopf, verantwortlich für die Sammlung seit 1767, Pflanzen von ihm bezog. So klingt es sehr glaubwürdig, was C. Moench über die Herkunft der »Liebenswürdigen Rothen« Rose sagt. Zwar ist bekannt, dass zu Napoleons Zeiten 1809 ein Rosenkontingent von Kassel nach Paris zur Schwägerin, der Kaiserin Josephine, geschickt worden ist, aber umgekehrt haben sich bis jetzt keine Belege finden lassen für Einfuhren seinerzeit direkt aus Frankreich oder den Niederlanden.

Blüte stark gefüllt, dachziegelartig | **Farbe** rot | **Duft** ausgezeichnet | **Laub** dunkelgrün | **Stacheln** wenig, Borsten | **Früchte** wenig, orangerot | **Höhe** 1,50 m | **Frosthärte** sehr gut, Klimazone 4–5

'Alice Vena'

'Anaïs Ségalas'
rechts: 'Ambroise Paré'

'Alice Vena'
(Ende des 18. oder Anfang des 19. Jahrhunderts)
Sie ist eine sehr früh entstandene Varietät. Für mich war es zuerst die Farbe der Blüten, ein dunkles, verführerisches Purpurviolet, das mich derart beeindruckte, als ich diese Rose zum ersten Mal sah. Dazu reizte mich noch der schöne weibliche Name. Da schien es mir unerlässlich, die geheimnisvolle Person, die dahinter steckt, zu ergründen. Doch leider muss ich mich in meiner Neugier noch etwas gedulden. Außer dieser spärlichen Quelle, die besagt, dass die Rose einer Engländerin namens Alice Vena gewidmet ist, gibt es nichts. Doch möglicherweise verliert sie sogar mein Interesse, wenn das Rätsel um 'Alice Vena' ganz aufgeklärt würde, denn ihr faszinierender Farbton passt vortrefflich zu einem dunklen Geheimnis.

Der Strauch wächst nicht ganz so typisch aufrecht wie die Art der Gallicas. Die Triebe sind dünn und neigen sich; sie sind wenig bewehrt. 'Alice Vena' ist sehr selten im Handel.

Blüte stark gefüllt | **Farbe** purpurviolett, rot | **Duft** sehr gut **Laub** dunkelgrün | **Stacheln** wenig | **Früchte** keine | **Höhe** 1,60 –1,80 m | **Frosthärte** sehr gut, Klimazone 4–5

'Ambroise Paré' (Frankreich, Vibert 1846)
Bildschön möchte ich diese Blüte nennen. Dieses freundliche, leuchtende Purpurrosa mit leichten Schlieren und Punkten ist so gewinnend wie die Form der Blüte. Sie ist rund, die inneren Petalen legen sich um den gelben Knopf und so bildet sich eine Rosette im Zentrum. Ihr Parfum ist ausgezeichnet. Ambroise Paré war ein berühmter französischer Arzt, der von 1509–1590 lebte. Ihm ist diese Rose gewidmet.

Blüte stark gefüllt | **Farbe** lebhaft purpurrosa, punktiert | **Duft** sehr gut | **Laub** mittleres Grün | **Stacheln** wenige | **Früchte** keine **Höhe** 1,30–1,50 m | **Frosthärte** sehr gut, Klimazone 4–5

'Anaïs Ségalas' (Frankreich, Vibert 1837)
Anaïs Ségalas (1814–1895), eine sehr bekannte und anerkannte französische Poetin, war auch gleichzeitig eine literarische Kritikerin und Feministin. Sie setzte sich in ihren Artikeln der zeitgenössischen Journale für die Gleichberechtigung in der Arbeit des Schreibens der Frauen ein, ähnlich wie beispielsweise George Sand. Sie veröffentlichte mit sechzehn Jahren ihre erste Gedichtsammlung »Les Algériennes« (es war die Zeit, als die Franzosen Algerien eroberten). Als

Autorin der Empfindsamkeit passt sie in ihrem Wesen ganz zu der Rose. Mit fünfzehn Jahren wurde sie mit dem wesentlich älteren Rechtsanwalt Victor Ségalas verheiratet.

Lange habe ich nach dieser Rose gesucht, bis mir eines Tages eine mir bis dahin unbekannte Rosenfreundin gegen Tausch Ausläufer von 'Anaïs Ségalas' schickte. Zusätzlich bestellte ich die Sorte noch von einer Rosenschule, die ich inzwischen ausfindig machen konnte. Beide Pflanzen sind absolut identisch. Anmutige Blüten, die lange haltbar sind, überdecken das ganze Sträuchlein. Die dünnen Zweige wirken sehr zierlich und die ganze Rosenpflanze erinnert in ihrem lockeren Habitus eher an eine Zentifolie als an eine Gallica. Manchmal ist sie auch deshalb in der Gruppe der Zentifolien in den Listen der Rosenschulen, aber auch in manchen Büchern, zu finden. Trotzdem besitzt sie die Robustheit der Gallicarosen.

Blüte gut gefüllt, flach | **Farbe** hell lilarosa | **Duft** gut | **Laub** hellgrün | **Stacheln** keine | **Früchte** keine | **Höhe** 1,00–1,20 m | **Frosthärte** sehr gut, Klimazone 5

'Antonine d'Ormois' (Frankreich, Vibert 1835)

'Antonine d'Ormois' ist der korrekte Name dieser wunderbaren und grazilen Rose, jedoch fast überall in den Katalogen ist sie unrichtig als 'Antonia d'Ormois' zu finden.

Ein zartes Sträuchlein, zart wie die Blütenfarbe, dünn die Zweige – ach, man hat das Gefühl, dass man diese Pflanze ständig mit einer Extragabe Dünger noch mehr aufpäppeln müsste. Eigentlich ganz untypisch für eine Gallicarose. Mit Sicherheit hat sie mehr Gene von einer Chinarose. Wie kam sie wohl zur Einordnung unter den Gallicarosen? Eine Rose, die für wärmere Gegenden geeigneter scheint. Bei mir jedenfalls ist sie nach etwa fünf Jahren über ihre 50 cm noch nicht hinausgewachsen. Zusätzlich muss sie noch ringsum kleine Stützhilfen bekommen, sonst liegen ihre schönen zarten Blüten auf der Erde, was den lieblichen, seidig durchscheinenden Blüten wahrlich nicht gerecht wird. Wegen ihrer minder guten Frostresistenz kann ich sie für höhere Lagen nicht empfehlen.

Blüte gefüllt | **Farbe** weiß-rosa | **Duft** leicht | **Laub** dunkelgrün, licht | **Stacheln** wenig | **Früchte** keine | **Höhe** 0,80–1,00 m | **Frosthärte** mäßig, Klimazone 6

'Bacchante' (vor 1811)

Es ist eine berauschende, bildschöne Rose! Ballförmige Blüten, wenn sich die Knospen gerade öffnen, so erinnern sie an Bacchus' Trinkschalen. Zugegeben, der Weinstock ist vielleicht die ältere Kulturpflanze, aber immer wieder verbündet sich die Rose mit ihr. Beiden gemeinsam ist der Sinnenrausch. Voll erblüht zeigt sie sich stark gefüllt, im Innern von dunklerem Rosa, zum Rand etwas aufgehellt. Diese Beschreibung passt nur zu der abgebildeten Rose, wie sie in einer Rosenschule in Frankreich erhältlich ist (inzwischen auch in meinem Garten steht) und außerdem so, wie ich sie im Gallica-Rosarium in Commer fotografierte.

links: 'Antonine d'Ormois'
rechts: 'Bacchante'

Die Farbbeschreibung in *La Rose de France* von François Joyaux lautet allerdings »nuanciertes carmin«. Der Rosenschuler Guerrapain schwärmt sogar von einem »violetten Weinrot«. »Weinrot«, welch weinselige, gesundheitsverträgliche oder ambientebestimmte Wortwahl! Die eines Weinkenners ist sie nicht, denn welchen Wein meint man? Einen dunklen, samtigen Bordeaux, einen hellroten Clairets oder gar einen Rosé, was man vielleicht zur Rose assoziieren mag. Vielleicht hat es Guerrapain auch nur wie Goethe gehalten und mit Wasser verdünnten Wein für das Normale, Gesündere angesehen? Der Name spielte damals auf die rasenden Frauen des antiken Bacchuskultes an, heute noch steht er für ein »ausgelassenes Weib«.

Blüte gut gefüllt, geviertelt, Auge im Zentrum | **Farbe** hellrosa, Rand heller | **Duft** mittel | **Laub** mittelgrün, elliptisch | **Stacheln** sehr wenig | **Früchte** keine **Höhe** 1,50–1,80 m | **Frosthärte** sehr gut, Klimazone 5

'Beau Narcisse' (Frankreich, Miellez vor 1828)

Mittelgroße Blütenbüschel von starker Leuchtkraft in Purpurrosa, die später leicht verblassen. Nomen est Omen? Ein schöner Narziss? Ja, aber wie so oft, veränderte diese Rose erst im zweiten Rosensommer ihr Aussehen; im ersten Jahr gefielen mir ihre Blüten überhaupt nicht und der Name versprach mir doch besonders schöne Blüten. Jetzt, im dritten Rosensommer finde ich sie sehr attraktiv und aufregend. In meinem »Gallica-Rosenbeet« steht sie zwischen anderen Sorten und Farben und so erscheinen zumindest die etwas »lauten Töne« ein bisschen sanfter. Mir gefielen aber schon im Frühjahr die feingliedrigen, leicht rötlichen Triebe, ebenso das grazile Laub. Die Sorte ist sehr rar. Ob Wilhelm Keller 1833 mit einer etwas »verunglückten« Übersetzung »Die schöne Narcisse« diese Rose meinte? Die Beschreibung »rein hellpurpur, Umgebung aschfarbighellrot, mittelgroß« stände nicht im Widerspruch.

Blüte stark gefüllt | **Farbe** leuchtend purpurrosa | **Duft** leicht **Laub** mittelgrün | **Stacheln** wenig | **Früchte** keine | **Höhe** 1,60–1,80 m | **Frosthärte** sehr gut, Klimazone 5

'Belle de Crécy' (Frankreich, Roeser 1828)

Synonym: 'Le Météor'

Die Schöne von Crécy habe ich zu meiner Lieblings-Gallica-Rose auserwählt. Sie ist äußerst robust und gesund – ja, ich betone es, sie ist gesund, auch wenn viele Autoren behaupten, sie neige zu Mehltau. Ich verteidige meine Schöne. In den dreißig Jahren, die sie bei mir steht, hatte sie niemals einen Pilzbefall.

Sie ist eine der ersten und letzten von den Gallica-Rosen, die mir im Juni ihre Blüten schenkt, und es ist jedes Jahr spannend, in welchem Farbton sie sich zeigen wird. Wetterwendisch kann sie auch ganz schnell von einem satten Rot in dunkles Violett wechseln. Dabei sind die Petalen von einem dezenten, rauchgrauen

links: 'Beau Narcisse'
rechts: 'Belle de Crécy'

links: 'Belle de Yèbles'
rechts: 'Belle Hélène'

Schimmer überzogen. Oder sie bleibt in diesem Sommer einfach bei ihrer ursprünglich ausgewählten Farbe. Anfangs hat mich das schon stark irritiert. Trügt mich meine Erinnerung zum vorhergehenden Sommer? Manchmal braucht es halt ein paar Jahre, bis man merkt, dass die Schöne nie eine einzige Farbe trägt. Ich habe zwei der vielen Ausläufer etwa 5 cm tief an einen anderen Platz eingesetzt. Hier wächst und blüht sie besonders schön und vermehrt sich mit weiteren Ausläufern und hier stehen nun etwa 3 qm 'Belle de Crécy' als einziger Rosenbusch, wesentlich imposanter als der auf einer Unterlage okulierte Strauch. Der Boden ist hier sehr arm und sie steht auch in der Mittagszeit in der Sonne und – wie man sieht – das liebt sie. Ich möchte sogar niemandem raten, diese Sorte schattiger zu pflanzen! Sie ist eine sonnenliebende Gallica-Rose, trotz der dunklen Farbe.

Nach dem Geheimnis der Rose 'Belle de Crécy' bin ich schon lange auf der Suche. Ganz gewiss wurde sie nicht im Garten der Pompadour gefunden. Diese Fantasie fand ich passend für mein Buch »… ich habe die Lust zu reisen in einem Garten wiedergefunden«, in dem ich über Geschichten und Sagen schrieb. Ein altes Gemälde der Pompadour inspirierte mich damals zu meiner eigenen kurzen Legende zu dieser geheimnisumwitterten Rose.

Aktuell ist das Geheimnis gelüftet und ich berichte ganz nüchtern: Roesers Gärtnerei befand sich in Crécy-en-Brie, nahe Meaux. Zu finden ist dieser Ort heute auf der Karte als »Crécy-la-Chapelle«. Das Schloss Crécy von Mme Pompadour dagegen, befindet sich nahe Dreux, westlich von Paris und Versailles.

Blüte stark gefüllt | **Farbe** purpur, kirschrot, violett | **Duft** sehr gut | **Laub** graugrün | **Stacheln** wenig | **Früchte** keine | **Höhe** 1,20–1,50 m | **Frosthärte** sehr gut, Klimazone 4–5

'Belle de Yèbles' (Frankreich, Desprez vor 1835)

Der Amateurzüchter Jean Desprez lebte und arbeitete in dem Ort Yèbles in Frankreich. Von ihm gibt es noch weitere faszinierende Rosen, so beispielsweise die Noisetterose 'Desprez à Fleurs Jaunes' und die Remontant-Hybride 'Baronne Prévost'.

Die Blüte von 'Belle de Yèbles' ist von einem prächtig leuchtenden Purpurrosa, die Petalen legen sich ordentlich gefaltet als Kranz um das kleine Auge in der Mitte. Diese attraktive Sorte ist sehr selten erhältlich.

Blüte stark gefüllt, geviertelt | **Farbe** dunkel purpurrosa | **Duft** gut | **Laub** dunkelgrün | **Stacheln** keine | **Früchte** keine | **Höhe** 1,50 m | **Frosthärte** sehr gut, Klimazone 5

'Belle Hélène' (Frankreich, Descemet vor 1815)

Synonym: 'Archiduc Charles'

Prächtige, karminrosafarbene Blüten mit einem Auge in deren Mitte, so entfaltet sich die Rose zu einer anmutigen Erscheinung. Wir finden sie in Johann Erbens Liste von 1823 und bei Wilhelm Keller, aber nur bis 1829. Auch Christian Nickels führt sie 1838 nicht mehr, allerdings finden wir hier den Namen 'Archiduc Charles', passend zur k. k. Monarchie des Pressburgers.

Blüte stark gefüllt | **Farbe** leuchtend rosa, Rand heller | **Duft** gut **Laub** dunkelgrün | **Stacheln** wenig, kleine Nadeln | **Früchte** keine | **Höhe** 1,50 m | **Frosthärte** sehr gut, Klimazone 5

links: 'Belle Isis'
rechts:'Belle sans Flatterie'

'Belle Isis' (Belgien, Parmentier 1847)

Dem belgischen Züchter Louis Joseph Parmentier verdanken wir heute viele Rosenschönheiten. Seine wohl Bezauberndste ist nach der altägyptischen Göttin Isis, Gattin des Osiris, benannt.

Die zart rosafarbenen Blüten sind besonders lieblich. Stark gefüllt hängen sie schwer an den dünnen Trieben; der Strauch wird bei mir nie höher als einen Meter. Ihre Ausläufer, die diese Rose in meinem Garten ausschickt sind unendlich; über diese freuten sich schon viele Rosenfreunde.

Eine ähnliche, hellrosafarbene, bis zu zwei Meter hoch wachsende Rose, fand die Journalistin Gerda Nissen in den 1970er-Jahren in Dithmarschen. Ihrer Überzeugung nach sollte es die Gallica-Rose 'Belle Isis' sein. Die Rosenschule, die später ihre Fundrosen übernahm, führt nun diese Sorte neben der traditionell überlieferten 'Belle Isis'. Zwei verschiedene Sorten gleichen Namens sorgen allerdings so manches Mal für Verwirrung, trotz der Zusätze: 'Belle Isis' (Meldorf) bzw. 'Belle Isis'. Da entstehen Streitgespräche unter Rosenfreunden und Diskussionen in Internet-Foren und der eine und der andere Autor verbreitet dann auch solch »überragende« Höhenangaben. Wäre es nicht an der Zeit dieser Fundrose endlich einen neuen Namen zu geben? Wie wäre es mit 'Andenken an G. Nissen'?

Blüte stark gefüllt | **Farbe** zartrosa, zur Mitte leicht gelb | **Duft** leicht | **Laub** hellgrün | **Stacheln** keine | **Früchte** keine | **Höhe** 1,00–1,20 m | **Frosthärte** sehr gut, Klimazone 4–5

Die von Gerda Nissen in ihrer Veröffentlichung „Alte Rosen" 1984 'Belle Isis' genannte Fundrose. (Foto: R. Weiß)

'Belle sans Flatterie'

(Neu: Deutschland, Schwarzkopf, vor 1783)

»Die Schöne ohne Schmeichelei«, das ist sie ganz ohne Zweifel. Sie gehört zu den sehr früh gepflanzten Rosen in meinem Garten und die Schönheit ihrer wunderbaren rosa Blüten wurde schon von vielen Rosenbewunderern gewürdigt. Sie wächst aufrecht, aber die Vielzahl der Blüten drücken die Zweige nach unten. Ohne Stütze, und nach längerer Regenperiode ohnedies, würde sich der ganze Strauch auf die Seite neigen. Die Pflanze bekommt jedes Frühjahr einen starken Rückschnitt um die Triebe mehr zu kräftigen.

Diese einmalblühende Gallicarose wurde weder bei Erben noch bei Keller, aber bei Nickels (1836) erwähnt. Bei Schelhase 1825 und Baumann in Bollweiler war sie noch im Angebot. Was hatte diese schöne Rose so ins Abseits verdrängt? Erstaunlich und erfreulich, dass sie trotzdem überlebte. Gemalt hat diese Schöne Salomon Pinhas vor 1806 in Kassel. Und noch fast 20 Jahre davor kam durch eine Bestellung aus Aschaffenburg eine Rose mit diesem Namen in den Landschaftsgarten Schönbusch.

Blüte gut gefüllt | **Farbe** hellrosa, Rand heller | **Duft** sehr gut **Laub** dunkelgrün | **Stacheln** wenig | **Früchte** keine | **Höhe** 1,60 m und mehr | **Frosthärte** sehr gut, Klimazone 5

'Belle Virginie' (Frankreich, von einem Fleuristen in Sèvres, seit 1814 erwähnt)

Synonym: 'Dauphiné'

Warum gehört sie zu meinen geliebtesten Gallica-Rosen? Ich finde die Blüten einfach be-

zaubernd – hell violettrosa mit einem Auge im Zentrum und wenn mich zwei Blüten anschauen, dann richten sich auch zwei Augen auf mich und sehen mich an.

Die Rosenpflanze ist äußerst robust und gesund und sie behält lange ihre bildschönen Blüten.

Blüte stark gefüllt, Auge im Zentrum | **Farbe** hell lilarosa | **Duft** sehr gut | **Laub** mittelgrün | **Stacheln** wenig | **Früchte** keine **Höhe** 1,50 m | **Frosthärte** sehr gut, Klimazone 5

'Capitaine Williams'

(Belgien, Parmentier, vor 1843)

André Eve schreibt in seinem Katalog: »C'est vrai 'Capitaine Williams'«. Er ist der einzige, der diese Gallicarose in seinem Sortiment führt.

Die Gallica-Rose zeigt sich in einem sehr ansprechenden, bläulichen Purpur, dadurch hebt sich die hellere Rückseite der Petalen deutlich ab. Das Hell und Dunkel der Blütenfarbe macht diese Sorte sehr attraktiv.

Blüte stark gefüllt, geviertelt | **Farbe** purpurrosa, Rückseite heller **Duft** leicht | **Laub** dunkelgrün | **Stacheln** keine | **Früchte** keine **Höhe** 1,20–1,50 m | **Frosthärte** sehr gut, Klimazone 5

'Cardinal de Richelieu'

(Belgien, Parmentier vor 1847)

Eine sehr aufschlussreiche Entdeckung machte der Historiker François Joyaux, (»La Rose de France«, 1998): Bezüglich der schon früh verbreiteten Darstellung, sie stamme von dem holländischen Züchter van Sian und wäre von dem Gärtner Laffay 1840 in Frankreich eingeführt worden, prüfte Joyaux »Laffay« und »van Sian«. Wie er schreibt, kommt diese Rose im Katalog von Laffay überhaupt nicht vor, während van Houtte in seinem Katalog von 1851 zu 'Cardinal de Richelieu' als Züchter Louis Parmentier (1782–1847) aus Enghien (nahe Brüssel) notiert. Ein Züchter mit dem Namen van Sian ist nach F. Mertens, dem Chefredakteur der Zeitschrift *Rosa belgica,* nicht bekannt. So ist Joyaux' Gedanke interessant, dass Rosen in dieser Kolorierung ja in Frankreich oft »bleues« genannt würden, in Holland aber die Bezeichnung für diese Farbe »cyaan« gängig wäre und dadurch sich holländische Anmerkungen »van cyaan« zum Züchterhinweis »van Sian« gewandelt haben könnte.

Überraschend ist Joyaux' Vorstellung, eine Rose von dieser Einzigartigkeit gelte nicht Richelieu als bedeutendem, aber berüchtigtem, politisch einflussreichem Minister, sondern eher dem Umstand, dass der Kardinal für Ludwig XIII. – in dessen Diensten er stand – den berühmten »Jardin des Plantes« anlegen ließ.

Eine weitere Tat Richelieus – seine würdigste – fand im Jahre 1635 statt: Er gründete die Académie française.

Der eigenwillige Farbton dieser Rose ist sehr beeindruckend – ein purpurrot, das mit seinem stärkeren Violettanteil an Farben erinnert, die man in Kirchen findet. Im Verblühen bekommt die Blütenfarbe eine noch violettere Schattierung. Der Nachteil der Blüten liegt leider im sehr schnellen Abblühen, vor allem in der Sonne verbrennen sie regelrecht. Das letzte Innere der kugeligen Knospe öffnet sich zögerlich – bei

links: 'Belle Virginie'
Mitte: 'Capitaine Williams'
rechts und kl. Bild: 'Cardinal de Richelieu'

'Charles de Mills'

anhaltend schlechtem Wetter kann dies leicht in diesem Zustand stehen bleiben.

Blüte stark gefüllt, flach | **Farbe** purpurrot, violett | **Duft** leicht **Laub** graugrün | **Stacheln** wenig | **Früchte** keine | **Höhe** 1,50 m **Frosthärte** sehr gut, Klimazone 5

'Charles de Mills' (Niederlande, vor 1790)
Synonyme: 'Bizarre Triomphant', 'Rose Ardoisé'
Eigentlich müsste hier 'Charles de Mills' als Synonym stehen. Denn der ursprüngliche und richtige Name dieser Sorte ist 'Bizarre Triomphant'. In unseren Katalogen und in den meisten Büchern findet man sie jedoch unter 'Charles de Mills' und so möchte ich es in diesem Buch beibehalten. Der Name 'Charles de Mills' ist in Deutschland, England, Schweiz, Dänemark geläufig, während in Frankreich nur der Name 'Bizarre Triomphant' gebräuchlich ist. Über beide Namen ist nichts bekannt. Es gibt lediglich Vermutungen zur Benennung von 'Charles de Mills' (sie tauchte erstmals um 1830 auf); ein englischer Gärtner gleichen Namens wirkte in dieser Zeit in der Grafschaft Nottinghamshire.

Eine etwas phantasievollere Herkunft erzählt von einem um 1840 (das Datum spricht freilich bereits gegen diese Legende) in Italien lebenden Engländer mit Namen Mills, dessen Garten berühmt war für seine mit Bengal-Rosen umschlungene »Pergole italienne«. In alten Katalogen, z. B. auch in der Nomenklatur von 1906 bei Simon-Cochet, wurde diese Rose bei den Bengalrosen eingeordnet.

Der ältere Name 'Bizarre Triomphant' findet sich 1790 im Katalog eines französischen Rosengärtners, der vorwiegend mit Rosen aus den Niederlanden handelte.

Nach B. Dickersons Archivstudien sind 'Charles de Mills' und 'Bizarre Triomphant' allerdings zwei verschiedene Rosensorten, wobei Dickerson sich nicht fragt, ob eine der »Archiv-Rosen« heute noch existiert.

Diese wunderschöne heutige Rose ist etwas für Puristen: ein flaches Kissen mit recht akkurat angeordneten Petalen und einem Auge, das im Zentrum ruht. Bizarr (daher wohl der französische Name) ist die veränderliche Färbung: Es gibt Sommer, in denen die Blüten purpur sind, also bläulich schimmernd, und Jahre, in denen sie rein dunkelrot erscheinen. Als verwunderlich (bizarre) lässt sich die exakte Anordnung der Petalen bezeichnen, die von der Natur bei dieser Blüte siegreich erzwungen wird (triomphant). Auch die Worte »strahlendes Wunder« drängen sich bei Übersetzungsversuchen auf, wenn man die an ein Mandala erinnernde offene Blüte vor sich sieht.

Allein ihres hohen Alters wegen habe ich sie schon sehr früh, noch in den 1970er-Jahren, im Katalog von Huber in der Schweiz entdeckt und in den Garten gepflanzt.

links: 'Charles Quint'
rechts: 'Comte Foy (de Rouen)'

Blüte stark gefüllt, flach, geviertelt | **Farbe** purpur, dunkelrot **Duft** leicht | **Laub** dunkelgrün | **Stacheln** wenig | **Früchte** keine **Höhe** 1,50 m | **Frosthärte** sehr gut, Klimazone 5

'Charles Quint' (Robert, 1856)

Es war die letzte Gallicazüchtung von Robert, dem Nachfolger von Vibert. Die Zeit der schönen einmalblühenden Rosen war vorbei. Die Kunden wollten nur noch die öfterblühenden Tee- und Remontant-Rosen für ihre Gärten. Ich sage schade – aber um so mehr ist es wichtig, diese frühen Züchtungen in den Rosarien oder Privatsammlungen zu erhalten.

Die Blüten von 'Charles Quint' sind schwierig zu beschreiben. Meine beiden Exemplare (vom Händler mal als Gallica, mal als Zentifolie ausgewiesen), stehen seit vier Jahren in meinem Garten und sind von verschiedenen Rosenschulen, die eine aus der Schweiz und die andere aus Frankreich. Beide Pflanzen sind sich aber in ihrer »unbeschreiblichen« Färbung sehr ähnlich. Während der Blütezeit dieser Einmalblühenden wechseln die Farben der einzelnen Blüten beachtenswert: Eine öffnet sich in zartestem Rosa mit kaum merklichen Tupfen oder Streifen in einem sanften lilarosa Ton. Die Nachbarblüte dagegen konnte sich nicht entscheiden, ob sie nun weiß oder rosa werden soll, so machte sie in der Mitte Halt und zeigt sich fifty-fifty. Andere wiederum erblühen einfach in einem kräftigeren Rosa oder liefern noch ein paar dunklere Streifen dazu. Im ersten Jahr dachte ich, dass die beiden Rosenpflanzen im nächsten Jahr sicherlich – wie in der Literatur wohl vereinfacht beschrieben – nach einem einzigen Kolorierungsschema blühen.

Blüte kugelig, stark gefüllt, Auge | **Farbe** weiß-rosa, lila gestreift **Duft** schwach | **Laub** dunkelgrün | **Stacheln/Borsten** wenig | **Früchte** keine | **Höhe** 1,00–1,20 m | **Frosthärte** sehr gut, Klimazone 5

'Comte Foy (de Rouen)'

(Frankreich, Lecomte 1827)

Eher eine schwach wachsende Gallicasorte, wenigstens in meinem Garten. Allein, ich liebe die karmesinrosafarbenen Blüten. Bei dieser Rose handelt es sich um eine Liebhaberzüchtung von Lecomte in Rouen.

Der zu Beginn der Restauration 1814 von Ludwig XVIII zum Grafen ernannte ehemalige General Napoleons wurde besonders bekannt, als er ab 1819 das nordostfranzösische Departement Aisne in der Deputiertenkammer vertrat und dort als konstitutionell Liberaler zum Führer der Opposition gegen die ultraroyalistische und klerikale Mehrheit wurde. Als ein Jahr nach dem Thronwechsel zu Karl X, 1825, der vom Volk sehr verehrte Maximilien Sébastien Foy im Alter von fünfzig Jahren starb, folgten 100 000 Menschen dem Sarg. 1826 und 1827 wurden seine Schriften und eine Biografie über ihn veröffentlicht: Vom 17-jährigen Artillerieoffizier bis zum Oberbefehl über die Truppen in Spanien 1813 hatte er sich überall mit Tüchtigkeit hervorgetan und seinen reichen Erfahrungsschatz niedergeschrieben. Zweimal war er schwer verwundet worden, zuletzt bei Waterloo, nachdem er sich 1815 noch einmal Napoleon angeschlossen hatte.

Links die im Handel unter falschem Etikett verkaufte 'Mme Hardy'. Daneben die im Europa-Rosarium Sangerhausen fotografierte Variante einer 'Comtesse de Lacépède'.

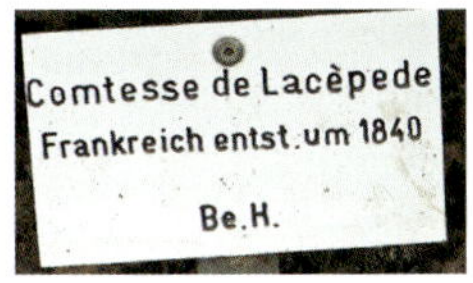

Den historischen Quellen nach sollen vier weitere, aber heute verschollene Rosen nach ihm benannt worden sein: eine zusätzliche mit dem Titel Graf (vor 1835, Noisetterose) und drei mit dem Titel General (1825 Damascena, 1827 Gallica, 1844 Gallica).

Blüte gefüllt, geviertelt, schalenförmig | **Farbe** rosa, lila verblassend | **Duft** leicht | **Laub** hellgrün | **Stacheln** wenig | **Früchte** keine | **Höhe** 1,50 m | **Frosthärte** gut, Klimazone 5

'Comtesse de Lacépède'

(Duval/Verdier, Frankreich, um 1840)

Meine Zweifel in der 1. Auflage, dass meine im Handel erworbenen Rose (Abb. o. li.) die Damaszenerrose 'Mme Hardy' sein könnte, erwiesen sich leider als zutreffend. Die Farben der 'Comtesse de Lacépède' in der zeitgenössischen Literatur kommen allerdings mit ihrem „fleischfarben (flesh)" und „silbrigrosa (silvery blush, centre sometimes rosy flesh)" (Paul *The Rose Garden*, 1848) dem Erscheinungsbild einer Blüte der 'Mme Hardy' durchaus nahe. Einig sind sich die Autoren jedenfalls darin, dass die Blüte hell sein muss.

Im *Rosen-Verzeichnis* des Europa-Rosarium Sangerhausen, 9. Auflage, 2011, S. 83, steht sie als Bengal-H., Duval 1840, hellrosa bis silbrig rosa, außen z. T. purpurrosa. August Jäger beschrieb 1936 die 'Comtesse de Lacépède' (Bengal-Hybr.) im Rosarium mit „fleischfarben, Rand purpur-rosa" (zum Vergleich die Rose in Sangerhausen heute, Abb. oben rechts).

Aus der Literatur führte Jäger noch an: 'Comte de Lacépède' (Provins) mit „lilarosa"; ferner 'Lacépède' (Remontant-Hybr.,Verdier 1865) „hellrot bis dunkelrot".

Brent C. Dickerson fügte aus seinen Quellen in *Old Roses: The Master List* (2007) zwei weitere Rosen mit nur dem Hauptnamen hinzu und eine Comtesse ohne „de" mit jeweils der Farbe „lilac pink". Genug Möglichkeiten für namentliche Verwechslungen – ob es die ursprüngliche Rose 'Comtesse de Lacépède' überhaupt noch gibt?

Gewidmet wurde diese Rose der Gattin eines großen Wissenschaftlers: Bernard Germain Étienne Médard de la Ville-sur-Illon, Comte de La Cépède (1756–1825). In der Schreibung taxonomischer Nomina in der Biologie ist lediglich als wissenschaftlicher Namenszusatz »Lacépède« angeführt.

Schon dem Kind Bernard galt sein größtes Interesse Buffons Natur-Geschichte und als junger Mann mit 35 Jahren schrieb er selbst zwei wissenschaftliche Abhandlungen, was ihm den persönlichen Kontakt zu dem Verfasser Georges-Louis Le Clerc, Comte de Buffon einbrachte. Zudem wurde er durch ihn als Assistenzkurator des Naturalienkabinetts am Jardin de Roi berufen. Comte de La Cépède verfasste noch zahlreiche andere wissenschaftliche Werke, darunter einen Band zur Naturgeschichte der Fische, dem noch weitere folgten. Allerdings wandte er sich mehr und mehr der Politik zu: Er wurde 1801 Präsident des Senats, 1804 Minister. Zum Pair von Frankreich wurde er 1819 ernannt. Doch müssen hier unbedingt noch seine musikalischen Talente erwähnt werden. Als Kind erlernte er die Instrumente Klavier und Orgel. Fünf Opern soll er später komponiert haben, die Christoph Willibald Gluck besonders lobte. Ich möchte nur drei davon nennen, da sie Rosennamen tragen: Armide, Alcine und Omphale. Zum Teil sind die Musikwerke verschollen, einen Teil ließ der Comte gar nicht publizieren. Auch in diesem Fach der Musik schrieb er zwei Bände »La poétique de la musique«.

links: 'Conditorum'
Mitte: 'Cosimo Ridolfi'
rechts: 'D'Aguesseau'

'Conditorum'

(von Dieck 1889 in Deutschland eingeführt)
Synonyme: *R. gallica* 'Conditorum', 'Ungarische Rose'

Was verbirgt sich hinter dem Namen »Konditoren-« oder »Zuckerrose«, wie sie auch genannt wurde? In Ungarn, wo sie herstammt, sollen Konditoren diese Blüten kandiert zur Verzierung ihrer Torten verwendet haben. Die Petalen scheinen besonders hierfür geeignet zu sein, da sie kräftiger sind als die von anderen Rosen. Ich habe es noch nicht versucht, weil ich der ganzen Aufesserei von Rosenblüten nichts abgewinnen kann. Es läuft meinem Gefühl für Rosen zuwider. So wie *R. gallica* 'Officinalis' ist diese Rose ebenso eine sehr alte Form von *R. gallica*. Nach Deutschland kam *R. gallica* 'Conditorum' erst 1889 durch den Botaniker Dieck aus Zöschen. Peter Harkness vermutet in seinem Buch *Rosen – Die schönsten Illustrationen der Royal Horticultural Society*, dass der Botaniker Charles d'Ecluse (Clusius) diese Rose in den Niederlanden eingeführt hat, der sie in den sechziger Jahren des 16. Jahrhunderts in Ungarn entdeckt hatte. Im 17. Jahrhundert waren die Niederlande ein bedeutender Mittelpunkt für die Rosenkultur. Auf einer alten Tafel aus »Paradisus Terrestris« werden von John Parkinson (1567–1650) vierundzwanzig beschriebene Rosen dargestellt. Darunter ist die *Rosa Hungarica*, 'The Hungarian Rose' abgebildet.

'Conditorum' gehörte zu den anfangs wenigen roten Rosen, die in meiner Rosengasse standen, und ihr Leuchten ist für mich heute noch wie ein Signal. Die Blüten wirken auf mich wie ganz besondere Edelsteine. Beales sieht sie als rubinrot und diese Beschreibung gefällt mir am besten dafür.

Blüte locker gefüllt, auffallend leuchtend gelbe Staubfäden **Farbe** dunkelrot | **Duft** leicht | **Laub** dunkelgrün | **Stacheln** wenig | **Früchte** groß, rund, rot | **Höhe** 1,50 m | **Frosthärte** sehr gut, Klimazone 5

'Cosimo Ridolfi' (Frankreich, Vibert 1842)

Synoym: 'Cosimo Ridolphi'

Niedrig, buschig, aber kräftig und keineswegs zierlich, so steht mein kleiner Strauch schon im ersten Jahr nach der Pflanzung da. Erst spät entschloss ich mich, diese Rose zu bestellen, da mir der Name nicht gefiel. Doch wie überrascht war ich über diese prächtige Farbe der Blüten; es ist ein auffallendes Lilarosa von ganz besonderem Farbklang.

Der Agrarwissenschaftler Cosimo Ridolfi war achtundvierzig Jahre alt, als die Rose nach ihm benannt wurde. Italien war damals noch kein Nationalstaat und so stand Ridolfi im Dienst des Großherzogs der Toscana. 1840 hatte er den Lehrstuhl für Agronomie der Universität Pisa erhalten. Bereits 1827 gab er eine Agrarzeitschrift für die Toskana heraus. Ein Jahr später hatte er zu Gunsten der Kleinbauern die Schaffung einer Bank und Sparkasse für Landwirtschaftliche Betriebe angeregt. Bei seinem Gutshof in Meleto schuf er die erste höhere Agrarschule in Italien. Die politischen Interessen Frankreichs richteten sich in den 1840er-Jahren auf Italien, das ein von Österreich unabhängiges Land werden sollte. So war auch bestimmt Ridolfi als Vorbild für die französische Landwirtschaft aufgefallen.

Blüte stark gefüllt | **Farbe** lilarosa | **Duft** gut | **Laub** dunkelgrün **Stacheln** wenig | **Früchte** keine | **Höhe** 1,20 m | **Frosthärte** sehr gut, Klimazone 5

links: 'Daphné'
Mitte: 'Duc de Bordeaux'
rechts: 'Duc de Guiche'

'D'Aguesseau' (Belgien, Parmentier 1836)
Nach einer neuen DNA-Analyse könnte es sich um eine Züchtung von Parmentier handeln, wie F. Joyaux in seinem Buch *Rosa Gallica* vermutet. In einem Katalog von Vibert erscheint sie ohne Züchtername, deshalb nahm man später an, dass sie von Vibert stamme.
Namensgeber ist hier wohl ein französischer Kanzler (Henri François d'Aguesseau 1668–1751), der zu Zeiten von Ludwig XIV für die Rechte des Parlaments kämpfte, ein Dauerthema auch zu Zeiten des Bürgerkönigs Louis Philippe.
Die Blüten von 'D'Aguesseau' zeichnen sich mit einem rein hellroten Farbton von unbeschreiblicher Leuchtkraft aus. Ich stimme zu, das ist nicht jedermanns Geschmack. Aber so ein paar leuchtende Tüpferl zwischen andersfarbigen Rosen sind gewiss sehr effektvoll.

Blüte stark gefüllt, kleines grünes Auge, flach | **Farbe** reines Rot **Duft** mittel | **Laub** dunkelgrün | **Stacheln** vereinzelt | **Früchte** keine | **Höhe** 1,00–1,20 m | **Frosthärte** sehr gut, Klimazone 5

'Daphné' (Frankreich, Vibert 1819)
Synonyme: 'Eugénie', 'Niobé'
Der Name der Rose entstammt, wie so mancher aus jenen Tagen, der griechischen Mythologie und bezieht sich auf die Tochter des Flussgottes Peneios. Daphne, die von Apollon verfolgt wurde, weil er in Liebe zu ihr entbrannt war, rief in ihrer Not Zeus um Rettung an. Da verwandelte dieser sie in einen Lorbeerbaum. Im Griechischen bedeutet »Daphne« Lorbeer. Johann Erben hatte die Sorte 1823 noch im Programm, bei Wilhelm Keller war sie schon aussortiert. Die Rose 'Daphné' hat prächtige, karminrosa Blüten vorzuweisen, die leicht in einen mauvefarbenen Ton übergehen können, je nach Sonnenscheineinwirkung.

Blüte stark gefüllt | **Farbe** leuchtend rosa, mauve | **Duft** mittel **Laub** dunkelgrün | **Stacheln** wenig | **Früchte** keine | **Höhe** 1,50 m **Frosthärte** sehr gut, Klimazone 5

'Duc de Bordeaux', (Frankreich, Vibert 1820)
So gerne hätte ich dem Züchter Vibert geraten, dieser Rose mit den herrlichen, hellrosa Blüten lieber den Namen »Daphné« zu geben und dafür der dunkler rosafarbenen 'Daphne' die Würde des Herzogs von Bordeaux zu verleihen. Deshalb habe ich auch ständig Probleme, dass ich die beiden – 'Daphné' und 'Duc de Bordeaux' – verwechsle. Dabei schreibt Vibert selbst (1820), dass er bestrebt ist, für weiße Rosen und solche mit zarten, hellen Farben, Namen aus der Mythologie oder aus verklärten historischen Zeiten zu wählen. Allerdings passt die helle Farbe zum Jubel der Geburt des Namensgebers, die 1820 gefeiert wurde: Dieses mit dem Herzogtitel von Bordeaux ausgestattete Kind galt nun als möglicher Thronfolger. Das war umso wichtiger für das Königshaus, weil in demselben Jahr sein Vater (mit dem Titel des Herzogs von Berry) ermordet wurde. Dieser Duc de Bordeaux wurde jedoch nie König, da zehn Jahre später die »Julirevolution« mit dem Sturz des Großvaters Karl X. endgültig die Linie der Bourbonen beendete. Auch diese Vibert-Rose konnte man bei Johann Erben kaufen.

Blüte stark gefüllt, Auge im Zentrum | **Farbe** hellrosa | **Duft** gut **Laub** hellgrün | **Stacheln** wenig | **Früchte** keine | **Höhe** 1,50 m **Frosthärte** sehr gut, Klimazone 5

'Duc de Guiche' (Frankreich, Prévost, vor 1821)
Synonyme: 'Sénat Romain', 'Cocarde Vermeil'
In der Blütezeit ist dies ein auffallender Strauch, da die vielen Blüten in glühendem, dunklem Karminrosa weithin funkeln. Der Strauch wird nicht hoch, aber sehr kompakt.

Der Herzog von Guiche (1789–1855) stammt aus einer alten Adelsfamilie, den Herzögen von Gramont. Er hatte schon von Jugend an eine gute Verbindung zu den Bourbonen, besonders zu dem Herzog von Angoulême, mit dem zusammen er emigrierte. Während der Restauration war der Herzog von Guiche in Frankreich der Inbegriff von Eleganz und gutem Geschmack. So hat es seine Richtigkeit, dass die »hervorragendste französische Rose«, noch zu seinen Lebzeiten, nach ihm benannt wurde.

Blüte stark gefüllt, geviertelt, Schalenform | **Farbe** lila-karminrosa, purpur | **Duft** sehr gut | **Laub** mittelgrün | **Stacheln** wenig **Früchte** keine | **Höhe** 1,20–1,50 m | **Frosthärte** sehr gut, Klimazone 5

'Duchesse d'Angoulême' (Frankreich, Vibert 1821)
Synonyme: 'L'Angoumoise', 'The Wax Rose' in England
Auch bei dieser reizvollen Rose ist die Frage berechtigt: Wie kam sie wohl zur Eingliederung bei den Gallica-Rosen? Die Petalen der Blüten sind ein Hauch von durchscheinender Blässe, die Farbe von zartem Rosa, nach außen sogar weiß, und wieder ist der kleine Strauch mit den dünnen Zweigen alles andere als gallicatypisch. In meinem Garten hat sie nach etwa acht Jahren noch nicht mal die Ein-Meter-Marke erreicht. Die Hybridation einer Chinarose ist hier im Spiel.

Und wer war die Herzogin von Angoulême? Die blonde und zarte Marie Thérèse Charlotte ist die Tochter von Ludwig XVI und Marie-Antoinette, die beide 1793 im Verlauf der Französischen Revolution hingerichtet wurden. In der Emigration heiratete sie 1799 ihren Cousin, den Herzog von Angoulême. Zurückgekehrt nach Frankreich – Napoleon war besiegt und verbannt – wurde 1814 lediglich ihr Onkel der neue König, Ludwig XVIII. In ihrem Wesen soll die Herzogin nach der Rückkehr allerdings das ganze Gegenteil dargestellt haben, sie wurde nun als schrill und brutal beschrieben. Vibert wird da bei der Benennung dieser schönen Rose eher an die noch junge und zarte Frau gedacht haben. Später, in den Jahren zwischen 1852–1860 – es regierte »kaiserlich« Napoleon III, die Zeit der Bourbonenkönige war vorbei und verdrängt – wurde die Rose nur noch nach der Landschaft von Angoulême benannt, 'L'Angoumoise'.

Zu der Zeit, als Vibert 'Duchesse d'Angoulême' in den Handel brachte, gaben mehrere Rosisten ihren Neuschöpfungen denselben Namen. Und das

'Duchesse d'Angoulême'

führt zu einem gewissen Durcheinander. Solches war auch der Fall bei der Sorte 'Duc d'Angoulême'.

Blüte gut gefüllt | **Farbe** hellrosa | **Duft** sehr gut | **Laub** hellgrün **Stacheln** wenig | **Früchte** keine | **Höhe** 1,20 m | **Frosthärte** gut, Klimazone 5–6

'Duchesse de Montebello'

(Frankreich, Laffay 1824)

Dieses Prachtexemplar wird auch so manches Mal unter den Chinarosen geführt. Auch als Albarose oder Zentifolie findet man sie. Laffay selbst hat sie eine »Rosier de Bengale« genannt, also eine China-Hybride.

Wer auch immer sie zu den Gallica-Rosen zählte, in diesem Fall stimmt es nach meiner Meinung absolut überein. Dieser üppig blühende Strauch mit seinem kräftigen und dichten Laub, aufrechtem Wuchs besitzt mehr Gallica-Eigenschaften als alles andere. Es freut mich, dass 'Duchesse de Montebello' inzwischen eine sehr häufig gepflanzte Rosensorte ist. Als ich sie vor fast 30 Jahren in meinen Garten holte, war sie noch sehr selten und man musste schon nach ihr suchen.

Blüte stark gefüllt, Auge im Zentrum | **Farbe** hellrosa | **Duft** sehr gut | **Laub** graugrün | **Stacheln** keine | **Früchte** selten | **Höhe** 1,80–2,00 m | **Frosthärte** sehr gut, Klimazone 4–5

'Empress Josephine'

(Frankreich, Descemet, vor 1815)

Synonym: 'Impératrice Joséphine'

Hybride von *R.* × *francofurtana*

Einen ganzen Wald von Ausläufern bilden meine beiden »Joséphines«. Die ältere der beiden Pflanzen, die ich schon sehr früh von Richard Huber in der Schweiz bezogen habe, steht an sonniger geschützter Stelle und benimmt sich wie »halb Strauch halb Kletterrose«, desgleichen ihre Ausläufer. Die zweite Pflanze, wesentlich später gepflanzt, wächst an einem freien Standort und wird nie höher als etwa 1,50 m, wohl auch deshalb, weil ich sie sehr stark beschneide. Die Ausläufer streben viele Meter weit in die benachbarten Beete und tauchen auch auf den Gehwegen dazwischen auf.

In der Blütezeit hat 'Empress Josephine' ihren großen Auftritt: Die Blütenpracht ist derartig eindrucksvoll, dass man sich nicht sattsehen kann. Die Blüten sind groß und von einem einmaligen wundervollen Rosa, die Petalen durchscheinend zart wie Seide und wie bei den Agatha-Rosen mit wenigen Adern versehen. Man kann sich vorstellen, dass diese duftig durchscheinenden Blüten nichts für Dauerregen sind. Der exzellente Duft aber übertrifft noch die Schönheit der Blüten.

Als leidenschaftlicher Bewunderer und Lieferant der ehemaligen Kaiserin Joséphine widmete Descemet ihr diese Rose. Ob er wirklich ihr Hoflieferant war, ist zwar nicht erwiesen, es könnte jedoch möglich sein. Allerdings wünschte es Joséphine nicht, dass eine Rose nach ihr benannt wird. Leider hat sich im Laufe der Zeit die englische Übersetzung des Rosennamens in Deutschland durchgesetzt.

Blüte locker gefüllt, groß | **Farbe** lilarosa | **Duft** sehr gut | **Laub** graugrün, stark geadert | **Stacheln** wenig | **Früchte** selten | **Höhe** 1,50–1,80 m | **Frosthärte** sehr gut, Klimazone 5

'Duchesse de Montebello'

'Empress Josephine'

'Fanny Elßler'

'Fanny Elßler' (Frankreich, Vibert 1835)

Zusammen mit ihrer Schwester Therese wurde Fanny Elßler (1810–1884) im Theater an der Wien und Neapel als Tänzerin ausgebildet. Besonders in Nationaltänzen errangen sie beide Welterfolge. Die Blüten sind gefüllt, purpurrosa, zuweilen leicht violett.

Blüte stark gefüllt, schalenförmig, kleines Auge im Zentrum **Farbe** purpurrosa, leicht violett | **Duft** leicht | **Laub** dunkelgrün **Stacheln** einige | **Früchte** keine | **Höhe** 1,50 m | **Frosthärte** sehr gut, Klimazone 5

'Fornarina' (Frankreich, Vibert?, 1841?)

Nach dem Engländer Graham Stuart Thomas soll Vétillard der Züchter dieser Rose mit dem Synonym 'Belle Flore' gewesen sein, der sie angeblich 1826 gezüchtet habe. Vétillard lebte in Le Mans in Frankreich und arbeitete hauptsächlich um 1820. F. Joyaux dagegen nimmt an, dass es eine Züchtung von Vibert ist.

'Fornarina'

Diesen aufrecht wachsenden Strauch ohne Stacheln habe ich mir aus der Schweiz mitgebracht. Die Blüten verfügen über einen schönen dunkelrosa Farbton, manche von ihnen weisen mehr oder weniger helle Punkte auf. Sie sind gefüllt, hin und wieder werden auch gelbe Staubgefäße sichtbar. Im dritten Sommer brachte sie noch vereinzelte Nachblüten hervor. Eine seltene Rose – in der Literatur findet man sehr wenig über sie. Fornarina soll eine italienische Bäckerstochter gewesen sein, die dem berühmten italienischen Maler Raffael Modell stand und seine Geliebte war. Ihre Züge scheinen der Sixtinischen Madonna zu Grunde zu liegen.

Blüte stark gefüllt | **Farbe** dunkel- bis magentarosa | **Duft** mittel **Laub** dunkelgrün | **Stacheln** wenig | **Früchte** wenig | **Höhe** 1,20 m | **Frosthärte** sehr gut, Klimazone 5

'Frédéric II' (Frankreich, Verdier 1847)

Synonyme: 'Frédéric II de Prusse', 'Prinz Friedrich von Preußen'

Eine vortreffliche Rose, die eine Kreuzung zwischen China- und Gallicarose ist, die aber mehr zur China-Hybride zu tendieren scheint, Bourbon-Hybride ist auch schon mal im Gespräch.

Leider ist man als ernsthafter Sammler immer wieder Zweifeln an der Echtheit seiner guten Sammlerstücke ausgeliefert. Unter dem Namen 'Frédéric II' scheint eine weitere Variante in den Handel gekommen zu sein.

Außer Joyaux' Quelle, dem Verdier-Katalog von 1848, sind Hinweise auf Rosen mit diesem Namen in der Literatur sehr spärlich: Dickerson zitiert zwei französische Quellen aus den Jahren 1871 und 1877, in Deutschland findet sich die Rose nur erwähnt bei Wesselhöft (1873) und – mit identischem Wortlaut ('Frédéric II de Prusse', »Bl. purpurviolett …, imponierende Rose«) – auch bei Nietner (1880, Nummer 1915). Sie kommt weder in der Sammlung von L'Haÿ (1902) noch 1935 in Sangerhausen vor (Jäger, 1936, erwähnt sie nicht einmal), auch im 1976er Verzeichnis keine Spur. In den Rosariumsverzeichnissen von 1988 bis 2000 erscheint überraschend eine Rose mit 'Frédéric II de Prusse', Verdier 1847, »dunkelpurpurviolett« (und von dort gelangte die Beschreibung durch Übernahme der Dateien aus der ersten Version der Sangerhäuser Datenbank auch in *Modern Roses* XI, 2000). Reiser von Sangerhausen holte sich Joyaux in seine Sammlung (*La Rose de France*, 1998), dieses Exemplar ist tatsächlich dunkel purpurviolett. Jedoch in dem Rosariums-Verzeichnis 2000 verschwand diese Rose, 2003 wieder erwähnt, 2005 fehlt sie, 2011 wieder drin. Mein Exemplar von der Rosenschule Alain Tschanz am Genfer See ist jedoch »lilarosa« und scheint von den bei Verdier angegebenen Farben »purpurviolett« und »karminrosa« abzuweichen.

Woher stammen diese Exemplare? Und überhaupt frage ich mich manchmal, mit welcher Sicherheit glauben manche Leute, einer heute real existierenden Rose eine lediglich durch historische Quellen überlieferte »Papierrose« eineindeutig (wie die Mathematiker sagen) zuordnen zu können; zumal wenn die Beschreibungsdaten manchmal nur aus zwei bis drei Wörtern bestehen?

So gesehen habe ich hier Lust anzumerken, dass Döll in *Der Rosengarten*, 1855 – Übersetzung aus dem Englischen mit für Deutschland wichtigen Ergänzungen und aktualisiert seit Pauls Original 1848 – eine lilarosafarbene Gallica mit dem Namen 'Prinz Friedrich von Preussen' erwähnt, die auch Nietner 1873 mit eigener Nummer bestätigt. (Bei Döll Nummer 110: »Prinz Friedrich von Preussen, Bl. lilarosenfarben, groß, voll. Gezogen zu Düsseldorf«). Eine Verwechslung durch Übersetzung von 'Prince Frédéric' (Gallica, Parmentier um 1840) kommt nicht in Frage, da diese bei Nietner eine eigene Nummer (4057) hat. Wilhelm Döll ließ fast immer, wie es damals auch bei Paul leider üblich war, Züchter und Jahreszahl weg. Nur sporadisch tauchen vor allem bei neueren Sorten Namen auf, Verdier oder Laffay, oder ein Herkunftsort wie Anger. Bei seinen Ergänzungen finden wir bei den Gallicas zehn Sorten mit »gezogen zu Düsseldorf«. Beim Kapitel »Über Hybridisierung« schreibt Döll in einer Anmerkung, dass damit die Herren Arnz und van Bärle gemeint sind.

Arnz hat in Düsseldorf seine eigene Sammlung mit der von Wilhelm Keller in Duisburg nach dessen Tod 1834 ergänzt; er vermehrte und vertrieb die Rosen weiter. Van Baerle in Rheydt (bei Düsseldorf), von Beruf Apotheker, Rosenliebhaber und Sammler, vermehrte und züchtete damals ebenfalls Rosen. Düsseldorf kam nach Ende der französischen Besatzung 1815 zu Preußen. Arnz war Geschäftsmann mit einer großen lithographischen Anstalt.

'Frédéric II de Prusse'

Sind die aus den Listen gestrichenen Rosen alle ausgestorben? Viele haben sich mit Hilfe der Händler auf die Reise begeben und sind mit neuen Namen zum Leidwesen der verwirrten Sammler wieder aufgetaucht. Warum sollen da nicht auch Rosen aus Deutschland den Weg nach Frankreich genommen haben? Rudolf Geschwind beklagte sich in einem Brief an die Redaktion des *Praktischen Ratgeber*, 1901, über die jahrelangen unangenehmen Erfahrungen beim Verkauf seiner Rosensämlinge aus seiner eigenen Züchtung: Die deutschen Gärtner wüssten die Bedeutung eines neuen Sämlings nicht zu schätzen und bezahlten unter Wert. Von den enormen Preisen der Engländer und Amerikaner habe er nur gelesen. Er habe an Franzosen verkauft, aber »leider wünschen diese, dass ich als Züchter nicht genannt werde; sie wollen meine Züchtungen als eigene Erzeugnisse verwerten, was mir nicht zusagt.«

Ja, ich glaube es gibt für die Sammler Alter Rosensorten noch viel zu entdecken.

Blüte stark gefüllt, Petalen am Rand zurückgebogen, kleines Auge | **Farbe** lilarosa, Rand violett | **Duft** mittel | **Laub** hellgrün, elliptisch | **Stacheln** wenig | **Früchte** keine | **Höhe** 1,80–2,00 m **Frosthärte** sehr gut, Klimazone 5

'Gil Blas'

'Gloire de France'

'Henri Foucquier'

'Gil Blas' (Belgien, Züchter unbekannt, vor 1843)
Ich habe mich in die bezaubernden Blüten verliebt. Unterwegs, als wir auf einer Vortrags-Reise waren, entdeckte ich sie in der Rosenschule Schultheis. Die Containerpflanze quetschte ich noch in den bereits von Containerrosen vollgestopften Kofferraum unseres Autos.

In anmutig hellem Rosa bezaubern mich die Blüten von 'Gil Blas' jeden Sommer.

Gil Blas war der sehr junge Held des vierbändigen Schelmenromans »Gil Blas de Santillane«, der zwischen 1715–1735 die Leser begeisterte. Der französische Autor Alain René Lesage lässt seinen Helden in Spanien alle möglichen Abenteuer erleben – eine lebhafte moralische Schilderung des menschlichen Lebens. Seine Geschichten sind eine Satire auf die herrschenden Regentschaften und werden in allen Gesellschaftsschichten erzählt und variiert.

Gut einhundert Jahre danach waren diese satirischen Geschichten wohl immer noch beliebt und noch später, 1879 bis zum ersten Weltkrieg, erschien sogar eine republikanische, konservative Tagesillustrierte mit dem Namen »Gil Blas« mit Beiträgen aus der Literatur der mondänen Welt, von Maupassant, Prévost u. a.

Blüte stark gefüllt, schalig | **Farbe** hellrosa | **Duft** gut | **Laub** dunkelgrün | **Stacheln** wenig | **Früchte** keine | **Höhe** 1,20–1,50 m **Frosthärte** sehr gut, Klimazone 5

'Gloire de France' (Frankreich, Bizard, 1828)
Von meiner Rosenpflanze der 'Gloire de France' blühen schon etliche in anderen Gärten. Auch meine ursprüngliche Pflanze, die schon sehr früh in meinen Garten kam, hat sich durch Ausläufer längst verjüngt. Der Strauch wächst aufrecht und bedeckt sich zur Blütezeit üppig mit prächtigen, rosafarbenen Blüten. Gleichsam einem großen Blumenstrauß präsentiert er sich am Eingang unserer Rosengasse. Bizard, ein Liebhaberzüchter, war Berater am königlichen Hof von Anger.

Blüte stark gefüllt | **Farbe** rosa, Rand heller | **Duft** sehr gut **Laub** mittleres Grün | **Stacheln** keine | **Früchte** keine | **Höhe** 1,60 m | **Frosthärte** sehr gut, Klimazone 5

'Henri Foucquier' (Frankreich, vor 1842)
Die früheste Erwähnung dieser Rose datiert auf 1842, im Katalog des Belgiers van Houtte in Gent, wie François Joyaux in den Katalogen seines historischen Archivs erforschte.

Den Blüten des kleinen Strauches schenkt man durch die auffallend brillanten Farben die nötige Beachtung. Gerade durch den hellrosafarbenen Rand tritt das dunklere Rosa des Inneren der Blüte intensiver hervor und verleiht ihnen eine intensive Leuchtkraft. Seit ich sie besitze, gehört diese Rose zu meinen Favoriten unter den Gallicarosen.

Blüte stark gefüllt | **Farbe** purpurrosa, Rand heller | **Duft** sehr gut | **Laub** dunkelgrün | **Stacheln** keine, viele Borsten | **Früchte** keine | **Höhe** 1,20–1,50 m | **Frosthärte** sehr gut, Klimazone 5

'Hippolyte' (Belgien, Parmentier, vor 1842)
Mitunter faszinieren mich diese dunkel purpurvioletten Farbtöne ungemein; von dieser dunklen Färbung geht viel Geheimnisvolles aus. Zeitweilig kommt es aber bei mir auch vor, dass ich weit entfernt bin von jeglichem Gefühlsüberschwang. »Bestimmt eine attraktive Farbe, aber nicht unbedingt eine Farbe für eine begehrenswerte Rose«, denke ich dann. Viele Farben sind nun einmal reine Gefühlssache und können auch je nach Stimmungslage angenehm sein oder sogar das Gegenteil. Um die Farbe abzumildern, aber auch gleichzeitig als Kontrast zu benutzen, habe ich 'Hippolyte' neben 'Reine de Centfeuille', einer bezaubernden, zartrosafarbenen Sorte, gepflanzt. Nicht nur die Farbe, auch andere Momente machen 'Hippolyte' zu einer Gallica-Chinensis-Hybride.

Blüte stark gefüllt | **Farbe** purpur, violett | **Duft** sehr gut | **Laub** dunkelgrün | **Stacheln** wenig, viele Borsten | **Früchte** keine | **Höhe** 1,20–1,50 m | **Frosthärte** sehr gut, Klimazone 5

'Incomparable d'Auteuil'
(Frankreich, Laffay 1826)
Die Unvergleichbare, die Unübertreffliche von Auteuil. Auteuil war der erste Wirkungskreis des Züchters Laffay, später zog er noch näher an Paris heran.

Die Blüten verdienen diesen Namen absolut. Verwechseln darf man sie aber nicht mit einer anderen Gallica-Hybride, der 'Incomparable', die möglicherweise verschollen ist.

Eine Rose mit solchem Namen jedem Vergleich zu entziehen scheint ein Bedürfnis zu sein, dem zwischen 1813 und 1846 zehnmal Züchter nachgaben. Erst ein Beiwort, das solchen Überschwang wieder einschränkt, half die Sorten auseinander zu halten.

Die hellrosafarbenen, leicht marmorierten Blüten sind eher klein, man muss sich ihnen schon sehr nähern, um ihre Schönheit richtig wahrzunehmen.

Blüte stark gefüllt, mittelgroß | **Farbe** hellrosa, leicht marmoriert | **Duft** leicht | **Laub** dunkelgrün | **Stacheln** wenige Borsten **Früchte** keine | **Höhe** 1,50 m | **Frosthärte** sehr gut, Klimazone 5

'Jenny Duval' (Züchter unbekannt, vor 1842)

Für diese Rose oder eine andere, 'Président de Sèze', wollte ich mich entscheiden, denn beide sind sich sehr ähnlich. Ich wählte – wegen des für eine Rose passenderen Namens –'Jenny Duval'. Möglicherweise handelt es sich aber doch sogar um ein und dieselbe Sorte, zumindest vertreten einige Autoren diese Ansicht, denn die Farben von 'Jenny Duval' sind besonders variabel. In einem Rosenbusch findet man verschiedene Nuancen von lilarosa bis magenta. Der Unterschied zwischen 'Jenny Duval' und 'Président de Sèze' soll darin liegen, dass die äußeren Blüten von 'Jenny Duval' heller, ja fast weißlich sind. So zeigte man uns Kursteilnehmern in der »Sangerhäuser Rosenschule« (ein Kursangebot des Europa-Rosariums), veranschaulichend am betreffenden Objekt, die Verschiedenheit. Meine 'Jenny Duval' bringt aber alle Farbeigenschaften hervor, auch die von der Sorte abweichenden Blüten ohne hellen Rand. So wäre eine 'Président de Sèze', direkt daneben gepflanzt, gewiss doch wichtig, als »Anschauungsunterricht« sozusagen. Ohnehin darf ich bezweifeln, ob ich bei jedem Rosenanbieter ein und dieselbe gewünschte Sorte bekomme. Das gilt auch für Rosarien. Meine Zweifel gehen sogar bis dahin, dass ich mich frage, wie weit mögen sich diese beiden Sorten in all den Jahren, auch durch Verwechslung, von ihrem ursprünglichen Aussehen entfernt haben? Man müsste von mehreren Rosenschulen und Rosarien diese beiden nebeneinander aufpflanzen, um vergleichen zu können.

Blüte stark gefüllt | **Farbe** kräftig rosa bis magentarosa, Rand hellrosa | **Duft** mittel | **Laub** dunkelgrün | **Stacheln** wenig | **Früchte** keine | **Höhe** 1,20–1,40 m | **Frosthärte** sehr gut, Klimazone 5

links: 'Hippolyte'
rechts: 'Incomparable d'Auteuil'

'Jenny Duval'

Juliette Récamier

'Juliette'

'Juliette' (Frankreich, Miellez 1828)
Louis-Xavier Miellez, neben Descemet und Vibert ein bedeutender Züchter, brachte in den Jahren zwischen 1820–1840 (sein Sohn Auguste setzte das Werk des Vaters fort) zahlreiche Züchtungen hervor, in der Mehrheit Gallicarosen. Schade, nur noch ganz wenige sind vorhanden. Über die Gärtnerei der Miellez bei Lille, im Grenzland zu Belgien, kamen auch etliche niederländische Rosen nach Frankreich. Durch Kriegswirren ging andererseits viel Archivmaterial über seine Rosen verloren, somit auch über Namensgebungen.

Welcher schönen Frau diese herrliche Rose gewidmet wurde, ist nicht bekannt. Vielleicht seiner Frau oder seiner Tochter? Man darf ja auch ein bisschen darüber nachdenken, ob es vielleicht eine ganz andere Person war, über die in den Journalen viel berichtet wurde in der Zeit, als die Rose 'Juliette' in den Handel kam. Damals war nämlich in Frankreich, und auch darüber hinaus, viel von einer berühmten, geistreichen und schönen Frau die Rede, Juliette Récamier (1777–1849). Sie war Mittelpunkt eines Pariser literarisch-politischen Salons und wurde von 1811–1814, wie zuvor schon die Baronin Germaine de Staël, wegen Förderung antinapoleonischer Bestrebungen, von Paris verbannt. Man hatte Juliette (fünfzehnjährig) mit dem sehr viel älteren Bankier Jacques-Rose Récamier verheiratet. Die Ehe soll angeblich nur zum Schein geschlossen, aber nie vollzogen worden sein. Juliette war eine Schönheit ihrer Zeit, von mädchenhafter Zartheit, der viele bedeutende Männer zu Füßen lagen, so z. B. Lucien Bonaparte, M. und A. Montmorency, Prinz August von Preußen etc. Sie war in ihrem Wesen nicht erotisch-sinnlich, sie war kühl, sie wusste um ihre Anziehungskraft, nutzte sie entsprechend, ließ es aber nie zum äußersten kommen. Aber gerade dies, dass es kein Mann schaffte, sie für ein Abenteuer zu gewinnen, machte sie wohl in der Herrenwelt so begehrt.

Nach ihr wurde die berühmte Halbliege mit geschwungenen Armstützen, jedoch ohne Rückenlehne – Récamière – genannt. Juliette war mit Mme de Staël befreundet und lebte einige Zeit bei dieser in deren kleinem Schloss Coppet am Genfer See, während beider Verbannung. Juliette war Schriftstellerin wie Germaine de Staël, sie schrieb nicht viel, aber das Wenige war brillant. Nach Napoleons Sturz kehrte sie wieder nach Paris zurück und lebte nach dem Bankrott ihres Mannes, im Jahre 1819, zurückgezogen in der Abbeye aux Bois, wo sich bald wieder ein illustrer Kreis in ihrem Salon traf, dessen Mittelpunkt Chateaubriand war. Sie starb 1849 an der Cholera.

Man kann sich nun fragen, ob diese Geschichte bis zum äußersten Norden Frankreichs gelangt ist und ob sich ein Gärtner, ein Rosenzüchter, für diese exaltierte Welt interessiert hat. Man weiß es nicht. Jedenfalls zur Schönheit der Rose passt die Historie eines personifizierten Schönheitsideals, die es allemal Wert ist, erzählt zu werden.

Wer auch immer diese geheimnisvolle Juliette gewesen sein mag, ich finde die Rose bezaubernd. Ihre herrlichen, karminrosafarbenen Blüten, deren äußere Petalen manchmal leicht gestreift sind, sind für mich von besonderem Reiz.

Blüte stark gefüllt | **Farbe** karminrosa im Zentrum, leicht rosa gestreift zum Rand, auch hellrosa | **Duft** leicht | **Laub** graugrün **Stacheln** wenig | **Früchte** keine | **Höhe** 1,50 m | **Frosthärte** sehr gut, Klimazone 5

'Kean' (Frankreich, vermutlich Laffay, vor 1843)
Eine schöne, eine seltene und unbekannte Rose, geheimnisvoll wie die magentarosa bis purpurrote Farbe. Ich suchte in Meyers Lexikon (1889) und fand zwei Engländer mit diesem Namen, Vater und Sohn – Edmund Kean (1787–1833) und Charles Kean (1811–1868), beides bedeutende Schauspieler.
Ich sah die Rose und war von diesem Farbton fasziniert. In Deutschland habe ich sie dann bei einem einzigen Rosisten gefunden und bekommen, bei der Rosenschule Weingart.

Blüte stark gefüllt | **Farbe** purpurrot | **Duft** mittel | **Laub** dunkelgrün | **Stacheln** wenig | **Früchte** keine | **Höhe** 1,20–1,50 m **Frosthärte** sehr gut, Klimazone 4–5

'Le Rosier Évêque' (vor 1790)
Synonyme: 'L'Évêque' 'Évêque', ', 'La Rose Évêque', 'Manteau d'Évêque', 'Rosier Évêque', 'The Bishop' in England
Dieses großartige dunkle Violett der Blüten! Hinzu kommt, dass sie morgens zeitweilig, vermutlich durch den Tau, mit einem leicht rauchig grauen Schimmer bedeckt sind. Zuweilen blüht sie mehr in Magenta, ab und zu zeigt sich die Blüte mit Rot vermischt und je nach Sonneneinwirkung bekommt sie eine geringfügige blaue Tönung. Eine erstaunliche Variationsbreite in der Farbenvielfalt erleben wir mit diesen Blüten. Die Blütezeit beginnt etwas später als die der anderen Gallicasorten, aber sie bleibt noch im Bereich der Blütezeit dieser Gruppe.
'Le Rosier Évêque' gehört noch zu den älteren Rosen, die früher als 1790 entstanden sind, so wie etwa 'Charles de Mills' oder 'Lustre d'Église'. Ihrem Alter entsprechend könnte sie demnach zur Sammlung der Kaiserin Joséphine gezählt und im Park von Malmaison geblüht haben. Redouté malte sie, hier trägt sie den lateinischen

'Kean'

'Le Rosier Évêque'

links: 'L'Invincible'
rechts: 'Louis Philippe'

Namen *Rosa gallica purpuro-violacea magna* und den französischen Namen 'Rosier Évêque'.
In den diversen Katalogen des In- und Auslands und in der Literatur ist die Rose mühsam zu finden wegen ihrer vielen Synonyme, was sehr verwirrend sein kann, da sie alle noch gebräuchlich sind. Obendrein zählen einzelne Rosisten und Autoren sie zu den Zentifolien. Demzufolge ist es mir passiert, dass ich im gleichen Jahr eine 'Le Rosier Évêque' von Alain Tschanz aus der Schweiz mitbrachte und eine 'Rosier Évêque' von der Rosenschule André Eve aus Pitivier in Frankreich bestellte – und erst beim Einpflanzen merkte, dass ich nun zweimal die schöne Rose besitze. Bei der Rosenschule Schütt in Schleswig-Holstein hingegen muss man wissen, dass man dort für die im Katalog erwähnte 'Manteau d'Évêque' die gleiche Rose erhält.

Blüte stark gefüllt, flach | **Farbe** violett, magentarot | **Duft** sehr gut | **Laub** dunkelgrün | **Stacheln** wenig | **Früchte** keine | **Höhe** 1,50–1,80 m | **Frosthärte** sehr gut, Klimazone 4–5

'L'Invincible' (Frankreich, Miellez, vor 1819)

Synonym: 'Invincible'

Invincible, was so viel wie »unbesiegbar«, »unschlagbar« oder auch »unermüdlich« bedeutet. Es ist eine fabelhafte Rose. Unermüdlich ist ihre Blütenfülle und Blühdauer. Ein aufrecht wachsender Strauch, der erst seit zwei Jahren in meinem Garten steht und von dem ich noch viel erwarte. Die stark gefüllten, karminroten Blüten sind manchmal mit einigen weißen Sprenkeln versehen und duften überdies vortrefflich. Der Duisburger Gärtner Johann Erben war wohl nicht so ganz davon überzeugt, dass bei dieser Hybridrose der Gallica-Anteil überwiegt. Er führte sie lieber in eine Extragruppe am Schluss seiner Liste von 1823 auf: »Abarten und ungewisse Varietäten«.

Blüte gefüllt, schalenförmig, geviertelt | **Farbe** leuchtend rot, mauve | **Duft** gut | **Laub** dunkelgrün | **Stacheln** klein, wenig **Früchte** keine | **Höhe** 1,50 m | **Frosthärte** sehr gut, Klimazone 5

'Louis Philippe' (Frankreich, vor 1835)

Die französische Julirevolution von 1830 zielte darauf ab, die in der Restaurationszeit nach Napoleon wieder erstarkte Macht des Adels und der Kirche erneut zu brechen. Als der letzte »König von Gottes Gnaden« aus dem Haus der Bourbonen vertrieben war, gelang es nicht sofort die Republik auszurufen. Die Abgeordnetenkammern, in denen aber nur die Bourgeoisie – ein kleiner wohlhabender Teil der Bevölkerung – vertreten war, einigten sich nun zumindest auf einen ersten »König von Bürgers Gnaden«, den Herzog von Orleans. Der 57-jährige Philippe hatte in seiner Jugend die Wirren der Revolution erlebt und zusammen mit seinem Vater deren Ziele unterstützt. An seine Regierung und Minister knüpften sich viele Hoffnungen, aber zwischen den Anhängern des traditionellen Königtums (Adel und Kirche) und der aufkommenden Macht der Unterschicht verschlissen, musste er während der Februarrevolution des Jahres 1848 abdanken. Diesem wichtigen König des Bürgertums mit Begeisterung für die Landwirtschaft wurden viele neue Sorten der inzwischen zur »Bürgerblume« gewordenen Rose gewidmet – auch aus anderen Gruppen als den Gallicas, was immer wieder Verwirrung stiftet. Leuchtend magentafarben sind die Blüten – das eigentlich nicht so meinen

links: 'Louis van Tyll'
rechts: 'Lustre d'Église'

Geschmack trifft – als geschichtliche Rose jedoch ist sie interessant genug, um bei mir in den Garten einziehen zu dürfen.

Blüte stark gefüllt | **Farbe** leuchtend magenta | **Duft** sehr gut **Laub** dunkelgrün | **Stacheln** wenig | **Früchte** keine | **Höhe** 1,50 m **Frosthärte** sehr gut, Klimazone 5

'Louis van Tyll' (Belgien, vor 1846)
Synonyme: 'Louis van Till', 'Louise van Tyle'
Sie ist für mich die lieblichere Sorte, verglichen mit 'Louis Philippe', denn ich bevorzuge hellrosa Farbtöne. Über die Geschichte dieses Namensgebers habe ich nichts gefunden. Sie wird sehr selten angeboten.

Blüte stark gefüllt | **Farbe** mauve im Zentrum, hellrosa am Rand | **Duft** sehr gut | **Laub** dunkelgrün | **Stacheln** wenig | **Früchte** keine | **Höhe** 1,20 m | **Frosthärte** sehr gut, Klimazone 5

'Lustre d'Église' (Niederlande vor 1790)
Eine vorrevolutionäre Rose mit Namen »Kirchenglanz«? Ihre Blütenbouquets – in zwei oder drei kleinen Blütenbüscheln angeordnet – erweckten augenscheinlich in dem unbekannten Züchter diese Imagination. Die blühenden Büschel präsentierten sich ihm wohl wie Kerzenlüster in einer dunklen Kirche. Jedoch mir fehlt diese Einbildungskraft. Nichtsdestotrotz sind diese Rosenbüschel eine wahre Pracht, 'Lustre d'Église' präsentiert sich in vollendetem Glanz.

Blüte mittelgroß, gefüllt, schalenförmig, Petalen zurückgeschlagen, Auge im Zentrum | **Farbe** rosa gefleckt im Zentrum, Rand hellrosa | **Duft** mittel | **Laub** hellgrün | **Stacheln** einige **Früchte** keine | **Höhe** 0,80 m | **Frosthärte** sehr gut, Klimazone 5

'Nestor' (Frankreich, Vibert 1834)
Nestor war den griechischen Mythenerzählungen nach in seiner Jugend ein wilder Geselle und Held im Stile des Herkules, im Alter als König von Pylos ein an allem Anteil nehmender geschwätziger Greis mit vielen guten Ratschlägen, so auch – nach Homer – beratender Mitstreiter im Kampf um Troja.
Eine Anspielung auf den inzwischen altersstarr gewordenen Bürgerkönig Louis Philippe? Andererseits nennt man einen bejahrten, erfahrenen Mann einen Nestor – eigentlich das Richtige, was der politischen Szene in Frankreich zu dieser Zeit fehlte. Für die Namenswahl kommt hinzu, dass die erkämpfte Eigenständigkeit Griechenlands 1830 die Aufmerksamkeit wieder stärker auf die Antike richtete. 'Nestor' ist eine wunderschöne und attraktive Rose.

Blüte stark gefüllt, geviertelt | **Farbe** rosa, Mitte gefleckt, Rand violett | **Duft** sehr gut | **Laub** hellgrün | **Stacheln** zahlreich, auch Borsten | **Früchte** keine | **Höhe** 1,20 m | **Frosthärte** sehr gut, Klimazone 5

'Nestor'

Omphale, Figur 18. Jh., Hofgarten Augsburg

'Omphale'

'Omphale' (Frankreich, Vibert 1839)

Omphale, Gattin des lydischen Königs, gelang es nach dessen Tod als Königin allein weiter zu regieren. Während dieser Zeit war sie, der griechischen Sage nach, drei Jahre im Besitz des Helden Herkules, den sie sich kaufte, als dieser, im Anschluss an seine ihm angeordneten Heldentaten, zur Sühne noch mal in die Sklaverei verbannt worden war. Omphale, so heißt es, habe auf seine Wahnsinnsanfälle eine äußerst gute Wirkung gehabt: Am Ende der Verbannung konnte sie ihn als »geheilt« entlassen.

Es gibt immer wieder Zeiten, in denen man sich eine solch heilsame Wirkung auf alle Verrückten wünscht. Vielleicht hoffte Vibert auf die Wirkungskraft der Rose; vielleicht hat er selbst erlebt, wie besänftigend der Anblick einer schönen Rose besonders auf Männer sein kann.

Herakles im Dienste Omphales war ein beliebtes Thema der bildenden Kunst. Und eine starke Frau ist immer eine gute Rose wert: Ein üppig blühender Strauch mit augenfällig glänzenden Blüten.

Blüte stark gefüllt | **Farbe** purpur, violett gesprenkelt, hellviolett verblassend | **Duft** mittel | **Laub** dunkelgrün | **Stacheln** wenig, Borsten | **Früchte** keine | **Höhe** 1,50 m | **Frosthärte** sehr gut, Klimazone 5

'Ornement de la Nature'

'Ornement de la Nature'

(Niederlande, vor 1814)

Synonyme: 'Anémone ancienne', 'Rose Anémone', 'Gloria Mundi'

Eigentlich suggerierte mir der Name, dass es sich um einfache Blüten handelt, die bei Gallicasorten selten sind. Ich war auf der Suche nach einer einfachblühenden Gallicarose. Nun bin ich es auch zufrieden. Sie ist schön in ihrer Art: Die Blüten sind mittelgroß, lilarosa und mit einem Auge im Zentrum. Die Petalen besitzen eine gewisse lässige, natürlich unordentliche Anordnung, nur bei wenigen Blüten gibt es mal eine gewisse formale Gliederung der Blütenblätter.

Wieso Anémone im Synonym? Könnte mal wieder ein Wort beim »Stille-Post-Spiel«, hier »Ornament« zu »Anémone«, mutiert sein?

Blüte stark gefüllt, unordentlich geviertelt | **Farbe** rosa, Rand heller | **Duft** leicht | **Laub** dunkelgrün | **Stacheln** wenig | **Früchte** keine | **Höhe** 1,40 m | **Frosthärte** sehr gut, Klimazone 5

'Orpheline de Juillet' (Frankreich, vor 1836)

Nach Quellen von F. Joyaux wurde diese Rose schon im Jahre 1836 von Vibert in seinem Katalog genannt und beschrieben.

'Orpheline de Juillet' erinnert in ihrem Habitus stark an eine Damaszener-Rose, weniger gallicatypisch und ist sicherlich eine Hybride von dieser. Die dünnen Triebe eignen sich dazu, sie als Kletterrose an einer Wand zu ziehen oder sie über ein Seil oder ein Querholz zu legen, damit sie locker herabfallen können. Ihre mittelgroßen, dunklen, purpurvioletten Blüten sind von beeindruckender Schönheit, sie stimmen nicht heiter, eher nachdenklich, feierlich. Ihre Blütezeit währt lange.

Wer war diese Juli-Waise? Ist es eine satirische Anspielung auf Frankreich, das durch die Juli-Revolution 1830 endgültig seine »legitim royalen Eltern« verloren hatte? (s. historische Notizen zur Rose 'Louis Philippe')

Für unsere Ohren ist es ein so schön klingender Name, allerdings mit traurigem Hintergrund, falls der unbekannte Züchter doch eher an das Schicksal aller Waisenkinder in der »Julimonarchie« erinnern wollte, um die sich der Staat in jener Zeit kümmerte und eine bürgerliche Wohlfahrt sich gegenüber der zunehmenden Unterschicht zu rühren begann.

Blüte stark gefüllt | **Farbe** purpur, violett | **Duft** leicht | **Laub** graugrün | **Stacheln** zahlreich | **Früchte** keine | **Höhe** 1,70–1,80 m **Frosthärte** sehr gut, Klimazone 4–5

'Petite Orléanaise' (vor 1843)

Manchmal wird die Kleine aus Orléans auch bei den Zentifolien eingruppiert. Die eher kleinen Blüten – daher wohl ihr Name – erstrahlen in leuchtendem Rosa und sie verströmen überdies einen exzellenten Duft.

Blüte stark gefüllt, Mitte Rosette, kleines Auge, mittelgroß **Farbe** leuchtend rosa | **Duft** sehr gut | **Laub** mittelgrün | **Stacheln** zahlreich | **Früchte** keine | **Höhe** 1,50 m | **Frosthärte** sehr gut

'Orpheline de Juillet'

'Petite Orléanaise'

'Pourpre Charmant'

'Prince Frédéric'

'Pourpre Charmant' (unbekannt, 1810)
Synonyme: 'Archevêque', 'Grand Pompadour', 'La magnifique', 'Rouge admirable'
Es ist ein unübertreffliches, samtiges, dunkles Rot! Nur scheint es bedauerlicherweise bei dieser Varietät sehr viel Verwechslungen zu geben. Da tauchen doch tatsächlich rosafarbene Schönheiten auf, die man gerne 'La magnifique' bezeichnen möchte, aber bei der Benennung 'Rouge admirable' denke ich im wahrsten Sinne des Wortes sofort an eine rote Rose. Ebenso suggeriert mir 'Pourpre Charmant' eher purpurrot als purpurrosa.
Die Bezeichnung »pourpre« wurde in den Anfängen viel bei den Rosenbenennungen verwendet, da die meisten Rosennamen gleich eine Beschreibung ihres Aussehens darstellten. In Johann Erbens Rosenkatalog von 1823 sind solche deskriptiven französischen Namen übersetzt, z. B.: »Die kirsch- oder hellpurpurrothe«, oder ganz einfach »Die purpurrothe«, »Die blutrothe«, »Sammetpurpur«, oder etwas besonderes, »Die liebenswürdige rothe«, eine Zentifolien-Hybride (s. 'Aimable Rouge').

Blüte stark gefüllt, mittelgroß | **Farbe** rot | **Duft** sehr gut | **Laub** mittelgrün | **Stacheln** zahlreich | **Früchte** keine | **Höhe** 1,50 m **Frosthärte** sehr gut, Klimazone 5

'Prince Frédéric' (Belgien, 1846)
Synonym: 'Frédéric de Mérode'
Die herrlichen, purpurvioletten Blüten von 'Prince Frédéric' erfreuen mit einer langen Blütezeit. Und der Prinz, den diese Rose würdigt – wer war es, wie ist es ihm ergangen?
Eine Vermutung ist die, es könnte Louis Frédéric de Mérode gemeint sein, ein aus einer alten, angesehenen belgischen Adelsfamilie stammender, 1792 geborener Held des belgischen Unabhängigkeitskampfes, der 1830 bei Gefechten tödlich verwundet wurde. In der Kathedrale von Brüssel errichtete man ihm ein prächtiges Monument. Der belgische Züchter Parmentier hatte eine seiner Rosen 'Frédéric de Mérode' benannt (Katalog 1846/47). Die Überlegung geht in belgischen Rosenkreisen dahin, dass es sich bei 'Prince Frédéric' um die nämliche Rose handelt, die von den Handelsgärtnereien Van Houtte 1846 und Verschaffelt 1847 – Parmentier starb 1847 – lediglich mit geändertem Namen in ihr eigenes Rosenangebot übernommen worden sein könnten (die Witwe Parmentier verkaufte die Rosenpflanzen). Doch wieso diese Rose sechzehn Jahre nach dem Tod des Frédéric, der in seiner Vornamenreihe noch den Louis voranstehen hat? Naheliegender erscheint uns wegen der Jahreszahl der Bezug zu dessen Neffen Frédéric Xavier, Graf von Mérode, geboren 1820, der nämlich 1846 das Kreuz der Ehrenlegion erhielt, für seine Teilnahme an Feldzügen der belgischen Armee in Algerien. Warum sollte nicht im Geist

der durch Europa zu wehen beginnenden nationalen Revolutionen mit dem Titel »Prince« im Rosennamen eine neue Hoffnung in einen belgischen Adeligen gesetzt worden sein, der demnächst den aus Sachsen-Coburg importierten britisch-französischen Kompromisskönig Leopold I. ablösen könnte? Der Wunschprinz ging, als ob er die Botschaft der Rose verstanden hätte, jedoch schlagartig in eine Art Exil: Er verließ die Armee und Belgien, studierte in Rom Theologie, wurde zum Priester geweiht und ab 1849 von Papst Pius IX., dem Reformer des damals noch sehr großen Kirchenstaates, in dessen Dienste genommen: vom Kämmerer über Waffenminister bis zum Oberkommandeur der päpstlichen Truppen ging dort seine Karriere.
Es ist schon seltsam, dass genau im Sterbejahr von Leopold I., 1865, dieser mögliche »Prinz Friedrich« wieder sein Schicksal in andere Bahnen zu lenken verstand. Er legte seine militärischen Ämter nieder und ließ sich zum Erzbischof von Mytilene ernennen, verantwortlich für ein faktisch nur auf mittelalterlichen Land- und Seekarten verzeichnetes Gebiet, dessen gleichnamige Hauptstadt auf der Insel Sapphos lag, Lesbos – fest in muslimisch türkischer Hand (bis 1913). Zusätzlich erhielt Frédéric die oberste Zuständigkeit für das Almosenwesen. Rückblickend also eine ideale Biographie für die Würdigung durch eine Rose, die zwar mit Stacheln bewehrt ist, aber, wenn es darauf ankommt, liebliche Blüten zeigt. In Rom hütete man sich davor, diesen Frédéric zum Kardinal zu ernennen, weil sein aufbrausender Charakter so manches Mal Verstimmungen zwischen Rom und Paris verursacht hatte. Warum schwankte dieser Mann so zwischen militärischer Gewalt und ins Religiöse sublimierter Unterwerfung? Wie hatte der Zehnjährige den Kampf des Onkels und dessen Sterben erlebt? Wie empfand er seinen dort auch mitkämpfenden Vater, der alles gut überstand, Mitglied der provisorischen Regierung wurde und für das Königsamt brav den Prinzen Leopold unterstützte, später als Minister diente, sich dann aber 1839 ins Privatleben zurückzog?

Blüte stark gefüllt | **Farbe** purpurviolett | **Duft** leicht | **Laub** hellgrün | **Stacheln** wenig | **Früchte** keine | **Höhe** 1,20–1,50 m | **Frosthärte** sehr gut, Klimazone 5

'Rose de La Maître-École'

(Frankreich, Coquereau 1831)

Der Name hat nichts mit Schulmeister zu tun. La Maître-École ist ein kleines Dorf bei Angers, in dem der Hobbyzüchter Coquereau lebte. Angers und die gesamte Umgebung ist sehr berühmt für seine Rosenzüchter und Gärtner. In den alten Büchern wurden meist keine Züchternamen angegeben, sondern nur »… aus Angers stammend« geschrieben. Es muss auch in dieser Gegend in den frühen Jahren und noch bis zur Mitte des 19. Jahrhundert eine Welle der Passion in der professionellen wie in der hobbymäßigen Rosenzüchterei – und auch bei den Kunden eine große Leidenschaft zu den Rosen – vorgeherrscht haben. Denn viele schöne Rosensorten kommen gerade aus Angers.
Ich gehe in meinem Garten gerne bei dieser Rose vorbei und bleibe jedes Mal stehen, um sie gebannt anzuschauen und meine Nase in die großartigen Blüten hineinzustecken, denn der Duft ist aufregend.

Blüte gefüllt, schalenförmig | **Farbe** unregelmäßiges Rosa, lila überhaucht | **Duft** sehr gut | **Laub** dunkelgrün, groß | **Stacheln** einige, zusätzlich feine Borsten | **Früchte** rund | **Höhe** 1,00–1,20 m | **Frosthärte** sehr gut, Klimazone 4–5

'Rose de La Maître-École'

links: 'Sissinghurst Castle'
rechts: 'Surpasse Tout'

'Sissinghurst Castle' (England, gefunden 1947 im Garten des Schlosses Sissinghurst)
Synonym: 'Rose des Maures'
Als Vita Sackville West in dem eben erworbenen, verwilderten Grundstück von Sissinghurst Castle diese dunkelrote Rose entdeckte, bat sie Graham Stuart Thomas um Identifizierung dieser Rose. Er stufte sie als zu den Gallicarosen gehörig ein, mutmaßte aber, dass es sich hier um eine sehr alte Rose handelt, womöglich eine maurische Rose. Es war vernünftig, diese Rose nach dem Fundort zu benennen und dass vom stolzen Finder der Alten Rose nicht der nächstbeste Name einer verschollenen Sorte ausgeguckt wurde, was oft durch Fehlidentifikation Verwirrung stiftet.
'Sissinghurst Castle' besitzt herrliche samtig rote Blüten mit dunkleren Punkten auf ihren Petalen. Die Pflanze steht bei mir halb als Strauch und halb als Kletterrose, angelehnt an den Rosenbogen, den schon Endtriebe von 'Ayrshire Splendens' bewuchern.

Blüte gefüllt, gelbe Staubgefäße | **Farbe** purpur – dunkel karminrot, dunkel gepunktet | **Duft** leicht | **Laub** dunkelgrün **Stacheln** zahlreich | **Früchte** viel, orange, rund | **Höhe** 1,80–2,00 m | **Frosthärte** sehr gut, Klimazone 5

'Surpasse Tout' (Niederlande, vor 1823)
Auch diese zählt wieder zu meinen Lieblings-Gallicasorten, sie »übertrifft alles«, wie sie genannt wurde. Nun, es ist Geschmacksache, aber jeder Kaufmann will seine Ware verkaufen, so auch der Züchter und Gärtner dieser Rose. Für mich wäre sie auch mit einem anderen Namen bezaubernd. Obendrein becirct sie noch durch einen großartigen Duft.

Blüte gefüllt, flach, schalig, Mitte Rosette | **Farbe** rosa | **Duft** sehr gut | **Laub** hellgrün | **Stacheln** keine, wenig Borsten | **Früchte** keine | **Höhe** 1,20 m | **Frosthärte** sehr gut, Klimazone 5

'Tuscany' (England, 1596 von Gerard erwähnt)
Synonym: 'Old Velvet Rose'
Meine Überlegung war vor knapp dreißig Jahren, ob ich mich für 'Tuscany' oder 'Tuscany Superb' entscheiden soll (heute denke ich in solchem Fall nicht lange darüber nach und wähle gleich beide). Die Entscheidung fiel mir damals jedoch leicht: Ich griff zur samtig dunkelroten 'Tuscany', die 'Old Velvet Rose', da sie älter ist als die wesentlich später entstandene ähnliche Sorte 'Tuscany Superb'. Gerard erwähnt 1596 in seinem Herball die Gallicarose 'Tuscany' als 'Velvetrose'.
'Tuscany' wird bei mir etwa 1,70 m hoch, ihre dünnen, wenig bestachelten Triebe wachsen sehr verzweigt. Dadurch wirkt der Busch leicht unordentlich. Er erhält jedes Frühjahr einen kräftigen Rückschnitt, damit der Strauch kräftiger da steht und nicht so viele Stützen benötigt. In den Blüten tummeln sich zahlreich die Hummeln; kein Wunder, denn die auffallend gelben Staubgefäße heben sich wunderbar von den dunkelroten Blüten ab. Das tiefe Rot wirkt noch geheimnisvoller durch die mit schwarzem Samt überzogenen Petalen.

Blüte gefüllt, sichtbar gelbe Staubfäden | **Farbe** samtig dunkelrot | **Duft** sehr gut | **Laub** dunkelgrün | **Stacheln** einige, stark **Früchte** wenig | **Höhe** 1,60 m | **Frosthärte** sehr gut, Klimazone 5

'Velour Pourpre' (Niederlande, vor 1811)
Synonym: 'Cramoisi incomparable'
Attraktive Blüten bilden sich aus den runden Knospen, samtig und aufregend purpurrot und selbst im Verblühen zeigen sie sich noch in verführerischem leichten Violett. Im halbschattigen Standort gepflanzt erhalten sich die Farben länger. Eine gleichnamige Remontant-Hybride existiert heute ebenfalls noch, sogar im Handel.

Blüte gut gefüllt, mittelgroß | **Farbe** samtig purpurrot, violett verblühend | **Duft** mittel | **Laub** dunkelgrün | **Stacheln** einige, zusätzlich Borsten | **Früchte** keine | **Höhe** 1,20–1,40 m | **Frosthärte** sehr gut, Klimazone 5

'Ville de Toulouse' (Frankreich, Brassac 1876)
Der Züchter Brassac lebte in Toulouse. Ihm verdanken wir vor allem Remontant-Hybriden. Diese Gallicasorte widmete er seiner Heimatstadt.
Die Sorte ist sehr reichblühend, die Blüten erscheinen in Büscheln zu drei bis neun. Erstaunlich ist, dass es zu dieser Zeit noch eine neue Gallica-Züchtung auf dem Markt schaffte.

Blüte klein, Blütenbüschel von 3–9, gefüllt, schalenförmig **Farbe** rosa | **Duft** mittel | **Laub** mittelgrün | **Stacheln** selten, einige Borsten | **Früchte** keine | **Höhe** 1,50 m | **Frosthärte** sehr gut, Klimazone 5

'Tuscany', Blüte und Strauch

'Velour Pourpre'

'Ville de Toulouse'

'Violacea'

'Violacea'

(Niederlande, vor 1799, Züchter unbekannt)
Synonym: 'La Belle Sultane'

Einfache Blüten sind ideal für den naturnahen Garten. In Frankreich heißt sie bei Redouté`Maheca' und im Handel 'La Belle Sultane' mit Spekulationen über Personen im Umfeld der Kaiserin Josephine. Für Gerrit Kleis gehört die Rose zu den von Frankreich vereinnahmten niederländischen Sämlingsauslesen. Sie gleicht der *R. holoserica simplex*, die einfach blühende Form zur gefüllten Samtrose (s. 'Tuscany` und „Rosenschreiber": Rössig und Bertuch). Rössig grenzte 1799 durch genaueste Beschreibung der beobachteten Samtrosensorten die Violacea von den anderen ab.

Blüte einfach | **Farbe** violett, purpur, gelbe Staubgefäße | **Duft** leicht **Laub** dunkelgrün | **Stacheln** keine **Früchte** zahlreich, dunkelrot | **Höhe** 1,80–2,00 m | **Frosthärte** sehr gut, Klimazone 5

'Ypsilanti'

'Ypsilanti'

(Frankreich, Vibert 1821)
Synonym: 'Ipsilanté'

Die französische Schreibweise findet sich zum erstenmal bei dem Engländer W. Paul (*The Rose Garden*, 1848) und ist seitdem bis heute in der englischsprachigen Literatur erhalten, so auch in *Modern Roses*. Gegenwärtige Rosisten in Deutschland haben diese Schreibweise anscheinend von da übernommen.

'Ypsilanti' wurde in Duisburg bereits 1823 von Johann Erben und danach noch 1828 und 1833 von Wilhelm Keller unter den Gallica-Importen angeboten. Auch Christian Nickels in Österreich-Ungarn (Pressburg, 1838) führt sie auf, aber bereits 1855, in der Übersetzung des Paul'schen »Rosengarten« strich Wilhelm Döll diese Rose aus der Liste der »French Roses« – wohl deshalb, weil sie in Rücksicht auf die deutschen Leser moderneren Sorten weichen musste. Sie stand in den Zeiten danach in keinem der bekannten Rosenbücher mehr, auch nicht 1902 im Katalog von L'Haÿ les Roses. August Jäger erwähnt sie wieder 1936 in seinem umfassenden Verzeichnis, doch ohne Anmerkungs-Sternchen für das Rosarium Sangerhausen. In den Rosen-Enzyklopädien der Gegenwart taucht sie wieder auf. Sie hat wohl in der englischen Rosenkollektion »Mottisfont Abbey« überlebt und David Austin rühmt sie (1992) als schön und die Gesündeste in seinem Garten; er zählt sie jedoch erstaunlicherweise zu den Zentifolien.

Am 5. März 1821 – in Frankreich hatte die Restauration der Bourbonen-Monarchie den politischen Alltag wieder zurückgedreht – versuchte ein Alexander Ypsilanti nationale Aufstände in Bulgarien und Griechenland zu entfachen. Als Grieche in russischen Diensten fiel er mit seinen begeisterten Anhängern vom Donaudelta her in das Osmanische Reich ein. Weder folgte damals die russische Armee dem Generalleutnant, um türkisch besetzte Gebiete zu erobern, noch waren rumänische oder bulgarische Fürsten bereit, sich den Aufständischen anzuschließen. Nach Niederschlagung durch die türkische Armee floh Ypsilanti in die Donaumonarchie, wo er erst 1827, ein Jahr vor seinem Tod, durch Intervention Russlands aus dem Gefängnis frei kam. Sein Bruder Demetrius (gest. 1832) erlebte noch den erfolgreichen Befreiungskrieg der Griechen 1830. In Europa war zuletzt die Stimmung in wohlwollende Unterstützung umgeschwenkt, vor allem in Bayern, das aus Verehrung der Antike heraus sogar den ersten König (Otto, 1833–63) für ein vermeintlich »wiedergeborenes Griechenland« stellte. Den 25. März des Jahres 1821 erhoben die Griechen zum Nationalfeiertag, allerdings ein Tag, an dem die Revolution auf dem Peloponnes

ausgerufen worden war, durch den Erzbischof von Patras, was den Befreiungskampf auch moralisch sanktionierte. Dem mutigen Schwärmer Ypsilanti wurde durch Vibert eine zauberhafte Rose gewidmet.

Die hinreißend schönen, leicht mauvefarben getönten Blüten dieser Rose, die auffällig in dem dunkelgrün belaubten Strauch sitzen, haben es mir diesmal angetan, diese Rose besitzen zu wollen. Über die interessante Geschichte, die mich an die Griechenlandbegeisterung in Bayern erinnert, freute ich mich erst hinterher.

Blüte stark gefüllt, geviertelt | **Farbe** hell mauve | **Duft** sehr gut
Laub dunkelgrün | **Stacheln** wenig | **Früchte** keine | **Höhe** 1,20 m
Frosthärte sehr gut, Klimazone 5

'Alain Blanchard'

Gestreifte, getüpfelte, gesprenkelte und marmorierte Gallica-Sorten

Auffällige Farbverteilungen und Muster auf Rosenblüten waren schon immer etwas Besonderes und erregten immer Aufsehen. Solche Rosen wurden in den Katalogen gern in einer eigenen Gruppe geführt. Eine Auswahl meiner schönsten Sorten möchte ich hier vorstellen:

'Alain Blanchard' (Frankreich, Vibert 1839)
Ganz sicheres Merkmal sind die schwarzroten Samt-Punkte auf den roten Petalen. Eine interessante Sorte. So wird die Rose überall beschrieben. Doch es gibt von dem Hobby-Züchter Coquerel ebenfalls eine 'Alain Blanchard', eine Gallicarose, vor 1829. Vibert hat diese Rose 1839 möglicherweise Coquerel abgekauft und als Zentifolie in den Handel gebracht (Katalog 1841).
'Alain Blanchard' gehört zu den Gallica-Sorten, die großen Farbschwankungen unterliegen: Ihr schönstes Farbelement, so wie wir sie am häufigsten antreffen, ist natürlich das kräftige Rot, die Rose gehört auch zu den »Roten Rosen von Provins« ebenso wie die Apothekerrose. Mitunter, besonders in nassen Sommern, verblauen die Blüten; die dunkleren Sprenkel können auch mal mehr, mal weniger in Erscheinung treten. Immer leuchtend sind die gelben Staubgefäße, die in der offenen Blüte besonders stark zur Geltung kommen, und im Herbst überraschen die auffallend dunklen, braunroten Hagebutten. Der lockere Habitus des kleinen Strauches lässt R. centifolia-Ahnen vermuten.
Zum Namensgeber: R. Tepelmann weist auf einen zeitgenössischen Gärtner und Botaniker in der Nähe von Brest hin (Rosennamen-Dolmetscher, 2. Auflage 1894).
Wenn Coquerel aus Le Havre Züchter und Namensgeber ist, dann spricht einiges dafür, dass mit Alain Blanchard ein in Rouen verehrter Verteidiger der Stadt ist, die 1418 von Engländern belagert wurde. Nach der Eroberung 1419 haben ihn die Engländer hingerichtet (Joyaux 1998).

Blüte Fast einfach | **Farbe** rot/dunkelrot gesprenkelt | **Duft** sehr gut | **Laub** dunkelgrün | **Stacheln** keine | **Früchte** zahlreich, rot
Höhe 1,20 m | **Frosthärte** sehr gut, Klimazone 4–5

'Belle Doria' (Belgien, Parmentier, vor 1847)
Im Wuchs weniger aufrecht als die typische Art der Gallicas. Die Höhe könnte, wenn sie ausgewachsen ist, etwa 1,80 betragen. Das darf meine »Schöne Doria« nicht, denn ich habe sie

'Belle Doria'

inmitten niedrigerer Rosensorten gepflanzt. Ein regelmäßiger Frühjahrsschnitt wird hoffentlich helfen, ihre dünnen Triebe zu kräftigen und für einen aufrechteren Wuchs sorgen.
Die Blüten sind in dunkelrosa bis purpur mit noch dunkleren Streifen in dunklerer Tönung.

Blüte gut gefüllt | **Farbe** dunkelrosa mit noch dunkleren Streifen | **Duft** sehr gut | **Laub** mittelgrün, elliptisch | **Stacheln** einige, stark | **Früchte** keine | **Höhe** 1,80–2,00 m | **Frosthärte** sehr gut, Klimazone 5

'Camaïeu' (Gendron 1826)

Eine weitere schöne, gestreifte Sorte ist 'Camaïeu' (die Schreibweise 'Camaïeux' ist falsch). Der Name camaïeu deutet auf die Mode des im ersten Drittels des 19. Jahrhundert (Klassizismus) hin. Zu dieser Zeit bemalte man in Paris vieles »en camaïeu«. Die »Camaïeumalerei« stellt eine besondere Art der Porzellanmalerei dar, was soviel wie »Ton-in-Ton-Bemalung« bedeutet und damals – von Porzellan bis Tapeten – als besonders en vogue galt. Während die eine Blüte in weiß-rot erscheint, ist die andere von zartem flieder bis bläulich rosa gestreift. Der lilarosa Farbton von 'Camaïeu' ist weich und seidig zum Gegensatz zu der kräftig purpurnen Kolorierung von *Rosa gallica* 'Versicolor'.

'Camaïeu'

Blüte mttelgroß, gefüllt, flach, schalenförmig, kleines Auge **Farbe** lilarosa, weiß u. dunkelrosa gestreift u. gesprenkelt **Duft** mittel | **Laub** dunkelgrün | **Stacheln** wenig, klein | **Früchte** selten | **Höhe** 1,60 m | **Frosthärte** sehr gut, Klimazone 5

'Château de Namur'

(Belgien, Parmentier, vor 1842)

Nach neuesten Erkenntnissen dürfte die Sorte von Parmentier gezüchtet worden sein. Was mir sehr plausibel scheint, denn wir verdanken Parmentier sehr viele wunderschöne Rosen. Wie bei allen gestreiften Rosenblüten stellt sich die Frage, mit welchem Ton nun der Grund der Petalen ausgestattet ist, ist es der hellere oder dunklere. Der Eindruck vermittelt einem ein weißliches bis zartes Rosa. Zweifellos zählt sie zu den bezauberndsten Erscheinungen in meinem Rosengarten.

Blüte mittelgroß, gefüllt, kleines Auge, lange Sepalen | **Farbe** weiß, purpurviolette Streifen | **Duft** mittel | **Laub** dunkelgrün **Stacheln** wenig | **Früchte** keine | **Höhe** 1,50 m | **Frosthärte** sehr gut, Klimazone 5

'Château de Namur'

'Œillet Parfait' (Frankreich, Foulard 1841)
In der Literatur wird sie mal zu den Gallicarosen gerechnet, mal zu den Damaszenern. Vermutlich ist die aufregend schöne 'Œillet Parfait' Foulard, einem Amateurzüchter, gelungen.
Moden wechseln nicht nur in der Kleidung, sondern auch in den Blumen: Das war nicht nur bei den Seidenblumen der Fall, sondern auch bei den lebendigen Pflanzen. Nelken, Levkojen, Georginen gehörten in der *Allgemeinen Deutschen Gartenzeitung* aus Frauendorf bei Passau – neben Obstbäumen – zu den häufigsten Themen. Die Nelkenfreunde waren am zahlreichsten vertreten. Allerdings nahm die Rose eine besondere Stellung ein, sie lag nicht im Wettstreit mit den anderen Blumen. Als diese Züchtung 'Œillet Parfait' herauskam, war man erstaunt, dass eine neue Rose, eine »Vollkommene Nelke«, verblüffende Ähnlichkeit mit einer *Dianthus* hat. Reynolds Hole beklagte den Zustand, dass »die Verehrer der Nelke Ausstellungen ausschließlich für Nelken veranstalteten«, ebenso für jede andere Art, jede für sich exklusiv. Nur für Rosen schien sich noch niemand (auch nicht in dem Land, in dem die Blumenausstellungen erfunden worden zu sein schienen) stark gemacht zu haben, dasselbe für die Rose zu arrangieren. Der anglikanische Geistliche Hole hat sich dafür eingesetzt und mit erbetener Unterstützung von bekannten Rosengärtnern und Züchtern (Thomas Rivers, Charles Turner und William Paul) die erste Rosenausstellung am 1. Juli 1858 in London organisiert und durchgeführt. Es war überhaupt in England die erste Ausstellung für die Rose.

Blüte mittelgroß, gefüllt, lange Sepalen | **Farbe** weiß, karminrote Streifen | **Duft** schwach | **Laub** derb, dunkelgrün | **Stacheln** zahlreich | **Früchte** keine | **Höhe** 1,50 m | **Frosthärte** sehr gut, Klimazone 5

'Œillet Parfait'

'Perle des Panachées' (Frankreich, Vibert 1845)

Synonym: 'Cottage Maid' (in England)

W. Paul ist nicht der einzige, der diese Sorte als »eine der besten der gestreiften Rosen« bezeichnet. Mir allerdings fiele die Wahl schwer, müssste ich mich für eine der nicht wenigen panachierten Rosen entscheiden. Die Blütenblätter sind zart rosa überhaucht, manchmal fast schon weiß, wodurch die hellpurpurnen Bänder dann umso strahlender hervortreten.

Blüte mittelgroß, gefüllt, lange Sepalen, in Büscheln | **Farbe** weiß u. hellrosa; purpurviolett u. hell lila panaschiert **Duft** leicht | **Laub** mittelgrün, länglich | **Stacheln** einige, und Borsten | **Früchte** keine | **Höhe** 1,50 m | **Frosthärte** sehr gut, Klimazone 5

R. gallica 'Versicolor'

Synonyme: 'Rosa Mundi', 'Provins Panaché', *Rosa gallica* 'Variegata' (Thory)

'Rosa Mundi', wie sie bei uns allgemein bekannt ist, ja überhaupt die bekannteste der Gestreiften, ist eine Mutation der *Rosa gallica* 'Officinalis' (der Apothekerrose). Im Jahre 1583 beschrieb der Botaniker Charles l'Ecluse eine schöne Rose, eine Gallicarose, die große Ähnlichkeiten mit der Apothekerrose aufwies, sich jedoch von dieser dadurch unterschied, dass sie rote Kronblätter mit weißen Streifen hatte. Der Grund ist in einer spontan aufgetretenen Genveränderung zu finden. Hierdurch verringern sich die roten Farbpigmente.

Mit der interessant gestreiften *R. gallica* 'Versicolor' oder auch 'Rosa Mundi' als Synonym, kam die erste gestreifte Rose in meinen Garten. Bei den gestreiften Rosen gleicht keine der Blüten der anderen, eine effektvolle Vielfalt an einem einzigen Strauch.

Blüte halb gefüllt, gelbe Staubgefäße sichtbar | **Farbe** purpurrot, rosa und cremeweiß gestreift | **Duft** sehr gut | **Laub** mittelgrün, elliptische Fiederblättchen | **Stacheln** wenig, Borsten **Früchte** zahlreich | **Höhe** 1,00–1,20 m | **Frosthärte** sehr gut, Klimazone 4–5

'Tricolore de Flandre'

(Belgien, eventuell Parmentier 1846)

Die Rose ist im Katalog 1846 von van Houtte in Belgien aufgetaucht, mit großer Wahrscheinlichkeit aber von Parmentier gezüchtet. Die »Dreifarbige aus Flandern«, die im Grunde nur aus zwei Farben besteht: weiß und rot, variierend in hellem Lilarosa und Purpurrosa. Möchte man es jedoch mit der Kolorierung genau nehmen, dann mischt sich noch ein blauer Farbton in das Rot, es entsteht purpur. Sehr augenfällig ist das so genannte Auge, das wie ein Stummel mitten aus der Blüte herausragt. Außergewöhnlich kräftig sind die Stacheln, bei jungen Trieben leuchten sie in einem schönen Rot.

Blüte mittelgroß, gefüllt, Rosette mit grünem Auge | **Farbe** blassrosa, weiß mit purpurroten Streifen | **Duft** leicht | **Laub** dunkelgrün | **Stacheln** zahlreich, kräftig | **Früchte** keine | **Höhe** 1,20 m **Frosthärte** sehr gut, Klimazone 5

'Perle des Panachées'

R. gallica 'Versicolor',
'Rosa Mundi'

'Tricolore de Flandre'
Blüte und Stacheln

Die Damaszener-Rosen

Duft aus dem Vorderen Orient

Für kleinere Gärten eignet sich die Mehrheit der Damaszenerrosen weniger. Es sei denn, sie werden anstelle einer Weigelie, Forsythie etc. in den Hintergrund gepflanzt. Aber keine Regel ohne Ausnahme, es gibt auch welche mit niedrigerem Wuchs.

Die Herkunft von *R.* × *damascena* Mill. ruht wie bei allen Alten Rosen im Dunkeln. Kreuzfahrer sollen im 12./13. Jahrhundert die Damaszenerrosen aus den Mittelmeerländern mitgebracht haben, so berichtet es die Sage. Dort wurden sie schon vor unserer Zeitrechnung als eine gefüllte Rose in griechischen und römischen Aufzeichnungen beschrieben. Allerdings verkehrten Kaufleute bereits vor den Kreuzfahrern in diesen Ländern und brachten ebenfalls Rosen von dort mit, darunter möglicherweise auch solche, die später als Damaszenerrosen bezeichnet wurden. Vielfach nehmen Autoren an, dass die Damaszener-Rosen erst im 16. Jahrhundert in Europa auftauchten, da sie zu dieser Zeit recht häufig beschrieben wurden, was allerdings nicht wundert: In dieser Zeit nahm die wissenschaftliche Botanik ihren Anfang. Rosen standen dabei in Konkurrenz zur Übermacht der vielen neuen Pflanzen aus Übersee – das Zeitalter der Entdeckungen hatte begonnen. Ihr Name könnte durchaus darauf hindeuten, dass als Herkunfts- und Verbreitungsland der Mittlere Osten angenommen werden kann.

Gewiss ist jedoch, dass es sich hier nicht um eine Wildrose handelt, sondern um eine Hybride, womöglich sogar um eine Gartenhybride. Man unterscheidet Sommer- (einmalblühend) und Herbstdamaszener (etwas nachblühend). Jahrelang galt die These des englischen Genetikers C. C. Hurst, dass beide verschiedene Eltern hätten. Im Jahre 2000 erforschten japanische Wissenschaftler die Abstammung von beiden Arten – Sommerdamaszener (*R.* × *damascena* Mill.) und Herbstdamaszener (*R.* × *damascena* 'Semperflorens' Loisel et Michel.) – und wiesen nun nach, dass sie nicht von verschiedener Abstammung sind, sondern dass in beiden Gene von *R. gallica* L., *R. moschata* Herrm. und die aus Turkistan stammende Wildrose *R. fedtschenkoana* Regel bestimmend sind.

William Pauls Buch *The Rosegarden* (1848) ist zu entnehmen, dass es zu jener Zeit noch sehr viel mehr Sorten als heute von dieser Gruppe gab. Er bedauert es, dass von dieser »… Abteilung der Species R. damascena, von der man heutzutage wenig mehr hört.« Weiter lobt er sie: »Wir schätzen sie unter dieser Bezeichnung als das Urbild der liebenswürdigen, mehrmals blühenden Damascener-Rosen, welche unsere Gärten noch so spät im Jahre reichlich mit wohlriechenden Blumen versorgen« (Übersetzung Wilhelm Döll, 1855). Gemeint sind da die öfterblühenden Herbstdamaszenerrosen. War oder ist das englische Klima so fabelhaft für eine »reichliche« Nachblüte im Herbst? Studiert man alte deutsche Literatur (Gleditsche 1730, von Münchhausen 1770, Rößig 1799, Bosse 1829), dann erfährt man auch hier von etlichen Dauerblühern der *R.* × *damascena* 'Semperflorens', die es zu dieser Zeit bei uns schon gegeben haben muss.

W. Paul zählt sechs Sorten dieser Art auf, die ich bis jetzt aber in keinem aktuellen Rosenverzeichnis fand. Da frage ich mich, warum sind die damals so beliebten Rosen dieser Gruppe denn fast ausgestorben? Eine Antwort wäre, es entstanden neue Züchtungen, während die alten aus der Mode kamen. Züchter und Gärtner richteten sich nach dem Geschmack der Käufer, der sich schnell ändern kann, und jeder möchte

'Ispahan'

'La Negresse'

bart von 'Comtesse de Murinais', 'Shailer's White Moss', 'Souvenir de la Malmaison' und 'Camaïeu', im Grunde viel zu sehr eingeengt zwischen den anderen; sie kann sich nicht so schön entfalten wie 'Ispahan' und es ist jammerschade, dass ich die überhängenden Zweige von Zeit zu Zeit gehörig einkürzen muss. Die gut geformten Blüten sind von einem großartigen schwärzlichen Rot, aber gerade die Nachbarrosen kontrastieren diese dunklen Töne und bringen sie zum Leuchten. W. Paul beschreibt 1848 die Blüten mit »flowers dark clouded purple… A neat dark Rose, and the darkest of the Damask.« Der Amerikaner Robert Buist (1844) dagegen reihte sie bei den Gallicarosen ein, er hält sie nicht für so dunkel wie der Name verspricht, »only a very superb double crimson«. Der 1846 mit seinem *Prince's Manual of Roses* nachziehende Amerikaner William Robert Prince behält die Einstufung »Damask«, stellt sie aber in seinem Katalogteil in eine neue Angebots-Gruppe: Black Roses mit 32 Varietäten

Blüte mittelgroß, dicht gefüllt, gut geformt – einmalblühend **Farbe** tiefrot bis schwarzrot | **Duft** sehr gut | **Laub** mittelgrün **Stacheln** wenig | **Früchte** keine | **Höhe** 1,80–2,00 m | **Frosthärte** sehr gut, Klimazone 5

'Leda' (Frankreich, Deschiens 1826)
Synonym: 'Painted Damask'

Robert Buist mutmaßt, dass es vielleicht keine wahre Damaszener sei. Was wohl nicht ganz zum Typ passt, sind die zahlreichen kräftigen Stacheln und das dunkelgrüne Laub. Die runde Knospe ist überraschend rot. Beim Aufblühen baut sich der Farbstoff nicht gänzlich ab. Es bleiben an den äußeren Petalen oft rote Randstellen oder Säume stehen, es entstehen schmale unregelmäßige Bordüren. Auch kommt es vor, dass die in der Grundfarbe schwanenweiße, flache Blüte rosa durchtränkte Bereiche zeigt. Es erinnert mich an eine weiße Wäsche, zu der in der Waschmaschine ein rotes Teil geraten war und nun – jedes Mal anders – interessante Effekte hervorruft. W. Keller merkt 1833 an: »… jedes Blumenblatt von Aussen mit einer rothen Linie bordiert. Vor dem vollkommenen Aufblühen besonders schön.«
Die Triebe sind zwar kräftig und sehr stark, sie biegen sich aber nach allen Seiten, deshalb wird der Strauch nicht hoch. Er wirkt jedoch dadurch sehr üppig; leider werden viele Blüten von den

'Leda und der Schwan' von Jean Thierry, 1717

'Leda'; daneben zwei Rhododendron-Zikaden am Zweig der 'Leda'

darüberliegenden Zweigen erdrückt. Die Rose macht viele Wurzelschosse, denen ich vor ein paar Jahren das Überleben meiner Rose zu verdanken hatte. Nach vielen Wochen mit hoher Schneedecke taten sich die Wühlmäuse darunter an den Wurzeln gütlich, und als ich nach der Schneeschmelze den niedergedrückten Strauch wieder aufrichten wollte, hatte ich ihn vollständig in der Hand. Einige Ausläufer aber buddelte ich aus und pflanzte sie zusammen zu einem neuen Busch.

Blüte dicht gefüllt, flach, kleine Rosette in der Mitte – einmalblühend | **Farbe** weiß, teils mit einem Hauch von Rosa, sporadisch rote Ränder meist an den äußeren Petalen, Knospen rot | **Duft** gut | **Laub** dunkelgrün | **Stacheln** zahlreich, kräftig **Früchte** keine | **Höhe** 1,00–1,20 m | **Frosthärte** gut, Klimazone 5–6

'Marie Louise' (Herkunft unbekannt, vor 1823)
Die Rose, die gegenwärtig häufig angeboten wird, ist irgendeine Varietät, die irgendwann mal in neuerer Zeit unter diesem Namen angeboten wurde, jedoch abgestempelt wurde mit der Charakterisierung aus alter Literatur. Leider setzt sich diese Version von Buch zu Buch und von Katalog zu Katalog fort. Vermutlich hatte eine Rose mit diesem Namen der Gärtner Prévost 1813 aus Malmaison erhalten. Dabei handelte es sich aber mit großer Wahrscheinlichkeit um eine Agathe-Rose, die der Gärtner Johann Erben und auch der Kaufmann und Sammler Wilhelm Keller, beide aus Duisburg, in ihren Katalogen von 1823 bzw. 1828 aufführten (Erben, 25. Klasse, Agatrosen, Keller XX. Klasse, Achatrosen). Die Angabe bei Erben lautet: »Marie Louise, blüht gefüllt, weiß, leichtrosenroth gewässert, in gedrängten Büscheln, bisweilen halb weiß, halb rosa; sehr ausgezeichnet«. Keller umschreibt seine Achatrose: »weiß mit rosa getuscht«. Bei August Jäger werden zwei Rosen gleichen Namens genannt: Eine Zentifolie blassrosa und eine Damaszener hellrosa. Léon Simon und Pierre Cochet führen in ihrer *Nomenclature de Tous les Noms de Roses* (1906) eine Damaszenerrose 'Marie Louise' auf. Statt eines Züchternamens wird »Malmaison« 1813 erwähnt. Die Frage beschäftigt mich schon: Hat man der Exkaiserin Joséphine diese nach ihrer Nachfolgerin benannte Rose in ihrem Garten in Malmaison untergeschoben, ohne dass sie selbst diesen Rosennamen kannte?

'Marie Louise'

Allerdings sollte man bei der heute erhältlichen Rosensorte mit dem Namen 'Marie Louise' nicht so viele Gedanken darüber verschwenden; sie ist es wahrlich wert, dass sie in unseren Gärten gepflanzt wird. Ein niedrig wachsender Strauch mit bildschönen und gut duftenden Blüten.

Blüte groß, gut gefüllt, schalig, geviertelt – einmalblühend **Farbe** mauve, hell lilarosa | **Duft** sehr gut | **Laub** mittelgrün **Stacheln** wenig | **Früchte** keine | **Höhe** 1,20 m | **Frosthärte** gut, Klimazone 5–6

'Miranda' siehe Gruppe Portland-Rosen

'Mme Hardy' (Frankreich, Hardy 1831)
Eine Rose für die Insel! Dürfte man nur eine einzige Rose auf eine einsame Insel mitnehmen, dann würden viele Rosenliebhaber diese auswählen. Mir müsste man aber schon erlauben, dass ich von jeder Farbe eine Rose erwähle und dann noch mal aus jeder Gruppe extra, dann würde ich mich vollpacken mit Rosen in den unterschiedlichsten Nuancierungen. Es gibt ja noch andere weiße Varietäten, rein weiße, creme- oder milchweiße, ein Weiß wie Zitroneneis ('Frau Karl Druschki'), schneeweiß, grünlichweiß ('Coquette des Blanches') usw. Die Blüten von 'Mme Hardy' erscheinen zunächst mit einem zarten Hauch von Rosa, das aber binnen kurzem zu Cremeweiß wechselt. Das grüne Auge ist ein gutes Merkmal.

Lithographie Arnz ca. 1837 'Mad. Hardy', daneben 'Mme Hardy' rechts: 'Petite Lisette'

Aber nicht alle Rosenfreunde entscheiden sich für 'Mme Hardy' – Reynolds Hole zum Beispiel, der Autor von *A Book about Roses* (1869) nannte sie »eine echt weiße und wohlgestaltete Rose, doch leider 'grüngeaugt' wie die Eifersucht – vielleicht aus Neid auf 'Mme Zoutman'…«. Ein geflügeltes Wort aus »Othello« nennt die Eifersucht: »das grüngeaugte Scheusal«.

Die mindestens seit 1837 beschriebene (C. Nickels, Preßburg) und lithographierte (H. Arnz, Düsseldorf) berühmte „weiße Damaszener x Portland-Rose mit dem grünen Auge" wurde seitdem äußerst oft ausschließlich nur als 'Mme Hardy' gehandelt, bezeichnet und abgebildet.

Brent C. Dickerson zitiert in seinem 1999er Sammelwerk *The Old Rose Adventurer* als züchtungsnaheste Quelle die Revue Horticole (Bd. 1832): M. Hardy habe seiner Frau die Rose 'Félicité Hardy' gewidmet. Der Strauch wird genau und stimmig beschrieben; bei der Blüte wird allerdings kein grünes Auge erwähnt und der Knospe ein Rosa zugeschrieben. Vincent Derkenne entdeckte 2012 (s. *Roses anciennes en France*, Nr. 18, S. 13–24): J.-A. Hardy (1787–1876) redigierte 1837 den Katalog der Gärtnerei des Jardin de Luxembourg und änderte dabei die Rose auf „Mme" (3. Vorname seiner Frau nur als Synonym).

Inzwischen steht 'Mme Hardy' in der Old Roses Hall of Fame der WFRS.

Blüte groß, dicht gefüllt, gute Form, flach, schalig, grünes Auge – einmalblühend | **Farbe** cremeweiß, bisweilen blassrosa **Duft** sehr gut | **Laub** hellgrün | **Stacheln** zahlreich | **Früchte** keine **Höhe** 1,50–1,80 m | **Frosthärte** gut, Klimazone 5

'Petite Lisette' (Frankreich, Vibert 1817)

Bezaubernde kleine Röschen, die in Büscheln in dem eher niedrigen Sträuchlein anmutig zur Geltung kommen. Die Blüten sind hellrosa, manchmal zu cremeweiß verblassend. Die Blühzeit währt lange, dies erweckt den Eindruck, dass das Röschen nachblüht. Man muss seine Nase schon fest an die kleine Blüte drücken, damit man den fabelhaften Duft erlebt. Die kleine Lisette wird mal unter die Albarosen mal unter die Damaszener eingereiht, auch wird sie schon mal zu den Zentifolien gezählt, ja sogar bei den Gallicas ist sie zu finden. Es soll eine Hybride der Damascena bifera sein.

Blüte gut gefüllt, zunächst pomponartig, dann flach – bei mir nur einmalblühend | **Farbe** hellrosa, verblassend zu cremeweiß | **Duft** sehr gut | **Laub** helllgrün | **Stacheln** zahlreich, klein, gerade | **Früchte** keine | **Höhe** 1,50–1,70 m | **Frosthärte** sehr gut, Klimazone 5

'Quatre Saisons' (Mittlerer Osten, s. Einleitung)

Synonyme: *R.* × *damascena* 'Semperflorens' Loisel. et Michel. 'Rose des Quatre Saisons', *R. damascena bifera*, 'Autumn Damask'

In »Le Bon Jardinier« 1823, heißt sie 'Rose de deux saisons'. Das klingt glaubwürdiger als die Bezeichnung »Vierjahreszeiten-Rose«. Sie unterscheidet sich kaum von *Rosa* × *damascena* Mill., jedoch soll 'Quatre Saisons' öfter blühen, allerdings ist dies wohl eher in warmem Weinbauklima der Fall, dann jedoch nur eine kleine Nachblüte. An kühleren Tagen sind die sich gerade öffnenden Blüten etwas dunkler rosa, wechseln aber je nach Sonnenscheindauer in schönes helles Rosa. Die Blütenblätter sind leicht zerknittert wie eine ungebügelte Seidenbluse, gerade dies liebe ich an ihr, ferner die langen

'Quatre Saisons'
Blüten und Hagebutte

Kelchblätter und im Herbst die typischen, länglichen Hagebutten. Hierin erkennt man die Art auch ohne Blüten. Der Strauch wächst leicht schlacksig und wirkt durch die dünnen Triebe sehr schwach. Ich weiß, es ist eine Liebhabersorte, sie zählt bei Rosenfreunden nicht oft zu deren Favoriten. Für mich verbindet sich ihr Name mit Vergil's Beschreibung in »Landleben«, die *Georgica* »... biferique rosaria Paesti ...«.
»Ich aber ... sänge wohl noch –
wie sorgende Hand reichprangende Gärten schmückt, –
wie Paestum zweimal erblüht mit Hainen voll Rosen.«
Die römischen Dichter gehörten vor etwa dreißig Jahren zu meiner Lieblingslektüre, folglich war es naheliegend, dass ich die von Vergil (70–19 v. Chr.) besungene Rose haben wollte. Sie stellt vielleicht eine *R. damascena* 'Bifera' dar, die zur Römerzeit in der Umgebung von Paestum geblüht haben könnte. Jedenfalls, schon vor der Einführung der öfterblühenden Chinarose in Europa existierte diese Rose, *R. × damascena* 'Semperflorens', die ebenfalls die Anlage zur Blühwiederholung besitzt, wenn auch nur in geringem Maß und an bevorzugten Standorten.

Blüte locker gefüllt – in wärmerem Klima etwas nachblühend **Farbe** klares Rosa | **Duft** sehr gut | **Laub** hellgrün | **Stacheln** zahlreich, gerade | **Früchte** oval länglich, orangerot | **Höhe** 1,20–1,50 m **Frosthärte** gut, Klimazone 5–6

'Rose de Puteaux'

(Frankreich, Züchter unbekannt, vor 1826)
Synonym: 'Rose de Puteau'
Monsieur Puteaux war der Chefgärtner in St. Cloud, Sèvres. August Jäger behauptet in seinem *Rosenlexikon*, dass es sich um eine Züchtung von Jamain handelt, die um 1870 entstanden sein soll.
Johann Erben in Duisburg gibt eine Sorte in seinem Katalog von 1823 an, die er – wie es damals häufig üblich war – auf deutsch übersetzte: 'Die Rose von Püteau'. Er hatte sie wohl erst neu in seinem Sortiment aufgenommen, da jegliche Angaben über diese Varietät fehlen. Er setzte sie in eine spezielle Gruppe: Damascener Bastard-Rosen. Die Blüten zeigen sich in einem wunderbaren Rosa, leuchtend und hell. Die Knospen weisen lange Kelchblätter aus. Stacheln sind zahlreich vorhanden, dünn und spitz. 'Rose de Puteaux'

'Rose de Puteaux'

'St. Nicholas'

ist eine Hybride der *R.* × *damascena bifera* und müsste deshalb zu den nachblühenden Rosen gehören. Eine Blühwiederholung kann ich bis heute noch nicht bestätigen.

Blüte groß, gut gefüllt, lange Sepalen – einmal- oder gering nachblühend | **Farbe** klares Rosa | **Duft** sehr gut | **Laub** hellgrün **Stacheln** zahlreich, dünn, spitz | **Früchte** selten | **Höhe** 1,50–1,80 m | **Frosthärte** gut, Klimazone 5–6

'Rose de Resht' (siehe Gruppe Portland-Rosen)

'St. Nicholas'

(England, eingeführt von Hilling 1950)

Entdeckt wurde sie 1950 in einem Garten eines Rosensammlers Hon. Robert James in St. Nicholas, Richmond, Yorkshire – ja, nach diesem Rosenfreund nannte Graham Stuart Thomas in Erinnerung an den 1960 verstorbenen Robert James die fabelhafte Ramblersorte 'Bobby James'. Man weiß nicht, wie lange die Fundrose 'St. Nicholas' in dem rosenbewachsenen Garten schon stand. Ob sie am Anfang schon bei den Findlingen dabei war oder ob hier – wie es meistens der Fall ist, einfach ein neuer Sämling entstanden ist. 'St. Nicholas' ist wahrscheinlich eine Kreuzung aus *R. damascena* und *R. gallica*. Glücklicherweise hat man nicht nach Ähnlichkeiten einer existierenden Rose gesucht, sondern sie nach dem Fundort St. Nicholas benannt. Robert James kaufte 1910 den Landsitz – ein seit dem Mittelalter aufrecht erhaltenes Stift – und seit Anfang der 1920er-Jahre sammelte er mit seiner Frau, Lady Serena, in der Umgebung Yorkshires Rosenstecklinge von Gallicas, Damaszenern, Zentifolien und Albas, sowie Wildrosen. Gegen ein Entgelt brachten Gartenfreunde zusätzlich Alte Rosen. Es wurde aber Wert auf wurzelechte Pflanzen gelegt. Ein Obergärtner und vier Gärtner kümmerten sich zunächst in einem Glashaus um die Errungenschaften. Lady Serena und Robert James versuchten die Findlinge zu bestimmen und doppeltes zu selektieren. Nach dem zweiten Weltkrieg reduzierte sich die Zahl der Gärtner auf nur noch einen und die beiden bearbeiteten nun selbst ihre zahlreichen Rosenstöcke. Seit dem Tod von Bobby James im Jahre 1960 arbeitete Lady Serena allein in dem inzwischen zur herrlichen Rosenwildnis verwandelten Landsitz. Als das Ehepaar Hedi und Dr. Wernt Grimm 1988 auf Spurensuche der Damaszenerrose 'St. Nicholas' den Rosengarten besuchten, wurden sie von der 87-jährigen Lady Serena empfangen, die wie Wernt Grimm im *Rosenbogen* 3-88 beschreibt, damals noch »mit ihrer dreizinkigen Rosengabel und einer Schere, nur unterstützt von einer gelegentlichen Hilfe, bei jedem Wetter in ihren Rosengärten« war, um das Unkraut und die Rosen zu bändigen. Inzwischen sind zwanzig Jahre vergangen. Es bleibt für uns die Hoffnung, die Wernt Grimm in seinem liebenswerten und spannenden Bericht zum Ausdruck bringt, dass der »Garten der Rosen«, wie ihn Lady Serena nannte, »über die rosenbegeisterte alte Dame hinaus erhalten werden kann«.

Blüte mittelgroß, halbgefüllt – einmal | **Farbe** rein rosa | **Duft** sehr gut | **Laub** hellgrün | **Stacheln** zahlreich | **Früchte** rund, groß, rot | **Höhe** 1,50 m | **Frosthärte** sehr gut, Klimazone 5

Rosa × *damascena* 'Trigintipetala' (17. Jahrhundert, von Dieck 1889 nach Deutschland gebracht)

Synonyme: 'Trigintipetala', 'Rose de Kazanlik', 'Kazanlik'

'Trigintipetala', die echte Ölrose von Kazanlik, oder einfach die Bulgarische Ölrose, kam auch als eine der ersten in meinen Garten. Diese Rose blickt auf sehr viel Geschichte zurück. Was muss das für eine herrliche Rose sein, die in Bulgarien - und auch auf der Krim - in riesigen Feldern

'Trigintipetala', Blüten und Knospe

schon seit Jahrhunderten zur Ölgewinnung angebaut wird. Ich versprach mir sehr viel von dieser Rose, vor allem vom Duft, musste aber feststellen, dass dieser zwar gut ist, aber es gibt stärker duftende Rosen, wie beispielsweise die Zentifolien und Moosrosen. Der Strauch benötigt sehr viel Raum, er wächst stark verzweigt, locker und etwas unordentlich bis etwa zweieinhalb Meter Höhe, mitunter geht er auch in dieselbe Breite. Für einen normal großen Garten nicht unbedingt ideal. Resigniert habe ich sie auch nach einigen Jahren aus meinem Garten total entfernt. Dieser Platz, an dem sie stand, war zu exponiert, er verwehrte völlig den Blick in die Tiefe, und an dieser Stelle stehen nun etwa sechs »normal große« Sträucher, meist Gallicas und Moosrosen, die niedriger bleiben und so wieder den Blick vom Eingang kommend frei geben.

Wiederum nach einigen Jahren fand ich es doch schade, dass so eine geschichtsträchtige, wichtige Rose in meinem – inzwischen musealen – Garten nicht mehr präsent ist. Es fehlte etwas Signifikantes, wenn ich Rosenbesucher durch meinen Garten führte und ich ihnen diese Ölrose nicht mehr zeigen konnte. Ich habe als nun kundigere Rosenkennerin, wie ich glaubte, 'Trigintipetala' wegen ihrer Größe in den Hintergrund gepflanzt. Mit dem neuen Platz ist sie bis heute nicht besonders einverstanden. Ihr Wuchs ist nicht so, wie ich es von der ersten Pflanze her kannte. Der Grund hierfür ist die Nähe einer Thujahecke. Man müsste noch nachträglich eine unterirdische Wand, eine Wurzelsperre einbauen. Soviel ist aber sicher: Für extrem kalte Lagen ist diese Rose weniger geeignet; in rauhen Wintern frieren viele ihrer Triebe zurück, auch bei

R. × damascena
'Versicolor'
('York and Lancaster')

uns. Da macht sich wohl der *R. moschata*-Elternteil bemerkbar, der sehr frostempfindlich ist und unsere Winter in Bayern im Freien nicht übersteht.

Die locker gefüllten Blüten (etwa dreißig Blütenblätter, daher der Name) zeigen sich in reinem Rosa, die gelben Staubgefäße sind teilweise gut sichtbar. Im Herbst schmückt sich der Strauch mit länglichen Hagebutten.

Blüte groß, locker gefüllt, lange Sepalen, gelbe Staubfäden – einmalblühend | **Farbe** rein rosa | **Duft** gut | **Laub** hellgrün **Stacheln** zahlreich, spitz | **Früchte** länglich, orangerot | **Höhe** 1,80–2,50 m | **Frosthärte** mittel, Klimazone 5–6

R. × damascena 'Versicolor', bekannter unter dem Namen 'York and Lancaster' (16. oder 17. Jahrhundert)

Die interessanten Blüten erscheinen launenhaft mal halb rosa, bald halb weiß, oder auch – und das ist meist der Fall – alle Blüten eines Zweiges oder sogar des ganzen Strauches unzuverlässig in rosa oder weiß. Ein Rosenschulgärtner bestätigte mir, dass 'York and Lancaster' schwer zu vermehren ist, die Anlage zur Mehrfarbigkeit ist nicht stabil. Ich habe es inzwischen schon mit einer dritten Pflanze versucht. Bei allen bleibt es ein Zufall, wenn einzelne Blüten in ihrer Farbe so scharf getrennt sind. Vermutlich hat Bertuch sie 1804 in seinem *Bilderbuch für Kinder* abgebildet und als »Zwillingsrose« beschrieben (Rosa gemella), die Blüten in zweierlei Farben an einem Zweig hervorbringen.

Blüte mittelgroß, locker gefüllt – einmalblühend | **Farbe** rosa und weiß, uneinheitlich | **Duft** gut | **Laub** dunkelgrün | **Stacheln** kräftig, zahlreich, gerade und zurückgebogen | **Früchte** wenig **Höhe** 1,80 m | **Frosthärte** gut, Klimazone 5–6

Rosa centifolia

Die Zentifolien – ein Schönheitsideal über Jahrhunderte

Carl von Linné (1707–1778) war sozusagen der Urheber für die Hypothese, die bis ins 20. Jahrhundert bestehen blieb, die Zentifolie sei eine Wildrose. Dass er ihr den Namen *Rosa centifolia* verliehen hatte (1753), macht diese noch nicht zu einer botanischen Art. Konkret stehen wir vor einer komplexen Hybride, die nach aktuellem Forschungsstand vier botanische Rosen als Vorfahren hat: *R. gallica*, *R. phoenicia*, *R. moschata* und *R. canina*. Daher wird die Rose heute *R.* × *centifolia* L. geschrieben. Der Schriftschnitt Kursiv, sonst Ausdruck einer Artbezeichnung, wurde in Respekt vor Linné beibehalten. (*Rosa* × *centifolia* kann auch, wie das deutsche Wort Zentifolie, Klassenbezeichnung sein und jede in diese Gruppe eingereihte tatsächliche oder vermutete Hybride oder Mutation einschließen.) Aufgetaucht, wenn nicht sogar entstanden ist letztendlich die gelungene Auslese dieser idealen Gartenform mit größter Wahrscheinlichkeit in Holland. Clusius (Charles de L'Ecluse, Arzt und Botaniker) gab ihr den Beinamen »batavica« (holländische) – Batavi hießen die Bewohner des Rheindeltas bereits bei den Römern. Er schrieb 1583, dass diese Rose in Holland in Kultur sei, wobei nicht bekannt ist, wie sie oder ihre Vorformen überhaupt dort hin gelangten. Robert Zander (Zander/Teschner, *Der Rosengarten*, 1933, Nachdruck Weiland Nachf. Lübeck 1978) erwähnt, dass Clusius 1601 (er arbeitete, vom Habsburgischen Wien kommend, 1588–1593 in Frankfurt, bevor er nach Leiden wechselte) die »Centifolia als eine große Kostbarkeit behandelte« und dass dieser sie in Deutschland »nur in einem Garten in Frankfurt am Main« gesehen hätte. Auch in den Kräuterbüchern um 1600 erscheint die Zentifolie als die »Große holländische Rose«. Die Holländer brachten dann im 18. Jahrhundert zahlreiche Sorten hervor.

Das auf den englischen berühmten Baumschuler Philip Miller (1691–1771) zurückgehende Synonym *R. provincialis* Mill. und die daraus abgeleiteten Bezeichnungen der ganzen Klasse als Provinz-, Provenzer oder Provence-Rosen haben immer wieder zu Verwechslungen mit den »Französischen Rosen« aus Provins (den dort für den Arzneimittelhandel angebauten Gallicasorten) geführt sowie auch zu Spekulationen über ihre Herkunft aus der südfranzösischen Provence (eher ein Zielgebiet für kommerziellen Anbau von Zentifolien für die Parfümindustrie). Vielmehr könnte im Wort provincialis ein weiterer Hinweis auf die Niederländischen Provinzen als Quelle enthalten sein: Nach mehrjährigem Freiheitskampf hatten sich die protestantischen Nordostprovinzen 1581 als unabhängig erklärt – international anerkannt und aus dem »Heiligen Römischen Reich Deutscher Nation« ausgetreten 1648. Daraus gingen die heutigen Niederlande hervor – Holland ist eigentlich nur der Name der bekanntesten Provinz im Mündungsgebiet des Rheins. Die Niederlande gerieten nach einem gewaltigen kolonialen Aufschwung und Aufstieg zur bedeutenden Seemacht durch eine Art »Konkurrenzaufkauf« seitens der Engländer mittels Personalunion (Wilh. v. Oranien) 1689–1702 unter britischen Einfluss. England kam es aber auch darauf an, Kontrolle auf dem europäischen Festland auszuüben, wie zwölf Jahre später mittels Personalunion mit den Hannoveraner Königen. Die 1576 bei den spanischen Habsburgern verbliebenen katholischen Südwestprovinzen sind ein Territorium, auf dem sich nachbarlich zu Frankreich der Staat Belgien entwickelte, der erst 1831 als Königreich seine Selbständigkeit erhielt. Während der napoleonischen Zeit standen die belgischen und niederländischen Provinzen sowie Luxemburg unter französischer Herrschaft.

Die Bezeichnung »Rosa belgica« bezog sich noch Anfang des 19. Jahrhunderts auf Hybriden aus *R. damascena* oder *R. gallica*.

Auf einer Anzahl von Gemälden von Barock und Rokoko bis Romantik und Biedermeier waren die kugeligen Blüten der Zentifolien die beliebtesten Rosen: Von den flämischen Stillleben des 17. Jahrhunderts (J. Breugel d. Ä., Van Huysum), und den deutschen Naturalisten (G. Flegel, C. Marell, S. Merian), über das 18. Jahrhundert mit Hofmalern (F. Boucher, J. H. Fragonard) und botanischen Illustratoren (G. Ehret, G. van Spaendonck) bis zu den Rosenmalern des 19. Jahrhunderts mit Höhepunkten (J. Redouté und dänische Maler um C. Andersen). Zentifolien waren in Duft und Form der Inbegriff von Rose überhaupt – sogar bis heute, wenn es um Rosensymbolik und -ornamentik geht.

Nicht nur in unserem Land gab der Volksmund ihr den Namen Kohlrose (Rose Chou, Cabbage Rose); einer Erklärung zu diesem Charakterbild bedarf es wohl nicht.

»Die Knopff- oder Kohl-Rose hat einen dicken Knopff und … sie werden zum Rosenwasser gebraucht. Die leibfarbene Rose oder gemeine Centifolie, (hundertblätterige Rose) aus dieser wird, in Ermangelung der Mosch-Rosen [damit wurden damals die Damaszenerrosen bezeichnet] der laxierende Rosen-Safft bereitet. Die große Holländische Rose oder hundert-blätterichte Rose, ist grösser, als die vorhergehende, will aber gleich derselben an einem kühlen Orte und in guter Wiesen-Erde stehen, und wenig Sonne haben …« so zu lesen im *Oeconomischen Lexicon* (bey Johann Friedrich Gleditschens sel. Sohn, Leipzig, 1731). Die Erklärungen kommen dem nahe, was später von Linné als R. centifolia festgelegt wurde. Jedoch ist zu erkennen, dass zu dieser Zeit die ökonomische Bedeutung, wozu auch noch die medizinische zählte, im Vordergrund stand – weniger eine botanische Systematik. Das erklärt auch, dass Herkunftswörter im Namen ihren Sinn haben: Es sind auch Hinweise auf Bezugsmöglichkeiten der Handelswaren.

Die Zentifolien entfalten den stärksten und süßesten Duft. Keine andere Gruppe kann hierin mithalten. Zentifolien haben zusätzlich zu den Duftorganen an der Basis der Blütenblätter Duftdrüsen an Blütenkelchen und -stielen, sowie an den Kelchblättern. Das ergibt – sogar schon im Knospenstadium – das wunderbare harzige Aroma, das noch potenzierter bei den Moosrosen in Erscheinung tritt, da sie ja ansonsten als Mutationen der Zentifolien oder Damaszener diesen in Sachen Blütenduft in nichts nachstehen. Ich lasse gerne meine Besucher mit Daumen und Zeigefinger leicht an den Duftdrüsen reiben, um dann mit der Nase das großartige Aroma zu erspüren. Zentifolien benötigen viel Sonne, allein schon wegen der Duftentfaltung, ganz entgegen Herrn Zinks Meinung im Gleditschen *Oekonomischen Lexicon,* der vielleicht eher auf die Bewahrung und spätere Gewinnung der flüchtigen Aromastoffe aus war. Bei den Farben der Zentifolien finden wir einige weißblühende Sorten, die häufigst vorkommende ist jedoch Rosa, eine Kurzbezeichnung für Rosenrot. Getrocknet hält sich lange ein Duftpotpourri aus dem süßen Duft der Blüte und dem harzigen Aroma von Blütenkelchen und -stielen. Früher schnitt ich mir Blütenzweige der Zentifolien schnell vor einem drohenden Unwetter ab, holte sie ins Haus und hängte sie auf als Trockenstrauß. Der Habitus der Zentifolien ist locker, sparrig, ja man könnte ihn fast unordentlich nennen, anders als der aufrechte, akkurate Wuchs der Gallicas. Bis zu 1,80 m können einige Sträucher hoch werden. Schmückt man mit ihnen Gitter, Spaliere oder den Fuß von Säulen und Vasen, passen sie in formale Gärten und lassen so die Besucher näher an sich heran. Eine Attraktion sind diese Rosensträucher an markanten Wegstellen in einem Landschaftspark, aber auch als duftspendende Überraschungen in einem romantischen, naturbelassenen Garten. Niedrigere Wuchsformen, die es zum Glück gibt, von etwa 0,80 m bis 1,50 m, fügen sich ebenso in kleinere Gärten, wie beispielsweise 'Rose de Meaux' (*R. × cent. minima*), 'Petite de Hollande' (*R. × cent. minor*) und *R. parvifolia* – aus meinem Garten ist letztere leider aus unerfindlichen Gründen verschwunden. Sie werden auch »Pompon-Röschen« genannt wegen der relativ kleinen gefüllten Blütenbällchen. Das Burgunderröschen 'Pompon de Bourgogne' hatte ich nie beschnitten und als es schließlich jahrelang nur noch ganz vereinzelt Blütchen entwickelte, habe ich mich damals kurzerhand von dieser Sorte getrennt. Diese Röschen solle man gleich nach der Blüte kräftig zurückschneiden, nur so würden sie eine üppige Blüte im nächsten Jahr erhalten, riet mir ein Rosenschuler. Ich schneide sie aber immer noch mit zögerlicher Hand, als könnte ich die Pflanze dabei zerstören. Für die großen Sträucher las ich diesen Tipp: »Das Beschneiden der Rosen (namentlich der Centifolien, der Damascener und Provinzrosen) wird alle Jahre im Februar oder März vorgenommen, es bezweckt nicht nur einen schöneren Wuchs des Stockes, sondern es trägt auch zur Erlangung schönerer Blumen bei« (aus: *Heinrich Gruner's praktischer Blumengärtner, Ein Handbuch*, vierte Auflage, Carl Friedrich Förster, Leipzig 1843). Das ist auch meine Methode, seit Jahren, der Erfolg beweist es.

Aus *R.* × *centifolia* entstand eine erstaunliche Anzahl von Mutationen. Was früher, im 18. und 19. Jahrhundert als rot bezeichnet wurde (lat. rubra), ist als dunkleres Rosa zu verstehen.

Eine »gelbe Centifolie«, wie sie zu früher Zeit genannt wurde, ist eine völlig andere Art: *R. hemisphaerica* Herrm., Sulphur-Rose, 'Sulphurea', Schwefelgelbe Rose. »Centifolie« oder »Provinzrose« nannte man gern alle kohlkopfartigen Rosenblüten-Formen. Als Clusius sie Ende des 16. Jahrhunderts aus der Türkei nach Europa brachte, war sie bis dahin die einzig gefüllte gelbe Rose. Man kannte lediglich die einfachen gelben Arten *R. foetida* und *R. foetida* 'Bicolor'. Die Sulphur-Rose war zu ihrer Zeit eine Besonderheit und wurde viel in den Gärten gepflanzt, jedoch beklagte man immer ihre große Empfindlichkeit: »... nur kommen ihre schön gefüllten Blumen bei uns nicht immer zur Vollkommenheit« (Korth, 1819). Im Regen verkleben prinzipiell die kugeligen Blüten; sie öffnen sich nicht mehr ganz und faulen leicht, sie mumifizieren. Aber selbst den Rosen, die unter dem Vordach stehen, geht es wegen der hohen Luftfeuchtigkeit nicht viel besser. Trotzdem hat sich die Sorte bis heute bei einigen Rosenschulen erhalten.

Ab Anfang des 19. Jahrhunderts kamen Züchtungen der Holländer mit der einfach blühenden *R.* × *centifolia* 'Simplex' Hort. hinzu, und ab da mehrten sich die wundervollsten Sorten, jedoch konnten von diesen und den Mutationen bis heute, gemessen an der einstmaligen Vielzahl, nur noch wenige fortbestehen.

Meine schönsten Rosen aus der Klasse der Zentifolien

'Blanchefleur' (Frankreich, Vibert 1835)

Oft wird diese schöne Zentifolie, eine Hybride aus *R. gallica* × *R. centifolia*, auch unter den Gallicarosen eingereiht. Ihr Habitus gleicht eher dem aufrechten Wuchs dieser Gruppe, hingegen das Laub und die weißen Blüten sind den Zentifolien wieder ähnlicher. Ich beschreibe sie gewiss als eine sehr reizende Rose. Allerdings – weiße Blüten lieben kein Wechselbad von Regenschauern und Sonnenschein.

»Blanchefleur, eine sehr hübsche Blume, obschon das blanche entschieden ein französisches Weiß ist, d. h. rosig angehaucht ...«, so beschrieb der englische Reverend und Rosenfreund Reynolds Hole in seinem *A Book about Roses* (deutsch: *Das Buch von der Rose*, übersetzt von Worthmann, 1880) diese Sorte.

Blüte mittelgroß, gefüllt, geviertelt – einmalblühend | **Farbe** cremeweiß, teilweise rosa überhaucht | **Duft** sehr gut **Laub** spitz zulaufend, oval, mittelgrün | **Stacheln** spitz | **Früchte** keine | **Höhe** 1,50–1,80 m | **Frosthärte** sehr gut, Klimazone 5

'Blanchefleur'

'Bullata'

'Bullata'

(Frankreich, von Du Pont eingeführt, vor 1811)
Synonyme: *R.* × *centifolia* 'Bullata', 'Rosier à feuilles de laitue'

Meine jetzige »Salatrose« ist bereits meine dritte Pflanze, zwei sind früher schon den Wühlmäusen zum Opfer gefallen. Den originellen Namen erhielt sie wegen ihrer außergewöhnlichen Blätter, die herabhängend und stark blasenförmig gewölbt sind (lat. bullatus = blasig, bulla = Blase, Buckel). Zusätzlich sind die jungen Blätter rötlich gefärbt und ähneln einer bestimmten Salatform. Es bereitet mir immer Vergnügen, meine Besucher auf dieses Phänomen hinzuweisen und dabei ihre Mienen zu belauern. Dass dies eine besondere Art ist, macht dann den Rosenstrauch attraktiver, wie man an dem erhöhten Interesse der Rosenfreunde beobachten kann. Und nur durch das besondere Laub unterscheidet sich 'Bullata' von der Art *Rosa* × *centifolia* L. Die kugeligen oder ballförmigen Blüten sind einzigartig schön und der berühmte Duft der Zentifolien, zusammen mit dem kräftig duftenden Harz von Stiel und Kelch, machen diese Art der typischen Zentifolien so begehrenswert. Schade, dass es die Anfang des 19. Jahrhunderts entstandenen ähnlichen Sorten nicht mehr gibt, wie *R.* × *centifolia* 'sellerie'; weiter gab es eine weidenblättrige, eine salbeiblättrige Moosrose (bei W. Keller 1828), eine hanfblättrige Albarose, eine eichenblättrige (R. cent. quercifolia, bei W. Keller 1828).

Blüte mittelgroß, gefüllt, kugel- bzw. ballförmig – einmalblühend | **Farbe** rein rosa | **Duft** sehr gut | **Laub** herabhängend, leicht graugrün, junges Laub braunroter Rand, blasig gewölbt | **Stacheln** zahlreich, gerade und gebogen | **Früchte** keine | **Höhe** 1,50–1,80 m | **Frosthärte** gut, Klimazone 5

'Cristata'

(Schweiz gefunden, 1820 oder früher)
Synonyme: (*R.* × *centifolia* 'Cristata', 'Chapeau de Napoléon', Kammrose)

In der Schweiz soll sie 1820 gefunden worden sein, Vibert führte sie jedenfalls ab 1828 in seinem Katalog. In Deutschland stand sie 1826 im Belvedere Garten bei Weimar und ebenfalls in Jena. Bereits im Jahre 1811 wurde 'Cristata' in *Almanach des Roses* von dem französischen Rosisten und Buchautor Claude Thomas Guerrapain schon ausführlich beschrieben – aus Holland stammend und als »noch nicht im Handel erhältlich« erwähnt. Vielfältig werden in der Literatur, in neuer wie in alter, die Fundorte umschrieben. Da stand sie einmal an einer Klostermauer bei Fribourg (Schweiz), ein anderes Mal ist es dort die Hilzer Kirche, dann wurde aus letzterer ein Amateur-Botaniker namens Kirche, der sie in den Ruinen eines Turmes in Fribourg gefunden haben soll.

Obwohl der Habitus nicht das Non-plus-Ultra im Garten darstellt – sie wächst wild verzweigt, hat wenig Laub vorzuweisen und präsentiert sich dadurch ziemlich sparrig – so liegt der Wert in der Schönheit der Blüten und ihrem hervorragenden Zentifolienduft, und vor allem ist es der hahnenkammartige Besatz der Knospen, der durch große Attraktivität überzeugt: Die petersilienkrausen Kelchblätter sind breit gefächert wie ein Napoleonshut. Dies alles sind Merkmale, die besonders auffallend und aufsehenerregend sind. Der Name dieser Zentifolie 'Cristata' leitet sich von lat. cristatus = hahnenkammartig ab (Zander, Handwörterbuch der Pflanzennamen, Ulmer Verlag, 8. Auflage, 1955). Das im englischen gebräuchliche Synonym 'Crested Moss' verführt vielleicht so manchen, diese Sorte zu den Moosrosen zu zählen, was allerdings unzutreffend ist, denn es handelt sich bei diesen Auswüchsen nicht um eine drüsige Bemoo-

'Cristata', Blüten und Knospe

sung der Oberfläche, sondern lediglich um eine Mehrfachfiederung von Blatträndern, hier als dichter Saumbesatz an den jeweils außen liegenden Kanten der Sepalen. Später, nach der Blütezeit, auch im braunen, trockenen Zustand, ist der Stern aus den fünf Kelchblättern eine außergewöhnliche Zierde.
Wilhelm Keller erwähnt 1829 in seinem Katalog: »Centifolia cristata, die größte Sonderbarkeit der Natur. Ihre Kelchabtheilungen sind gefranzt und moosig, Blume rosenroth …«. Ein paar Jahre später, 1833, beschreibt er die Centifolie Cristata als »ein schönes Spiel der Natur aus der Schweiz …«.

Blüte mittelgroß, gefüllt, kugelförmig, petersilienkrause Kelchblätter – einmalblühend | **Farbe** rein rosa | **Duft** stark | **Laub** leicht graugrün | **Stacheln** wenig, gerade und gebogen | **Früchte** keine | **Höhe** 1,50–1,80 m | **Frosthärte** gut, Klimazone 5–6

'Fantin Latour'

(Herkunft und Züchtungsjahr unbekannt)
Graham Stuart Thomas will diese Rose gefunden und sie nach dem französischen Blumen-Maler Fantin-Latour benannt haben. Henri Fantin-Latour (1836–1904) malte viele bezaubernde Blumenbilder, weniger aus Leidenschaft zu diesen, sondern lediglich für seinen Lebensunterhalt. Er hätte gerne andere Motive gemalt, jedoch bezogen sich seine Aufträge immer wieder auf Blumen. Auf seinen Bildern meint man diese Sorte wieder zu erkennen.

Eine bekannte Gartenzeitschrift erklärte vor vielen Jahren in einem Artikel über meinen Rosengarten die Rose 'Fantin Latour' kurzerhand zu meiner Lieblingsrose. Nun, seitdem weiß ich es, dann wird sie es wohl sein. Im Laufe der vielen Jahre sind natürlich noch viele neue Lieblingsrosen dazu gekommen.
'Fantin Latour' verdient es wahrhaftig, wenn sie in zahllosen Gärten zur Lieblingsrose gekürt wird. Die Blütenbüschel zeigen sich in einem traumhaft schönen, zarten Rosa und sie duften wunderbar. Es ist ein aufregender (nicht nur durch seine Schönheit), aber auch solch unkomplizierter Strauch. Er wächst schnell – zweimal sind zwei dicke Hauptstämme, die sich oben unzählige Male verzweigten, nach wilden Ge-

'Fantin Latour'

Fantin Latour

witterstürmen abgebrochen. Im nächsten Jahr sah man dem Strauch nichts mehr von dem großen Unglück an. Mein mächtiger Strauch steht wie ein Hüter am Eingang zum Wohnzimmer. Nie hätte ich mir träumen lassen, dass diese Rose so gewaltig im Wuchs sein wird. Der Katalog verkündete 1,50 m und so dachte ich vertrauensselig, dass ich da noch gut darüber hinwegsehen kann. Ich mochte den Strauch aber nicht mehr versetzen, da er sich offensichtlich hier besonders wohl fühlt. Eine zweite, später gepflanzte 'Fantin Latour' fristet leider ein Schattendasein im »Waldgarten«, unter hohen, lichten Laubbäumen, und wird nur halb so groß. Der Wuchs ist – wie schon oben erwähnt – auseinanderfallend. Die überhängenden Zweige treiben wieder weiter, zunächst senkrecht, um dann sich abermals zu senken und darauf abermals weitere neue Austriebe zu bilden.

Blüte groß, in Büscheln, gefüllt, schalig, kleines Auge – einmalblühend | **Farbe** rosa, Rand heller | **Duft** gut | **Laub** glatt, elliptisch, dunkelgrün | **Stacheln** wenig, spitz | **Früchte** keine **Höhe** 1,80–2,00 m | **Frosthärte** sehr gut, Klimazone 5

'Juno' (Frankreich, Züchter unbekannt, wahrscheinlich 1832)
Der mit zartrosa kugelförmigen Blüten reich bedeckte Strauch ist für uns die typische Zentifolien- oder »Bauernrose« der Dörfer. Mein Strauch, der gestützt werden muss, da die dünnen Zweige sich tief nach unten neigen, besonders während der Blütezeit, steht schon von Anfang an hier im Garten, also sicherlich seit dreißig Jahren. Inzwischen sind schon viele Ausläufer entstanden, die ich auch an einige Rosenschulen zum vermehren geschickt habe. Denn es scheint noch eine zweite, von dunklerem Rosa, gleichen Namens, im Handel zu sein – »Juno« scheint ein sehr beliebter Rosenname gewesen zu sein. Dass sie nach der altitalienischen Göttin Juno benannt ist, dürfte wohl jeder Rosenfreund wissen.
Die bezaubernd schön blühende 'Juno' könnte auch zu meinen Lieblingsrosen zählen, wenn sie nicht zu den besonders regenempfindlichen Rosen gehören würde – sie öffnet dann nämlich ihre Blütenbälle nicht mehr, die zarten Blütenblätter verkleben und faulen. Ihre Anfälligkeit für Mehltau ist bekannt, selbst bei mir tritt dieser gelegentlich in leichter Form auf.

'Juno'

Blüte groß, zunächst kugelig, geöffnet schalig, gefüllt, geviertelt, kleines Auge – einmalblühend | **Farbe** zartrosa | **Duft** stark **Laub** mittelgrün | **Stacheln** wenig, spitz | **Früchte** keine | **Höhe** 1,40 –1,60 m, Zweige dünn, auseinanderfallend | **Frosthärte** sehr gut, Klimazone 5

'La Noblesse' (Luxemburg, Pastoret 1856, von Soupert & Notting in den Handel gebracht)
Pastoret war wahrscheinlich ein Amateurzüchter; er vermarktete seine charmante Rose nicht selbst, sondern er überließ dies der berühmten Baumschule Soupert & Notting in Luxemburg, die übrigens noch bis 1942 existierte.
Bei mir ist die Rose vom Wuchs her eine zarte Pflanze, sie wächst sehr schmal mit dünnen Zweigen aufrecht. Das Laub ist sehr licht und die Blüten sind von wundervollem, zartem, silbrigem Rosa. Der Strauch wirkt insgesamt sehr feingliedrig. Lediglich der Wohlgeruch der Blüten hat nichts von Leichtigkeit, sondern betört durch den herrlichen und berühmten Zentifolienduft.

'La Noblesse'

Blüte mittelgroß, gefüllt – einmalblühend | **Farbe** silberrosa, Mitte dunkler | **Duft** stark | **Laub** hellgrün **Stacheln** wenig | **Früchte** keine **Höhe** 1,50 m, ziemlich aufrecht **Frosthärte** sehr gut, Klimazone 5

links: 'Le Rire Niais
rechts: 'Ombrée Parfaite''

'Le Rire Niais' (Frankreich, Du Pont 1810)
»Das alberne Lächeln« hört sich in unserer Sprache nicht so gut an, in Französisch dagegen gefiel mir der Name für eine Rose. In dem Büchlein von J. Gravereaux »Les Roses de L'Impératrice Joséphine« schreibt der Autor über diese Zentifolie – Du Pont habe dieser Rose, die im Volksmund »Zentifolie mit Wanzengeruch« heißt, den charmanteren Namen 'Le Rire Niais' gegeben. Da könnte man sich auch folgendes ausdenken: Ein Rosenfreund, dem der Züchter seine neue Sorte zeigte und wohl auch daran riechen ließ, traute sich wohl nicht ihn zu kränken und brachte deshalb nur ein »albernes Lächeln« zustande.

Ich habe mich immer und immer wieder hingekniet und meine Nase in die Blüten gesteckt. An jedem Tag solange sie blühte, morgens, mittags und auch abends. Bei Sonne und bei feuchter Witterung. Sie duftet, es ist zwar nicht der typische intensive Zentifolienduft, doch es ist ein Duft, ein feiner Wohlgeruch, aber bei Gott nicht nach Wanzen! Mit einem hübschen Kompromiss, der Übersetzung von Roger Philips/Martyn Rix (Deutsche Ausgabe Ulmer *Rosarium*, 2005) bin ich einverstanden: »Hartriegelduft«, den finde ich nämlich sehr sympathisch. Eine Überlegung wäre natürlich, ob es sich tatsächlich um die damalige Züchtung handelt, oder inzwischen eine andere Sorte im Handel ist.

Blüte mittelgroß, gefüllt, geviertelt, kleines, knopfartiges Auge – einmalblühend | **Farbe** rosa, fliederfarben verblühend **Duft** leicht | **Laub** spitz, mittelgrün | **Stacheln** wenig | **Früchte** keine | **Höhe** 1,00–1,50 m | **Frosthärte** gut, Klimazone 5–6

'Ombrée Parfaite' (Frankreich, Vibert 1823)
Diese Hybride aus *R. gallica* und *R. centifolia* wird oft unter den Gallicarosen geführt, so auch schon bei Johann Erben in Duisburg, der sie in seinem 1823er Verzeichnis bereits listet (Nr. 560). Wilhelm Keller übernahm von ihm auch diese Rose als Gallica und übersetzte sie 1828 mit »vollkommen, schattige«. Fünf Jahre später hatte er sie immer noch in seinem Katalog, jetzt als »die vollkommene Schattierte« (Nr. 359).

In ihrem lockeren, verzweigten Wuchs mit den dünnen Trieben kommt sie aber den Zentifolien näher. Auch das Laub verlockt mehr dazu, sie zu diesem Typ zu zählen. Die »Vollkommen Schattierte« ist in ihrer Farbe von schwankender Veränderlichkeit: dunkel violett bis purpur; einzelne Petalen können karminrot schattiert sein, ab und zu blitzen weiße Einschlüsse auf. Der Strauch ist bedeckt von sehr vielen dieser dunklen Blüten, für die ich ein Faible habe.

Blüte mittelgroß, gefüllt – einmalblühend | **Farbe** purpur, violett | **Duft** gut | **Laub** mittelgrün | **Stacheln** wenig | **Früchte** keine **Höhe** 1,50 m | **Frosthärte** sehr gut, Klimazone 5

'Prolifera de Redouté' (unbekannt)
Synonyme: *'Rosa centifolia prolifera foliacea'*, 'La Cent feuilles prolifère foliacée'
Ob die von Redouté gemalte *'Rosa centifolia prolifera foliacea'* dieselbe ist, wie die, die heute verkauft wird, bezweifle ich. Es scheint sich meist um 'Duchesse de Montebello' zu handeln, auch bei meiner, die ich aus England bezogen habe. Selbst im Philips/Rix-Buch (*Rosarium*) gleichen sich die Bilder von 'Prolifera de Redouté' und 'Duchesse de Montebello'. Im Katalog bei Johann Erben findet sich 1823 unter der Nummer 368: 'Mère de Gigogne' »aus einer Blume kommen mehrere, dunkelrosenroth«. Ist sie ausgestorben? Dass Thory Namen eigenmächtig umbenannte, ist bekannt. Da das Störungsphänomen eines »ungebremsten Weiterwachsens« beinahe bei jeder Rose auftreten kann, macht es keinen Sinn, aus einer solchen eine eigene Sorte zu machen. Letzten Sommer fand ich einen Fall bei der Rubiginosa-Hybride 'Magnifica', und Goethe sammelte solche Fälle, um daraus seine Theorien des Wachsens und Sich-Veränderns abzuleiten.

Blüte der heutigen Rose mittelgroß, gefüllt, geviertelt – einmalblühend | **Farbe** kräftig rosa | **Duft** gut | **Laub** dunkelgrün **Stacheln** nur sporadisch, kurz, spitz | **Früchte** keine | **Höhe** 1,50 m **Frosthärte** sehr gut, Klimazone 5

'Reine des Centfeuilles' (Niederlande, 1824)
Sie hat besonders schön geformte, große Blüten von wundervollem Rosa. Der Wuchs ist allerdings etwas »zerzaust«, was typisch für die Art der Zentifolie ist.

Blüte groß, gefüllt, flach – einmalblühend | **Farbe** helles Rosa **Duft** fein | **Laub** dunkelgrün | **Stacheln** zahlreich, kurz, spitz **Früchte** keine | **Höhe** 1,50–1,80 m | **Frosthärte** sehr gut, Klimazone 5

'Reine de Saxe' (vor 1820?)
Nach welcher sächsischen Königin mag sie benannt sein? So, wie der Name dieser Königin ein Geheimnis ist, bleibt auch die Herkunft der Rose selbst im Dunkeln, da man weder den Züchter noch das Züchtungsjahr genau kennt. F. Joyaux vermutet, 'Reine de Saxe' sei schon vor 1820 gezüchtet worden. Im Verzeichnis 2003 von Sangerhausen ist vermerkt, dass sie von Roseraie de L'Haÿ stammt, jedoch im Katalog von 1902 von Jules Gravereaux ist sie zu dieser Zeit noch nicht in L'Haÿ aufgelistet. Gravereaux unterstützte zu

'Reine des Centfeuilles'

Die proliferierende Rose spielte bei Goethe als Gartenfreund für die Entstehung seiner *Metamorphose der Pflanzen* eine wichtige Rolle.

'Reine de Saxe'

jener Zeit das im Aufbau befindliche Rosarium Sangerhausen. In das Rosarium von L'Haÿ muss die Sorte dann erst nach 1902 gelangt sein. Im Sangerhausen-Verzeichnis von 1976 taucht der Name mit einem Fragezeichen hinter »Roseraie de L'Haÿ« auf. Offensichtlich war man sich nicht sicher, ob die Rose von dort stammt. Jedenfalls ist uns in unserer gesamten alten Rosenliteratur keine Rose mit diesem Namen begegnet.
Bei all den Unzulänglichkeiten zur Recherche der wunderschönen Rose, die ich von der Rosenschule Schultheis bezogen habe (und dieser wieder von Sangerhausen), ist die unbekannte Königin von Sachsen trotzdem sehr zu empfehlen.

Blüte mittelgroß, stark gefüllt – einmalblühend | **Farbe** innen dunklerrosa, außen heller | **Duft** gut | **Laub** mittelgrün | **Stacheln** zahlreich, spitz | **Früchte** keine | **Höhe** 1,50 m | **Frosthärte** gut, Klimazone 6

Titelblatt
„Robert der Teufel"

'Robert le Diable'

(Herkunft unbekannt, vor 1850)

Robert I., der Teufel, aber auch der Prächtige genannt, geboren um 1010, Herzog der Normandie seit 1027, gestorben 1035 auf der Rückreise eines Pilgerzugs nach Jerusalem, die er zur Buße wegen seiner vielen Grausamkeiten unternahm. Ihm folgte sein Sohn Wilhelm (der Eroberer). Robert wurde zur Sagengestalt, seine Heldentaten gaben den Stoff zu mehreren poetischen Werken. Mit Sicherheit ließ sich der unbekannte Züchter von Meyerbeers Oper »Robert le Diable« inspirieren, 1831 in Paris uraufgeführt – ein Werk des 1791 in Berlin geborenen Komponisten Giacomo Meyerbeer (eigentlich Jakob Liebmann Meyer Beer – Meyer gilt als Vorname). Er starb 1864 in Paris – seine Bühnenwerke behandelten häufig historische Stoffe, geprägt von der Julirevolution 1830 und dem Bürgerkönigtum.
Als R. gallica × R. centifolia-Hybride wird 'Robert le Diable' (nach Philips/Rix erstmals 1837 erwähnt) häufig bei den Gallicarosen eingeordnet. Für mich sind die zentifolientypischen Merkmale – wie Habitus und Laub und auch die locker gefüllten Blüten – zu auffällig, deshalb reihe ich sie in dieser Gruppe ein. Mit ihren ansprechenden Blüten, in »teuflisch«, launisch wechselhaften Farben, von karminrot mit lilafarbenen und grauen Schattierungen, zu purpurviolett mit roten Nuancierungen, besitzt man eine sehr außergewöhnliche Rose. Ja, sogar im Verblühen erregt ihr bemerkenswertes Farbspektrum noch große Beachtung.

Blüte mittelgroß, gefüllt, flach – einmalblühend | **Farbe** purpur, karminrot | **Duft** gut | **Laub** dunkelgrün | **Stacheln** zahlreich **Früchte** keine | **Höhe** 1,20 m | **Frosthärte** sehr gut, Klimazone 5

'Robert le Diable'

Rosa × centifolia L.

Rosa × centifolia L. (Niederlande, 16. Jahrhundert)
Synonyme: *Rosa × centifolia* 'Maxima', *Rosa provincialis* Mill., Kohlrose, 'Rose à cent feuilles', 'Cabbage Rose', 'Rose de Batavie', 'Rose de Hollande'

Sie ist die Stammmutter aller Zentifolien und Moosrosen. Carl von Linné hat die vielen verschiedenen Namen auf einen Nenner gebracht. Aber dies kann andererseits auch Verwirrung stiften, da diese Rose keine botanische Rose, sondern eine Gartenhybride ist. In Grasse wurde sie zur Parfümherstellung verwendet, ebenso im mittleren Osten und Nordafrika. Sie unterscheidet sich auf den ersten Blick kaum von der Sorte 'Rose des Peintres', das Zentimetermaß muss entscheiden: *Rosa × centifolia* 'Maxima' besitzt, vielleicht nur statistisch betrachtet, die kleineren Blüten.

Blüte mittelgroß, gefüllt, kugelförmig – einmalblühend | **Farbe** rosa | **Duft** intensiv | **Laub** hellgrün | **Stacheln** zahlreich, gerade und sichelförmig, spitz | **Früchte** keine | **Höhe** 1,60–1,80 m **Frosthärte** gut, Klimazone 5–6

'Rose de Meaux'

(Frankreich 17. oder 18. Jahrhundert)
Synonyme: *R. × centifolia* 'Pomponia', 'Pompon de Meaux', 'Rose de Dijon'

Ein außerordentlich liebenswertes Röschen ist 'Rose de Meaux' zur Blütezeit, mit der sie schon früher beginnt als die anderen Zentifolien. Zunächst sind die kleinen, rosettenartigen Blüten schalenförmig, um dann, ganz geöffnet, flach zu

erscheinen. Der kräftigere rosa Farbton ist ausgesprochen lieblich, er tendiert leicht ins bläuliche Rosa und stimmt völlig mit dem niedlichen Strauch überein. Als Vorpflanzung in einem Beet mit Stauden oder höheren Rosensorten ist die Sorte sehr gut geeignet.

Blüte klein, gefüllt, rosettenartig – einmalblühend | **Farbe** rosa, Rand heller | **Duft** leicht | **Laub** klein, hellgrün | **Stacheln** zahlreich, spitz | **Früchte** keine | **Höhe** 0,80–1,00 m **Frosthärte** gut, Klimazone 5–6

'Rose des Peintres'

(Niederlande, 16. Jahrhundert)
Synonyme: 'Grande centfeuilles de Hollande'
'Rose des Peintres' unterscheidet sich lediglich durch ihre größeren Blüten von *R.* × *centifolia* 'Maxima'. Fachleute sind sich nicht ganz einig, ob es sich heutzutage noch um ein und dieselbe Rose handelt, die man im Handel bekommt, aber eine gewisse Unsicherheit gab es schon zu Beginn des 19. Jahrhunderts. Die kugeligen Blüten in reinem Rosa leuchten wie Bälle in dem lockeren Strauch. Lediglich – allzuviel Feuchtigkeit vertragen die herrlichen Rosenblüten nicht und eine verregnete Saison lässt gerne dicke Knospen zu Mumien werden. Sternrußtau muss meine 'Rose des Peintres' wohl gepachtet haben.

Blüte groß, gefüllt, kugelförmig – einmalblühend | **Farbe** rosa wie die Stammmutter | **Duft** intensiv | **Laub** hellgrün | **Stacheln** zahlreich, gerade | **Früchte** keine | **Höhe** 1,80 m | **Frosthärte** gut, Klimazone 5–6

'Rose de Meaux'

'Rose des Peintres'

'Tour de Malakoff'

(Luxemburg, Pastoret, von Soupert & Notting 1856 in den Handel gebracht)

Rosenfreunde schwärmten von dieser Rosensorte, und als wir sie in ihrem Garten blühen sahen, erging es uns genau so. Von großartigem, transparentem Farbenspiel, wechselnd von Lilarosa zu Magenta, von dunklerem Fliederfarben zu einem bläulichen Farbton erscheinen die lockeren Blüten. Ich habe diese Rose gleich zweimal in den Garten gepflanzt, denn bei den ersten Blüten erschrak ich – hatte ich eine falsche Sorte bekommen?

Der Name erinnert an die Belagerung Sewastopols. Der russische Kriegs- und Handelshafen auf der Krim wurde 1855 von den Franzosen erstürmt.

Blüte mittelgroß, locker gefüllt, kugelförmig – einmalblühend **Farbe** lilarosa,hell- und dunkelmagenta | **Duft** gut | **Laub** dunkelgrün, länglich | **Stacheln** wenig | **Früchte** keine | **Höhe** 1,50–1,80 m | **Frosthärte** sehr gut, Klimazone 5

'Vierge de Cléry'

(Frankreich, Baron-Veillard 1888)

Vor den Toren von Orléans, Loire abwärts auf der linken Seite, liegt der kleine ehemalige Wallfahrtsort Cléry-St.-André. Die Basilika von Cléry hatte Ludwig XI. erbauen lassen und zu Füßen der Mutter Gottes, einer alten Eichenholzstatue der heiligen Jungfrau, oft gebetet. Nach seinem Tod 1483 wurde er dort in der Gruft bestattet. Sein Grabmal entstand 1622.

Wer für weiße Rosen schwärmt, wird sich in 'Vierge de Cléry' verlieben. Sie hat eine lange Blühzeit, sofern es nicht regnet. Und sie zeigt ihre herrlichen Blüten erst sehr spät im Juni (gleichzeitig mit 'Cristata'), später als die anderen Zentifolien. Jedenfalls bei mir, da der Strauch leicht im Schatten steht.

Blüte groß, gefüllt | **Farbe** cremeweiß | **Duft** zart | **Laub** dunkelgrün | **Stacheln** wenig | **Früchte** keine | **Höhe** 1,20–1,50 m | **Frosthärte** gut, Klimazone 5–6

'Tour de Malakoff' von wechselndem Farbspiel

'Vierge de Cléry'

Rosa centifolia muscosa

Die Moosrosen – eine begehrte Auffälligkeit bis heute

R. centifolia muscosa, die ersten Moosrosen, sind zufällige Knospenmutationen der Zentifolien und tauchten ebenso wie diese in Holland auf (ca. 1685 nach G. Kleis, 2007). Allgemein bekannt wurden sie Anfang des 19. Jahrhunderts, jedoch findet man sie bereits in der Literatur des 18. Jahrhunderts. Otto von Münchhausen erwähnt 1770 eine *R. muscosa* Mill. Die Kenntnis der Abstammung war zu dieser Zeit gar nicht so selbstverständlich. Rössig schreibt in *Oekonomisch-botanische Beschreibung der verschiedenen und vorzüglichen Arten, Ab- und Spielarten* (Leipzig, 1799): »Die Moosrose stammt wahrscheinlich von der Centifolie ab«. Er vermutete irrtümlich, dass sie »auf den Alpen einheimisch ist, und von daher zu uns gekommen«.

In ihrem Charakteristikum entsprechen sie der R. × centifolia, doch die so genannte Bemoosung ist der große Unterschied und ein deutlich sichtbares Merkmal. Wie die Zentifolien haben auch die Moosrosen harzig klebrige Duftdrüsen an Blütenkelchen und -stielen, sowie an den Kelchblättern – jedoch erscheinen sie um vieles größer, eben als moosartige Verdickung. Beachtenswert ist, dass nicht nur Zentifolien Moosrosen hervorbringen, auch von Damaszenerrosen gibt es spontane Mutationen mit diesem übermäßigen, sich verästelnden Wachstum der drüsigen Anhängsel auf der Stängel- und Kelchoberfläche. Aufschluss über den Ursprung gibt die Farbtendenz: Die Abstammung von Zentifolien zeigt grüne Bemoosung, während die auf Damaszenerrosen zurückgehende braun erscheint. Je nach Kreuzung fällt die Intensität der Bemoosung unterschiedlich aus. Wer sich die Mühe macht, das »Moos« unter die Lupe zu nehmen, wird durch einen Blick auf fraktale Schönheit belohnt, ähnlich wie bei sich entrollenden Farnblättern, beim Blumenkohl und streng regelmäßig beim Romanesco (Brassica oleracea), aber auch bei den »Apfelmännchen«-Figuren mathematischer Spielerei am Computer. »Fraktal« heißt, dass sich in jedem Fragment, das sich bei gezoomter Vergrößerung zeigt, die büschelige Struktur wiederholt. In der Realität der Natur natürlich nicht bis ins Unendliche.

Die Programmierung ist recht einfach, so dass auch das »Bioprogramm« der Gene vermutlich nur eine kleine Änderung braucht: Eine Aufhebung des Stoppbefehls, der die Zentifolien und Damaszener-Rosen nach dem ersten Bilden eines winzigen Stiels mit Enddrüse für harzige Stoffe mit der Bildung weiterer Stiele an den Stielen aufhören lässt.

Die erste nicht gefüllte, also einfachblühende Moosrose fand man 1807, diese ermöglichte dann erst eine Weiterzüchtung. Die stark gefüllten Blüten lieferten keine fruchtbaren Hagebutten. Die Begeisterung für Neuzüchtungen dieser Gruppe war anfangs noch sehr gering, in Frankreich ebenso wie in England. Eine erste, 1824 aus Samen gezogene Moosrose, 'Mousseuse de La Flèche', begegnet mir immer wieder in der Literatur der damaligen Zeit. Leider ist sie inzwischen verschollen. 'Quatre Saisons Blanc Mousseux' war 1829 die erste remontierende Moosrose, entstanden aus einer öfterblühenden Damaszenerrose. Ab Mitte des 19. Jahrhunderts kam die Züchtung der Moosrosen – meist aus Samen – hauptsächlich durch Robert, Moreau sowie Laffay in Schwung. Vibert interessierte sich erst in den 1840er-Jahren für die Gruppe. Damals setzten sich Kreuzungen zwischen Moosrosen und Remontant-Hybriden immer mehr durch, in der Hoffnung, öfterblühende Moosrosen hervorbringen zu können.

Nichtsdestotrotz waren Moosrosen etwas so Auffälliges und so beliebt, dass auch Einmalblühende ihre Käufer fanden und sich etliche durch die Zeiten erhalten haben. Bis heute stehen aber die Remontierenden derart im Mittelpunkt der Beachtung, dass man in aktuellen Ratgebern, Zeitschriften und Medien immer wieder zu lesen oder zu hören bekommt, dass »alle« Moosrosen öfterblühend seien. Nur wenige können also als wirklich remontierend bezeichnet werden; allein, ein wiederholtes Blühen hängt sehr stark vom Klima und von der Bodenbeschaffenheit ab. Und trotz aller Anstrengungen fällt die Nachblüte sehr gering aus.

Moosrosen sind anspruchsvoll, sie verlangen reichhaltigen, humosen Boden und sind außerdem größtenteils empfindlicher als Zentifolien oder Damaszener. Sie neigen zu Mehltau in trockenem Klima, in zu nassem dagegen, wie in unserer Gegend, zu Sternrußtau. Bei mir werden die Blätter in manchen Jahren schwärzlich-braun, schrumpeln und fallen dann ab. In unserem trockenen Sommer 2006 waren meine Moosrosen alle gesund und standen prächtig da. Mehltau kommt bei meinen Rosen generell sehr selten vor. Trotz Sternrußtau schätze und liebe ich aber die Moosrosen so sehr, dass ich immer noch weitere in meinen Garten pflanzen möchte. Mehrmals las ich, dass Moosrosen mit Bedacht beschnitten werden sollen, sie schätzen keine Radikalschnitte. Das Verblühte schneidet man bei remontierenden Sorten gleich aus, um die Nachblüte anzuregen. Sind aber die behaarten Hagebutten an den Sträuchern nicht ebenso ein Schmuck im Herbst und im Winter, wenn Schnee oder Reif sich darauf legt?

Zweiunddreißig herrliche Sorten aus der Gruppe der Moosrosen, nur ein Teil meiner Sammlung, wählte ich für dieses Buch aus.

Der mir liebste Teil meiner Bemoosten

'Alcime'

(Frankreich, Robert & Moreau 1861 – lt. Etikett)
In alter Literatur und auch in frühen Katalogen, wird häufig darauf hingewiesen, dass die Farbe einer Rose im ersten Jahr, ja sogar auch im zweiten Jahr, nicht maßgeblich ist. Ich habe schon wiederholt beobachtet, dass bei vielen Rosensorten der Farbton sich erst nach vier Jahren eingependelt hat. Aber es gab auch immer wieder Jahre, in denen ich erstaunt davor stand, weil der Farbton wieder vom vermeintlich stabilen Jahr zuvor abwich. Eine Moosrosen-Sorte 'Alcime' erwarb ich Anfang Juli 2004 im Rosarium Sangerhausen; sie stand in Blüte in einem Container und die Farbangabe auf dem Etikett sagte mir, dass die Rose purpurrot sei, bzw. sie es wohl noch werden wird. August Jäger's *Rosenlexikon* teilte mir die gleiche Farbbeschreibung mit. Nun, ich übte mich in Geduld, wartete den zweiten Sommer ab, in der Hoffnung, dass sich diesmal meine Rose purpurrot zeigt. Sie strahlte jedoch in einem noch helleren Rosa, ebenso, wie im dritten Jahr darauf – »lebhaft rosa mit lila« wie Jäger eine andere Moosrose 'Alcina' (Vibert um 1845) beschreibt. Mit 'Alcime' hätte ich eine seltene Rose erstanden. Mit 'Alcina' auch? Das Moos meiner Rose ist kaum ausgeprägt, ja eigentlich nicht vorhanden. Handelt es sich vielleicht gar um eine Gallica-Rose? Gar die Gallicarose 'Alcine' von Vibert? Dazu passt annähernd W. Dölls Farbbeschreibung von 1855, bzw. W. Paul's ausführliche englische Deskription (1848). Die Gebr. Schultheis führen in *Deutsches Rosenbuch* (1889) eine R. cent. muscosa 'Alcine' auf: »leuchtend rosa mit lila fleischfarben«.

So ungesichert wie die Identität, so geheimnisvoll ist der Name. Er taucht immer wieder, von

'Alcime'

'Andrewsii'

1820 bis 1861, in verschiedenen Abwandlungen auf, was sich durch unterschiedlichen Bezug zu Landessprachen, durch mutwillige Variation oder Abschreib-/Weitersagfehler erklärt, z. B. Alcione (Descemet 1820), Alcine (Vibert 1834 und 1848), Alzina (1836, Robert & Moreau 1860), Alzine (1842), Alcina (Vibert 1845), Alcime (Vibert 1845 und schließlich Robert & Moreau 1861).

Der Wortstamm »Alci-« lässt unseren Recherchen nach im Bereich abendländischer Sprachen und Mythologien nur eine wenig Sinn machende Verbindung zu »Elch« und zu einem von den Germanen verehrten Zwillingspaar zu. Wahrscheinlicher dürfte daher sein, dass wir es, ähnlich wie bei »Armida«, auch hier mit einem Eigennamen zu tun haben. Es gibt die Überlieferung einer orientalischen Zauberin zur Zeit der Kreuzzüge, die in einem Zaubergarten oder auf einer Zauberinsel lebt und liebt. So lässt uns der Dichter Ludwig Heinrich Nicolay aus Straßburg (1737–1820) sie in einem Gedicht »Alcinens Insel« erleben. Auch Komponisten widmeten sich, zusammen mit Textdichtern, diesem beliebten Thema ihrer Zeit. Georg Friedrich Händel (1685–1759) verfasste die Musik zu seiner Oper »Alcina« nach dem Epos »Orlando furioso« (»Der rasende Roland«) von Ludovico Ariosto, die 1735 in London uraufgeführt wurde (Händel lebte ab 1712 in London). Der Kampf gegen bezirzende Zauberkraft und vereinnahmende Herrschaftssysteme dürfte im nachrevolutionären Frankreich ein attraktives Thema gewesen sein.

Beschreibung meiner Rose **Blüte** locker gefüllt, Auge durch Kronblätter verdeckt – einmalblühend | **Farbe** lebhaft rosa, nach außen lila, teilweise weiß am Blütengrund und weiße Sprenkel | **Duft** leicht | **Laub** dunkelgrün | **Stacheln** wenig | **Moos** nicht vorhanden | **Früchte** reich, rund, orangerot | **Höhe** 1,20–1,50 m | **Frosthärte** sehr gut, Klimazone 5

'Andrewsii' (England, 1807)

Synonyme: *R. cent. muscosa* 'Simplex' Andrews, *R. cent. muscosa* 'Andrewsii'

R. cent. muscosa 'Simplex', oder 'Andrewsii', wie sie heute in Literatur und Katalogen zu finden ist, war eine bedeutende Rose, als man sie 1807 in einem englischen Garten fand. Die Rose entstand eines Tages, gleichfalls auf der Grundlage der Moosrosen, als eine einfachblühende Mutation. Die stark gefüllten Blüten der *R. centifolia muscosa* waren (ebenso wie die der Zentifolien) zu stark gefüllt und deshalb steril, um weitere Züchtungen damit zu erreichen. Jahre nach ihrer Entdeckung zeichnete der Londoner Pflanzenmaler Henry Charles Andrews (1794–1830), der bekannt war für seine bedeutenden Kupferwerke, die Rose und veröffentlichte das Werk in seinem Buch *Roses* (1805–1828). Später erhielt sie den Namen *Rosa muscosa* 'Simplex' Andrews, nach dem Prinzip: dem ersten, der eine Pflanze beschreibt und veröffentlicht, gebührt der Namenszusatz. Später blieb zur Vereinfachung nur noch 'Andrewsii' übrig. Die einfachblühende Sorte soll nun erst die Weiterzüchtung dieser Gattung ermöglicht haben. Die Knospen sind gut eingebettet in zunächst grünem Moos, das sich später bräunlich verwandelt. Ich schätze einfache Blüten, die meisten Rosenliebhaber bevorzugten natürlich schon immer die stark gefüllten. So wundere ich mich eigentlich, dass sich diese Rose bis in unsere Tage erhielt. Der aufrecht wachsende Strauch bildet ein ganzes Netz von Ausläufern. Verdankte sie diesem Umstand ihre Erhaltung?

Blüte einfach, gelbe Staubgefäße – einmalblühend | **Farbe** dunkelrosa, später verblassend | **Duft** gut | **Laub** dunkelgrün **Stacheln** zahlreich | **Moos** reich, grün | **Früchte** rund, behaart, orangerot | **Höhe** 1,60 m | **Frosthärte** sehr gut, Klimazone 4–5

'Aristobule' (Frankreich, Foulard 1849)

Eine weitere Sorte, die ich aus Sangerhausen mitbrachte, ist 'Aristobule'; bei ihr zeigten sich nie Farbdifferenzen. Die Blüten präsentieren sich in edlem Rubinrot wechselnd in ein wunderbares dunkles Purpur mit noch dunkleren, Schattierungen; bei manchen Blütenblättern leuchten helle Einschlüsse auf. Der Strauch hat sich gut entwickelt; das Moos ist sehr wenig ausgeprägt. Aristobul(os) war mindestens seit dem 17. Jh. ein in Europa durchaus bekannter Vorname, der sich wohl von Namensträgern im griechisch-römischen, vorchristlichen Jerusalem ableitet.

Blüte mittelgroß, in Büscheln, dicht gefüllt – einmalblühend **Farbe** dunkelpurpur, dunklere Schattierungen, Mitte heller **Duft** gut | **Laub** dunkelgrün | **Stacheln** zahlreich | **Moos** wenig ausgeprägt, anfangs grün | **Früchte** keine | **Höhe** 1,50 m | **Frosthärte** sehr gut, Klimazone 5–6

'Baron de Wassenaer'

(Frankreich, Victor Verdier 1854)

Die hervorragenden Blüten entschädigen uns für ihre Anfälligkeit zu Sternrußtau, den ich allerdings verschmerzen kann, da dieser bei meiner Rose sowieso erst nach der ersten Blühzeit auftritt. Perfekt ist der Kontrast der bildschönen rosafarbenen Blüten zu dem dunkelgrünen Laub. Das braune Moos ist schön ausgeprägt und kommt als solches wirklich zur Geltung. Im dritten Pflanzjahr konnten wir uns mehrmals über vereinzelte Nachblüten freuen.

Blüte groß, gut gefüllt, kugelig, später schalig mit sichtbaren Staubgefäßen – Nachblüte | **Farbe** leuchtend rosarot, lilarosa verblassend | **Duft** sehr gut | **Laub** dunkelgrün, oval | **Stacheln** zahlreich | **Moos** reichlich, braun | **Früchte** keine | **Höhe** 1,50–1,80 m | **Frosthärte** gut, Klimazone 5

'Béranger' (Frankreich, Vibert 1849)

Ein kleiner Kranz aus winzigen Petalen windet sich um ein gelbes Auge und wird ringsum von weiteren, präzise angeordneten Blütenblättern eingerahmt. Die Blütenfarbe erscheint in einem lieblichen Rosa, leicht bläulich angehaucht. Die Knospen sind eingehüllt in einem weichen Bett, von flauschigem Moos umgeben. Die gesunde und wüchsige Sorte gibt es bis jetzt nur in der französischen Rosenschule Loubert.

Die Schreibart dieses Rosennamens wurde zu einem Namensproblem – immer wieder stolpert man über verschiedene Schreibweisen – außer 'Béranger', die zigfach bezeugte Form im Namen des Dichters Béranger, liest man ebenso 'Bérangère' (in *Modern Roses* X, XI und 12) oder 'Berangère' (*Enzyklopädie der Alten Rosen*, Joyaux). Der erste, der die Rose in einem deutschen Buch beschrieben hatte, war 1855 Wilhelm Döll in seiner Übersetzung des

'Aristobule'

'Baron de Wassenaer'

'Béranger'

'Capitaine John Ingram'

Buches von W. Paul *The Rose Garden* im Nachtrag seit 1848. Ganz unkompliziert schrieb Döll bei den Moos-Rosen (Nr. 68) 'Beranger', gezogen zu Anger, eingeführt 1849; möglicherweise kannte er aus französischer Quelle den Namen nur in Großbuchstaben dargestellt. Hier werden Accents meistens nicht verwendet. Die von Döll bei den Remontanthybriden mit (Nr. 104) gelistete Rose, von Vibert 1849, schrieb er allerdings mit Akzent ('Béranger'). In der Nomenclature de tous les noms de Roses, 1906 von L. Simon & P. Cochet herausgegeben, sind zwei Sorten mit 'Béranger' (Provinsrose, Laffay) und 'Bérangère' (Moosrose, Vibert, 1849) genannt. August Jäger nennt fünf Sorten mit »Béranger« im Namen. Dieses Auseinanderklaffen von Schreibweisen muss wohl Brent Dickerson in den USA zu der Annahme geführt haben, dass Vibert seine Moos-Rose nicht dem bekannten französischen Dichter Pierre Jean de Béranger gewidmet habe. Dickerson selbst fand aus der ihm zur Verfügung stehenden Literatur heraus, dass von Vibert sechs verschiedene seiner Züchtungen einen »Béranger«-ähnlichen Namen tragen, allerdings teilweise unterschiedlich geschrieben: 'Béranger (1829), 'Bérangère' (1840, 1849 und noch mal 1849), und 'Bérenger' (1848). Möglicherweise sind die Namen in späteren Katalogen anders geschrieben worden – was sich so fortsetzte – oder Vibert bemühte sich selbst nicht besonders um eine richtige Schreibweise. Wir sind aber der Meinung, dass Vibert sehr wohl damit jedes mal den Dichter gemeint hatte. Einerseits gibt es keinen Sinngehalt der sich alternativ im Französischen mit der Buchstabenfolge »berange« irgendwie, auch nicht durch Ableitungen in Verbindung bringen ließe, ebenso keinen Ort. Andererseits kann man durchaus Parallelen ziehen zwischen Viberts lebenslanger Sympathie zu Napoleon und dem Dichter Béranger. Der Grundsatz »es gilt immer die Schreibweise des Züchters in der Erstveröffentlichung« endet eigentlich da, wo offensichtlich Schreib-/Druckfehler vorliegen.

Pierre Jean de Béranger (1780–1857) wird als der volkstümlichste französische Liederdichter beschrieben; er war bei den Bürgern sehr beliebt. Seine sämtlichen Gedichte wurden auch ins Deutsche übersetzt, zum Beispiel bearbeiteten Chamisso und Seeger (2. Auflage, Stuttgart, 1859) seine Gedichte. Es sind genussfrohe Lieder und sie deuten auf den Geist des Bürgertums: Spott- und Wiegenlieder, Lieder, die eine Lisette ('Lisette de Béranger', Moreau, 1867) und den

Wein besingen, sowie Gassenhauer; jedermann sang und pfiff die Chansons in den Straßen. Er war Frankreichs »erster großer Chansonnier«, wie er in einem französischen Liederbuch (*La Grande Anthologie de la Chanson Française*, Saka, 2001) genannt wird. In Frankreich hat inzwischen eine Renaissance dieses Autors eingesetzt.

Als junger talentierter Dichter entdeckte ihn ein Verwandter von Napoleon I.; man stellte ihn bei der Regierung ein, als Sekretär an der Sorbonne von 1809 bis 1821. Seine Lieder feierten Napoleon, aber während der Restauration verspottete er die wiedererstarkten Mächtigen, den Klerus, den Adel und die Politiker. Dafür musste er 1821 und 1828 in den Kerker, was seine Popularität nur noch steigerte. Unter dem Bürgerkönig Philippe lehnte er allerdings jedes Amt ab (*Lexikon der französischen Literatur*, Komet, 3. Auflage 1994). Nach dem Sturz Philippes 1848 wurde er zum republikanischen Abgeordneten ernannt. Eine Würdigung Bérangers durch den Züchter Vibert passt ein Jahr nach dem Sturz des Bürgerkönigs gut in die politische Stimmung: zwischen Sieg der Revolution und Rückkehr der Bonapartisten. Napoleon III. würdigte Béranger mit einem Staatsbegräbnis – er wurde mit den Ehren eines Marschalls von Frankreich beigesetzt.

Blüte mittelgroß, stark gefüllt, deutliches Auge – einmalblühend | **Farbe** rosa | **Duft** gut | **Laub** dunkelgrün | **Stacheln** zahlreich | **Moos** reich an Kelch und Blütenstiel | **Früchte** keine **Höhe** 1,50 m | **Frosthärte** sehr gut, Klimazone 5

'Capitaine John Ingram' (Frankreich, Laffay 1855)
Synonym: 'Captain John Ingram' – außerhalb des französischen Sprachraums oft in der englischen Form.

'Capitaine John Ingram' ist eine der dunkelsten Moosrosen, neben 'Nuit de Young' in deren Blütenblättern wir jedoch eine mehr bräunlich-rote Kolorierung erkennen. Die Blüten des Kapitäns sind gefüllter und geordneter und im Farbton mit bläulichem Schimmer. Bei dem herrlichen Duft lohnt es allemal, sich zu dem niederen Strauch hinunter zu beugen, um seine Nase in die Blüten zu stecken.

Blüte mittelgroß, gefüllt, kleine Blütenblätter, Auge – gelegentliche Nachblüte | **Farbe** samtig dunkel purpur, rötlich **Duft** sehr gut | **Laub** dunkelgrün | **Stacheln** zahlreich | **Moos** reich, rötlich an Blumenstiel und Kelch | **Früchte** keine | **Höhe** 1,00–1,50 m | **Frosthärte** gut, Klimazone 5–6

'Comtesse de Murinais' (Frankreich, Vibert 1843)
'Blanche Moreau' und 'Moussline' stammen von dieser, der ersten aus Samen gezogenen, weißen Moosrose ab. Sie gehören zu den robustesten und gesündesten Moosrosen in meinem Garten. Die Blüten erscheinen in einem cremigen Weiß, und zwischen zwei rotblühende Rosensträucher gepflanzt, fungiert sie als leuchtender Kontrast.

Blüte groß, gefüllt – einmalblühend **Farbe** cremeweiß, beim Aufblühen zart rosa | **Duft** gut | **Laub** hellgrün | **Stacheln** einige | **Moos** hellgrün, Kelch und Kelchblätter | **Früchte** keine | **Höhe** 1,80–2,00 m | **Frosthärte** sehr gut; Klimazone 5

'Comtesse de Murinais'

'Deuil de Paul Fontaine'
(Frankreich, Fontaine 1873)
Sie gehört nach meinen Erfahrungen zu den empfindlicheren Moosrosen. Stark zu Sternrußtau neigend, ist sie deshalb vielleicht nicht so resistent gegen Frost. Wenn nicht die aufregend purpurrote Blüte wäre, dann käme es mir ge-

links: 'Deuil de Paul Fontaine'
rechts: 'Duchesse de Verneuil'

wiss nicht in den Sinn, diese Moosrose zu den empfehlenswerten Sorten zu zählen, denn der kleine Strauch selbst wirkt obendrein noch sehr zerzaust. Aus Frankreich erhielt ich eine sehr schmächtige Pflanze. Nach zwei Jahren fürchtete ich, dass sie den nächsten Winter nicht mehr überleben würde, und so grub ich sie wieder aus und setzte sie in einen großen Tontopf. Nach zweijähriger Pflege und Überwinterung im Keller ist sie nun doch zu einem schlaksigen Sträuchlein pubertiert, das sogar noch vereinzelt eine Nachblüte hervorbringt. Eine zweite, sehr kräftige Pflanze erhielt ich aus Schleswig-Holstein. Sie wird in umgekehrter Weise leider nach jedem Winter immer kümmerlicher, so dass es wohl sinnvoll sein wird, auch diese künftig in einem Topf zu halten.

Der Familienbetrieb Fontaine hat bis Ende des 19. Jahrhunderts zahlreiche bedeutende Rosensorten gezüchtet. Nach dem Tode Paul Fontaines wählten die Angehörigen als Andenken diese dunkle purpurrote Rose aus, leicht morbid wirkend und angemessen der Trauer.

Blüte groß, stark gefüllt, geviertelt – gelegentliche Nachblüte | **Farbe** dunkel purpurrot | **Duft** sehr gut | **Laub** dunkelgrün **Stacheln** zahlreich | **Moos** dicht, dunkelbraun | **Früchte** keine **Höhe** 1,20 m | **Frosthärte** mittel, Klimazone 6

'Duchesse de Verneuil'

(Frankreich, Portemer, 1856)

Eine bezaubernde Rose mit einem auffallend schönen rosa Farbton, manche Blüten lassen eine hellere Umrandung erkennen. Sie ist sehr reichblütig und ihre Blühzeit ist zwar einmal, jedoch sie währt lange. In meinem Garten steht 'Duchesse de Verneul' robust und gesund und ich freue mich jedesmal, wenn ich an ihr vorübergehe. Sie hebt sich mit wohlgeformten Blüten hervor wie eine Camelienblüte, ein kleines knopfartiges Auge sitzt in der Mitte.

Blüte mittelgroß, gefüllt, Auge – einmalblühend | **Farbe** rosa, Rand heller | **Duft** gut | **Laub** dunkelgrün, spitz | **Stacheln** wenig **Moos** reich an Kelch und Blütenstiel, hellgrün | **Früchte** keine **Höhe** 1,20–1,60 m | **Frosthärte** gut, Klimazone 5

'Eugénie Guinoisseau'

(Frankreich, Bertrand Guinoisseau 1864)

In diesem Fall eine Rose, die nach des Züchters Töchterlein benannt wurde. Hier haben wir eine überaus ansehnliche Gartenrose vor uns, mit auffallend purpurroten Blüten, ein leuchtender, aber bemerkenswerter Farbton, manche Blüten präsentieren sich mittig kirschrot, was wie gekrönt aussieht. Die Blühzeit währt lange und auch ihre Nachblüte ist zuverlässig. Blütenstiel und Kelch sind hervorragend bemoost, so kann man davon ausgehen, dass der harzige Duft der Drüsen auch sehr ausgeprägt ist.

Blüte groß, dicht gefüllt, flach, in Büscheln – Nachblüte | **Farbe** kirschrot bis purpur, Rückseite heller | **Duft** sehr gut | **Laub** dunkelgrün, oval | **Stacheln** wenig | **Moos** reich an Blütenstiel und Kelch, dunkelgrün | **Früchte** keine | **Höhe** 1,80 m | **Frosthärte** sehr gut, Klimazone 5

'Eugénie Guinoisseau'

'Général Kléber' (Frankreich, Robert 1856)
Eine dankbare Sorte, gesund und robust, die schon viele Ausläufer hervorgebracht hat und somit schon einige meiner Rosenfreunde beglückte. Kelch und Blütenstiel sind stark bemoost. Der Strauch wächst sehr aufrecht und steht da wie der standhafte Zinnsoldat (der Name General löst solch einen Vergleich aus). Die Blüten aber sind von einem mädchenhaften, lieblichen und zarten Rosa, ganz im Kontrast zu dem strammen Habitus. Ich finde es schade, wenn der Name einer Rose zu ihr nicht passt, vor allem jedoch, wenn die Verherrlichung von Kriegerischem gemeint zu sein scheint. Der Widerspruch ließ mir keine Ruhe; und nun, nach etlichen Recherchen, steht auch der andere Kléber vor mir, wenn ich zur Rose hinüberschaue, ein Mensch, der mit einer schönen Rose verträglich ist.
Eine besondere Bedeutung der Alten Rosen liegt in dem Anreiz, sich mit der alten Zeit auseinanderzusetzen, mit den Zeiten, aus der sie stammen oder auf die sie verweisen. Sie geben Anstöße, die Menschen von damals verstehen zu wollen und mit dem, was wir heute erleben, in Beziehung zu setzen. Nehmen wir die Streitfrage »Kléber«: Wieso wurde einem Kriegsmann 1856 eine so zarte schöne Rose gewidmet?
In Straßburg steht seit 1840 ein Denkmal General Klébers, eines Sohnes dieser Stadt, die stolz auf ihn ist. Straßen, ein Hotel und noch manch anderes hält in Straßburg und im Elsass, die Erinnerung an ihn wach.
War er wirklich nur der erfolgreiche General der Revolutionsarmee Napoleons, der Aufstände niederschlug, 1796 die freie Reichsstadt Frankfurt beschießen ließ und schließlich 1800, am Ende von Napoleons Ägyptenfeldzug, in Kairo für Frankreich sein Leben opferte?
Die Suche nach dem ganzen Menschen hat sich gelohnt:

'Général Kléber'
Blüte und Hagebutte

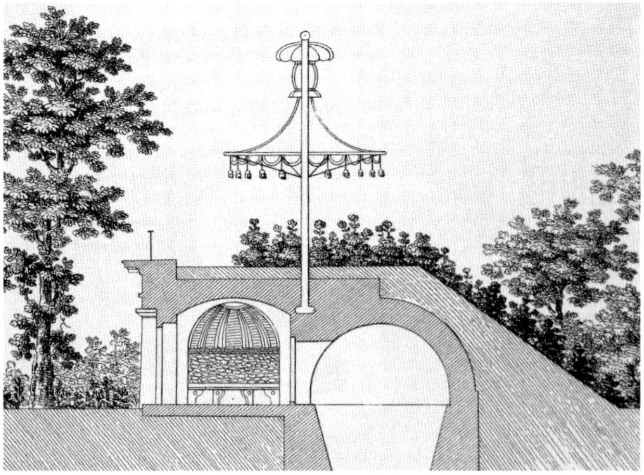

oben: Aufriss »Eiskeller mit Grotte«, Park des Prinzen von Montbéliard und Württemberg; Gartenarchitekt Jean Baptiste Kléber. »Der schräge Rand ist mit Rosenstöcken um den Sonnenschirm herum bepflanzt«
(Aus: *Plans des plus beaux jardins pittoresques de France, d'Angleterre et de l'Allemagne*, Jean Charles Krafft, Paris 1809, Band 1, Heft 6, Tafel 46).

links: General Klébers Denkmal in Straßburg

Jean Baptiste Kléber, Sohn eines Straßburger Maurermeisters, ging mit 16 Jahren, 1769, nach Paris, um sich für die Baukunst ausbilden zu lassen. Von dort führte ihn der Weg nach München auf die Militärakademie und ab 1776 für sieben Jahre in österreichische Dienste, wo er auch als Baumeister geschätzt wurde. 1777 lieferte er z. B. die Pläne für den Umbau des Kaunitzschen Gartenpalais in Maria-Hilf bei Wien. Da ihm die adelige Abkunft fehlte, blieb ihm der Aufstieg im Militärberuf versagt. So kehrte er ins Elsass und zu seiner ursprünglichen Passion zurück. In Belfort fand er 1783 eine Anstellung als Bauinspektor. Die Werke seiner 9-jährigen Tätigkeit sind kaum erhalten, auch dürfte einiges davon vernichtet worden sein, als deutsche Truppen 1871 Belfort belagerten und zum großen Teil durch Artilleriebeschuss zerstörten. Erhalten haben sich jedoch Pläne eines heute nicht mehr existierenden Gartens in Etupes bei Montbéliard. Diese nur 20 km südwestlich von Belfort gelegene Stadt hieß damals Mömpelgard und war der Hauptort einer gleichnamigen kleinen Grafschaft, die mit kleinen Unterbrechungen 400 Jahre lang bis 1801 zum Herzogtum Württemberg gehörte. Der Prinz von Württemberg ließ sich von Kléber diese Anlage errichten, voll auf der Höhe der Gartenkunst ihrer Zeit (Beispiel s. Abb.).
Die Französische Revolution versprach die Chance, auch ohne Adelstitel, nur auf der Basis von Tüchtigkeit, bis zum Generalsrang aufsteigen zu können. 1792 schloss sich Kléber den »Freiwilligen vom Oberrhein« an, wurde tatsächlich General und ließ sich insgesamt vier Jahre lang für die Ziele der Revolution in den Kampf schickenan die inneren Fronten der Aufständischen und an die äußeren in Belgien und am Rhein. Wegen Intrigen gegen ihn zog er sich für die folgenden zwei Jahre ins Privatleben zurück und ging nach Paris. Zu oft hatte er rebelliert, sich beschwert, sich geweigert, seine Untergebenen nur als Menschenmaterial zu verbrauchen, und sie stattdessen verantwortungsvoll als Bürger in Uniform gewertet. Eigenwillig hatte er oft eigene Pläne erfolgreich durchgesetzt. So blieb es andererseits nicht aus, dass Napoleon ihn 1798 persönlich zurück in den Militärdienst holte, als Wunschkandidat für das Projekt, Ägypten von der Türkenherrschaft zu befreien. Als aber Napoleon merkte, dass dieses Gebiet nicht als ständige Kolonie für Frankreich gegen den Druck der Engländer und das Aufbegehren der Einheimischen zu halten war, kehrte er heimlich nach Paris zurück, um lieber in der dortigen Regierung seine Machtergreifung vorzubereiten. Dem mit schmeichelndem Oberbefehl für Ägypten zurückgelassenen Kléber gelang es zwar, das schon verloren geglaubte Territorium für Frankreich wiederzugewinnen, er wurde aber kurz darauf von einem fanatischen Anhänger des osmanischen Reiches ermordet. Kléber hatte sich in Kairo für ein Residenzgebäude mit schönem Garten interessiert, das ihm, dem Baumeister, aufgefallen war. Der Attentäter hatte ihm dort im Garten aufgelauert.
Niemand hat, trotz Ergreifung des Täters, die Hintergründe der Ermordung voll aufklären können. Fest steht nur, dass Napoleon die Überführung des Leichnams nach Paris ablehnte, aber unbedingt des Kléber'schen Tagebuchs habhaft werden wollte. Die Elsässer holten sich ihren General zurück nach Straßburg und errichteten 1840, als man in Paris die Beisetzung der von St. Helena überführten sterblichen Überreste Napoleons feierte, über dem Grab ihres General Kléber das Denkmal für einen Helden mit dem Glauben an republikanische Brüderlichkeit, mit Verantwortungsgefühl und mit grimmigem Durst nach Gerechtigkeit, dessen zweite oder doch besser erste Natur der Feinsinn eines Baumeisters war.

Und die Rose, eine Mahnung an die Obrigkeit? 1856 war in Frankreich wieder ein Napoleon an die Macht gelangt. Er hatte sich 1852 als Napoleon III zum zweiten Kaiser der Franzosen ausgerufen. Sein Engagement im Krimkrieg ging zu Ende und die autoritären Züge seiner Herrschaft nahmen zu. 1853 war der 100. Geburtstag des Generals mit dem Bürgersinn. Auch im Zentrum von Paris ist eine Straße nach ihm benannt.

Blüte mittelgroß, gefüllt, geviertelt, flach – einmalblühend **Farbe** zartrosa | **Duft** gut | **Laub** dunkelgrün, oval | **Stacheln** zahlreich | **Moos** gelblichgrün | **Früchte** selten | **Höhe** 1,60–1,80 m **Frosthärte** sehr gut, Klimazone 5

'Henri Martin' (Frankreich, Laffay 1863)
Synonym: 'Red Moss'
Sie ist für uns die schönste und wertvollste Moosrosen-Sorte in unserem Garten. Gesund und robust, verspricht sie eine sehr lange Blütezeit, auch bei tagelanger Regenphase, die Blüten nehmen es überhaupt nicht übel und als i-Tüpfelchen präsentieren sie uns im Herbst noch besonders schöne Hagebutten mit einem stacheligen Pelz. Die behaarten Früchte scheinen durch Schnee und Raureif wie bezuckert. Die Blüten, von samtig karmesinroter Schönheit, wölben ihre Petalen wohlgeformt und ebenmäßig dachziegelartig nach unten und sind Zinnien nicht unähnlich. Im Zentrum leuchten strohgelbe Staubgefäße.
Die Rose ist dem französischen Geschichtsschreiber Henri Martin (1810–1883) gewidmet. Aus seiner Feder stammen Historische Romane aus der Zeit der Fronde, außerdem einige Bände der »Histoire de France«, denen auch mehrere Auflagen folgten.

Blüte mittelgroß, gefüllt, gewölbte, dachziegelartige Blütenblätter – einmalblühend, lange | **Farbe** samtig leuchtend rot, sichtbare gelbe Staubgefäße | **Duft** sehr gut | **Laub** dunkelgrün | **Stacheln** zahlreich | **Moos** reich, grün, später in braun wechselnd | **Früchte** zahlreich, behaart, orangerot | **Höhe** 1,80–2,00 m und mehr | **Frosthärte** sehr gut, Klimazone 5

'Henri Martin' Blüte, Strauch und Hagebutte

'Jeanne de Montfort' (Frankreich, Robert 1853)
Sie soll sehr wüchsig sein – bisher warte ich freilich noch darauf. Geduld ist aber des Gärtners oberstes Gebot und so will ich mich noch darin üben. Die Blüten sind von anmutigem hellem Rosa, geöffnet legt sie ihre gelben Staubfäden frei. 'Jeanne de Montfort' ist eine liebliche Rose.

Blüte groß, gefüllt, Auge, lange Sepalen – einmalblühend **Farbe** hellrosa | **Duft** gut | **Laub** dunkelgrün | **Stacheln** zahlreich, gerade | **Moos** dunkelbraun | **Früchte** selten, orangerot | **Höhe** 2,00 m | **Frosthärte** gut, Klimazone 5–6

oben: 'Jeanne de Montfort', unten: 'Julie de Mersan', rechts: 'Laneii'

'Julie de Mersan' (Frankreich, Thomas 1854)

Ab der Mitte des 19. Jahrhunderts entstammen die Rosennamen immer häufiger aus dem persönlichen Umfeld der Züchter. Mir gefiel der Name, er war allein ausschlaggebend für meine Bestellung. Eine Abbildung fand ich nicht.

Die Sorte ist in Frankreich bekannter als bei uns. Altrosafarben mit hellen Reflexen wie wertvolle Seide sitzen die bildschönen Blüten in einem kompakten Strauch.

Blüte mittelgroß, gefüllt, kugelig, geöffnet schalig, Auge – einmalblühend | **Farbe** altrosa, dunkel geadert, helle Reflexe **Duft** sehr gut | **Laub** dunkelgrün | **Stacheln** klein, zahlreich **Moos** mittel, bräunlich | **Früchte** keine | **Höhe** 1,20–1,50 m **Frosthärte** sehr gut, Klimazone 5

'Laneii' (Frankreich, Laffay 1845)

Synonyme: 'Lane's Moss', 'Moss Rose Laneii'

'Laneii' hat bildschöne dunkelrosa Blüten, die alsbald aufhellen; die Petalen biegen sich beizeiten zurück. Meine Pflanze hat sicherlich vier Jahre benötigt, bis sie zu einem richtigen kleinen Strauch herangewachsen war. Anfänglich war ich über ihre Blüten etwas enttäuscht. Die Farbtendenz änderte sich mit jedem Jahr: Mal überwog ein Rotton, mal ging die Farbe über ein reines Rosa nicht hinaus. Jetzt kann ich mich an der malvenfarbigen Schattierung nicht genügend satt sehen. Der Duft ist gut. Die oft versprochene Nachblüte dieser Sorte lässt bei mir zu wünschen übrig; freilich akzeptiere ich die anmutige Moosrose auch ohne diese Eigenschaft.

Blüte groß, gut gefüllt, flach, Auge, kleine Staubfäden sichtbar – selten Nachblüte | **Farbe** mauve, helle Sprenkeln und Adern | **Duft** gut | **Laub** hellgrün | **Stacheln** zahlreich, spitz **Moos** schwach, dunkelgrün | **Früchte** keine | **Höhe** 1,20–1,50 m **Frosthärte** sehr gut, Klimazone 5

'Louis Gimard' (Frankreich, Pernet 1877)

Eine typische Moosrose mit reichlichem, bräunlichem Moos, das Knospen, Kelchblätter, Blütenkelche und Blütenstiele bedeckt. Ein wahrlich schöner und gesunder Strauch, der über und über mit wirkungsvollen Blüten in lilarosa bis satt rosa bedeckt ist. Das kräftige Sträuchlein brachte ich mir aus Steinfurth von der Rosenschule Ruf mit, ohne Vorstellung wie es blühend aussehen würde. Umso größer waren meine Überraschung und meine Freude im darauffolgenden Sommer.

Blüte groß, dicht gefüllt, flach – einmalblühend | **Farbe** rein rosa, lilarosa verblassend | **Duft** sehr gut | **Laub** dunkelgrün | **Stacheln** zahlreich, spitz | **Moos** reich, braun | **Früchte** keine | **Höhe** 1,50 m | **Frosthärte** sehr gut, Klimazone 5

'Marie de Blois' (Frankreich, Robert 1852)

Der Name klingt für mich so reizvoll: Marie passt gut zu Rosen, wie der des Bauernmädchens in meinem Gartenbuch von 1989, und die Stadt Blois mit dem Königsschloss – ein Juwel für Liebhaber des Loiretals und bedeutsam für die Geschichte Frankreichs. Aber wer war diese Marie? Da gäbe es die letzte Gräfin von Blois, eine Marie, die durch ihre Heirat das Gebiet Blois 1230 an das Haus Chantilly weitergab. Das Schloss Blois wurde später zur Gelegenheitsresidenz der Könige von Frankreich. Zu der Phase gehört eine Mademoiselle de Blois mit Namen Jeanne Marie, eine außereheliche aber 1681 anerkannte Tochter Ludwig des XIV, die durch Arroganz und Faulheit zum Inbegriff parasitären Daseins wurde. Blois war auch zweimal Exil oder Zwischenstation einer Marie: 1616/19 Maria von Medici – Tochter des 1588 in Blois ermordeten Heinrich des III., 1814 Marie Luise – Napoleons zweite Frau. Doch das alles will nicht so recht zur Rose passen. In der Zeit nach den Siegen der von Blois aus operierenden »Jungfrau von Orleans« legte Karl von Orleans 1440 bei seiner Hofhaltung in Blois großen Wert auf den Umgang mit Dichtung und Dichtern. Seitdem zog dieser malerische Ort die Künstler an, so auch Pierre de Ronsard (1524–1585). Beginnend als Page und später als Hofdichter diente er den Königen – von Franz I. und Heinrich II. über Franz II. und Karl IX. bis zu Heinrich III. Der begabte Ronsard veröffentlichte 1552 sein Werk »Les Amours«, eine Sammlung von Liebesgedichten, die er auf eine Frau in Blois bezog, die er damals allerdings Cassandre nannte. Es folgte 1555/56 eine Fortsetzung »Les amours de Marie« und abschließend 1578 »La mort de

'Louis Gimard'

'Marie de Blois'

'Mme de La Roche-Lambert'

Marie«. Weilte nicht in den 1550er-Jahren auch die 1542 in Schottland geborene Maria Stuart am französischen Hof, die als Sechsjährige nach Frankreich in Sicherheit gebracht worden war und in Begleitung von vier gleichaltrigen schottischen Mädchen gleichen Vornamens dort erzogen wurde? Vertragsgemäß vermählte man sie 1558 mit dem französischen Thronfolger, wodurch sie 1559 an der Seite Franz II, zumindest bis zu dessen plötzlichem Tod 1560, Königin von Frankreich war, doch wohl mehr in Paris als in den königlichen Schlössern wie Blois. Wieder in Schottland, ab 1561, wurde sie nach vielen Turbulenzen und sehr langer Kerker-Haft 1587 hingerichtet. Literaturwissenschaftler sagen, Ronsards Marie sei ein Bauernmädchen gewesen. Fand vielleicht die Taufe der Rose 'Marie de Blois' 1852 zum 300jährigen Gedenken an das Erscheinen des ersten Bandes der »Les amours« statt? In der Zeit der Romantik war dieser bedeutende, sich zur französischen Sprache bekennende Renaissance-Dichter mit Hang zur Liebeslyrik wiederentdeckt und gefeiert worden? Marie-Louise Meilland scheint eine ihrer gezüchteten großblumigen Kletterrosen 1985 aus Anlass des 400sten Todesjahres 'Pierre de Ronsard' benannt zu haben. Zur späteren Verkaufsförderung, speziell in Deutschland – dem doch einstmals so romantischen Land der Dichter und Denker – erhielt 1988 die Meilland-Rose den Namen 'Eden Rose 88'.

Von der Rose 'Marie de Blois', die in meinem Garten steht, kann ich berichten, dass es ein gesunder, robuster Strauch ist mit anmutigen Blüten. Die in der Rosenliteratur erwähnte Nachblüte findet wohl nur in wärmerem »Rosenklima« statt.

Blüte groß, dicht gefüllt, zunächst kugelig, dann schalig mit sichtbaren kleinen Staubgefäßen – gelegentliche Nachblüte **Farbe** reinrosa, Rückseite heller | **Duft** sehr gut | **Laub** dunkelgrün | **Stacheln** zahlreich | **Moos** mäßig, bräunlich | **Früchte** keine | **Höhe** 1,50 m | **Frosthärte** sehr gut, Klimazone 5

'Mme de La Roche-Lambert'

(Frankreich, Robert 1851)

Eine sehr schöne Sorte, die aber leicht zu Sternrußtau neigt. Das wiederum schwächt die Pflanze und in manchen Gegenden verliert sie ihre Frostresistenz, so wie in meinem Garten. Nach einigen Wintern war nichts mehr von der Rosenpflanze zu sehen. Der leuchtende Farbton der Rose kann ein gewünschter Effekt mitten in einem blauweißen Staudenbeet sein.

Blüte mittelgroß, kugelig, locker gefüllt – leichte Nachblüte **Farbe** leuchtend amarantrot | **Duft** gut | **Laub** dunkelgrün **Stacheln** zahlreich, rot, gerade | **Moos** mäßig, grün | **Früchte** keine | **Höhe** 1, 20–1,50 m | **Frosthärte** mittel, Klimazone 5–6

'Mme Edouard Ory' (Frankreich, Robert 1854)

Es ist ein gesunder Strauch, »meine Mme Edouard Ory«; aufrecht wachsend mit zartrosa, seidigen Blüten. Sehe ich jedoch in der alten Literatur nach, dann finde ich die heutige Sorte mit der ursprünglichen nicht identisch. H. B. Ellwanger (1892) umschreibt die Farbe mit »karminrot«, der Züchter Robert selbst nennt sie in seinem Katalog »lebhaft karminrosa«. Wesselhöft (1873) umschreibt die Rose als »feurig karmoisinrosa, hell umrandet«, Betten (1897) nennt sie 'Mme Edouard Ovry', hier ist sie ebenfalls »karmoisinrosa«. So auch August Jäger in seinem *Rosenlexikon* von 1936.

Zur Zeit bietet der Handel eine 'Mme Edouard Ory' an, die hellrosa blüht wie auf der Abbildung.

Schade, wieder ein Beweis dafür, dass kein Verlass mehr auf Echtheit einer Sorte besteht.
In einer Gartengalerie in der Nähe von Augsburg stand die so ausgezeichnete 'Mme Edouard Ory' vor Jahren in der hintersten Reihe von Rosencontainern. Die Rose war die einzige, die noch keine Blüten vorzeigen konnte. Wir schauten schon einen Tag vor der Eröffnung der alljährlichen Rosenschau, die in dem großen, wunderbar angelegten Garten abgehalten wird, ob etwas Rares an Rosen dabei ist. Vorsichtig stakste ich zwischen den anderen Töpfen zu der Rose nach hinten, um das Schild zu lesen. Eine alte Moosrose! Ein blitzschneller Griff und zur Kasse damit, so, als hätte ich Furcht, es könnte mir doch noch jemand dieses Exemplar wegschnappen. Meine Sorge jedoch war umsonst: Die Leute griffen schnell nur nach den in Blüte stehenden Rosen und besonders nach modernen und den so genannten Englischen Rosen, wie ich in den nächsten Tagen beobachtete. Da war uns beiden klar, dass es keine Eile hat, wir kommen für unsere Rosen niemals zu spät. Es ist zwar nicht die richtige Sorte, gleichwohl, eine Frage stelle ich an mich selbst: Hätte ich eine Rose mit karminrosafarbenen Blüten, so wie die wahre Sorte sein soll, mitgenommen? Nein, ich liebe jetzt meine zartrosafarbene Rose mit dem falschen Namen dessen ungeachtet.

Blüte groß, gefüllt, kugelig – gelegentliche Nachblüte | **Farbe** hellrosa | **Duft** gut | **Laub** dunkelgrün | **Stacheln** zahlreich, klein | **Moos** wenig ausgeprägt, bräunlich | **Früchte** keine | **Höhe** 1,60 m | **Frosthärte** gut, Klimazone 5

'Mme Louis Lévêque' (Frankreich, Lévêque 1903)
Bedeckt mit seidigen, hellrosa Blütenblättern zeigt sich der aufrecht wachsende Moosrosen-Strauch. In trockeneren und wärmeren Gegenden schafft sie noch eine Nachblüte. 'Mme Louis Lévêque' ist relativ spät entstanden, möglicherweise 1898, wurde dann aber erst 1903 auf den Markt gebracht. Die ganz und gar robuste und gesunde Sorte möchte ich jedem Rosenfreund empfehlen. Es gibt auch noch eine Remontant-Hybride gleichen Namens.

Blüte groß, gefüllt, kugelig, später schalig – gelegentliche Nachblüte | **Farbe** hellrosa, transparente Blütenblätter | **Duft** sehr gut | **Laub** hellgrün | **Stacheln** zahlreich, klein | **Moos** mäßig, an Kelch und Kelchblättern, bräunlich | **Früchte** keine | **Höhe** 1,50 m | **Frosthärte** sehr gut, Klimazone 5

oben: 'Mme Edouard Ory', unten: 'Mme Louis Lévêque'

links: 'Mousseux Ancienne'
rechts: 'Mousseline'

'Mousseux Ancienne'
(Frankreich, Vibert, um 1825)
Synonym: 'Moussue ancienne'
Es ist der Kontrast der Blütenfarbe zu dem hellen Grün von Laub und Moos, was diesen gesamten kleinen Strauch so liebenswert macht. Die bezaubernden Blüten präsentieren sich in reinem Karmesinrosa, bisweilen zum Rand aufhellend. Wegen der geringen Größe ist 'Mousseux Ancienne' für kleine Gärten geradezu ideal.

Blüte mittelgroß, in Büscheln, gefüllt, Auge – einmalblühend **Farbe** rosa, zum Rand hellrosa | **Duft** sehr gut | **Laub** hellgrün **Stacheln** zahlreich | **Moos** leicht an Blütenkelch und -stiel, grün **Früchte** keine | **Höhe** 1,20 m | **Frosthärte** sehr gut, Klimazone 5

'Mousseline' (Frankreich, Moreau-Robert 1881)
So zartanfühlend wie das feine Gewebe Mousseline (oder Musselin) sind die besonders lieblichen Blüten mit einem Hauch von rosa, perlmuttrosa, die dann mehr oder weniger zu einem cremigen Weiß verblassen, vorwiegend zum Rand. Perfekt dazu passend hat der Züchter den Namen der Rose ausgesucht und nicht irgendeinem Rosenfreund oder Mäzen gewidmet. Musselin, wie wir in Deutschland schreiben, wurde ursprünglich in Ostindien und dem Orient gewebt. Später aber wurde dieses feine und halbdurchsichtige Gewebe auch in Europa auf Handwebstühlen hergestellt, da das Garn für Maschinen zu zart ist. Musselin ist so fein, »... dass man ein ganzes Kleid durch einen Fingerring ziehen« kann (*Merck's Warenlexikon*, 3. Aufl. 1884). Das erinnert mich, in einem Buch über die Kaiserin Josephine von einem Vorkommnis anlässlich eines Empfangs gelesen zu haben, bei dem Madame Tallien eine Wette einging, »ihr Kleid, ihre Armbänder und ihre Kothurne à la grec [griech. Jagdschuhe, mit Riemchen geschnürt, die die Damen zu der damaligen griechischen Mode trugen] würden nicht mehr als zwei Six-Francs-Stücke wiegen.« Sie gewann die Wette, nachdem sie sich zur Freude der Gäste entkleidete und ihre Kleidungsstücke auf eine Waage gelegt hatte (*Die Rosen der Kaiserin Josephine*, Amber Verlag, S. 56, 1984). Auch Josephine trug außer Seide, Samt und Tüll viele Kleider, Blusen und Schals aus Musselin.
'Mousseline' ist eine der wenigen Moosrosen, die zuverlässig eine noch recht gute Nachblüte

'Mousseline'

hervorbringen, das bedeutet, im August blühen immer wieder einzelne Rosen, so dass sich die zweite Blühperiode noch einige Wochen bis weit in den September hinzieht. Das Moos ist an Kelch und Blütenstiel, zunächst grün, später ins Bräunliche wechselnd. Die geraden Stacheln sind spitz und sehr zahlreich.

Gerne würde ich mit der Verwirrung, die um 'Mousseline' und 'Alfred de Dalmas' im Laufe der Jahre entstanden ist, ein für allemal aufräumen. Absolut sicher ist, dass es sich um zwei verschiedene Rosen handelt, die sich auch nicht ähneln. Dass die eine Rose das Synonym der anderen sein soll, kann man also vergessen.

'Alfred de Dalmas' wird in der alten Literatur und in den entsprechenden Katalogen, wie beispielsweise aus der Zeit von Robert-Moreau, als rosa mit hellerem Rand, beziehungsweise in anderen Darstellungen mit weißen Ecken charakterisiert. H. B. Ellwanger (*The Rose*, 1882), sehr kritisch und manchmal ehrlich abwertend in seinen Beurteilungen, äußert sich in seiner Wertschätzung von 'Mousseline' sehr positiv und empfiehlt sie als gute Pflanze. 'Alfred de Dalmas' kommt in Ellwangers Bewertung dagegen nicht gut weg. Die kleinen, rosa Blüten sind »of poor quality«.

In den gegenwärtigen Katalogen sind die Rosen jeweils mit dem einen oder anderen Namen zu finden. Ich bekenne, dass ich auch jahrelang diesem Irrtum der Synonymität erlegen bin.

'Alfred de Dalmas' ist vermutlich von Laffay gezüchtet und von Portemer 1855 in den Handel gebracht worden.

Quest-Ritson hat in seiner Rosen-Enzyklopädie anscheinend eine 'Alfred de Dalmas' abgebildet. Möglicherweise wird in England nur diese Sorte in den Rosenschulen verkauft, 'Moussline' dagegen nicht, denn er mutmaßt, dass diese wohl ausgestorben sei. Oder ist dieses Foto in Sangerhausen entstanden? Dort stehen angeblich beide Sorten.

Blüte halb gefüllt, kugelig im Aufblühen, geöffnet schalig mit sichtbaren gelben Staubgefäßen – gute Nachblüte | **Farbe** zartrosa, später verblassend in cremeweiß | **Duft** gut | **Laub** rundlich, gezähnt, mittelgrün | **Stacheln** reichlich, gerade **Moos** an Kelch und Blütenstiel, bräunlich | **Früchte** keine | **Höhe** 0,80 m | **Frosthärte** gut, Klimazone 5

'Nuits de Young'

'Nuits de Young' (Frankreich, Laffay 1845)
Synonyme: 'Old Black', 'Black Moss'

Der Habitus ist ein bisschen unaufgeräumt. Sie gilt aber als eine sehr weitverbreitete Moosrose – im wahrsten Sinne des Wortes: Bei mir breitete sie sich mit ihren Ausläufern auf mehreren Quadratmetern in der Wiese aus, zwischen Margeriten, Gänseblümchen und Gierschblüten. Ausläufer soll man von der veredelten Hauptpflanze trennen – denn diese schwächen die Pflanze und die verstreut entstandenen Wurzelschosse ergeben ohnehin keinen Strauch. So ist unsere Wiese in diesem Teil ständig untergraben, als wären die Wühlmäuse tätig gewesen. Etliche der Ausläufer wachsen nun bei lieben Rosenfreunden; an der freigewordenen Stelle haben andere Rosen ihren Platz gefunden. Die große Beliebtheit von 'Nuits de Young' liegt indes an der beachtenswerten und attraktiven, dunkel bräunlichroten Kolorierung der Blüten. Auffallend geben sich da in dem dunklen Farbklecks die gelben Staubfäden.

Night-Thoughts (Nachtgedanken) – eine bedeutende präromantische Versdichtung (von 1742–1745) des Engländers Edward Young (1683–1765) wurde in viele Sprachen übersetzt (deutsch 1751 und 1844). Mit seinen Gedanken, die unter dem Einfluss schwerer Schicksalsschläge standen, schrieb er sein Werk über Leben und Tod, das in der Zeit der Romantik und »Sturm und Drang« großen Widerhall fand.

Blüte mittelgroß, eher halb gefüllt, sichtbare Staubfäden – einmalblühend | **Farbe** dunkles, bräunliches Rot | **Duft** sehr gut | **Laub** klein, dunkelgrün | **Stacheln** klein, zahlreich | **Moos** reich, bräunlich | **Früchte** wenig, mit Borsten, orangerot | **Höhe** 1,00–1,20 m | **Frosthärte** sehr gut, Klimazone 4

'Pélisson' (Frankreich, Vibert 1849)

Ein dankbarer Strauch, der schon über dreißig Jahre in meinem Garten jeden Sommer über und über blüht. Dankbar auch deshalb weil er mir nichts übel nimmt. Der Boden zu seinen Füßen ist meist hart und durchwachsen von Gras und Giersch, ein kräftiger Rückschnitt war vor einigen Jahren nötig, da der Strauch auseinanderfiel und mit vielen Stäben gestützt werden musste. Seit dieser Zeit bekommt er seinen Frühjahrsschnitt auf etwa 1,20 m Höhe, was er mir jeden Sommer mit üppiger Blüte belohnt. Würde ich mich nach einigen Autoren richten, dann dürfte ich Moosrosen so wenig wie möglich beschneiden. Aber keine Regel ohne Ausnahme. In sattem Rosa präsentieren sich die großen Blüten und duften obendrein fabelhaft.

Blüte groß, dicht gefüllt, Auge kaum sichtbar – einmalblühend, lange | **Farbe** rein rosa | **Duft** sehr gut | **Laub** dunkelgrün **Stacheln** zahlreich | **Moos** reich, bräunlich | **Früchte** keine | **Höhe** 1,50 m | **Frosthärte** sehr gut, Klimazone 5

Dr. Eduard Young's
Klagen,
oder
Nachtgedanken
über
Leben, Tod, und Unsterblichkeit.
In neun Nächten.
Sunt lacrymae rerum, et mentem mortalia tangunt. Virg.
Nebst Desselben sieben Characteristischen Satiren
auf die
Ruhmbegierde,
die allgemeine Leidenschaft.
Aus dem Englischen ins Deutsche übersetzt,
durchgehends mit kritischen und erläuternden Anmerkungen
begleitet,
und mit dem nach der letzten englischen Ausgabe
abgedruckten Originale herausgegeben,
von
J. A. Ebert, Prof.
Erster Band.
Zweyte verbesserte Auflage.
Braunschweig,
bey sel. Ludolph Schröders Erben. 1768.
Mit allergnädigsten Privilegien.

Youngs düster-melancholisches Werk *The complaint, or night thoughts* (1742–45) war bald ein Lieblingsbuch des gebildeten Europa.

'Pélisson'

links: R. × cent. 'Muscosa'
rechts: 'René d'Anjou'

***R. × cent.* 'Muscosa'**
(Niederlande, Ende 17. Jahrhundert)
Synonym: 'Common Moss'
Vermutlich Sport von *R.× centifolia*
Hand aufs Herz: Ist sie nicht die Schönste, die gesündeste und robusteste aller Moosrosen? Für mich ja, weil sie noch eine gewisse Ursprünglichkeit besitzt. Sie treibt viele Ausläufer und ich würde am liebsten jeden dieser Wurzelschosse im ganzen Garten verteilen, wo nur noch ein bisschen Platz vorhanden ist.
'Muscosa' unterscheidet sich von der R. × centifolia lediglich durch die starke Bemoosung.

Blüte mitelgroß, gefüllt, rund – einmalblühend | **Farbe** hellrosa | **Duft** sehr gut | **Laub** mittelgrün | **Stacheln** zahlreich, rötlich **Moos** dicht, grün an Kelch und Blütenstiel | **Früchte** keine **Höhe** 1,50–1,80 m | **Frosthärte** sehr gut, Klimazone 5

'René d'Anjou' (Frankreich, Robert 1853)
Der »gute König« René aus Anjou, geboren 1409 zu Anger, gestorben 1480 in der Provence, hieß anfangs Graf von Guise, erhielt durch Heirat mit Isabella, Erbtochter von Lothringen, die Anwartschaft auf dieses Herzogtum. Er wurde aber sofort nach dem Tod seines Schwiegervaters 1431 von dem ausgeschlossenen Agnaten bekämpft und kam in Gefangenschaft. Nur durch die Bezahlung eines hohen Lösegeldes bekam er seine Freiheit wieder. Er zog 1442 in die Provence, nachdem er sein Königreich von Neapel und Sizilien, das ihm nach dem Tod von Königin Johanna II. zufiel, seinem Gegner überlassen musste. Er übergab Lothringen seinem ältesten Sohn Johann, beförderte den Frieden zwischen Frankreich und England; seine Tochter Margarete verheiratete er mit König Heinrich VI. Fortan widmete er sich den schönen Künsten sowie der Wiederbelebung der altprovençalischen Poesie. Er sammelte die Werke der Troubadoure und dichtete auch selbst. Am 10. Juli 1480 starb er in Aix, wo ihm 1823 ein Denkmal errichtet wurde. René vermachte die Provence dem französischen König Ludwig XI.; seitdem gehört die ursprünglich selbständige Provence zu Frankreich. Renés Schriften und Gedichte wurden 1845/46 herausgegeben.
Dunkelrosa mit einem Schatten von hellrosa präsentieren sich die wundervoll duftenden Blüten. Die öfter erwähnte Nachblüte hält sich bei uns in Grenzen.

Blüte mittelgroß, gefüllt, kugelig, geöffnet schalig – selten Nachblüte | **Farbe** dunkelrosa, später verblassend | **Duft** sehr gut | **Laub** hellgrün | **Stacheln** zahlreich | **Moos** bräunlichgrün an Kelch und Blütenstiel | **Früchte** keine | **Höhe** 1,40 m | **Frosthärte** sehr gut, Klimazone 5

'Salet' (Frankreich, Lacharme 1854)
Lacharmes Züchtung 'Salet' war eine der ersten öfterblühenden Moosrosen. Die Blüten, in hellem Rosa, sehen zwar ein bisschen strubbelig aus, aber das verleiht ihnen einen gewissen

natürlichen Charme. Nicht immer kommt sie bei den Beschreibungen so günstig weg. Im Gegensatz zu anderen Autoren schätze ich sie sehr. Eine zuverlässige, gute Nachblüte ist bei ihr gewiss.

Blüte mittelgroß, locker gefüllt, flach, sichtbare Staubfäden – gute Nachblüte | **Farbe** hellrosa, später verblassend | **Duft** sehr gut | **Laub** hellgrün | **Stacheln** wenig | **Moos** wenig prägnant, grün **Früchte** keine | **Höhe** 1,50 m | **Frosthärte** sehr gut, Klimazone 5

'Shailer's White Moss' (England, Shailer 1788)
Ob 'White Bath' mit 'Shailer's White Moss' identisch ist, sind sich Fachleute nicht ganz einig. Bei mir zeigt sich in dem kleinen, weiß blühenden Strauch seit dem zweiten Sommer ein Zweig mit einer rein rosafarbenen Blüte. Das ist bei Moosrosen (und bei Zentifolien) nicht ungewöhnlich, dennoch stutzte ich beim Vorübergehen. Die sonst milchweißen Blüten sind zauberhaft anzuschauen und das hohe Alter dieser Rose löst bei mir eine Gedankenkette aus, was zu dieser Zeit in der Geschichte passierte – in England, in Frankreich – die Stimmung ein Jahr vor Ausbruch der französischen Revolution. Welche Rosensorten gab es damals, die heute noch existieren? Welche Menschen aus dieser Zeit sind uns heute noch wichtig?

Blüte groß, locker gefüllt, in Büscheln – einmalblühend | **Farbe** milchweiß, Knospe zartrosa | **Duft** gut | **Laub** hellgrün | **Stacheln** zahlreich, klein, rötlich | **Moos** reichlich, grün | **Früchte** keine **Höhe** 1,50 m | **Frosthärte** sehr gut, Klimazone 5

links oben: 'Salet'
rechte Spalte: 'Shailer's White Moss' mit normaler weißer Blüte und durch Knospenmutation an einem Zweig eine rosafarbene Blüte

'Sophie de Marsilly' und die winzigen weißen Blüten von 'Anne Marie de Montravel'

'Sophie de Marsilly'

(Frankreich, Moreau-Robert 1863)

Blüten von lebhaftem Rosa mit hellen Zeichnungen – auch sie ist eine gesunde, robuste Sorte. Das Moos ist sehr reichlich, besonders ausgeprägt an Kelch und Blütenstiel. Ein wunderbarer Duft umgibt die Blüten. Bei mir stehen zwei Pflanzen dieser Sorte. Eine wurde von den Wühlmäusen total abgefressen. Da ich sie nicht so ohne weiteres wegwerfen wollte, setzte ich die Pflanze, nach ausgiebiger Wässerung, an eine andere Stelle ein. Zunächst war ich unsicher, ob sie noch einmal Wurzeln treibt, deshalb habe ich mir eine neue 'Sophie de Marsilly' bestellt und wieder an einen anderen Platz gepflanzt. Nun zeigt sich, dass die neu bewurzelten Triebe derjenigen Pflanze, die die Mäuse auf dem Gewissen haben, die kräftigere ist.

Blüte groß, gefüllt, kugelig – selten Nachblüte | **Farbe** rein rosa, später etwas verblassend | **Duft** sehr gut | **Laub** mittelgrün **Stacheln** zahlreich | **Moos** reich, bräunlich | **Früchte** vereinzelt **Höhe** 1,60 m | **Frosthärte** sehr gut, Klimazone 5

'Souvenir de Pierre Vibert'

(Frankreich, Moreau-Robert 1867)

Der große Rosenzüchter Jean-Pierre Vibert starb im Alter von 89 Jahren, ein Jahr nach seinem Tod widmete ihm seine Nachfolgerfirma Moreau-Robert diese Rose. Eine auffallend schöne Sorte von dunkelroter Farbe und violetter Schattierung.

Blüte groß, gefüllt, kugelig – geringe Nachblüte | **Farbe** dunkelrot, violett und weiß marmoriert | **Duft** sehr gut | **Laub** dunkelgrün | **Stacheln** wenig | **Moos** wenig ausgeprägt, bräunlich **Früchte** keine | **Höhe** 1,20–1,40 m | **Frosthärte** gut, Klimazone 5–6

'Van Dael' (Frankreich, Laffay 1850)

Synonym: 'Vandael'

Für 'Van Dael' interessierte ich mich, da sie nach den Beschreibungen dunkelpurpur blühen soll. Doch drei Sommer lang schaute ich enttäuscht auf die fuchsienrote Farbe, den meine Rose zeigte. Ich wollte schon enttäuscht resignieren: wieder eine falsche Sorte. Endlich, im vierten Sommer, hurra, kann ich mich schließlich über einen wirklich dunklen Farbton freuen; vom prächtigsten dunkellila, in mattem Dunkelviolett stellen sich nun die Blüten vor. Es ist doch eine gesunde Sorte; und wegen ihrer niedrigen Höhe gut für kleine Gärten geeignet oder auch ideal für Staudenbeete. Die Rose wurde nach dem niederländischen Blumenmaler Jan van Dael (1764–1840) benannt.

Blüte mittelgroß, dicht gefüllt – einmalblühend | **Farbe** dunkellila bis dunkelviolett/purpur | **Duft** sehr gut | **Laub** dunkelgrün | **Stacheln** zahlreich | **Moos** reich, bräunlich | **Früchte** keine **Höhe** 1,00–1,20 m | **Frosthärte** sehr gut, Klimazone 5

oben: 'Souvenir de Pierre Vibert' unten: 'Van Dael'

Portland-Rosen

Kurz-Stiel-Blüten

Mein Vater verglich die Blüten der Portland-Rosen mit ihrem kurzen Hals mit der Tannenmeise, einer sehr kleinen Meisenart, grau mit kohlrabenschwarzem Häubchen. Auch sie duckt ihr Köpfchen in die Federn. Man spricht bei dieser Rosengruppe von einem besonderen Merkmal: Die Blütenstiele sind so kurz, dass der Eindruck entsteht, die Blüte stecke tief im grünen Laub.

Die Gruppe der Portland-Rosen besteht im Vergleich zu anderen gegenwärtig aus weniger Sorten, wobei hier verschiedene wiederum den Remontant-Hybriden, ja auch Gallica-Hybriden (wie 'Pergolèse' oder 'Les Saisons d'Italie') zugeschoben werden. So unklar war die Eingruppierung auch vor 150 Jahren: Die Bezeichnungen Damaszener-Rosen, Perpetuelle und Portland-Rosen liegen nah beieinander, ja sie wurden sogar – wie bei J. Erben, 1823 – in einer Obergruppe, in die der Damaszener-Rosen eingeordnet: »24. Klasse der Damaszener oder zweimal blühenden Rosen« – dazwischen die Angebote in der »1. Abtheilung Nr. 252 Die Rose von Portland, halbgefüllt« und zwei weitere »idem mit großen Blumen« und »idem doppelt«. In der »2. Abtheilung (blüht ohne Unterbrechung bis zum Frost) Nr. 258 Die Königsrose, hellpurpur«. Letztere kennen wir als 'Rose du Roi'. Ferner finden wir hier noch »Die Perpetuelle«, eine alte öfterblühende, leider verschwundene Rose. Die 3. Abteilung, das sind »Damaszener Bastard-Rosen«, offeriert eine gefüllte Portland-Rose, ohne Namen. Durch die Blühwiederholung gliederte man erwartungsgemäß die Rosen, die wir heute bei den Portland-Rosen eingruppieren, damals bei *R.* × *damascena* 'Semperflorens' mit ihren Abkömmlingen ein.

Obwohl die erste Portland-Rose ('Portland Rose', s. dort) schon 1775 erwähnt wurde, kam die Züchtung mit ihnen erst Anfang des 19. Jahrhunderts in Schwung – natürlich in Frankreich – und die Beliebtheit hielt bis in die zweite Hälfte des Jahrhunderts an. Dann setzten sich die großblumigen Remontant-Hybriden immer mehr durch und die nächste Generation der Gartenbesitzer stürzte sich mehr auf diese neue Gruppe. Da die Rosennamen meist eher aus »Beschreibungen« bestehen, ist es heute schwierig festzustellen, welche davon heute noch bekannt sind. Aber auch bei den »richtigen« Namen, also Eigennamen, finden wir nur sehr wenig für uns geläufige, heute übliche. Die Mehrheit entstand erst ab den 1840er-Jahren in Frankreich. Und die deutschen Rosenlieferanten freuten sich über die wunderbaren neuen Varietäten. So enthält der Rosenkatalog von Arnz et Comp., Düsseldorf, 1836, von Rosa Perpetuelle oder Portland-Rosen 52 Varietäten, von Rosa sempervirens 15 Sorten.

Aus neuerer Sicht entstammen die Portland-Rosen aus einer Kreuzung von *R. gallica* und *R.* × *damascena* 'Semperflorens'; nicht beteiligt ist, wie man früher annahm, R. chinensis. Die Portland-Rosen weisen viel Ähnlichkeiten mit Gallica-Rosen auf, aber ebenso stimmt manches mit dem anderen Elternteil überein.

Meine Beobachtungen während vieler Jahre sind, dass man darauf achten sollte, gute und kräftige Pflanzen von der Gärtnerei zu bekommen. Wobei die vorgezogenen Rosen in Töpfen nicht immer die widerstandsfähigsten sind. Manche Pflanzen der Portland-Gruppe scheinen in ihrem Wachstum gehemmt zu sein (z. B. 'Arthur de Sansal'). Zudem überstehen geschwächte Gewächse nicht den Sternrußtau. Wiederholt musste ich mich schon von einem armen Pflänzchen trennen. Mit Ausnahme der 'Portland Rose' ist diese Gruppe gefüllt blühend. Nicht alle Sorten remontieren, manche selten und nur wenige blühen gut nach. Trotzdem muss bei meinen Rosenbestellungen immer mindestens eine Portland-Sorte dabei sein.

Meine Portlands

'Mme Boll' alias 'Captain Williams'

Alias 'Captain Williams' (Sangerhausen)
Eine wunderschöne Rose mit dem Namen 'Captain Williams' und der Herkunft aus Sangerhausen (vermehrt durch Herrn Hartung, Firma ROSAROT) beschrieb ich in der ersten Auflage unseres Rosenbuches *Alte Rosen – alte Zeiten*.
Jedoch sei dies **'Mme Boll'** – wie mir Frau Vemmer, kurz nach Erscheinen des Buches in einem Brief mitteilte. Es handele sich leider um eine falsche Etikettierung im Rosarium.
Nun, ich werde dies akzeptieren müssen, obwohl ich immer noch nicht nach meinem nächsten Besuch in Sangerhausen ganz so überzeugt war, dass dies 'Mme Boll' sein soll. Es stehen dort mehrere dieser großen Sträucher, die nun die andere Bezeichnung haben. Allein schon die Größe dieser vermeintlichen 'Captain Williams' oder nun 'Mme Boll' unterscheidet sich von meinen stets kleinen Rosenpflanzen der 'Mme Boll' von verschiedenen Lieferanten. Es kursieren viele Rosen mit ähnlichen Blüten. Den Winter 2009/10 überlebte der schöne große Strauch der vermeintlichen 'Captain Williams' bei mir nicht.
'Comte de Chambord' (Frankreich, von Moreau-Robert etwa 1860 in den Handel gebracht)
Als ich 'Comte de Chambord' und 'Mme Boll', beide zur selben Zeit, in den 1980er-Jahren pflanzte, galten diese zweifelsfrei noch als zwei verschiedene Sorten. Nur – welche Sorten? Meine 'Comte de Chambord' beeindruckt in konstantem Rosa; so ist die Beschreibung für 'Mme Boll', der man inzwischen das Synonym der anderen Rose angehängt hat. In der alten Literatur aber sind beide zwei unterschiedliche Rosen, von zwei verschiedenen Züchtern. Robert et Moreau soll 'Comte de Chambord' etwa 1860 in Angers in den Handel gebracht haben. 'Mme Boll' wurde von dem Schweizer Daniel Boll, der nach Amerika auswanderte, schon 1843 gezüchtet und von dem Franzosen Boyau 1859 (in Angers) angeboten. Meine Suche in alten Büchern nach 'Comte de Chambord' verlief (fast) ergebnislos, während 'Mme Boll' im 19. Jahrhundert überall in den Ranglisten vorangestellt war: H. B. Ellwanger (*The Rose*, 1892) lobt 'Mme Boll' als »a very effective garden sort«. In Reynolds Holes *Buch von der Rose* (deutsche Übersetzung nach der 6. Auflage, 1880) im »Verzeichniß der besten Rosen, welche in Frankreich und in andren Ländern von 1859 bis 1877 gezogen wurden« steht 'Mme Boll' unter den Remontant-Rosen von 1859 (nach 'Louis XIV') an vierter Stelle.
Friedrich Schneider II erklärt – nach seinen ausführlichen Nachforschungen mit vielen hilfreichen Mitarbeitern – im Rosenjahrbuch, 1883: »gezogen von Boll, verkauft von Boyau«.
'Comte de Chambord' ist demnach schon bald aus dem Verkaufskatalog von Moreau-Robert herausgenommen worden und ganz verschwunden. Merkwürdig ist jedoch, dass Wilhelm Döll, 1855, eine 'Comte de Chambord' unter den mehrmals blühenden Damaszenerrosen (Nr. 55), »blass fleischfarben, mittelgroß« beschreibt, obwohl diese erst 1860 durch Moreau-Robert in den Handel gekommen sein soll. Vermutlich verkauften sie die Rose zuerst nach England, um sie erst dann in Frankreich anzubieten. Es ist betrüblich, dass heute diese beiden Rosensorten in ein und denselben Topf geworfen werden.
Beschreibung 'Mme Boll' siehe dort!

'Delambre'

'Delambre' (Frankreich, Moreau-Robert 1863)
Ein sehr liebenswertes, reizendes Sträuchlein, das durch seinen Blütenreichtum und die Blühwiederholung bestimmt eine gute Empfehlung für den kleinen Garten oder ein Staudenbeet mit niedrigeren Pflanzen ist. Reiches Laub bedeckt dicht die Zweige bis zu den Blütenknospen. Sogar die Sepalen sind bei dieser Rose besonders groß und schön ausgeprägt; sie erinnern an kleine Rucola-Blätter.

Die Sorte muss etwas Besonderes sein, so dachte ich, da ich die Rose in deutschen Katalogen nicht fand; so ließ ich sie mir aus Frankreich schicken.

Die kleine Portland-Rose ist dem französischen Astronomen Jean Joseph Delambre (1749–1822) gewidmet. Er studierte zunächst Philosophie in Paris, wandte sich bald astronomischen Studien zu und befasste sich mit Sonnentafeln. Als Mitglied des Längenbüros führte er unter anderem 1792 bis 1799 zusammen mit Méchain die große Gradmessung von Dünkirchen nach Barcelona durch. Es war die genaueste Gradmessung, die zur Festlegung des Normalmeters dienen sollte.

Blüte klein, gut gefüllt, geviertelt, in Büscheln, reich – Nachblüte | **Farbe** klar rosa, verblassend | **Duft** sehr gut | **Laub** hellgrün, dicht | **Stacheln** wenig | **Früchte** keine | **Höhe** 1,00 m
Frosthärte gut, Klimazone 5

'Duchesse de Rohan'

(Frankreich, Züchter unbekannt, vor 1848)
Ob Lévêque der Züchter ist, wie manchmal dargelegt wird, ist nicht sicher. Jedenfalls ist William Paul der Meinung, dass sie »a good rose« sei. William Paul ist die älteste Quelle als Information, so muss 'Duchesse de Rohan' schon vor der Herausgabe seines Buches *The Rose-Garden*, 1848 existiert haben.

Die einen reihen sie unter die Remontant-Hybriden ein, die anderen wiederum unter den Zentifolien (was sie trotz ihres wundervollen Duftes garantiert nicht ist), wieder andere finden sie am besten bei den Portlands aufgehoben. Für mich ist sie wahrhaftig eine der schönsten Rosen, wenn es um Farbe und Form geht, und der Duft ist für mich der größte, der wundervollste. Vielleicht ist dies ein Erbteil einer Zentifolie. Aber sie hat die gute Eigenschaft, dass sie noch mindestens einmal schöne Nachblüten liefert. Wie sich die akribisch gefältelten Blütenblätter aufdrehen, kunstvoll, elegant wie von Hand gelegte, geordnete und gebügelte Rüschen! Die Farbe kann zuweilen von dunklerem Rosa sein, das dann in ein freundliches, helles Rosa verblasst, oder es kann an fortlaufend sonnigen Tagen unverzüglich aus der Knospe ein strahlend, heiteres helles Rosa entstehen.

Rohan ist ein altes französisches – genauer: ein bretonisches fürstliches Geschlecht, das in männlicher Linie von den alten Königen und Herzögen der Bretagne abstammt, von denen einige in späteren Jahren sehr berühmt waren.

Ausschlaggebend war für mich aber eine ganz andere, eine persönliche, familiäre Geschichte. Auf der Suche in einer Schublade nach einem Foto hielt ich zufällig und schicksalhaft eine Postkarte von meinem Vater in der Hand, die er nach Hause schickte: Ein altes Schloss – Rohan. Der Name kam mir sehr bekannt vor und ich dachte auch prompt an einen Rosennamen. Ich täuschte mich nicht, zwei Namen standen zur Auswahl im Rosen-Katalog: 'Duchesse de Rohan' und 'Prince Camille de Rohan' (s. Remontant-Rosen). Was heißt hier Auswahl, ich nahm gleich alle zwei und bin darüber äußerst glücklich, beide sind nun eine Erinnerung an meinen Vater und mit beiden Rosen bin ich überaus zufrieden.

Blüte groß, gefüllt, flach, Rosette in der Mitte – gute Nachblüte | **Farbe** rosa, bläulichrosa verblühend | **Duft** wundervoll, intensiv | **Laub** dunkelgrün, dicht | **Stacheln** wenig | **Früchte** keine **Höhe** 1,40–1,60 m | **Frosthärte** gut, Klimazone 5–6

oben: 'Duchesse de Rohan' unten: 'Indigo'

'Indigo' (Frankreich, Laffay, vor 1848)

William Paul beschreibt schon in seinem bekannten Buch von 1848 die Portland-Rose 'Indigo' als »very distinct«. Wilhelm Döll führt sie 1855 in der Übersetzung unter den »Herbstrosen« bei der Gruppe der mehrmals blühenden Damaszenerrosen auf und schildert sie als »dunkelpurpurn« und als »sehr auffallend«. Die tatsächliche Farbe »indigo« ist freilich tintig blau.

'Jacques Cartier'

Der natürliche Farbstoff wird aus unserem einheimischen Färberwaid und der indischen Pflanze Indigo hergestellt. Blaue Rosen waren schon zu allen Zeiten ein wünschenswertes Produkt; so wollte der Züchter Laffay sicher die blaue Farbe bei seiner Rose durch den Namen Indigo suggerieren. Der in Wirklichkeit purpurviolette Farbton der Blüte erscheint mal mehr mal weniger dunkel, ja in manchen Jahren sogar ziemlich hell magentafarben. Im zweiten Jahr war ich sogar enttäuscht, wie hell meine 'Indigo' ist, das war eher ein Purpurrosa. Wer jedoch aparte dunkle Farbtöne bei dieser Rose erwartet hatte, sollte sich in Geduld üben, sie gehört zu denjenigen Sorten, bei denen sich erst ab dem dritten und vierten Jahr eine gewisse Farbstabilität einstellt.

Blüte mittelgroß, gefüllt, flach – gute Nachblüte | **Farbe** purpurviolett, dunkelpurpur, gelegentlich leicht weiß gestreift, Blütengrund bisweilen weiß | **Duft** gut | **Laub** dunkelgrün, dicht | **Stacheln** zahlreich, große und kleine, spitz | **Früchte** keine | **Höhe** 1,00–1,20 m | **Frosthärte** gut, Klimazone 5

'Jacques Cartier'

(Frankreich, Moreau-Robert 1868)

Es ist verständlich, wenn die Rosensorte 'Jacques Cartier' so beliebt ist, dass sie beinahe in allen Gärten zu finden ist. Und wer sie noch nicht besitzt, sollte sie schleunigst pflanzen. Man kann sie als nahezu dauerblühend bezeichnen. Mein Exemplar fällt noch in die Anfangsphase meiner Garten- und Rosenleidenschaft. Die Schweizer Journalistin Claire Hofmann verführte mich mit ihrer Aufforderung, die Rose 'Jacques Cartier' liebe es, wenn man immer wieder Sträuße von ihr schneidet. Und die herrlich duftenden, bezaubernden Blüten verlocken auch dazu, sich Zweige für große und kleine Buketts für die Vase zu holen. Außerdem habe ich keine Hemmungen, im Frühjahr einen kräftigen Rückschnitt vorzunehmen oder auch im Laufe des Sommers, wenn einzelne Triebe recht unschön nach oben streben, diese zu kürzen. Der Strauch wächst schön aufrecht, das dichte, dunkelgrüne Laub bedeckt die dicken Triebe bis zu den Knospen, d. h. die Blütenstiele sind kurz, die Blüten sitzen tief in den Blättern. Die Sepalen (Kelchblätter) sind lang und die vielen Petalen (Blütenblätter) ihrer dichten Füllung neigen durch Fältelung zur Viertelung, sie sind lang und behalten ihre Länge auch in der Mitte. Man kann sie als wohlgeformt angeordnet bezeichnen. Die Blütenfarbe ist von einem anfangs ausgeprägten hellen Rosa zur Mitte leicht dunkler, je nach Sonnenschein verblasst die Blüte bald. Jacques Cartier war ein bekannter Rosenzüchter in Frankreich. Ihm zu Ehren erhielt wohl die Rose ihren Namen.

Blüte groß, dicht gefüllt, geviertelt, in Büscheln, reichblühend – sehr gute Nachblüte | **Farbe** hellrosa, zur Mitte dunkler **Duft** sehr gut | **Laub** dunkelgrün, dicht | **Stacheln** zahlreich, große und kleine | **Früchte** keine | **Höhe** 1,40–1,60 m | **Frosthärte** sehr gut, Klimazone 5

'Les Saisons d'Italie' (Frankreich, unbekannt)
Die prächtige Rose ist selten erhältlich. André Eve, französischer Gärtner und Rosenzüchter, hat ein Faible dafür, Alte Rosen in Rosarien aufzuspüren und sie für unsere Gärten wieder zurückkehren zu lassen. Die Frage, ob es sich bei dieser Sorte um eine Gallica-Hybride oder um eine Portland-Rose handelt, kann man noch nicht beantworten. Über diese Rose gibt es wenig Hinweise, doch die wenigen Angaben besagen, dass es sich um eine Gallica-Hybride handeln soll. In neuerer Literatur (z. B. *Modern Roses XI*) und im Katalog von André Eve wird sie als Gallica-Hybride aufgeführt. Die Quelle ist Sangerhausen, wo sie mindestens seit 1988 (Verzeichnis 4. Auflage) steht. Der Gallica-Spezialist François Joyaux hat sie für seine Sammlung von dort übernommen und in Commer aufgepflanzt. Er bezweifelt die Klassifizierung vom Gesamthabitus her. Im neuen Sangerhäuser Verzeichnis (8. Aufl., 2005) rangiert sie nun unter den Portlands. A. Eve erwähnt im Rosenkatalog Joyaux' Bedenken, was ihn nicht davon abhält, diese Rose um ihrer Schönheit willen schon vor einer endgültigen Klärung ihrer Identität und Abstammung den Rosenfreunden anzubieten. Er weist auf das Einmalblühen hin, sie remontiere nicht. Meine 'Les Saisons d'Italie' schenkt mir jährlich eine zweite Blüte und ich bestätige gern Joyaux' Idee, dass es sich hier viel mehr um eine Portland-Rose handelt. Sie remontiert, duftet ausgezeichnet und ihre Frosthärte ist nicht so hervorragend wie bei den Gallicas.

'Les Saisons d'Italie'

Blüte groß, stark gefüllt – Nachblüte | **Farbe** lebhaft karminrosa | **Duft** sehr gut | **Laub** dunkelgrün | **Stacheln** wenig | **Früchte** keine | **Höhe** 1,20 m | **Frosthärte** gut, Klimazone 5–6

'Marquise Boccella' (Frankreich, Desprez 1842)
Synonyme: 'Marquise de Boccella', 'Marchesa Boccella'
Auf Grund von Graham Stuart Thomas' Behauptung, diese Rose sei in Wirklichkeit 'Jacques Cartier', wollte ich doch selbst der Sache auf den Grund gehen und pflanzte mir deshalb die Markgräfin direkt neben die andere Sorte. Eigene Beobachtung und Erfahrung ist oft Gold wert. Auf den ersten Augenschein glaubt man in der Tat eine große Ähnlichkeit wahrzunehmen – in der Blüte, im Laub und im Habitus. Beide Sorten blühen auch zur gleichen Zeit und beide

'Marquise Boccella'

'Miranda'

cheln sind beim Vergleich der 'Marquise Boccella' mit ihrem Nachbarn von geringerer Größe und auch deutlich weniger zahlreich. Diese Sorte hat anscheinend durchgängig eine genbedingte Wachstumshemmung. Auch in alter Literatur wird sie als die zwergwüchsigste ihrer Klasse beschrieben.

Die Blütenblätter sind unregelmäßig, auf jeden Fall sind sie schmal und zur Mitte hin kürzer, so dass der Eindruck einer Rosette entsteht. Ihre Blüten wirken auf mich, als seien sie unaufgeräumt, und es sieht so aus, als würden sie es nicht schaffen, sich systematisch zu entfalten. So erscheinen sie unordentlicher als die der 'Jacques Cartier'. Es kommt ja nicht selten vor, dass Rosen viele Gemeinsamkeiten besitzen. G. S. Thomas führt beispielsweise in seinem älteren Buch (2. Nachdruck der revidierten 4. Auflage, London 1955) *The Old Shrub Roses* an, dass 'Jacques Cartier' ihn an 'Comte de Chambord' erinnere.

sind Portland-Rosen, auch wenn einige Autoren 'Marquise Boccella' zu den Remontant-Hybriden rechnen oder – wie die Engländer und Amerikaner – zu den Damask Perpetuells. Bei den Blüten erkenne ich dann aber doch einen wesentlichen Unterschied: Die Blüten der 'Marquise Boccella' sind kleiner als die von 'Jacques Cartier'. Die Sta-

William Paul erwähnt die Sorte 'Marquisa Boccella' in seinem Rosenbuch unter der Rubrik »Hybrid Perpetual«, und Wilhelm Döll, 1855, hat die Rose in der Liste übernommen und den Text folgendermaßen übersetzt: »Blüten zartrosa, die äußern Blumenblätter fast weißrosa, groß und voll« … und weiter »eine schöne, sehr wohlrie-

chende Rose; die Blumenblätter sind, mit den andern der Gruppe verglichen, sehr klein, aber viel zahlreicher. Gezogen von Desprez zu Yèbles«.

Blüte mittelgroß, gefüllt, geviertelt, kleine Rosette – sehr gute Nachblüte | **Farbe** rosa | **Duft** sehr gut | **Laub** dunkelgrün, dicht **Stacheln** zahlreich | **Früchte** keine | **Höhe** 1,40 m | **Frosthärte** gut, Klimazone 5

'Miranda' (Frankreich, de Sansal 1869)

Rosafarben mit seidigem Schimmer, solche Blüten entdeckt man in dem nicht sehr großen Strauch. Es ist ein heiterer Farbton. Die Nachblüte im Herbst ist verlässlich, jedoch erscheinen die Blüten nur vereinzelt. Dies ist dann so, als würde ich eine liebe Freundin nach längerer Pause wiedersehen; jetzt hingegen habe ich doch endlich Zeit für sie, ich kann mich nun ausgiebig über sie freuen, ohne dass der jährliche Stress im Juni mich daran hindert, weil alle Rosenschauen und Feste in diesem Monat stattfinden.

Blüte groß, halb gefüllt, Auge in der Mitte – gute Nachblüte **Farbe** seidig, rosa | **Duft** sehr gut | **Laub** mittelgrün | **Stacheln** zahlreich, klein, groß, spitz | **Früchte** keine | **Höhe** 1,20–1,40 m **Frosthärte** gut, Klimazone 5

'Mme Boll' (Schweiz, Boll 1843, von Boyau 1859 in Frankreich in den Handel gebracht)

Von den überreichen Vorzügen der 'Mme Boll', wie verschiedene Autoren des 19. Jahrhundert sie lobpreisten, berichtete ich schon weiter oben bei der Rose 'Comte de Chambord'. Ihre beachtliche Blütenfülle und die Fähigkeit zu öfterer Nachblüte sind allein schon bemerkenswert, dazu addiert sich noch die Schönheit ihrer Blüten. Eine zauberhafte Rose! Ich stehe jedesmal ganz andächtig vor diesem phantastischen Sträuchlein.

Reynolds Hole, der Rosenpfarrer aus England, schildert sie, nein er erzählt uns in seiner liebevollen Art: »Madame Boll, bei der schon das Laub, wenn der Thau darauf perlt, das Aufstehen lohnt, um die Sonne darüber aufgehen zu sehen; sie trägt aber auch ebenbürtige Blumen, unendlich groß, feingestaltet, von klarem, glänzendem Rosenroth übergossen« (*Buch von der Rose*, deutsch von Ferd. Wortmann, 1880).

Blüte groß, gefüllt, geviertelt, flach, schalig – sehr gute Nachblüte | **Farbe** rosa, bläulichrosa, Rand manchmal heller | **Duft** sehr gut | **Laub** hellgrün, dicht | **Stacheln** zahlreich | **Früchte** keine | **Höhe** 1,00–1,20 m | **Frosthärte** gut, Klimazone 5

'Mme Boll'
Blüte und Stacheln

'Mme Knorr' Blüte
und Stacheln

'Mme Knorr' (Frankreich, Verdier 1865)
Der Name löst manchmal Heiterkeit aus – ob hier im Garten wohl auch eine Madame Maggi zu finden sei, werde ich hin und wieder gefragt. 'Mme Knorr' gehört zu den zuverlässig öfterblühenden Portland-Rosen. Ihre Blüten sind mit denen von 'Mme Boll' nicht ähnlich. Die Problematik sehe ich nur darin, dass in den verschiedenen Gärtnereien und Gartencenter Rosen mit dem falschen Etikett verkauft werden. Von den drei verschiedenen Sorten, die so ein Chaos in unsere Gärten bringen, ist 'Mme Knorr' durch ihre starke Bewehrung am auffallendsten.

Blüte groß, gefüllt, geviertelt, flach – sehr gute Nachblüte **Farbe** rosa, bläulichrosa, zur Mitte dunkler | **Duft** sehr gut **Laub** hellgrün, dicht | **Stacheln** zahlreich | **Früchte** keine | **Höhe** 1,00–1,20 m | **Frosthärte** sehr gut, Klimazone 5

'Pergolèse' (Frankreich, Moreau-Robert 1860)
Die wundersame Verwandlung vom »Hässlichen Entlein« (ein wohlbekanntes Märchen von Hans-Christian Andersen) zu einer prächtigen Rose habe ich bei dieser hier erleben dürfen. Jedoch, was war ich doch in den ersten zwei Rosensommern enttäuscht: Ein schreiendes Magentarot grinste mich jedesmal beim Vorübergehen an. Und die versprochene Nachblüte blieb (soll ich sagen, zum Glück?) aus. Im dritten Sommer nun, war aus diesem hässlichen Entlein eine solch schöne Rose entstanden: Aus dem grellen Farbton wurde ein sanftes, helleres Purpurrot und Kirschrot, lilapurpur verblühend. Die Blüten haben jetzt sehr viel Ähnlichkeit mit denen der Gallicarosen. Die inneren Petalen legen sich wie gekräuselte Löckchen um das grüne Auge, hin und wieder erscheint es auch gelb. Wie schön, dass ich gleich zwei Pflanzen nebeneinander setzte, so steht nun ein kräftiger Strauch im Rosenbeet. Und diesmal schenkte sie mir im Ausklang des Sommers noch ein paar Nachblüten. Das Laub ist sehr kräftig und gesund, die kurzen Stacheln sind sporadisch, gering, manche Triebe zeigen nur kleine Borsten.

'Pergolèse'

Ich bin ausgesöhnt mit der Rose 'Pergolèse' und kann mich deshalb auch, als Musikfreundin, an der Geschichte ihres Namensgebers erfreuen. Giovanni Battista Pergolesi komponierte acht Opern, mehrere Messen und auch Kammermusik und starb bereits sechsundzwanzigjährig, 1736. Er erhielt als Zehnjähriger (1720–31) seine kompositorische Ausbildung in Neapel. Mit zwanzig Jahren begann seine Karriere, die knapp sechs Jahre dauerte. Aber während dieser Zeit schuf er sehr viele Werke. Er vertrat die neapolitanische Schule und genoss hohes Ansehen in Europa. Sein berühmtes Stabat Mater war der Höhepunkt seines Schaffens. Bedeutend waren ebenso seine Kammermusik und die zeitgenössischen Opern, sein Stil war ein Übergang vom Spätbarock zur empfindsamen Ausdrucksform. Seine erst 1752 in Paris aufgeführte Oper »La serva padrona« (1733 entstanden) entfachte einen Buffonistenstreit zwischen den Anhängern der italienischen Opera buffa und den Verfechtern der französischen Tragédie lyrique (Jean-Baptiste Lully und Jean Philippe Rameau). Dadurch entstand eine eigene französische Opernform, die Opéra comique. Mit Pergolesis frühem Tod verlor die Musikwelt ein ebenso großes Genie wie später Mozart, der nur wenige Jahre älter wurde. Man weiß nicht viel über sein Leben, nur dass er sehr krank war, vermutlich litt er an Tuberkulose. Seine letzten Jahre verbrachte er abgeschirmt in einem Kloster, um sein größtes Werk, das Stabat Mater, vor seinem Tod zu vollenden. Wer diese Art Musik liebt, dem wird das Musikgenie Pergolesi kein Namenloser sein und damit auch eine Verpflichtung, dieser prächtigen Rose in seinem Garten ein kleines Plätzchen zu bieten.

Blüte mittelgroß, dicht gefüllt, flach, schalig, grünes, auch gelbes Auge – selten Nachblüte | **Farbe** kirschrot, purpurrosa, zu lila verblassend | **Duft** gut | **Laub** dunkelgrün, dicht **Stacheln** gering, sehr klein, spitz | **Früchte** keine | **Höhe** 1,20–1,40 m | **Frosthärte** sehr gut, Klimazone 5

'Rose de Resht'

'Portland Rose' (England, vor 1775)

Synonyme: 'Duchess of Portland', 'The Portland-Rose', 'Portlandica', 'Duchesse de Portland'

Redouté malte diese Rose und bezeichnete sie als 'Rosier de Portland', ein weiteres Synonym, das aber nicht mehr in Gebrauch ist. In fast jedem Rosenbuch begegnet man einem anderen Namen. So unterschiedlich wie die Namen auftreten, so uneinheitlich lesen sich die Jahreszahlen der Entstehung. Aber auch über ihre Herkunft wird unterschiedlich berichtet: Der Name Portland verführt dazu, sie von der gleichnamigen Insel herkommend zu beschreiben, nach anderer Auslegung soll diese Rose einer Herzogin von Portland gewidmet worden sein.

Der rote Farbton der halbgefüllten Blüten der 'Portland Rose' beruht auf Abstammung von der *R. gallica* 'Officinalis', der andere Elternteil ist *R.* × *damascena* var. 'Semperflorens'. Ein niedrigwachsender Strauch, dessen Blüten in ihrer leuchtend roten Farbwirkung sehr auffällig im Beet sind. Lange Kelchblätter der Knospen, ebenso längliche Hagebutten, verraten die Damaszener-Abstammung. Leider neigen die Blätter in meinem Garten sehr zu Sternrußtau.

Blüte mittelgroß, halb gefüllt, gelbe Staubfäden – Nachblüte im Herbst | **Farbe** leuchtend rot bis magenta | **Duft** mäßig **Laub** hellgrün, dicht | **Stacheln** klein und Borsten | **Früchte** länglich wie bei Damaszenerrose | **Höhe** 1,00 – 1,20 m | **Frosthärte** sehr gut, Klimazone 5

'Rose de Resht'

(Frankreich, Züchter unbekannt, 19. Jahrhundert)

Nun steht sie hier, zwischen den Portland-Rosen und nicht bei den Damaszenern, auch wenn es viele Autoren, Gärtner und Rosenfreunde noch nicht wahrgenommen haben, dass sie heute bei den Portland-Rosen eingereiht werden sollte. Zu der Zeit, als sie Einzug in meinen Garten hielt, sprach jeder nur von einer Herbstdamaszener-Rose. DNA-Untersuchungen bewiesen, dass es sich um eine Portland-Rose handelt. Erfreulicherweise steht diese schöne Rose heute in vielen Gärten. Ihr Duft ist von großer Intensität und ihre frühe Blühzeit und Nachblüte deckt sich immer mit einer gewissen Erholungspause der anderen Rosen: Entweder blühen die einen noch nicht, oder die anderen bilden gerade wieder ihre neuen Triebe mit Knospen aus. Pünktlich zum ersten Juni erscheint hier im Voralpenklima mindestens eine Blüte – und diese erste Blüte wird stets als Geburtstagsgruß für einen Freund abgeschnitten. 'Rose de Resht' bildet reichlich Ausläufer. Inzwischen steht meine Rose auf eigener Wurzel. In ihrer Robustheit ist sie für Anfänger die ideale Gartenrose. Je nach Wetterverlauf neigt sie in manchen Sommern stark zu Sternrußtau, dies hat der Pflanze jedoch noch nie geschadet; es ist doch ein gutes Zeichen, dass sie nichts umbringt. Einmal jährlich sollte der Strauch einen kräftigen Rückschnitt erhalten – bei mir geschieht dies im ausgehenden Winter; das kräftigt die Zweige und vervielfacht die Blüten.

Nancy Lindsay soll diese Rose angeblich in den 1930er-Jahren aus Persien mitgebracht haben. 'Rose de Resht' kannte man jedoch in Frankreich schon Mitte des 19. Jahrhunderts als Gartenrose unter einem anderen Namen. E. Vemmer sieht eine Ähnlichkeit mit dem Pinhas-Aquarell 'Rose Flambojant'.

Blüte mittelgroß, dicht gefüllt, kurze Blütenblätter, kurzer Blütenstiel – öfterblühend | **Farbe** leuchtend karminrot, leicht violett im Verblühen | **Duft** sehr gut | **Laub** dunkelgrün, dicht **Stacheln** zahlreich | **Früchte** keine | **Höhe** 1,60 m | **Frosthärte** sehr gut, Klimazone 5

'Portland Rose' Blüte und Hagebutte

'Rose du Roi'

'Rose du Roi à Fleurs Pourpres'

'Rose du Roi' (Frankreich, Lelieur 1815)
Synonyme: 'Comte Lelieur', 'Rose Lelieur', 'Lee's Crimson Perpetual'

'Rose du Roi' ist die erste »dauerblühende« Portland-Rose und zugleich eine der besten und schönsten. Sie wird oftmals auch bei den Remontant-Hybriden eingereiht.

Im Garten von Saint Cloud, für den Graf Lelieur verantwortlich war, entstand diese Rose. Einer seiner Gärtner, Souchet, zog sie aus Samen. Zunächst benannte Souchet die wunderbare Rose nach seinem Vorgesetzten, dem Grafen Lelieur (oder aber dieser selbst) 'Comte Lelieur'. Doch als nach Napoleons Sturz König Ludwig XVIII. regierte, hatte ein eifriger Höfling ihr den Namen 'Rose du Roi' verliehen. Der Graf war freilich dagegen, aber er musste sich der Obrigkeit beugen. Nach Napoleons Flucht, in den hundert Tagen seiner Regierung, wurde die Rose flugs in 'Rose de l'Empéreur' umbenannt, aber nur für diese kurze Zeit, dann war sie wieder 'Rose du Roi'. Johann Erben (1823) und Wilhelm Keller aus Duisburg, boten sie in ihren Katalogen als »Königsrose« an (die französischen Namen wurden damals für die Kundschaft meist übersetzt): »hellpurpur, blüht ohne Unterbrechung bis zum Frost«. Nun, eine durchgehende Blütezeit kann man eventuell am Rhein erwarten, hier schickt sie – mit einigen Pausen – immer wieder vereinzelt Blüten nach.

Herrlich purpurfarbene Blüten; das Erscheinungsbild beim Öffnen ist das von Edelrosen, dann entfalten sich die Petalen, sind dicht gefüllt und fordern einen auf, die Nase reinzustecken und tief einzuatmen. Der Duft ist köstlich.

In England hat die Baumschule Lee (in Hammersmith) 1819 die Rose »der erfreuten Welt geschenkt«, wie Reynolds Hole es bezeichnet, und in der englischen Welt wird sie seitdem auch 'Lee's Crimson Perpetual' genannt.

Blüte groß, dicht gefüllt, kleine Rosette in der Mitte – gute Nachblüte | **Farbe** purpurrot, violett überhaucht im Verblühen | **Duft** sehr gut | **Laub** dunkelgrün, dicht | **Stacheln** Borsten **Früchte** selten | **Höhe** 1,20–1,40 m | **Frosthärte** gut, Klimazone 5–6

'Rose du Roi à Fleurs Pourpres'
(Frankreich, eventuell 1819)
Synonyme: 'Mogador', 'Crimson Superb'

Oft werden 'Rose du Roi' und 'Rose du Roi à Fleurs Pourpres' verwechselt. Sie ist eine Mutation von 'Rose du Roi', ihr Bild ist aber ein ganz anderes. Die Füllung, d. h. die Anordnung der Petalen ist anders, sie besitzt mehr Blütenblätter, die Farbe Purpur geht eher ins Bläuliche, hin zu Magenta, während 'Rose du Roi' erst im Verblühen, aber dann in Purpurviolett wechselt. Und außerdem erscheinen diese Blüten beim Aufblühen nicht wie Edelrosen. Dessen ungeachtet ist es eine faszinierende Beetrose, die eine gute Nachblüte liefert.

Blüte mittelgroß, dicht gefüllt, schalig, in Büscheln – gute Nachblüte | **Farbe** purpurrot, magenta, verblassend | **Duft** sehr gut | **Laub** dunkelgrün, dicht | **Stacheln** klein, zusätzlich Borsten | **Früchte** keine | **Höhe** 1,00 m | **Frosthärte** gut, Klimazone 5

Rosen aus Fernost

Von Eroberern, Kaufleuten und Botanikern

Während die Wildrosen aus Nordamerika nach intensiver europäischer Kolonisierung des Kontinents schon sehr früh erfasst und nach Europa eingeführt werden konnten – wo sie in den Baumschulen des 18. Jahrhunderts für Parks und Gärten angeboten wurden –, waren die asiatischen Rosen aus Fernost viel schwieriger zu erreichen. Damaszener-Rosen, gelbe Rosen (*R. lutea*, türkische Rose) und *R. moschata* (Bisam-Rose) sowie immergrüne Formen (*R. sempervirens*) sind Beispiele für Wild- und Gartenformen, die sich schon in der Antike vom vorderen und mittleren Orient ausgehend im damaligen Kulturraum verbreiteten, der sich vom Mittelmeerraum über Kleinasien, Syrien und Persien bis zum Indus erstreckte.

Zwar wurde um das Jahr 1500 gleichzeitig mit Westindien, dem neuen Kontinent Amerika, auch ein praktikabler Seeweg um Afrika herum zum wahren, dem östlich gelegenen Indien entdeckt und in den folgenden 50 Jahren Küsten und Inseln auch Hinterindiens, Indonesiens, der Philippinen, Südchinas und Japans erkundet, aber das Landesinnere blieb, wie auch bei Afrika, lange unzugänglich. Während für Afrika geographische und klimatische Gründe gelten, waren es in Südostasien die dort bereits vorgefundenen dicht besiedelten Kulturräume auf hohem Niveau, die sich einer Eroberung großen Stils, wie in Amerika, widersetzten. Einigen Erfolg, ins Landesinnere zu gelangen, hatten geschickte missionarische Versuche, besonders von Seiten des 1534 gegründeten Jesuiten-Ordens – noch heute hält in Malaysia (Melaka) das Grab Franz Xavers von 1552 die Erinnerung wach. Andere Jesuiten erwarben in der chinesischen Gesellschaft den Status von Beratern und sorgten so für den geistigen Austausch: das Gelehrtentum Europas gegen mehr Wissen über das »Reich der Mitte«. Die katholische Kirche veranstaltete 2001 einen Kongress zu Ehren des Italieners Matteo Ricci, der ab 1601 am Pekinger Kaiserhof wirkte. Bedeutsam für den Kulturaustausch war auch der Flame Ferdinant Verbiest (1623–1688).

Im Mittelpunkt der praktischen Beziehungen zwischen den Kontinenten stand aber der Handel mit begehrten Gütern, zu denen Gewürze und andere neu entdeckte Pflanzen, aber keine Rosen gehörten. Er hielt die Verbindung nach Fernost durch die Jahrhunderte aufrecht. Den Anfang machten Portugiesen, denen sich Spanier anschlossen. Gut 100 Jahre später übernahmen die Niederländer die Indonesischen Besitzungen und schließlich folgten Franzosen (Indochina). Ab Ende des 18. Jh. gewannen die Engländer fast überall die Oberhand.

Die Europäer erwarben Handelsstützpunkte, Häfen mit Hinterland, Konzessionen und Monopole für den Umschlag von Waren. Solche wichtigen frühen Plätze sind z. B. Goa (1510) in Indien, Malakka (1509) auf der Malaiischen Halbinsel und Macao (1547) vor den Toren Kantons (Guangzhou) in China, der Stadt, der es als einzige erlaubt war, den Überseehandel mit dem Ausland abzuwickeln. Erst 1842 erzwangen sich dort auch die Briten im Mündungsdelta des Perlflusses eine Enklave, Hongkong, nachdem sie eine kriegerische Auseinandersetzung mit China um die Rechte des freien Handels mit Opium gewonnen hatten. Bis dahin mussten sie die Spielregeln in den Hafenanlagen Kantons akzeptieren oder ihren Handel über die Portugiesen in Macao abwickeln.

Im Europa des 18. Jahrhunderts hatte man noch das Kaiserreich China bewundert und sich von der chinesischen Kultur, inklusive des land-

'Fortune's Double Yellow'

schaftlichen Gartenstils, stark beeindrucken lassen. Begehrt waren besonders Seide, feines Porzellan und Tee. Defizite in der Handelsbilanz mit China versuchte England aber im 19. Jahrhundert durch Opiumhandel auszugleichen, so tief war die Achtung und koloniale Zurückhaltung gegenüber China inzwischen gesunken. Bis dahin besaßen die Briten in dem nach und nach unterworfenen Indien im Gangesdelta, dem Bengalen, mit Kalkutta ihren wichtigsten eigenen Umschlagplatz für die Handelsaktivitäten in Hinterindien (Siam) und Süd-China. Portugiesen, Holländer, Franzosen und sogar Dänen betrieben dort schon im 17. Jahrhundert ebenfalls Niederlassungen. Bis zur Schaffung des Suez-Kanals 1868 waren auch noch für die Schifffahrt Stützpunkte unterwegs, in Südafrika und im indischen Ozean, z. B. Mauritius, wichtig. Die Schwächung Frankreichs durch das Revolutionsgeschehen zum Ende des 18. und die Kriegführung in Europa, einschließlich der Besetzung der Niederlande zu Beginn des 19. Jahrhunderts, nutzte England, um der Konkurrenz Kolonien und solche Zwischenstationen abzujagen. Die Insel Mauritius, östlich von Madagaskar, gehörte auch dazu (1810), so dass nur noch die Nachbarinsel Bourbon bei Frankreich verblieb, das zu diesem Zeitpunkt für den Weg einer Hybride aus Chinesischen Rosen wichtig werden sollte.

Niemand weiß genau, ob nicht doch schon Rosen in frühester Zeit mit den Eroberungsstürmen oder Wanderungen aus Ost- und Zentralasien, durch Handel über die Seidenstraße oder zumindest in den ersten 300 Jahren des aktiven, maritimen Südostasienhandels mehr oder weniger zufällig nach Europa gelangten. Die Rolle der Niederlande auf dem Gebiet der frühen Botanik, z. B. mit Clusius (ab 1593 in Leiden; s. Kapitel »Rosa centifolia«) und der enorme Blumenhandel im 17. Jahrhundert, besonders berühmt durch Tulpen aus Kleinasien, regt immer wieder zu Spekulationen an. Überliefert ist, dass im Herbarium des in Leiden wirkenden holländischen Botanikers Jan Frederik Gronovius (1686–1762) eine »Chineeshe Eglantier Roosen« mit Datum 1733 von seinem Leidener Landsmann Nikolaus Joseph Jacquin im Jahre 1768 entdeckt wurde. Er sah sie als der vom Schweden Carl v. Linné 1753 beschriebenen Rosa Indica L. sehr ähnlich, beschrieb sie aber neu als *Rosa chinensis* Jacq. Jacquin, der ein Jahr später zum Professor für Chemie und Botanik an der Universität Wien ernannt und mit der Einführung des botanischen Ordnungssystems Linnés in den Habsburger Ländern betraut wurde, hatte in den 1750er-Jahren in der Karibik seltene Pflanzen für die Kaiserlichen Gärten Schönbrunn bei Wien gesammelt und wurde danach ab 1763 zum ersten Lehrstuhlinhaber (Chemie) an der im Ausbau begriffenen Berg- und später auch Forstakademie Schemnitz im Habsburgischen Großungarn (heute Slowakien) berufen, an der übrigens 85 Jahre später der Rosenzüchter Rudolf Geschwind das Forstfach studierte. Nikolaus Jacquin wurde auch Direktor des Botanischen Gartens in Wien; das freiherrliche »von« in seinem Namen trug er erst ab 1806.

Carolus Linnaeus (1707–1778), wie sich Linné lateinisch nannte – eine Sprache, in der er alle seine Fachbücher verfasste –, verließ nach genial absolvierter Schul- und Studienzeit Schweden, um sich in Holland, einem Mekka der Botaniker, promovieren zu lassen, 1735. Während seines anschließenden Aufenthaltes in Leiden wurde er vom oben erwähnten Gronovius und von etlichen anderen, auch Engländern, stark gefördert, nachdem diese seine soeben fertig gestellte »Systema naturae« mit Begeisterung gelesen hatten. Nach Schweden zurückgekehrt, erhielt Linné ab 1742 bis zu seinem Lebensende eine Professur mit Schwerpunkt Botanik und Naturgeschichte in Uppsala, wo er zunehmend die Pflanzenproben und Präparate seiner vielen Schüler auswertete und benannte, die diese ihm aus aller Welt zusandten. Unter den 13 Bedeutendsten finden sich auch Teilnehmer an Cooks Weltumsegelungen der 1770er-Jahre und als für die Rosengeschichte wichtig: Pehr Thunberg (1743–1828), der in Japan *Rosa Multiflora* und *Rosa rugosa* entdeckte und beschrieb, sowie Pehr Osbeck (1723–1805), der sich mit China befasste. Hatte dieser die *Rosa Indica* L. (Nr. 11) aus Kalkutta besorgt oder bezog sich Linné auf das Exemplar, das er bei Gronovius hätte schon sehen können? Auf alle Fälle soll Osbeck von Kanton aus eine andere, eine rosa blühende Gartensorte, der noch heute existierenden 'Old Blush' vergleichbar, bei der Baumschule Fa-Ti erworben und 1752 nach Uppsala geschickt haben, die *Rosa Sinica* L. Von ihr hieß es bei Linnaeus in seinem großen Werk *Species plantarum* (1753), sie sei noch nicht lange in Europa bekannt. In der Beschreibung dieser bestachelten Rose fehlt aber jeder Hinweis auf Blütenfüllung oder Farbe sowie Häufigkeit des Blühens.

In der deutschen Literatur zeigt erwartungsgemäß ein ökonomisches Lexikon von 1731 bei Rosen noch keinen Eintrag mit Hinweis auf Herkunft aus Ostasien. Aber schon 1770 versah Otto von Münchhausen, erfahrener Betreiber der Baumschule Schwöbber in Niedersachsen (in der Nähe der Porta Westfalica), in seinem *Verzeichnis aller Bäume und Stauden, welche in Deutschland fortkommen* bei seinen 53 Rosen unter der Nr. 26 die Rosa *indica* L. (= Rosa *chinensis* Jacq.), mit einem Sternchen. Es bedeutete, dass sie nicht als Freilandrose geeignet ist. Er schrieb über sie: »Eine, ein Gewächshaus erfordernde zierliche, Rose, mit kleinen Blumen, welche einzeln an langen dünnen Stengeln hervorkommen. Die Blätter sind klein, glatt, und glänzend, auch oft nur zu drey an einem Stiele. Diese Sorte verdient noch weiter untersucht und bestimmt zu werden.« Von der 'Old Blush' noch keine Spur.

R. chinensis aus Yunnan

Auch für Frankreich fand F. Joyaux bereits für 1772 einen Eintrag in einem französischen Katalog (Mustel in Rouen). Dort wurden sogar drei verschiedene Sorten unter »Rose de chine« aufgeführt, zusätzlich eine immergrüne und eine kletternde Spielart.

Aus Haarlem ist (dank Gerrit Kleis) ein Katalog des Gartenbaubetriebs von Jacobus Gans (um 1780) bekannt, in dessen Liste wir die »chineesche Roos« mit Früchten wie beim Vogelbeerbaum finden und zusätzlich ebenfalls eine Kletterrose, immergrün mit süß duftenden weißen Blüten. Der Hinweis darauf, dass die Fruchtgröße denen der Eberesche vergleichbar seien, finden wir für die *Rosa Indica* L. auch in einer »nach der dreyzehnten lateinischen Ausgabe und nach Anleitung des holländischen Houttuynischen Werks übersetzten« Version des

»vollständigen Pflanzensystems« des Ritters Carl von Linne, Nürnberg 1778 (vergl. Rosenjahrbuch des VDR 1969, S. 168 ff). Werden da nun Hinweise auf kletternde Sempervirens-Formen aus Italien, auf frühe Rambler oder noisetteartig blühende Gartenrosen, die von Rosa moschata abstammen, in einen Korb gemischt der endlich auch bei Rosen attraktive Exotik bietet? Denn die rosafarbene 'Old Blush' kann auch hier nicht gemeint sein. Wohl auch nicht die typische einfach und rot blühende zarte China-Rose mit spitzen, lang gestreckten Knospen, wie wir das von den Sorten 'Sanguinea' und 'Mutabilis' gewohnt sind. Man sieht, auch das Latein macht Beschreibungen nicht viel eindeutiger, wenn sie sich nur auf wenige botanisch-metrische Daten beschränken (müssen) und weniger auf gärtnerischen Beobachtungen basieren. Zu erwähnen ist noch Prof. Moench in Kassel, der eine chinesische/sinische Rose für die Rosensammlung in Weißenstein angibt.

Erst ab den 1790er-Jahre scheinen die in den Quellen gemeinten Rosen mit Herkunft Indien, China oder Bengalen eindeutiger zu werden. Der Leiter des englischen Kew-Garden, Joseph Banks, soll 1789 die 'Old Blush' von Haarlem (Niederlande) nach England gebracht und dort gepflanzt haben. Für 1793 wird eine weitere Sendung dieser Rose direkt von Kanton nach England in der Literatur angegeben. In den Handel kam sie erst nach Bewährung im Garten eines Herrn Parson 1795 als 'Parson's pink china'. Drei Jahre später soll sie erst in das nun unter Revolutionsbedingungen stehende Frankreich gebracht worden sein.

Die erhalten gebliebenen bekannten holländischen Quellen geben nun weniger her. Die umfassende *Oekonomisch-botanische Rosenbeschreibung* von C. G. Rössig, 1799, kennt als aus China stammend nur die bereits oben erwähnten Angaben von Moench. Ferner beschreibt Rössig einige neu gewonnene büschelblütige und kletternde Varietäten, die einheimische Baumschuler (z. B. Borkhausen und von Münchhausen) aus Samen gezogen haben, was für diese Zeit darauf verweist, dass ursprüngliche Importware nicht selten bei der Vermehrung bereits zu veränderten Rosen führte.

Die mittlerweile nach Europa gelangte chinesische Gartenrose vom Typus »rot, zart, ziemlich stachellos, immerblühend« bezeichnete man 1792 endgültig als *R. chinensis* 'semperflorens' Koehne. Ein gutes ähnliches Exemplar sandten ferner Mitarbeiter der britischen Ostindien Company aus Kalkutta nach England, das 1794 im Botanical Magazine des Engländers William Curtis (1746–1799) als Slater's Crimson China beschrieben wurde. Für diese, wie auch für die 'Old Blush', soll jedoch mit der erst zu unserer Zeit von Japanern in China gefundenen echten und nun kompliziert bezeichneten Wildrose *Rosa chinensis* 'Spontanea' (Rehd.&Wils.) Yu&Ku endlich ein gemeinsamer Vorfahre bekannt sein. Die später daraus in Europa entstandenen Sorten wurden meist Bengalrosen und im weiteren Verlauf der in Frankreich stark einsetzenden Züchtung als Bengal-Hybriden bezeichnet.

Anfang des 19. Jahrhunderts kamen noch zwei weitere, diesmal duftende, neue Rosen aus der Baumschule Fa-Ti in Kanton dazu: Eine rosa und eine gelb blühende Rose, die unter dem Begriff »Tea-Roses« (Tee-Rosen) ihren Siegeszug antraten, aber für das Klima in Europa als zu empfindlich galten. Gewächshäuser und Wintergärten auch im privaten bürgerlichen Bereich machten sie und ihre Varietäten zu besonderen, edlen Objekten der Dekoration und des Sammelns. Auch die Bengalrosen wurden schließlich in Töpfen für leichtere Überwinterung angeboten. Johann Erben in Duisburg führte 51 Bengalrosen (inklusive Teerosen) und 16 Bengalhybriden in seinem Katalog von 1823. Hinzu kamen aus Asien drei Multiflora-Varietäten aus Japan, *Rosa bracteata* (die beblätterte Rose aus China, Wohlgeruch und schönes Laub), die Rosen von Banks (aus China 1807 nach England gebracht) sowie die »Glänzendblättrige Chinesische« (einfach blühend). Das Angebot wuchs schnell, so dass im Düsseldorfer Katalog von Arnz schließlich 140 »semperflorens Bengal«- und 75 Thea-Rosen« aufgelistet waren, hinzu kamen jetzt 58 Züchtungen aus den auf der Insel Bourbon entstandenen Kreuzungen und 65 Sorten aus der in Amerika geglückten und Noisette-Rosen genannten büschelblütigen, kletternden Kreuzung auf der Basis von Rosen aus China.

Die zarten Chinesinnen

Einen wunderbaren Kontrast zu den recht robusten und kräftigen Gallica-Rosen bilden die feingliedrigen, mit seidigen Blütenblättern versehenen China-Rosen, so jedenfalls betrachte ich die kleine Schar der *R. chinensis*-Hybriden, die heute noch übrig ist, und von denen einige in meinen Garten fanden. Sie sind so anmutig und liebenswert, meine zarten Chinesinnen mit ihren aparten grazilen Blütenknospen, den zierlichen Zweigen und schmalen Blättern; dies alles kann man als ihr Erkennungszeichen betrachten. Doch für viele Gebiete sind sie leider zu frostempfindlich. Sie wachsen dadurch oft sehr schmächtig, falls sie nicht gänzlich aufgeben. Drohen sie im Freien in unseren Wintern nicht durchzukommen, setze ich sie in schöne große Tontöpfe, die wir gemeinsam im Winter rechtzeitig in den Keller bringen. Die Pflanzen, die wir im Frühling wieder heraus holen, weisen viele so genannte Geiztriebe auf. Die Rosen müssen von diesen nutzlosen, hellgrünen bis weißlichen Austrieben befreit werden. Bei den Sträuchlein, die im Freien wachsen, erledigt der Frost das Ausschneiden, ich muss nur noch das abgestorbene Holz entfernen. Dann wollen die zarten Chinesinnen verwöhnt werden mit Dünger und Wärme und verlangen obendrein sommers viel Wasser.

Den China-Rosen verdanken wir eine großartige Vielfalt bei unseren heutigen Gartenrosen: Andauernde Blüte, ein hinreißendes Farbenspektrum, eine imponierende Büschelblütigkeit und eine Vielzahl von Rambler und Kletterrosen. Gärten und öffentliche Anlagen wären ohne sie um einiges ärmer. Mit der öfterblühenden China-Rose 'Old Blush' arbeiteten vielfach französische Gärtner Anfang des 19. Jahrhunderts: Ihre Hoffnung, remontierende Gallica-Rosen zu erzielen – vor allem versuchte dies Pierre Vibert – erfüllte sich nicht. Aus diesem Grunde sorgen noch heute zahlreiche China-Gallica-Hybriden für Durcheinander und Uneinheitlichkeit beim Zuordnen in eine bestimmte Kategorie.

'Arethusa' (England, W. Paul 1903)

Den Wühlmäusen sei Dank: Nachdem sie die Wurzeln meiner ersten Pflanze total abgefressen hatten, bestellte ich mir eine neue 'Arethusa'. Mit dieser hatte ich mehr Glück, sie ist eine sehr kräftige Pflanze, die bis jetzt, nach etwa fünf Jahren, kaum zurückgefroren ist. Es zeigt sich also, dass man mit Rosenpflanzen Glück haben kann und ebenso umgekehrt. Die andere arme Rose landete schon auf dem Komposthaufen; es war ja kein Wurzelhärchen mehr zu sehen. Mein lieber Mann aber nahm sie heimlich weg und steckte den kläglichen Rest der Rose in einen Eimer Wasser. Nach etwa zwei Wochen ging ich an dem Wasserkübel vorbei und wunderte mich über einige winzige rote Austriebe, konnte mich aber nicht erinnern, eine Pflanze ins Wasser gestellt zu haben. Da hat mir Udo gestanden, dass er es nicht übers Herz brachte, sie, die 'Arethusa', wegzuwerfen. Sofort pflanzte ich sie nun mit besonders guter Rosenpflanzerde in einen großen Topf. Hier hat sie sich wieder erholt, allerdings mit sehr dünnen Trieben. Nichtsdestotrotz, ihre herrlichen und großen Blüten erscheinen unentwegt genau so wie bei ihrer Schwester, die im Freien steht. Durch ein Zurückbiegen der Blütenblätter bei fortgeschrittener Blütezeit wirken diese schmal. Der hellrosa Farbton ist zart apricot überhaucht, aus der Mitte schimmert es hellgelb. – Dieses reizende Chinaröschen ist nach der Nymphe Arethusa benannt.

Blüte mittelgroß, locker gefüllt, in Büscheln, sehr reich – gute Nachblüte | **Farbe** apricot, Mitte rosa und gelb, verblassend **Duft** schwach | **Laub** mittelgrün, glänzend | **Stacheln** wenig **Früchte** keine | **Höhe** 0,60–1,00 m | **Frosthärte** mittel, Zone 6

'Arethusa'

'Brennus' und Lithographie von Arnz 1837, siehe Kapitel »Rosenschreiber«

'Brennus' (Frankreich, Laffay, 1830)
Die China-Gallica-Hybride 'Brennus' wird zwar seit eh und je überwiegend bei den Chinarosen eingeordnet, obwohl sie durch Farbe und Blüte ebenso bei den Gallica-Hybriden ihren Platz finden könnte. Gibt es doch etliche Sorten bei den Gallicas, die in ihrer Zartheit wiederum besser bei den Chinarosen zu Hause wären.

Die Blüten von 'Brennus' sind von lebhaftem Rosa bis Rot nuanciert, der Habitus ist verzweigt und erreicht eine Höhe von fast 1,80 m (in warmem Klima). Meine Pflanze ist noch jung und es ist fraglich, ob sie hier so wuchsfreudig sein wird. Der englische Gärtner Thomas Rivers schien sehr von dieser Sorte angetan gewesen zu sein. Er empfahl, sie besser an einer Säule emporranken zu lassen, als sie zu einem Strauch zu beschneiden. Denn diese Rose liebt den Schnitt nicht.

Brennus, Anführer der senonischen Gallier, fiel um 390 v. Chr. in Italien ein, bekämpfte anfangs die Etrusker, eroberte und zerstörte aber dann Rom. Von Brennus rührt die sprichwörtliche Redensart »Vae victis« (Wehe den Besiegten). Zur Zeit der Entstehung der Rose 'Brennus', 1830, waren es die Bourbonen-Könige, die sich als besiegt betrachten konnten.

Blüte groß, stark gefüllt, geviertelt – öfterblühend | **Farbe** lebhaft karmesinrosa, rot nuanciert | **Duft** schwach | **Laub** hellgrün, elliptisch | **Stacheln** fast keine | **Früchte** keine | **Höhe** 1,80 m | **Frosthärte** gut, Klimazone 6–7

'Camellia Rose' (Frankreich, Prévost um 1830)
Synonym: 'Camélia rose', auch 'Camélia rouge', ebenso 'Camellia rouge'
Diese China-Hybride war für mich eine große Überraschung und ich staune immer noch darüber, dass die Rose auch den vierten Winter im Freien ohne jeglichen Frostschaden überlebte. Mitten hinein gepflanzt zwischen die anderen Rosensorten legt sie ihre schönen rotbraunen, feingliedrigen Zweige nach allen Seiten über ihre Nachbarinnen. Ihr Wuchs erinnert an eine Noisette, weshalb öfters eine Abstammung von dieser vermutet wird; ebenso deutet ihr ausgezeichneter Duft darauf. In der *Nomenclature de Tous les Noms de Roses* zählen Simon & Cochet insgesamt elf Rosensorten mit diesem Namen auf, davon gehören sieben zu den Chinarosen. Dabei fällt mir auf, dass zu 'Camellia rose' we-

der Züchtername noch Jahresangabe vermerkt ist; als Anmerkung wurde 'Camellia rouge' hinzugefügt und als Farbangabe »rose ou lilas« eingetragen ist. A. Jäger dagegen gibt sich sicher und ordnet unsere Rose dem Züchter Prévost zu. Noch einmal zu Simon & Cochet zurück: Sie kennen eine andere Bengalsorte von Prévost (ohne Jahreszahl), die »rose pâle« blühen soll. Anfangs erscheinen die Blüten meiner Rose in lebhaftem Rosa mit feinen rötlichen Äderchen, manche leicht nach violettrosa wechselnd, im Zentrum machen sich ein weißer Grund und weiße Streifen bemerkbar. Die Form ist rundlich, kompakt und sehr schön. C. Nickels beschreibt 1836 eine »Camellia rosea, alias variegata, vel carnea … Blumenkrone bald licht, bald dunkel karminroth, zu Zeiten mit weissen Nägeln, oder in der Mitte fleischfarb …« und zusätzlich eine »Camellina. Ist der vorigen Rose sehr ähnlich, nur sind ihre Kronblätter meistens gerollt«.

Und wenn wir uns noch die Aufzählungen bei B. Dickerson ansehen, würde dies den Wirrwarr auch nicht vereinfachen.

Blüte mittelgroß, gut geformt, schalenförmig, in Büscheln, reich – Dauerblüte | **Farbe** lebhaft rosa, rötlich violett schattiert, im Verblühen blasser | **Duft** sehr gut | **Laub** dicht, dunkelgrün, jung bronzegrün | **Stacheln** wenig | **Früchte** keine **Höhe** 1,50 m | **Frosthärte** gut, Klimazone 6

'Comtesse du Cayla' (Frankreich, P. Guillot 1902)
Eine ebenso herrliche Chinarose, von denen mir einige Pflanzen schon erfroren sind. So bleibt mir nur wieder die Pflanzung im Topf übrig. Diese Rose ist jedoch so bezaubernd in ihrer Leichtigkeit, dass ich nicht mehr auf sie verzichten möchte. Ein Farbenrausch von kapuzinerorange, rot, gelb und leichtem rosa, jedoch nicht aufdringlich grell wie moderne Rosen. Die Blüten sind locker gefüllt und ebenso locker ist ihr Wuchs. Betrachtet man sich die Herkunft dieser Sorte, dann ist es nicht verwunderlich, dass sie nur für milde Regionen geeignet ist: 'Rival de Paestum' (Chinarose) × 'Mme Falcot' (Teerose).

Blüte mittelgroß, locker gefüllt, schalenförmig, nach innen gerollte Petalen, in Büscheln, reich – gute Nachblüte | **Farbe** kapuzinerorange, variierend in Rot, Orangegelb und rosa **Duft** gut | **Laub** dunkelgrün, jung bronzegrün | **Stacheln** wenig **Früchte** keine | **Höhe** 1,00 m | **Frosthärte** gering, Klimazone 7

oben und Mitte: 'Camellia Rose': Blüten in Farbvariationen

unten: 'Comtesse du Cayla'

oben: 'Ducher' , unten: 'Hermosa'

'Ducher' (Frankreich, Ducher 1869)

Die Blüten von 'Ducher' sind von einem warmen, cremigen Weiß; aus der Tiefe der Blüte leuchtet es leicht zitronengelb, das dann, ganz geöffnet, in reines Weiß verblüht. Selbstverständlich ist dies eine Sorte, die im Voralpenland nur als Topfpflanze geeignet ist, die frostgeschützt überwintern muss und nicht als Gartenpflanze im Freien dem Wechselspiel von starkem Frost und Föhn ausgesetzt wird. Heute, im Jahre 2013, kann ich von meiner, im Freien im Zweibrücker Raum gepflanzten 'Ducher' berichten, dass es sich um eine herrliche dauerblühende Rose handelt.

Blüte mittelgroß, gefüllt, schalenförmig, einzeln und in Büscheln, reich – dauerblühend | **Farbe** weiß, cremeweiß | **Duft** leicht fruchtig | **Laub** dunkelgrün | **Stacheln** zahlreich | **Früchte** keine | **Höhe** 1,40 m in mildem Klima | **Frosthärte** gut, Klimazone 5 – 6

'Hermosa' (Frankreich, Marchesseau 1840)

Synonyme: 'Armosa', 'Mme Neumann'

Einige Autoren rechnen die niedrige China-Hybride zu den Bourbonrosen. Die kugelförmigen Blüten in anmutigem Lilarosa erinnern eher an eine Bourbonrose, jedoch überwiegen die China-Anteile. 'Hermosa' ist eine Kreuzung aus 'Old Blush' eventuell mit einer Bourbonrose. In unserem Klima muss ich die Rose gut vor Frost schützen. Das hellgrüne, zarte Laub ist leider sehr krankheitsanfällig. In feuchtem Klima neigen die Blätter zu Sternrußtau. In warmen, trockenen Gegenden neigt sie mehr zu Mehltau.

August Jäger führt sie als Bengalrose auf und erwähnt eine gleichnamige Bourbonrose von Rousseau 1834, Farbe rosa.Thomas Rivers, nennt 1840 eine Armosa »ziemlich neu, gut gefüllt, perfekt in Form und Blüte zart rosafarben, mittelgroß«.

Blüte mittelgroß, gefüllt, geviertelt, Petalen rollen sich zurück – gute Nachblüte | **Farbe** lilarosa, zur Mitte heller | **Duft** mäßig | **Laub** mittelgrün | **Stacheln** wenig, spitz | **Früchte** selten **Höhe** 0,80 m | **Frosthärte** mäßig, Klimazone 7

'Le Vésuve' (Frankreich, Laffay 1825)

'Le Vesuve' bestellte ich mir ein zweites Mal. Die erste Pflanze ließ ich vor vielen Jahren (damals noch unerfahren), ungeschützt im Winter, erfrieren. Heute pflanzte ich sie zunächst für die ersten Jahre in ein schönes Pflanzgefäß. Erst wenn sie kräftig genug ist (so, wie ich den Strauch in Nordfrankreich erlebte), setze ich sie an eine geschützte Stelle. Die aparten Blüten, deren Petalen sich nach hinten einrollen, flattern geradezu wie Schmetterlinge in dem Strauch mit den dicken und kräftig bestachelten Zweigen; was so zusagen ein Charakteristikum der China-Hybriden ist. Die leuchtend roten Stacheln an den jungen Trieben bilden einen ganz besonderen Reiz. Allein die spitzen anmutigen Knospen, ebenfalls ein Merkmal der Chinarosen, ergeben ein wundervolles Bild.

'Le Vésuve' war als Rosenname besonders beliebt und von den Züchtern mehrfach verwendet: Eine weitere Bengal-Hybride gleichen Namens, von Sprunt, 1858, sowie eine 'Le Vesuve' Climbing von Guillot 1904 soll es mal gegeben haben.

Blüte groß, locker gefüllt, in Büscheln, reich – gute Nachblüte | **Farbe** leuchtend rosa | **Duft** nach Teerose | **Laub** dunkelgrün, dicht | **Stacheln** zahlreich, gebogen, an jungen Zweigen rot | **Früchte** keine | **Höhe** 1,00–1,50 m | **Frosthärte** mittel, Klimazone 7

'Mme Laurette Messimy'

(Frankreich, J. B. Guillot fils 1887)

Auch dieses liebliche Wesen ist ein Sämling von ('Rival de Paestum' × 'Mme Falcot') × 'Mme Falcot'. Nach mehreren Misserfolgen in meinem Garten, erfreut mich nun ein Sträuchlein im Topf, den ich im Sommer zwischen den Zweigen der R. sancta verstecke, so, dass man das Behältnis nicht mehr sieht. In den schönsten Farbabstufungen und trotzdem nicht aufdringlich sondern dezent, spielen die Farbtöne von lachsrosa zu feinem Rosa. Aus dem Blütengrund leuchtet es in hellem Gelb, gerade so, als hätten die gelben Staubfäden die unmittelbare Umgebung bestäubt. Die aparten, langen Knospen sind es allein schon Wert, die Rose zu besitzen.

Blüte groß, gefüllt, lange spitze Knospen, in Büscheln, reich – dauerblühend | **Farbe** korallenrosa, apricot, gelb, rosa | **Duft** leicht | **Laub** dunkelgrün, licht | **Stacheln** zahlreich | **Früchte** keine | **Höhe** 1,00 m | **Frosthärte** gering, Klimazone 7

'Mutabilis' (vor 1894)

Ein schönes Foto eines großen Strauches dieser Rosensorte am Comer See inspirierte mich, 'Mutabilis' zu bestellen. Sie erhielt einen warmen, sonnigen Platz, der auch im Winter vor den kalten Nordwinden geschützt ist. Jedoch sollte der Strauch in der kalten Jahreszeit nicht den Sonnenstrahlen ausgesetzt sein, so erhielt

oben: 'Le Vésuve' Blütenzweig mit Stacheln und Knospe, unten: 'Mme Laurette Messimy'

er zusätzlich zur Erdanhäufelung noch einen Sonnenschutz, mal als Schilfmatte, mal als Fichtenreisig. Aber all die Fürsorge nützt nichts, jeder Winter stutzt mir das Sträuchlein wieder. Die veränderliche Farbe (daher der Name 'Mutabilis') der einfachen Blüten ist erstaunlich. Da erscheinen die ersten Blüten am Strauch und leuchten gold-lachsfarben, erst am nächsten Tag wechselt die Farbe in Rosa und am Morgen darauf erscheint sie in dunklem Rosa bis Rot.

Die Herkunft dieser Rose ist nicht bekannt. Ein Genfer Gärtner soll sie 1894 aus Italien erhalten haben, wo sie in den berühmten Gärten eines Fürsten Borromeo wuchs.

Blüte mittelgroß, einfach, gefältelte Blütenblätter, in Büscheln, reich – dauerblühend | **Farbe** gelb, dann dunkelrosa, am Schluss violettrot | **Duft** ohne | **Laub** graugrün, licht, junges Laub rötlich | **Stacheln** zahlreich, spitz | **Früchte** wenig | **Höhe** 0,50–2,50 m je nach Klima | **Frosthärte** gering, Klimazone 7

oben: 'Mutabilis', unten: 'Old Blush'

'Old Blush' (England, 18. Jahrhundert)

Synonyme: 'Parson's Pink China', 'Rosier du Bengale Rose'

Mit 'Old Blush' machte ich zugleich meine erste Bekanntschaft mit Chinarosen. Damals noch unwissend in punkto frostempfindlichen Chinesinnen, hatte ich mit dieser Sorte Glück. Seit etwa dreißig Jahren steht sie, die Frosthärteste der Chinarosen, in meinem Garten. Selbst wenn sie manches Mal etwas mehr zurückfror, so holte sie tapfer wieder auf, trotz der Abstammung von zwei frostempfindlichen Eltern: Vermutlich ist sie eine Hybride zwischen *Rosa chinensis* Jacq. und *Rosa gigantea*. Diese sehr alte chinesische Gartenrose wurde bereits um 1750 nach England gebracht. Aber ihre gärtnerische Verwendung in Europa ist erst für 1795 nachgewiesen: Sie stand im Garten eines Mr. Parson in der Nähe von London (daher der Name 'Parson's Pink China').

'Old Blush' ist eine sehr wichtige Varietät in der Entwicklung unserer heutigen Sorten. Das war für mich der Anlass, so eine geschichtsträchtige Rose in meinen Garten zu holen. In Frankreich verwendete man einstmals diese Sorte für eine Weiterentwicklung zahlreicher Varietäten.

'Old Blush' ist fast dauerblühend, von Anfang Juni bis zum Frost. Silbrigrosa schimmern die Blüten mit einer etwas dunkleren Abseite. Sie sind locker gefüllt, und im jugendlichen Knospenzustand zeigt sie eine edle Form. Die Blühdauer einzelner Blüten ist beachtlich lange. In Deutschland übernahm sie die gärtnerische Rolle der so genannten »Monatsrose«, die bis dahin von den nachblühenden Damaszenerrosen eingenommen war.

Blüte groß, locker, halbgefüllt, in Büscheln, reich – dauerblühend | **Farbe** klar rosa, Abseite heller | **Duft** leicht | **Laub** mittelgrün | **Stacheln** wenig | **Früchte** keine | **Höhe** 1,00 m | **Frosthärte** gut, Klimazone 6–7

'Papillon' (Frankreich, Dubourg 1828)
Die Teerose gleichen Namens von Nabonnand ist weitaus bekannter und auch häufiger anzutreffen als diese bezaubernde China-Hybride. Dem Amateurzüchter Dubourg, sein Vorname ist nicht bekannt, gelangen erstaunlich viele Rosensorten. Leider sagt uns die alte Literatur sehr wenig über dieses wunderbare Kleinod meines Chinaröschens im Topf; ins Freie ausgepflanzt würde sie in unserer Klimazone 5 erfrieren. Die

Dieser Mutabilis-Strauch wurde in Commer (Frankreich) fotografiert.

'Papillon'

Blüten sind ungewöhnlich in ihrer Form und mögen mit etwas Fantasie, zumindest von weitem, an flatternde Schmetterlinge am Strauch erinnern: Die Petalen rollen sich spitz auf, dadurch entsteht ein etwas flatteriger Eindruck. Die Farbe erscheint kupfrig rosa, die Rückseiten der Petalen sind dunkler rosa. Purpur wird die Farbe beschrieben, aber kein Hinweis, ob dieser Farbton abgründig tief oder als lichtes Purpur anzusehen ist. Ich besuche sie täglich mehrmals, das lohnt sich, denn sie bringt fortwährend neue Blüten hervor oder ihre anmutigen langen Knospen sind es Wert, sie zu beobachten, wie sie sich öffnen. Papillon ist wiederum ein beliebter Name, das erklärt, dass verschiedene Rosen damit bedacht werden.

Blüte mittelgroß, gefüllt, lange spitze Knospen, in Büscheln, reich – dauerblühend | **Farbe** purpurrosa warmes Rosa | **Duft** leicht | **Laub** dunkelgrün, länglich oval | **Stacheln** wenig, sporadisch, kurz | **Früchte** keine | **Höhe** 0,80 m | **Frosthärte** gering, Klimazone 7

'Rival de Paestum' (Frankreich, Béluze 1841)

Sie erregen Aufsehen, die lockeren, halbgefüllten Blüten, als hätten sich Schmetterlinge an dem kleinen Sträuchlein niedergelassen. Ich versuchte es immer wieder vergeblich, diese Rose im Freien zu pflanzen. Nun holte ich die letzte schwächliche Pflanze aus dem Boden und setzte sie in einen Topf, wo ich mich täglich an den wunderbaren Blüten freuen kann. Ob die Rose mit den in Vergils *Landleben* erwähnten immerblühenden Rosen, die niemand gesehen hat, wetteifern will?

Blüte mittelgroß, locker, halbgefüllt – gute Nachblüte | **Farbe** weiß, cremeweiß | **Duft** leicht | **Laub** dunkelgrün | **Stacheln** wenig | **Früchte** keine | **Höhe** 1,00 m | **Frosthärte** gering, Klimazone 7

'Rouletii'

(Schweiz, von Correvon 1920 eingeführt)
Synonym: 'Rosa Rouletii'

In einem Blumentopf, auf einer Fensterbank stehend, sah der Tierarzt und Colonel Roulet das zwergige Röschen in seinem Heimatort Mauborget im Schweizer Jura. Einige winzige Stecklinge davon brachte er seinem Freund Henri Correvon (1855–1939), einem Gärtnereibesitzer und Botaniker. Das war 1917; Correvon stellte sie 1920, benannt nach seinem vermeintlichen Erst-Entdecker, als 'Rosa Rouletii' vor. Bald meldeten sich aber Rosenkenner, die in dieser eine bereits altbekannte Sorte sahen, nämlich 'Pompon de Paris', um 1820 entstanden und rund einhundert Jahre später lediglich wieder entdeckt. Seither gehen die Meinungen auseinander, ob es sich bei dem Fund des Herrn Dr. Roulet um ein sehr ähnliches Exemplar handelt, oder um die besagte 'Pompon de Paris'.

'Pompon de Paris' soll vorwiegend in Südeuropa, vor allem in Italien, als Topfröschen bekannt gewesen sein. Sie ist leicht durch Stecklinge zu vermehren, ebenso wie 'Rouletii'. Unsere Schweizer Rosenfreundin Marlise Fertig forschte in Mauborget und Umgebung, weil sie sich von eventuellen Nachfahren noch Hinweise erhoffte. Zwei Roulet-Enkel (einer von ihnen lebt in der Gegend) konnte sie aufspüren und beide bestätigten ihr, dass das Röschen wirklich aus Mauborget käme, in der Familie wurde immer davon erzählt.

Meine zwergenhafte 'Rosa Rouletii' schmückte nur für kurze Zeit als Vorpflanzung ein Rosenbeet am Haus, dann verschwand sie sang- und klanglos, ich wusste damals nicht warum. Heute ist mir natürlich klar, dass sie für unseren

'Rival de Paestum'

'Rouletii'

Garten nur als Topfpflanze geeignet ist. Ich bestellte das zarte China-Röschen nicht mehr nach. Die niedlichen Blüten sind von kräftigem Rosa (später verblassend), die Petalen blättern sich flach auf, so dass zwei Reihen von Blütenblättern übereinander entstehen, die gelben Staubfäden werden dann sichtbar. Die kleinen schmalen Fiederblättchen passen zu dem Miniaturstrauch. Für Beeteinfassungen finde ich dieses Miniröschen ganz bezaubernd, zu mehreren gepflanzt ergibt sich ein hübscher Anblick, jedoch nur, wenn man im geeigneten Klima lebt. 'Rouletii' (wie auch 'Pompon de Paris') blüht den ganzen Sommer hindurch.

Blüte klein, gefüllt – gute Nachblüte | **Farbe** leuchtend rosa, verblassend | **Duft** kein | **Laub** graugrün, klein | **Stacheln** kurz, spitz **Früchte** keine | **Höhe** 0,30 m | **Frosthärte** gering, Klimazone 7

'Sanguinea'

'Sanguinea' (um 1824)

Synonym: 'Bengal Crimson', 'Miss Lowe'

Die leuchtend roten, ja blutroten Blütenblätter, wie der Name 'Sanguinea' uns sagt, rollen sich unregelmäßig nach rückwärts, wenn die Blüte ganz geöffnet ist; es entsteht ein sternförmiges Erscheinungsbild. Die gelben Staubgefäße bilden einen schönen Kontrast. Auffallend und bemerkenswert sind die sehr spitzen Knospen mit den langen Sepalen. 'Sanguinea' ist eine der vier Variationen der alten chinesischen Gartenrosen 'Slater's Crimson China'; durch sie ist die dunkelrote Farbe in unsere Gartenrosen gelangt. An der südlichen Hauswand erfror die empfindliche Chinarose im Winter 2006/07, obwohl die Durchschnittstemperatur nur minus 9° C betrug. Einmal nur sank die Temperatur am Morgen auf minus 13° C. Auf die in der einen oder anderen neueren Literatur angegebene Verträglichkeit »bis minus 15° C« darf man sich auf keinen Fall verlassen. Denn niemand hat bei einem Kältetest neben den einzelnen Rosen gestanden und exakt diese Temperatur gemessen, als sie verschied. In den USA werden die Rosen nach Verträglichkeit grob geographisch bestimmten Klimazonen zugeteilt, um den Kunden zwischen Alaska und Florida passende Angebote machen zu können. Die für diese Zonengrenzen angegebenen Temperaturzahlen sind natürlich Mittelwerte, keine garantierten Maxima oder Minima, auch nicht, wenn man das Zonensystem auf Europa überträgt

Blüte mittelgroß, einfach, spitze Knospe, lange Sepalen, in Büscheln, reich – dauerblühend | **Farbe** leuchtend rot, blutrot **Duft** schwach | **Laub** mittelgrün | **Stacheln** wenig | **Früchte** keine | **Höhe** 0,60–1,00 m | **Frosthärte** gering, Klimazone 7

'Viridiflora'

(USA, Fundrose vor 1848, Sport von 'Old Blush')

Synonym: 'Grüne Rose'

Bestimmt keine Schönheit, jedoch ein kleiner Scherz, eine Kuriosität. Man erzielt zumindest Aufmerksamkeit, wenn man dieses Röschen seinen Gästen vorführt. Das breite Publikum hat noch nie eine grüne Rose gesehen. Von Blütenblättern mag man bei der dicht gefüllten Blume nicht sprechen, man sieht eben grüne Blätter, im Verblühen rötlich braun gefleckt. Petale, Staubfäden und Griffel wurden zu Kelchblättern. An warmen, regenfeuchten Tagen duftet die Blüte ein kleines bisschen nach Zimt. Früher fertigte ich mir von der grünen Rose kleine Trockensträußchen, denn selbst in diesem Zustand behält sie das ausgeprägte Aroma. Daher gibt es Botaniker, die von Petalen sprechen, bei denen die übliche Unterdrückung des grünen Farbstoffes, des Chlorophylls, nicht mehr gelingt. Andere Botaniker legen Wert darauf, dass die grünen Blätter in der Blüte in ihrer Anatomie so verändert sind, dass sie Ähnlichkeit mit den normalen Fiederblättchen haben. Bereits Alphonse Lavallée stellte 1856 (in einem Artikel in L'Horticulteur Français, abgedruckt in ROSA GALLICA 19/2003) das genaue Beobachten dagegen: Bei den inneren, sehr dicht stehenden Blättern kann man deren evolutionäre Entwicklungsherkunft (Staubfäden) genau erkennen, weshalb sie auch rote Streifen hätten, in ihrer Form so schmal, in der Längsachse gefaltet und am Ende nelkig ausgefranst seien. Die äußeren Blätter, die Kelchblätter, zeigen ganz normal die seitlichen

Anhängsel. Als Bezugsdaten seiner Rose gibt er 1852 und die Umgebung von New York an. Eugène Verdier (fils) hat sie 1854 von Charlston bezogen und 1856/57 zum Verdruss etlicher Rosenfreunde auf Ausstellungen gezeigt.

Robert Buist, Inhaber des damals größten Gartenbaubetriebs der USA in Philadelphia, schreibt 1851 in der 3. Aufl. seines *Rose Manual* (1. Aufl. 1844), dass die Rose vor einigen Jahren in der Umgebung von Baltimore gefunden wurde. Er bezeichnet sie als Sport der »Daily Rose« und meint damit die gewöhnliche Bengal-Hybride 'Old Blush' (in Deutschland damals auch als »Monatsrose« bekannt). Über Buist war die »Grüne Rose« also 1850 in Amerika im Handel verfügbar. In der ersten Auflage des *Manual*, 1844, findet sich noch kein Hinweis.

Der amerikanische Zitatensammler Brent Dickerson (*The Old Rose Advisor I*, 2001) erwähnt noch die Erinnerungen eines Engländers von 1879, die uns weiter zurück bis nach Charleston und in das Jahr 1833 führen und denen zufolge Buist sie 1837 zu seinem Freund Rivers nach England geschickt hätte. In unserem *Rose Manual* verschweigt Buist solches und in England müsste sie dann wegen Unverkäuflichkeit und Unfähigkeit, einen Rosen-Schönheitswettbewerb zu gewinnen, unter Verschluss geblieben sein. Weder im englischen Katalog von T. Rivers (1841) und dem des Amerikaners W. R. Prince (1847), noch in W. Pauls *Rose Garden* (1848) kommt sie vor.

Weggeworfen wurde sie auch nicht – das haben wir in erster Linie wohl den Botanik-Freunden zu verdanken: Alphonse Lavallée beruft sich begeistert auf Goethe, der davon überzeugt war, dass man aus Abartigkeiten mehr über die Funktionsweise von Metamorphosen herauslesen kann als aus der Normalität des Alltags. In der deutschen Rosenliteratur fanden wir 'Viridiflora' erstmalig beim Rosengärtner Johannes Wesselhöft in Bad Langensalza erwähnt, in *Der Rosenfreund* (3. Aufl. 1873, S. 228): »Blumen … eigenthümlich schön gebaut…; eine der merkwürdigsten Erscheinungen.«

Merkwürdigkeiten erregten häufig die Gemüter: In der *Allgemeinen deutschen Garten-Zeitung* Nr. 9 vom 9. März 1837 (wöchentliche Veröffentlichung der »Praktischen Gartenbau-Gesellschaft« zu Frauendorf in Bayern) wurde eine »öffentliche Korrespondenz« über die »Grüne Nelke« geführt. Schon im Jahre 1835 berichtet in derselben *Garten-Zeitung* (Nr. 42, vom 18. Oktober) ein Freiherr v. Ulmenstein aus Blomberg im Fürstentum Lippe von der ersten Züchtung einer grünen Nelke. Über eine rein schwarze Nelke berichtet ein Auszug aus einem Schreiben der Obstbaugesellschaft zu Guben am 3. März 1827, und in Nr. 27 der Frauendorfer *Garten-Zeitung* wird erst am 11. Juli 1837 davon berichtet. Wie man sieht war die Zucht von außergewöhnlichen, gewünschten Farben bei den rein schwarzen Nelken vor einhundertachtzig Jahren schon weiter als wir heute mit den gewünschten rein schwarzen Rosen. Bei grüner Nelke – grüner Rose lag bei den beiden Blumen dagegen der Erfolg fast gleich. Nelken zählten zu dieser Zeit zu den beliebtesten Blumen; 1827 nimmt zwar die Nelke – und nicht die Rose – den ersten Rang ein. Man muss aber erwähnen, dass die Rose immer außer Konkurrenz stand.

Blüte klein, gefüllt, in Büscheln – öfterblühend | **Farbe** grün, gelbgrün, später bräunlich | **Duft** leicht nach Zimt | **Laub** mittelgrün | **Stacheln** wenig | **Früchte** keine | **Höhe** 0,80–1,20 m **Frosthärte** mittel, Klimazone 6

'Viridiflora'

Teerosen

Die Unwiderstehlichen

Die großen Blüten der Teerosen sind noch empfindlicher als die der Chinarosen. Empfindlich gegen Nässe – grundlegend reagieren die großen Blütenblätter allein schon auf jegliche feuchte Umgebung, beispielsweise auch auf Morgentau. In großen Terrakotta-Töpfen ist im Sommer obendrein die Gefahr der Staunässe gegeben. Die Pflanze selbst ist nicht genügend widerstandsfähig gegen Frost und Pilzkrankheiten, man muss die Teerosen leider als nicht frostresistent bezeichnen. Sie ist mehr ein Gewächs für den Süden Frankreichs oder Italiens, zumindest für Weinbaugebiete. Dennoch ist der Norden Frankreichs oder Deutschlands geeigneter, einige weniger empfindliche Teerosen-Sorten ins Freie zu pflanzen. Der Wechsel zwischen den wärmenden Sonnenstrahlen tags und den niedrigen Frosttemperaturen nachts (ab Januar) lassen diese Kinder des Südens herunterfrieren. In Sangerhausen werden von allen Teerosen, Tee- und Remontant-Hybriden zur Sicherheit immer wieder Stecklinge gezogen, um erfrorene Exemplare wieder austauschen zu können.

Edel wird sie genannt, aber empfindsam wie eine Diva ist sie. Doch hat jeder Rosenliebhaber nur die »edle« Form der sich aufdrehenden Knospen vor Augen. Auch diese Gruppe zeigt uns unterschiedliche Formen, voll gefüllt wie Gallica-Rosen, aber ebenso gibt es halb- oder einfachblühende Sorten. Neuere Züchtungen können in einigen Fällen weniger nässe- und frostempfindlich sein. Dafür sind die Blütenblätter nicht so seidig durchscheinend wie bei alten Teerosen.

Sie soll den »berühmten Teeduft« tragen, doch dieser ursprüngliche Duft sei heutzutage, nach so vielen Hybridationen, schon verschwunden. Sagt man. Das wird je nach Kreuzung verschieden sein. Um genauer zu erfahren, was unter dem typischen, hochgeschätzten Teerosen-Duft des ursprünglichen Exemplars zu verstehen ist, ließ ich mir im Frühjahr 2008 aus Frankreich noch eine 'Hume's Blush Tea-scented China' kommen. Doch noch bevor sich eine Blüte entwickelte, ist die Pflanze eingegangen. Das ist jammerschade. Ersatzweise prüften wir dann den Duft von 'Papillon', einer wundervollen Teerose von Nabonnand, 1878 (nach Dickerson, 1881 in *Modern Roses* 12), deren Duft auch als Tee beschrieben wird.

Wir präzisieren aber diesen eher als Geruch: Man denkt dabei nicht an »Rose« – er ist eigenartig zwischen würzig und modrig. Denke ich an »Tee«, dann nicht an das belebende Aroma einer heißen Tasse dieses Getränkes, eher an einen Anflug von getrockneten Gras oder vielleicht doch entfernt an Teeblätter eines Darjeeling (second flush).

Drei Begründungen für die Bezeichnung Teerose kursieren: die eben beschriebene, und in einer zweiten Erklärung wird erwähnt, dass diese von den Teeschiffen herrühre, die mit den Teesäcken nach England gebracht wurden. Es ist gut vorstellbar, dass das Holz der Schiffe den Geruch der getrockneten Blätter des Teestrauchs kräftig angenommen hatte. Bei einer weiteren Auslegung geht man von einem phonetischen Fehlschluss aus, nämlich entstanden aus dem Namen der Gärtnerei Fa-Ti in Kanton, im Süden Chinas. »Tea-(Ti)« rühre lediglich daher. In früher Zeit durften Europäer nicht ins Landesinnere. Der Handel spielte sich daher über viele Jahre nur in der Hafenstadt Kanton ab und speziell für Pflanzen war die dort ansässige Gärtnerei autorisiert.

Wie bei allen anderen Rosensorten treffen wir auf ganz unterschiedliche Duftessenzen, nur gehen diese Rosen weitaus verschwenderischer damit um. Der bereits erwähnte schwedische

Botaniker Pehr Osbeck brachte 1752 aus China eine duftende, weißlich rosafarbene Rose nach Uppsala: 'Odorata'.
Um 1809 tauchte in England eine aus Kanton importierte 'Odorata' auf, die den Namen 'Hume's Blush Tea-scented China' erhielt (von A. Hume eingeführt), *Rosa Indica* 'fragrans' Thory, von Pierre Joseph Redouté gemalt, während John Lindley sie als *R. odoratissima* Sweet (!) in dem Kapitel »ROSA indica« beschreibt. Die legendäre gelbblühende *Rosa × odorata* 'Ochroleuca' Lindl., die 1824 in England als 'Parks' Yellow Tea-scented China' herauskam, gab ihren wunderbar gelben Farbton und den berühmten Duft an nachfolgende Teerosen weiter.
Teerosen waren von der zweiten Hälfte des 19. Jahrhunderts an auch in Deutschland unglaublich beliebt, was doch überraschend ist. Schließlich leben wir in einem weitaus frostigeren Klima, aber Wintergärten und Topfkulturen machten es möglich. Gezüchtet wurde eigentlich nur im Süden – in Italien, an der Côte d'Azur. Dort entstanden die meisten Teerosen-Sorten. Laffay war einer der ersten, der mit dieser Gruppe anfing zu züchten, als die Rose aus England nach Frankreich gebracht wurde. Später machte sich Gilbert Nabonnand dies zum Lebensziel. In Deutschland versuchten sich einige Züchter erst gegen Ende des 19. Jahrhunderts. So sei beispielsweise Peter Lambert aus Trier genannt, der aus Zweibrücken stammende Dr. Hermann Müller, der in Mecklenburg geborene Gustav Krüger, J. C. Schmidt aus Erfurt und sogar Rudolf Geschwind, der immer betonte, sich hauptsächlich den frostresistenten Sorten zu widmen, kann 1902 eine Teerose vorweisen. In dieser Gruppe gerne zu züchten scheint sich bis heute fortzusetzen: Ewald Scholle aus Seppenrade oder Franz Wänninger (Nordostbayern) gelangen in dieser Richtung sehr schöne Exemplare.
Der Anblick von in Tontöpfen gepflanzten Teerosen ist weniger attraktiv als der von niedrigen Chinarosen. Gut gepflegt in diesen Behältern und ohne Zurückfrieren in Überwinterungsräumen, gedeihen sie natürlich prächtig, die Proportionen zu dem Gefäß stimmen jedoch nicht mehr. Noch größere Töpfe kann man nicht mehr transportieren – bei uns müssen sie obendrein auch noch in den Keller hinunter getragen werden. So ist die Anzahl meiner Teerosen und deren Hybriden klein geblieben.

'Papillon'

Mein kleines Topfrosenmuseum

'Archiduc Joseph'

(Frankreich, G. Nabonnand 1892)

Nachdem ich diese Teerose schon einmal – vor mehr als dreißig Jahren – zu Füßen eines weißen Flieders gepflanzt hatte, wollte ich diese Rose nochmals besitzen. Inzwischen habe ich gelernt, dass ich diese Rose nicht ins Freie setzen darf, obwohl sie, wie ich manches Mal lese, zu den weniger frostgefährdeten Sorten zählt. Es ist die einzige Teerose, die die Rosenschule Huber in der Schweiz führte, vielleicht ein Zeichen dafür, dass sie nicht ganz so stark auf Frost reagiert wie andere Sorten, und von dort hatte ich sie seinerzeit erhalten. Damals beschuldigte ich den Flieder, da ich einmal las, dass alles, was in der Nähe eines Flieders steht, kümmern würde. An dieser Stelle vermehren sich nun die Ausläufer der

'Archiduc Joseph'

'Captain Philip Green'

Rugosa-Hybride 'Blanc Double de Coubert'. Von reichhaltiger Farbenvielfalt, sehr auffallend, angefangen von der karminroten Knospe zur sich bläulichrosa öffnenden Blüte über lachsorangefarben bis hin zur kupfriggelben Mitte präsentiert sich der österreichische Erzherzog. Als ein großer Gartenfreund war er bekannt, seine Rosensammlung war geschätzt. An den rotbraunen Zweigen meines Sträuchleins sitzen kräftige und zahlreiche Stacheln. 'Archiduc Joseph' ist ein Sämling von der Teerose 'Mme Lombard' (auch Lambard), diese ist wiederum ein Sämling der Teerose 'Mme de Tartas'. Man sieht, zu dieser Zeit führte man schon sehr genau Buch über die kontrollierte Kreuzungstätigkeit.

Blüte groß, gefüllt, flach, schalenförmig – gute Nachblüte **Farbe** lachsrosa, bläulich rosa, zur Mitte kupfrig, Rand heller **Duft** sehr gut | **Laub** dunkelgrün | **Stacheln** stark, zahlreich, rotbraune Zweige | **Früchte** keine | **Höhe** 0,80 m | **Frosthärte** gering, Klimazone 7

'Captain Philip Green'

(Frankreich, G. Nabonnand 1899)

Wie schön doch meine Teerose in einer Terrakotta wächst, gedeiht und blüht. Ins Freie gepflanzt würde ich sie durch keine normale Winterkälte bringen. Die in letzter Zeit erlebten milden Winter könnten mich eigentlich versöhnlich stimmen und mutiger werden lassen, aber verlässt man sich mal darauf, kommt es prompt besonders heftig und der Übermut hat seine Strafe weg. Bei meiner Bestellung hatte ich keine Vorstellung vom Erscheinungsbild der Blüten. Aber ich hatte Glück: 'Captain Philip Green' öffnete prächtige, elegante Blüten. Die inneren Petalen sind kürzer als die äußeren, die sich rückwärts rollen. Hin und wieder zeigt die Blüte auch die gelben Staubgefäße. Die Farbe ist wechselnd: Seidig, zart rosa und hell fliederfarben überhaucht schimmert die Rosenblüte und silbrig rosa zeigt sich die Rückseite der Petalen. Verschiedentlich kommt auch der Farbton apricot oder leicht gelborange ins Spiel. So lese ich die Beschreibung bei Roseraie de L'Haÿ. Jedoch die Rose kann noch viel mehr: Zart cremefarbene Blüten schenkt sie mir wie im Katalog des Züchters erwähnt. Dasselbe behaupten Simon und Cochet in ihrer *Nomenclature* von

1906 und A. Jäger. Ist es nicht ein Gewinn, wenn man seine Rosen täglich, jahrein, jahraus selbst beobachten kann? »Nichts auf Treu und Glauben oder aufs Gerathewohl zu behaupten, sondern nur, was sich mir als zuverlässig bestätigt hatte«, wie Reynolds Hole schrieb.

Die Rose blühte im zweiten Jahr schon sehr reich mit vielen Büscheln. Die letzten Blüten im Oktober waren durchgängig rein rosa. Ich bin glücklich, dass ich diese einzigartig, schöne Varietät besitze. 'Captain Philip Green' entstammt, nebenbei bemerkt, von den beiden Teerosen 'Marie van Houtte' und 'Devoniensis'.

Gilbert Nabonnand lebte und züchtete seit 1872 besonders wunderbare Tee- und Noisette-Rosen in Golfe-Juan an der Côte d'Azur, in dem idealen Klima für solch empfindliche Rosen. Man kann behaupten, die Züchtung von außergewöhnlichen Teerosenschönheiten war sein Hauptziel, und Nabonnand gelangen die wundervollsten Neuheiten in ungewöhnlichstem Farbenspektrum, sie reizen in effektvoller, imposanter Mehrfarbigkeit. Auch schätzte die Zeit der Belle Epoque die großblumigen Varietäten. Zwei Söhne setzten das Werk und die Erfolge des Vaters bis 1920 fort mit einer Teerose 'Souvenir de Gilbert Nabonnand' – man könnte es einen würdevollen Abschluss nennen.

Guillot in Frankreich ist bis jetzt die einzige Rosenschule, die 'Captain Philip Green' anbietet. Die Teerose findet man außerdem im Rosarium von L'Haÿ-Les-Roses bei Paris. In meinem neuen Garten wächst sie am Terrassenhang und blüht den ganzen Sommer.

Blüte groß, gefüllt, gute Form, einzeln oder in Büscheln, reich, Knospen spitz – dauerblühend | **Farbe** hellrosa, Petalenrückseite und zur Mitte betonter rosa, Spur von apricot, ebenso cremefarbene Blüten | **Duft** gut | **Laub** mittelgrün | **Stacheln** kräftig | **Früchte** keine | **Höhe** 1,20–1,60 m | **Frosthärte** mittel, Klimazone 5–6

'Maréchal Niel' (Frankreich, Pradel 1857, von Verdier 1864 in den Handel gebracht)

Diese Rose schenkte mir eines Tages ein Rosenfreund aus einer wärmeren Gegend. Wohin sollte ich sie pflanzen – ich verfügte über kein Glashaus. Nur eine einzige Rosenfreundin besaß einen Wintergarten. Also verschenkte ich sie weiter. Seither besuche ich die Freundin und die Kletterrose. Im Glashaus zeigte sie sich wie erwartet sehr anfällig für die bekannten Pilzkrankheiten, jedoch im ausgehenden Winter, wenn draußen noch Schnee lag, freuten wir uns beide über die besondere Ästhetik dieser Blüten. Sie hängen an sehr dünnen Trieben nach unten. Im 19. Jahrhundert war die Rose ungemein beliebt und auch heute gehört sie zu den bekannten Sorten. In alten Rosenbüchern wird sie überall lobend anerkannt. Reverend Hole widmete dieser Rose mehrere Seiten. »… die größte Errungenschaft … weil wir bis dahin keine ausdauernde gelbe Rose hatten, die so wie diese all' unsere Wünsche und Hoffnungen erfüllte – durch die wunderbare Schönheit ihrer Blume, ihre Größe, Gestalt und Farbe, ihren Duft, ihre Ergiebigkeit und Langlebigkeit …« usw.

'Maréchal Niel'

Aber in einem hatte er sich getäuscht: Er glaubte anfangs noch an eine »wetterfeste goldne Rose«. Er sprach damit die ungenügende Frostresistenz an und grübelte nun fortwährend darüber nach, wie man dies ändern könne.

Es sind der wunderbare Duft und die anmutigen, gelben Blüten, die die Rose so beliebt machen. Bisweilen wird 'Maréchal Niel' auch zu den Noisetterosen gezählt. Die Rose soll ein Zufallssämling

links: 'Niphetos', rechts: 'Souvenir de Mme Léonie Viennot'

entweder von 'Isabella Grey', einer Tee- oder Noisetterose, oder von 'Lamarque' (Teerose) sein.

Der Franzose Adolphe Niel leitete im Krimkrieg gegen Russland ab 1855 die alliierte französisch-britische Belagerung der Hafenstadt Sewastopol. Später wurde er nach der für die Franzosen siegreichen Schlacht gegen die Österreicher bei Solferino in Oberitalien 1859 zum Feldmarschall und 1867 zum Kriegsminister unter Napoleon III. ernannt. Erstaunlicherweise mutierte dieser Kriegsmann – vielleicht als Reaktion auf unvorstellbar grausame Erlebnisse – zum großen Blumenfreund und führte z. B. 1861 den Vorsitz bei der Einweihung des Botanischen Gartens in Montauban.

Andere damalige Reaktionen auf die Unmenschlichkeiten technologisch verstärkter Massenkriegsführung waren: Im Krimkrieg die Gründung moderner Verwundetenfürsorge durch die Engländerin Florence Nightingale, der erst 1989 eine weiße Strauchrose gewidmet wurde (Grandy, UK). Die Errichtung des Roten Kreuzes, 1864, durch den Genfer Henri Dunant, geht auf die Solferinoschlacht zurück. Dunant wurde erst 1999 mit einer roten Tee-Hybride gewürdigt (Meilland, F); das „Rote Kreuz" allerdings schon während des ersten Weltkriegs 1916 (Dickson, UK).

Blüte groß, gefüllt, hängend, in Büscheln, reich – gute Nachblüte | **Farbe** zitronengelb, goldgelb | **Duft** sehr gut | **Laub** hellgrün | **Stacheln** wenig, jedoch groß | **Früchte** keine | **Höhe** 4,00–5,00 m | **Frosthärte** gering, nur für warmes Klima oder Glashaus, ab Zone 8

'Niphetos'

(Frankreich, Bougère 1843 oder schon 1835)

In Amerika beschrieb sie Robert Buist in seinem *Rose Manual* schon 1844. Er betonte ihre großen, sich elegant verjüngenden Knospen, herrlich anzuschauen, bis sie ganz entrollt sind. Danach sei sie genau so wie die gelben Teerosen kaum mehr attraktiv. Dieser für sein eigenständiges Urteil bekannte Gärtner hielt sie für eine frostharte Sorte – sein Gartenbaubetrieb lag in Philadelphia (südlich New York).

Eine sehr elegante weiße Rose für ein edles Pflanzgefäß, das im Sommer auf der Terrasse seine Pracht entfalten kann und zum Überwintern in den Wintergarten abgestellt wird. Im Freien überlebt sie nur im Garten eines Ferienhauses an der Côte d'Azur (sofern man ein solches besitzt). Ich schmücke mich nicht gern mit fremden Federn und möchte gleich gestehen, dass ich diese Rose nicht mein eigen nennen kann. Bei der Freundin mit dem Wintergarten fotografierte ich sie. Aber selbst bei ihr überlebte die empfindliche Teerose im Glashaus nicht lange.

Das griechische Wort Niphetos soll an Schneegestöber erinnern, was auf die großartige, weiße Farbe hinweist. Zu solch einer bezaubernden Teerose gehört auch ein einzigartiger Duft. In Erinnerung habe ich noch die auffallend roten, im Gegenlicht stark leuchtenden, großen Stacheln. Erwähnt wird die Sorte 'Niphetos' von W. Paul und später in W. Dölls Übersetzung (1855): »Blüte weiß, im Centrum blasslimonenfarbig, magnolienähnlich, sehr groß und voll …« Der Duft wurde von beiden nicht wahrgenommen. Foster-Melliar fragt sich 1894 in seinem Buch *The Book of the Rose,* wieviel Meter Glashäuser wohl gebaut wurden, um diese Rose durchzubringen.

Blüte groß, gefüllt, gute Form, innere Petalen kürzer, in Büscheln, reich – gute Nachblüte | **Farbe** schneeweiß, cremeweiß, zur Mitte zitroniggelb | **Duft** gut | **Laub** dunkelgrün **Stacheln** rot | **Früchte** keine | **Höhe** 1,00 m | **Frosthärte** gering, Klimazone 7–8

'Souvenir de Mme Léonie Viennot'
Frankreich, Bernaix 1898)

Es hat nicht sollen sein: Ich pflanzte die »kletternde Teerose« leichtsinnigerweise ins Freie, doch ihr war der darauffolgende Winter zu kalt. Obwohl es eine vorgezogene Pflanze war, kümmerte sie bald und erholte sich im Frühjahr nicht mehr. Schwächliche Notbehelfe wollte ich nicht mehr hochpäppeln, meine Erfahrung lehrte mich, dass sich solche Zärtlinge nicht mehr akklimatisieren. Schade, dass ich nicht vorher noch durch Stecklinge vermehrte, dies sei bei dieser Sorte sehr leicht, wie ich aber erst viel später las. Das Foto entstand noch an einer anderen Pflanze in der Gärtnerei. Das Rosarium Sangerhausen zog es vor, die Kletterrose im neuen Glashaus zu pflanzen.

Interessant ist, wie sich die gelben und orangefarbenen Farbtöne der gerade sich öffnenden Knospe bei der vollständig geöffneten Blüte verteilen und zerfließen. Von der anfänglich grellen Kolorierung ist nichts mehr zu sehen. Sie soll drei Meter hoch werden, in einem Klima wie in Südfrankreich.

Blüte groß, gefüllt, gute Form, in Büscheln, reich – gute Nachblüte | **Farbe** pfirsichrosa, purpurrosa, creme, hellgelb | **Duft** sehr gut | **Laub** dunkelgrün | **Stacheln** stark | **Früchte** keine **Höhe** 3,00 m | **Frosthärte** gering, Klimazone 7–8

Hybriden der Teerosen

Die Tee-Hybriden sind in der Regel nicht wesentlich geringer empfindlich als die Mitglieder der Teerosengruppe, weil ihre Eltern oder dominante Vorfahren wiederum aus Teerosen entstanden sind – aus Kreuzungen zwischen Teerosen und Remontant-Hybriden. Mit einem überaus formvollendeten Treffer erlangte Jean-Baptiste Guillot fils mit seiner Teehybride 'La France' Weltruhm. Er sah sie als Remontant-Hybride. Die Fachwelt war aber mit dieser Bezeichnung nicht einverstanden. Remontant-Hybriden sollten eine eigene, spezialisierte Gruppe bleiben. So einigte man sich nach etlichen Jahren auf eine neue Gruppenbildung: die Tee-Hybriden.

'Grace Darling' (England, Bennett 1885)

Es war ein Versuch, der misslang – diese bezaubernde Tee-Hybride ist in unserem Garten doch nichts fürs Freie. So habe ich die übriggebliebenen Reste meiner drei Pflanzen in einen Topf umgebettet. Über die Namensgeberin dieser Rose existiert eine anrührende Geschichte. Die Tochter eines Leuchtturmwärters in Northumberland rettete am 6. Dezember 1838 zusammen

'Grace Darling'

mit ihrem Vater neun Menschen von einem gestrandeten Schiff. Grace Darling, so nannte man sie danach, wurde auf Grund dieser Heldentat sehr geehrt. Sie starb sehr jung, »von der Überanstrengung brustkrank«, wie bei R. Tepelmann, einem deutschen Hobby-Rosenzüchter und Rosenfreund, in seinem Büchlein von 1894 *Rosennamen-Dolmetscher* zu lesen ist.
Die auf dem Höhepunkt der Seemacht des britischen Empire gezüchtete Rose hat aparte große Blüten, edel geformt und beeindruckend in hellem Pfirsichrosa. Nach A. Jäger soll sie »hart« sein, das bedeutet frosthart.

Blüte groß, gefüllt, gute Form, einzeln und in Büscheln – Nachblüte | **Farbe** hell pfirsichrosa, zartrosa und creme getönt, Grund aprikosengelb | **Duft** sehr gut | **Laub** hellgrün **Stacheln** stark | **Früchte** keine | **Höhe** 1,00–1,20 m | **Frosthärte** gering, für mildes Klima, Zone 7

oben: 'Gruß an Teplitz', unten: 'La France'

'Gruß an Teplitz'

(Österreich-Ungarn, Geschwind 1897)
Neben 'Souvenir de la Malmaison', 'Mme Hardy' und weiteren berühmten Rosensorten wurde auch 'Gruß an Teplitz' in die „Old Rose Hall of Fame" aufgenommen. 'Gruß an Teplitz' findet man heute in verschiedenen Klassen aufgeführt. Mal taucht sie bei den Tee- oder Bengal-Hybriden auf, mal bei den Bourbon- oder sogar auch schon mal bei den Remontant-Rosen. Rudolf Geschwind wünschte sich sehr, dass 'Gruß an Teplitz' richtig klassifiziert wird. Schon zu seinen Lebzeiten musste sie meist in den Katalogen falsch in der Klasse der Bengal-Hybriden eingereiht gewesen sein und nicht bei den Tee-Hybriden (ebenso wie die Sorte 'Wenzel Geschwind').
„Warum solche willkürliche Bezeichnung? Der Züchter muss doch besser wissen als alle, wohin die beiden Rosen zu stellen sind", schrieb Rudolf Geschwind selbst in der Rosenzeitung 1908-4, S. 74 (Teehybride oder Bengalhybride?)
Nach langen Überlegungen setzte ich in der ersten Auflage dieses Buches 'Gruß an Teplitz' bei den Bourbon-Hybriden ein, weil diese Rose in vielen Katalogen und auch in der neueren Literatur dort mehrheitlich zu finden ist. F. Joyaux klassifizierte als einziger Autor 'Gruß an Teplitz' richtig bei den Tee-Hybriden. Geschützt vor Regen – in meinem Fall unter einem Dachvorsprung – fühlt sich 'Gruß an Teplitz' am wohlsten.

Allerdings solch einen Regenschutz wünschen sich wohl alle Rosen. Als Schutz vor Mehltau empfehle ich viel zu wässern.
'Gruß an Teplitz', mit diesem Rosennamen wollte Rudolf Geschwind die Stadt seiner Kindheit und Jugend ehren. Der Farbton der herrlichen Rose ist ein ganz besonderes, warmes, reines Rot, glühend wie edler Wein und apart zugleich. Die Blüten sind locker gefüllt. Junges Laub und junge Triebe sind auffallend rötlich, bronzefarben. Ihre Abstammung ist ('Sir Joseph Paxton' – 'Fellemberg') – ('Papa Gondier' – 'Gloires des Rosomanes').

Blüte mittelgroß, locker gefüllt, in Büscheln, sehr reich – sehr gute Nachblüte | **Farbe** leuchtend rot | **Duft** sehr gut | **Laub** dunkelgrün, jung rötlich, bronze | **Stacheln** zahlreich | **Früchte** rund, groß, orange | **Höhe** 1,80–2,20 m | **Frosthärte** mäßg, Klimazone 5–6

'La France' (Frankreich, J. B. Guillot fils 1867)
Die berühmte Tee-Hybride, die erste dieser Art, deren Entstehungsjahr laut »American Rose Society« zum Richtungsjahr für den Begriff »Alte Rosen« gewählt wurde.
Die letzte meiner drei ehemals vorhandenen Rosenpflanzen, die mich trotz Frostempfindlichkeit mehr als zwanzig Jahre begleitete, verschwand vor einigen Jahren, was ich jedoch eher den Wühlmäusen zuschreibe. Sofort bestellte ich mir zwei neue Pflanzen.
Hinreißendes, silbriges Rosa, das sich zur Mitte noch vertieft, während die Rückseite der Petalen in dunklerem Rosaton mit leicht bläulichem Schimmer erscheint. Am schönsten sind die Blüten für mich, wenn sie sich gerade öffnen. Die äußeren Blütenblätter rollen sich leicht nach hinten, wobei sich die inneren als Kugel einwickeln, so dass die dunkler rosafarbene Rückseite der Petalen zu erkennen ist. Meine beiden Rosen sind zweifellos etwas niedrig, aber sie geben sich Mühe und schicken ständig neue Blüten nach.
'La France' ist ein Zufallssämling; J. B. Guillot hatte nach alter Methode Samen ausgesät, was selbstverständlich eine gewisse Unsicherheit vorgibt. So ist es sein Sohn Pierre, der später bekundet, die Eltern dieser Sorte wären die Remontant-Rose 'Général Jacqueminot' und die Teerose 'Mme Falcot'. Diese Teerose ist eine eigene Züchtung J. B. Guillots, 1852 herausgekommen und Stamm-Mutter weiterer berühmter und sehr schöner Abkömmlinge. Übrigens, englische Zeitgenossen lassen heute noch ungern den Ruhm, der Erste gewesen zu sein, dem Franzosen. War doch beispielsweise Henry Bennet derjenige, der als Erster gezielt und kontrolliert die Teehybriden züchtete. Darauf wird gerne in der englischen Literatur hingewiesen.

Blüte groß, locker gefüllt, gute Form, einzeln und in Büscheln – gute Nachblüte | **Farbe** silbrigrosa, bläulich schimmernd | **Duft** gut, nach Teerose | **Laub** mittelgrün | **Stacheln** zahlreich | **Früchte** keine | **Höhe** 1,00 m | **Frosthärte** gering, Klimazone 6–7

'Lady Mary Fitzwilliam' (England, Bennett 1882)
Sie war eine der ersten, die Henry Bennett, wie oben erwähnt, nach Plan mit Vorsatz erzeugte. Als Gartenpflanze ist auch diese in unserer Region nicht geeignet. Seit ich meine Lady in eine Terrakotta umgepflanzt habe, erholte sie sich und gibt wieder ihr bestes. 'Lady Mary Fitzwilliam' verliert durch ihre immense Blühfreudigkeit an Energie für ihr Wachstum. So ist es nicht verwunderlich, wenn sie nicht auch noch genug Lebenskraft aufbringt, sich gegen Frost zu wehren. Die Sorte stammt von der Teerose 'Devoniensis' und 'Victor Verdier', einer Remontant-Hybride, ab. Auch hier ist es so, dass die äußeren, hellrosa Blütenblätter

'Lady Mary Fitzwilliam'

'Mme Caroline Testout'

sich nach hinten einrollen und mittig eine dunklere, rosafarbene Kugel entsteht. Oft erkenne ich die Rose auch an ihren zackenförmigen Blütenrändern, was ihr so manches Mal passiert.

Die Varietät galt bereits als ausgestorben, bis sie in den 1970er-Jahren im Handel wieder auftauchte. Damals pflanzte ich auch diese Lady in meinen Garten. Als Skeptikerin muss ich mich natürlich schon fragen, ob es sich denn wirklich um die ursprüngliche Sorte handelt. Bemerkung zum neuen Standort in der Südwestpfalz: Vor dem Terrassenmäuerchen ausgepflanzt, wächst sie zwar niedrig und mit dünnen Trieben, aber sie nimmt keinen Frost übel und blüht unentwegt den ganzen Sommer.

Blüte groß, gefüllt, in Büscheln, reich – dauerblühend | **Farbe** silbrigrosa, Rückseite dunkler | **Duft** gut | **Laub** dunkelgrün **Stacheln** kräftig | **Früchte** keine | **Höhe** 0,60–1,00 m | **Frosthärte** mäßig, Klimazone 6

'Mme Caroline Testout'

(Frankreich, Pernet-Ducher vor 1890)

Sie ist die einzige Teehybride, die von Anfang an, somit seit rund dreißig Jahren, immer noch in meinem Garten blüht. Alle drei Pflanzen existieren noch, weder die Wühlmäuse, noch der Frost haben sie umbringen können. Sie ist – selbstverständlich mit Hilfe von Erdanhäufung als Frostschutz – die »frosthärteste« dieser Gruppe, obwohl sie von einer Teerose, 'Mme de Tartas' und der empfindlichen Tee-Hybride 'Lady Mary Fitzwilliam', abstammt.

Madame Testout soll eine Pariser Modistin gewesen sein; es gibt Berichte, sie habe für diese Namensgebung bezahlt. Warum nicht? Es gab zu dieser Zeit längst zahlende Kunden, die dafür etwas springen ließen. Angenehmer ist es jedenfalls, als Rosennamen den einer Frau auszusprechen, als die mancher heutiger Wirtschaftsgüter, für die die Industrie die Rose als Werbeträger entdeckte. Die mit kräftigen Stacheln besetzten, dicken Triebe tragen die großen silbrigrosafarbenen Blüten stolz aufrecht. Auch bei ihr sind wieder typisch die kugelige Mitte und die leicht umgeschlagenen großen Kronblätter. Eine wunderbare und liebenswerte Rose!

Blüte groß, gefüllt, kugelig, einzeln und in Büscheln, reich – sehr gute Nachblüte | **Farbe** silbrigrosa | **Duft** gut | **Laub** dunkelgrün | **Stacheln** zahlreich, stark | **Früchte** keine | **Höhe** 0,60–1,00 m | **Frosthärte** mäßig, Klimazone 5–6

Die Bourbon-Rosen

Eine Fernost-Nahost-Mischung

Es war die Zeit um 1800: Im Indischen Ozean, auf der Insel Bourbon – heute Réunion, seit 1643 unter französischer Herrschaft – schlossen die Bewohner ihre Ländereien generell mit zwei Reihen Rosen – eine Reihe aus Chinarosen (vermutlich 'Old Blush'), die andere mit öfterblühenden Damaszener-Rosen. Ein Landbesitzer der Insel, Monsieur Édouard Périchon in Saint Benoît, fand eine sehr unterschiedliche Rose nach Trieb und Laub. Das veranlasste ihn, diese Pflanze in seinen Garten zu setzen. Sie blühte im Jahr darauf und erwies sich, wie er vermutete, als eine ganz neue Art, die sich von den beiden andern Sorten stark unterschied. Die beiden Heckenrosen waren zu der Zeit die einzigen Sorten, die man auf der Insel kannte. Nach seinem Entdecker soll der neuentdeckte Sämling 'Rose Édouard' benannt worden sein.

Großes Interesse zeigte der zu jener Zeit auf der Insel beschäftigte Botaniker des Naturgeschichtlichen Museums in Paris, Jean Nicolas Bréon. Er schickte 1817 Früchte und Saatgut der 'Rosier de l'Île Bourbon' an den Obergärtner des Herzogs von Orléans im Schloss Neuilly, Antoine Jacques. So könnte ein Sämling von 'Rosier de l'Île Bourbon' entstanden sein, oder auch von 'Rose Édouard'. Nun wissen wir ja, dass aus Samen von Hybriden nicht die gleiche Rose entstehen kann, sondern dass wir stets eine andere Sorte erhalten. Die Ansicht des Historikers François Joyaux ist demnach für mich sehr plausibel: Nach Desportes sollen zwei verschiedene Sämlinge daraus hervorgegangen sein – eine *Rosa borboniana* 'Simplex' und eine *Rosa borboniana* 'Semiplena'. Eine *Rosa borboniana* (welche ist nicht bekannt) findet man in Frankreich ab 1823 im Handel, in England ab 1825. In Amerika dann ab 1828. Soweit Joyaux. Und Deutschland? Ich denke da an Kataloge aus unserem eigenen Land. Verkündet da nicht jede Rosenschule unentwegt stolz, dass man die neuesten Rosen aus Frankreich, England etc. führe? Bis in Erbens Katalog 1823 war sie noch nicht vorgedrungen. Unser frühester Fund ist Wilhelm Keller, sein Nachbar, er bietet 1828 schon vier Sorten an, die aus Bourbonrosen entstanden sind. Kellers Kommentar zur Sorte 'Rose Dubreuil' lautet 1828: »Stammt von der Insel Bourbon, wo sie von einer Monatsrose, bestaubt durch eine Damaszener, herstammen soll. Sie ist kraftvoll, sehr charakteristisch, blüht blaßrosenroth, und hat Form und Geruch der Centifolie.« In seinem Nachtrag 1829 schreibt er »Dubreuil oder Neumann, von der Insel Bourbon.« Später, im Jahre 1833, nennt er sie nur noch »Dubreuil oder die gefüllte Bourbonrose« in einer eigens angelegten Gruppe »Rosa Borboniana. Die Rose von der Insel Bourbon.« Es folgt eine allgemeine Beschreibung der Art »… die Blumen sind in ihrer Farbe beständiger und blühen jedes Jahr zuerst im Juni und dann mehreremal.« Seine Darstellung dieser Sorte ist »… Blume mittelgroß oder groß, Centifolienform und Geruch, blassrosenroth. Beinahe keulenförmiger Fruchtknoten«. Ebenso führt er hier unter der Nr. 928 »Rose Edward. Diese Varietät wurde zuerst in Frankreich eingeführt und kann als Typus der Art betrachtet werden …« Nach den zehn mehrmalsblühenden folgt die Gruppe der »Hybriden, nur einmal im Jahr blühend.« Hier führt er fünf Sorten auf. Eine »Bourbon nigra, Mitte carmoisin, Umgebung dunkelviolettschwärzlichpurpur, mittelgroß« bietet Keller 1833 an, als einmalblühende unter der Gruppe der Gallicas.

Der Name Dubreuil weist eigentlich auf einen Züchter, Alphonse Dubreuil aus Rouen. Oft finden wir in den Jahren 1820–1845 ein Synonym. So zum Beispiel bei Christian Nickels (*Cultur, Benennung und Beschreibung der Rosen*, Pressburg,

1836), der noch einen zweiten Namen hinzufügt: »Rose d'ile Bourbon et Neumaniana«. Selbst 1880 erwähnt Th. Nietner in *Die Rose* unter der Nr. 1475 »Indica Hybrida, Dubreuil (Neumann)«. 'Dubreuil' findet sich auch als Bengalrose mit Hinweis auf »Neumann« unter der Züchterspalte, sowie mit »Synonym Neumann« in der *Nomenclature* von Simon & Cochet (1906). Und 1936 in A. Jäger's *Rosenlexikon* entdecken wir »Dubreuil, Bengalrose, Neumann«.

Der so oft erwähnte Joseph Neumann, ein weiterer Angehöriger des Museums für Naturgeschichte in Paris, der sich zu der Zeit der neuentdeckten Rose auf der Insel Bourbon aufhielt, behauptete, die 'Rose Edward' sei von der nicht weit entfernten Insel Mauritius auf die Insel Bourbon gekommen. Mauritius oder Ile de France, wie die ab 1715 zu Frankreich gehörende, ehemals niederländische Insel hieß, indes seit 1810 im Besitz von England.

Ab Anfang der 1830er-Jahre widmeten sich immer mehr französische Züchter der Erweiterung dieser Gruppe, die auch bei der Kundschaft zunehmend begehrter wurden. Der Wunsch nach öfterblühenden Rosen gab den Ausschlag, dass sich bis zum Ende des 19. Jahrhunderts die Beliebtheit der Bourbon-Rosen hielt, trotz der vielen Tee- und Remontant-Hybriden, die ebenso Garten- und Rosenfreunde bevorzugt pflanzten. Auch ich fand Bourbon-Rosen schon von Anbeginn an schön, hielt mich jedoch nach den ersten winterlichen Erfahrungen mit Kauf nur deshalb etwas zurück, weil diese Rosen durch den Einfluss von *Rosa chinensis* nicht alle für unser Klima genügend frosthart sind. Für mich ist es nicht bedeutend, ob eine Bourbon-Sorte einmalblühend ist. Selbst einer Dauerblüte bis zum Herbst messe ich kaum Gewicht bei, richtet sich dies ohnehin nach dem Klima.

Allen dieser Gruppe ist guter, humoser Boden sehr wichtig. Sie wünschen sich mehr Zuwendung wie Dünger und Pflege als die ganz frühen, historischen Rosen. Reichlich zu Sternrußtau neigen etliche Sorten. Chemie hilft in solchen Fällen auch nichts, wie mir Rosenfreunde schon oft berichteten. Zur Stärkung der Pflanzen verteile ich ein- oder zweimal im Jahr Kalimagnesium. Früher bereitete ich auch eine Kräuterjauche, eine Arbeit, die ich aus Zeitmangel bei Zuwachs meiner Rosen im Garten bald einstellte. Der Rückschnitt geschieht im Frühjahr und richtet sich nach Sorte oder Platzbedarf.

Liebenswürdig charmant möchte ich die Blüten der Bourbon-Rosen nennen, zum Teil von kugeliger Form beim Aufblühen, ähnlich den Zentifolien; die Farbpalette reicht von Weiß über sämtliche Rosatöne bis hin zu samtigem Rubinrot. Nahezu die Mehrheit wächst aufrecht und gut verzweigt bis in »kletternde« Höhen, aber auch hier gibt es für die Besitzer von kleineren Gärten schon beinahe zwergige Formen. Die meisten meiner Bourbons wachsen nur schmal, so dass es sinnvoll erscheint, gleich zwei bis drei Pflanzen nebeneinander einzusetzen.

Die Charmantesten in meiner Sammlung

'Blairii 2' (England, Blair 1845)
Synonyme: 'Blairii II', 'Blairii No. 2'

Drei Sämlinge, drei im gleichen Jahr, sind dem Hobbyzüchter Mr. Blair geglückt: Blairii 1, Blairii 2, und Blairii 3; er hatte sie jeweils mit seinem Namen versehen. Die schönste, beliebteste und berühmteste unter den dreien wurde 'Blairii 2' und das ist goldrichtig so. Seit sie die Rosen-Welt betreten hat, wurde sie überall in der Literatur empfohlen. 'Blairii 1' soll nicht so vollkommen sein (karmin bis lebhaft rosa, lackrot); bei einigen Rosenschulen ist sie noch erhältlich. 'Blairii 3' dagegen dürfte nicht mehr existieren.

Die stark bestachelten Zweige von 'Blairii 2' sind steif, es ist schwierig, sie um ein Klettergestell zu winden, ohne dass die Triebe knicken. Die Stacheln an den neuen, kräftig wachsenden Zweigen sind – gegen die Sonne betrachtet – durchscheinend, rotbraun. Die Rosen blühen erst am zweijährigen Holz. Hellrosa sind die Blüten, zur Mitte vertieft sich der Ton. In unserem Klima wird 'Blairii 2' etwa 2,50 m hoch, in einer rosenfreundlicheren Gegend kann sie höher werden; so dachte ich bis zum dritten Pflanzjahr. Jedoch – »dann ging die Post ab«.

'Blairii 2' wird meist zu den Bourbon-Hybriden gerechnet, strebt jedoch mehr zur China-Hybride,

'Blairii 2'
Blüten und Stacheln

weil die Abstammung 'Park's Yellow Tea-Scented China' (Teerose) × 'Tuscany' (Gallica), so bei Brent Dickerson, oder 'Park's Yellow Tea-Scented China' × Hardy rose (*Modern Roses* XI) eben mehr auf *R. chinensis* Herkunft hindeutet. Auch William Paul hat 1848 'Blairii 1' und 'Blairii 2' in der X. Gruppe Rosa Gallica, »Hybride Chinese« gesteckt. W. Döll hat sie wohl 1855 nicht mehr für so gut befunden und in seiner Übersetzung von W. Paul's *The Rose Garden* nicht mehr aufgeführt. Reynolds Hole ist 1869 voll Bewunderung und hebt sie immer wieder in seinem Buch (*A Book about Roses*) hervor. Nachdem ich mit meiner ersten Pflanze Pech hatte, bestellte ich mir eine zweite bei einer anderen Rosenschule, die nicht auf *R. Laxa* veredelt. Die jetzige Rose hebt buchstäblich ab und da ich mir so ein Wachstum überhaupt nicht vorstellen konnte, muss ich nun feststellen, dass ich sie an einem absolut falschen Ort gepflanzt habe. Mir wird himmelangst und ich frage mich, wo dieses Monstrum noch hin will. Erst recht, wenn ich Holes Anspielung lese, »… und in einem Jahrzehnt könnte man mit einem Streber wie Blairii 2 den Giebel eines stattlichen Gebäudes schmücken …« Für solche Lesarten habe ich stets eine praktische Ausrede parat: Bei uns in Bayern wächst sie sowieso nicht so enorm wie im englischen Seeklima. Andererseits spiele ich mit dem Gedanken, den Himmelsstürmer von meinem Wohnzimmer aus betrachten zu können, wenn ich 'Blairii 2' an dieser Stelle stehen lasse.

Blüte groß, gefüllt – selten Nachblüte | **Farbe** hellrosa, manche Blüten Mitte dunkler | **Duft** gut | **Laub** hellgrün, dicht | **Stacheln** kräftig, an jungen Trieben leuchtend rot | **Früchte** keine | **Höhe** 2,50–4,00 m | **Frosthärte** gut, Klimazone 5

'Boule de Neige' (Frankreich, Lacharme 1867)

Eine sehr frostempfindliche Sorte. Manche Autoren stufen sie unter den Noisette-Hybriden ein. Das erklärt die große Frostempfindlichkeit dieser Rose.

Zum zweiten Mal ist mir die Rose im Winter so weit zurückgefroren, dass sich erst sehr spät im Sommer ein dünner Trieb durchsetzte. Die erste Pflanze gehörte zu meinen frühen Rosen aus den 1970er-Jahren. Von ihrer beachtlichen Schönheit war ich immer besonders angetan. Aber sie verschwand nach und nach und erst vor ein paar Jahren ließ ich mich doch wieder in einer nahegelegenen Gärtnerei verführen. Eine bereits kräftige Pflanze, vorgezogen in einem

'Boule de Neige'

Topf, sollte einen sonnigen und vor kalten Ostwinden geschützten Platz erhalten, aber auch dies half nichts. Eine wundervolle Rose, die sich Rosenfreunde in einem wärmeren Klima in ihren Garten holen sollten. Ihre Abstammung ist ebenso wie bei der frostresistenteren 'Coquette des Blanches' die Bourbon-Rose 'Mlle Blanche Lafitte' (s. dort) und die öfterblühende Damaszenerrose 'Sapho'.

'Bourbon Queen'

Ein Nachwort ist nötig: Der milde Winter 2006/07 ließ die kümmerliche Pflanze erstmals überleben, so konnte sie in ihrem Wachstum einfach weiter machen und bescherte uns diesen Sommer einen prächtigen Strauch – dank Klimaerwärmung – sofern es nicht eine einmalige Ausnahme war.

Blüte mittelgroß, gefüllt, kugelig, schalenförmig, in Büscheln, reich – gute Nachblüte | **Farbe** weiß, anfangs leicht roste Ränder | **Duft** sehr gut | **Laub** dunkelgrün | **Stacheln** wenig | **Früchte** keine | **Höhe** 1,00–1,50 m | **Frosthärte** mäßig, Klimazone 6

'Bourbon Queen' (Frankreich, Mauget 1834)
Synonym: 'Queen of (the) Bourbons'

Das sind die beiden Namen, die heute überall im Handel zu finden sind. Manche Gärtnereien fügen noch als Synonym 'Reine des Île-Bourbon' (wobei die Schreibweisen sehr variieren) an, was aber meiner Überzeugung nach kein Synonym sein kann. 'Bourbon Queen' und 'Reine des Île-Bourbon' sind zwei verschiedene Rosensorten, wobei die letztere wahrscheinlich gar nicht mehr existiert. Die Blüten der 'Bourbon Queen' strahlen in einem wunderschönen reinen Rosa, kein dunkles Rosa, aber auch nicht hellrosa, die Abseite der Petalen sind etwas heller gezeichnet und von nahem betrachtet sind sie leicht geädert. Ganz geöffnet zeigen sie schöne gelbe Staubgefäße; die Rose ist einmalblühend und im Herbst erfreut sie noch mit großen, etwas länglich-ovalen, orangefarbenen Hagebutten. Die Pflanze wirkt sehr attraktiv, wenn sie an einer Säule hochgezogen wird, die einzelne Pflanze ist sehr schmal, Höhe etwa 1,80 m. Wünscht man sich die Rose als Strauch, ist es empfehlenswert zwei oder drei Exemplare nebeneinander zu setzen.

Alle Darstellungen der 'Reine des Île-Bourbon' bis Ende des 19. Jahrhundert charakterisieren die Blüten von »weiß« bis »fleischrosa« und »hellrosa«. Mit der Schreibweise »Île-Bourbon« ist übrigens nicht die Insel gemeint, sondern die Gruppe der Bourbon-Rosen wie wir sie heute allgemein benennen. Wie uns der Franzose F. Joyaux erklärt, wird deshalb das Wort »Île« nicht als Plural verwendet.

Bei William Paul *The Rose Garden* begegne ich einer 'Queen', deren Blüten beschrieben sind als: »zart lachs fleischfarben mit einem Anflug von blassem Gelb, groß und sehr gefüllt; Form, schalig, schön; mittlere Größe. Ein reicher Blüher, süß, und von schönem Wuchs; excelent für Beete.« Wilhelm Döll hat in seiner Übersetzung von W. Pauls Buch die Rose 'Queen' aussortiert, (etwa fünfzig Bourbonrosen hat er insgesamt für die deutschen Rosenfreunde Mitte der 1850er-Jahre als uninteressant eingestuft und nicht mehr erwähnt, dafür aber 121 »neuere und neueste Sorten« hinzugefügt). Statt dessen platzierte Döll in seinem Buch eine Sorte 'Reine des Iles de Bourbon' bei der 28. Gruppe: »Die mehrmals blühende Hybride« (unter »neuere und neueste Sorten«, Nr. 231): »Blüten fleischfarben, mittelgroß, gefüllt. Eine sehr hübsche Rose.« Allein die Klassifizierung als »mehrmals blühend« besagt, dass es sich unstreitig um eine andere Sorte handelt als die heutige bekannte 'Bourbon Queen', die früh im Juni blüht, jedoch nur einmal. Und unter »fleischfarben« ist ein sehr helles weißliches Rosa zu verstehen, ähnlich der Rose 'Souvenir de la Malmaison'.

Th. Nietner *Die Rose* (1880) zählt in seiner Liste eine 'Reine des Iles-Bourbons' (indica borbonica Nr. 4226) auf mit der Umschreibung: »Blüte wachsartig zartfleischfarbig, mittelgroß, leicht gefüllt, kugelförmig«. Der Version »wachsartig zartrosa« begegne ich in dem Büchlein des amerikanischen Gärtners Robert Buist (3. Auflage, 1851). H. B. Ellwanger (Revidierte Edition 1892), ein aus Deutschland stammender US-Baumschuler, beschreibt eine 'Queen of bourbons' »mittel oder niedrig, Mauget 1834. Blassgelblich und rosenrot, mittlere oder kleine Größe, duftend, sehr offen, von zartem Habitus«.

'Reine des Ile-Bourbons' wird stets als weißlich oder hellrosa umschrieben und ist meiner Meinung nach eine Varietät aus alter Zeit. Alles was heute unter diesem Namen verkauft wird, ist ein und dieselbe Sorte wie ich sie eingangs darstellte. Der Engländer T. Rivers (*The Amateur's Rose Guide*, 2. Auflage 1840) charakterisiert eine Rose: »Queen of Bourbons ist eine neue Varietät und sehr schön. Die Blüten sind leuchtend rosafarben, eine Spur von blassgelb. Sehr groß und gefüllt«. Auch hier denke ich an unsere gegenwärtige Rose.

Blüte groß, gefüllt, schalenförmig, Staubfäden sichtbar, in Büscheln, reich – einmalblühend | **Farbe** reines Rosa | **Duft** gut **Laub** mittelgrün, dicht | **Stacheln** zahlreich, rotbraun, groß, dick **Früchte** groß, rund-oval, orange | **Höhe** 1,80–2,00 m | **Frosthärte** mäßig, Klimazone 5–6

'Catherine Guillot'

(Frankreich, Guillot Fils, 1861 oder G. Père, 1864)
Eine Bourbon-Hybride, ein Sämling von 'Louise Odier'; sie soll der Schwiegertochter des Züchters (Guillot Père) gewidmet sein. Es ist nicht genau bekannt, ob Vater oder Sohn diese Rose gezüchtet hatte.

Reverend Hole nennt 'Catherine Guillot' und 'Louise Odier' »zwei liebliche Schwestern, minnsame Ehrenfräulein der Bourbonenkönigin …« Die Farben meiner Rose, sie steht an der Süd-Hauswand, irritierten mich im ersten Jahr enorm; sie zeigte sich zunächst in leuchtendem Magentarot und ich dachte schon darüber nach, dass ich sie, wegen der Konkurrenz zur roten 'Gruß an Teplitz', verpflanzen muss. Jedoch ab dem zweiten Jahr blühte sie in dunklem, samtigem Rot. Sie ist frühblühend, d. h. bei uns Anfang Juni. Erst im dritten Jahr zeigte sie was sie sonst noch kann: Sie offerierte uns mehrmals einige brillante Nachblüten.

Blüte groß, gefüllt, gute Form, in Büscheln, reich – öfterblühend | **Farbe** leuchtend dunkel purpurrot | **Duft** sehr gut **Laub** mittelgrün, dicht | **Stacheln** zahlreich, kräftig | **Früchte** keine **Höhe** bis 3,00 m | **Frosthärte** sehr gut, Klimazone 5

'Catherine Guillot'

'Coquette des Blanches'

'Coupe d'Hébé'
Blüte, Hagebutte und Stacheln
rechts: Göttin Hebe im Park von Chantilly

'Coquette des Blanches'

(Frankreich, Lacharme 1871)

Den weißen Rosen laufe ich nicht nach. Ich will damit sagen, dass ich nicht gerade eine große Liebhaberin weißer Rosen bin. Mir gefiel der Name und es war mir sympathisch, dass diese Rose so selten im Handel ist. Wenn ich nun vor den reizvollen weißen Blüten dieser Rose stehe, dann wird mir feierlich zumute, ja, ich gestehe dies freimütig. Wie Schneebälle so rund, bevor sich die Blüten öffnen, so kugelig wie Zentifolien und wie so manche Bourbon-Rose, etwa wie 'Reine Victoria' oder 'Mme Pierre Oger'. Jedoch nicht wie diese höchstempfindlich, sondern Coquette ist gesund, robust und verhältnismäßig frostresistent. Schneebälle, die darüber hinaus aber nicht rein weiß sind, sondern die äußeren Blütenblätter einen grünen Touch besitzen und die Farbe auf der Rückseite beibehalten. Wenn sie sich ganz geöffnet haben, zeigen sie im Innern manchmal einen Hauch von Rosa. Die Eltern von 'Coquette des Blanches' sind 'Mlle Blanche Lafitte' und 'Sapho' (eine remontierende Damaszener). Auch diese Sorte ist bei einigen Autoren unter den Noisette-Hybriden zu finden.

Blüte mittelgroß, gut gefüllt, kugelig, geviertelt, geöffnet schalig, in Büscheln – sehr gute Nachblüte | **Farbe** weiß, äußere Petalen grünlich | **Duft** leicht | **Laub** dunkelgrün, dicht **Stacheln** wenig | **Früchte** keine | **Höhe** 1,50 m | **Frosthärte** mäßig, Klimazone 5–6

'Coupe d'Hébé' (Frankreich, Laffay 1840)

Die süß duftenden Blütenschalen wollen uns durch ihren Namen inspirieren, an Hebe, die Göttin der Jugend, zu denken, die in einer Schale den Göttern den Nektar darreichte. Die Sorte gehört zu meinen ersten Bourbon-Hybriden; sie steht in einem nicht besonders günstigen Boden, in schwerem Lehm. Bourbonrosen lieben gute, humose Böden. Deshalb ist meine Pflanze nicht sehr üppig in ihrem Habitus. Jedoch jeglicher Humus, den sie zusätzlich jährlich aufgeschüttet bekommt, hilft nicht viel, denn der Lehm gewinnt immer wieder Oberhand. Den Blüten aber ist dies alles nicht abträglich, sie erscheinen jedes Jahr in einem großen Reichtum und die Blütenfarbe wirkt durch die hellere Abseite wie ein silbriges Rosarot. So beschreibt auch Reynolds Hole seine 'Coupe d'Hébé', er sagt, sie sei »unzweifelhaft eine unserer feinsten und graziösesten Rosen, von erlesener Form und Farbe … ein silbernes Rosenroth«. Die Sorte entstammt einer Verbindung aus einer Gallica und einer Bourbonrose.

Blüte groß, gefüllt, schalenförmig, in Büscheln, reich – einmalblühend | **Farbe** klar, silbrig rosa, Rückseite heller | **Duft** sehr gut | **Laub** hellgrün | **Stacheln** zahlreich, groß | **Früchte** groß, rund, rot | **Höhe** 1,80–2,00 m | **Frosthärte** gut, Klimazone 5–6

'Edith de Murat' (Frankreich, Ducher 1858)

Die selten erhältliche Sorte ist mit bezaubernden Blüten ausgestattet. Sie sind mittelgroß, weiß, rosa überhaucht und hin und wieder mit purpurrosa Streifen oder einer Marmorierung gezeichnet. Es ist eine mädchenhafte, anmutige Rose, die ich erst seit zwei Jahren in einem Pflanztopf hier stehen habe. Die Rose durfte mit in die Pfalz umziehen. Sie fühlt sich hier ausgesprochen wohl. Der Name ist wahrscheinlich im näheren Bekanntenkreis von Ducher zu suchen, wie es ab Mitte des 19. Jahrhunderts immer häufiger gebräuchlich war.

Blüte mittelgroß, gefüllt – gute Nachblüte | **Farbe** weiß, ab und zu rosa gestreift oder marmoriert | **Duft** gut | **Laub** mittelgrün | **Stacheln** wenig | **Früchte** keine | **Höhe** 1,00–1,20 m **Frosthärte** gut, Klimazone 6

'Gloire de Dijon'

(Frankreich, Jacotot 1850, kommerzialisiert 1853)
Eigentlich müsste ich 'Gloire de Dijon' bei den kletternden Teerosen platzieren. Hätte ich mich früher über ihre Herkunft kundig gemacht, dann hätte ich den Überlebenskampf längst aufgegeben. Sie ist das Resultat einer Kreuzung aus 'Desprez à Fleurs Jaunes' × 'Souvenir de la Malmaison'. Bei der erstgenannten ist die Zugehörigkeit ungewiss, ob sie zu den Noisette- oder Teerosen zählt, egal, beides bringt in unserem Garten keinen Erfolg wegen der fehlenden Frosthärte. 'Souvenir de la Malmaison' ist bekanntlich bei den Bourbonrosen einzuordnen. Auch sie gehört zu den frostempfindlichen Sorten. Wie soll ich aber eine drei Meter hohe Kletterrose vor Frost schützen? Nun, die erste 'Gloire de Dijon', die ich pflanzte, ist erfroren. Sie erreichte nie viel mehr als einen Meter. Der zweite Versuch landete schließlich nach einigen Jahren in einem großen Tontopf. Ungeachtet dessen, dass ich die Blüten nicht besonders schätze, freute ich mich wie eine Schneekönigin, als im letzten Herbst sich die ersten Blüten öffneten. Die Rose besitzt inzwischen die längsten Triebe, die sie jemals in ihrem Leben und in meinem Garten hatte; sie sind knapp zwei Meter lang.

oben: 'Edith de Murat',
unten: 'Gloire de Dijon'

'Gloire des Rosomanes'

Gelb ist nicht meine Lieblingsfarbe. Doch diese Rose zeigt ein warmes Beige-Gelb, verblassend dann zu fast weiß. Eine solche Tönung ist leichter mit anderen Farben zu kombinieren.

Blüte groß, gefüllt, flach, schalenförmig – Nachblüte | **Farbe** beige-gelb, verblassend zu weißlich gelb | **Duft** sehr gut **Laub** dunkelgrün | **Stacheln** unterschiedliche Größe | **Früchte** keine **Höhe** 3,00–4,00 m | **Frosthärte** gering, Klimazone 7

'Gloire des Rosomanes'

(Frankreich, Plantier/Vibert 1825)
Synonym: 'Gloire des Rosomènes'

Die leuchtendrote dankbar blühende Rose wurde eventuell von Plantier gezüchtet und von Vibert 1825 vorgestellt.

Eine Rose zum Ruhm der Rosenleidenschaft, vielfach unter den Remontant-Hybriden (sie gilt als Vorläuferin dieser rotblühenden Gruppe), mal bei den China-Rosen und mal unter den Bourbon-Rosen eingereiht. Vor allem hat Vibert sie zu den letzteren gezählt, wie W. Döll schreibt »wir glauben, er [Vibert] weiß selbst nicht aus welcher Quelle« sie herkommt. Ich selbst hatte es bisher akzeptiert, wenn sie zu den China-Hybriden gerechnet wurde, wegen der leuchtend roten Farbe ihrer Blüten. Für eine China-Rose ist sie hier in unserer Region aber relativ frostresistent; doch in sehr kalten Wintern friert sie bei uns auch beträchtlich zurück. In den frühen Jahren nach der Entstehung dieser Sorte wurde sie überall in der Literatur als Bourbonrose bezeichnet. Deshalb soll für mich dies auch entscheidend sein, sie hier und künftig als Bourbon-China-Hybride gelten zu lassen.

»Der Farbenschmelz der Blüthen erregte bei ihrer Einführung einiges Aufsehen, und die Rosenzüchter haben sich lange bestrebt, volle Rosen, die mit ihr in der Farbe wetteifern, zu erhalten…« berichtet Döll weiter. Mit 'Géant des Batailles' ist es William Paul gelungen, einen gefüllten, in der Farbe ebenbürtigen Sämling zu ziehen. Weitere gefüllte Sorten sind heute leider verschwunden. 'Gloire des rosomènes', so wurde sie früher genannt, hält Rivers (2. Auflage, 1840) für »eine der begehrenswertesten dieser Art.« Der Gärtner schlägt vor, sie nicht als Gruppenpflanzung zu verwenden, sondern als Säulenrose, da ist sie für ihn »ein hervorragendes Gartenereignis. Ich kann mir nichts schöneres vorstellen als eine Säule von (12–15 Fuß) 3,50 – 4,50 m Höhe mit den herrlichsten Blüten von Juni bis Oktober«. Ein solches Ausmaß erreicht meine Pflanze allerdings nicht. Ich freue mich über einen Strauch von ca. 1,50 m oder ein bisschen höher. Die Blühfreude kann ich bestätigen,

'Great Western'

hier blüht sie von Juni bis zum Frost (das kann sogar bis Dezember sein), mit nur ganz kurzen Unterbrechungen. Die halb gefüllten Blüten leuchten in warmem Rot und können violett verblühen. An den Petalen findet man unterschiedliche weiße Zeichnungen in Strichen oder Sprenkeln. Die leuchtend gelben Staubfäden werden gern von Bienen besucht.

Blüte groß, halbgefüllt, sichtbare gelbe Staubfäden, in Büscheln, reich – öfterblühend | **Farbe** leuchtend rot | **Duft** leicht **Laub** mittelgrün, groß, stark gezähnt | **Stacheln** zahlreich, stark **Früchte** groß, rund, rot | **Höhe** 1,50–2,00 m, je nach Klima höher **Frosthärte** gut, Klimazone 5

'Great Western' (Frankreich, Laffay 1840)
Lange wollte ich diese Rose nicht wegen ihres Namens. Aber ein Seemann im Hause erspart ein ganzes Schifffahrts-Museum. Und alles was mit Seefahrt zu tun hat, ist dank meines Mannes ein extra Sammelzweig in unserem Garten.

Laffay verkaufte viele Rosen nach England, deshalb hatten auch mehrere seiner Züchtungen englische Namen.

Die einen rechnen 'Great Western' noch zu den Bourbon-Hybriden, die andern schon zu den Remontant-Rosen. Mit großer Wahrscheinlichkeit ist dies eine Kreuzung mit einer Gallica-Rose. Von leuchtendem Purpurrot bis Mohnrot zeigen sich die großen Blüten und verblassen bei starker Sonneneinwirkung zu Malvenrosa. Schon Paul hat darauf hingewiesen, dass man diese Sorte nur wenig beschneiden soll.

Blüte groß, gefüllt, geviertelt, reich, in Büscheln – einmalblühend | **Farbe** karminrot, purpur schattiert | **Duft** gut | **Laub** mittelgrün, dicht | **Stacheln** zahlreich | **Früchte** selten | **Höhe** 1,50 m **Frosthärte** gut, Klimazone 5–6

Great Western

»Sirius« und »Great Western« waren zwei hölzerne Segelschiffe, die mit zusätzlicher Dampfmaschine für den Betrieb eines je seitlich arbeitenden Schaufelrades ausgestattet waren. Im Frühjahr 1838 erreichten sie von Bristol aus New York, also gegen die Westwindrichtung, in weniger als drei Wochen; reine Segelschiffe brauchten damals noch fast das Doppelte. Die Engländer, Freunde von Wettkampf, hatten vorher das »Blaue Band« gestiftet, eine Trophäe für die schnellste Atlantiküberquerung. Der erste Gewinner war der nur 700 t große Zweimaster »Sirius« mit 18 Tagen und 10 Stunden. Nur drei Tage später als die Sirius startete der doppelt so große Viermaster »Great Western« – namensgleich mit seiner Betreiberfirma, die außerdem zu diesem Termin die Eisenbahnlinie London-Bristol eröffnet hatte. Der »Great Western« gelang es zwar nicht, die »Sirius« unterwegs zu überholen, aber mit nur 15 Tagen 5 Stunden konnte sie am gleichen Tag noch das Blaue Band vom Vorgänger übernehmen.

'Honorine de Brabant'

Die nur die Kräfte der Natur ausnutzenden Segelschiffe wurden zwar wegen dieser aufkommenden Dampfschiff-Konkurrenz weiter entwickelt. Ab ca. 1850 baute man auch sie aus Eisen und später aus Stahl mit besseren Strömungsformen. Bald war die Schiffslänge von 100 m übertroffen. Die amerikanischen Schoner, die letzten und größten Windjammer, erreichten schließlich 5000 t, um von der Frachtkapazität her rentabel zu sein. Das erste Segelschiff auf der Route Europa Amerika, 350 Jahre vorher, die Santa Maria des C. Columbus, hatte nur 100 t.
Die ziemlich wetterunabhängig Tag und Nacht durchfahrenden und ebenfalls, vor allem durch den Schraubenantrieb, weiter optimierten Dampfschiffe setzten sich wegen ihrer Geschwindigkeit und Größe allmählich auf allen Gebieten durch. Mit dem Ende des 19. Jahrhundert, spätestens ab 1914, wurden die bis dahin gebauten Segelschiffe – ähnlich den bis zu diesem Datum gezüchteten Rosen – zu Objekten »aus alter Zeit«, zu Symbolen voller Sehnsucht nach Romantik und Nähe zur spürbaren Natur.

'Honorine de Brabant'

(Herkunft und Züchtungsjahr unbekannt)
Zunächst öffnen sich die Blüten kugelförmig, später erscheinen sie uns schalig, dann kann man ihre gelben Staubfäden erblicken. Die Zeichnungen der Blüten sind so wunderbar, keine gleicht der andern, so, wie das bei den gestreiften Rosen der Gewohnheit entspricht. Sie ist blassrosa, purpurlila und lilarosa gestreift und marmoriert. Ihre Stacheln sind sehr kräftig. Sie erhält im Frühjahr einen kräftigen Rückschnitt und im Spätsommer holt sie den Verlust wieder locker auf und wächst sogar höher als zwei Meter. Eine herrliche Rose! Derselben Meinung sind auch die Rosenblattrollwespen (Blennocampa pusilla). Das Laub entfaltet sich früh, bei uns meist Ende April, da sind die Blätter noch sehr weich und jetzt kommen diese Insekten,

stechen in die Blattränder und impfen einen Saft, um dann auf dem Blatt ein bis drei Eier abzulegen. Stunden danach beginnen die Blätter sich zusammen zu rollen. Die Brut kann sich nun entwickeln, die Larven sind in der Blattröhre geschützt und sicher vor ihren Feinden. Im Juli verlassen sie diese, indem sie sich fallen lassen; in der Erde verpuppen sie sich. Einen Feind, außer dem Menschen, haben die Larven jedenfalls: eine Feldwespen-Art mit besonders langen Hinterbeinen. Ich beobachtete sie schon oft, wie sie in die Röhren hineinschlüpfen und Sekunden später manchmal mit einer Larve in ihrem Fresswerkzeug davonfliegen. Dann und wann gelingt ihr so ein Raub, denn die Rosenrollblattwespe ist schlau, oder vergesslich, nicht auf jedem Blatt hinterlässt sie ein Ei. Der Himbeerblütenstecher (Anthonomus rubi) führt seine Eiablage nach dem Anstechen des Knospenstiels ebenfalls nur sporadisch aus. So schien es mir bei meiner Beobachtung der Feldwespen, dass sie nach einigen Malen vergeblichen Hineinschlüpfens in eine Blattröhre dann weiterflogen. Sie glauben dann, hier nicht mehr erfolgreich zu sein.

Blüte groß, gefüllt, schalenförmig, in Büscheln, reich – Nachblüte | **Farbe** zartrosa, lila und purpur gestreift u. marmoriert **Duft** sehr gut | **Laub** hellgrün, dicht | **Stacheln** zahlreich | **Früchte** groß, rund, orange | **Höhe** 2,00–2,50 m | **Frosthärte** gut, Klimazone 5

'Kronprinzessin Viktoria' (Deutschland, Vollert 1887, kommerzialisiert durch Späth 1888)
Der Sport von 'Souvenir de la Malmaison' ist der Kronprinzessin Viktoria von Preußen gewidmet, der ältesten Tochter der englischen Queen Victoria. Kronprinzessin Viktoria war mit dem deutschen Prinz Friedrich III. von Preußen vermählt, der nach dem Tod seines Vaters nur für kurze Zeit die kaiserliche Herrschaft innehatte und bald starb.

Diese Mutation der 'Kronprinzessin Viktonia' selektierte 1887 Vollert aus Lübeck (die auf Gravereaux' Liste von 1902 zurückgehende Schreibweise Volvert dürfte als Übermittlungsfehler angesehen werden). Die Berliner Baumschule L. Späth brachte sie im Jahr 1888 in den Handel.

Die Schweizerin Claire Hofmann umschrieb den Sport etwas romantischer, sie bezeichnete die Rose als die Schwester von 'Souvenir de la Malmaison', die man unbedingt neben die andere pflanzen sollte. Für solche gemüthaften Ausdrucksweisen bin ich sehr empfänglich. Folglich bestellte ich mir unverzüglich (das war 1976) die Sorte bei der Rosenschule Huber in der Schweiz und pflanzte 'Kronprinzessin Viktoria' direkt neben 'Souvenir de la Malmaison'. Diese beiden »Schwestern« sind sehr fleißige Blüher, denn sie bilden ständig neue Triebe nach. Die aristokratischen, edelrosengleichen Knospen sind einer Kronprinzessin würdig. Die äußeren cremweißen Blütenblätter umhüllen noch die inneren, zart gelblichen Petalen. Dann, völlig geöffnet, zeigen die Blüten ihre schöne, gefüllte Form, die Blütenblätter tragen nun einen sahneweißen Schimmer. Jules Gravereaux umschreibt die Rose in seinem Katalog von 1902 mit hellzitronig. Zwei verschiedene Sorten weißer Rosen stehen auf der Westseite unseres Häuschens, die moderne Züchtung 'Akito' und 'Kronprinzessin Viktoria'. Bei Regenwetter bekommt 'Akito' viele rote Punkte, während die andere rein und fleckenlos dasteht. Die Kronprinzessin ist auch frosthärter als ihre Schwester. Wer diese bezaubernde Rose nicht in seinem Garten hat, ist selbst schuld.

Blüte groß, gefüllt, einzel und in Büscheln, reich – sehr gute Nachblüte | **Farbe** cremeweiß, zart gelbliche Mitte | **Duft** leicht **Laub** dunkelgrün | **Stacheln** wenig | **Früchte** keine | **Höhe** 1,00–1,20 m | **Frosthärte** gut, Klimazone 5

'Kronprinzessin Viktoria'

links: 'Lady Emily Peel', rechts: 'Mlle Blanche Laffitte'

'Lady Emily Peel' (Frankreich, Lacharme 1862)
Wieder haben wir einen Abkömmling der beiden Sorten 'Mlle Blanche Laffitte' × 'Sapho' vor uns, weshalb sie auch des öfteren in den Listen bei den Noisette-Hybriden eingeordnet ist.

In einem Sommer erscheinen die Blüten der 'Lady Emily Peel' rein weiß, bei der nächsten Blühperiode schmücken sich weiße Blüten vereinzelt mit einer interessanten roten Bordüre. Wie oft bei weißen Blüten lieben sie keine Regengüsse. Die Rose blüht meist in Büscheln, ist aber für unser Klima nicht besonders geeignet, da sie nicht genügend frosthart ist, obwohl sie die gleichen Eltern hat wie die frostresistentere 'Coquette des Blanches'. Deshalb werde ich sie wohl noch einige Zeit im Topf halten.

Mein Mann Udo entdeckte auch bei dieser Rose einen Bezug zur Seefahrt: Ein Schiff mit dem Namen »Lady Emily Peel« brachte zwischen 1863 und 1871 viele Auswanderer von Belfast aus in die »Neue Welt«. Aber wer war diese Lady? 1861–65 bekleidete ein Sir Robert Peel das Amt eines Obersekretärs für Irland. Bereits in der Liste der Civil Lords der britischen Admiralität steht dieser Mann für die Jahre 1855–57. In diese Zeit fällt seine Heirat mit der 20-jährigen Lady Emily Hay. Dieser Adelige Sir Robert Peel war vor allem als Sohn des sehr viel berühmteren Vaters bekannt, der ebenfalls Sir Robert hieß und als Premierminister 1846–48 in England den Freihandelsgrundsätzen zum Durchbruch verholfen und Agrarzölle aufgehoben hatte, was Frankreich zu schätzen wusste – zwei nicht mehr existierende Rosen trugen seinen Namen. Der französische Schriftsteller und Staatsmann Guizot widmete ihm nach dessen Unfalltod 1850 eine Biografie, die sogar auf Deutsch erschien. Auch der Onkel hatte Regierungsämter inne, ebenso ein Bruder – ein weiterer war Marinesoldat. Zu solchem Umfeld passte diese Aufsehen erregende, elegante junge Frau, die gesellschaftlich zu glänzen verstand und in den Londoner Unterhaltungsmedien der Jahrhundertmitte ihre Spuren hinterließ, einschließlich der Schiffstaufe. Die jedes Jahr neu auf den Markt drängenden französischen Rosensorten waren inzwischen zum weltweit begehrten Markenartikel geworden. Die Lady Emily Peel passte zu diesem Luxusartikel und die Rose selbst passt eigentlich auch gut zu ihr.

Blüte mittelgroß, gefüllt, in Büscheln, reich – gute Nachblüte **Farbe** weiß, Ränder zuweilen rot | **Duft** gut | **Laub** dunkelgrün **Stacheln** wenig | **Früchte** keine | **Höhe** 1,80 m | **Frosthärte** mäßig, Klimazone 5–6

'Mme Ernest Calvat'

'Mlle Blanche Laffitte' (Frankreich, Pradel 1851)
Synonym: 'Blanche Laffitte'
Man muss nah an die Blütenbüschel herangehen, um die einzelnen Blumen in Augenschein nehmen zu können. Sie sind klein bis mittelgroß, bilden ganze Trauben von weißen, anfangs leicht rosafarbenen Blüten; jedoch jede separat vollendet geformt. Die rötlichen Knospen bilden einen entzückenden Kontrast zu den milchweißen geöffneten Schalen. Auch diese Sorte finden wir häufig bei den Noisette- oder China-Hybriden.

Blüte klein, gefüllt, in Büscheln, reich – Nachblüte | **Farbe** milchweiß, Ränder oft rosa, Knospen rötlich | **Duft** leicht **Laub** dunkelgrün | **Stacheln** wenig | **Früchte** keine | **Höhe** 1,40 m **Frosthärte** mäßig, Klimazone 5–6

'Mme Ernest Calvat'
(Frankreich, Wwe. Schwartz 1888)
Sie ist ein Sport von 'Mme Isaak Pereire', von der sie den wunderbaren Duft geerbt hat, zum Glück nicht ihre große Frostempfindlichkeit. Ein fabelhafter Strauch – trotz eines schattigen Standortes, erzielt durch drei Pflanzen eng aneinander gesetzt. Die Blüten besitzen eine effektvolle Leuchtkraft in einem klaren Rosa, eingerahmt mit hellen, weißlichrosa Petalen. Zu ihr gesellten sich eines schönen Tages mehrere Digitalis im gleichen Farbton.

Blüte groß, gut gefüllt, geviertelt, einzeln und in Büscheln, reich – Nachblüte im Herbst | **Farbe** klar rosa, Ränder bisweilen heller | **Duft** sehr gut | **Laub** dunkelgrün | **Stacheln** zahlreich **Früchte** keine | **Höhe** 1,50–1,80 m | **Frosthärte** gut, Klimazone 5

oben: 'Mme Isaak Pereire', unten: 'Mme Lauriol de Barny'

'Mme Isaak Pereire' (Frankreich, Garçon 1880)
Synonym: 'Le Bienheureux de La Salle'
Der überwiegende Teil der Rosenfreunde liebt diese Sorte. Ich gehöre zum anderen. Warum ich sie gepflanzt habe? Das müssen die zahlreichen Bewunderer dieser Rose verantworten. In der Literatur wird sie geradezu verherrlicht. Die einzelne, leuchtend purpurrosa Blüte ist von ihrer Größe her für manchen Rosenfreund sehr beeindruckend und der Duft, der als der stärkste aller Wohlgerüche beschrieben wird, mag ja sagenhaft sein. Jedoch der gesamte Anblick des Habitus wirkt (sofern er nicht wie bei uns durch Frosteinwirkung permanent niedrig gehalten wird) ungraziös, unschön. Der Strauch gibt sich unordentlich, die starren Zweige neigen sich vom Gewicht der großen Blüten und man tut sich schwer, eine gewisse Ordnung in den Strauch zu bekommen. Vor einigen Jahren erfror der Strauch bis zum Boden. Seitdem hat sich die Pflanze nicht mehr erholt. Die zwei oder drei kümmerlichen Zweige erfrieren seitdem immer aufs Neue – und das bisschen, was nachwächst, erspart mir den uneleganten Anblick.

Blüte groß, gut gefüllt, geviertelt, in Büscheln, reich – Nachblüte je nach Klima | **Farbe** leuchtend purpur- bis magentarosa | **Duft** sehr gut | **Laub** dunkelgrün | **Stacheln** zahlreich | **Früchte** keine | **Höhe** 2,00–2,30 m | **Frosthärte** gering, Klimazone 7

'Mme Lauriol de Barny'
(Frankreich, Trouillard 1868)
Als Kletterrose wirkt 'Mme Lauriol de Barny' am schönsten. Durch die großen, silbrig rosafarbenen Blüten neigen sich die zarten Triebe nach unten. Das verleiht ihr aber eine gewisse Natürlichkeit. Die imposanten Rosen erinnern mich an die großen, künstlichen Seidenblumen auf den Hüten der Damen um die Jahrhundertwende vom 19. ins 20. Jahrhundert. Beeindruckend und natürlich sieht es aus, wenn man die etwa zwei Meter hohe Rosenpflanze locker in einen Strauch wachsen lässt. Leider ist die Sorte bei uns nicht sehr frosthart. Sie zählt auch zu den einmalblühenden Rosen, weshalb man sie nicht so häufig in den Gärten findet wie beispielsweise 'Louise Odier'.

Blüte groß, gefüllt, geviertelt, einzeln und in Büscheln, sehr reich – einmalblühend | **Farbe** silbrig rosa, Abseite heller | **Duft** sehr gut | **Laub** hellgrün, dicht | **Stacheln** wenig aber groß | **Früchte** keine | **Höhe** 1,80–2,00 m | **Frosthärte** gering, Klimazone 7

'Mme Pierre Oger'

'Mme Pierre Oger' (Frankreich, Oger, kommerzialisiert durch Verdier 1878)
Es ist ein Sport von 'Reine Victoria' – für beide stimme ich den Schwanengesang an – besonders bei 'Mme Pierre Oger'. Auch der zweite Versuch mit einer weiteren Pflanze von einer anderen Rosenschule verlief kläglich – nach zwei Jahren war nichts mehr von dieser zarten Aphrodite übrig. Die Blüten dieser Rose erinnern an Seidenblumen oder an feines Porzellan. Die kugeligen Knospen öffnen sich weiß, zusätzlich noch in zartrosafarbene Glasur getaucht, was dann beim Herausholen des Porzellans, noch einige effektvolle Schlieren hinterlassen hat. Ich empfinde Wehmut, jedoch ich muss es akzeptieren, dass dies nur eine Rose für Gegenden mit milden Wintern ist, möglicherweise nur für die Rheinebene. Vielleicht erreicht sie dort eine Höhe von eineinhalb Meter und die Leute, die dort leben, können sich sogar noch an einer zweiten Blüte im Herbst erfreuen.

Blüte mittelgroß, gut gefüllt, kugelig, später schalig, einzeln und in Büscheln – Nachblüte je nach Klima | **Farbe** weiß, rosa überhaucht, gestreift | **Duft** leicht | **Laub** hellgrün | **Stacheln** wenig | **Früchte** keine | **Höhe** 1,50 m | **Frosthärte** gering, Klimazone 7

'Réveil' (Frankreich, J. B. Guillot & fils 1854)
'Réveil' ist eine typische Bourbon-Hybride, die Blüten von schöner Form und reinem Rosa, leicht dunkelviolett geädert. 'Réveil', das »Erwachen«, dieser großartigen Rose wie die Züchter sie tauften, gefällt mir außerordentlich. Sie wächst aufrecht, aber gibt sich nicht so schmal wie andere Bourbons. An den häufigen Nachblüten haben wir ebenso viel Freude.

Blüte groß, gefüllt, geviertelt, schalig, in Büscheln, reich – sehr gute Nachblüte | **Farbe** rosa | **Duft** gut | **Laub** hellgrün | **Stacheln** zahlreich, rötlich | **Früchte** keine | **Höhe** 1,50 m | **Frosthärte** gut, Klimazone 5

'Réveil'

'Rose Édouard'

(Frankreich, ca. 1817)

Eine Rose, deren Herkunft für uns heute geheimnisumwittert ist, allerdings auch nicht mysteriöser als 'Reine des Île-Bourbon' oder 'Bourbon Queen'. Hypothesen, ob es sich bei der heutigen Pflanze noch um die Originalrose von der Insel Bourbon handelt, gibt es mehr als genug. Aufregend und spannend, meine ich, ist es doch, solch eine Sorte im Garten stehen zu haben, also bestellte ich sie in Frankreich in der Rosenschule Loubert. Meine 'Rose Édouard' ist von schönem Wuchs und die Blüten sind von intensivem, effektvollem Rosa.

Blüte groß, gefüllt, schalig, in Büscheln, reich – sehr gute Nachblüte | **Farbe** kräftig rosa | **Duft** gut **Laub** hellgrün | **Stacheln** zahlreich | **Früchte** keine | **Höhe** 1,50 m | **Frosthärte** gut, Klimazone 5

'Rose Édouard'

'Souvenir de la Malmaison'

(Frankreich, Béluze 1843)

Die sich am Morgen gerade öffnenden Blüten sind unser Garant für »heute Regen«, der beste Wetterprophet zur Sommerszeit. Nicht, dass die Knospen einen stationären Hygrometer besitzen würden; nein, es ist einfach so.

Fleischrosa, eine Bezeichnung, die ich überhaupt nicht liebe, aber so wird der Farbton dieser Rose in der alten Literatur verwendet, übersetzt aus »carnea« oder »carnée«. Schon vor dreißig Jahren rätselte ich über das Wort »fleischrosa« nach. Muss ich mir darunter nun ein »rosa« wie rohes Fleisch vorstellen oder ist der Farbton eines bereits abgekochten Fleisches gemeint? Ansonsten könnte es sich um die Hauttöne eines weiblichen Wesens handeln. Mir ist die Benennung zartrosé, weißlich rosa, perlmuttrosa, blassrosa oder muschelrosa sympathischer. Für die Blüten von 'Souvenir de la Malmaison' ist die Bezeichnung für den Farbton »perlmuttrosa« sehr passend.

Der Name, das dürfte allen Rosenfreunden vertraut sein, ist den Rosen der Kaiserin Joséphine im Park Malmaison gewidmet, der leider nach ihrem Tod 1814 völlig verwilderte und später nicht mehr in der früheren Fasson restauriert wurde. Die Rose, die dem Gärtner und Baumschulbesitzer Béluze aus Vaise bei Lyon, 1843 vermutlich aus einem Sämling von 'Mme Desprez' glückte, stand in den Beliebtheitsskalen seit ihrer Entstehung immer in den ersten drei Rängen. Völlig zu Recht, wie ich meine. Außer ihrer großen Frostempfindlichkeit ist es eine wunderbare Rose. Die Pflanze sorgt immerfort für neue Triebe und damit für neue Blüten und im Herbst ist der Strauch üppig mit Rosenknospen ausgestattet. Je nachdem wie früh oder spät der Frost eintritt, können wir dann noch mit einer dritten Blühphase rechnen. Die Herbstblüten sind in der Farbe noch schöner, nicht mehr so weißlich, sondern von einem intensiveren, zarten Rosa gezeichnet, das sich in der Mitte vertieft.

Blüte groß, gefüllt, geviertelt, schalig, in Büscheln, reich – sehr gute Nachblüte | **Farbe** zartrosa, zur Mitte tiefer | **Duft** gut, fruchtig | **Laub** hellgrün | **Stacheln** wenig | **Früchte** keine | **Höhe** 1,00–1,50 m | **Frosthärte** mäßig, Klimazone 6

'Souvenir de Mme Auguste Charles'
(Frankreich, Moreau-Robert 1866)
Sie ist eine sehr reizvolle, zartrosafarbene Bourbon-Hybride. Die zahlreichen, schön geordneten Blütenblätter erwecken den Eindruck, als würden sie sich beim Öffnen aus Platzmangel gegenseitig bedrängen und müssten sich daher rollen. In der Mitte sitzt ein grünes Auge. Der Blütengrund ist gelb, deshalb entsteht für manche Autoren der Eindruck, als wäre den Blüten ein lachsfarbener Ton beigemengt. Diese Sorte ist ein Sämling von der rosarot-feuerrot schattierten Bourbon-Rose 'Sir Joseph Paxton'.

Blüte mittelgroß, gefüllt, gut geformt, einzeln und in Büscheln – gute Nachblüte | **Farbe** zartrosa, zur Mitte tiefer | **Duft** gut | **Laub** dunkelgrün | **Stacheln** zahlreich | **Früchte** keine | **Höhe** 1,20–1,50 m | **Frosthärte** gut, Klimazone 5–6

'Souvenir de Saint Anne's' (England, vor 1916)
Nach Graham Stuart Thomas wurde 1916 diese Mutation von 'Souvenir de la Malmaison' in Saint Anne's bei Dublin im Garten von Lady Ardilaun gefunden. Später kümmerte sich Lady Moore in ihrem eigenen Garten in Rathfarnham (bei Dublin) um die Fundrose. Die Gärtnerei Hilling brachte die zauberhafte Rose erst 1950 in den Handel. Sie erhielt den Namen des Fundortes. Der Blütenreichtum und die enorme Blühfreudigkeit dieser Rose hat sie von 'Souvenir de la Malmaison'. Sie besitzt jedoch noch mehr gute Eigenschaften, z. B. kennt sie keine Scheu vor Regen und sie ist überdies gut frostresistent. Die grazil wirkenden Blüten gefallen mir weit besser als die der Stamm-Mutter. Sie sind ebenso zartlilarosa, aber der Farbton ist ausgeprägter.

Blüte mittelgroß, gefüllt bis halb gefüllt, einzeln und in Büscheln, reich – sehr gute Nachblüte | **Farbe** zartrosé, zur Mitte vertiefend | **Duft** gut | **Laub** dunkelgrün | **Stacheln** zahlreich, klein | **Früchte** keine | **Höhe** 1,00–1,20 m | **Frosthärte** sehr gut, Klimazone 5

oben: 'Souvenir de la Malmaison'
unten links: 'Souvenir de Mme Auguste Charles' (im Bild rechts neben 'Clythemnestra')
unten rechts: 'Souvenir de Saint Anne's'

'Vivid'

'Zephirine Drouhin' Blüten und Strauch (rechts)

'Vivid' (England, A. Paul 1853)
Wilhelm Döll beschreibt die Sorte unter den Gallica-Rosen (Chinesische Hybriden, bengale hybrid): »Blüte lilaroth, im Zentrum schwärzlich purpurn mit Sammet; groß, voll. Gezogen von Paul und Sohn in Cheshunt, eingeführt 1853«. Diese Farbenbeschreibung gefällt mir am besten von allen, sie trifft sie einwandfrei. Der große Strauch ist zur Blütezeit im Garten ein Prachtstück, leuchtend und auffallend, breitet er seine gebogenen Zweige nach allen Seiten. Die Rose hat im Laufe der Jahre schon zahlreiche Wurzelschosse gebildet.

Blüte mittelgroß, gefüllt, schalig, flach, in Büscheln, reich – einmalblühend | **Farbe** karmesinrot, kirschrot | **Duft** gut | **Laub** mittelgrün, dicht | **Stacheln** zahlreich | **Früchte** keine | **Höhe** 1,80–2,00 m | **Frosthärte** gut, Klimazone 5

'Zephirine Drouhin' (Frankreich, Bizot 1868)
Der Züchter aus Dijon (manchmal Lyon) widmete die Sorte der Frau eines Hobbygärtners aus Semur, andere Quellen besagen, dass sie nach einer unbekannten Schönheit aus Dijon benannt wurde. Letztere Version klingt doch etwas romantischer. 'Zephirine Drouhin' ist eine sehr häufig gepflanzte Rose. In meinem Garten steht sie gleich zweimal. Am Haus wird sie etwas höher, hier ist es sonnenfreundlicher als im so genannten Waldteil meines Gartens, wo sie die Wand meines Ateliers schmückt. Beide sind an der Südseite, am Wohnhaus klimmt sie noch um die Ecke, auf die Ostseite und streitet mit der 'Ayrshire splendens' um ihren Platz. Hier schieben sich die Triebe durch eine Clematis; von den Widerhaken der Ayrshire-Rose wird das Geflecht aller Zweige und Triebe am Ostgiebel zusammengehalten. Für mich ist sie eine wunderbar wohlriechende Rose, nach meinem Gusto enthält der Duft einen Hauch nach Himbeeren. Und ich kann mir nicht helfen, auch die Farbe erinnert mich an diese süßen Sommerfrüchte. Mit den Farbangaben kirschrosa und karminrosa, wie dies in den Büchern umschrieben wird, kann ich nichts anfangen: Himbeerrosa ergibt mehr Resonanz. Sie ist stachellos, was bei einer Kletterrose nicht unbedingt von Vorteil sein muss. Jedes Zweiglein muss einzeln angebunden werden, wenn diesem Spreizklimmer kein Strauch, Baumgeäst oder Spalier geboten werden kann, in dem die Rose sich abstemmt und mit ihren Nebentrieben verankert.

Blüte groß, locker gefüllt, in Büscheln, reich, früh – gute Nachblüte | **Farbe** lebhaft rosa, himbeerrosa | **Duft** sehr gut **Laub** mittelgrün, junges Laub kupfrig-rot, dicht | **Stacheln** keine **Früchte** groß, rund, orangerot | **Höhe** 2,00–4,00 m | **Frosthärte** sehr gut, Klimazone 5

Remontant-Rosen

oder die »Mensch-ärgere-dich-nicht-Rosen«

Am besten stelle man sich vor, dass lediglich ihre Eltern oder noch frühere Vorfahren remontierten und man sich von den Kindern überraschen lassen muss, sonst ärgert man sich. Denn nicht immer remontiert die Gruppe der Remontant-Hybriden, das heißt, sie blühen nicht immer ein zweites Mal oder sogar noch öfter nach. Auch Geschwind war es bereits ein Bedürfnis, sich über die »so genannten Remontanten von denen gar viele nur auf dem Papiere remontieren« aufzuregen (aus Wiener Ill. Gartenzeitung Jg. 25, 1900). Gerade bei den frühen Versuchen gelang aus Mangel an Erfahrung die Vererbung der Öfterblütigkeit nicht auf Anhieb.

Mir geht es zum Beispiel bei 'Reine des Violettes' so, was gerade bei dieser Rose häufig ein Anlass zu Missmut ist, wie man es bei Gesprächen in Gärtnereien oder in Internetforen beobachten kann: Die Kundschaft, vor allem der Rosenneuling, erwartet eine Nachblüte, da ja auf dem Etikett »Remontant-Rose« abzulesen ist. Jedoch diese Sorte, wenn es die richtige ist, blüht mit absoluter Gewissheit im gleichen Jahr nicht mehr. Mit dem Begriff »Remontant-Rose« habe man es jedoch den Käufern sozusagen versprochen. Die englische Bezeichnung »Hybrid Perpetuals«, was soviel wie »fortwährend« (dauerblühend) bedeutet, entspricht noch weit weniger der Wahrheit, und dies sorgt noch mehr für Irritationen.

Es gibt in dieser Gruppe Sorten, die von vornherein im Nachblühen »faul« sind. Da hilft auch Pflege wie reichliches Düngen und richtiges Schneiden nichts. Ebenso kann das Klima mit ausschlaggebend sein, etwa in kalten Regionen, in denen durch starkes Zurückfrieren einzelner Sorten die Hauptblüte im Juni sogar ganz ausfällt. In meinem Garten erscheint dann oft nur im Juli, August oder sogar erst im Herbst eine einzige Blüte, je nachdem, welchen Frostschaden der vergangene Winter anrichtete. Auch hier wieder die Parallele zum »Mensch-ärgere-dich-nicht-Spiel«, wenn die Rose nach dem Winter wieder am Ausgangpunkt, folglich bei Null über der Anhäufung, starten muss. Ich wundere mich auch schon lange nicht mehr, wenn über das eine oder andere Jahr bei manchen Sorten der Remontant-Hybriden die Blüte total ausfällt. Immerhin ist diese Klasse im Durchschnitt weniger frostempfindlich als Tee-Hybriden, da Remontant-Hybriden in der Regel innerhalb ihrer Gruppe gekreuzt wurden oder sich als Sport oder Sämling daraus ableiten.

Annähernd zeitgleich mit den ersten China-, Tee-, Bourbon- und Portland-Rosen entstanden aus Kreuzungen aller Gruppen untereinander die ersten Sorten von Remontant-Hybriden. Mit diesen und den herbstblühenden Damaszenerrosen wurde wiederum gekreuzt. In W. Dölls Übertragung von W. Pauls *The Rose Garden* (1848, 27. Gruppe, »Hybrid Perpetual«) übersetzt Döll sie (dort 28. Gruppe) zwar brav mit »Die mehrmals blühende Hybride«, fügt dann aber »Hybride incertaine remontante« hinzu. Die Klasse wurde in vier Untergruppen unterteilt. Döll: »Ihre Entstehung ist verschieden, ohne Zweifel in vieler Hinsicht nicht gekannt. Wie dem auch sei, der größere Teil ist von Laffay von der Bourbon-, der chinesischen Hybride, und der mehrmals blühenden Damaszener-Rose gezogen worden. Die erste auffallende Varietät, die wir erhielten, war 'Princesse Hélène', welche im Jahre 1837 eingeführt wurde; danach folgten 'Reine Victoria' und im Jahre 1840 fand man schon über zwanzig Varietäten in den Verzeichnissen aufgeführt ...« Für das Jahr 1855 listet Döll 351 Varietäten auf. Die älteste in dieser Liste, 'Baronne Prévost' von 1841, ist heute noch eine beliebte Sorte. Sie ist weiter unten beschrieben, denn sie steht in meinem Garten.

Eine Rose, die zur Gruppenbildung »Remontant-Hybride« hinführte, ist die Portland-Hybride 'Rose du Roi' (1819), aus deren Abkömmlingen später die Gruppe der »Rosomenen« gebildet wurden ('Gloire des Rosomanes' von 1825 gilt als Vorläuferin der eigentlichen Remontant-Hybriden). Im Hinblick auf die Tatsache, dass viele der Remontant-Hybriden Zufallssämlinge mit meist unbekannter Abstammung sind, dürfte es deshalb müßig sein, hier noch Untergruppen auf der Basis von Vererbungslinien bilden zu wollen, wie es Jules Gravereaux in seinem Verzeichnis der Rosen in L'Haÿ 1902 noch für seine fast 1700 geretteten Sorten und »Fundrosen« bewerkstelligte: 11 Abstammungsgruppen und eine 12. Rätselgruppe mit dem nicht mehr sortierbaren Rest. Für Interessierte gebe ich bei meinen hier 40 vorgestellten Remontant-Rosen zusätzlich diese Gruppennummer an – fett, wenn die Rose die Anführerin der Untergruppe ist.

Vorab zur Übersicht die Typ-Rosen der Untergruppen (nach Gravereaux) mit Züchtungs- bzw. Einführungsjahr. Dahinter die Menge der Rosen seiner Sammlung, die Gravereaux jeweils der Untergruppe zurechnete.

Gr 1 'La Reine' (1842) – 75
Gr 2 'Baronne Prévost' (1841/42) – 8
Gr 3 'Géant des Batailles' (1846) – 58
Gr 4 'Victor Verdier' (1851) – 163
Gr 5 'Général Jacqueminot' (1854) – 477
Gr 6 'Jules Margottin' (1852) – 89
Gr 7 'Madame Récamier' (1852) – 12
Gr 8 'Triomphe de l'Exposition' (1855) – 73
Gr 9 'Madame Victor Verdier' (1859) – 138
Gr 10 'Charles Lefebvre' (1861) – 57
Gr 11 'Baronne A. de Rothschild' (1868) – 9

RGr 12 Restgruppe – 531. Zu ihr gehörte 1902 noch 'Frau Karl Druschki', die später selber wieder als wichtige Stamm-Mutter Züchtungslinien begründen konnte.

Durch ihre große Fruchtbarkeit stieg also die Anzahl in dieser Gruppe bis zur Mitte des 19. Jahrhunderts sehr rasch. Es mussten immer wieder neue Untergruppen hinzu gebildet werden, die zudem äußerst unterschiedlich besetzt waren. Im 20. Jahrhundert gab man die Unterteilung auf – ihre Zeit war vorbei. In den großen Sammlungen kam es bei den Remontant-Hybriden zu starken Verlusten. Im Europa-Rosarium Sangerhausen stehen im Jahr 2007 nur noch 471 Sorten; F. Joyaux schätzt die Gesamtmenge weltweit derzeit auf ca. 700.

Obwohl nicht alle zuverlässig remontierend waren, hatten sich damals die Rosenliebhaber die Sorten der neuen Gruppe gewünscht mit den großen, duftenden Blüten in den Farben verschiedenster Rottöne, aber auch in Rosa und Weiß. Dunkelrote Rosen waren lange Zeit sehr geschätzt. Gelbe Sorten findet man in dieser Gruppe nicht. Bedauerlicherweise gerieten somit die wundervollen, einmalblühenden Alten Rosen immer mehr in Vergessenheit, denn sie wurden systematisch aus den Katalogen und Neuauflagen der Rosenbücher herausgestrichen.

Remontant-Hybriden sind an den großen gefüllten, selten einfachen, Blüten zu erkennen. Die eindrucksvollen Blüten waren vorzüglich für die in England so populären Ausstellungen geeignet. Oft besitzen sie dicke, kräftig bestachelte Triebe, die außerdem noch starr sind. Ihnen fehlt die Grazie der Chinarosen. Remontant-Hybriden wachsen vielfach schmal aufrecht. Eine Strauch-Wirkung erzielt man am besten, in dem man eine Gruppe von drei Pflanzen zusammensetzt. Fast alle dieser Gruppe können zwar in unserem Garten überleben, wenn ich die Pflanzen zum Winter reich mit Erde anhäufle. Meistens aber erfrieren die Teile, die über der Erde stehen. So beginnt das neue Wachstum erst ab der Höhe des Erdhaufens. Wenn in so manchen Büchern die Rede von Sträuchern ist, so kann in meinem Garten nie davon die Rede sein. Selbst wenn ich drei Pflanzen nebeneinander setze, so ist der Anblick immer noch kein Strauch. Dennoch finde ich viele der Remontant-Rosen so bezaubernd, dass ich sie trotzdem besitzen wollte und auch einige relativ (man wird ja bescheiden) bei uns gut wachsen. Ich erfreue mich dann eben mehr an einer einzelnen Blüte und nicht an einem großartigen Remontant-Rosenstrauch.

'Alfred Colomb'

Meine Remontanten

'Alfred Colomb' (Frankreich, Lacharme 1865) Gr 9
Der Züchter Lacharme widmete diese Rose dem Rosengärtner und Hobbyzüchter Alfred Colomb in Lyon. In England war die Rose 'Alfred Colomb' über viele Jahre eine beliebte Ausstellungsrose. Es ist ein Sämling von 'Général Jacqueminot', die sehr häufig zur Weiterzucht verwendet wurde. Die Sorte ist seit vielen Jahren in meinem Garten. Der leuchtend rote Farbton macht sie in der Tat sehr begehrenswert und eine perfekte Form besticht stets. Den schweren, wundervollen Duft kann ich nur rühmen. Ich möchte jedoch nicht durch mein Preisen ihres wundervollen Aussehens ihre Pilzanfälligkeit verschweigen: In unserem Garten ist bei 'Alfred Colomb' der Sternrußtau stark ausgeprägt, so dass meine drei Pflanzen dadurch schwächeln.

Trotzdem möchte ich doch noch in den Jubel von Reverend Hole mit einstimmen, der da in seinem *Buch von der Rose* schreibt: »... doch heute muss der General ('Général Jacqueminot') das Schwert senken vor Rosen wie 'Alfred Colomb', 'Charles Lefebvre' und 'Marie Baumann«.

Blüte groß, gefüllt, einzeln und in Büscheln – Nachblüte | **Farbe** leuchtendrot, karminrot, bläulich verblühend | **Duft** sehr gut | **Laub** dunkelgrün | **Stacheln** wenig | **Früchte** keine | **Höhe** 0,80–1,00 m | **Frosthärte** mittel, Klimazone 5–6

'André Leroy d'Angers'
(Frankreich, Trouillard 1866) Gr 9

Blüte groß, gefüllt | **Farbe** dunkel violett, Mitte dunkelrosa **Duft** gut

So sind die Daten dieser Sorte, beispielsweise bei August Jägers *Rosenlexikon*. Es existiert auch ein eindrucksvolles Bild von ihr (*La Belgique Horticole* 1863, Liège). Leider ist diese Sorte so nirgends im Handel zu finden.

In *Deutsches Rosenbuch*, Gebr. Schultheis (1889), wird unter der Nummer 1576 die Sorte 'André Leroy d'Angers' mit »schön dunkelviolett« beschrieben. Auch im Katalog 2000 der gleichnamigen Rosenschule wurde die Rose noch mit dieser Farbe geführt; ebenso bei Th. Nietner, *Die Rose* (1880), und bei Wesselhöft, *Der Rosenfreund* (1873), heißt es: »... dunkelviolett; eine Prachtrose in dieser Färbung«.

Meine Enttäuschung war groß, trotz der wunderschönen, hellrosa bis lilarosafarbenen Blüten, die sich vor mir auftaten, denn ich pflanzte die vermeintlich dunkelviolette Remontant-Rose neben eine andere rosafarbene. Im Katalog einer weiteren Rosenschule (Alain Tschanz) in der Schweiz entdeckte ich endlich »die dunkelviolette«. Aber sie war wieder hellrosa. Gemäß Foto im Internet-Shop würde eine französische Rosenfirma die Rose auch wieder nur in der Farbe meiner bisherigen Sorten liefern. Hier beugt zwar die vage Farbangabe »rosa« der gärtnerischen Enttäuschung vor, aber das löst nicht das Problem der Identität. Rogers zeigt (im Internet: Rogersroses) Fotos aus Sangerhausen mit hellrosa Blüten bei 'André Leroy d'Angers'. Da auch ein Bild aus L'Haÿ belegt, dass dort ebenfalls die helle, rosafarbene steht, haben wohl alle Rosenanbieter Reiser aus der gleichen Quelle – Gravereaux schreibt im Verzeichnis von 1902 orakelhaft mehrdeutig »rose et violet«.

Die älteste Farbangabe »dunkelviolett« pflanzte sich von Wesselhöft bis ins Sangerhausen-Verzeichnis 1988 fort und geriet wohl so in die Kataloge von Anbietern. Überraschend entdeckte ich, dass *Modern Roses XI* (2000) diese Farbe plötzlich den Knospen zuschreibt – ich erinnere mich nicht, solche gesehen zu haben. Für die Blüte steht dort karmesinrot, was immer man sich dabei vorstellen mag.

»Meine ist anders«, könnte ich mit G. Stuart Thomas ganz einfach sagen und die Sache abhaken, so wie er in seinem *Book of Roses* bei der Sorte 'André Leroy' (Pradel 1860) verfährt! Aber mich irritieren solche Widersprüche. Übrigens ist seine Pradel-Rose bei *Modern Roses* nicht mehr zu finden. »Ob es sie überhaupt noch gibt?«, fragte ich mich neulich. *Modern Roses IV* (1952) kennt gar keine »Leroy-Rose«.

Zunächst zurück zu Trouillards Züchtung, für deren Import nach England damals die Gärtnerei Standish verantwortlich zeichnete. Verwirrenderweise gibt *Modern Roses XI* dafür bereits 1862 an. Schultheis hat seine Rose, nach meinem Hinweis, konsequent aus seinem Sortiment genommen. Auch im Sangerhauser Rosen-Verzeichnis, ab 2000, wurde die Farbbezeichnung umgestellt: auf »violettrosa« – eine Eindeutschung von Gravereaux' Farbangabe?

Allerdings kann man der Rose mit dem Namen 'André Leroy d'Angers' nicht einfach eine andere Farbbezeichnung anhängen, ohne dies mit Hinweis auf neue Quellen mit den Originaldaten des Züchters zu begründen.

'André Leroy' (Frankreich, Pradel, 1860)

Johannes Wesselhöft, Obergärtner der von Eichel'schen Gärten und Lehrer des Obstbaues am Schullehrerseminar zu Eisenach, listet in der ersten Auflage seines 1866 in Weimar erschienenen Buches *Der Rosenfreund* – Vorwort vom April – nur eine Rose auf, ohne den Zusatz »d'Angers«. Er beschreibt sie: »Blumen groß, nicht ganz dicht gefüllt, aber schöner reicher, dunkel-sammetpurpurne Färbung.« Eigentlich kann er aus zeitlichen Gründen wohl kaum die Trouillard'sche Rose von 1866 gemeint haben. Oder doch? In der durch einen Reprint unter heutigen Rosenfreunden verbreiteten dritten Auflage fügte nun der inzwischen auch Kunst- und Handelsgärtner in Langensalza gewordene J. Wesselhöft 1873 in der Rosenliste das »d'Angers« dem Namen an und wies jetzt eine weitere Rose aus, die nun lediglich nur 'André Leroy' heißen würde mit den Daten: »Blumen groß, gefüllt, weißlich rosa, sehr blühbar«. Letztere scheint es zu sein, die seither so im englischen Sprachraum überliefert wurde, von Ellwanger bis G. S. Thomas. Aus England holte vielleicht der Sammler J. Gravereaux diese Pflanze zurück nach Frankreich, versah sie mit dem Zusatz »d'Angers« und ordnete sie in die neunte Remontanthybriden-Gruppe ein. Dort holten sich die Gärtnereien und weitere Sammlungen die Reiser, ohne zu merken, dass sie, verleitet durch den neuen Namen, nicht zur dunkelvioletten Trouillard-Rose wurde, ihr aber solch irreführendes Etikett mit falschen Züchter- und Farbangaben anhängten.

'André Leroy' (d'Angers) Liège – Chromolith. L. Severeyus-Michel aus *La Belgique Horticole*, 13 (1863), S. 161

'André Leroy (d'Angers)': heutige Rose im Handel

Trouillard gehörte zu den 57 Züchtern, die im Raum Angers Rosen vermehrten und ab 1823 auch züchteten, wie Brent Dickerson auflistet. André Leroy (1801–1875) war einer der Pioniere dort. Henri Pradel aus Montauban (nördlich von Toulouse), der (nach Dickerson) mit seinem Sohn 1860 die helle, rosafarbene Sorte hervorbrachte, könnte sie durchaus seinem Kollegen Leroy gewidmet haben. G. S. Thomas hätte sich also umsonst beschwert. Und wir müssten in unseren Gärten und Katalogen den Namen und die Beschreibung anpassen und diese Rose endlich unbeschwert genießen – ich möchte sie nicht mehr missen: Lieblich rosenfarben, von hellem Rosa, zart lilarosa nuanciert, das sind meine Lieblingstöne bei den Rosen. Die Petalen zeigen sich nicht immer schön geordnet, egal, mein Friseur erzielt bei mir auch nicht jedesmal das beste Resultat. Ellwanger (1892) nannte das bei der Rose 'André Leroy' »often ill-formed«.

Blüte groß, gefüllt, einzeln und in Büscheln – Nachblüte **Farbe** lilarosa, zartrosa am Rand, zur Mitte dunkler | **Duft** gut **Laub** mittelgrün | **Stacheln** wenig | **Früchte** keine | **Höhe** 0,80–1,00 m | **Frosthärte** mittel, Klimazone 6

'Anna de Diesbach'

(Frankreich, Lacharme 1849) Gr 1
Synonym: 'Gloire de Paris'
Dieser Sämling von 'La Reine' ist allseits sehr beliebt wegen seiner großen Blüten. Die Rose ist nach der Tochter eines Schweizer Rosenfreundes aus Fribourg benannt. Hole gruppiert sie unter den »kräftigsten und am üppigsten blühenden«. Meine Pflanze war allerdings nie kräftig, sie erholte sich aber etwas in letzter Zeit. Die Blüten anzuschauen ist immer ein Genuss, morgens beim Aufblühen verhalten sich die Farben noch dunkel, aber bald zeigen sie sich in einem wunderschönen helleren Rosa, silbrig schattiert.

Blüte sehr groß, gefüllt, innere Petalen kraus, einzeln und in Büscheln – Nachblüte | **Farbe** lebhaft rosa (karmesin), silbrig schattiert | **Duft** mittel | **Laub** mittelgrün | **Stacheln** wenig | **Früchte** keine | **Höhe** 1,00–1,20 m | **Frosthärte** mittel, Klimazone 6

'Anna de Diesbach'

'Antoine Ducher' (Frankreich, Ducher 1866) RGr 12

Die Abbildung der kugeligen Blüte im Katalog der französischen Rosengärtnerei Guillot beindruckte mich derart, dass ich die Rose sofort besitzen wollte, und als ich das erste Mal vor den runden Bällchen in meinem Garten stand, war ich richtig verliebt in sie. Die Blüten behalten lange diese kugelige Form, bevor sie sich ganz auseinanderfalten. Dann schaut man ihnen ins Antlitz und entdeckt die gelben Staubgefäße. Obwohl meine Pflanze ganztägig in der Sonne steht, bewahrt sie den leuchtenden Magenta-Farbton lange Zeit. Erst beim Verblühen verblassen dann die Blüten. Sie blüht sehr reich und erreicht bis zum Frost eine dritte Blühphase. Das allerdings schwächt die Rose ebenso wie die Tee-Hybride 'Lady Mary Fitzwilliam' in der Weise, dass sie unsere Winter nicht besonders gut übersteht. Deshalb habe ich mir schon eine zweite dieser Sorte bestellt und die erste in einen Topf umgepflanzt.

Blüte groß, gefüllt, kugelig, einzeln und in Büscheln, reich – gute Nachblüte | **Farbe** leuchtend magentarot | **Duft** sehr gut **Laub** dunkelgrün | **Stacheln** zahlreich | **Früchte** keine | **Höhe** 1,00–1,20 m | **Frosthärte** mittel, Klimazone 7

'Archiduchesse Elisabeth d'Autriche'

(Frankreich, Moreau-Robert 1881) Gr 1
Was bewog die französischen Züchter Moreau und Robert im Jahre 1881, eine wundervolle Rose aus ihrem Hause einer schönen, aber, zu diesem Zeitpunkt eher unbedeutenden und in Frankreich weitgehend unbekannten Erzherzogin von Österreich zu widmen? Es fällt schwer, nicht an die bildschöne, junge Kaiserin Elisabeth von Österreich zu denken, von der die ganze Welt schwärmte, die sie bewunderte und verehrte. Jene Elisabeth Amalie (1837–1898),

'Antoine Ducher'

bayerische Prinzessin, seit 1854 mit dem österreichischen Kaiser Franz Joseph I. vermählt. Sie setzte sich zum Beispiel erfolgreich für eine friedliche Lösung der Ungarnfrage ein. Als sie an der Seite ihres Mannes 1867 in Ungarn zur Königin gekrönt wurde, trug sie ein Kleid, das sie in Paris anfertigen ließ. Doch nein! Die Widmung gilt einer Erzherzogin! In Frage kommt nur Elisabeth Franziska Maria von Österreich (1831–1903), Tochter eines Erzherzogs (Joseph Anton Johann von Österreich) und seit 1849 Witwe eines Erzherzogs (Ferdinand von Österreich-Este, Prinz von Modena). Im Jahre 1874 wurde sie zum zweiten Mal Witwe eines Erzherzogs (ihrem Cousin Karl Ferdinand von Habsburg-Lothringen).
Was war der Anlass für die Rosentaufe? Ihr fünfzigster, also runder Geburtstag im Jahre 1881? Könnte die Rose eine gekaufte Namensrose sein? In dieser Zeit war so etwas nicht ungewöhnlich.
Wie dem auch sei, die Rose 'Archiduchesse Elisabeth d'Autriche' erinnert mich in ihrem Aussehen an eine Pfingstrose. Üppige, große, gefüllte Blüten in seidigem, hellem Rosa sitzen in einem dichtbelaubten Strauch. Die Nachblüte findet bei meiner Rose sehr selten statt, da sie, als eine Sonnenanbeterin, hier zu sehr im Schatten eines Apfelbaumes steht.

Blüte groß, gefüllt, flach, einzeln und in Büscheln – selten Nachblüte | **Farbe** seidig hell atlasrosa, Abseite heller | **Duft** gut | **Laub** dunkelgrün, dicht | **Stacheln** wenig | **Früchte** keine **Höhe** 1,20–1,40 m | **Frosthärte** gut, Klimazone 6

'Archiduchesse Elisabeth d'Autriche'

'Ardoisée de Lyon'

oben: 'Baronne Adolphe de Rothschild', unten:'Baronne Prévost'

'Ardoisée de Lyon'

(Frankreich, Plantier 1858) Gr 5

Auffallende, leuchtend kirschrote und magentafarbene Blüten, erst im Verblühen zu schiefrig violett oder pflaumenfarben wechselnd (ardoise = Schiefer) entdecken wir bei dieser Rose. Strauch, Laub und Blüten haben mehr Ähnlichkeit mit einer Gallica als mit einer Remontant-Rose, was ich nicht als negativ betrachte. Da ich nur noch wenig Platz zum Rosenpflanzen habe, setzte ich sie zwischen andere Gallicasträucher. Gezüchtet wurde diese attraktive Rose aber zweifelsohne von Plantier selbst und nicht von Damaizin, wie oft angegeben. François Joyaux beschreibt in seinem kleinen Büchlein *Roses Lyonnaises d'autrefois* die Züchter um Lyon und deren Rosen (Les Cahiers de Rosa Gallica Nr. 1, 2007).

Blüte groß, gefüllt, gute Form, reich – gute Nachblüte | **Farbe** kirschrot, magenta, im Verblühen violett, schieferfarben **Duft** sehr gut | **Laub** graugrün, dicht | **Stacheln** zahlreich, klein **Früchte** keine | **Höhe** 1,20 m | **Frosthärte** gut, Klimazone 6

'Baronne Adolphe de Rothschild'

(Frankreich, Pernet père 1868) Gr 11

Synonym: **'Baroness Rothschild'**

Ein Sport von 'Souvenir de la Reine d'Angleterre' wurde zum Ausgangspunkt einer eigenen Untergruppe. Der Name 'Baroness Rothschild' kommt wahrscheinlich aus England und ist in Ländern außerhalb Frankreichs durchaus bekannt.

Herrliche, große Blüten entwickeln sich aus dicken Knospen, seidig und hellrosa mit silbrigem Hauch. Es ist eine bezaubernde Rose. Zu meiner Freude stellt sich jeden Herbst eine Nachblüte ein, immer wiederkehrend, in harmonischer Farbwirkung gemeinsam mit violetten Astern. Von meinen einstmals drei Pflanzen, vor mehr als dreißig Jahren gesetzt, ist immer noch eine übrig.

Blüte groß, gefüllt, gute Form, einzeln und in Büscheln, reich – Herbst gute Nachblüte | **Farbe** silbrig hellrosa | **Duft** sehr gut | **Laub** leuchtend grün, dicht | **Stacheln** zahlreich **Früchte** keine | **Höhe** 1,20 m | **Frosthärte** gut, Klimazone 6

'Baronne Prévost'

(Frankreich, Desprez vor 1841) Gr 2

Offiziell widmete Desprez wohl der Schwester eines Dahlienzüchters in Voisenon diese bezaubernde Rose, Baronin Prévost. Doch zugedacht hat er sie wohl eher dem Züchterkollegen. Weibliche Rosennamen ziehen tatsächlich die Kunden bes-

ser an. 'Baronne Prévost' ist eine sehr geschätzte Gartenrose. Die Blüten haben eine gute Form, die inneren Petalen sind kraus, dadurch erhält man den Eindruck einer Rosette. In weichem Karminrosa mit lila Schattierung erscheinen die Blüten in dem Sträuchlein. Der Rosenduft ist einzigartig. August Jäger erwähnt sie als die erste Remontant-Hybride. Bei Gravereaux begründet sie die Gruppe 2, die zeitgleich mit der Gruppe 1 ('La Reine') startete.

Blüte groß, gefüllt, flach, schalenförmig, einzeln und in Büscheln, reich – gute Nachblüte | **Farbe** weiches Karminrosa **Duft** sehr gut | **Laub** mittelgrün, dicht | **Stacheln** zahlreich, klein **Früchte** keine | **Höhe** 1,20–1,40 m | **Frosthärte** gut, Klimazone 6

'Captain Christy' (Frankreich, F. Lacharme 1873) Kreuzung aus 'Victor Verdier' × 'Safrano'. 'Safrano' ist eine sehr frostempfindliche Teerose. 'Captain Christy' wird bisweilen auch unter den Teehybriden aufgeführt, so auch bei Gravereaux. Ich gab deshalb meinen beiden Pflanzen von 'Captain Christy' nicht viel Chancen, in meinem Garten zu überleben. Sie benötigten auch ein paar Jahre, um sich zu akklimatisieren. Jetzt haben sie sich prächtig entwickelt, die eine bleibt bei einer Höhe von 1,20 m und die andere wächst mir weit über den Kopf, sie hat die Zweimeter-Marke erreicht. Zu meinem Bedauern weiß man nie vorher wie groß eine Pflanze wird. In einem Beet mit niedrigeren Rosen überragt sie nun alle und hat eigentlich hier nichts verloren. Es wäre aber durchaus nicht verwunderlich, wenn sich bei meiner Bestellung die kletternde Form eingeschlichen hätte. Die Söhne Ducher brachten 1882 eine kletternde Mutation 'Captain Christy grimpant' heraus. Sie soll reichblütiger sein, und wie sich bei mir herausstellte, ist dies bei der höheren Pflanze der Fall.

Blüte groß, gefüllt, schalenförmig, Petalen eingerollt, einzeln und in Büscheln, reich – gute Nachblüte | **Farbe** Zentrum hellrosa, Rand weiß-rosa | **Duft** leicht | **Laub** dunkelgrün, dicht **Stacheln** zahlreich | **Früchte** keine | **Höhe** 1,00–2,00 m | **Frosthärte** gut, Klimazone 5–6

'Captain Christy', Blüte und Strauch

oben: 'Captain Hayward', unten: 'Charlemagne'

'Captain Hayward' (England, H. Bennett 1894) Gr 8
Zu dieser attraktiven Rose kam ich durch Zufall. Eine hiesige Buchhandlung bestellte über mich mehrere, vorgezogene und blühende Containerrosen für die Präsentation meiner Rosenbücher in ihrem Schaufenster. Ein schwerer Gegenstand muss wohl während des Transports auf einen Teil der Pflanzen gefallen sein. Deshalb waren ein paar Rosen ohne Blüten nicht mehr interessant für die Dekoration und alle geköpften Pflanzen kamen so in meinen Garten. Über dieses Prachtexemplar bin ich seit Jahren glücklich. Die großen, leuchtend purpur- bis magentafarbenen Blüten verdankt die Sorte der prunkvollen 'Triomphe de l'Exposition', sie ist ein Sämling von dieser und steht in der Pracht ihrer Mutterpflanze in nichts nach. Im Gegenteil: Oft wird in der Literatur behauptet, dass sie blühfaul wäre, jedoch selbst an dem schattigen Platz, den ich ihr biete, blüht sie üppig, und wir dürfen uns auch noch über eine ausgezeichnete Spätsommerblüte freuen.

Blüte groß, gefüllt, gute Form, geöffnet sichtbare gelbe Staubfäden, einzeln und in Büscheln, reich – gute Nachblüte | **Farbe** leuchtend purpur- bis magentarot | **Duft** leicht | **Laub** dunkelgrün, dicht | **Stacheln** zahlreich | **Früchte** groß | **Höhe** 1,20–1,40 m | **Frosthärte** gut, Klimazone 5–6

'Charlemagne' (Frankreich, Dorizy 1836) Gr 5
Eine großartige Rose mit wundervollen, samtigen, rosa Blüten; sie ist in einem Beet sehr effektvoll. Leider neigt sie stark zu Sternrußtau, was jedoch nicht in jedem Garten auftreten muss. Die Nachblüte im Spätsommer fällt sehr gut aus. Es gibt zwei verschiedene Remontant-Rosen gleichen Namens: Die oben genannte von Dorizy aus Beaume und eine andere, leuchtend kirschrot, von Pierre Oger aus Caen, 1863. Demnach existiert eine noch ältere Remontant-Rose als die von August Jäger erwähnte 'Baronne Prévost'. Die Farbumschreibung »kirschrot« stand früher für allerlei Nuancen. So manches Mal bin ich irritiert, wenn ich in alter Literatur auch für dunkleres Rosa »cerise« lese. Vielleicht ging der Farbbeschreiber von den Kirschen aus, die er kannte – und da gab es damals wohl mehr unterschiedliche Sorten, so wie bei den Rosen.
Karl der Große steht für eine Zeit, die noch beide Völker, Franzosen wie Deutsche, als gemeinsame

Geschichte empfinden können; doch jede Seite neigte oft dazu, ihren Teil isoliert zu sehen. Das vereinte Europa kann nun wieder das Gemeinsame betonen.

Blüte groß, gefüllt, becherförmig, einzeln und in Büscheln, reich – gute Nachblüte | **Farbe** lebhaft samtig rosa | **Duft** sehr gut | **Laub** mittelgrün, dicht | **Stacheln** zahlreich | **Früchte** keine **Höhe** 1,20 m | **Frosthärte** gut, Klimazone 5–6

'Charles Lefebvre'

(Frankreich, Lacharme 1862) Gr 10

'Général Jacqueminot' × 'Victor Verdier' sind die Stammeltern dieser herrlichen Rose. Zwei hervorragenden Sorten und dem Züchter François Lacharme aus Lyon verdanken wir die prunkvolle Sorte 'Charles Lefebvre', die selbst wieder eine neue Züchtungslinie begründete. Das prächtige, dunkle Rot der Blüten erinnert mich an die mit Rubin besetzte Brosche meiner Großmutter. Die Sorte blüht gut nach und überlebte überdies erstaunlicherweise drei Winter in meinem Garten. Doch plötzlich kümmerten während des Sommers die beiden nebeneinander, in Wühlmauskörben, gepflanzten Rosen. Im Herbst grub ich sie aus; an den Wurzeln war nichts abgefressen. Ich bettete jede einzeln (ein einziger Trieb von jeder Pflanze war noch übrig) in große Töpfe mit guter Rosenpflanzerde. Doch es half nichts – ich konnte das völlige Absterben jedes einzelnen Stängels nicht mehr verhindern. Da kann ich mich nur noch fragen, ob es vielleicht ein Pilz war? Ich werde jedenfalls nochmals diese prächtige, rote Rosensorte neu pflanzen.

Blüte groß, gefüllt, becherförmig, einzeln und in Büscheln – Nachblüte | **Farbe** lebhaft samtig dunkelrot, Mitte zuweilen purpurviolett schattiert | **Duft** sehr gut | **Laub** mittelgrün | **Stacheln** wenig | **Früchte** rund | **Höhe** 1,20–1,50 m | **Frosthärte** gut, Klimazone 6

'Charles Lefebvre'

Clio, die griechische Muse der Geschichtsschreibung, auf dem Musensarkophag in Paris, daneben 'Clio'

'Clio' (England, William Paul 1895) Gr 8
Die Musen in der griechischen Sage sind die Töchter von Zeus und Mnemosyne. Von diesen neun Göttinnen der Kunst und Wissenschaft ist Clio die Muse der Geschichte und steht von daher schon dem Freund Alter Rosen nahe.
Lieblich, zart muschelrosa, in der Mitte wenig dunkler, so erlebt man die seidigen Blütenblätter. Aus diesem Grunde leidet aber diese bezaubernde Rose bei länger anhaltendem Regen. Die kugelige Form beim Aufblühen ist so bezaubernd, dass 'Clio' in keinem Garten fehlen sollte. Eine Nachblüte erfolgt selten. 'Clio' entstammt der Reihe der 'Triomphe de l'Exposition'.

Blüte groß, gefüllt, kugelig, gute Form, einzeln und in Büscheln – selten Nachblüte | **Farbe** seidig muschelrosa | **Duft** leicht | **Laub** dunkelgrün | **Stacheln** zahlreich | **Früchte** keine **Höhe** 1,00–1,20 m | **Frosthärte** gut, Klimazone 6

'Comtesse Cécile de Chabrillant'

'Comtesse Cécile de Chabrillant'
(Frankreich, Marest 1858) RGr 12
Die kugeligen Blüten des Sämlings von 'Jules Margottin' sind von glänzendem Satinrosa, mit silbriger Schattierung. Es ist eine vornehme Gartenrose. In meinem Garten auch vornehm zurückhaltend in ihrem Wuchs. Wenige, dünne Triebe schaffen es natürlich nicht, sich gegen frostige Nächte zur Wehr zu setzen. Und so wird aus den beiden zarten Pflänzchen niemals eine Rose, die woanders 1,50 m erreicht oder sich sogar zur Kletterrose verwandelt.

Blüte mittelgroß, gefüllt, kugelig, einzeln und in Büscheln – Nachblüte | **Farbe** satinrosa, Rückseite silbrig rosa | **Duft** sehr gut | **Laub** hellgrün | **Stacheln** klein | **Früchte** keine | **Höhe** 1,00 m **Frosthärte** mittel, Klimazone 6

'Comtesse d'Oxford'
(Frankreich, J. B. Guillot père, 1869) Gr 4
'Comtesse d'Oxford' ist ein Sämling von der züchterisch bedeutenden Remontant-Rose 'Victor Verdier'. Ich möchte behaupten, diese Mutterpflanze ist fast ein Garant für eine gute Gartenrose. Der ins Englische übersetzte Name 'Countess of Oxford' ist kein Synomym.
Ich bin begeistert von meiner 'Comtesse d'Oxford', deren prächtige Blüten mit außerordentlicher Leuchtkraft in dunklem Karminrot, violett schattiert, zwischen den einmalblühenden Historischen Rosen steht, die ihre Blühphase zum Zeitpunkt der Blüte von 'Comtesse d'Oxford' schon abgeschlossen haben. Leider wurde die erste Pflanze durch Frost nach jedem Winter immer kleiner. Sie brachte noch am 25. November die letzte Blüte hervor. Dann verließ sie wohl die Kraft und ein einzelner dünner, armseliger Trieb kämpft nun in einem schönen Blumentopf um sein Überleben. Nun habe ich mir aus Frankreich gleich zwei kräftige Rosenpflanzen kommen lassen und eingesetzt. Sie fühlen sich ungemein wohl und sind diesmal erstaunlich frostresistent.

Blüte roß, gefüllt, gute Form, schalenförmig, einzeln und in Büscheln, reich – Herbst gute Nachblüte | **Farbe** dunkel karminrot, violett schattiert | **Duft** gut | **Laub** mittelgrün | **Stacheln** keine **Früchte** keine | **Höhe** 1,20 m | **Frosthärte** gut, Klimazone 6

'Enfant de France' (Frankreich, Lartay 1860) RGr 12
Die 1860 von Clémence Lartay in Bordeaux gezüchtete und in der zeitgenössischen Literatur

als rotviolett beschriebene Remontant-Hybride mit diesem Namen existiert wahrscheinlich nicht mehr. Die hellrosafarbene Sorte gleichen Namens, die heute allgemein im Handel ist, dürfte auch ihren Ursprung im 19. Jahrhundert haben. Allerdings existieren, meinen Recherchen nach, in Büchern und im Internet, heute gleichzeitig sogar zwei verschiedene rosafarbene 'Enfant de France', eine dunkler rosafarben und eine hellrosa. Ich hatte ursprünglich die dunklere Sorte – zwei Versuche damit überlebten die Winter nicht. Nach einigen Jahren bestellte ich (3. Versuch) eine Pflanze aus Frankreich. Die Blüten sind wunderbar silbrig rosa, gefüllt. Wenn ich vor der jetzigen Rose stehe und ihre herrlichen Blüten betrachte, so muss ich gestehen, ich ziehe diese hellere Sorte der dunkleren vor. Zudem scheint sie weniger frostanfällig zu sein.

Beide – die dunkler rosafarbene und die helle – sind aber nicht, benutze ich August Jägers *Rosenlexikon*, die ursprüngliche »Lartay-Rose«. Diese Sorte von Lartay ist beschrieben: »rotviolett, Rand weißlich, groß, stark gefüllt«. Ebenso, wieder in die *Nomenclature* geschaut: »rouge violet« (wie bei Gravereaux).

J. Wesselhöft hat 'Enfant de France' 1866 noch nicht erwähnt, aber 1873 liest man in der dritten Auflage bei der Beschreibung einer 'Enfant de France': »Blumen sehr groß, gefüllt und schön gebaut, weißfleischfarben mit dunklerem Herz, eine der schätzbarsten unter den hellen Remontanten«. Leider fehlen in der alten Literatur die Züchterangaben. So weiß man auch hier nicht ganz sicher, ob es sich um eine damals neugezüchtete Sorte gehandelt hat, aber die Wahrscheinlichkeit ist sehr groß, dass er die »Lartay-Rose« beschreibt.

Brent Dickerson fand in seinem Archivmaterial eine Rose mit diesem Namen, auf die die Farbbeschreibung »fleischfarben« zutrifft; sie datiert vor 1824, von Brussels, und soll 'Roi de Rome' als Synonym haben. Problem: Sie ist eine Agatherose, also eine einmalblühende Gallica. Auch für die dunklere gäbe es eine farbstimmige Agatherose mit diesem Namen, aus Holland mit unbekanntem Züchter vor 1802. Zur Lartay-Rose wusste er lediglich Nietner (1880) und Singer (1885) zu zitieren, versprach aber weiter zu suchen.

'Comtesse d'Oxford'

Die Autoren Roger Phillips und Martyn Rix melden in ihrem »Ultimativen Rosenführer« (Rosarium, 2005): »man« habe sich nun kurzerhand entschlossen, die hellrosafarbene zur 'Enfant de France' des Züchters Lartay in Bordeaux zu erklären. Die Mühe hätte sich das Komitee wahrscheinlich sparen können, wenn sie weltweit – auch in deutscher Literatur – nachgeforscht hätten. Historisches Arbeiten über Rosen in Deutschland ist durchaus sinnvoll, wie es das Ehepaar Hedi und Wernt Grimm demonstrieren konnte.

Steckbrief meiner Rose – **Blüte** groß, gefüllt, einzeln und in Büscheln, reich – gute Nachblüte | **Farbe** silbrig rosa, zur Mitte dunkler | **Duft** gut | **Laub** mittelgrün | **Stacheln** zahlreich | **Früchte** keine | **Höhe** 1,20 m | **Frosthärte** gut, Klimazone 5–6

'Enfant de France'

'Eugène Fürst'

'Eugène Fürst'
(Luxemburg, Soupert et Notting 1875) Gr 5
Die Sorte ist ein Sport von 'Baron de Bonstetten'. Es ist eine bildschöne, samtig dunkelrote Rose mit purpurvioletter Schattierung. Da sie bei mir fast ausschließlich im Schatten des großen Apfelbaumes steht, behält sie die wunderbare Farbe bis zum Verblühen und verblasst nicht in der Sonne, wie oft beschrieben.
Eugen Fürst war Redakteur der *Vereinigten Frauendorfer Blätter*. Die Gärtnerei Soupert et Notting erhielt dort viel Raum, ihre neuesten Züchtungen vorzustellen. Es war der Nachfolgetitel der *Allgemeinen Deutschen Garten-Zeitung*, eine wöchentliche Veröffentlichung der »Praktischen Gartenbau-Gesellschaft Bayern«, die Eugens Vater, Johann Evangelist Fürst (1784–1846), im Jahr 1823 gegründet hatte. In Frauendorf bei Vilshofen hatte der Vater eine Versuchsstation angelegt, um Obstbäume, Gemüsesorten, aber auch Blumen- und nicht zuletzt auch Rosensorten unter allen Gesichtspunkten zu prüfen und das Beste zu verbreiten. Ich möchte die Leistung des Sohnes, der das Unternehmen fortsetzte, hauptsächlich die Weiterführung des Vereins und die Zeitung, nicht schmälern. Aber posthum hätte dem Vater auch die Ehre einer Namenswidmung gebührt (mehr dazu im Kapitel über Rosenschreiber).
Blüte groß, gefüllt, gute Form, einzeln und in Büscheln – gute Nachblüte im Spätsommer | **Farbe** samtig karmesin, purpurrot schattiert | **Duft** sehr gut | **Laub** mittelgrün | **Stacheln** wenig **Früchte** keine | **Höhe** 1,40 m | **Frosthärte** gut, Klimazone 5–6

'Fisher et Holmes' (Frankreich, E. Verdier 1865) Gr 5
Synonym: 'Fisher Holmes', 'Fisher & Holmes'
Auch sie ist eine prächtige Gartenrose, ein Sämling von 'Maurice Bernardin', einer Remontant-Rose. Die samtig dunkelrote Rose mit exzellentem Duft gehörte zu den beliebtesten Schnittrosen. Auch als Hochstamm war sie sehr beliebt. August Jäger schreibt der Blütenform das perfekte Aussehen einer Kamelie zu. In meinem Garten gehört sie zu den wenigen frostresistenten Remontant-Hybriden. Sie wächst bei mir in magerem Boden, verursacht durch die Wurzeln eines Hartriegels, eines Pfeifenstrauchs und einer Kiefer, von oben wird die Rose obendrein von all diesen genannten Pflanzen noch betropft. Sie ist für mich ein wahres Wunder an Überlebenskraft.
Fisher (und) Holmes soll eine englische Firma gewesen sein. Da darf man davon ausgehen, dass diese Firma für die Namensnennung bezahlt hat.
Blüte mittelgroß, gefüllt, gute Form, einzeln und in Büscheln, reich – gute Nachblüte | **Farbe** karmesin, scharlach, samtig dunkelrot | **Duft** sehr gut | **Laub** dunkelgrün | **Stacheln** zahlreich | **Früchte** keine | **Höhe** 1,20 m | **Frosthärte** gut, Klimazone 5

'Frau Karl Druschki' (Deutschland, Lambert, offiziell in den Handel gebracht 1901) RGr 12
Synonym: 'Snow Queen', 'Reine des Neiges', 'White American Beauty'
Einen deutschen Namen konnten die Amerikaner nicht ertragen, deshalb nannten sie die Rose 'White American Beauty'.
Diese berühmte Sorte ist aus der Remontant-Rose 'Merveille de Lyon' und der Tee-Hybride 'Mme Caroline Testout' hervorgegangen. Sie selbst wiederum ist eine wichtige Stamm-Mutter, aus der weitere zahlreiche Sorten gezüchtet wurden. Peter Lambert hat diese weltberühmte Rose der Frau des damaligen Präsidenten des »Vereins deutscher Rosenfreunde« (jetzt »Gesellschaft Deutscher Rosenfreunde«) gewidmet.
Die Blüten sind von einem seltenen, durchscheinenden, schneeigen Weiß. Oder man könnte es

auch mit der Frische eines Zitroneneises vergleichen, denn aus der Mitte strahlt tatsächlich ein Hauch von Zitronengelb. Die Petalen sind nach rückwärts eingerollt. Ein Schimmer von Rosa an den spitzen Knospen, die bei der geöffneten Blüte nicht mehr sichtbar sind. Jedoch Regen lieben diese Blüten überhaupt nicht, da bekommen sie rote Flecken vor Zorn.

Mittlerweile besitze ich sechs Pflanzen dieser Sorte, leider nicht zu einem einzigen Strauch nebeneinander gepflanzt, sondern verstreut, an verschiedenen Plätzen, um vermeintlich bessere Standorte für sie zu finden. In jedem Frühjahr bestellte ich eine neue Pflanze von 'Frau Karl Druschki', da ich glaubte, die anderen seien total erfroren. Aber spät im Mai spitzelten dann doch wieder einige Triebe aus dem Boden. Durch das Zurückfrieren und späte Austreiben entfällt natürlich die erste Blühphase, der Juniflor. Die Behauptung, 'Frau Karl Druschki' sei frosthart, verdrießt mich allmählich. Es ist zwar bis jetzt in all den Jahren noch keine dieser Sorte total verschwunden, aber ich kann ja nicht eine Rose zu den Frostresistenten zählen, wenn sie – trotz Erdanhäufelung – bis zum ebenen Boden zurückfriert. Angeblich soll sie bis -33° C Frost ertragen (Klimazonenzahlenwert 4 bei einem englischen Autor).

Zu der schönen weißen, aber duftlosen 'Frau Karl Druschki' pflanzte ich mir eine Gruppe von Lamberts 'Druschki rubra' (1929), die, wie der Name schon verrät, magentarote Blüten hervorbringt, die nun aber intensiv duften.

Blüte groß, gefüllt, gute Form, Knospe spitz, einzeln und in Büscheln, reich – gute Nachblüte | **Farbe** weiß, Rückseite rote Reflexe | **Duft** kein | **Laub** dunkelgrün, dicht | **Stacheln** zahlreich, kräftig | **Früchte** keine | **Höhe** 1,60 m | **Frosthärte** gering, Klimazone 6–7

'Géant des Batailles' (Frankreich, Nérard 1846) Gr 3
Der »Riese« ist ein Sämling von 'Gloire des Rosomanes'. Für Johannes Wesselhöft gab es 1866 nur eine Untergruppe, die Rosomenen, der er auch diese Rose zurechnete. Leuchtend feuerrot sind die Blüten zu nennen. August Jäger warnt schon vor der Frostempfindlichkeit der Sorte. Ich werde sie deshalb in einen großen Topf pflanzen. Diese habe ich nun aus Sangerhausen und ich hoffe, dass es diesmal die richtige 'Géant des Ba-

oben: 'Fisher et Holmes', unten: 'Frau Karl Druschki'

oben: 'Géant des Batailles', unten: 'Général Jacqueminot'

tailles' ist. Zwei Jahre zuvor bekam ich eine völlig falsche, eine rot-weiß-gestreifte, aus Frankreich. Diese Rose war zu ihrer Zeit sehr geschätzt, heute ist sie schwer erhältlich. 'Géant des Batailles' war für die Züchtung der Remontant-Rosen sehr wichtig. Sie ist die dritte Typ-Sorte, die als Stammeltern weiterer hervorragender Remontant-Rosen zählen. 'Abbé Bramerel' von Guillot fils, 1864, und 'Empereur du Maroc' von Guinnoisseau, 1858, sind zwei Beispiele, die heute noch erhältlich sind. Beide Sorten setzen den prächtig roten Farbton fort.

Les Plus Belles Roses au Debut du XX. Siecle, eine 1911 von der Rosensektion der französischen Gartenbaugesellschaft herausgegebene Broschüre, stellte ebenfalls noch, wie Gravereaux, die elf verschiedenen großartigen Sorten heraus, von denen ebensolche erstklassige Abkömmlinge hervorgegangen sind. Immer wenn eine der bisherigen Remontant-Rosen so auffiel, dass mit ihr systematisch weitergezüchtet wurde, nahm man dies zum Anlass, eine neue Gruppe zu eröffnen – in der Hoffnung, für die Untergruppe auch gemeinsame Eigenschaften bestätigen zu können. Irgendwann hat man die Unterteilung als nicht mehr hilfreich aufgegeben. Zudem dünnte sich im Laufe der Zeit die Menge der Remontant-Rosen aus und die Anzahl der nicht mehr ins Untergruppen-Schema passenden Rosen nahm überhand.

J. Wesselhöft empfiehlt die Rose 1866, aber auch noch 1873 zur »Topfkultur und zum Treiben«.

Blüte groß, gefüllt, ziegelförmig – gut nachblühend | **Farbe** feuerrot, karmesin | **Duft** sehr gut | **Laub** dunkelgrün | **Stacheln** wenig | **Früchte** keine | **Höhe** 1,20 m | **Frosthärte** gering, Klimazone 7

'Général Jacqueminot'

(Frankreich, Roussel 1852) Gr 5

Auch diese Rose ist eine wichtige Sorte für die Weiterzüchtung gewesen, Begründerin der 5. Gruppe. Es handelt sich bei ihr wieder um einen Sämling von 'Gloire des Rosomanes'. Meine Pflanze ist ziemlich schwachwüchsig, trotzdem erlebe ich einzelne Blüten mehrmals im Jahr, was sie wahrscheinlich schwächt. An der einzelnen Blüte aber kann ich mich gar nicht satt sehen, ab dem Öffnen der Knospen bis zum Verblühen, sie ist in jeder Situation eine interessante Sorte. »Der Löwe unserer Rosengärten«, schreibt der Engländer Reynolds Hole über diese Rose. Die Blütenblätter sind »weich und glatt wie Sammet und glühen hochroth«. Vielleicht erholt sich die Pflanze doch noch in meinem Garten.

Blüte groß, gefüllt, kugelig, gute Form, einzeln und in Büscheln – gute Nachblüte | **Farbe** leuchtend feuerrot bis hellrot, samtig, ab und zu weiß gestreifte Petalen | **Duft** sehr gut **Laub** mittelgrün | **Stacheln** zahlreich | **Früchte** keine | **Höhe** 1,50 m | **Frosthärte** gut, Klimazone 5–6

'Gloire de Ducher'

(Frankreich, Ducher 1865) RGr 12

Eine Rose zum Ruhme ihres Züchters Jean-Claude Ducher! Eine wunderbare Gartenrose, wieder in prächtigem, dunklem, trotzdem leuchtendem Purpurrot, das zu den Rändern mit einem schiefergrauen Hauch überzogen ist. In meinem Garten blüht sie ein zweites Mal im Spätsommer, jedoch in milderem Klima schafft sie sicherlich noch eine dritte Blühzeit. 'Gloire de Ducher' bringt mich immer wieder zum Staunen: Lange, kräftige Triebe streben aufwärts, als wollte sie sich hochrecken, um mit ihren wundervollen Blüten über die anderen Rosen zu ihren Füßen zu prunken. Ist es doch ein Beweis, dass sie gut frostresistent ist – sie muss sich nicht im Mai von der Erde nach oben quälen. Die starken Stacheln passen zu der Rose, an der alles beeindruckend ist. Es ist aber schon notwendig, gleich zwei bis drei zu pflanzen, jeder Stock hat höchstens drei Triebe, die man am besten, solange sie noch weich sind, an einem Stab quer befestigt. So erhält man mehr Blüten. Für J. Wesselhöft ist sie – ebenso wie für mich – eine »Prachtrose ersten Ranges«.

Blüte groß, gefüllt, gute Form, flach, einzeln und in Büscheln – gute Nachblüte | **Farbe** leuchtend purpurrot, schiefrig schattiert | **Duft** gut | **Laub** mittelgrün | **Stacheln** zahlreich **Früchte** keine | **Höhe** 1,20–1,80 m je nach Klima | **Frosthärte** gut, Klimazone 5–6

'Horace Vernet'

(Frankreich, J. B. Guillot fils 1866) Gr 10

Wieder haben wir es mit einem Sämling von 'Général Jacqueminot' zu tun. Der Farbton dieser Rose ist zunächst sehr auffallend: Samtig purpur, dunkel karmesin überhaucht, das klingt poetisch, aber die Farbtöne sind es nicht, sie sind mir zu grell; manche lieben dies ja. Inzwischen musste ich mein Exemplar wieder mal zum Aufpäppeln in einen Topf umpflanzen. Gleichzeitig bestellte ich zwei neue Pflanzen aus Frankreich. Anders als die erste sind diese kräftig im Wachstum und ich bin nun plötzlich nicht mehr gegen diese Farbgebung. Beeinflusst vielleicht durch Wesselhöfts Worte über diese Sorte: »Eine sehr effektvolle Rose von sehr schönem Habitus«. Die Frostresistenz ist ebenfalls gut, sofern die Pflanzen von vornherein kräftig sind.

oben: 'Gloire de Ducher' (Sommerblüte),
unten: 'Gloire de Ducher' (Oktoberblüte)

'Horace Vernet'

Meist wird Horace Emile Jean Vernet (1789–1863) nur als »Schlachtenmaler« erwähnt. Aber er malte auch sehr schöne Porträts, so wie die von der Zarenfamilie in Petersburg. Er hielt sich längere Zeit dort auf und bekam durch diesen Auftrag zahlreiche weitere; er war überdies Lithograph. Während in seiner Anfangszeit eher die heroisierenden Militärszenen im Vordergrund standen, wurden seine Werke später – durch seine Reisen nach Italien (mit seinem Vater, der ebenfalls Maler war) und durch Afrika – in der Darstellung immer realistischer und er wandte sich friedlicheren Themen zu.

Blüte groß, gefüllt, gute Form, in Büscheln – gute Nachblüte **Farbe** samtig karmesin, bläulich rot | **Duft** sehr gut | **Laub** dunkelgrün | **Stacheln** wenig | **Früchte** keine | **Höhe** 1,20 m **Frosthärte** gut, Klimazone 5–6

'Hugh Dickson' (Nordirland, Hugh Dickson 1905)

Es wird empfohlen, diese Sorte an einer Säule zu ziehen. Nun, da brauche ich nicht erst nach einem Pfahl zu suchen – bei mir ist sie nach fünf Jahren immer noch nicht höher als 1,20 m und ich erwarte auch kein plötzliches, enormes Wachstum. Sie benimmt sich eben so, wie es sich für die Gegend gebührt, in die man sie zwangsverpflichtete, ihre Aufgabe zu erfüllen. Aber die relativ kleine Pflanze versorgt mich dennoch mit schönen, karmesinroten Blüten, und da ich sie, in pessimistischer Art und Weise, vornan in ein Beet pflanzte, kann ich sie vom Wegesrand jedes Mal bewundern und meine Nase in ihre herrliche Blüte versenken.

Hugh Dickson hat sich mit dieser Kreuzung aus 'Lord Bacon' (einer Remontant-Hybride von W. Paul, 1883) und 'Gruß an Teplitz' (Tee-Hybride von R. Geschwind, 1897) selbst ein Denkmal gesetzt.

Blüte groß, gefüllt, gute Form, einzeln und in Büscheln – gute Nachblüte | **Farbe** karmesin, scharlachrot schattiert | **Duft** sehr gut | **Laub** mittelgrün, dicht | **Stacheln** zahlreich | **Früchte** keine **Höhe** 1,20–3,00 m je nach Klima | **Frosthärte** gut, Klimazone 5–6

'Jules Margottin'

(Frankreich, Margottin père 1853) Gr 6

Jules Margottin (1817–1892) war Rosist in Paris, 1861 zog er um nach Bourg-la-Reine, nahe Paris, und züchtete, später mit seinem Sohn, überwiegend Remontant-Hybriden. Die Varietät 'Jules Margottin' ist eine wichtige Stamm-Mutter für spätere Rosensorten, Gruppe 6. Sie selbst ist ein Sämling von 'La Reine', einer ebenso berühmten Remontant-Rose, die ihre hervorragenden Eigenschaften auf weitere Hybriden vererbt hat (Gruppe 1).

Die effektvollen, lebhaft rosafarbenen Blüten sind zunächst kugelig, öffnen sich dann flach, so dass die gelben Staubfäden sichtbar werden. Eine attraktive Rose! Magerer Boden mit Wurzeldruck einiger Bäume in meinem so genannten Waldgarten, nimmt sie klaglos hin und blüht dennoch wunderbar. Ihre relative Frostresistenz erstaunt mich.

Blüte groß, gefüllt, gute Form, einzeln und in Büscheln, reich – selten Nachblüte | **Farbe** lebhaft dunkelrosa bis karmin **Duft** sehr gut | **Laub** dunkelgrün | **Stacheln** zahlreich, rotbraun **Früchte** keine | **Höhe** 1,20 m | **Frosthärte** gut, Klimazone 5–6

links:'Hugh Dickson'
rechts: 'Jules Margottin'

'La Syrène' (Frankreich, Touvais 1874) Gr 5
Eine außerordentlich interessante Remontant-Hybride, die im Laufe des Sommers bis zum Herbst immens in ihren Farben variiert. Deshalb kann man sich nicht auf einen einheitlichen Farbton beschränken. Sie blüht farblich besonders nuancenreich während einer Blühphase in kirschrosa bis fliederfarben, und auch helle rosa Töne sind durchaus üblich. Natürlich spielt die Sonneneinwirkung auch eine zusätzliche Rolle. Die Pflanze ist äußerst wuchsfreudig, gesund und robust. Sie hat starre, dicke Triebe, die mit ebenso kräftigen Stacheln besetzt sind. An einem Spalier gezogen, werden noch mehr Blüten erreicht. Bei 'La Syrène' dürfen wir uns die ganze Saison über an neuen Blüten erfreuen.

Blüte groß, gefüllt, rund, in Büscheln, reich – gute Nachblüte **Farbe** variierend kirschrosa bis flieder | **Duft** gut | **Laub** mittelgrün, dicht | **Stacheln** zahlreich | **Früchte** keine | **Höhe** 1,80–2,00 m | **Frosthärte** sehr gut, Klimazone 5

'La Syrène'

oben: 'Louise Cretté',
unten: 'Louis XIV'

'Louise Cretté' (Frankreich, Chambard 1915)
Sie ist eine hinreißende, schöne Varietät, entstanden aus 'Frau Karl Druschki' und Cl. 'Auguste Viktoria'. Die äußeren Kronblätter sind schneeig weiß, während die cremeweiße Mitte die gesamte Blüte in diesem warmen Ton erscheinen lässt. Die Rose bildet lange, fast stachellose Triebe. Für unsere Region ist sie leider frostempfindlich. Die wunderbare Gartenrose scheint in Frankreich nicht mehr bekannt zu sein. Der Züchter C. Chambard aus Lyon widmete, ein Jahr nachdem er diese Remontant-Rose herausgebracht hatte, eine Tee-Hybride Louises Ehemann Charles Cretté.

Blüte groß, gefüllt, gute Form, reich – gute Nachblüte | **Farbe** schneeweiß, Mitte cremeweiß | **Duft** leicht | **Laub** dunkelgrün, dicht | **Stacheln** wenig | **Früchte** keine | **Höhe** 1,40–1,60 m **Frosthärte** mäßig, Klimazone 7

'Louis XIV' (Frankreich, J. B. Guillot fils 1859) Gr 5
Sie hat die Empfindlichkeit einer Chinarose; meine beiden ins Freie gepflanzten Rosen mussten schon umziehen in eine große Terrakotta, denn nach jedem Winter wurden die Rosen immer weniger. Hier haben sie sich prächtig erholt und blühen unentwegt, so wie man sich eigentlich eine Remontant-Rose vorstellt. Die samtig dunkel bräunlichroten Blüten (diesmal in echtem Karminrot) erscheinen wie besonders edler Bordeauxwein. Auf den Petalen liegt ein samtig schwarzer Schimmer; ganz geöffnet zeigen sich gelbe Staubfäden. Ich stehe immer wieder wie gebannt vor den wunderbaren Blütenbüscheln. Es ist der anziehendste Farbton aller dunkelroten Sorten; hier kann man schon fast von »schwarz« reden. Der Wuchs ist niedrig, die Rose verzweigt sich aber sehr schön.

Blüte mittelgroß, halb gefüllt, gute Form, in Büscheln, reich – dauerblühend | **Farbe** karminrot, samtig schwarzer Schimmer **Duft** gut | **Laub** mittelgrün, licht | **Stacheln** wenig | **Früchte** keine **Höhe** 0,60–0,80 m | **Frosthärte** mäßig, Klimazone 7

'Magna Charta' (England, William Paul 1876) Gr 6
Dieser Sport von 'Mme Gabriel Luizet', ebenfalls eine Remontant-Rose, hat auffallende, weithin leuchtende Blüten in zunächst dunklerem Kirschrosa, später aufhellend. Es ist eine fantastische Rose, reichblühend in der Hauptsaison und im Herbst etwas nachblühend.
»Der große Freibrief« wurde 1215 vom englischen Adel dem König »Johann ohne Land« abverlangt. Das Dokument fasste alles Recht der angelsächsischen und normannischen Zeit zusammen, enthielt aber auch die Rechte bürgerlicher persönlicher Freiheit und des Eigentums. Die Magna Charta (Reichsgrundgesetz, Freiheitsakte) ist der Grundstein der englischen Parlamentsverfassung und Grundidee aller Verfassungsstaaten geworden.

Blüte sehr groß, gefüllt, gute Form, in Büscheln, reich – selten Nachblüte | **Farbe** leuchtend dunkelrosa, karminrot schattiert **Duft** gut | **Laub** dunkelgrün | **Stacheln** zahlreich | **Früchte** keine **Höhe** 1,50 m | **Frosthärte** mittel, Klimazone 6

'Monsieur Le Capitaine Louis Frère'

(Frankreich, Vigneron 1883) Gr 5
Synonyme: 'Capitaine Louis Frère', 'M. Le Capitaine Louis Frère'

Diese großartige Remontant-Hybride habe ich im Katalog der Rosenschule Guillot in Frankreich entdeckt und sie wollte ich unbedingt besitzen. Allein schon die perfekte Form der Blüten, sowie der brillante, rubinrote Farbton machen die Rose zu einem extravaganten Gartenschmuck. Im Verblühen färben sie sich violettrot. Sie ist sehr gesund, robust und das wichtigste für rauere Gegenden: Sie ist absolut frosthart. Lange, sehr stachlige Triebe werden am besten an einer Säule oder auch an einem kleinen Spalier aufgebunden, so kann ich noch mehr Blüten erwarten.

Blüte sehr groß, gefüllt, gute Form, einzeln und in Büscheln, reich – gute Nachblüte | **Farbe** leuchtend rubinrot, violett verblühend | **Duft** gut | **Laub** dunkelgrün, dicht | **Stacheln** zahlreich, kräftig | **Früchte** keine | **Höhe** 1,60–1,80 m | **Frosthärte** sehr gut, Klimazone 5

oben: 'Magna Charta', unten: 'Monsieur Le Capitaine Louis Frère'

'Président Willermoz'

'Mrs. R. G. Sharman-Crawford'

'Mrs. R. G. Sharman-Crawford'

(Nordirland, A. Dickson 1894) Gr 4

Da hat sich in A. Jägers *Rosenlexikon* ein Druckfehlerteufelchen eingeschlichen: Die Jahreszahl 1934 muss 1894 lauten, denn in diesem Jahr brachte die nordirische Gärtnerei A. Dickson & Sons (der wir übrigens auch die bezaubernde Bourbonrose 'Kathleen Harrop', 1919, verdanken) diese Remontant-Hybride heraus. Sogar im gleichen Jahr wurde 'Mrs. R. G. Sharman-Crawford' in der *Rosen-Zeitung* Nr. 15 unter dem Thema *Neueste Rosen für 1894* vorgestellt.

'Mrs. R. G. Sharman-Crawford' ist in meinem Garten eine wahrhaftig gute, frostresistente Sorte. Silbrig rosa leuchten die großen, schön geformten Blüten im Beet.

Blüte groß, gefüllt, gute Form, einzeln und in Büscheln, reich – gute Nachblüte | **Farbe** silbrig rosa | **Duft** gut | **Laub** mittelgrün | **Stacheln** zahlreich | **Früchte** keine | **Höhe** 1,20–1,60 m **Frosthärte** gut, Klimazone 5–6

'Président Willermoz'

(Frankreich, Ducher 1867) RGr 12

Zum ersten Mal sah ich den Präsidenten in Lassay, einem freundlichen und typischen kleinen, mittelalterlichen Ort im Nordwesten Frankreichs. In einer idyllischen öffentlichen Anlage im Stadtgraben sind alte und moderne Rosensorten in vorbildlicher Weise als Spiegel der Rosengeschichte gepflanzt. Jetzt blüht 'Président Willermoz' auch in meinem Garten. Ein kleiner, buschiger Strauch, über und über bedeckt mit großen, lebhaft rosafarbenen Blüten. Obwohl die Rose ein Sport von der frostempfindlichen 'Géant de Batailles' ist, kann ich für diese Sorte eine geringere Anfälligkeit in dieser Richtung versichern.

Blüte groß, gefüllt, gute Form, einzeln und in Büscheln, reich – gute Nachblüte | **Farbe** lebhaft rosa | **Duft** gut | **Laub** mittelgrün | **Stacheln** zahlreich | **Früchte** keine | **Höhe** 1,00–1,20 m | **Frosthärte** gut, Klimazone 5–6

'Prince Camille de Rohan'

(Frankreich, E. Verdier 1861) Gr 5

Diese prunkvolle Rose ist ein Sämling von 'Général Jacqueminot'. Die ersten drei Pflanzen, die ich nacheinander bestellte, waren alle sehr kümmerlich. Keine schaffte es durch die Winter zu kommen. Endlich, mit zwei wurzelnackten Pflanzen, von einer anderen Rosenschule, kann ich mich nun über einen vortrefflich, aufrecht wachsenden Strauch (zwei Exemplare nebeneinander gesetzt) freuen. Ich hatte Glück, dieses Mal zwei robustere Pflanzen zu bekommen. Jetzt stehe ich staunend vor meinem etwa 1,60 m hohen Strauch, der übersät ist mit prachtvollen Blüten, deren dunkel rubinrote, kastanienbraun und schwarz samtig überzogene Petalen so aufregend sind. Sie sind einzigartig in ihrer Farbe und ich kann mich nicht an diesen

Tönen satt sehen. Sind die Blüten ganz erblüht, schaut man auf die gelben Staubbeutel. Hätte ich nicht die Postkarte meines Vaters entdeckt, die er mir vor langer Zeit von dem Schloss Rohan schickte, wäre ich niemals in den Besitz dieses wunderschönen Rosenstrauches gekommen. Mein Strauch bringt nach der üppigen Hauptblüte mehrmals noch vereinzelte Nachblüten. Wenngleich er im Herbst noch einige Blüten mehr trägt, ist mein Strauch gut frostresistent. Voraussetzung ist natürlich eine kräftige Pflanze.

Blüte groß, gefüllt, gute Form, einzeln und in Büscheln, reich – Herbst gute Nachblüte | **Farbe** karminrot, samtig schwarz und kastanienbraun schattiert | **Duft** sehr gut | **Laub** dunkelgrün **Stacheln** zahlreich | **Früchte** keine | **Höhe** 1,50–1,70 m | **Frosthärte** gut, Klimazone 5–6

'Prince Eugène de Beauharnais'

(Frankreich, Moreau-Robert 1864) Gr 5

Die Rose brachte ich vor Jahren aus einer Rosenausstellung als Containerpflanze mit. Nicht

'Prince Camille de Rohan'

Alte Postkarte von Schloss Rohan (erbaut 1485) in Pontivy (Bretagne), Stammsitz des weitverzweigten, über Europa verstreuten Adelsgeschlechts von Rohan

'Prince Eugène de Beauharnais'

wegen ihrer Farbe, sie blühte zu diesem Zeitpunkt gerade nicht, sondern wegen ihres Namens: Eugène (1781–1824), ein Sohn aus erster Ehe von Josephine (der späteren Kaiserin) und des Vicomte Alexandre de Beauharnais. Napoleon liebte ihn und dessen Schwester Hortense wie seine eigenen Kinder. Im Jahre 1805 – ein Jahr nachdem er sich selbst zum Kaiser der Franzosen ernannt hatte – adoptierte er beide und ernannte Eugène zum »Kaiserlichen Prinzen« und zum Vizekönig von Italien.

Der Farbton der Blüten konnte mir erst im dritten Jahr Freude bereiten, denn bis dahin war sie mir zu grell. Man muss sie zwar immer noch als leuchtend und auffallend beschreiben, jedoch in einer angenehmeren, weicheren Farbgebung. Voll erblüht zeigt sie noch gelbe Staubgefäße.

Blüte groß, gefüllt, einzeln und in Büscheln, reich – Herbst Nachblüte | **Farbe** leuchtend magentarot, purpur schattiert und hell gepunktet | **Duft** sehr gut | **Laub** mittelgrün | **Stacheln** zahlreich | **Früchte** keine | **Höhe** 1,20–1,50 m | **Frosthärte** gut, Klimazone 5

'Reine des Violettes'

(Frankreich, Mille-Mallet 1860) RGr 12
Synonym: 'Queen of the Violets'

'Reine des Violettes' ist nicht nur die »Königin der Violetten«, sie gehört auch zu den robustesten und frostresistentesten aller meiner Rosen, nicht nur unter den Remontant-Hybriden. Sie ist genau so frosthart wie die Gallicarosen. Die Blüten sind in Form und Farbe einzigartig. Farbton und Gliederung ihrer Blütenblätter erinnern mich an die Gallica-Sorte 'Belle de Crécy', überhaupt sind sie denen der Gallicarosen sehr ähnlich. Das spitze Laub stimmt mit denen der Zentifolie überein, die meist glatten Triebe lassen wieder an Gallica-Erbe denken; die wenigen Stacheln, die nur an einzelnen Trieben sporadisch auftreten, gleichen wiederum den Zentifolien. Es ist eine Gallica-Centifolia-Hybride, die nur einmal blüht.

Das Verwirrende an der Geschichte ist, dass ich keinen gegenwärtigen Autor und keine Rosenschule kenne, die nicht sogar eine gewisse Dauerblüte bei dieser Sorte erwähnen. Die Beschreibungen lesen sich meist so, als würde jeder dieser Autoren die Rose in seinem eigenen Garten beobachtet haben. Schaut man sich die dazu gehörenden Rosenfotos an, dann kann man nur staunen, was da an rosafarbenen Sorten mit dem Namen 'Reine des Violettes' geschmückt wird. Und wenn dann noch eifrige Gärtner ihrer Kundschaft nun einige rosafarbene, aber dafür endlich die »öfterblühende Königin der Violetten« versprechen, dann frage ich mich, ob denn niemand

'Reine des Violettes'

merkt, dass es sich bei diesen rosafarbenen nicht um die richtige Sorte handeln kann, denn violett muss sie schon sein. Öfterblühen dagegen braucht sie nicht, um in der »Schublade Remontant-Rose« geführt zu werden. Damals, zur Zeit ihrer Züchtung, landeten die Kreuzungen aus Remontant-Rosen wieder in dieser Schublade, auch wenn das erbmäßig schwächere (rezessive) Merkmal »Öfterblühen« durch plötzlich wieder in Aktion tretende alte Gallica-, Centifolia- oder Damascena-Gene unterdrückt werden konnte. Das zufällige Wiederauftauchen solcher Merkmale in der x-ten Generation hat Gregor Mendel statistisch untersucht.

Die 'Reine des Violettes', die Mille-Mallet, einem Hobbyzüchter in Amiens (Nordfrankreich) als Remontant-Rose mit 1860 zugeschrieben wird, soll ein Abkömmling aus der Gallica-Hybride 'Pius IX' und einer unbekannten Rose sein. Schon Anfang des 19. Jahrhunderts waren die dunkelvioletten Gartenrosen sehr geschätzt, und diese Beliebtheit hat sich in den folgenden Jahrzehnten fortgesetzt. Der Gärtner Johann Erben in Duisburg führte in seinem Katalog von 1823 unter der 27. Klasse, Rosa Gallica, auf Seite 28, unter der Nummer 529 eine 'La reine des violettes'. B. Dickerson führt in seiner Masterliste eine Gallica unbekannter Herkunft mit »vor 1826«. Sein Hinweis auf mögliche Identität mit 'Guérin' (Vibert vor 1824) ist nicht sicher, da J. Erben auch diese Rose eigenständig als Nummer 480 im Katalog anbietet. Allerdings führt W. Keller, der in Duisburg J. Erbens Liste fortsetzte, für 1828 und 1833 nur noch die »Königin der Violetten« im Angebot (Nr. 470 »mittelgroß, dunkelviolett«). Es ist durchaus denkbar, dass es sich bei unserer heutigen, dunkelvioletten Königin um diese alte Gallicarose handelt. August Jäger beschreibt in seinem *Rosenlexikon* eine Remontant-Hybride gleichen Namens, gleicher Züchter, die 1936 noch in Sangerhausen stand, mit »purpur-violett, Mitte hellrot … Herbstblüher, zuweilen remontierend am alten Holz, Zweige glatt, braun gefleckt … 1 m.« Diese Sorte scheint etwas von meiner nicht remontierenden abzuweichen.

Animieren möchte ich alle Rosenfreunde, diese gesunde, robuste Sorte, die heute in den guten Rosenschulen erhältlich ist, in ihren Garten zu pflanzen. Trotz einmaliger Blüte – diese Rose ist einmalig!

Blüte mittelgroß, gefüllt, in Büscheln, reich – einmalblühend **Farbe** purpurviolett, Mitte rot, violett verblühend | **Duft** sehr gut | **Laub** graugrün, matt, dicht | **Stacheln** fast keine | **Früchte** keine | **Höhe** 1,60–1,80 m | **Frosthärte** sehr gut, Klimazone 5

'Sidonie' (Frankreich, Vibert 1847) RGr 12
Synonym: 'Sydonie'

'Sidonie' gehört zu den heute noch wenig vorhandenen »Rosen von Trianon« von Vibert. Sehr oft ist die Sorte unter den Portland-Rosen zu finden. Sie ist ein Sämling einer Portland-Rose (Rose de Trianon, s. Damaszener-Rosen). Sie soll von dem wenig bekannten Züchter Dorisy aus Beaume in Frankreich stammen und von Vibert 1847 herausgebracht worden sein. Das sind die einen Angaben. Die anderen Daten sind von W. Paul, er reihte ‚Sidonie' bei Rosa × damascena ein, in der fünfundzwanzigsten Gruppe »The Rose de Trianon« und Döll übersetzte: »Diese Gruppe ist noch neu und enthält bereits mehrere sehr schätzenswerthe Varietäten. Sie ist ein anderer Zweig der Damascenerrose, der bei Vibert in Angers entstanden«. Er sagt von ihr: »Ich habe eine neue Abtheilung wegen einer sehr interessanten Gruppe der Perpetuelles-Rosen gebildet, die ich von verschiedenen Varietäten gewann, welche die Rose de Trianon, eine Pflanze, die ich zuerst bekannt machte, als ihr Urbild anerkenne. Jetzt gibt es hier auch mehrere weiße Arten. Gewisse eigenthümliche Charaktere und die Aussicht auf eine große Zunahme der Varietäten haben mich veranlasst, sie von den andern Perpetuelles zu trennen. Ihres entschiedenen Charakters wegen sind sie angenehm, denn sie sind einzig in Form, Farbe und Stellung der Blumen, welche gewöhnlich sehr lieblich sind... Die Blumen werden meist in kleinen Dolden bei der Sommerblüthe erzeugt, und die Blätter sammeln sich in kleinen Büscheln, nahe an den Enden der Triebe«. Dazu zählen u. a. die bekannte ‚Blanche Vibert' (die ich nicht besitze), ‚Sidonie' und ‚Yolande de'Aragon' (letztere steht nicht in meinem Garten).

'Sidonie'

'Sidonie' ist ein schöner und klassischer Mädchenname für eine Rose. Im Juni zeigen sich die Sträucher dieser Sorte in vollem Blütenornat. Die Blüte ist sehr auffallend durch ihre geteilten Kronblätter. Es entsteht der Eindruck als sähe man drei bis vier Rosen in einer einzigen Blüte. Hellrosa zu zartrosa verblassend bezaubern sie uns mehrmals im Jahr: Nach der Hauptblüte erscheinen immer wieder vereinzelte bis zum Frost.

Blüte groß, dicht gefüllt, zunächst kugelig, dann schalig, in Büscheln – gute Nachblüte | **Farbe** hellrosa, zartrosa verblassend **Duft** sehr gut | **Laub** mittelgrün, dicht | **Stacheln** wenig, sehr klein, spitz | **Früchte** keine | **Höhe** 1,50 m | **Frosthärte** gut, Klimazone 6

'Souvenir d'Alphonse Lavallée'

(Frankreich, Ch. Verdier 1884) Gr 9

»Dunkel johannisbeer-kastanienbraun bis granat« beschreibt August Jäger diese einmalige Sorte 'Souvenir d'Alphonse Lavallée'. Ein Farbspektrum in Rottönen verheißt uns die Rose. Dicke und mit kräftigen Stacheln bewehrte Triebe ranken in unserem Garten an einem Holzspalier mit gut 2,50 m langen Trieben Die starren Zweige sind schwierig zu führen. Die Blüten sind bei uns im Garten auch nicht leicht zu betrachten und zu fotografieren, da die Rose an der Südbegrenzung wächst und stets ihre Triebe und eben auch die Blüten zur Sonne richten möchte, hier aber verwehrt uns eine Fichtenhecke mit Grenze zum Nachbarn den Zutritt. Wir betrachten sie deshalb ständig im Gegenlicht. Die Rose ist robust und gut frosthart. Sie bringt uns eine Blühwiederholung.

'Souvenir d'Alphonse Lavallée'

Charles Verdier ehrte mit dieser Rose einen Botaniker, Dendrologen und Rosenliebhaber, Alphonse Lavallée, der 1879 auch Präsident der französischen Gartenbaugesellschaft war. Er starb mit 48 Jahren. Von 1857–77 hatte er in seinem Arboretum in Ségrez über 4000 Gehölzarten gesammelt. Bekannt wurde er in Rosenkreisen durch einen ausführlichen Artikel über *Rosa chinensis* 'Viridiflora', der 1856 in *L'Horticulteur Français* veröffentlicht wurde. (*Rosa Gallica*, Nr. 19, 2003, s. auch 'Viridiflora')

Blüte groß, gefüllt, dachziegelförmig, Auge im Zentrum, gute Form, in Büscheln, reich – gute Nachblüte | **Farbe** dunkel granatrot, leicht violett verblühend | **Duft** sehr gut | **Laub** dunkelgrün | **Stacheln** wenig aber sehr kräftig | **Früchte** keine **Höhe** um 2,50 m | **Frosthärte** gut, Klimazone 6

'Souvenir du Dr. Jamain'

(Frankreich, Lacharme 1865) Gr 10

Die beiden hervorragenden Remontant-Rosen 'Général Jacqueminot' und 'Charles Lefebvre' sind die Stammeltern dieser Sorte. Die Blüten der kleinen Kletterrose längere Zeit der Sonne auszusetzen, ist nicht günstig; die samtig dunkelroten Blütenblätter verbrennen leicht. Wiederum zu sehr im Schatten stehend, so wie bei mir, ist die Nachblüte sehr gering, in manchen Jahren fällt sie auf Grund dessen sogar ganz aus. Die wohlgeordneten, dunkel karminroten Blüten sind mit weichem, schwarzem Samt überzogen und es scheint als würde sich der blaue Himmel darauf widerspiegeln – die

'Souvenir du Dr. Jamain'

leicht gebogenen Petalen wirken purpurrot. Die Ränder dagegen sind in hellerem Rot gezeichnet. Voll erblüht, werden die gelben Staubfäden sichtbar. Ihr Parfüm ist fabelhaft und schwer.

Blüte groß, gefüllt, gute Form, sichtbare gelbe Staubfäden, einzeln und in Büscheln, reich – wenig Nachblüte | **Farbe** leuchtend purpurrot, samtig schwarzrot | **Duft** sehr gut | **Laub** mittelgrün | **Stacheln** fast keine | **Früchte** keine | **Höhe** 1,60–1,80 m | **Frosthärte** gut, Klimazone 5–6

'Triomphe de l'Exposition'

(Frankreich, Margottin 1855) Gr 8

Der Name führt darauf zurück, dass diese Gartenrose auf der Pariser Weltausstellung 1855 den ersten Preis erhielt. Reynolds Hole sagt über sie: »'Triomphe de l'Exposition' – trotz des kühnen Namens eine Rose, die sich lieber im Garten bewundern als auf der Ausstellung kritisieren lassen sollte.« Eventuell halten sich die Blüten in der Vase nicht so gut wie im Freien. Sie gehört zu den frühblühenden Sorten, da bin ich noch für sommerlich leuchtend rote Farbkleckse im Beet empfänglich. Die wohlproportionierte Form der Blüte ist prächtig, die äußeren Blütenblätter sind groß, die inneren kurz und kraus. Ab dem dritten Jahr schenkte sie uns mehrfach Nachblüten und ist trotzdem gut frostresistent.

Blüte groß, gefüllt, gute Form, in Büscheln, reich – leicht nachblühend | **Farbe** samtig leuchtend karminrot | **Duft** gut **Laub** mittelgrün, dicht | **Stacheln** zahlreich | **Früchte** keine | **Höhe** 1,20–1,50 m | **Frosthärte** gut, Klimazone 5

'Ulrich Brunner fils' (Frankreich, A. Levet 1881) Gr 1

Eine Reihe von Rosenzüchtern ehrte sich gerne gegenseitig mit der Benennung ihrer Züchtungen. So widmete Antoine Levet (père) den Sämling von 'Anna de Diesbach' seinem Schweizer Kollegen Ulrich Brunner.

Die Rose wächst schmal aufrecht, insofern ist es gut, zwei oder sogar drei Pflanzen nebeneinander zu setzen, um nicht nur ein flachbrüstiges Rosengewächs zu erhalten. Nur am Morgen, frisch erblüht, kann man die Blütenfarbe kirschrot nennen, dann verblassen die Blüten schnell und leuchten in dunklem Rosa, mit einer bläulichen Nuance. Sie öffnen sich kugelförmig und gehen dann in eine schalige Form über.

Blüte groß, gefüllt, gute Form, schalenförmig, einzeln und in Büscheln, reich – Herbst gute Nachblüte | **Farbe** leuchtend kirschrot, später verblassend zu rosa | **Duft** leicht | **Laub** mittelgrün, dicht | **Stacheln** kaum | **Früchte** keine | **Höhe** 1,50–1,80 m **Frosthärte** gut, Klimazone 5–6

oben: 'Triomphe de l'Exposition', unten: 'Ulrich Brunner fils'

Vielblütige Lieblichkeiten

Noisetterosen

Obwohl wir die erste Noisette-Rose zwei Franzosen verdanken, ist sie doch eine amerikanische Rose, eine in Amerika entstandene Züchtung. Philippe und Louis Noisette, zwei Brüder aus Paris, sind in der Geschichte der Rosenzüchtung angesehen. Aus einer französischen Gärtnerfamilie mit 21 Kindern stammend, unternahm Philippe eine Pflanzenexpedition (im Auftrag der französischen Regierung) zu den Antillen, der Inselwelt der Karibik. Er blieb in den USA. In Charleston, in South Carolina, wurde er sesshaft, denn dort bekam er eine Anstellung im Botanischen Garten.

Sein Bruder Louis Claude (dieser lebte von 1771–1849) dagegen blieb in Paris, betätigte sich ebenfall gärtnerisch, erhielt gleichfalls eine Anstellung in einem Botanischen Garten, dem »Hôpital du Val de Grâce« in Paris im Jahr 1795. Einige Jahre später gründete er, zusammen mit seinem Bruder Étienne, in La Queue-en-Brie eine eigene Gärtnerei und firmierte unter dem Namen Louis Claude & Étienne Noisette. Später zog er nach Paris, in die Rue du Faubourg Saint-Jacques, und eröffnete dort die Gärtnerei.

In Charleston unterdessen gab Philippe seinem Nachbarn John Champney, der aus seiner Zeit als Reispflanzer gärtnerische Erfahrung hatte, eine R. chinensis 'Old Blush'. Hieraus entstand 1802 eine Zufallskreuzung mit einer R. moschata (durch heutige Gen-Forschung bekräftigt). Eine völlig neue Sorte entstand, der Champney seinen Namen verlieh: 'Champneys' Pink Cluster'. Philippe Noisette, begeistert von dieser Rose, zog nun eine Reihe von Sämlingen dieser 'Pink Cluster'; unter diesen entdeckte er einige davon, die ihrer Mutterpflanze zwar im Aussehen sehr ähnelten, aber sie fielen besonders durch ihre Dauerblüte auf. Er sandte 1814 Sämlinge davon seinem Bruder Louis nach Paris, der mit der Sorte weiterzüchtete. In der Zeitschrift *Herbier Général de l'Amateur*, Band 4 (1819), veröffentlichte er außer Abbildung und Beschreibung den Namen 'Rosier Noisette', gewidmet seinem Bruder, wie im Almanach *Le Bon Jardinier*, 1823, erwähnt. Und nicht nur Noisette, auch andere französische Züchter arbeiteten weiter daran.

Für mich waren die empfindlichen Noisetterosen ebenso tabu wie die Teerosen. Von einer einzigen Noisette-Hybride hieß es, sie sei weniger frostempfindlich, das ist 'Mme Alfred Carrière'. Inzwischen getraue ich mich immer mehr, diese lieblichen Rosen zu pflanzen. Zumindest sind einige doch einen Versuch wert, und wenn ich sie nur in einen großen Topf setze, um sie im Keller überwintern zu können. Überdies gibt es eine Reihe von Sorten, die ganz unterschiedlich eingestuft wurden, etwa 'Coquette des Blanches' oder 'Boule de Neige', zwei typische Beispiele, weil sie als Bourbonrosen bekannter sind (deshalb in diesem Buch auch dort zu finden), aber in der Fachliteratur mehrheitlich den Noisettes zugeordnet werden.

Meine Auserwählten

'Aimée Vibert' (Frankreich, Vibert 1828)

Die zauberhafte Sorte 'Aimée Vibert' ist ein Abkömmling von 'Champneys' Pink Cluster und einer *Rosa sempervirens* Hybride; sie war die erste Noisetterose, die dem Züchter Vibert gelang. Die Pflanze ist gesund und robust und die Blüten sind von einem traumhaften, milchigen Weiß, lieblich und doch nicht von übertriebener Zartheit. Als ich folgendes Bekenntnis in dem Büchlein (*The Rose Manual*, 3. Auflage, 1851) von Robert Buist, dem amerikanischen Gärtner und Samenhändler, las, musste ich ihm absolut zustimmen.

Während seines Besuches 1839 bei dem großen Rosenzüchter J. P. Vibert habe dieser seinen Gast Buist mit großem Enthusiasmus auf eine besondere Rose mit nachstehenden Worten aufmerksam gemacht: »Diese ist so schön, dass ich ihr den Namen meiner lieben Tochter gab – Aimée Vibert«. Diesen Überschwang konnte Robert Buist gut verstehen, denn auch ihm öffnete sich sein Herz, als er beide »Aimée Vibert« sah – die Rose und das junge Mädchen. Und nun hatte auch meine bisherige verschwommene Empfindung eine einfache Erklärung: Es ist das Gesicht eines jungen Mädchens, das – halb Kind, halb Erwachsene – noch offen und voller Vertrauen in die Welt blickt; diese Übergangszeit ist ebenso kurz wie die Blütezeit der Rose. Zum besseren Verständnis: Vibert hatte seine Frau in jungen Jahren für immer verloren. Diese bezaubernde Rose hat nicht nur bis heute überlebt, ihre Beliebtheit wird auch durch all die Jahrzehnte belegt. Ebenso hatte Heinrich Arnz in Düsseldorf diese Rose ca. 1837 zeichnen und kolorieren lassen.

Meine beiden Pflanzen von verschiedenen Rosenschulen habe ich erst seit vier Jahren in großen Töpfen stehen, aus Sorge sie könnten im Freien erfrieren. Doch jetzt traute ich mich, einen Versuch zu starten, indem ich eine davon vergangenen Herbst an die südliche Hauswand pflanzte. Im letzten Jahr hatten beide Rosenstöcke keine Blüte. Der Grund: Ich hatte sie im Frühjahr stark beschnitten, 'Aimée Vibert' blüht am zweijährigen Holz. Die Pflanze ist relativ frostresistent, die Empfindlichkeit gegen Feuchtigkeit ist dagegen ein größeres Problem.

Blüte mittelgroß, gefüllt – schwache Nachblüte | **Farbe** milchweiß | **Duft** leicht | **Laub** hellgrün, glänzend | **Stacheln** wenig | **Früchte** keine | **Höhe** 2,00–3,00 m | **Frosthärte** mittel, Klimazone 6–7

'Aimée Vibert', links: Lithographie Heinrich Arnz, 6. Lieferung, ca. 1837

'Annie Vibert' (Frankreich, Vibert?)

Es bleibt für mich ein Geheimnis, warum über diese anmutige Rose so wenig geschrieben steht und sie auch so selten in den Rosenschulen zu finden ist. Beinahe hätte ich das Geschenk von Heinrich Schultheis abgelehnt, weil ich mich mit den empfindlichen Noisettes gar nicht abgeben wollte. Jedoch auf Grund seines Hinweises, dass diese Noisetterose weniger

'Annie Vibert'

'Blush Noisette'

frostempfindlich sei als die anderen dieser Gruppe, bin ich heute froh, dass ich die anmutige 'Annie Vibert' in meinem Garten stehen habe. Ein lockerer Strauch mit dunkelgrünem Laub, das blendend zu den zartrosenfarbigen Blüten passt. Die licht purpur gefärbten Knospen lassen auf spätere purpurfarbene Blüten schließen, was allerdings ein Trugschluss ist.

Blüte mittelgroß, gefüllt, schalenförmig, in Büscheln, reich – leichte Nachblüte | **Farbe** helles Rosarot in weiß übergehend, Knospe purpur | **Duft** leicht | **Laub** dunkelgrün | **Stacheln** wenig | **Früchte** keine | **Höhe** 1,50 m oder höher | **Frosthärte** gut, Klimazone 6

'Blush Noisette' (USA, Philippe Noisette vor 1814)
Synonyme: *Rosa noisettaeana*, 'Noisette de l'Inde', 'Noisette Carnée' (in England)
Philippe Noisette sandte 1814 diesen Sämling von 'Champneys' Pink Cluster' aus Amerika seinem Bruder Louis Noisette nach Paris.
Vier Jahre wuchs und blühte meine 'Blush Noisette' in einem großen Gefäß. Von Jahr zu Jahr verschob ich das Auspflanzen, aus Sorge, sie könnte die Winter nicht überleben. Der Rose schien es in diesem Behältnis offensichtlich zu gefallen; sie brachte ununterbrochen Blüten hervor; Blüten, hell lilarosa, fast weißlich verblassend, pomponartig gefüllt und in großen Büscheln. Schade, dass sie so regenempfindlich sind. Im Frühjahr 2007 wagte ich es endlich, diese Rose ins Freie zu pflanzen. Bis zum Frost brachte sie immer wieder einzelne Blütenbüschel hervor. Jeder milde Winter hilft ihr, den Stock im Boden zu kräftigen.

Blüte klein, gefüllt, in Büscheln, reich – öfterblühend | **Farbe** hell lilarosa, am Petalenansatz leicht gelb, verblassend | **Duft** gut | **Laub** mittelgrün | **Stacheln** wenig | **Früchte** keine | **Höhe** 2,00 m (höher in wärmerem Klima) | **Frosthärte** mäßig, Klimazone 7

'Crépuscule' (Frankreich, Dubreuil 1904)
Für diesen Farbton habe ich an und für sich nicht viel Sympathie. Allein der Name »crépuscule«, »Abenddämmerung«, suggeriert mir diese idyllische abendliche Stimmung am Himmel, übereinstimmend mit der Farbwirkung der Rosenblüten. Eigentlich eine niedrige Kletterrose, aber zu empfindlich in unseren Wintern, um höher als 1,00 m zu werden. Vorsichtshalber pflanzte ich gleich drei Rosen nebeneinander, häufle jeden Herbst mit Erde fast die ganze Pflanze zu und deckte sie jahrelang obendrein noch mit speziellen Frostschutzfolien oder Jutesäcken vor jedem Winter zu. Da die Abdeckung nichts nützte – das, was aus dem Erdhaufen herausspitzelte, erfror regelmäßig –, begnüge ich mich nun mit der Erde. Im fünften Jahr glaubte ich meinen Augen nicht zu trauen: Die erste Blüte hätte ich beinahe übersehen. Im letzten Sommer (2007) zeigten sich aber schon mehrere Blüten an den drei kümmerlichen Sträuchlein. Ihre Blüten sind zunächst schön geformt, dann locker gefüllt wirken sie leicht unordentlich. In der Tiefe lassen die Blumen ein warmes Bernsteingelb erkennen, die großen Petalen zum Rand weisen dagegen ein blasses Gelb auf. In der Zeit, als noch keine Blüten zu sehen waren, bestellte ich mir eine zweite, bereits vorgezogene Pflanze und brachte sie in einen großen Pflanztopf. Nun ja, jetzt besitze ich gleich vier von einer Sorte, deren Farbe ich doch gar nicht so liebe. Jäger hat hierfür eine sehr ausgefallene Farbbeschreibung: »gemsfarben bis kupfriggelb«. Zum Vergleich fehlen mir freilich die Gemsen in meinem Garten.

Blüte mittelgroß, locker gefüllt, in Büscheln, reich – gute Nachblüte | **Farbe** Mitte bräunlich bernsteingelb, Rand zartgelb, Spur von lachsrosa | **Duft** gut | **Laub** dunkelgrün, dicht, glänzend | **Stacheln** fast stachellos | **Früchte** keine | **Höhe** 2,00–3,00 m | **Frosthärte** gering, Klimazone 7–8

'Crépuscule'

'Desprez' (Frankreich, Desprez 1838)
'Desprez' ist kein bloßes Synonym, wie so oft als für die Noisettesorte 'Desprez à Fleurs Jaunes' angegeben zu lesen ist. Es handelt sich meinen Recherchen und Erfahrungen nach um eine andere Noisettezüchtung, ebenfalls von Jean Desprez aus Yèbles. August Jäger nennt und beschreibt in seinem *Rosenlexikon* die Noisette, die nur den Namen 'Desprez' (1838) trägt: »Aurorafleischfarben bis rosa mit kupfrigem Gelb«. Die Sorte 'Desprez à Fleurs Jaunes' (1835) dagegen charakterisiert er als »rötlich ledrig-gelb, schwefelgelb gemischt«. Einzig die Autorin und Rosenkennerin Marie-Thérèse Haudebourg (*Roses & Jardins*, 1995–1998) stellt die beiden Sorten getrennt dar. Auch sie beschreibt die Blüten der 'Desprez', ähnlich wie Jäger, als sanft aurora-rosa, mit leuchtend perlmuttartigen Reflexen, gelb und apricot, beim Verblühen gelblich hellrosa. A. Jäger waren sechs Züchtungen von Jean Desprez bekannt (B. Dickerson nur fünf, keine 'Desprez'), zwei zusätzliche Rosen, die den Namen Desprez tragen, deren Züchter aber unbekannt bleibt. Desprez verwendete von 1831–1838 für Bengal-, China- und Noisetterosen seinen Namen in irgendeiner Form. Simon & Cochet erwähnen 1906 in ihrer *Nomenclature* nur zwei Sorten von Desprez: Noisette 'Desprez', 1838, »rose aurore« und 'Desprez à fleurs jaunes', 1835, »jaune«. Das waren vermutlich die beiden, die zu dieser Zeit im Rosarium von J. Gravereaux standen. Eben diese beiden Sorten sind ebenso beschrieben im Katalog *Les Roses cultivées à L'Haÿ en 1902* von Gravereaux' Rosarium. Er hatte beide Sorten zum Studium vor Augen und er hatte auch das Bestreben, exakte Aufzeichnungen über seine Rosen zu führen. Heute finden wir nur noch eine Bezeichnung in der Liste von L'Haÿ; ob die zweierlei Sorten aus Gravereaux' Zeit noch vorhanden sind, werden wir bei unserem nächsten Besuch dort feststellen.

'Desprez'

Vergleiche ich dann die Farbbeschreibungen in den diversen Büchern, dann müssten diese stets die Sorte 'Desprez' betreffen. Das Rosarium Sangerhausen bekennt sich mindestens seit 1970 klar zu (hell)gelb bei seiner 'Desprez à Fleurs Jaunes', die jedenfalls zu Jägers Zeiten noch nicht dort stand.
Bestellt hatte ich in Frankreich zwar die Sorte 'Desprez à Fleurs Jaunes', aber es ist mir durchaus sympathisch, dass ich nun die Rose 'Desprez' besitze, die nicht so kräftig gelb in ihrer Kolorierung ist. Meine Rose kann in unserem Klima allerdings nur in einem großen Tontopf in einem frostfreien Raum überleben.

Blüte mittelgroß, locker gefüllt, äußere Blütenblätter größer – gute Nachblüte | **Farbe** zartrosa, apricotgelb, blass gelb **Duft** sehr gut | **Laub** hellgrün | **Stacheln** wenig | **Früchte** keine **Höhe** 2,00 m | **Frosthärte** mäßig, Klimazone 8

'Marie Accarie' (Frankreich, Guillot fils 1872)
Synonym: 'Marie Accary'
Dies ist wieder eine prachtvolle weiße Rose; cremeweiße Blüten, die zur Mitte hin eine Spur von hellem Dottergelb zeigen, manchmal jedoch auch eine Nuance lachsrosa. Das sind keine augenfälligen Rosen im Beet wie vergleichsweise die mit grellen Farbtönen. Dies sind Blüten, von denen man jede einzelne auf sich wirken lassen muss. Die warmen, weißen Töne beruhigen, sie

vermitteln einen inneren Frieden. Die Pflanze steht nach vier Jahren immer noch im Topf. Ich hatte bisher noch keinen Mut, sie ins Freie zu pflanzen, auch nach zwei milden Wintern nicht. Denn wer weiß, eines Tages erleben wir wieder frostige Nächte. Jedoch in der neuen Umgebung pflanzte ich sie ins Freie und sie hat sich zu einem stattlichen Strauch entwickelt.

Blüte groß, gut gefüllt, äußere Blütenblätter größer – einzeln und in Büscheln – selten Nachblüte | **Farbe** cremeweiß, Mitte blass gelb, einzeln hell lachsrosa, bald verblassend | **Duft** leicht **Laub** dunkelgrün | **Stacheln** wenig | **Früchte** rund | **Höhe** 1,50 m (oder höher) | **Frosthärte** mäßig, Klimazone 6

'Marie Dermar'

(Österreich-Ungarn, Geschwind 1888)

Durchwegs stoße ich bei 'Marie Dermar' auf die Einstufung als Noisette-Hybride, obwohl sie laut A. Jäger (*Rosenlexikon*) und H. Endres (*Bourbon Rosen*, 2005) Sämling einer Bourbonrose, 'Louise d'Arzens' (auch diese wird mal zu Noisette, mal zu Bourbon gerechnet), sein soll. Nach der Liste im Vorwort von Servais Lejeune des Reprints (Olms, 1997) *Die Hybridation und Sämlingszucht der Rosen* (Geschwind, Wien, 1864) kann sie sogar noch unter den Remontant-Hybriden rangieren. Charles Quest-Ritson beschreibt sie unter den frühen Tee-Noisettes.

Rudolf Geschwind ist bekannt dafür, dass er sich auf die Züchtung besonders frostharter Rosen konzentrierte. Wie man mir versicherte, sollte die Herkunft Noisette kein Hindernis sein, sie in meinem Garten zu pflanzen.

Das Problem bei meiner 'Marie Dermar' ist vielleicht auch gar nicht das Zurückfrieren, sondern ein »Nicht-wachsen-wollen«. Ebenso muss ich das nur spärliche Blühen beklagen. Einzelne Blüten erscheinen unterschiedlich hellrosa oder weiß, im Zentrum nur wenig rosa schattiert. Hin und wieder kommt es vor, dass eine Blüte reinweiß oder cremeweiß mit rötlichen Sprenkeln besetzt ist. Ich kann noch keinen grundlegenden, allgemeingültigen Gesamteindruck geben, da meine Pflanze, auch nach acht Jahren noch, sehr kümmerlich und blühfaul ist.

Blüte mittelgroß, gefüllt, gute Form, schalig, einzeln und in Büscheln – Nachblüte | **Farbe** cremeweiß, Hauch von rosa **Duft** gut | **Laub** mittelgrün | **Stacheln** zahlreich | **Früchte** keine **Höhe** 1,80 m | **Frosthärte** mittel, Klimazone 6–7

oben: 'Marie Accarie' , unten: 'Marie Dermar'

'Mme Alfred Carrière'

(Frankreich, J. Schwartz 1878)

Zwei Pflanzen standen an der südlichen Hauswand, nachdem ich sie von der Ostseite umgepflanzt hatte. Angeblich sollte die Sorte auch für Nordseiten geeignet sein. Jedoch an dem ersten Platz, an der Nord-Ost-Seite kümmerten sie und brachten kaum Blüten hervor. Auf der Südseite hingegen, explodierten die Rosenstöcke geradezu. Jedoch nach ein paar Jahren, im Frühjahr 1991, war von beiden Rosen nichts mehr übrig. Wahrscheinlich wurden sie – wie so oft – Opfer unserer Wühlmäuse. Das war schade, denn sie ist die robusteste und frosthärteste Noisetterose, ein eindrucksvoller Strauch mit bildschönen Blüten.

Die Rose ist der Frau eines französischen Pflanzenfreundes im Rhône Departement gewidmet.

Blüte groß, gefüllt, schalig, einzeln und in Büscheln, reich – schwache Nachblüte | **Farbe** cremeweiß, hellrosa überhaucht, zur Mitte dunkler | **Duft** gut | **Laub** mittelgrün | **Stacheln** wenig **Früchte** keine | **Höhe** 1,80–2,50 m | **Frosthärte** gut, Klimazone 5–6

'Multiflore de Vaumarcus'

(Frankreich, Menet 1875)

Bei mir steht ein niedriges, buschiges Sträuchlein, die ganze Kraft legt es wohl in die Dauerblüte. Zugegeben, es ist auch nicht der sonnigste Platz. An einer warmen Mauer gepflanzt, könnte es sicherlich die in der Literatur angegebene Höhe von 2,50 m erreichen. Jedoch darf ich mich glücklich schätzen, dass in den fünf Jahren, die die Rose bei mir ist, noch nie ein Zweiglein erfroren ist. Die Blüten setzen mich allerdings immer wieder in Erstaunen: Immer öfters präsentieren sie sich nur noch halb gefüllt, während sie sich anfangs voll wie Pomponröschen zeigten. Die wenigen Resultate meiner Recherchen (die Rose existiert nicht sehr häufig) ergaben in demselben Maße Bilder mit nur halber Füllung. Die Rose hatte wohl in früherer Zeit einen anderen Namen, da ich sie nirgends entdecken konnte.

Blüte mittelgroß, halb gefüllt bis gefüllt, reich, in Büscheln – Nachblüte | **Farbe** blassrosa, weiß verblassend | **Duft** gut | **Laub** mittelgrün | **Stacheln** zahlreich, klein | **Früchte** wenig, sehr klein **Höhe** bis 2,50 m je nach Klima | **Frosthärte** gut, Klimazone 6

'Mme Alfred Carrière'

oben: 'Mme Alfred Carrière', unten 'Multiflore de Vaumarcus'

Rosen für die dritte Dimension

Rambler und Kletterrosen

Wehe dem Rosenliebhaber, der keine großen Bäume – noch schöner wäre ein romantischer Turm – in seinem Garten stehen hat, um sie von herrlichen Blütenkaskaden bewachsen, ach, was heißt bewachsen, richtig überwuchern zu lassen. Zum Glück gibt es da die diversen Hersteller, die ganz schnell die prekäre Situation erkannt haben und dem an Bäumen oder Türmen minderbegüterten Rosenfreunden helfen können. In Deutschland wurden die Rambler etwa in den 1980er-Jahren wieder entdeckt. In England tauchten sie zuerst auf und so haben die vielen England-Gartenreisende die Passion für rambelnde Rosen und auch gleich den Begriff »Rambler« mitgebracht. Mittlerweile wurde der Name schon eingedeutscht, es rambelt in allen Gärten, man stellt sich die Frage: An welchem Baum lasse ich die 'Psyche' rambeln, 'Prinz Hirzeprinzchen' hat sich am alten Apfelbaum hoch gerambelt, zum Rambeln bekam 'Euphrosine' ein schönes und teures Gestell, denn so viele Bäume habe ich nun auch wieder nicht. Allerdings stellte sich bereits heraus, dass die wertvolle Stütze zu kurz ist. Zu beachten ist natürlich, dass man das eingedeutschte Wort auch wie den original englischen Namen richtig aussprechen muss: Rämbler, gerämbelt, rämbeln, Perfekt: Sie rämbelten. Doch Robert Zander klärt uns in seinem Handwörterbuch der Pflanzennamen (Zander, 8. Aufl. 1954) auf: »Rosen sind Stachelkletterer, also Klimmer. Sie bilden weder Ranken, noch winden (schlingen) ihre Zweige, folglich gibt es nur Kletterrosen (Klimmrosen), niemals aber Rank- oder Schlingrosen«. Ach, was würde Herr Zander wohl sagen, wenn er die deutsche Sprache so verhunzt erlebt hätte …

Als Heinrich Schultheis im Jahre 2000 für eine Anzeige in einer Gartenzeitschrift ein deutsches Wort für Rambler suchte, kamen die alten Bezeichnungen ins Gespräch: Schling- oder Rankrosen? Er wollte sich nicht so recht an »Rambler« gewöhnen. »Rosen die in Bäume wachsen« war sein schöner Mittelweg. Sein Urahn Heinrich Schultheis wünschte sich anstelle von »Kletter-, Schling- oder Rankrose« einheitlich eine andere Benennung, nämlich Kriechrose, denn die anderen Begriffe drücken die Beschaffenheit falsch aus: »… weder klettern, schlingen oder ranken« die langtriebigen Rosen. Zweifellos muss man diesen Gewächsen irgendeinen Halt zur Verfügung stellen: Irgendein Gestrüpp, oder Bäume, die keine glatte Rinde haben; trotzdem benötigen sie zusätzliche Unterstützung mittels einer Schnur. An Mauern ist es sowieso sinnvoll, die Triebe an breitgezogenen Halterungen festzubinden.

In älteren Rosenbüchern ist von »Schling- oder Kletterrosen« die Rede, so in der Überschrift in *Otto's Rosenzucht* (2. Auflage, vollständig neu bearbeitet von C. P. Straßheim, 1890). Die mehr oder weniger langtriebigen Rosen werden hier so genannt.

Zum Beispiel in *Die Rose, ihre Anzucht und Pflege*, Robert Betten (1897) ist von Rankrosen im Allgemeinen die Rede. Bei Beschreibungen einzelner Schling- oder Kletterrosen wie etwa 'Maréchal Niel' spricht der Autor von der Teerose; diese Rose kann einen kleinen Wintergarten völlig einwachsen. Man schrieb den kletternden Rosen noch ihre ursprüngliche Zugehörigkeit zu: *R. alpina* 'Madame Sancy de Parabère' (Bonnet, 1876). Robert Betten bedauert in diesem erwähnten Buch im ausgehenden 19. Jahrhundert, »… Im allgemeinen sieht man unsere Kletterrosen viel zu wenig gepflanzt. Wie herrlich machen sie sich mit ihrer übergroßen Blütenzahl an der Süd- oder Ost- auch Westwand unseres Hauses, wie zierlich sind sie an der Veranda, wie überaus

reizend am Laubengange, wenn sie dort Pfeiler umspinnen …« Und an anderer Stelle: »Wahrlich unsere Kletterrosen sind ein Schatz, an dem wir immer unsere Freude haben werden …«

Und Robert Türke schreibt im Vorwort der von ihm überarbeiteten 4. Auflage, 1918, des oben erwähnten Buches (*Die Rose* von R. Betten) gar von Halbschlingern, »das sind Rankrosen von geringerer Triebkraft, die sich nur reichlich bis zur Hälfte der älteren Rankrosen entwickeln, dafür aber mehr oder weniger remontieren.« Für den Begriff Halbschlinger richtete man damals extra eine neue Rosenklasse ein. In demselben Buch seines Freundes Betten hat Türke nun in der 5. Auflage, 1922, eine zusätzliche Vorstellung, ohne das Pflanzen von Rankrosen an Hausmauern etc. abzulehnen: »… doch hindert es nicht, ihnen auch jenen Platz anzuweisen, der ihnen infolge ihrer Urwüchsigkeit gehört: Einen Platz frei auf dem Rasen stehend, einen Platz sanft an das übrige Strauchwerk angelehnt …«. In diesem Buch ist die Bezeichnung »Rambler« schon ganz normal, im Zusammenhang bei der damals sehr beliebten Rankrose 'Crimson Rambler'. Dadurch fand zu dieser Zeit schon das Wort Eingang in unsere Rosenklassen: »… Die Vorliebe für 'Crimson Rambler' geht so weit, daß man behaupten kann, es gibt Crimson-Rambler-Gärten. Und diese Gärten, in denen Ramblerpyramiden, Ramblerrosengänge, Ramblermauerwände, Ramblerlauben, Ramblereinfassungen der Beete und Ramblergebüsch auf Rasen sich befinden, machen zur Zeit der Blüte einen geradezu feenhaften Eindruck.«

Außerdem gibt es noch Climbings, niedrigere, kletternde Formen von beliebten aber meist frostempfindlicheren Sorten, von denen ich noch keine im Garten habe.

Nochmal zurück zu Zanders »Klimmrose«: Stacheln sind nicht nötig, wie er meinte. Wenn eine stachellose Multiflora ihre langen Ruten in Bäume mit niederen Ästen oder hohen Strauchgehölzen, z. B. eine Felsenbirne, schiebt und oberhalb der Äste nun querabstehende Ruten treibt und wie Arme ausbreitet, klemmt sie sich damit im Gastgehölz ein und sitzt darin so fest wie ein Spreizdübel und kann weitersteigen. »Spreizklimmer« wäre hier das genaueste Wort. Und was Zanders Gleichsetzung von Winden und Schlingen betrifft, so besteht doch ein ziemlicher Unterschied, wenn man eine Ackerwinde betrachtet, wie sie sich um einen Rosentrieb windet, und dies vergleicht mit der Art und Weise, wie ein dünner langer Trieb einer Ayrshire-Rose eine Schlinge über vorstehenden Dachbalken legt.

Für mich und meinen Mann war der erste Besuch im Park Wilhelmshöhe in Kassel 1994 der Beginn zu einer neuen Passion für die natürlich gepflanzten Rank-, Schlingrosen oder einfach Rambler. Hier sah ich zum ersten Mal wie üppig Sträucher und Bäume von blühenden Rosengirlanden umschlungen waren. Es ist die natürlichste Art, so muss man sich auch die ursprünglichen langtriebigen Rosen, die Vorfahren unserer schönen Rambler, in ihren Heimatländern in Asien in Wäldern oder an Hängen vorstellen.

Und so wünschten wir unseren Garten: Ein Maximum an Blüten im kleinen – als kleiner Teil der Roseninsel von Wilhelmshöhe. Buschwerk und Bäume sind bei uns ja genügend vorhanden. Mit Begeisterung erfüllten wir uns so nach und nach unsere Rosenwünsche; die Praxis allerdings hat uns schon eingeholt, diese natürlich anzusehende Art von Bewachsen-Lassen wies schon bald ihre Tücken auf. Nicht jeder Baum ist dazu geeignet und nicht alle Rosenpflanzen lassen sich in einen engen Wurzelschutz zwängen, denn die Rosen werden gezwungen, ihre Wurzeln nur gerade nach unten zu schicken. Das dauert unter Umständen länger als bei einer freiwachsenden Rosenpflanze. Inzwischen schieben sich die feinen Haarwurzeln vom Gesträuch oder Baum von oben her in die Einfassung der Rose oder von tief unten hinauf in den Schutzkreis der Rose. Die dünnen langen Triebe wachsen durchaus nicht nur nach oben. Elegant wie Lianen im Urwald hängen sie herab. Man muss ihnen erst zeigen, wo oben ist – »to ramble« heißt eigentlich nur »herum vagabundieren«. In Frankreich werden die Rambler treffend »Liane« genannt. Überdies ist das richtige Beschneiden der Sträucher, ohne die dünntriebigen und schlecht sichtbaren »Schnüre« der Rosen im dunklen Innern des Strauchwerks zu beschädigen, eine andere Sache; da ergeben sich gewisse Schwierigkeiten. Ebenso ist es nicht jedermanns Sache, in luftiger Höhe auf der Leiter stehend mit einer langen Gabel-Stange oder gleich zweien die »Lianen« in die höheren Äste zu schwingen. Das kann bei uns mit einer unglaublichen Geduld und ohne Schwindelgefühl nur einer, nämlich Udo. Ich darf allenfalls unten stehen und dirigieren, meckern und auch zittern. Es ist gewiss mühsamer, eine gewollte Natürlichkeit herzustellen, als einen gepflegten kleinen Garten in einem dauerhaften geordneten Zustand zu halten. Karl Förster schrieb einmal über »das Wechselspiel unserer Gartenkunst zum fruchtbaren Doppelleben der Pracht-Gartenkunst und der Wildnis-Gartenkunst«. Wir wollen unseren Wildwuchs am Waldsaum mit den Schlingrosen in ein liebenswertes Idyll verwandeln. Im Juni und Juli werden wir für unsere Arbeit belohnt, wenn wir von blühenden »Wänden« umgeben sind. Durch die unterschiedlichen Blühzeiten einzelner Sorten ergibt sich ein Gefühl eines Nicht-enden-Wollens des Blütenflors.

Pflanzenjägern, Botanikern und Missionaren verdanken wir letztlich diese Bäume bedeckende Rosenart. Im späteren 19. Jahrhundert entdeckten sie in asiatischen Ländern viele neue Sorten, die sie dann nach Europa brachten. In der Mehrheit waren es die Engländer, die dann bald auch mit den Züchtungen dieser Rosen begannen. Aber ebenso französische und endlich auch deutsche Züchter wie Lambert, Weigand, Geschwind brachten wunderbare Sorten daraus hervor.

Das Buch soll nur von alten und älteren Sorten berichten, obschon es mir schwer fällt, über so wunderbare neuere Rambler wie 'Toby Tristam', von 1970, nicht reden zu dürfen.

Die Aufteilung habe ich nach Gruppen vorgenommen und hierin wieder Züchtungen von Rudolf Geschwind und Peter Lambert jeweils extra dort aufgeführt, ebenso die Gruppe der Wichurana-Hybriden.

»Wo in einem Rosengarten die kletternden Rosen fehlen, fehlt eben viel«, Zitat von Heinrich Schultheis, 1889, in *Deutsches Rosen-Buch*. Bei uns sind sie die dritte Dimension, die aus der Gartenfläche eine Halle machen mit vielen zusätzlichen Quer- und Seitenschiffen.

Ayrshire-Rosen

Ayrshire-Rosen sind Abkömmlinge der Kriechenden Rose, der *R. arvensis* Huds. Schon sehr früh, Anfang des 19. Jahrhunderts, entstand diese beliebte Gruppe in Schottland, von der heute allerdings nur noch sehr wenige Sorten vorhanden sind. Ayrshire-Rosen besitzen, wie *R. arvensis*, lange dünne Triebe, biegsam und stark bewehrt mit hakenförmigen Stacheln. Die Herkunft der gefüllten und halbgefüllten Ayrshire-Rosen ist weitgehend unbekannt. T. Rivers jun., der 1835 selbst die rote 'Ayrshire Queen' züchtete ('Blush Ayrshire' × 'Tuscany'), schreibt in seinem *The Rose Amateur's Guide* (1840, 2. Auflage), dass Botaniker zwar die Abstammung von *R. arvensis* in Frage stellen, er aber aus der langjährigen Beobachtung der in Schottland von Mr. Martin bezogenen Ayrshire-Rosen keinen Zweifel spüre, dass *R. arvensis* ihr Wesen (Habitus) in vieler Hinsicht an die Ayrshire-Rosen weitergegeben hat. Ein Zeitungsbericht aus Dundee von 1837 belegt, mit welch imponierendem Naturschauspiel einige Pflanzen der Double-Ayrshire-Rosen in der Lage sind, eine ehemalige Müllgrube im Verlauf von zehn Jahren in eine märchenhafte Wildnis zu verwandeln. Rivers schwärmt 1877 in der 11. Auflage immer noch von der Schönheit und der Einmaligkeit der Ayrshire-Rosen und ruft seine Landsleute dazu auf, diese Rose wieder mehr zu beachten und zum Schmücken ihres Gartens nicht zu vergessen.

'Ayrshire Splendens' (England, vor 1840)
Synonym: 'Splendens', 'Myrrh-scented-Rose'
Die bekannteste Sorte ist 'Ayrshire Splendens'. 'Splendens' – so wird sie meist in England und Frankreich bezeichnet – ist sehr beliebt und ist eine der wenigen noch erhaltenen Ayrshire-Hybriden. Der Name muss aber zwangsläufig zu Irritationen führen, da gegenwärtig auch *R. gallica* 'splendens' noch auf dem Markt ist und auch meist nur als 'Splendens' bezeichnet wird.
Die stark nach Myrrhe duftenden, halbgefüllten Blüten werden rege von den Bienen besucht. Zart rosa, purpurn gefleckt, sind die Blüten, die Farbe der Knospen etwas dunkler. So bedeckt eine einzige Pflanze unsere Hauswand, wächst

'Ayrshire Splendens'

zum Giebel und stürzt auf dessen anderer Seite wieder hinab. Gerne wollen sich die Ranken auch am Boden ausbreiten. Altes Holz zu entfernen ist sehr schwierig, denn die Zweige bauen sich aufeinander auf. Der dicke, verholzte Stamm trägt somit viele Austriebe über sich, wie ein Artist, der noch mehrere Leute über sich stemmt. Es dauerte vier Jahre, bis meine 'Ayrshire Splendens' ihre bekannte Wuchskraft entwickelte. Doch von da an war kein Halten mehr. Wir benötigten neue Rosenbögen, einer der alten war nach heftigem Regen zusammengebrochen.
'Ayrshire Splendens' wird noch von einigen Rosenschulen irrtümlich als 'Ayrshire Queen' verkauft, welche aber rotblühend ist. Möglicherweise ist diese rote Ayrshire-Sorte noch existent – aber wo?
Im Burggarten des Dornröschenschlosses Sababurg bei Hofgeismar hat der Gärtner, Gijsbert Vroegh, unsere aus Anlass unserer Hochzeitsfeier gestiftete 'Ayrshire Splendens' aus dem Efeu-Dickicht befreit und der Rose einen sehr schönen Platz an einem dicken Baumstumpf zugewiesen. Hier schaut die Rose nun ins weite Land des Reinhards-Waldes.

Blüte mittelgroß, kugelig, locker halbgefüllt – einmal, früh **Farbe** zart perlrosa, mit purpur an den Rändern sporadisch gefleckt | **Duft** gut (Myrrhe) | **Laub** dunkelgrün | **Stacheln** zahlreich, hakenförmig, auf glatter grüner Rinde | **Früchte** groß, rund, orangerot | **Höhe (Trieblängen)** bis 5,00 m | **Frosthärte** sehr gut, Klimazone 5

'Bennett's Seedling' (England, Bennet, 1840)
Synonym: 'Thoresbyana'
Eine gefüllte Form der *R. arvensis*, möglicherweise mit einer Noisette-Rose gekreuzt, hat es schwer, in meinem Waldgarten vorwärts zu kommen. Obwohl mir bekannt war, dass diese Hybride nicht frosthart ist, wollte ich es doch einfach wagen, denn die halbgefüllten Blüten in großen Büscheln auf einigen Abbildungen gefielen mir zu gut. Trotzdem bin ich darüber erstaunt, dass nach einigen Wintern immer noch kein Trieb an diesem Rambler erfroren ist. Allerdings brauchten wir uns über allzu schlimme Winterkälte in den letzten Jahren nicht zu beklagen. Die kleinen, milchig weißen Blüten, anfangs noch blassrosa, zusammengedrängt zu einzelnen beachtlichen Sträußen und damit Bäume

'Bennett's Seedling'

schmückend – das muss ein Traum sein. Die gelben Staubgefäße erscheinen sehr leuchtend in den weißen Blüten. 'Thoresbyana' und 'Bennett's Seedling' sollen (nach Joyaux) zwei verschiedene Sorten (beide von Henry Bennett gezüchtet) sein, jedoch nur eine der beiden soll heute noch überlebt haben. Die Beschreibung August Jägers für 'Thoresbyana', Bennett 1840, lässt vermuten, dass es sich um diese handelt, jedoch erwähnt er 'Bennett's Seedling' als Synonym. Ein Sternchen weist darauf hin, dass diese Rose 1936 in Sangerhausen stand. Jetzt findet man im Verzeichnis keine 'Thoresbyana', sondern 'Bennett's Seedling'.

Blüte klein, leicht gefüllt, in Büscheln, reich – einmal | **Farbe** milchweiß, zartrosa Knospen | **Duft** leicht | **Laub** hellgrün **Stacheln** wenig | **Früchte** klein | **Höhe** 3,00–4,00 m | **Frosthärte** mäßig, Klimazone 7

'Capreolata' (unbekannt, vor 1800)
Synonym: 'Capriolata'
Sie ist eine typische Ayrshire-Rose, hat in ihrem Habitus Ähnlichkeit mit 'Ayrshire Splendens', aber in allem ist sie kleiner als diese. Die Blüten sind locker gefüllt, weiß, mit nur einem geringen Hauch von rosa, die Knospen rötlich. Ihre Herkunft liegt im Dunkeln. In der Fachliteratur

'Capreolata'

kommt sie entweder gar nicht vor oder man liest Widersprüchliches über die Rose. Im Wurzelbereich der Birken benötigte sie in meinem Garten viele Jahre, bis sie ein Spalier bedeckte. Nun tummelt sie sich zusätzlich noch jenseits davon in einem Hartriegel. Für mich haben die Blüten etwas Heiteres, ich sehe sie gerne, wenn sie, eine der ganz früh blühenden, die natürliche Wand bedecken. Der Myrrhe-Duft ist wie bei 'Ayrshire Splendens'.

Das Lied »Ännchen von Tharau« aus einem alten Liederbuch

Blüte mittelgroß, locker gefüllt, in Büscheln – einmal | **Farbe** weiß, rote Knospen | **Duft** leicht | **Laub** dunkelgrün | **Stacheln** zahlreich | **Früchte** wenig, klein | **Höhe** 5,00 m | **Frosthärte** sehr gut, Klimazone 5

Züchtungen mit Ayrshire-Rosen

'Ännchen von Tharau'

(Österreich-Ungarn, Geschwind 1886)

»Anke von Tharaw öß / de my gefóllt / Se öß mihn Lewen / mihn Goet on mihn Gölt.«

So lautet die ursprüngliche, wahrscheinlich 1637 entstandene mundartliche Niederschrift eines gelegentlichen Hochzeitscarmens, zugeschrieben Simon Dach (1605–1659), »Professor der Poesie« in Königsberg und Mittelpunkt des dortigen Dichterkreises. Frühester bekannter Abdruck mit einer Liedvertonung findet sich in »Poetisch-Musikalisches Lustwäldchen«, herausgegeben vom Obersekretär in der Regierung von Königsberg Robert Roberthin (1600–1648). G. Herder übertrug 1778 das samländisch-ostpreußische Original ins Hochdeutsche und der Königsberger Domorganist Heinrich Albert vertonte diese Fassung. Der Komponist Friedrich Silcher überarbeitete das Lied 1825 in die heutige Form: »Ännchen von Tharau ist, die mir gefällt, sie ist mein Leben, mein Gut und mein Geld ...«. In Memel stand vor dem Stadttheater ein »Ännchen-Brunnen« mit der Figur des jungen Ännchens. Auf einem Medaillon auf dem Sockel wurde an den Dichter Simon Dach erinnert. Die Statue wurde 1939 durch eine Hitlerstatue ersetzt. Heute steht nun wieder das Ännchen, ermöglicht mit deutschen Spendengeldern (Quelle: Internet der Gemeinde Tharau).

Die sehr aparte Züchtung von Rudolf Geschwind ist aus einer *R. alba* und einer Ayrshire-Rose entstanden.

Als frosthart kann man die Pflanze auf alle Fälle bezeichnen. Die Rose ist auch gut als Kletterrose zu führen. Ursprünglich standen zwei dieser Pflanzen, angelehnt an einem alten Apfelbaum.

Eines schönen Tages fiel der Baum einfach um. Die beiden Rosen standen nun allein auf der Wiese. Nach einiger Zeit entfernte ich eine der beiden und seither schneide ich die neuen langen, dünnen Triebe der verbliebenen Rose jedes Frühjahr, ja sogar auch noch einmal vor der Blütezeit zurück, damit sie die darunter gepflanzten, niedrigeren Rosen nicht bedecken. So ist aus diesem ehemals kletternden 'Ännchen von Tharau' mehr ein Strauch geworden.

Blüte mittelgroß, gut gefüllt, einzeln und in Büscheln, reich – einmal | **Farbe** hellrosa, weiß verblassend | **Duft** schwach **Laub** graugrün | **Stacheln** zahlreich, kräftig | **Früchte** keine | **Höhe** 3,00 m | **Frosthärte** sehr gut, Klimazone 5

'Duc de Constantine' (Elsass/Luxemburg, Schmitt/ Handel Soupert & Notting, 1857)
Möglicherweise stammt 'Duc de Constantine' von dem Hobbyzüchter Schmitt aus dem Elsass, der sie dann der berühmten Rosengärt-

'Ännchen von Tharau'

'Duc de Constantine'

'Venusta Pendula' Blüten und Hagebutte

nerei Soupert & Notting übergab, die die Rose 1857 in den Handel brachte. Die großen und gefüllten Blüten (etwa 7 cm) lassen eher an eine Damaszener- oder Bourbonrose als an eine Ayrshire-Hybride denken. Der Rosenkenner Charles Quest-Ritson vermutet die Vererbung in zweiter oder dritter Generation, *Modern Roses XI* gibt sie als Ayrshire-Rose aus. Vermutlich kommt auch Multiflora vor (A. Jäger, C. Brent Dickerson). Über die Eltern ist nichts bekannt. Vor ein paar Jahren bestellte ich 'Duc de Constantine' nur nach der Katalog-Beschreibung bei dem Rosenspezialisten Guillot in Frankreich und jahrelang war ich der Meinung, ich hätte eine Damaszenerrose gepflanzt. Verführerisch, in hellem und glänzendem Atlasrosa getönt, blühen die gefüllten Rosen wie eine R. damascena-Hybride. Oft hängen die großen wundervollen Blüten schwer ob ihres Gewichtes, besonders nach einem starken Regenschauer. Die Triebe sind dünn – zumindest bei mir – hier hat sie nur einen lichten Schattenplatz erhalten. Ich werde sie wohl eines Tages an eine sonnige Stelle umpflanzen müssen.

Blüte groß, gefüllt – einmal | **Farbe** atlasrosa | **Duft** sehr gut **Laub** hellgrün | **Stacheln** klein | **Früchte** keine | **Höhe** 1,60–3,00 m | **Frosthärte** sehr gut, Klimazone 5

'Venusta Pendula'

(unbekannt, von Kordes wieder eingeführt)

Sie ist mit Sicherheit eine alte Ayrshire-Rose, 1928 von Kordes entdeckt und wieder eingeführt. Wahrscheinlich stammt sie aus England. A. Jäger führt sie als Arvensis auf. Auch diese Rose stand schon 1936 in Sangerhausen.

Die Blüten sind verhältnismäßig groß, gefüllt, weiß, rosa überhaucht und hängen an langen, gebogenen, mit kräftigen Stacheln besetzten Trieben. Im Herbst erfreuen uns die großen roten Hagebutten.

Blüte mittelgroß, gefüllt – einmal | **Farbe** weiß, rosa gezeichnet, gelbe Staubgefäße | **Duft** gut | **Laub** dunkelgrün | **Stacheln** zahlreich, breit | **Früchte** mittelgroß, rund, rot | **Höhe** 3,00–5,00 m | **Frosthärte** sehr gut, Klimazone 5

Rosa moschata und Hybriden

R. moschata Herrm. (Sektion: Synstylae)

Über die Herkunft von *R. moschata* liegt noch vieles im Dunkeln. In sehr alter Literatur wird darüber berichtet, dass diese Rose in verschiedenen Gärten im 16. Jahrhundert in Europa gestanden haben soll. In Augsburg soll (nach Schleiden, M. J., *Die Rose, Geschichte und Symbolik*, Leipzig 1873) Georg Fugger 1565 die erste Moschusrose kultiviert haben, die ihm vermutlich Clusius mitbrachte, der im Auftrag der Erben des Anton Fugger 1560 Forschungsreisen durch Holland, Frankreich und die Mittelmeerländer durchführte (Hüttig, O. *Geschichte des Gartenbaus*, Berlin, 1879). Der Züricher Arzt und

Naturforscher Konrad Gesner (1516–1565) berichtet u. a. in seinem *De Hortis Germaniae* von 1561, »Über die deutschen Gärten«: »… ich habe kürzlich vier Pflanzen davon [gemeint ist die Moschusrose] aus dem überaus reichen Garten des edlen und wohlbekannten Georg Fugger erhalten und eingepflanzt … Im letzten Winter sind die meisten Büsche davon durch den Frost eingegangen.« Weiter schreibt er in einer Aufzählung von Rosen: »Duftende gelbe Moschusrosen. In Augsburg ziehen manche in ihren Gärten feinere gelbe Rosen, die wie ich höre, geruchlos sind.« Leider ist nicht überliefert, ob die Moschusrosen in Augsburg nicht doch nach und nach erfroren sind. Man muss jedoch in Erwägung ziehen, dass durch den Einfluss der italienischen Renaissance viele der Augsburger Stadthäuser mit geschützten Innenhöfen und Arkaden ausgestattet waren, vornehmlich der begüterten Kaufleute und Patrizier. Augsburg liegt zwar sehr südlich, hat aber durch seine Höhenlage von ca. 500 m NN mit starken Frosteinbrüchen zu rechnen. Bekannt war die Frostempfindlichkeit der Moschatarosen. In *Allgemeines oeconomisches LEXIKON* (Leipzig, 1731 bey Johann Friedrich Gleditschens sel. Sohn) wird u. a. angeführt, dass »… die Mosch-Rose … die Kälte können sie nicht vertragen und müssen dahero mit langem Mist zudeckt, oder, wenn sie in Scherbeln stehen, vor Winters beygesetzt werden, damit sie nicht erfrieren. …«

Hans Fugger pflanzte 775 Rosenstöcke in seinem 1680 erworbenen Garten, wie aus einer Rechnung der Zeit ersichtlich ist. Es geht nicht aus diesem Beleg hervor, ob es sich um ein und dieselben Rosen – beispielsweise für eine Hecke – gehandelt hatte, oder ob auch verschiedene Sorten gemeint sind.

Reiche Augsburger Patrizier, u. a. Herwart, besaßen Gärten, in denen immer das Neueste an exotischen Pflanzen stehen musste, um sie stolz vorzeigen zu können. In einem anderen Fall war es ein wohlhabender »burger des Rats«, Paul Hektor Mair, der bis 1579 vier Lust- und Blumengärten an Augsburgs Stadtmauer unterhielt, in denen zahlreiche Rosen gepflanzt waren und auch an Rankgerüsten blühten. Dieser Rosengarten muss so bedeutend gewesen sein, dass schon zu sehr früher Zeit die Straße, an der die vier Gärten lagen, »Rosengasse« genannt wurde. Es ist möglich, dass *R. moschata* aus dem Mittleren Osten kommt, von wo sie sich über Nordafrika ausdehnte. Im Westen wurde sie im späten Mittelalter erwähnt.

Die Größenangaben sind sehr unterschiedlich: Einmal heißt es fünf Meter Höhe, ein anderes Mal wird die Kletterrose nur bis drei Meter hoch, ein drittes Mal gar handelt es sich nur um einen Strauch von höchstens zwei Meter Höhe. Ein wichtiges Unterscheidungsmerkmal zwischen *R. moschata* und *R. brunonii* ist, dass erstere im

'Paul's Himalayan Musk'

'Paul's Himalayan Musk'

Spätsommer bis weit in den Herbst blüht. Dies war für die Züchtung der öfterblühenden Rosen interessant und man kann davon ausgehen, dass in vielen der heutigen Gartenrosen eine indirekte Abstammungslinie zu *R. moschata* führt. Aber leider hat sie das Erbe der geringeren Frostresistenz den meisten der beliebten Moschata-Hybriden mitgegeben. *R. moschata* gilt als eine der Elternpflanzen der *R.* × *damascena* var. *semperflorens*. Vor etlichen Jahren bekam ich eine *R. moschata* geschenkt. Bestimmt hätte ich mich gefreut, wenn es gelungen wäre, dass sich aus der Pflanze wenigstens nur ein bescheidenes Sträuchlein entwickelt hätte. Leider war sie nach zwei Wintern völlig verschwunden.

Sicher der bekannteste und beliebteste Rambler unter den Moschata-Hybriden ist:

'Paul's Himalayan Musk'

(England, W. Paul, im Handel 1916)

Allgemein bin ich bei *R. moschata*-Abkömmlingen etwas zurückhaltender, aber einige sind tatsächlich etwas härter, darunter fällt 'Paul's Himalayan Musk'. Nach Peter Beales Meinung sei sie ja näher mit *R. multiflora* verwandt. Die Blüten haben sehr viel Ähnlichkeit mit *R. multiflora* 'Carnea', was leider bei Bestellungen in den Rosenschulen manches Mal zu Verwechslungen führt. 'Paul's Himalayan Musk' ist sehr effektvoll und heute vielleicht noch beliebter als zu der Zeit, als William Pauls Nachfolger (er starb 1905) dessen Rose 1916 in den Handel brachten. Verwunderlich ist allerdings, dass eine Rose mit diesem Namen in der Literatur dieser Zeit und wenig später keine Erwähnung findet. Möglicherweise gab man ihr erst später diesen Namen, denn in den 1970er-Jahren soll man sich in England diese Rose wieder ins Gedächtnis gerufen haben, aber ich erinnere mich, dass sie bei uns erst in den 1990er-Jahren immer häufiger in den Gärten unser allerseits liebster Rambler wurde. Ganze Rosenblüten-Kaskaden dieser enorm wuchsstarken Sorte stürzen aus Bäumen und von Mauern herab, meist handelt es sich dabei dann um diese beeindruckend zauberhafte Sorte. Ihre großen Blütenbüschel, die wie riesige Sträuße wirken, sind von einem heiteren, hellen lilarosa Farbton – unverwechselbar 'Paul's Himalayan Musk'. Die Blüten verblassen bald und gehen in fast weiß über. Der Duft ist auffallend kräftig süß, ein wahrhaftiger Rosenduft, wie ich ihn liebe. Aus Norddeutschland berichtete mir jemand, dass dieser Rambler über keine lange Blütezeit verfügen soll. Da spricht doch wieder einiges für unser kühles Klima hier im Alpenvorland, denn in unserer Wetterlage hält sie sich durchaus drei Wochen. Aber es ist wohl so, dass die meisten Hobbygärtner sich am liebsten eine Dauerblüte von Mai bis Januar und möglichst noch darüber hinaus wünschen.

Blüte klein, gefüllt, große Büschel – einmal | **Farbe** lilarosa, verblassend zu weiß | **Duft** sehr gut | **Laub** hellgrün | **Stacheln** breit, hakenförmig | **Früchte** klein, oval, orangerot | **Höhe (Triebe)** bis 5,00 m | **Frosthärte** sehr gut, Klimazone 5–6

'The Garland' (England, Wells 1835)
Synonyme: 'Wood's Garland', ,Well's Garland', 'Splendid Garland'
Entstanden aus *R. moschata* × *R. multiflora,* ist dieser meist bei Multiflora-Rambler eingeordnet – nicht ganz so frosthart, wie er für unser Gebiet sein müsste. Nur langsam kommt die Rose in ihrem Wuchs voran. Bei mir ist der fast schattige Platz mit ein Grund für eine eher magere Blütenfülle. Die Büschel meiner Rose sind noch etwas lockerer mit den kleinen weißen Blüten bestückt. Meist heißt es, sie sehen wie Gänseblümchen aus. Die Triebe sind mit starken Stacheln bewehrt, die jeden festhalten, der sich an ihrem Eckplatz vorbeidrückt. »Garland« bedeutet Kranz, verwandt mit unserem Wort »Girlande«. Die Blüten erscheinen sehr spät – Ende Juni, Anfang Juli – dies erinnert an die späte Blühzeit der *R. moschata*; ebenso ist die geringere Frostresistenz ein Erbe dieser Art.

Blüte klein, halbgefüllt, in Büscheln – einmal | **Farbe** im Aufblühen leicht aprikosenfarbig, dann weiß, gelbe Staubgefäße | **Duft** gut | **Laub** dunkelgrün | **Stacheln** zahlreich, groß, an jungen Trieben schwarz | **Früchte** klein, oval, orangerot | **Höhe** 4,00 m | **Frosthärte** mäßig, Klimazone 6

'The Garland', Blüten und Stacheln, an jungen Trieben schwarz

Rosa mulliganii Bouleng.
Sektion: Synstylae
Die Heimat dieser Wildrose ist ebenfalls West-China (Yunnan) – etwa 1917 in Europa eingeführt und nach dem damaligen Leiter des New Yorker Arboretums Mulligan benannt.
Jahrelang bin ich dem Irrtum erlegen, dass ich eine *R. longicuspis* besitze. Erst als ich in Peter Beales *Klassische Rosen* (2. Auflage, 1985) las, dass zumeist *R. mulliganii* für *R. longicuspis* verkauft würde, wurde mir klar, worüber ich mich schon immer wunderte: *R. longicuspis* wird überall als wenig frosthart beschrieben und nur für Weinbaugebiete empfohlen. Aber an meinem Exemplar erfror von Anfang an nicht das kleinste Zweiglein. Auch einen Duft nach Banane, der jener Rose eigen sein sollte, konnte ich bei meiner nicht feststellen. Nach ausgiebigen Recherchen war ich mir sicher, dass es sich hier tatsächlich um die *Rosa mulliganii* handelt. In Frankreich konnte ich die wirkliche *R. longicuspis* selbst

Rosa mulliganii Bouleng.

sehen und studieren. Wenn man dann beide Rosen kennt, ist es wunderlich, dass es überhaupt zu so einer Verwechslung kommen kann.

R. mulliganii gehört zu den spätblühenden Rosensorten, wenn die Blütezeit der einmalblühenden Alten Rosen vorbei ist – Ende Juni, Anfang Juli, noch einige Tage später als 'Paul's Himalayan Musk Rambler'. So ist es mir sehr willkommen, wenn zu dieser späten Zeit, im Juli, ein Faulbaum inclusive die benachbarte Birke nochmals in große weiße Blumensträuße eingehüllt ist.

Blüte klein, einfach, in großen Büscheln, reich – einmal **Farbe** rein weiß, gelbe Staubgefäße | **Duft** leicht, fruchtig **Laub** hellgrün, länglich, leicht gezähnt, leicht glänzend, 5–7 Fiederblättchen | **Rinde** junge Austriebe rötlich, später grün | **Stacheln** zahlreich, hakenförmig | **Früchte** klein, orangerot **Höhe** 4,00–5,00 m | **Frosthärte** sehr gut, Klimazone 4–5

Rosa multiflora und Hybriden

Rosa multiflora 'Inermis' Thunb.
Sektion: Synstylae

R. multiflora, die »Vielblütige«, ist in Japan, Korea und China heimisch. Nach Europa kam sie 1804. Irritiert war ich über einige Beschreibungen, in denen sie als bestachelt gilt. Bestachelte Multifloras sind nicht ungewöhnlich, es gibt jeweils die eine und die andere Unterart, so z. B. *R. multiflora* 'Inermis'. Ich besitze davon einen großartigen Strauch (Abb. Seite 221) – von einem kräftigen Geländer ringsherum gestützt – mit unbestachelten Trieben. Es hat lange gedauert, bis unsere *R. multiflora* zu dieser enormen Größe heranwuchs. In der Anfangszeit sind die wenigen Triebe oft zurückgefroren. Als aber der Strauch eine bestimmte Dimension erreicht hatte, waren die erfrorenen Triebe nicht mehr relevant: Die Pflanze hatte einen kräftigen Grundstock gebildet. Reger Bienenverkehr herrscht während der sehr kurzen Blütezeit. Es summt in dem Strauch, die Bienen wissen, dass sie sich beeilen müssen, ihren Honig heimzutragen. Denn sobald Regen einsetzt, ist es schnell vorbei mit der Blüte. Der Duft ist von ganz besonderer Art, nicht vergleichbar mit dem süßen Aroma der Rosen. Komme ich nur in die Nähe des Strauches, dann bin ich ganz trunken davon, ähnlich wie die Bienen. Die tiefgrünen Blätter, meist 9-fiedrig, besitzen bewimperte Nebenblätter, die typisch und ein Erkennungsmerkmal für alle Abkömmlinge dieser Rose sind. Die kleinen, einfachen weißen Blüten mit den leuchtenden gelben Staubfäden bilden in beträchtlicher Zahl eine aufrechte Traube. Schon im Spätsommer bilden sich perlengroße Hagebutten. Sollten meine geliebten Vögel noch einige Früchte übriggelassen haben, dann halten sie noch bis ins Frühjahr. Die Triebe bewurzeln leicht, wenn sie den Boden nur leicht berühren. Da ich nicht alle von ihnen stehen lassen kann, auch nicht alle wegwerfen möchte, habe ich mehrere ausgegraben und an den Zaun im Waldteil des Gartens ausgepflanzt. Sie wuchern nun darüber und schmücken die Einzäunung auch außen.

Rosa multiflora 'Inermis'

Nicht nur die vielblütigen Multiflora-Rambler, auch Polyantha und Floribunda-Rosen haben *R. multiflora* als Eltern und Urahnen in ihren Genen. Sie ist demnach eine sehr wichtige Wildrose.

Blüte: klein, einfach, in Büscheln, reich – einmal | **Farbe** weiß, cremeweiß, gelbe Staubfäden | **Duft** sehr gut | **Laub** tefgrün, gerunzelt, gezähnt | **Stacheln** keine | **Früchte** klein, rund, rot **Höhe** 3,00–5,00 m | **Frosthärte** gut, Klimazone 6

Rosa multiflora 'Carnea'

(1804 in England eingeführt)
Aus China kam 'Carnea' durch Thomas Evans 1804 nach England. Sie ist die erste Kulturhybride von *R. multiflora*.
Inzwischen stehen in meinem Garten vermutlich drei unterschiedliche Sorten, von verschiedenen Rosisten. An verschiedene Stellen gepflanzt (wo Bodenkultur, Schatten etc. eine Rolle spielen könnten), ist es aber vielleicht doch ein und dieselbe Sorte. Könnten mittlerweile nicht auch schon mehrere Unterarten entstanden sein, die alle der 'Carnea' ähnlich sind? Eine gewisse Ähnlichkeit mit der von Redouté gemalten Rose habe ich bei meinen eigenen Rosen festgestellt, aber jedes Jahr ändern sich die Farbtöne der einzelnen Rambler in meinem Garten – mal blüht die eine von vornherein weiß, die voriges Jahr noch einen leichten rosa Touch zeigte, mal ist es bei der von der anderen Rosenschule in umgekehrter Weise der Fall. Die einschlägigen Angaben über die Blütenfarbe ist: Anfangs hell rosa, dann zu weiß verblassend. Das ist ähnlich wie bei 'Paul's Himalayan Musk Rambler'; auch sind beide stark gefüllt. In demselben Maße aber, wie diese auch in Weiß übergeht, dauert der rosafarbene »Zustand« länger als bei 'Carnea', die meist schnell zu reinweiß wechselt.

Blüte klein, stark gefüllt, in Büscheln, reich – einmal | **Farbe** anfangs muschelrosa, schnell in weiß übergehend | **Duft** gut **Laub** mittelgrün | **Stachel**n wenig | **Früchte** wenig | **Höhe** 4,00 m **Frosthärte** sehr gut, Klimazone 5

Rosa multiflora 'Carnea'

'Apple Blossom' Blüten und Stacheln

'Apple Blossom'

(USA, Dawson 1890 oder Burbanks? 1932?)
Der Leiter des Arnold Arboretums in Boston, Massachusetts, Jackson Thornton Dawson, züchtete um das Jahr 1890 einen Multiflora-Rambler, der den Namen 'Apple Blossom' erhielt, jedoch erst zweiundvierzig Jahre später, 1932 von Stark Bros eingeführt wurde. Über diese Rose gibt es bei August Jäger keine näheren Angaben. Im gleichen Jahr, also 1932, züchtete Burbanks in den USA eine 'Apple Blossom', auf die die Beschreibung der im Handel befindlichen Sorte passt. So nehme ich an, dass es sich hierbei nicht um die Züchtung von Dawson handelt, auch wenn sie ihm in einigen Fachbüchern zugeschrieben wird. Die rosa Farbe der Blüten verblasst alsbald, die

'Bleu Magenta'

weiße Mitte fällt dadurch weniger auf, aber die gelben Staubfäden leuchten. Anmutig sind die gekräuselten Ränder der Petalen. Der Rambler ist sehr wüchsig und erreicht bald eine Höhe von vier Meter. Er ist sehr genügsam mit dem Boden, auf dem er steht, und er ist auch sehr gesund.

Blüte klein, halbgefüllt, Petalen gekräuselt, in Büscheln, reich – einmal | **Farbe** apfelblütenrosa, Mitte weiß, gelbe Staubfäden **Duft** leicht | **Laub** hellgrün, glänzend | **Stacheln** groß | **Früchte** rund, orangerot | **Höhe** 4,00 m | **Frosthärte** sehr gut, Klimazone 4–5

'Bleu Magenta' (Herkunft unbekannt, um 1910)
Möglicherweise ist diese unbekannte Multiflora-Hybride noch älter. Mir gefällt sie weit besser als 'Veilchenblau', die schon ihrer großen Verbreitung wegen für mich als Sammlerin weniger attraktiv ist. Da 'Bleu Magenta' in den 1950er-Jahren vom Rosarium L'Haÿ nach Sangerhausen kam, niemand aber ihren Namen kannte, darf man auch mutmaßen, dass die Rose dort als Sport oder Sämling entstanden ist.

'Bleu Magenta' besitzt sehr dunkel violette bis purpurrote gut geformte Blüten. Sie ist die dunkelste aller violetten Kletterrosen. Weiß gestrichelt und marmoriert blitzt es ab und zu auf den Petalen auf. Die Blühphase ist spät und lange. Über Stachellosigkeit wird viel geschrieben, aber es ist wie bei vielen Rosen: Einzelne Triebe sind nahezu ohne Stacheln, der Nachbartrieb kann dagegen stark bewehrt sein. Ich besitze zwei Pflanzen von verschiedenen Rosenschulen und an beiden beobachte ich dasselbe.

Blüte mittelgroß, gefüllt, in Büscheln, reich – einmal, spät, lange | **Farbe** dunkel magenta, dunkel violett, purpur | **Duft** leicht **Laub** dunkelgrün, glänzend | **Stacheln** einzelne Triebe keine, andere einige | **Früchte** keine | **Höhe** 3,00–4,00 m | **Frosthärte** sehr gut, Klimazone 5

'Bordeaux' (Luxemburg, Soupert & Notting, 1907)
Bei diesem Namen denkt man an weinrote Blüten. Meine Enttäuschung war zunächst groß als ich sie zum ersten Mal blühen sah. Nach ein paar Jahren habe ich mich nun an die dunkelrosa Kolorierung gewöhnt und verzeihe dem Züchter die Namensgebung. Aus der Multiflora-Hybride 'Turner's Crimson Rambler' und der Polyantharose 'Blanche Rebatel' entstand dieser kleine Rambler über deren reichen Blütenbüschel, die übrigens eine sehr lange Blühzeit haben, ich mich nun richtig begeistern kann. Leuchtend dunkelrosa Blüten mit hellem Zentrum, gelbe Staubgefäße und ein Tummelplatz für viele Bienen und Hummeln.

Blüte klein, halbgefüllt bis gefüllt, in Büscheln, reich – einmal, früh, lange | **Farbe** leuchtend dunkelrosa, verblassend, Mitte weiß | **Duft** leicht | **Laub** mittelgrün | **Stacheln** wenig, spitz | **Früchte** rund, orangerot | **Höhe** 3,00 m | **Frosthärte** sehr gut, Klimazone 6

'Frau Lina Straßheim'
(Deutschland, Straßheim, 1906)
Ein schöner Sämling – wieder von der Multiflora-Hybride ‚Turner's Crimson Rambler' – mit

hellrosafarbenen Blüten, deren Mitte noch heller ist. Schon ganz geöffnet blickt man auf einen leicht gelb gepuderten Grund. Es entsteht der Eindruck, als hätten die Bienen und Hummeln den Blütenstaub verteilt. Als Sammlerin wollte ich mich ebenso auf frühe deutsche Züchter konzentrieren und versuchen, von den wenigen Sorten, die von ihrem Schaffen übrig sind, einige in mein »Rosenmuseum« mit aufzunehmen.

Der Geschäftsmann Conrad Peter Straßheim (1850–1923) aus Sachsenhausen bei Frankfurt am Main war in Rosenkreisen sehr bekannt, er war ein großer Rosenliebhaber. Über seine beachtliche Sammlung von Rosen berichtet 1886 die Deutsche Gärtnerzeitung und erwähnt seine 400 Teerosen-Sorten. In einer Ausstellung in Frankfurt im Jahre 1881 soll er 7000 Rosenhochstämme in Töpfen vorgestellt haben. Im Ausland besuchte er oft Rosen-Ausstellungen und wirkte ebenso als Preisrichter. Dazu stellte er noch vielfach selbst aus.

Straßheim gehörte zu den Mitbegründern des 1883 gegründeten »Vereins Deutscher Rosenfreunde«. Als Geschäftsführer, erster Schriftleiter und Redakteur der 1886 ins Leben gerufenen *Rosen-Zeitung* wirkte er vier Jahre. Sich diesen Aufgaben zu widmen, bereitete ihm sehr viel Freude. Die Malerin Lina Michel (später Schmidt-Michel) war die Entdeckung Straßheims; ab dem 2. Jahrgang des Erscheinens der *Rosen-Zeitung* ließ er jede Ausgabe mit farbigen Rosen-Bildern von ihr schmücken. Diese Tradition setzten die nachfolgenden Schriftleiter bis 1920 fort. Über die stete Zunahme der Mitgliederzahl konnte Straßheim sich zwar freuen, die Zahlungsmoral einer Anzahl von Vereinsmitgliedern dagegen war sehr schlecht, so dass er die Leitung Ende 1890 ein wenig vergrämt an Peter Lambert abgab. Jetzt befasste er sich mit anderen Rosenthemen. Die bedeutende Wildrosensammlung von Dr. Dieck aus Zöschen, die dieser von seinen Reisen aus vielen Ländern mitbrachte, weckte seine Aufmerksamkeit. Es ist nicht ganz eindeutig, ob er einen großen Teil von ihm kaufte oder von dem Botaniker und Sammler geschenkt bekam. Straßheim holte sich einen Gärtner (der spätere Sangerhäuser Rosariumsgärtner Richard Vogel), so hatte er mehr Zeit, diesen botanischen Zweig

oben: 'Bordeaux', unten: 'Frau Lina Straßheim'

zu studieren. Hunderte von Wildrosen spendete er zur Weltausstellung 1900, die zu Füßen des Eiffelturmes in Paris gepflanzt wurden. Am Schluss schenkte er sie Gravereaux für sein Rosarium in L'Haÿ. Von dort kamen sie dann als Reiser nach Sangerhausen in das Vereinsrosar der deutschen Rosenfreunde. Im Katalog *Les Roses cultivées à L'Haÿ* von 1902 gab Jules Gravereaux bei seinen Wildrosen (»Collection Botanique«, Section I bis XVI, S. 23–52) korrekt die Quelle der gelieferten botanischen Rosen an. Hier kann man genau ersehen, welche von »Strassheim, Francf.« stammen und welche von »Arb. Zoeschen« (s. Kap. »Rosenschreiber«, »Spenden für die Rosenvielfalt, das Vereinsrosar Sangerhausen«).
Anfang der 1890er-Jahre gründete Straßheim in Frankfurt einen speziellen »Rosisten-Verein«, arrangierte wieder viele Rosenschauen, auch im Ausland. Sogar eigene Rosenzüchtungen konnte er vorstellen. Sechs davon kamen in den Handel. Eine davon, ,Professor Dr. Schmidt', 1899, eine prächtige dunkelrote Remontant-Hybride, versuchte ich zu bekommen, aber sie ist leider verschollen.

'Goldfinch'

Nachdem Straßheim sein Baugeschäft seinem Sohn übergeben hatte, widmete er sich nun ganz seinen Rosen; für sie war er bis zuletzt tätig. Als er 1923 starb, hinterließ er seine gesamte Gartenliteratur der Vereinsbibliothek in Sangerhausen. Mehr als 200 Bände, davon allein 106 Rosenwerke sind nun leider nicht mehr vorhanden. Darunter soll sich auch ein Manuskript von Straßheim befunden haben, das sämtliche bis dahin erschienene Rosensorten enthielt. Als Reparationsleistung musste das Rosarium sämtliche Bücher an die russischen Besatzer abgeben. Vermutlich befindet sich der ganze ehemalige Buchbestand heute in der Bibliothek der Akademie der Wissenschaften in Kiew, bzw. das, was den Transport nach Russland überstand. Für Freunde alter Rosenliteratur ist der Gedanke sehr traurig. Bemühungen, die entdeckten Bibliotheksreste zurück zu erlangen machen etwas Hoffnung. Neben der Hauptaufgabe, ein öffentlicher Bewahrungsort der Rosen aus alter Zeit zu sein, ist das Europa-Rosarium Sangerhausen wieder auf dem Weg, auch eine in jeder Hinsicht gut ausgestattete Forschungsstätte der Rosengeschichte und Rosenkunde zu werden.
Von Straßheims Rosen stehen noch die Wichura-Hybride ,Greta Fey', die Multiflorarose ,Großherzogin Eléonore von Hessen' und ,Frau Lina Straßheim' in Sangerhausen. Dank Martin Weingart können wir uns über den lieblichen Multiflora-Rambler ,Frau Lina Straßheim' weiterhin in unseren Gärten erfreuen.

Quellen: G. Schoser *Der Rosenbogen* 2–83; T. Marschall, *Rosenbogen* 3/2005; *Rosen-Zeitung* 1923, H. 3; *Les Roses cultivées à L'Haÿ*, 1902

Blüte klein, halbgefüllt, in Büscheln, reich – einmal | **Farbe** hellrosa, Mitte heller | **Duft** leicht | **Laub** mittelgrün, klein | **Stacheln** zahlreich, hakenförmig | **Früchte** klein, rund, rot | **Höhe** 3,00 m **Frosthärte** gut, Klimazone 6

'Goldfinch' (England, George Paul, 1907)
Wieder durfte die schöne Multiflora-Hybride 'Helene' (von Lambert, s. unten) für die Weiterzüchtung zur Verfügung stehen. Über den zweiten Elternteil ist nichts bekannt. Lediglich nur anfangs sind die Blüten gelb, sie verblassen schnell zu weiß. Leuchtend gelbe Staubgefäße füllen die Mitte der Blüten. Leider sind schon wieder zu viel ähnliche Sorten unter dem Na-

men 'Goldfinch' unterwegs, selten findet man die richtige. Aber jeder bekundet, seine wäre die wahre. 'Goldfinch' ist ein kleiner Rambler; etwa drei Meter hangelt er sich in Büsche oder niedrige Bäume. Die Zweige sind nahezu stachellos. Die zu Anfang dottergelben Blüten leuchten wie Lämpchen in der kleinen Fichte, die die Kletterrose umschlingt.

Blüte klein, halbgefüllt, in Büscheln, reich – einmal, früh **Farbe** anfangs gelb, zu weiß verblassend | **Duft** leicht | **Laub** mittelgrün, glänzend | **Stacheln** fast keine | **Früchte** klein, rund, orangerot | **Höhe** 3,00 m | **Frosthärte** mittel, Klimazone 6

'Hélène Granger' Blüte, sich öffnende Knospe

'Hélène Granger'

(Frankreich, Granger, eingef. von Turbat 1910)

Von beiden Eltern hat 'Hélène Granger' einen kleinen Farbton mit herübergeholt: von der Multiflora-Hybride 'Tea Rambler' das rosafarbene Kolorit und den zarten Gelbton von dem anderen Multiflora-Elternteil, von 'Aglaia'. Nicht in jeder Blüte ist die Färbung gleich verteilt, jede ist ein Unikum. Schlussendlich wird sie später verblassen zu rosa oder sogar zu cremeweiß. Die Pflanze ist sehr wüchsig. Die Triebe sind interessant rotbraun und das junge Laub ist rötlich und glänzend. Meinen Rosenstock erhielt ich aus Frankreich, die Sorte ist sehr rar. Granger war ein französischer Züchter.

Blüte klein, gefüllt, in Büscheln, reich – einmal | **Farbe** anfangs Mitte dunkler rosa, Rand hell, später gleichmäßig hellrosa bis creme, Mitte hellgelb | **Duft** leicht | **Laub** mittelgrün, glänzend, jung rötlich, Triebe braun | **Stacheln** wenig, gebogen | **Früchte** keine | **Höhe** 3,00–4,00 m | **Frosthärte** gut, Klimazone 6

unten: 'Psyche'

'Psyche' (England, W. Paul, 1899)

'Psyche' schenkte ich meinem Mann, nachdem wir die Rose bei einem Besuch in Kassel-Wilhelmshöhe auf der Roseninsel blühen sahen. Viele unserer Besucher waren ebenso von diesen liebreizenden Blütenbüscheln so fasziniert, dass die Rose in vielen anderen Gärten Einzug halten durfte. Als »blass nelkenrosa« bezeichnet August Jäger die Blütenfarbe, was mir gut gefällt. Zum Rand dunkler, die äußeren Kronblätter sind heller. Die braunen Triebe sind unterschiedlich bestachelt, einzelne völlig glatt, andere dagegen besitzen einige Stacheln. Die Sorte ist für unser Klima nicht genügend frosthart. Aber auch hier möchte ich wieder darauf hinweisen, dass man auch in einem rauen Klima nicht die Geduld verlieren sollte: Irgendwann hat der Multiflora-Rambler genügend Triebe aufgebaut, so dass es nicht mehr so dramatisch ist, wenn er einige davon verliert. Mittlerweile kann ich sogar froh sein, wenn der Frost schon einiges ausgedünnt hat.

Blüte mittelgroß, gefüllt, in großen Büscheln, reich – einmal, spät, lange | **Farbe** blass nelkenrosa, Grund gelb | **Duft** gut **Laub** mittelgrün | **Stacheln** einzelne Triebe keine, andere einige | **Früchte** keine | **Höhe** 3,00 m | **Frosthärte** mäßig, Klimazone 7

oben: 'Rambling Rector', unten: 'Russeliana'

'Rambling Rector' (Nordirland, eingef. von Gärtnerei Daisy Hill etwa 1900)

Ein bezaubernder Rambler, der so bekannt und beliebt ist wie 'Paul's Himalayan Musk' und 'Bobby James'. Dennoch will ich diesen anmutigen Kletterer in diesem Buch noch einfügen.

Über die Herkunft kann ich mich nur an die Angaben des Engländers Charles Quest-Ritson halten. Danach soll diese Kletterrose in einem Pfarrgarten entdeckt und von der Gärtnerei Daisy Hill in den Handel gebracht worden sein. Es wird vermutet, dass dies schon eine ältere Sorte ist, der man im Namen die Fundstelle mitgegeben hat – eine reizvolle Geschichte.

'Rambling Rector' hat in meinem Garten einen romantischen Platz bekommen: Im so genannten Waldgarten steht die Pflanze selbst im Schatten, einzelne Blütenbüschel werden nur kurz von der Morgensonne durchleuchtet oder gestreift. Und gerade im Dunkel der Bäume strahlen die weißen großen Büschel. Neben sie habe ich 'Goldfinch' gepflanzt. Sie blühen beide gleichzeitig und erzielen eine fabelhafte Wirkung. Die Knöspchen sind teilweise leicht rosa angehaucht, die kleinen, halbgefüllten Blüten zeigen sich zunächst cremeweiß und wechseln alsbald in ein köstliches Weiß. Die goldgelben Staubblätter fallen besonders auf. Der Duft der Blüten ist vorzüglich.

Blüte klein, halb gefüllt, in Büscheln, reich – einmal | **Farbe** anfangs cremeweiß, dann reinweiß, auffallend gelbe Staubfäden **Duft** sehr gut | **Laub** hellgrün | **Stacheln** wenig, kurz | **Früchte** zahlreich, klein, orangerot | **Höhe** 4,00 m | **Frosthärte** gut, Klimazone 6

'Russeliana' (England, Cormack & Sinclair, 1826)

Dieser Multiflora-Rambler stammt von einer Form der *R. multiflora* und einer Gallicarose ab, besitzt aber nicht die Frosthärte der letzteren. Wenn Gerda Nissen in ihrem Buch schreibt, dass sie sogar die kalten nördlichen Winter von Schleswig-Holstein überlebt habe, so hat sie 'Russeliana' noch nie in unserem südlichen Winter beobachtet, Tage und Nächte, die sehr temperaturunterschiedlich sind. Ich habe zwei Pflanzen nebeneinandergesetzt, beide froren vor ein paar Jahren zurück bis auf den Boden. Natürlich wachsen die Triebe so nach und nach und sofern der darauffolgende Winter dann etwas milder ist, erholt sich die Rose wieder. Inzwischen besitzen die beiden Pflanzen so viele Triebe, dass ich manches Mal darüber froh bin, wenn die Natur entscheidet und bereits vorsortiert, was mir sonst beim Frühjahrsschnitt schwer fällt, die Wuchskraft ein wenig einzudämmen. Von nahem betrachtet sind die Blüten nicht besonders schön, sie sind sehr unregelmäßig geformt, der Farbton variiert von kräftigem Magenta- zu Malvenrosa. Besonders in wärmeren Gegenden ist der verblichene Ton von Malven vorherrschend. Ich sah in Frankreich einmal so eine Sorte und konnte es kaum glauben, als ich das dazugehörige Schild las, dass es sich um 'Russeliana' handelte. Meine beiden Rosenstöcke sind an der Südgrenze zum Nachbarn gepflanzt. Durch Spaliere sorgen wir dafür, dass ihre Triebe und Blüten praktisch nach Norden, in unseren Garten, zeigen. So erhält sich die dunkle Blütenfarbe sehr lange und die beiden Kletterer sind sehr eindrucksvoll, fotografisch auch durch das Gegenlicht.

Blüte mittelgroß, gut gefüllt, in Büscheln, reich – einmal | **Farbe** anfangs dunkel magentarot, verblassend in malvenrosa, sporadisch weiß gestreift | **Duft** leicht | **Laub** dunkelgrün | **Stacheln** zahlreich | **Früchte** zahlreich, groß, rund, orangerot | **Höhe** 3,00–4,00 m | **Frosthärte** mäßig, Klimazone 6

'Taunusblümchen' (Deutschland, Weigand, 1906)
Die Familie Weigand besaß zuerst eine Gärtnerei für Schnittrosen in Soden am Taunus. Christoph Weigand zog 1900 'Ernst Grandpère', die erste *R. wichurana*-Hybride. Er starb 1909. Sein Sohn Ludwig arbeitete mit Multiflora-Rambler weiter. Neun weitere dieser Hybrid-Sorten sind bekannt, darunter 'Non Plus Ultra', die berühmteste und neben 'Taunusblümchen' vielleicht die schönste. Beide Rosen hatten die gleichen Eltern: Die Multiflora-Hybride 'Turner's Crimson Rambler' und die Polyantha-Hybride 'Blanche Rebatel'. Lebhaft purpurrosa öffnen sich die Blüten von 'Taunusblümchen', sie verblassen nach hell rosa, je nach Sonneneinwirkung. Meine Rose steht unter dem Schatten spendenden, dunklen Laubdach eines alten Apfelbaumes. Die Blüten erblicken kaum die Sonne und bleiben somit bis zum Schluss in der wunderbaren Farbe. Die Hagebutten-Büschel sind obendrein ein herrlicher Herbstschmuck.

Blüte klein, gefüllt, in Büscheln, reich – einmal | **Farbe** lebhaft purpurrosa | **Duft** leicht | **Laub** mittelgrün | **Stacheln** wenig **Früchte** klein, rund, orangerot | **Höhe** 3,00–4,00 m | **Frosthärte** sehr gut, Klimazone 5

'Taunusblümchen'

links: 'Tausendschön', rechts: 'White Flight'

'Tausendschön'

(Deutschland, Kiese/Schmidt 1906)
Synonym: 'Thousand Beauties'

Seit die Sorte 'Tausendschön' existiert, gilt sie als einmalblühend. Aber der Spätsommer und Herbst 2006 zog den nächsten Sommer schon vor. Überall erfreute die Sorte die Gartenbesitzer mit einer zweiten Blüte, nicht vereinzelt, nein, neben den Hagebutten zeigte sich eine ganze Anzahl von Blütenbüscheln. Die Knospen öffneten sich sehr langsam, anders als im Sommer während der Hauptblüte. Dennoch schaffte es so manche Knospe auch nicht mehr, zu erblühen. Zwei Multiflora-Rambler, der gelbblühende 'Daniel Lacombe' und 'Weißer Herumstreicher' sind die Eltern von 'Tausendschön'. Von der allzeit mageren Kiefer, die die Rose stützte, sind nur noch zwei Stämme übrig, jedoch tot, aber für ein paar Jahre dienen sie ihr wohl noch als Stützen. Die gerüschten charmanten Blüten sind von einem lieblichen Rosa, manche im Innern mit gelb nuanciert. Die Blühzeit beginnt später als bei den anderen Rosen und dauert sehr lange.

Blüte mittelgroß, locker gefüllt, in Büscheln, reich – einmal **Farbe** reinrosa bis lachsrosa, verblassend | **Duft** leicht | **Laub** kupfriggrün, glänzend | **Stacheln** keine | **Früchte** klein, rund, orangerot | **Höhe** 3,00–4,00 m | **Frosthärte** gut, Klimazone 6

'White Flight' (England, Rochford 1916)

Der Rambler ist ein Sport von der berühmten, rosa blühenden 'Mrs F. W. Flight' (England, 1905). Große Blütenbüschel bildend, in rein weiß mit leicht grünlichem Touch, halb gefüllt, beim Aufblühen wie Bällchen aussehend, mit leicht gewellten Petalenrändern ist 'White Flight' ein weißer Traum. Bis dahin ist alles recht einfach. Jedoch manchmal bekommt die Rose 'White Flight' ein Synonym, 'Astra Desmond'. Das macht die Geschichte etwas verwirrend.

Ich besitze die Sorte 'White Flight' und außerdem steht eine andere Rose in meinem Garten, die den schönen Namen **'Astra Desmond'** trägt. Den Wunsch sie zu besitzen, löste ein Buch aus, *Klassische Rosen* (2. Auflage, deutsche Ausgabe DuMont, 2002) von Peter Beales. Hier berichtet er, dass der Gatte der Opernsängerin Astra Desmond, Sir Thomas Neame, ein großer Rosenliebhaber, diese Rose an Hillier in Winchester übergab, der sie in den 1960er-Jahren herausgebracht haben soll. Peter Beales vermutete, dass 'White Flight' und 'Astra Desmond' ein- und dieselbe Rose sein soll. In seinem späteren Buch *Rosen meine Leidenschaft* (Christian Verlag, 2004) schreibt er über die Rose: »'Astra Desmond'

Bild links: 'Tausendschön', im Vordergrund 'Reine des Violettes'

'Astra Desmond'

ist ein wenig bekannter Multiflora-Rambler, der in den frühen 1920er-Jahren [nicht wie vorher »1960er-Jahre«] von Hillier in Großbritannien eingeführt wurde. Es ist ziemlich wahrscheinlich, dass sie identisch mit der Rose ist, die von anderen Züchtern als 'White Flight' bezeichnet wird.« (Mit dem Wort »Züchter« in der deutschen Übersetzung sind wahrscheinlich Gartenfachleute gemeint.)

Wie schön, ich habe mir die Sorte, die nach der Opernsängerin genannt sein soll, spontan in der Schweiz, bei Alain Tschanz, gekauft und kann nun, nach drei Jahren, einen Unterschied feststellen: Meine 'Astra Desmond' zeigt anfangs ebenfalls bällchenartige Blüten, die aber dann, ganz geöffnet, nicht so geordnet aussehen wie die von 'White Flight'. Zusätzlich ist eine Herzform der Petalen bei letzterer mehr ausgeprägt. Auffallend ist bei 'White Flight' ein kräftig weißer Flaum, der auf der Innenseite der Sepalen deutlich wird, wenn diese aufgeklappt sind. Und zur Farbe, der Hauptunterschied: 'Astra Desmond' wirkt lieblicher durch ihre zart rosa überhauchten Knospen, das anfangs auch Teile der Blüten noch wiedergeben. 'Astra Desmond' ist für mein Empfinden, ausgelöst durch den rosa überhauchten weißen Farbton, eine personifizierte Rose. 'White Flight' dagegen, mit ihren grünlich nuancierten Knospen, tendiert nach meinem Gefühl eher zu etwas Künstlichem, mich erinnernd an meine Dekorosen in meinem Fotoatelier. Die P. Beales Gärtnerei zeigt in ihrem Katalog eindeutig ein Bild von 'White Flight', wie sie mindestens seit 1930 im Europa-Rosarium Sangerhausen steht.

Ich halte die beiden für zwei verschiedene Rosensorten, allein nur eine genetische Untersuchung könnte hier mehr Klarheit schaffen.

Erst Quest-Ritson weist auf den englischen Ursprung hin. Dieser weiße Sport soll 1916 von der Gärtnerei Rochford (oder Rockford) in England mit dem Namen 'White Flight' in den Handel gegeben worden sein. Auf dem Kontinent wurde sie 1923 von der holländischen Gärtnerei D. A. Koster so verbreitet, dass Koster für den Züchter gehalten wurde, bis in unsere Tage. Von da kam die Rose nach Sangerhausen und später nach Cavriglia. Charles Quest-Ritson wendet sich gegen den Gebrauch von 'Astra Desmond' als Synonym.

In Amerika war sie wohl 1993 (*Modern Roses X*) noch nicht angekommen.

Blüte klein, halb gefüllt, ballförmig, in großen Büscheln, reich – einmal | **Farbe 'White Flight'** reinweiß, grünlich nuanciert, bzw. **'Astra Desmond'** reinweiß, rosa nuanciert | **Duft** leicht | **Laub** hellgrün | **Stacheln** klein | **Früchte** klein | **Höhe** 4,00 m | **Frosthärte** sehr gut, Klimazone 5

Hybriden von Rosa sempervirens

Die so genannte immergrüne Rose (*R. sempervirens* L., Sektion Synstylae) ist in unserem bayerischen Voralpenland nicht sonderlich frostresistent, ebenso ihre Züchtungen. Sie behalten ihr grünes Laub nur in wärmeren Regionen. Die Rose stammt aus dem Mittelmeergebiet, aus Südeuropa und Nordafrika. Im 17. Jahrhundert wurde sie in der Literatur erwähnt. Die französischen Züchter Descemet und Vibert züchteten damit erstmals, jedoch fast zeitgleich mit Antoine Jacques, Gartendirektor des Herzogs von Orléans. Seltsamerweise sind heute nur noch wenige von Jacques vorhanden. Man weiß nicht genau, wie viel dieser züchtete. Er verlegte sich hauptsächlich auf diese Spezies. Sie sehen sich alle ziemlich ähnlich, das wird auch der Grund sein, dass es zu häufigen Verwechslungen kommt. Alle sind einmalblühend.

'Adélaïde d'Orléans' (Jacques, um 1826)
'Adélaïde d'Orléans' soll nach DNA-Tests als Vorfahren *R. sempervirens* × 'Old Blush' haben. Die reizenden kleinen, anfangs blassrosa Blüten, hängen an langen Blütenstielen. Wie gerüscht wirken die flachen Blütenschalen. Die Sorte hat es freilich bei mir schwer, richtig in die Gänge zu kommen, weil jeden Winter viele Triebe zurückfrieren. Nun grub ich sie wieder aus und setzte sie vorerst mal in einen großen Topf, wo sie im Keller überwintert. Später, wenn sie kräftig genug sind, werde ich es noch einmal im Freien versuchen.
Princesse Adélaïde war die Schwester des Herzogs von Orléans, Louis Philippe. A. Jacques war als Gartendirektor verantwortlich für die Gärten des Herzogs.

Blüte mittelgroß, halbgefüllt, in großen Dolden, reich – einmal, spät | **Farbe** blassrosa, verblassend zu weiß, Knospen rosa **Duft** leicht | **Laub** mittelgrün, schmal, klein | **Stacheln** wenig, anfangs rot | **Früchte** wenig | **Höhe** 4,00 m | **Frosthärte** mäßig, Klimazone 7

'Félicité-Perpétue' (Jacques, um 1828)
Auch diese Sorte brauchte viele Jahre bis sie sich soweit kräftigte – auch durch Ausläufer –, dass besonders kalte Winter ihr nicht mehr groß schaden können, d. h., wenn ihr einige Triebe durch Fröste genommen werden, sind noch genügend gesunde vorhanden. Antoine Jacques hatte 1828 diese weitere *R. sempervirens* × 'Old Blush' ausgelesen, Vibert brachte sie ein Jahr danach auf den Markt. Die Schreibweise »et« zwischen den beiden Namen sollte nicht mehr verwendet werden. Quest-Ritson erwähnt in seinem Buch *Climbing Roses of the World*, in Jacques' Katalog von 1830 ist die Schreibweise 'Félicité-Perpétue', mit Bindestrich also. Über die Bedeutung der Namen gibt es gleich drei Definitionen: Felicitas und Perpetua waren zwei frühchristliche Märtyrerinnen. Eine weitere Version, die ich gelesen habe: Félicité und Perpétue sollen Zwillingstöchter Jacques' gewesen sein, in einer anderen Variante heißt es, dass es der Name einer Tochter sei. Wie auch immer, die cremeweißen Blüten und die roten Knospen an dicken Büscheln sind bezaubernd anzusehen, besonders durch den Kontrast des dunkelgrünen Laubes. Die Stacheln sind weit verteilt und nicht eng nebeneinander, weshalb es in der Literatur manchmal so beschrieben ist, als hätte die Sorte insgesamt wenig Stacheln. Aber wenn man sich bei dieser mehrmals böse verletzt hat, dann vergisst man den Verursacher nicht mehr. Zusätzlich tragen die Blätter an der Unterseite eine Anzahl von kleinen Widerhaken. Die Triebe wachsen in alle Richtungen und müssen in gewünschte Formen gezogen werden.

'Adélaïde d'Orléans'

'Félicité-Perpétue', Blüten und Stacheln

'Princesse Marie'

'Princesse Marie' (Frankreich, Jacques 1829)
Vor einem Jahr traute ich mich 'Princesse Marie' zu pflanzen, ausgerechnet die, die am wenigstens Frost verträgt. Im Waldteil des Gartens steht sie nun, vielleicht ist es hier geschützter. Sie hat eine enorme Wuchskraft, so vertraue ich darauf, dass die Rose, sollte sie durch Frost stark zurückfrieren, ihre Höhe bald wieder erreicht. Die Knospen sind hellrosa und die Blütchen der 'Princesse Marie' sind anfangs von hellem Muschelrosa, bald verblassend in weiß, und sitzen an langen Stielen in großen Dolden. Die Blütezeit liegt sehr spät. Das ist ein großer Vorteil, wenn alle anderen Rosen schon ihren Höhepunkt hinter sich haben.

Princesse Marie war eine Tochter des Herzogs von Orléans.

Blüte klein, gefüllt, in Dolden, reich – einmal | **Farbe** weißrosa anfangs, dann cremeweiß, hellrosa Knospen | **Duft** schwach **Laub** dunkelgrün | **Stacheln** zahlreich, sehr spitz | **Früchte** klein **Höhe** 4,00–5,00 m | **Frosthärte** mäßig, Klimazone 7

Der Duft wird manchmal als kräftiger »Moschusduft« höflich umschrieben. Tatsächlich aber ändert sich der Geruch im Laufe der Jahre, bzw. er richtet sich nach den Mineralien, die der Boden enthält. Einen ausgesprochenen Rosenduft wird man aber mit keiner Bodenbeschaffenheit erreichen. Im besten Fall hat die Sorte dann überhaupt keinen Geruch mehr.

Blüte mittelgroß, gefüllt, in Büscheln, reich – einmal | **Farbe** weißrosa anfangs, dann cremeweiß, rote Knospen | **Duft** schwach | **Laub** dunkelgrün | **Stacheln** sehr spitz, hakenförmig **Früchte** keine | **Höhe** 4,00–5,00 m | **Frosthärte** mäßig, Klimazone 7

Rosa soulieana und Hybriden

R. soulieana Crép.
Aus *R. soulieana* Crép. (Sektion: Synstylae) wurden nur wenige Rosensorten gezüchtet. Der französische Pater Soulié brachte 1896 diese Rose aus Tibet nach Frankreich. Der Strauch soll äußerst wüchsig sein, etwa 4 m hoch werden. Ich selbst sah den Strauch und deshalb auch die Blüten nie. Er ist sehr frostempfindlich, leider der Abkömmling 'Kew Rambler' ebenfalls.

'Kew Rambler'
Stacheln und Blüten

'Kew Rambler' (Kew, England, 1912)
In den Royal Botanic Gardens in Kew entstand durch Kreuzung aus *R. soulieana* × 'Hiawatha' 'Kew Rambler'. Die Sorte hat leider das Erbe der ungenügenden Frostresistenz mitbekommen. Sehr wüchsig zeigt sie sich, sehr angriffslustig mit gewaltigen, breiten Stacheln. An jungen Trieben erscheinen sie in einem imponierenden, leuchtenden Rot, was sehr attraktiv wirkt. Die kleinen hell rosafarbenen Blüten mit fast weißer Mitte muten dagegen so unschuldig und lieblich an. Im Herbst bietet die Rose uns noch Früchte, klein, rund und orangerot. Vor etwa drei Jahren mussten wir den Rosenstock versetzen,

da wir nicht mehr unbeschadet an dem Weg bei ihr vorbeigehen konnten. Es stellte sich als tagelange Arbeit heraus, wenn man gründlich damit umgehen wollte. Die Wurzeln schoben sich meterweit unter anderen Rosenpflanzen hinweg. An ihrem neuen Platz, an der schattigen Nordseite einer Tanne, gebärdet sie sich weiter als Stachelmonster, aber Blüten sah ich bisher noch keine. Gärtner brauchen Geduld und ich werd's schon noch lernen.

Blüte klein, einfach, in großen Büscheln – einmal, spät | **Farbe** klar rosa, Mitte heller | **Duft** leicht | **Laub** graugrün, glänzend **Stacheln** zahlreich, groß, an jungen Trieben rot | **Früchte** klein, rund, orangerot | **Höhe** bis 5,00 m | **Frosthärte** mittel, Klimazone 7

Großblütige Kletterrosen vom Typ Tee-Hybride

'Cupid' (England, B. R. Cant 1915)
Zugegeben, diese nicht sehr frostresistente Rose hätte eigentlich nichts in meinem Garten zu suchen. Jedoch der Name hat es mir angetan und die schönen einfachen Blüten in apricot-hellrosa übergehend mit auffallenden, goldgelben Staubfäden. Als I-Tüpferl trägt die großblütige Kletterrose vom Teehybriden-Typ auffallend große birnenförmige Früchte in orangerot, die sehr attraktiv fast den ganzen Winter hängenbleiben und erst im Frühjahr am Boden liegen. Sie gilt als zögerlich blühend, also nicht nur bei mir. Allein wie Peter Beales so liebenswert schreibt: »… es lohnt sich aber trotzdem sie zu pflanzen und sei es wegen einer einzigen perfekten Blüte«. Es ist meine einzige Sorte von diesem Typ, die ich hier vorstellen kann. Sie zählt schon zu den modernen Kletterrosen. Im Grunde ist diese Rose einfach schön, sie benötigt Wärme, aber die Sommerhitze rafft die Blüten schnell dahin.

Blüte groß, einfach, einzeln und in Büscheln – einmal, kurze Blühzeit | **Farbe** apricot, dann hellrosa, auffallende gelbe Staubfäden | **Duft** leicht | **Laub** dunkelgrün, glänzend | **Stacheln** zahlreich, groß | **Früchte** groß, birnenförmig, orangerot **Höhe** 3,00 m | **Frosthärte** mäßig, Klimazone 7

'Cupid'
Blüten und Hagebutten

Lamberts Multiflora-Hybriden

Züchterkarriere und Kreativität

Trier ist in den Augen der Rosenfreunde die »Peter-Lambert-Stadt«. Als Lambert-Stadt reicht ihre Verbundenheit mit den Rosen noch weiter zurück, denn schon Peters Vater, Jean Lambert, hatte dort als Gärtnersohn im väterlichen Betrieb die Lehre begonnen, sie in Lüttich sowie im Elsass (Bollwiller) fortgesetzt und 1860 in Trier eine eigene Baumschule mit Rosenkulturbetrieb zusammen mit Jean Reiter (Lambert & Reiter, später Lambert' Söhne) gegründet; zusätzlich trat der jüngere Bruder Nicola (der in Nancy usw. eine Ausbildung erhielt) mit in das Geschäft ein.

1865 wurde die Firma Mitglied in der Praktischen Gartenbaugesellschaft in Bayern, deren Wochenzeitschrift (*Vereinigte Frauendorfer Blätter*) zu dem Zeitpunkt noch viele Kunden in Österreichischen Ländern erreichte.

In Frankreich hatte sich Jean bei führenden Rosenzüchtern in Lyon, Dijon und Paris sehr gründlich umgeschaut und positive Kontakte zu den Lieferanten der begehrten französischen Neuheiten geknüpft; er führte Rosen direkt von den Züchtern ein. Er selbst dagegen befasste sich kaum mit der Rosenzucht. Eugène Verdier benannte 1865 sogar eine Rose nach ihm – da war sein Sohn Peter schon 6 Jahre alt. Vielleicht hat Peter dieses so beeindruckt, dass sein Wunsch zu keimen begann, genau darin eines Tages sich von seinem in der Massenvermehrung von Rosen sehr erfolgreichen Vater abzuheben. In der Autorenliste des ersten deutschen Rosenjahrbuchs, 1883, bezeichnete Peter Lambert sich bereits als Gartenkünstler und Rosenzüchter. Acht Jahre später machte er sich selbständig und legte in seiner neuen Firma, im ehemaligen Klosterareal St. Marien, gezielt den Schwerpunkt auf die Züchtung neuer Rosensorten. Dem neuen Verein Deutscher Rosenfreunde war er erst 1885 beigetreten, übernahm aber bereits 1890 die Redaktion der 1886 gestarteten *Rosen-Zeitung* des Vereins. Seine ersten Tee-Hybriden 'Kaiserin Auguste Viktoria' (1891) und 'Frau Karl Druschki' (1896) machten ihn bekannt und bald weltberühmt. Sein Ehrgeiz aber lag in der Kreation öfterblühender Strauch- und Kletterrosen, was ihm als erstes mit der Rose 'Trier' 1904 gelang. Diese Richtung hatte er schon anvisiert, als er sich die ersten drei Kletterrosen noch erkaufen musste – von dem Elsässer Hobbyzüchter Schmitt in Bischweiler - mit den Namen der drei Grazien (Aglaia, Euphrosine, Thalia) hat Lambert sie in den Handel gebracht.

Peter Lambert war, wie alle leidenschaftlichen Züchter, nicht nur erfüllt von Phantasien, wie die neuen Rosen aussehen sollen. Trotz aller Pläne für die Zukunft legen sich Züchter auch eine Sammlung von Rosen aus der Vergangenheit an, Rosen, die interessante Eigenschaften besitzen, und Wildrosen, die wichtige Fähigkeiten zu bieten haben: ein Werkstoffarsenal, eine Modellpalette, ein Bauhof für die Rekombination von Bausteinen, die das Gefühl, die Erfahrung und die Vision des »Rosenkünstlers« zur Hand und zur Auswahl haben möchte.

Und die eigenen Züchtungen? Da bei einem Züchter die Natur mitspielt, braucht er zur Schaffung von Neuigkeiten viele praktische Versuche, bis ein Erfolg geglückt ist. Die eigenen Geschöpfe deshalb zu sammeln, immer wieder zu studieren und Schlüsse aus Verhalten, Bewährung und Aussehen zu ziehen, um zu verbessern, Wege zu verlassen oder neue Ansätze zu planen, all das gehört mit zur Basis des Erfolgs eines kreativen Autors. Also Grund genug, auch eine Sammlung mit den eigenen Züchtungen anzulegen.

Dokumentation und Werkschau

Gute Produkte werden natürlich kopiert und von anderen weiterverwendet. Bei Pflanzen wird durch schriftliche Erstveröffentlichung im eigenen gedruckten Katalog oder in einer für alle zugänglichen Garten(bau)zeitschrift die Autorschaft begründet. Für die heutige große Züchtungsindustrie ist die Eintragung eines

Patentes und Namenschutzes üblich, der auch die Erhebung von Lizenzgebühren regelt. Eine eindeutige Artikelkennzeichnung durch einen Handelsnamen kommt hinzu. Bereits Peter Lambert hatte sich um zentrale Registrierung von Rosenneuheiten und um Sortenschutz bemüht. Sein großer Einsatz für ein Vereins-Rosarium, das 1898 mit Standort Sangerhausen beschlossen und 1903 eröffnet werden konnte, war für ihn auch gleichzeitig ein Schritt in Richtung Dokumentation der noch vorhandenen und der künftigen öffentlich anerkannten Kultivare. Er hatte die Systematik für die Aufpflanzung im Rosarium erarbeitet, angelehnt an das System des belgischen Botanikers Crépin, das bereits von J. Gravereaux 1902 im Katalog von L'Haÿ angewendet worden war. Lambert gab selber viele seiner Züchtungen nach Sangerhausen. Insgesamt standen 1992, kurz nach Öffnung der DDR, noch 94 Rosen von Lambert im Rosarium, die Hella Brumme im Rosenjahrbuch 1992 aufführt. Darunter 17 Sorten aus der eigenständigen Klasse der Lambertiana-Rosen, die ein Erbteil von *Rosa moschata* miteinander verbindet. Parktaugliche Strauchqualität, Büschelblütigkeit und Öfterblühen sind sichtbare Zeichen der Gruppe, die heute noch im Sangerhäuser Rosarium eine Sonderstellung genießt und an die sich durch Pembertons Weiterzüchtung dessen Klasse der »Moschata-Rosen« anhängte. Prof. Josef Sieber beschreibt im 1992er Jahrbuch (VDR) insgesamt 175 Züchtungen, dazu noch die drei Grazien von Schmitt und zwei von Rudolf Geschwind erworbene Rosen ('Parkzierde' und 'Zigeunerknabe'). Im Katalog von 1914/15 weist Lambert auf weitere Rosen hin, u. a. auf sechs mit Komponistennamen, über die bis heute keine weiteren Quellen mehr bekannt wurden. Der Amerikaner Brent C. Dickerson listete im Jahr 2000 in seiner »*Roll Call: The Old Rose Breeder*« 154 Rosennamen auf, die sich in der von ihm benutzten Literatur als »P. Lambert zugeschrieben« finden ließen.

Bezogen auf unser Thema Sammler und Sammlungen fällt auf, dass Lambert weder dem Rosarium Sangerhausen noch dem Schöpfer und ersten Leiter, Prof. Ewald Gnau, eine Rose widmete. Erst 1928 benannte Mathias Tantau in Uetersen eine Tee-Hybride 'Professor Gnau'. Lambert kannte natürlich die großen Pariser Rosengärten und zeigte seine grundsätzliche Sympathie für gelungene Rosenpräsentationen und die Ausweitung von Sammlungen, beispielsweise durch 'Gruß an Zabern', die er 1904 zur Eröffnung des heute noch bedeutenden Rosengartens in Saverne herausgab. Für eine von ihm 1909 eingerichtete Gartenanlage in einem ehemaligen Klosterareal bei Neustadt an der Weinstraße stiftete er 'Hildenbrandseck'. Mit der Rose 'Marie Henriette Gräfin Chotek' ehrte Lambert 1911 eine große Rosensammlerin; um 1900 galt ihr Rosarium in Dolna Krupa (s. unten: Eine große Rosensammlerin) als eine der größten privaten Sammlungen. Den 1914 eröffneten und durch ihn sehr geförderten Rosengarten in Zweibrücken unterstützte Lambert mit der Tee-Hybride 'Gruß an Zweibrücken'. Aus seiner sonstigen Namensgebung sind Rosen mit kulturhistorischem Bezug zur deutschen Klassik und Romantik bemerkenswert: Sechzehn deutsche Dichternamen (sieben erhalten), 'Heideröslein' und auch 'Grimm' und drei Märchenfiguren – Schneewittchen und Aschenbrödel. Die 'Schneekönigin' von 1901 benannte er später um und beehrte, mit Blick auf Erfolg im deutschen Markt, die Frau des Rosenvereins-Präsidenten Karl Druschki mit dieser Sorte; als 'Snow Queen' hatte sie aber bereits begonnen, um die Welt zu reisen. Für Rosenfreunde sei noch die Strauchrose 'Lina Schmidt-Michel' (1906, Rosenmalerin der *Rosen-Zeitung*) und für Musikfreunde die Moschata-Hybride 'Mozart' (1937) erwähnt.

'Euphrosyne'

Versammeln, Vergleichen, Verstehen

Lamberts eigene Sammlung bzw. das, was nach der Zerstörung des Anwesens im 2. Weltkrieg noch übrig war, wurde von der Höhe hinunter ins Moseltal, in die Stadt, verlegt; die Rosen im Nell's Park stehen für die Bedeutung, die Trier für die deutsche Rosengeschichte hatte. Bereichert wurde die öffentliche Rosenanlage durch eine besondere Idee: 2004 wurde im Rahmen einer Landesgartenschau ein Stammbaumgarten für die Rose 'Trier' angelegt, genau 100 Jahre nach ihrer Züchtung und 150 Jahre nach Beginn der Züchtungserfolge im benachbarten Luxemburg mit Jean Soupert und Pierre Notting, gefolgt von Gebr. Ketten, Gemen & Bourg sowie Lamesch. 'Léonie Lamesch' ist nicht nur eine Rose, die Namensgeberin wurde Lamberts Ehefrau. Die Trierer und die Luxemburger Rosenfreunde suchten alle Rosen, die zur 'Trier' hinführen und von ihr weiter, z. B. als Ausgangsbasis für Pemperton's Moschata-Hybriden; Josef Sieber hatte im erwähnten Rosenjahrbuch 1992 den Stammbaum aufgezeichnet. Es galt nun die Rosen, entsprechend ihrer genetischen Nähe, in sich verzweigenden Linien aufzupflanzen. Zur Eröffnung war auch Peter Beales aus England angereist, denn auch er war von der Idee einer genealogischen Präsentation von Rosen fasziniert und hatte die »Nummer 1« des China-Einflusses, die erst 1983 entdeckte *R. chinensis spontanea*, beigesteuert. Auch die Stammbaum-Stationen der Rose 'Frau Karl Druschki' waren eingearbeitet. Inzwischen ist auch die Anpflanzung des Stammbaumgartens vom Ausstellungsgelände in den Nell's Park umgezogen. Jedem Interessenten an Pflanzenbiologie oder Rosen hilft das vergleichende Betrachten von »Rosengeschwistern« einerseits beim Entdecken von Gemeinsamkeiten und damit beim Verständnis von Klassen-Bildung. Es übt aber auch das Bemerken von Unterschieden durch ein »Sich-Hineinsehen in eine Vielfalt« und das Beachten entscheidender Merkmale. Das Konzept der Darstellung von Vererbungslinien als Spur der Metamorphose, verursacht durch Gen-Vermischung, ist eine weitere glänzende Idee, genetische Vorbestimmung zu verstehen. Lambert war einer der ersten, die in Deutschland sehr gewissenhaft (wie auch Geschwind) über die Elternschaften Buch führten und zielsicher selbst mit den eigenen Ergebnissen weiterkreuzten. Es sollte noch mehr solcher Stammbaumgärten auf der Welt geben – auch im Rosarium Sangerhausen könnten didaktisch neuartig konzipierte Präsentationen die Attraktivität des Themas Rose weiter steigern.

In meiner kleinen Auswahl an einmalblühenden, lieblichen Kletterrosen von Lambert-Sorten sind auch »die drei Grazien« dabei, obwohl diese – wie oben bereits erwähnt – von dem Elsässischen Hobbyzüchter Schmitt stammen und Peter Lambert sie durch Ankauf in den Handel brachte und mit diesen weiterzüchtete.

'Aglaia'

Meine Lambert-Auswahl

'Aglaia' (Schmitt, Elsass/Lambert 1896)
Synonym: 'Yellow Rambler'
Der graziöse Rambler 'Aglaia' entstammt den Eltern von *R. multiflora* × 'Rêve d'Or' (Noisette, 1869). Die zart primelgelben Blüten – so sind sie noch, wenn sie sich öffnen – leuchten wie kleine Lichter in dem grünen Laubwerk. Danach verblassen sie sehr schnell, zunächst in creme übergehend, dann weiß. Ein mir unbekannter Rosenfreund wunderte sich in einer Mail, die er mir schrieb, dass ich diese wunderschöne Kletterrose nicht besitze. Ich suchte nach Beschreibungen und

Abbildungen und war auch der Meinung, dass diese Rose unbedingt in meinen Garten gehört. Da steht sie nun, angelehnt an eine Felsenbirne, in der Nachbarschaft von 'Cupid', 'Erinnerung an Brod' und einzelne lange Triebe berühren auch noch die 'Futtaker Schlingrose', die mit ihrem dunkleren Farbton ebenfalls gut mit den hellen Blüten von 'Aglaia' harmoniert.

Das ist die erste der »3 Grazien«, wie Peter Lambert Schmitts drei kleine Rambler nannte. Die Chariten, entsprechend lateinisch Grazien, sind die drei Göttinnen der Anmut, in der Dreizahl als Aglaia (= Glanz), Euphrosyne (= Frohsinn) und Thalia (= die Blühende).

Blüte klein, halbgefüllt, schalenförmig, in Büscheln, reich – einmal, früh | **Farbe** primelgelb, zu creme und weiß verblassend | **Duft** leicht | **Laub** hellgrün, glänzend, 7 Fiederblättchen **Stacheln** zahlreich, spitz | **Früchte** klein | **Höhe** 3,00 m | **Frosthärte** gut, Klimazone 6

'Arndt'

'Arndt' (Deutschland, Lambert, 1913)

Diesen kleinen Rambler habe ich mir aus Sangerhausen mitgebracht. Entstanden ist 'Arndt' aus der bezaubernden rosablühenden 'Helene', eine Multiflora-Hybride – die mittlerweile auch in meinem Garten steht –, und Lambert's Tee-Hybride 'Gustav Grünerwald'. Sie wird oft als die beste Lambertiana-Rose bezeichnet. Und das mit Recht: Große Blütenbüschel mit überschäumenden hellrosa- und lachsrosafarbenen gut geformten Blüten, die lange halten. Und immerfort bilden sich einzelne neue Blütenbüschel bis zum Frost. Die Pflanze wächst von unten her gut nach und verkahlt nicht. Wenn man auch auf Hagebutten im Herbst Wert legt, so ist es vorteilhaft, wenn man ein paar der ersten verblühten Büschel nicht wegschneidet. Benannt hat Peter Lambert die Rose nach dem politisch engagierten Dichter Ernst Moritz Arndt.

Blüte mittelgroß, halbgefüllt, in Büscheln, reich – gute Nachblüte | **Farbe** hellrosa | **Duft** gut | **Laub** mittelgrün, glänzend **Stacheln** wenig | **Früchte** klein, rund, orangerot | **Höhe** 2,50 m **Frosthärte** gut, Klimazone 6

'Euphrosyne' (Schmitt, Elsass/Lambert 1896)

R. multiflora und eine kleinblütige Polyantha-Hybride von Guillot fils 'Mignonette' (1880) waren die Eltern dieser anmutigen 'Euphrosyne'. Die rosafarbene 'Mignonette' ist eine *R. chinensis* × *R. multiflora*. 'Euphrosyne' besteht für mich aus purem Liebreiz; die Blüten zeigen im Aufblühen ein intensiveres Rosa, dann verblasst der kräftigere Farbton schnell in hellrosa bis fast weiß. In einem einzigen Büschel treten dann verschiedene Helligkeitstöne auf. Die Blühphase hält recht lange – zumindest an ihrem Standort in lichtem Schatten der Laubbäume. Im Herbst erfreut die Rose noch einmal mit ihren Büscheln von kleinen runden Früchten, die das Aussehen kleiner Spielzeug-Holzkugeln haben. Diese Sorte ist absolut die bezauberndste der »3 Grazien«.

'Euphrosyne' Blüten und Hagebutten

'Helene'

oben: 'Thalia' Rambler, unten:'Thalia Remontant'

Blüte klein, halb gefüllt, fast einfach, in Büscheln – einmal reich | **Farbe** rosa, hellrosa, Mitte weiß, verblassend | **Duft** leicht | **Laub** mittelgrün | **Stacheln** wenig | **Früchte** klein, oval, rot | **Höhe** 4,00 m | **Frosthärte** gut, Klimazone 6

'Helene'

(Deutschland, Lambert, 1897)

'Helene' ist eine Kreuzung aus (Tee-Hybrid-Sämling × 'Aglaia') × 'Crimson Rambler' (Multiflora-Rambler). Die gar nicht so kleinen Blüten, die mit etwa zehn Blumen große Büschel bilden, sind leicht violettrosa getönt, die gelben Staubgefäße im gelbweißen Grund ergeben eine liebliche Kombination. Die Blüten sind erstaunlich lange haltbar. Peter Lambert benannte den bezaubernden Rambler nach seiner Schwester Helene. Zuerst sah ich 'Helene' in Sangerhausen und war ganz entzückt von dieser Kletterrose. Herr Hartung von ROSAROT holte sich Reiser auf meine Bitte hin und vermehrte sie. 'Helene' ist der vierte Rambler, der einst die magere Kiefer mit Blüten und Blättern so auffüllen sollte, dass man den dürren, lichten Hintergrund nicht mehr sieht.

Blüte groß, halb gefüllt, in Büscheln – einmal, reich | **Farbe** violettrosa mit gelblich, weißem Grund | **Duft** leicht | **Laub** hellgrün, matt | **Stacheln** wenig | **Früchte** klein, rund, orangerot **Höhe** 3,00–4,00 m | **Frosthärte** sehr gut, Klimazone 5–6

'Thalia' (Schmitt, Elsass/Lambert, 1895)

Die dritte der Gruppe, die Schmitt züchtete, ist die weiße, sehr charmante Sorte 'Thalia'. Die Polyantharose 'Paquerette' war der eine Elternteil, der andere ist wiederum *R. multiflora*. Die kleinen inneren Petalen wirken wie Krönchen oder wie eine Rüsche, die die gelben Staubgefäße umschließen. Lambert benutzte 1901 (1903 herausgegeben) zur Weiterzüchtung einen Sämling von 'Thalia' und kreuzte diesen mit 'Mme Laurette Messimy'. Er erzielte damit eine leicht remontierende Strauchrose, die in allem dem Rambler 'Thalia' sehr ähnlich ist, nur die Blütenbüschel etwas kleiner sind. Lambert unterschied diese lediglich dadurch, dass er sie mit dem Namen **'Thalia Remontant'** versah, was aber den Unterschied nicht sehr deutlich macht und in den Gärtnereien schon wieder Verwechslungen vorprogrammiert, zumal »remontant« sich besser verkauft. Ein weiterer Unterschied im Habitus ist dann doch zu erkennen: Der Rambler 'Thalia' wächst von Anfang an sofort kräftig himmelwärts, während 'Thalia Remontant' sich wie ein Strauch benimmt und auch noch nach mehreren Jahren schön buschig wächst. Für beide Sorten gelten die gleichen Angaben. Nach August Jäger soll der Strauch ebenfalls wie der Rambler drei Meter hoch werden, dies hat meine Rose, nach etwa vier Jahren, noch lange nicht erreicht.

Blüte klein, halbgefüllt, in Büscheln – einmal, reich | **Farbe** reinweiß | **Duft** gut | **Laub** hellgrün, glänzend | **Stacheln** wenig, spitz | **Früchte** rund, orangerot | **Höhe** beide 3,00 m | **Frosthärte** gut, Klimazone 6

'Trier' (oben links mit Rosenkäfer)

'Trier' (Deutschland, Lambert 1904)

Es ist Lamberts berühmteste Rose. Eine Rose, die oft für weitere gute Züchtungen (weltweit auch von anderen Züchtern) verwendet wurde. Die Rose 'Trier' ist die Stamm-Mutter der öfterblühenden Rosen. Vermutlich handelt es sich um eine »Selbstung«, eine Selbstbestäubung 'Aglaia' × 'Aglaia', wie durch eine Chromosomen-Untersuchung festgestellt wurde, und nicht wie Peter Lamberts Angabe lautet, eine Kreuzung von 'Aglaia' und der winterharten Remontant-Rose 'Mrs. R. G. Sharman Crawford'. Große, liebliche Blütenbüschel überdecken den ganzen Strauch zur Hauptblütezeit, die etwas später stattfindet. Bis zum Herbst bringt sie immer wieder neue Blüten hervor. Ein Teil der verblühten Büschel lasse ich im Sommer unbeschnitten, um Hagebutten zu bekommen. Die gelbweißen Blüten zeigen auffallend, goldgelbe Staubgefäße und die Blüten stehen wegen ihrer langen Stiele in lockeren Sträußen. Wichtiges Merkmal der Sortenechtheit sind die lachsrosafarbenen Knospen, denn bedauerlicherweise sind seit Jahrzehnten viele ähnliche Sorten im Handel, die aber mit dem Namen 'Trier' ausgezeichnet sind. Als Strauch sieht 'Trier' bestimmt attraktiver aus, als wenn man die Rose zu einem Rambler trimmt. Sie ist sehr gesund. Außer für Bienen und Schwebfliegen ist 'Trier' gleichermaßen ein beliebter Nahrungslieferant für die prächtigen, glänzend grün schimmernden Rosenkäfer, die übrigens für die Rosen nicht schädlich sind. Sie weiden die Staubgefäße ab und bereichern eher unseren Garten als kurzfristige Gäste.

Blüte klein, halb gefüllt, in lockeren Büscheln, reich – remontierend | **Farbe** weiß, zur Mitte gelblich, Knospen lachsrosa! **Duft** gut | **Laub** dunkelgrün, glänzend | **Stacheln** zahlreich **Früchte** klein, rund, rot | **Höhe** 2,00 m | **Frosthärte** gut, Klimazone 6

Geschwind: Ein Wanderer im österreichisch-ungarischen Völkergemisch

Teplitz, das älteste Bad Böhmens, nur etwa fünfzehn Kilometer von der sächsischen Grenze entfernt, liegt auf rund 230 m Höhe, am Südhang des Erzgebirges. Etwa zu neunzig Prozent Deutsche lebten hier noch, als dort Rudolf Geschwind einen großen Teil seiner Kindheit und Jugend verbrachte. Rudolf, ein Kind deutscher Eltern, kam am 23. August 1829 in Hredle zur Welt, einer kleinen Ansiedlung im Bezirk Rakovnik, zwischen Prag und Teplitz (jeweils 60 km, nach Westen zu).

Die verschiedenen Geburtsorte der Kinder zeigen, dass die Familie erst beim letzten Kind den dauerhaften Wohnsitz Teplitz erreicht hatte. Dort lebte auch ein Onkel, dem Geschwind die Entstehung seines Interesses an der Rosenzucht verdankt, wie in seinen Erinnerungen aus einer Episode hervorgeht:

»... In dem Garten meines Onkels am Belvédère bei Teplitz (Böhmen) hatte ein Kurgast unberechtigterweise von einem Stocke der Hybridrose Malton (in Teplitz damals als Delaborella bekannt) Blumen gepflückt, den Strauch arg beschädigt, worüber mein Onkel derart in Zorn geriet, daß er den Strauch mit einem Knüttel in Trümmer schlug. Ich kam gerade dazu, als nur noch kleine Zweigreste übriggeblieben waren, die ich mitleidig sammelte, um Stecklinge zu machen, und am Wohnsitz meines Vaters (Schloßberg bei Teplitz) die Reste zu okulieren versuchte. Beide Versuche gelangen vortrefflich, und von nun an ward ich eifriger Pflanzenfreund, obenan ein glühender Verehrer der Rose...« Einige Zeilen später schreibt er weiter über den Schlossberg bei Teplitz: »... wo sich mir die Gelegenheit bot, die zahlreichen Wildrosen am Berge zu veredeln, und es war keine Seltenheit, mitten im Walde auf einen herrlich blühenden Rosenstrauch mit mehreren mächtigen Kronen zu stoßen. Besucher des Schlossberges von nah und fern bereicherten unser vorerst nur aus Landrosen bestehendes Sortiment mit den damals noch seltenen Remontanten, und die Sorten 'Comte de Paris', 'Volta', 'William Jesse', 'Reine Victoria', 'Mrs. Elliot', 'Baronne Prevost', 'La Reine' (damals seltene Neuheiten) hielten an geschützten Stellen im Walde oftmals ohne alle Bedeckung den Winter aus ...« (*Rosen-Almanach*, S. Lejeune, Hg. Weiland, S. 53)

Der erwähnte Garten des Onkels »am Belvedere« lag in der Nähe der Schlackenburg auf der malerischen, bewaldeten Königshöhe bei Teplitz. In der Nähe befand sich das Haus »Belvedere«, wo man einkehren konnte. Diesem Onkel widmete Rudolf sehr viel später eine Rose, 'Wenzel Geschwind'.

Der Eindruck, dass Teplitz der Mittelpunkt der Familie Geschwind war, ist nicht unwesentlich. So stammte Rudolfs Frau, Maria Lágler, ebenfalls aus Teplitz. Und die wunderbare Rose 'Gruß an Teplitz' ist letztendlich auch ein Beweis dafür, was diese Stadt für ihn bedeutete. In den 1840er-Jahren kam Rudolfs Vater Andreas Geschwind »... der Gastwirth Geschwind aus Turn [bei Teplitz] als Restaurateur auf den Schloßberg. Er war eine in

Postkarte um 1900: Haus Belvedere (links) und die Schlackenburg auf der Königshöhe in Teplitz-Schönau

Schlossbergruine (Neuer Teplitzer Postkartenverlag 1910)

weitesten Kreisen bekannte volksthümliche Gestalt, welche noch lange in Erinnerung der alten Schloßbergbesucher bleiben wird. Auch jenen zwei Minnesängern, welche, grau bemoost wie die alten Steine, auf denen sie jahraus, jahrein ihr Lied ertönen ließen und gleichsam mit dem alten Geschwind verwachsen waren, wird noch oft und gern gedacht werden« (aus *Ortsgeschichte von Turn* von G. A. Ressel, Selbstverlag Teplitz 1893, zugesandt von Heinz Bulla, Chefredakteur der Zeitung *Heimatruf*).

Turn ist ein großer Nachbarort von Teplitz-Schönau, der 1940 eingemeindet wurde. Der Schlossberg gehörte zur Gemarkung der Stadt Turn. Nicht nur für die Bewohner aller anliegenden Ortschaften war der Schlossberg ein beliebtes Ausflugsziel, sondern ebenso für die Kurgäste in Teplitz-Schönau, darunter viel Prominenz.

Ein anderer Auszug aus »Alt Turn« von A. Müller (ca. 1930), das uns Licht in das Dunkel aus Geschwinds Vorgeschichte bringt: »... Auf dem Schlossberge war es, wo Ernst Gustav Doerell die ersten Anregungen zu seinem späteren künstlerischen Schaffen empfing. Sein Verwandter, der alte biedere Förster Andreas Geschwind, der viele Jahre hindurch die Wirtschaft auf dem Schlossberge führte (gest. 1887 im Alter von 80 Jahren), nahm ihn gastfreundlich auf, unterstützte ihn und bahnte ihm den Weg vom einfachen Zimmermaler zum Künstler und Landschaftsmaler ...«

Nun wissen wir, wer der Namensgeber zu Geschwinds Züchtung 'Ernst G. Dörell', einer Multiflora-Hybride von 1888, war. A. Müller berichtet weiter: »... Die sogenannte »Schöne Aussicht«, durch die Reinhardt [Schriftsteller und Maler in *Ein Sommer in Teplitz*, 1857] die Gegend belauscht hat, ist seit dem Neubau 1884 leider verschwunden. Dem Kastellan und alten Förster Gschwind, der Sommer und Winter in dem Wallgewölbe wohnt und im Burggarten eine kleine Restauration leitet, stellt Reinhardt ein gutes Zeugnis aus und nennt ihn einen gebildeten, freundlichen und fleißigen Mann, der mit vieler Mühe die Umgebung seiner Wohnung in kleine Gärtchen verwandelt hat« (Ausschnitte von Heinz Bulla).

Rudolf setzte, nach ersten Semestern im Wunschfach Kunstgeschichte in Prag, sein Studium in Oberungarn fort, in Schemnitz (heute Banská Štiavnica, Staatsgebiet der Slowakei), an deren Bergbau- und Forstakademie (so die Bezeichnung von 1824–1904). Geschwind studierte zwei Jahre, der Unterricht war deutschsprachig. Den ersten Lehrstuhl, 1763, hatte übrigens der aus den Niederlanden (Leiden) stammende Nicolaus Joseph von Jacquin (s. Kapitel »Chinarosen«) inne (für Chemie, Mineralogie und Hüttenwesen). Schemnitz wurde ca. 1200 als Bergbaustadt gegründet: Vom 13. bis 16. Jahrhundert bedeutender Gold-, Silber- und Kupferbergbau in den südlicher gelegenen Gebirgsstöcken. Erze und Gold hatten Bergarbeiter und Siedler aus Tirol, Böhmen, Schlesien und Sachsen angelockt, so dass hier eine deutsche Sprachinsel entstand, die sich bis ins 20. Jahrhundert erhielt. Sieben Orte bildeten einen Städtebund und waren als freie Bergstädte wegen der wirtschaftlichen Bedeutung direkt dem ungarischen König unterstellt. Ab 1480 engagierten sich die Augsburger Fugger im slowakischen Bergbau und verhalfen dem Bergwesen zu höchster Blüte. Es war eine Zeit, wo die Regionen der heutigen Slowakei sich zwischen polnischen Zugriffen von Norden und türkischen Eroberungen von Süden her zu behaupten hatten. Schließlich trugen sie mit dazu bei, dass das Haus Habsburg, Erzherzog Ferdinand, das restliche Ungarn erwerben konnte – mit der Option auf ganz Ungarn, wenn es gelänge, die Türken als Besatzungsmacht zurückzudrängen. Bereits 1550 hatten sich die Fugger wieder zurückgezogen, aber die Bergbautradition und die Bereitschaft zu wirtschaftlicher Initiative blieben und zeichnen bis heute diese Region aus. Sie sollte später Geschwinds endgültiger Lebens- und Wirkungs-

Porträtzeichnung: Rudolf Geschwind vor heutiger Kulisse, der zum Weltkulturerbe zählenden Bergbaustadt Banská Štiavnica, früher Schemnitz (Foto: Daniel Screno)

raum werden – das etwas südöstlicher gelegene, von bewaldeten Hügeln umgebene Karpfen gehörte dazu. Der Wald war wichtig für den Bergbau und die Verhüttung der Erze vor Ort. Der Bedarf an Grubenholz hatte zusätzlich für eine Tradition ökonomisch betriebener Forstwirtschaft gesorgt. Noch als Student der Forstwirtschaft, 1851, war Geschwind im Forstamt Schemnitz als Schreiber tätig. Danach trat er (1852 bis 1867) in den Dienst des Hauptkammergrafamtes dieser Stadt. Durch die zentrale Verwaltung des gesamten Forstwesens von Wien aus wurde er in dieser Zeitspanne an unterschiedliche Einsatzorte versetzt. Bedingt durch die vielen Umzüge an einen anderen Dienstplatz, also ohne festen Wohnsitz, meist ohne eigenen Garten, konnte Geschwind nicht lange genug seine Sämlinge beobachten. »So sind viele unnütze Jahr verstrichen«, wie er dies selbst beschreibt, in denen seine Forschungen brach lagen. Im Jahre 1860 musste er in eine Südtiroler Dienststelle, in die Nähe von Bozen umziehen und nur wenige Jahre später wieder zurück in die slowakische Bergbauregion. Hier war er als Forstmeister in der Forststation Brod, »nächst Schemnitz«, tätig. An diesem Ort heiratete er und die Rose 'Erinnerung an Brod' mag uns dies heute ins Gedächtnis rufen.

In jedem dieser Orte, wo sein Dienstherr ihn hin verpflichtete, entstand ein neuer Rosengarten, ein Teil der Rosen zogen stets mit ihm und der Familie mit um. In Fondo, in der Nähe von Bozen und Meran, entstanden »Thee-Noisette- und Monatsrosen von mehreren Meter hohen Sträuchern«. Mit der Sämlingszucht befasste Rudolf Geschwind sich eingehend auf der Forststation in Brod, wo ihm »ein mehrere Joche großer Ärarialgarten [dem Staat gehörend] zur Nutznießung angewiesen wurde«. Diesen Garten bestückte er mit mehreren hundert Rosenpflanzen und es blieb nicht aus, dass dies während der Rosenblüte zu einem Pilgerort für Rosenliebhaber wurde. War dies vielleicht nicht gern gesehen? Kam man unter ungarischen nationalpolitischen Druck? Geschwind wurde 1867 seines Amtes enthoben – gerade in dem Jahr, in dem die durch den so genannten »österreichisch-ungarischen Ausgleich« geschaffene Doppelmonarchie entstand, aus der kaiserlich österreichischen »Reichshälfte« und dem nunmehr Selbständigkeit praktizierenden Königreich Ungarn, zu dem das primär von Slowaken besiedelte Oberungarn nach wie vor gehörte.

Bis jetzt sind die folgenden fünf Jahre in der Erforschung von Geschwinds Lebenslauf ein weißer Fleck geblieben. Es war eine Zeit, in der viel nationalistische Stimmung in Teilen der Doppelmonarchie aufkam und Preußen seinen Alleingang mit einem von Berlin aus dirigierten kleindeutschen Kaiserreich gegen Habsburg perfekt machte. Vermutlich ging Geschwind nach Teplitz; 1872 kehrte er dann in die vertraute Berglandschaft Mittelslowakiens zurück und trat jetzt in der königlichen Stadt Karpfen, eine Stelle als k. k. Forstmeister an. Karpfen (ungarisch Korpona, tschechisch Krupina) liegt am Ostrand der Schemnitzer Berge.

Hier durfte er endlich sesshaft werden. Zu seiner Wohnung gab es auch einen kleinen Garten, im Laufe der Jahre konnte er noch weitere Grundstücke erwerben und als Forstmeister suchte er »nach Möglichkeiten die züchterische Veredlung des Zierholzbestandes in der Forstwirtschaft zur Geltung zu bringen«. Das bedeutete, dass er sich wieder – nach ca. 15-jähriger Pause – dem Sämlingsgeschäft zuwandte. Seine Rose 'Forstmeisters Heim' (1886) passt zu einem, mittlerweile, zufrieden Angekommenen.

Karpfen liegt mit 262 m höhenmäßig günstiger als Schemnitz (600 m). Wie Geschwind selbst angibt: »… Karpfen und deren nächsten Umgebung, welche eine geschützte Lage zwar nur an der Grenze des Weinbaues hat, dass aber hier der Pfirsich, die Aprikose und die Mandel in voller Güte gedeihen.«

Neben seinen Rosenzüchtungen entstanden viele Artikel, außerdem vier Bücher, in deutscher Sprache verfasst. Er lebte im Königreich Ungarn, lernte jedoch nie die ungarische Sprache. Das dem Tschechischen verwandte Slowakisch dagegen soll er fließend gesprochen haben; die Söhne wuchsen als Ungarn auf.

Ein Angebot für einen Lehrstuhl für Botanik an der deutschen Universität Prag, das er während seiner Karpfener Jahre erhielt, lehnte er zugunsten seiner Rosen ab. In den Ruhestand ging er erst 1906 – mit 77 Jahren – es blieben ihm nur noch vier Jahre Zeit, sich voll und ganz seiner Rosenzucht zu widmen.

Eine wunderbare Landschaftsbeschreibung auf seiner Rosenreise zu »Herrn Forstmeister Geschwind« stammt von A. Steffen, der ihn im Jahre 1902 in Karpfen besuchte, um sich Rosen für seine Gärtnerei auszusuchen (*Praktischer Rathgeber* 1903):

»… In sommerlicher Hitze ging es über Oderberg durchs Avratal, an der durch Felsen schäumenden Waag entlang, durch die Westbeskiden, das Liptauer Gebirge, bis dorthin, wo in einem Talkessel das kleine Städtchen Altsohl (jetzt Zolyom genannt [heute Zvolen]) liegt. Von hier führte mich ein Wagen, von stockslavischem Kutscher gelenkt, auf staubiger Straße durch Täler des ungarischen Erzgebirges meinem eigentlichen Ziel näher … Während die Talsohle von schönen Wiesen ausgefüllt ist, ziehen sich an den Berghängen Wälder hinauf; der Korn- und Fruchtbau bleibt in bescheidenen Grenzen; Ödländereien, die abgeholzt und nicht wieder aufgeforstet wurden, sind häufig, so daß von der ungarischen Regierung jetzt viel die Akazie zur Aufforstung verwandt und empfohlen wird, da sie der einzige Baum ist, der sicher und willig nach dem Abschlag von unten wieder ausschlägt und so das Land vor Verödung und Abspülung bewahrt. Gegen Mittag rasselte mein Wagen durch Korpona's Straßen. Diese Stadt war früher deutsch und hieß Karpfen, hat aber auch wie so viele andere die magyarische Bezeichnung annehmen müssen.«

Ein Visionär der Hybridation

Geschwinds Wunsch, frostharte Rosen zu züchten, bestand schon lange, jedoch Kletterrosen, aus Samen gezogen, benötigen etwa 5–10 Jahre, bis sie Blüten entwickeln. Und dafür war er nie lange genug an einem Ort, um die Sämlinge prüfen zu können. Die Elternpflanzen von 'Gruß an Teplitz', gezüchtet Ende der 1860er-Jahre, zogen, eingetopft, von einem Arbeitsplatz zum andern mit um.

Bereits Anfang der 1850er-Jahre veröffentlichte Geschwind seine Versuche über die Hybridation von Forstbäumen. Anstoß hatte ihm ein Buch gegeben, das 1846 in Weimar erschien. Es handelte sich um das Werk von Henri Lecoq aus den frühen 1840er-Jahren, von Freiherr von Biedenfeld ins Deutsche übersetzt: *Von der natürlichen und künstlichen Befruchtung der Pflanzen und der Hybridation nach Henri Lecoq*. Weitere Artikel von Geschwind folgten, z. B. über Zier- und Nutzpflanzen, 1864 wurde in Wien sein bekanntestes Werk herausgegeben, *Die Hybridation und Sämlingszucht der Rosen*, das 1884 eine 2. Auflage erhielt. Hervorheben muss man, dass Geschwind nicht nur theoretisch gearbeitet hat, sondern zugleich auch praktisch (Erich Unmuth, Wien, pers. Mitteilung).

Zeitgleich entwickelte und publizierte (1864) Gregor Mendel (Brünn, Mähren) die Mendel'sche Vererbungslehre.

Geschwinds Engagement galt viele Jahre seinen »Rankrosen«, von denen er (1886) etwa zweitausend Sämlinge besaß. Er suchte nach Sorten, bei denen er vor allem auf Härte und Gesundheit großen Wert legte. »In Ungarn sind meine Züchtungen (ungarische Kletterrosen) bekannt und beliebt und bin dadurch in weiten Kreisen populär geworden«, schrieb er. Und bei seinen Sämlingen lobt er an anderer Stelle seine »unerreichte Färbungen in tiefem Purpurviolett, Violett, Grauviolett und blauem Schimmer«. Geschwind experimentierte mit Kreuzungen von Wildformen mit Gartenrosen. »Ich sehe in der Kreuzung zwischen Edel- und Wildrosen den einzig richtigen Weg, um neues Leben in die bereits schwach pulsierenden Adern der Rosensämlingszucht einzuflößen«. Er erarbeitete Canina-Züchtungen. Wenn ihm kein Garten zur Verfügung stand, dann führte er seine Hybridationen im Wald durch. *R. alpina*, *R. villosa*, *R. rugosa*, *R. cinnamomea*, *R. blanda*, *R. alba*, *R. reversa* usw. setzte er mehrfach ein. Die ausgezeichnet frostharte Kreuzung Multiflora × Gallica 'De la Grifferaie' verwendete er öfters. Seine erste Züchtung 'Premier essai', durch Befruchtung der *R. microphylla* mit Pollen der Chinarose 'Reine de Lombardie' entstanden, scheint ein interessantes Versuchsergebnis zu sein. Leider ist die Sorte nicht mehr erhältlich. Multiflora- und Canina-Hybriden waren die erfolgreichsten, heute noch am zahlreichsten in unseren Gärten präsent. Jedoch gleich danach folgend Remontant-Hybriden. Rosenmaterial bezog er u. a. von James Booth Söhne (Flottbek bei Hamburg) oder bei Wilhem Döll in Eisenborg.

In einem Artikel über »Die gelbe Remontant-Rose« in der *Wiener Ill. Garten-Zeitung* (Jg. 5, 1880), denkt er nach: »… Kreuzungsversuche mit gelben Thee- oder Noisettrosen dürften gelbliche Remontanten producieren«. Und er notiert: Henry Bennett aus Salisbury »… der glückliche Züchter der ersten gelben Remontant-Rose, welche allerdings bis nun weder benannt, noch in den Handel gegeben wurde.« (Wie sich später herausstellte, wurde aus Bennetts Kreuzungsversuchen mit Remontant-Rosen und gelben Teerosen kein Erfolg.) Geschwind hatte vorher schon die Idee gehabt, »weiße oder fleischfarbene Remontant-Rosen mit gelben Teerosen« zu kreuzen, hat diesen Versuch aber anscheinend nie unternommen. So wettert er: »Recht beschämend für uns Deutsche, die wir so viele Jahre hindurch unsere Hände müßig in den Schoß gelegt haben, muß es daher klingen, wenn wir hören, daß es abermals ein Engländer ist, der uns den Rang abgelaufen hat«.

Für seine Nordlandrosen legte er sich – endlich im eigenen Garten in Karpfen – Grundmaterial an: Nordische, wildwachsende Spezies, mit denen er in vielen Jahren Erfahrungen sammelte. Die besten Ergebnisse sind Varietäten, entstanden aus *R. rugosa*, *R. nitida*, *R. lucida*, *R. majalis* usw., die Kälte bis zu −37°C ohne Abdeckung aushalten, dies betrifft die einmalblühenden, die remontierenden Nordlandrosen-Sorten, die gut bis zu −25°C überwintern.

Geschwind benannte seine Rosen nach Teplitzer Persönlichkeiten, wie 'Fürstin Clary'. Die Taufpaten der beiden Söhne Rudolf Geschwinds waren 'Leopold Ritter' und 'Josefine Ritter'. 'Nymphe Egeria' und 'Nymphe Tepla' sind nach Statuen in den Bädern in Teplitz benannt. Die Remontant-Hybride 'Anna Geschwind' (1882), seiner 1841 in Prag geborenen Schwester gewidmet, ist vermutlich die einzige heute noch kultivierte Sorte von den in Rosennamen erscheinenden Geschwistern. Die Rosen 'Andreas Geschwind' (»herrlich blauviolett«) und 'Julius Geschwind', die die Namen seiner beiden Brüder tragen (1844 in Teplitz und 1847 in Prasseditz bei Teplitz geboren; pers. Mitteilung Erich Unmuth, Wien), existieren heute nicht mehr. Geschwind selbst schreibt darüber: »Die Sämlinge 'Andreas Geschwind', 'Julius Geschwind', 'Fürstin Clary', 'Erinnerung an Brod', 'Premier Essai', eine Menge Microphylla-, R. majalis-, R. rugosa-, R. Ferox- und andere Sämlinge, die bei meinen oftmaligen, späteren Übersiedlungen zu Grunde gingen, wurden in Brod gezüchtet …« 'Erinnerung an Brod' überlebte wohl im Topf: »Die schöne Kletterrose 'Erinnerung an Brod' ward vor 20 Jahren auch nur als Topfsämling gezogen«. (*Rosen-Almanach*)

Die Sorten 'Dr. Valentin Teirich' und 'Major Franz Teirich' tragen die Namen von Angehörigen von Geschwinds Mutter, die eine geborene Teirich war (Erich Unmuth, Wien, pers. Mitteilung).

Der *Praktische Ratgeber* veröffentlichte 1901 einen Brief Geschwinds, in dem dieser sich über die Praktiken von Gärtnern in Deutschland und im Ausland beklagt. Die deutschen Gärtner wollen keine guten Preise bezahlen, über Engländer und Amerikaner staunt er dagegen wegen der Höhe. Und die Franzosen? »Ich habe an Franzosen verkauft, leider wünschen diese, dass ich als Züchter nicht genannt werde; sie wollen meine Züchtungen als eigene Erzeugnisse verwerten, was mir nicht zusagt.«

Die Gebrüder Schultheis in Steinfurth erwarben für einige Geschwind-Rosen das Alleinverkaufsrecht, wie aus der *Rosen-Zeitung* von 1888 zu ersehen ist: Eine Arvensis-Hybride, eine Bourbon-Hybride, drei Manetti-Varietäten und zwei heute noch bekannte Polyantharosen, 'Herzblättchen' und 'Rotkäppchen'.
Peter Lambert in Trier kaufte einige von Geschwinds hervorragenden Züchtungen, als erstes 'Gruß an Teplitz'. Er erhob sie zu »Geschwinds Denkmal« in seinem Nachruf in der *Rosen-Zeitung* Jg. 1910. Zum Schluss erwähnt er: »R. Geschwind wird in der Rosenwelt fortleben, und ich bedaure noch heute, daß auf dem letzten Liegnitzer Kongreß für meinen ersten Vorschlag keine Stimmung war, ihm als hervorragendem Förderer der deutschen Rosenzucht die goldene Medaille des Vereins deutscher Rosenfreunde zu verleihen. Er hätte die Auszeichnung wohl verdient …«
Keiner von Geschwinds beiden Söhnen zeigte Interesse an des Vaters jahrzehntelangen Forschungen. Einer war gleichfalls im Forstberuf tätig und schrieb an einen Zeitgenossen und Verehrer seines Vaters, Ladislav Czobor: »Ich habe seit meiner Jugend eine Antipathie gegen die Rosenzucht gehabt, da ich hierin den Grund für die Erfolglosigkeit meines Vaters – trotz seines großen Wissens – sah«. Der Sohn brachte es immerhin zum Forstrat (zit. nach: Rosen-Almanach).

Eine große Rosensammlerin

Zur Zeit von Geschwinds Tod (am 30. August 1910) sollen etwa 6000 Rosen und Sämlinge in seinen Gartenanlagen vorhanden gewesen sein. Etwa 2000 der noch unverkauften und unbenannten Sämlinge erwarb Marie Henriette Gräfin Chotek aus Unter-Korompa (heute Dolna Krupa) von den Erben. Zum Anwesen der Gräfin, in dem kleinen Dorf an den Südosthängen der Kleinen Karpaten, gehörte zum Schloss und einem Wohnhaus, in dem die Gräfin lebte, ein alter, sehr schöner Park der ungarischen Grafen Chotek. Marie Henriette war – beiläufig erwähnt – eine Cousine der österreichischen Erzherzogin Sophie, einer geborenen Chotek, die 1914 zusammen mit dem Thronfolger in Sarajewo dem Attentat zum Opfer fiel.
Gräfin Chotek pflanzte die Rosen Geschwinds zu ihrer bereits vorhandenen, berühmten Rosensammlung in ihrem großen Schlossgarten, selektierte die besten Sorten aus und wollte dafür sorgen, dass die Pflanzen durch Vermehrung und Verkauf verbreitet werden. Die »Rosengräfin«, wie sie gefühlvoll genannt wurde, beobachtete die Sämlinge von Geschwind zunächst über einige Jahre, um über diese mehr zu erfahren, in erster Linie hinsichtlich der Frostresistenz. Leider kam der Weltkrieg dazwischen. Der Rosengarten verwilderte, während sie im Sanitätswesen gefordert war. Nach Auflösung des Staatengebildes Österreich-Ungarn wechselte Slowakien (Nordungarn) die Zugehörigkeit zu Tschechien.
Erst einige Jahre danach, 1926, gab die Gräfin eine erste, bereits 1884 entstandene, aber noch nicht verkaufte Geschwind-Züchtung als 'Geschwind's Nordlandrose' in den internationalen Handel. Im heute noch existierenden Katalog von 1929 stellte sie 'Nordlandrose II', 'Geschwind's Schönste', 'Geschwind's Unermüdliche', sowie den Rambler 'Geschwind's rote Multiflora' vor. Beim 'Trompeter von Säckingen' betonte sie die Wiedereinführung – sie vermutete, dass nur noch in Sangerhausen Exemplare überlebt hätten. Aus ihrem 6000 Rosen umfassenden Bestand bot sie damals 885 Sorten an, darunter 228 Schlingrosen, 33 Bourbonrosen, 210 Parkrosen aller Klassen, Polyantha und Edelrosen.
Ihr Rosar muss in einem Atemzug mit L'Haÿ-Les-Roses und Sangerhausen genannt werden – es zu erhalten und zu präsentieren war für einen einzelnen Menschen schon mehr als genug.
Ihr privates Rosarium entstand etwa zur gleichen Zeit, Ende des 19. Jahrhunderts, wie das von Gravereaux bei Paris, und es wurde behauptet, dass es sich mit diesem sogar messen lassen konnte – besonders nachdem Geschwinds Rosen bei ihr Einzug gehalten hatten. Der Rosenliebhaber, eifriger und erfolgreicher Hobbyzüchter Dr. Gustav Brada aus Sofia erwähnte in der *Rosen-Zeitung* von 1921 nach einem Besuch dort: »Wir brauchen keinen Gravereaux, wir haben ihn: Frau Gräfin Maria Henriette Chotek«.

Marie Henriette
Gräfin Chotek

»Teilansicht aus dem Rosar der Gräfin Marie Henriette Chotek« (aus: *Rosen-Zeitung* 1921/Nr. 1, S. 9)

Wie diesem Bericht weiter zu entnehmen ist, sind in dem Rosar nach dem Krieg viele Kostbarkeiten verloren gegangen, die nach Meinung der Besitzerin unersetzbar sind, die sie z. B. im Tauschwege von Gravereaux selbst erhalten hatte, nämlich Rosen, die zur Zeit der Kaiserin Josephine im Garten von Malmaison gestanden haben sollen.

»Besonders fesselte mich die Gruppe der Geschwind'schen Züchtungen, ein Urwald von Parkrosen von 2–3 m Höhe, und sie ist vielleicht die wertvollste Gruppe …«, schwärmt der Autor. Über das Verkaufsrosar erwähnt er, dass die dort gepflanzten Rosen »dankbare Schnittrosen, meistens Teehybriden« sind und deren Erlöse zur Erhaltung des Rosars beitragen.

Im Jahre 1927 reiste Dr. Brada noch einmal zum Chotek-Rosar: Da war der Park wieder eine Musteranlage, und er riet jedem Rosenfreund, der in die Slowakei fährt, »… das Rosar der Gräfin Chotek, in der Blütezeit zu besuchen.« Die Gräfin, Mitglied im »Verein Deutscher Rosenfreunde«, unterstützte finanziell und auch materiell mit Rosen das Rosarium Sangerhausen durch viele Jahre. Umgekehrt bestellte der damalige Rosengärtner des Rosariums Max Vogel seltene Exemplare in Dolna Krupa.

Ein Hinweis, dass das Rosar 1930 noch existierte, ist einem Brief einer Nichte von Rudolf Geschwind zu entnehmen, den sie an die Zeitschrift *Der Gartenfreund* sandte und der in Nr. 17 veröffentlicht wurde. Sie besuchte das Rosar der Gräfin und bat um Rosen ihres Onkels, die sie in ihrem Garten zur Erinnerung pflanzen wollte. Natürlich war sie, wie alle Menschen, die die Gräfin kennengelernt hatten, von deren Liebenswürdigkeit angetan, und außerdem war Marie Müller, geb. Geschwind, aus Kratzau voll des Lobes über das Rosar in Dolna Krupa (pers. Mitt. E. Unmuth).

Aus allen Berichten geht hervor, dass der große Wunsch bestand, Frau Chotek möge ihr Versprechen halten und dafür sorgen, dass die Geschwind-Züchtungen international angeboten werden. Mit wem hatte sie Geschäftskontakte? Außer den fünf oben aufgezählten Sorten (und der wieder in den Handel gebrachte 'Trompeter von Säckingen') ist bis jetzt nicht bekannt, ob von den vielen Sämlingen Geschwinds noch weitere verkauft wurden. Wie der heutige Spezialist für Geschwind-Rosen Erich Unmuth mir mitteilte, lebten bei seinem Besuch vor einigen Jahren (1998) in Dolna Krupa noch Leute, die in ihrer Jugend für die Gräfin gearbeitet hatten. So hatten zwei Männer im Frühjahr Kisten gezimmert für den Rosenversand im Herbst, während einige Frauen Rosen veredelten. Etwa ab 1930 soll dieser Versand dann immer weniger geworden sein. Nicht ganz auszuschließen ist der Gedanke, dass auch etliche Geschwind-Züchtungen in andere Länder verkauft wurden und dort die Rosen unter neuem Namen in den Handel gelangten.

War die Gräfin mit der ihr durch den Kauf des Geschwindnachlasses zugefallenen Aufgabe, das Erbe Geschwinds zu erhalten und an künftige Generationen weiterzureichen, überfordert? In erster Linie war diese liebenswürdige adlige Dame eine Sammlerin und Liebhaberin schöner Rosen. In einer wirtschaftlich eher abgelegenen Region hatte sie unter politisch sehr wechselvollen Umständen einen schweren Stand. Hinzu kamen die Folgen der Weltwirtschaftskrise (1929) und die zunehmende Radikalisierung der nationalen Bestrebungen.

Henriette Choteks Schlosspark verfiel, 1934 wurden schließlich überwiegend Kartoffeln und Mais angebaut. Zurückgezogen und verarmt lebte Marie Henriette Gräfin Chotek noch während des Krieges und starb am 13. Februar 1946.

Panorama der Stadt Krupina (SK), früher Karpfen (Quelle: Internet-Seite der Stadt Krupina)

Was ist vom Erbe geblieben?

Neben allem Biographischen, Quellen und ungeklärte Fragen, haben letztlich die Rosen im Mittelpunkt zu stehen. Welche heute noch vorhandenen Sorten sind eindeutig Rudolf Geschwind zuzuordnen? Haben wir alle Dokumente, die nötig sind, Geschwind-Rosen in den Sammlungen und im Handel auf Echtheit hin zu identifizieren?

Der Wiener Erich Unmuth scheint sich die Beantwortung solcher Fragen zur Lebensaufgabe gemacht zu haben. Ihm steht neuerdings eine ausreichende Fläche nahe Baden, südlich Wien, zur Verfügung, wo er zum Vergleich alle weltweit vorhandenen »Geschwind-Rosen« aufpflanzen wird. Er steht dazu nicht nur mit dem Europa-Rosarium Sangerhausen in Verbindung, sondern auch mit speziellen Gärtnereien und Rosensammlern sowohl in Österreichs Nachbarländern als auch in Frankreich, Italien (Prof. Fineschi), besonders mit Rosenfreunden in Nordeuropa (Norwegen, Finnland, Schweden) oder Amerika.

Seit mehr als 20 Jahren kümmert er sich um dieses Thema, hat in seinem Privatgarten Erfahrungen gesammelt und das Rosarium im traditionsreichen Baden bei Wien beraten. Bei dessen Gründung 1969 gab es nur drei Geschwind-Rosen; 1982 folgten sechs weitere und im Jahr darauf stellte man dort dem »erfolgreichsten Rosenzüchter Österreich-Ungarns« einen Gedenkstein auf. Danach gelangten 39 weitere Sorten in die Sammlung – die Gesamtzahl von 48 Geschwind-Rosen ist bis heute geblieben (aktuelle Liste im Internet) – Hinzufügungen und Verluste sowie Aussortierung falscher Rosen haben sich bis jetzt die Waage gehalten.

Auch die seit 1929 existierende tschechoslowakische Rosengesellschaft, heute nur der tschechische Teil, hat sich der Rosengeschichte in ihren Regionen angenommen und präsentiert in einem sehenswerten Internet-Auftritt u. a. Rosenzüchter, die mit dem Land verbunden sind, auch R. Geschwind. Besuchenswert ist der Rosengarten in Pruhonice.

Die nun eigenständige slowakische Rosengesellschaft hat im altehrwürdigen Zvolen (Altsohl), 28 km nördlich von Krupina (Karpfen), eine Rosenpflanzung angeregt. Sie ist Teil des Arboretums Borova Hora am nördlichen Stadtrand an den östlichen Hängen des Flusses Hron (Gran) und liegt auf ca. 300 m Meereshöhe. Es gehört zur 1952 gegründeten Forst-Akademie, die 1991 zur Technischen Universität erweitert wurde. Es stehen dort, für die Öffentlichkeit zugänglich, derzeit über 600 Rosensorten und man ist bestrebt, auch Geschwind-Züchtungen zusammenzutragen (pers. Mitt. E. Unmuth).

In Dolna Krupa entstand 1996/97 eine Initiative zur Wiederbelebung des Andenkens an die »Rosengräfin«, getragen von Johannes Kalbus und seiner Frau Jana sowie Altdorfer Rosenfreunden, mit viel Liebe und Schwung. Ins Rollen gebracht hatte die »Renaissance des Chotek-Rosars« Anny Jacob mit ihren Recherchen schon in den 1970er-Jahren (*Rosenbogen* 4-75). In einem kleinen Heimatmuseum wurde mit Ausstellungsstücken ein Andenken an Marie Henriette Chotek eingerichtet und gespendete Rosen im Ort gepflanzt. Tschechische Rosenfreunde

'Erinnerung an Brod'

unterstützten das Projekt ebenfalls mit viel Optimismus. Im *Rosenbogen* 2-1997 berichtete Anny Jacob darüber.
Seither hat sich dieser »Anstoß von außen« verflüchtigt. Hinzu kam wohl die sozialistische Geringschätzung von adligem Erbe. Auch die staatliche Restaurierung und Nutzung des klassizistischen Chotek-Baues, um seiner musikgeschtlichen Bezüge zu Beethoven willen, blieb der Bevölkerung eher fremd. Der Schlosspark wurde als öffentliche Grünanlage akzeptiert. Aber eine Rosenpflanzung als Teil dörflicher Lebensqualität wurde wohl traditionell als überflüssiger Luxus empfunden. – Ein Bezug zu einem Forstmeister Rudolf Geschwind, der in der Slowakei seine Wahlheimat und in Krupina seine letzte Ruhestätte fand, ließe sich nur über die Sammlung der Gräfin motivieren.

'Futtaker Schlingrose'

Meine früheste Spezial-Sammlung

Kletterrosen von Rudolf Geschwind, k. k. Monarchie Österreich-Ungarn – daraus eine kleine Auswahl, wie sie in meinem Garten stehen. Für die Neuauflage ergab sich der glückliche Zufall, dass neue Erkenntnisse bei einigen Geschwind-Rosen berücksichtigt werden können, die helfen, die züchterische Leistung Geschwinds besser zu würdigen:
Erfreulicherweise sind verschollen geglaubte Tagebücher aufgetaucht, die der Geschwind-Spezialist Erich Unmuth auswertete. Zusammen mit der Historikerin Mag. Andrea Buchmann entstand ein aufschlussreicher Artikel im *Rosenjahrbuch 2011* der *Gesellschaft Deutscher Rosenfreunde*. Basis sind ferner Unmuths jahrelange Forschungen und Beobachtungen in seinem Rosenkultivarium in Baden bei Wien und im Rosarium Baden. Dass z. B. 'Parkfeuer', 'Zigeunerknabe' und 'Parkzierde' eindeutig belegbar Züchtungen von Rudolf Geschwind und nicht von Peter Lambert sind, konnte mir Erich Unmuth aktuell versichern. Für Rosen wie 'Goethe', 'Schneezwerg' und weitere fehlen allerdings noch letzte Beweise, wie es eine genetische Analyse sein könnte.
Bei den abgebildeten und beschriebenen Rosen handelt es sich um Sorten, die derzeit in den Rosenbaumschulen so erhältlich sind.

'Erinnerung an Brod' (1886)
Synonym: 'Souvenir de Brod'
Geschwind verwendete gerne *R. setigera* als Elternteil, um frostharte Rosen zu erzielen, die unseren kalten europäischen Wintern standhalten. *R. setigera* stammt aus Nordamerika, ist in

der kalten Gegend Ontarios beheimatet, ebenso wie in der Prärie von Texas und Florida.
Es sind Geschwind einige besonders frostharte und sehr schöne Züchtungen gelungen. 'Erinnerung an Brod' ist aus einer Kreuzung aus *R. setigera*-Hybride und der violetten Remontanthybride 'Génie de Chateaubriand' (Oudin, 1852) entstanden. Hin und wieder zeigen die Blüten in der Mitte der Krone auch eine Nuance von Purpur. In nicht allzu trockenen Sommern neigen die Farben dagegen zu einem wahren Veilchenblau. Das Jahr 2007 nenne ich so einen »blauen Sommer«. Mit dem Remontieren halten sich meine beiden Pflanzen sehr zurück. Vielleicht brauchen die Rosen einfach einige Jahre, bis sie sich auf den neuen Boden und das Klima umgestellt haben.

Blüte groß, stark gefüllt, geviertelt, flach, einzeln und in Büscheln – selten Nachblüte | **Farbe** dunkelviolett, purpur | **Duft** sehr gut | **Laub** dunkelgrün | **Stacheln** wenig, sehr kurz | **Früchte** keine | **Höhe** 2,50 m | **Frosthärte** sehr gut, Klimazone 5

'Futtaker Schlingrose' (etwa 1900)

Die Ortschaft Futak an der Donau, etwa 70 km flussaufwärts von Belgrad, z. Zt. Rudolf Geschwinds zu Ungarn gehörend (heute Futog, serbisch), mag zwar als Ausgangspunkt für die Rückeroberungen Belgrads in den verschiedenen Türkenkriegen der Habsburger eine wichtige Rolle gespielt haben – für Geschwind war solch ein schlachtstrategischer Hintergrund gewiss kein Anlass, seine Züchtung danach zu benennen. Vielleicht erzählte man sich aber damals gerne den Husarenstreich des Feldmarschall-Leutnants Andreas Hadik, der im Oktober 1757 seine Husarenarmee bis nach Berlin führte und die Stadt für 24 Stunden besetzt hielt. Für diese Leistung zur Zeit des 7-jährigen Krieges, in dem Brandenburg-Preußen den Habsburgern endgültig den Hauptteil Schlesiens entriss, erhielt er von Maria-Theresia das Großkreuz verliehen und wurde später, 1776, zum Reichsgraf Hadik von Futak ernannt. Man könnte sich gut vorstellen, dass Geschwind an dem südöstlich von Preßburg geborenen ungarischen Adeligen mit seinem Berliner Husarenstück – der übrigens heute noch von den Slowaken verehrt wird – so großen Gefallen fand, dass er seine Schlingrose mit den Überraschungstaten des Futakers in Verbindung bringen wollte.

'Geschwind's Nordlandrose'

Gezüchtet hatte Geschwind die Sorte 'Futtaker Schlingrose' etwa um 1900, sie wurde aber erst 1923 von Marie Henriette Gräfin Chotek in den Handel gebracht.
Die schönen großen Blüten, edelrosengleich geformt, die Farbe variiert von dunklerem violetten Ton bis zu hellerem leuchtenden Magenta, sind ein erfreulicher Anblick für den Garten.

Blüte mittelgroß, locker gefüllt, einzeln und in Büscheln, reich – einmal | **Farbe** dunkelviolett bis magentarosa | **Duft** leicht | **Laub** mittelgrün | **Stacheln** wenig, kräftig | **Früchte** mittelgroß, rund, orangerot | **Höhe** 3,00 m | **Frosthärte** gut, Klimazone 6

'Geschwind's Nordlandrose' (1884)

Über Nordlandrosen berichtete die *Rosen-Zeitung* (25. Jg.) in Geschwinds Todesjahr 1910. Den Aufsatz schrieb er noch selber am 18. Februar. Es liest sich wie ein Vermächtnis, das er künftigen Züchtern weitergeben wollte:
»Die Zucht respektive Erziehung von Nordlandrosen ist langwierig und mühsam. Ich rechne zu denselben nicht die Varietäten der R. rugosa, sondern *vollständig winterharte, öfterblühende Varietäten* anderer Species. Der Anfang hierzu ist gemacht, es bedarf nur umsichtiger Weiterkultur und vieler Proben, um zum Ziele zu gelangen. Vor allem muß man gute Samenmütter ha-

'Geschwind's Orden'

ben, und diese dürften nur bei mir zu finden sein … Die von Herrn Lambert heuer in den Handel gebrachte Asta von Parbat ist die erste meiner Nordlandrosen. Dem Vereinsgarten in Sangerhausen habe ich im Vorjahre Reiser von nachstehenden Nordlandrosen gegeben: Freya, Griseldis, Siwa, Wachhilde. Es sind keine Eliterosen, aber immerhin gut gefüllt, wüchsig, auch reich remontierend bis zum Winter, und gute Samenträger, daher ganz genügend zur Erziehung neuer Varietäten. Hoffen wir, dass sie gefallen.«

'Asta von Parbat' war ebenfalls bei meiner Geschwind-Kollektion vor vielen Jahren dabei. Jedoch die Wühlmäuse ließen die Pflanze gar nicht erst hochkommen.

Die 'Geschwind's Nordlandrose' verkaufte Geschwind nicht, vielleicht war diese ihm wichtig für weitere Züchtungen. Die Rose war jedoch in dem großen Bestand als Sämling dabei, den Marie Henriette Gräfin Chotek nach Geschwinds Tod erwarb. Bei ihr trug diese Rose den Namen »Sämling Nr. 4«. Erst 1926 führte sie diese nach jahrelangen Beobachtungen (und natürlich erst nach den Kriegswirren) ein und gab ihr den Namen 'Geschwind's Nordlandrose', da dem »Meister« diese Gruppe so wichtig war. In ihrem Rosenkatalog von 1929 erwähnt sie den vorangegangenen »Polarwinter 1928/1929«, in dem bei -45° C … und bis Mai hohe Kältegrade … Ahorne, Roßkastanien, Tannen, Obstbäume aller Gattungen total erfroren, ist es das erste Mal seit 17 Jahren, daß die Nordlandrose gelitten hat. Heute aber steht sie wieder in alter Pracht da«.

Meine 'Geschwind's Nordlandrose' stand etwa zwanzig Jahre lang versteckt unter 'Paul's Himalayan Musk Rambler' und *R. mulliganii*. Nur der untere Teil des Strauches war sichtbar, nicht als »Dame ohne Unterleib«, sondern ohne Kopf, wurde die Rose von mir regelmäßig gedüngt, in der Hoffnung, dass sie doch eines Tages einmal blühen möge. Vor zwei Jahren nun entdeckten wir über dem Blütendach der beiden anderen Ramblerrosen eine wunderschöne gefüllte, hermosarosa Blüte. Wir haben sie freigelegt, die langen Triebe der Rambler anders geführt oder beschnitten und nun steht der große Strauch frei, aristokratisch aufrecht, und jetzt bekommt er viel Sonne. Er wächst und breitet sich mit vielen Ausläufern aus, so dass es ein wahres Wunder ist. Mir kam die Blühzeit dieser Rose, obwohl einmalblühend, im Sommer 2007 endlos vor. Die dicken und starken Triebe streben zielsicher nach oben, wo die jungen, weichen Triebe auseinanderfallen, es sei denn, man hilft den Zweigen, sie dekorativ über die Äste einer Fichte oder eines großen Strauches zu führen. Man kann diese Rose als absolut frostresistent bezeichnen, in all den Jahren ihres versteckten Daseins hielt sie brav durch, obwohl in dieser Zeit uns mehrere sehr harte Winter überfielen.

Blüte mittelgroß, gefüllt, einzeln und in Büscheln – einmal **Farbe** hermosarosa | **Duft** leicht | **Laub** mittelgrün | **Stacheln** zahlreich, kräftig | **Früchte** keine | **Höhe** 3,00 m | **Frosthärte** sehr gut, Klimazone 4

'Geschwind's Orden' (1886)

Aus einem Bericht der Gebrüder Ketten, Rosengärtner in Luxemburg (*Möllers Deutsche Gärtner-Zeitung*, 1886), geht hervor, dass es sich um eine Hybride zwischen *R. rugosa* und einer *R. multiflora* handelt. In der Tat, für diese Rose hat Geschwind einen Orden verdient. Sie ist nicht umzubringen, denn das versuchte ich – vergeblich. Zweimal bemühte ich mich, ihr den Todesstoß zu versetzen. Ich schnitt sie ganz zurück, da aber jedes Mal keiner von uns Zeit hatte, die Rose auszugraben, blieb der Stock halt immer wieder stehen. Der Grund, dass ich diese Rose nicht mehr behalten wollte, war die starke Neigung zum Sternrußtau. Aber nun bleibt sie bei mir, der Pilz an ihren rauen Blättern ist bei weitem nicht mehr so schlimm, vielleicht hat der kräftige Rückschnitt geholfen. Dieses »Stehaufmännchen« von Rose hat es nun verdient, geduldet, wenn nicht sogar geliebt zu werden. Heute bin ich froh, dass das Schicksal nachgeholfen hat und die Pflanze heute noch steht. Nun bewundern wir die reizenden Blütchen intensivst; wir sehen sie in lebhaftem Dunkelrosa bis zu hellem Lilarosa, die Ränder hell verblassend, an regelmäßig angeordneten Blütenblättern in großen Blütenbüscheln. Doch nach neuesten Erkenntnissen existiert die ursprüngliche „Ungarische Rankrose" 'Geschwinds Orden', wie sie der Züchter selbst beschrieb, nicht mehr.

Blüte klein, gut gefüllt, in Büscheln, reich – einmal | **Farbe** dunkelrosa, lilarosa, heller Rand | **Duft** leicht | **Laub** mittelgrün, roter Rand an jungem Laub | **Stacheln** kaum, winzige Borsten **Früchte** keine | **Höhe** 3,00 m | **Frosthärte** sehr gut, Klimazone 4

'Geschwind's Schönste' (etwa 1900)

Gezüchtet hat Geschwind diese Multiflora-Hybride um 1900, die Eltern sollen 'Turner's Crimson Rambler' × 'Gruß an Teplitz' sein. Gräfin Chotek bot sie aber erst 1929 in ihrem Rosen-Katalog an. Alle Welt lobt die Frosthärte dieser Sorte, so wie auch Gräfin Chotek. Bei mir friert die Rose regelmäßig jeden normalen Winter zurück. Nach dem schneereichen Winter 2005/06 ist der einzig verbliebene grüne Zweig durch die Schneelast ganz unten abgebrochen. Sie hat aber wieder gut neue Zweige gebildet und dem milden Winter 2006/07 verdanke ich jetzt einen größeren »Strauch«. Ich gebe es jedenfalls nicht auf und gebe dieser vielgerühmten Rose immer wieder eine Chance. Selbst nachdem die Wühlmäuse vor vielen Jahren ihr den Garaus machen wollten, nahm ich die zweigeteilte Pflanze mit nur noch wenigen Faserwurzeln und setzte sie neuerlich nebeneinander ein.

Die markanten großen Büschel mit kugeligen roten Blüten erscheinen erst später, meist im Juli, zumindest auf der Nordseite des Hauses, sie behält sie dann auch sehr, sehr lange. Selbst das Verblühen merkt man diesen dicken Büscheln fast nicht an. Der rote Farbton erscheint in manchen Jahren leicht bläulich, besonders in feuchten Sommern. Des Öfteren bekommt die Rose im Spätsommer noch vereinzelte Nachblüten.

Blüte mittelgroß, kugelig, gefüllt, in Büscheln, reich – einmal, sehr lange, einige Nachblüten | **Farbe** leuchtend hellrot | **Duft** kaum | **Laub** dunkelgrün | **Stacheln** zahlreich, kräftig | **Früchte** keine | **Höhe** 2,50 m | **Frosthärte** mittel, Klimazone 5–6

'Geschwind's Schönste'

'Griseldis' mit Hagebutte

'Himmelsauge'

'Griseldis' (1895)

Diese bis jetzt nicht identifizierbare Sorte zählte Geschwind zu seinen Nordlandrosen. Die Rose wächst aufrecht, besitzt dicke Stämme, zahlreiche und große Stacheln und ist außerordentlich frostresistent, »Flor bis zum Schneefall«, berichtet Geschwind. Halbgefüllte, große Blüten, schalenförmig und von dunklem Rosa, zur Mitte noch dunkler. Sie »kann als erste Remontant-Kletterrose gelten«, wie uns Geschwind vermittelt. Ich pflanzte sie an ein Spalier; als Strauchrose könnte sie ebenso dastehen, benötigt aber dann sehr viel Raum.

Blüte groß, halbgefüllt, einzeln und in Büscheln – leicht nachblühend | **Farbe** lebhaft rosa, heller rosa verblassend **Duft** gut **Laub** dunkelgrün | **Stacheln** zahlreich, kräftig | **Früchte** zahlreich, groß, orangerot | **Höhe** 2,50–3,00 m | **Frosthärte** sehr gut, Klimazone 4

'Himmelsauge'
(1889, eingef. J. C. Schmidt 1895)

Was für ein bezaubernder Name! Dieser war auch für so manch andere Geschwindrose der Anlass, dass ich mir einige mit besonders hübschen Benennungen aussuchte. 'Himmelsauge' gehört in meinem »Waldgarten« zu den späteren Blühern, aber sie blüht noch gleichzeitig mit der Wildrose *R. webbiana.* Die Blüten von 'Himmelsauge' sind anfangs lebhaft purpurrosa, dann verblassend in helleres Rosa. Sie wird zwar allseits den Multiflora-Kletterrosen zugeordnet, entstand aber aus *R. setigera*-Hybride mit *R. rugosa* flore Plena (pers. Mitt. E. Unmuth). Die Sorte ist äußerst robust, das zeigte sich in dem langen Schnee-Winter 2005/06. Da fraßen die Wühlmäuse die Wurzeln vieler Rosensträucher in meinem Garten. 'Himmelsauge' wurde auch ein Opfer – nicht das kleinste Würzelchen war mehr zu entdecken. Ich schnitt die Stümpfe ab, kürzte die Triebe und wässerte die Stängel, bevor ich sie in einen Lehmhügel steckte. Dieser Lehmhügel enthält die schlechtesten Bedingungen und war nur aus Verlegenheit angelegt worden, weil beim Rosenlöcher-Ausheben dieser harte Lehm für die Neupflanzung uns nicht brauchbar schien. So entstand nach und nach im Waldgarten eine kleine Anhöhe, »Verlegenheitspflanzort« für all solche Fälle. Und seltsamerweise wachsen und gedeihen andere Rosenstecklinge, nicht nur 'Himmelsauge', hier bestens. Meine 'Himmelsauge'-Stecklinge sind mittlerweile zu einem niederen Sträuchlein herangewachsen; vorigen Sommer entwickelte ein Trieb eine Blüte. Doch leider ist es nicht 'Himmelsauge', sondern wie sich herausstellte, wird überall im Handel die Sorte 'Russeliana' mit dem falschen Namen 'Himmelsauge verkauft. Ich habe das bei einem Rosenmarkt selbst erlebt. Wenn die Leute darauf aufmerksam gemacht werden, dass es sich in Wirklichkeit um eine andere Rose namens 'Russeliana' handelt, verzichten sie sofort auf einen Kauf.

Blüte mittelgroß, gefüllt, einzeln und in Büscheln – einmal **Farbe** anfangs lebhaft dunkelrosa, dann heller, mit weißen Einschlüssen | **Duft** gut | **Laub** dunkelgrün | **Stacheln** zahlreich | **Früchte** klein, rund | **Höhe** 3,00 m | **Frosthärte** sehr gut, Klimazone 5

'Ovid' (1890)

Wenn der Geschwindrosen-Spezialist Erich Unmuth erklärt, dass von Geschwinds Züchtungen die unterschiedlichsten Varietäten im Handel sind, dann ist dies für die Sorte 'Ovid' noch steigerbar. Hier weichen die Kultivare mit dem Etikett 'Ovid' am meisten voneinander ab. Sogar in den drei größten Sammlungen Sangerhausen, L'Haÿ-Les-Roses und Baden bei Wien gibt es die Möglichkeit, jeweils eine andersfarbige und andersgeformte 'Ovid' zu entdecken. Brent C. Dickerson, Simon & Cochet (1906) nennen den Farbton »carné et rose vif« und bei Gravereaux (1902) finden wir diese Sorte lapidar mit »rose«

umschrieben; »rosa« ist ein sehr weiter Begriff. Die Blüten meiner *R. setigera*-Hybride 'Ovid' sind gefüllt und schön geformt. Der helle rosa Farbton könnte man mit Jägers, Dickersons und Simon & Cochets Beschreibung »fleischfarben« vergleichen; die Farbwirkung ist die von 'Souvenir de la Malmaison'. Der Wuchs ist sehr kräftig und stark verzweigt. Die Sorte 'Ovid' ist ebenfalls verschwunden. Um welche Rose es sich hier handelt ist nicht bekannt.

Blüte groß, gefüllt, flach, einzeln und in Büscheln – einmal **Farbe** hellrosa, fast weiß verblassend | **Duft** leicht | **Laub** dunkelgrün | **Stacheln** wenig, kräftig | **Früchte** keine | **Höhe** 2,00 m **Frosthärte** sehr gut, Klimazone 5

'Prinz Hirzeprinzchen' (eingef. Lambert 1912)
Die Blüten, von leuchtendem Rot, karmesinrot und nur sporadisch verteilten weißen Reflexen, sind sehr attraktiv an langen etwas starren, stark bewehrten Trieben, die sich bei mir an einem alten Apfelbaum hochhangeln. Es war zweifellos der Name, der mir gefiel. Gesehen habe ich die Rose vorher nie, war aber umso glücklicher, dass ich nicht enttäuscht wurde. Der Name ist wirklich sehr beeindruckend, ich merke es an den Besuchern, die ihre Freude daran haben, wenn sie ihn hören.

Blüte mittelgroß bis groß, halb gefüllt bis gefüllt, einzeln und in Büscheln – einmal | **Farbe** leuchtend karmesinrot mit weißen Einschlüssen | **Duft** schwach | **Laub** dunkelgrün | **Stacheln** zahlreich | **Früchte** keine | **Höhe** 3,00 m | **Frosthärte** sehr gut, Klimazone 5

Wichuras wertvoller Nachlass aus Fernost

Max Ernst Wichura war ein schlesischer Jurist und Botaniker, der im Auftrag der Berliner Akademie der Wissenschaften zwischen 1859 und 1862 an einer von der preußischen Regierung ausgesandten Schiffsexpedition zur Erforschung der Ostasiatischen Gewässer teilnahm. Nach mehrmonatigem vorbereitenden Aufenthalt in England ging er März 1860 an Bord der Fregatte Thetis, die über Rio de Janeiro und Singapur im September Jeddo (später Tokio), die Hauptstadt Japans erreichte, dessen Öffnung für Fremde 1854 durch die USA gewaltsam wieder erzwungen

oben: 'Ovid', unten: 'Prinz Hirzeprinzchen'

Max Wichura. Porträt nach Rob. Weigelt (aus A. Engler, Breslau 1874)

worden war. Mit großer Leidenschaft, aber auch mit der Gewissenhaftigkeit eines königlichen Regierungsrates sammelte Wichura Pflanzen bei jedem seiner Landaufenthalte, die er teils durch Streifzüge, z. B. nach Yokohama und Nagasaki, ausweiten konnte. Ab März 1861 sammelte er in China (Schanghai, Hongkong, Kanton, Macao); den offiziellen Abschluss bildeten Manila, Celebes und Java. Soweit nicht schon zwischendurch Pflanzen und Präparate nach Berlin an den Botanischen Garten gesandt wurden, brachte die Thetis Wichuras Fundbestand zurück, während er selber sich in Java 1862 von der Schiffsexpedition trennen durfte, um als Gast der Holländer Batavia und den botanischen Garten in Buitenzorg studieren zu können. Zuletzt, 1863, durfte er eigene Exkursionen anhängen, nach Ceylon und nach Calcutta zum berühmten britischen botanischen Garten. Die Engländer hatten zu Anfang jenes Jahrhunderts ihre China-Rosen dort zwischengepflanzt, weshalb sie als R. indica nach Europa kamen. In Begleitung des Leiters des Gartens besuchte Wichura auch Regionen des Himalaja, ehe er schließlich über Kairo und Korfu im August 1863 in Breslau eintraf, wo er sofort in seiner alten Stellung bei der Regierung wieder anzutreten hatte. Erst zwei Jahre später, November 1865, wurde er endlich nach Berlin zur Auswertung seiner dort lagernden botanischen Sammlung berufen. Drei Monate lang studierte er tagsüber im königlichen Herbarium, abends befasste er sich mit der Bestimmung seiner Moose, die sein Spezialgebiet darstellten. Bei dieser Tätigkeit passierte es, dass er am 24. Februar 1866 eine zu hohe Konzentration von Kohlenoxydgas seiner Ofenheizung nicht bemerkte. Erst am folgenden Tage fand man ihn tot neben seinem Arbeitstisch. Seine Fundstücke wurden dadurch noch später und durch andere Botaniker ausgewertet. Bedeutsam wurde dabei von seinem Wildrosenmaterial eine Rambler-Rose mit glänzenden Blättern und Büscheln weißer Blüten, von der zur vergleichenden Bestimmung Reiser nach München aber vor allem auch nach Brüssel geschickt worden waren, wo schließlich der belgische Botaniker und Rosenspezialist François Crépin (1830–1903) diese Rose erst 1886, zwanzig Jahre nach Wichuras Tod, als eigenständige Art diagnostizierte und nach ihm benannte: *Rosa wichuraiana* (heute grammatisch korrekter: *wichurana*). Zwischenzeitlich war vom französischen Arzt Savatier, der von 1867 bis 1871 in Japan gesammelt hatte, eine ähnliche Rose entdeckt, nach dessen Frau benannt und in Frankreich von zwei Botanikern offiziell beschrieben worden, *Rosa luciae* Franch. & Rochebr. Die Ähnlichkeit der beiden Arten hatte in Botanikerkreisen dazu geführt, dass die erst später im Nachlass Wichuras gefundene Rose lediglich als eine Untervarietät dieser *Rosa luciae* angesehen wurde. Die japanische Seite bekräftigte diese Unterordnung auch später noch durch Veröffentlichung des Japaners Koidzumi (1883–1953). Heute gilt als richtig: *R. wichurana* Crépin, 1891 in den Handel gebracht. Für *R. luciae* wird 1880 als Einführungsjahr vermerkt. Gezüchtet wurde mit beiden Spezies und oft ohne beide genau auseinander gehalten zu haben. Die Hybriden werden daher zu einer Gruppe, den Wichuras, zusammengefasst.

Zurück in die Zeit und zur Person von Max Ernst Wichura, der 1817 in Neiße/Nysa als Sohn eines Kreisgerichtsrates geboren wurde, Jurastudium in Breslau und Bonn, danach wie sein Vater in königl. preußisch-schlesischen Diensten (Ratibor und Breslau). Aber schon in der Schulzeit am Gymnasium in Breslau gehörte seine ganze Freizeit der Botanik: Exkursionen, Studien zur Morphologie und Systematik, Aufenthalte im Riesengebirge, in den Karpaten, den Alpen und eine Fahrt nach Lappland (1856), wo bereits Linné 1732 zu wichtigen Einsichten gelangt war. Die Liebe zur Natur und die Sehnsucht danach, sich in ihr aufzuhalten, waren bestimmend. Darüber hinaus lag Wichuras Begabung teils in der Beachtung von Details, z. B. bei Moosen, teils im Erkennen mathematischer dynamischer Strukturen, z. B. im Pflanzenbau, wo ihn Drehbewegungen von Blättern und Torsionen von Gehölzen beschäftigten. Sein Interesse galt auch der Erfassung der Gesetze der natürlichen und künstlichen Erzeugung von Bastarden, nachdem er bei den Weidengehölzen hervorragende Entdeckungen gemacht hatte. Auch die Pflanzengeographie, also die Verbreitung und Wanderung von Arten, weckte sein Interesse. Bis zu seinem tragischen Tod hatte er all diese Studien und zugehörigen Veröffentlichungen zum Abschluss gebracht. Seine Reiseerlebnisse sind uns durch die Veröffentlichung der Briefe an seine Mutter erhalten, die sein Bruder Amandus Wichura 1868 redigiert hat.

Wie intensiv man zur Zeit Wichuras die Welt nach neuen Pflanzen durchkämmte, zeigt eine Stelle in seinen Briefen (20.12.1860, während einer Schifffahrt von Yokohama und Jeddo nach Nagasaki): »... ein närrischer Zufall: 3 Botaniker an Bord: [...] Mr. Fortune, ein alter Engländer, der viele Reisen in China gemacht, und ein Buch über China geschrieben hat, ein junger netter Mann, Mr. Veitch, Sohn eines reichen Handelsgärtners zu Chelsea in London und ich. [...] Die beiden ersten sind eigentlich Gärtner und haben in dieser Eigenschaft in Japan gesammelt. Mr. Fortune hat mir Thunbergs »Flora Japonica« geliehen, nach der ich schon lange geseufzt und bin eifrig dabei, mir einen Auszug daraus zu machen.« Am 27. Dezember trifft sich Wichura mit dem Würzburger Pflanzensammler Siebold. Das sind alles Namen, die mit der Rose verbunden sind – 'Fortune's Double Yellow', 'James Veitch', mit Thunberg und Siebold verbindet sich die R. multiflora.

Wichuras Veröffentlichung »Die Bastardbefruchtung im Pflanzenreich, erläutert an den Bastarden der Weiden«, 1853, gehört in eine Zeit, die für dieses Forschungsthema reif war, auch wenn die Beachtung und Akzeptanz durch die akademische Botanik erst eine Generation später erfolgte. Parallele Arbeiten stammen vom Forstmeister Rudolf Geschwind (Hybridation und Sämlingszucht der Rose, 1863) und vom mährischen Geistlichen Johann Mendel, der in seinen Experimenten in Brünn 1854–68 die Gesetzmäßigkeiten für eine gezielte Pflanzenzüchtung entdeckt und unter seinem Klosternamen Gregor bereits 1866 veröffentlichte.

Die »glänzenden« Wichuras

'Alberic Barbier' (Frankreich, Barbier 1900)
Wegen ihrer geringen Frosthärte ist sie nicht besonders für unsere Gegend geeignet. Trotzdem gibt es immer wieder Berichte von Rosenfreunden, die in einem ähnlichen Klima wie wir leben und die trotzdem einen guten Erfolg mit diesem Rambler haben (meist stellte sich heraus, dass diese Rose an einer besonders geschützten Stelle steht). Hartnäckig versuchte ich es darum mit einer weiteren Pflanze an einer anderen Stelle. Aber hier friert sie ebenfalls in härteren Wintern

'Alberic Barbier'

'Alexandre Girault'

zurück; ich muss mich halt mit ein paar Trieben bei dieser Rose zufriedengeben. Schaut man sich die Herkunft an, muss man sich nicht wundern: Es ist eine Kreuzung aus *R. wichurana* mit 'Shirley Hibberd' (eine gelbe Teerose). Die Knospen öffnen sich zunächst hellgelb, verblassen aber sehr schnell zu weiß, zu einem frischen Weiß, erfrischend und kühl wie Zitroneneis. Die Form ist die einer Teerose. Das Laub ist, wie bei allen *R. wichurana*-Hybriden, glänzend und dunkelgrün und die neuen roten Triebe möchten quer nach allen Seiten den Boden entlang wachsen, wenn man nicht sofort den noch weichen Zweigen zeigt, wo sie hinwachsen sollen.

Blüte groß, gefüllt, in Büscheln, reich – einmal | **Farbe** Knospe hellgelb, Hauch von zitronengelb, rahmweiß verblassend **Duft** gut | **Laub** dunkelgrün, glänzend | **Stacheln** zahlreich **Früchte** keine | **Höhe** 4,00–7,00 m (in warmem Klima) | **Frosthärte** mäßig, Klimazone 7

'Alexandre Girault' (Frankreich, Barbier 1909)

Die Sorte entstammt einer Kreuzung aus *R. wichurana* × 'Papa Gontier' (eine Teerose). In weitaus kleinerem Umfang als in dem bekannten Rosar in L'Haÿ-Les-Roses, steht 'Alexandre Girault' in meinem Garten. Als ich sie pflanzte, hatte ich die gewaltige Rosenwand aus 'Alexandre Girault' dort noch nicht persönlich erlebt. Mitte Juni stand ich vor ihrer glühenden Pracht (s. Kap. »Rosenschreiber«). Die kirschroten Blüten treten zu 5–9 an länglichen Büscheln auf, sind anfangs kirschrot und verblassen zu rosa. In der Mitte zeigt sich der weiße Blütengrund, ebensolche sporadischen Einschlüsse, die Rückseite der Petalen sehr viel blasser. Die Sorte ist sehr gesund, die glänzenden dunkelgrünen Blätter sind frei von Sternrußtau. Es heißt, dies sei die wüchsigste von den Wichura-Sorten. Ich warte hingegen schon seit vielen Jahren auf einen kräftigen Schub. Das Fehlen dieser Schubkraft mag an der Pflanzstelle liegen, darunter kriechen nämlich die Wurzeln eines Hartriegels entlang.

Blüte groß, gefüllt, in Büscheln, reich – einmal | **Farbe** leuchtend kirschrot, rosa verblassend | **Duft** leicht | **Laub** dunkelgrün, glänzend | **Stacheln** wenig | **Früchte** keine | **Höhe** 3,00–5,00 m | **Frosthärte** mittel, Klimazone 6

'Alexandre Tremouillet'

(Frankreich, Barbier 1903)

Manchmal wird sie auch 'Alexandre Trimouillet' genannt. Barbier erzielte die Sorte aus *R. wichurana* × 'Souvenir de Catherine Guillot' (Teerose). Es ist ein sehr wüchsiger Rambler mit dunkelgrünem, glänzenden Laub, bräunlichen stark bestachelten Trieben, was typisch für Wichura-Hybriden ist. Die Blüten sind beim Öffnen edelrosengleich, ganz geöffnet sind sie gut gefüllt und flach, die Petalen von schönstem Perlmuttweiß. Wieder muss ich Geduld aufbringen: Die Pflanze, ursprünglich an einen Birkenstamm gesetzt, wollte nicht so recht in die Gänge kommen. Nach etwa vier Jahren entschloss ich mich zum Umpflanzen. Und was entdeckten wir da: Eine Unmenge Haarwurzeln der Birke, die von oben und von unten in den so genannten Wurzelschutz nach innen wuchsen; und die einzige Wurzel der Rose versuchte mit einer Schlinge durch und um die Birkenwurzeln nach oben zu gelangen. Nun steht sie seit ein paar Jahren im Tontopf, erholte sich prächtig und nach diesem Winter, den sie im Freien, mit viel Laub zugedeckt, verbrachte, werde ich ihr dieses Jahr einen schönen Platz draußen zuweisen. Sie behielt ihr dunkelgrünes Laub, das in strengeren Wintern sicherlich verdorren wür-

de. Blüten zeigte sie freilich noch nicht viel, die Kraft solche zu entwickeln, musste sie für ihr Wurzelwachstum aufbringen. Aber gerade so ein hochgepäppeltes Rosenkind wird immer zu meiner Lieblingsrose avancieren.

Blüte groß, gefüllt, flach, in Büscheln, reich – einmal | **Farbe** perlweiß, perlmuttweiß | **Duft** leicht | **Laub** dunkelgrün, glänzend | **Stacheln** zahlreich | **Früchte** keine | **Höhe** 4,00 m | **Frosthärte** mittel, Klimazone 7

'Auguste Gervais' (Frankreich, Barbier 1918)

'Auguste Gervais' ist gekreuzt mit *R. wichurana* und 'Le Progrès' (Lutea-Hybride).

Strahlend wirken die Blüten, wenn sie völlig erblüht ihre leuchtend gelben Staubgefäße zeigen. Und das Farbenspektrum reicht von kupfrig lachsrosa der aufblühenden Knospe über gelblich apricotrosa bis zu cremegelb beim Verblühen. Das alles ergibt einen wundervollen Kontrast zu dem glänzend grünen Laub. Die Petalen sind locker angeordnet.

Blüte mittel bis groß, locker gefüllt, in Büscheln, reich – nachblühend | **Farbe** kupfrig lachsrosa, gelb apricot, sichtbar gelbe Staubfäden | **Duft** gut | **Laub** dunkelgrün, glänzend, jung hellgrün | **Stacheln** zahlreich, hakenförmig | **Früchte** klein | **Höhe** bis 5,00 m | **Frosthärte** gut, Klimazone 6–7

links oben: 'Alexandre Tremouillet', rechts oben und unten: 'Auguste Gervais'

'Casimir Moullé'

'Christine Wright'

'Casimir Moullé' (Frankreich, Barbier 1910)
Bis jetzt habe ich es noch nicht herausgefunden, wer Casimir Moullé war, den die Barbierbrüder damit ehren wollten. Der Rambler stammt von *R. wichurana* und 'Mme Norbert Levavasseur' ab. Als ich mir die Rose bei der Rosenschule Alain Tschanz am Genfer See abholte, wusste ich noch nicht, wie sie aussehen würde. Es war der etwas ausgefallene Name, der mich neugierig machte. Und die ersten Blüten, die die Rose mir zeigte, bestätigte mir, dass sie zu den etwas außergewöhnlichen gehört. Die Büschel tragen kleine purpurrosa Blüten mit hellerer Rückseite, sie sind pomponartig geformt und stecken an langen Stielen.

Blüte klein, gefüllt, flach, in Büscheln, reich – einmal, spät **Farbe** purpurrosa | **Duft** schwach | **Laub** mittelgrün, glänzend **Stacheln** wenig | **Früchte** keine | **Höhe** 3,00 m | **Frosthärte** gut, Klimazone 6

'Christine Wright' (USA, Hoopes 1909)
Bildschöne, silbrig rosafarbene, gefüllte Blüten, die Rückseiten der Petalen scheinen etwas blasser. Strahlend wirken die Blüten, wenn sie völlig entfaltet, ihre leuchtend gelben Staubgefäße zeigen. Auf grünen Trieben sitzen rötliche Stacheln. Die Kletterrose ist eine Kreuzung aus (*R. wichurana* × 'Marion Dingee') × 'Mme Caroline Testout'. Eine optimale Gesundheit und auch eine gute Frostresistenz der Pflanze kann ich bestätigen. Aus Sorge, sie könnte in unserem Klima zu sehr leiden und nur spärliche Triebe bilden, bestellte ich gleich zwei Pflanzen. Und gerade bei dieser war meine Vorsorge unnötig. Auch das Laub ist sehr gesund und nicht anfällig weder für Mehltau noch für Sternrußtau. Es ist weniger glänzend als bei anderen Wichuras. Die Blüten erscheinen schon früher als andere Wichura-Hybriden und sie blühen viele Wochen fortwährend nach.

Blüte groß, locker gefüllt, einzeln und in Büscheln, reich – gut nachblühend | **Farbe** silberrosa, sichtbar gelbe Staubfäden **Duft** leicht, gut | **Laub** mittelgrün, leicht glänzend | **Stacheln** zahlreich | **Früchte** keine | **Höhe** 3,00 m | **Frosthärte** sehr gut, Klimazone 5

'Dr. W. Van Fleet' (USA, Van Fleet 1890, eingef. von Henderson, 1910)
Die Abstammung dieser Kletterrose ist (*R. wichurana* × 'Safrano') × 'Souvenir du Président Carnot' (eine Teehybride). Gezogen wurde sie bereits 1890 von Dr. Walter Van Fleet, Henderson brachte sie dann im Jahre 1910 in den Handel.
Große, lockere Blütenbüschel von zartem Muschelrosa – nach außen heller – bilden einen guten Kontrast zu dem dunkelgrünen, glänzenden Laub. Die Triebe sind stark bewehrt, eine gute Grundlage zum Festhaken in Bäumen.

Mein 'Dr. W. Van Fleet' rankt in einer Kugelfichte. 'New Dawn', weitaus beliebter, weil sie ein Dauerblüher ist, soll eine Mutation dieser Sorte sein. 'Dr. W. Van Fleet' ist auch der Wegbereiter der künftigen modernen Kletterrosen.

Blüte groß, gefüllt, in großen Büscheln, reich – etwas nachblühend | **Farbe** muschelrosa, Rand heller | **Duft** gut | **Laub** jung bronzegrün, später dunkelgrün, glänzend | **Stacheln** zahlreich | **Früchte** rund, rot | **Höhe** 4,00 m | **Frosthärte** sehr gut, Klimazone 5

'Edmond Proust' (Frankreich, Barbier 1903)
Die gut gefüllten Blüten der kletternden 'Edmond Proust' in pudrigem Rosa, die inneren, sehr kurzen Petalen etwas dunkler getönt, sind aus einer Kreuzung aus *R. wichurana* und der Teerose 'Souvenir de Catherine Giullot' entstanden. Das Laub ist ganz und gar frei von Sternrußtau, zeigt aber weniger Glanz als andere Wichura-Sorten. Die Rose entwickelt sich zuerst mehr zu einem Strauch und erst in späteren Jahren gelingt es, längere Triebe nach oben zu schicken.

Blüte mittelgroß, gefüllt, in Büscheln, reich – einmal | **Farbe** puderrosa, Mitte dunkler | **Duft** leicht | **Laub** dunkelgrün, glänzend | **Stacheln** zahlreich | **Früchte** keine | **Höhe** 3,00 m | **Frosthärte** gut, Klimazone 6

'Henri Barruet' (Frankreich, Barbier 1918)
‚Henri Barruet' würde ich ganz gewiss nicht zu den populären Rosen zählen, sie ist viel eher etwas für Individualisten. Eintönigkeit kennt die Rose nicht, und so kommt auch beim Betrachten keine Langeweile auf. Ihr Farbenreichtum kennt keine Grenzen: Die Blütenknospe eröffnet ihren Auftritt mit einem gelben Ton, vermischt und auslaufend in ein geädertes Rot und insgesamt mit vielen weißen Einschlüssen. Ganz geöffnet zeigt sie sich dann ganz harmlos: Alles fließt mit sanften hellen Abstufungen, verschmelzende Übergänge von lila, zart gelb und leicht rosig, »Ihre Lieblichkeit« hat Gestalt angenommen. Das Laubwerk ist von leuchtendem und glänzendem Grün. Die Wuchskraft ist ganz eine Wichura: Nach allen Seiten will sie sich ausbreiten. Ich habe ihr einen Platz an dem riesigen Rhododendron meines Vaters zugewiesen.

Blüte mittelgroß, gefüllt, einzeln und in Büscheln, reich – vereinzelte Nachblüten | **Farbe** von gelb und rot zu weiß mit hellrosa und lila wechselnd | **Duft** gut | **Laub** hell- und dunkelgrün, glänzend | **Stacheln** zahlreich | **Früchte** keine | **Höhe** 3,00 m | **Frosthärte** gut, Klimazone 6

oben: 'Dr. W. Van Fleet', unten: 'Edmond Proust'

oben links und rechts: 'Henri Barruet'

'Leontine Gervais'

'Leontine Gervais' (Frankreich, Barbier 1903)
Dieser Rambler ist dagegen sehr beliebt und öfters in den Gärten zu finden. Gleichermaßen kann diese Sorte dieselben Eltern aufweisen wie einige andere Wichura-Sorten (*R. wichurana* × 'Souvenir de Catherine Giullot') und diesmal ist es das Ergebnis wunderschöner lachsfarbener Blüten. Die Knospen dokumentieren noch einen deutlichen kupfrigen Rotton, der sich dann – ganz geöffnet – verwischt und auflöst in helles Lachsrosa, rot geädert und sich in rosiges Creme beim Verblühen verwandelt. Das Wuchsverhalten ist wiederum »Wichura-typisch« – die jungen, roten Austriebe kriechen nach allen Richtungen am Boden entlang und es ist schwierig, diesen zu zeigen, dass ihr Weg nach oben gehen soll, ohne sie zu verletzen.

Blüte mittelgroß, gefüllt, einzeln und in Büscheln, reich – vereinzelt Nachblüten | **Farbe** lachsrosa | **Duft** gut | **Laub** dunkelgrün, glänzend | **Stacheln** zahlreich | **Früchte** keine | **Höhe** 3,00 m | **Frosthärte** gut, Klimazone 6

'Sanders White Rambler' (England, Sander 1912)
Sander ist der Herausgeber dieses hübschen Ramblers. Er selbst war ein bekannter Orchideengärtner. Es ist nicht bekannt, von wem und woher diese Sorte stammt.

Die kleinen, halb gefüllten, rosettenartigen Blüten in großen Büscheln tragen ein besonders schönes, schneeiges Weiß und die gelben Staubgefäße heben sich sehr gut ab. Die dünnen Triebe sind zahlreich mit Stacheln besetzt, dadurch eignet sich der Rambler ausgezeichnet, um durch Gebüsch oder in Bäume zu kriechen und sich seinen Weg selbst zu suchen. Das kleine Laub ist dunkelgrün und glänzend, ein wunderbarer Kontrast zu den Blüten.

Blüte klein, halb gefüllt, in großen Büscheln, reich – einmal **Farbe** schneeiges Weiß, sichtbar gelbe Staubfäden | **Duft** leicht | **Laub** dunkelgrün, klein, glänzend | **Stacheln** zahlreich **Früchte** klein | **Höhe** 4,00 m | **Frosthärte** sehr gut, Klimazone 5

'Sanders White Rambler'

Eine geheimnisvolle Rosengruppe: Boursault

So wie sich die Menschen dauerblühende Rosen wünschen oder riesengroße Blüten, so gehört auch zu den Wünschen die »Dornenlosigkeit«. Es stimmt nicht, dass alle kletternden Formen Stacheln haben, weil sie diese brauchen, wie heute noch gemutmaßt wird.

Schon 1770 finden wir bei Otto von Münchhausen in seinem *Verzeichnis aller Bäume und Stauden, welche in Deutschland fortkommen* die *Rosa inermis* Mill., verbreitet in der Schweiz und Österreich, hellrote Blume früh im Frühjahr und Nachblüte im August. Die *Rosa alpina* L. sieht Münchhausen als davon verschieden an. Ein halbes Jahrhundert später finden wir im Verzeichnis von Johann Erben (Duisburg, 1823) nur zwei Varietäten der als stachellos geltenden Alpenrose, aber unter den Unmengen von Rosen aus oder mit China bei den »Bengal-Hybriden«, unter der Nr. 164, eine 'Boursault' (hellpurpur). Sein Nachbar und Angebotsnachfolger Wilhelm Keller (Duisburg, 1828) führt diese beim französischen Pflanzensammler Jean-François Boursault erstmals aufgetretene Rose jedoch bei den Alpenrosen: »Blumen groß, rosenroth, halbgefüllt, zum Bewachsen von Pyramiden geeignet.« In seinem Verzeichnis 1833 sind es 14 Varietäten der Rosa Alpina und ihrer Hybriden, darunter neben der halbgefüllten 'Boursault', in der er nun Ähnlichkeit mit der 'Rose von Florida' sieht, auch eine Boursault-Rose mit kleineren, aber gefüllten Blüten, von der er versichert, dass sie an einer Mauer gezogen besser blühe. Überhaupt empfiehlt er für alle kräftig hoch wachsenden Alpina-Sorten die Garten-Pyramide für einen sechs Wochen dauernden prächtigen Anblick. In dieser Gruppe steht des Weiteren auch eine »Amadis« (hellpurpurviolet, doppelt, mittelgroß). Fünf Jahre später beschreibt die Engländerin Catherine Frances Gores in ihrem *Rose Fancier's Manual*, das sich stark an die Monographie des Franzosen Boitard anlehnt, 18 Alpina-Varietäten, darunter jetzt 4 Boursault-Sorten, und eine 'Calypso' (Synonym für die Florida-Rose), die es heute noch geben soll. Bereits 1836 wies Christian Nickels in Pressburg darauf hin, dass 'Boursault' ein Synonym für »Rosa (Alpina) Reclinata« sei (gemalt von Redouté). Donauaufwärts in Baden bei Wien listet das erhaltene umfangreiche Verzeichnis der

Rosensammlung im Park der Weilburg aus dem Jahr 1839 unter der Nummer »1060 Calipso. / R. reclinata purp. simpl.« und als allerletzte Nummer »1071 Boursault. / R. recl. rosea major«.
In England machte T. Rivers in seinem *Rose Amateur's Guide* 1840 (1. Aufl. 1837) den Namen Boursault zum Oberbegriff und fasste das gesamte gärtnerische Alpina-Angebot darunter zusammen, weil die 'Red Boursault' die erste Hybride dieser Abstammung gewesen sei, die er aber noch für gartenwürdig hielt. Aufgezählt wurden bei ihm 'Blush Boursault' (Syn. u. a. 'Calypso', 'Bengale Florida'), 'Amadis' (syn. 'Crimson'), 'Drummond's Thornless', 'Elegans', 'Gracilis' und 'Thornless' (Syn. 'Inermis'). In Amerika begann Robert Buist 1844 sein *Rose Manual* aber noch mit einem Kapitelchen »Rosa Alpina«, in welchem er interessanterweise 'Amadis' mit 'Elegans' gleich setzte. Über 'Inermis' schrieb er, dass sie die einzige Rose der Gruppe sei, die dufte. 'Purpurea' werde in Ohio und am Mississippi auch als 'Purple Noisette' oder als 'Maheka' verkauft. Die Gruppe sei insgesamt wichtig, denn die Alpina-Hybriden lieferten die seinerzeit winterhärtesten Kletterrosen. Im Katalog und Rosenbuch des Amerikaners Prince von 1846 wurde dann die »alte Red« (Boursault) gestrichen, da es nun bessere Kletterer mit vortrefflicheren Eigenschaften gebe. Seltsam, Prince hatte ansonsten alles wortwörtlich von seinem Freund Rivers übernommen, bis auf diese Stelle. Dagegen findet sich bei Rivers auch noch in der 11. Aufl. von 1877 das Garten-Lob für die »alte Red« (Boursault). 'Amadis' (Laffay 1829) wurde wahrscheinlich nie aus den Katalogen gestrichen; sie findet sich sogar noch im kritischen H. B. Ellwanger (*The Rose*, 1892).
Rudolf Geschwind zeigt sich in einem Aufsatz in der *Rosen-Zeitung* (6-1891) als Kenner der Boursaults, die er als Abstammungsgruppe sieht: Hybriden der Alpenrose. Neu entfacht war die Aufmerksamkeit auf diese Gruppe durch zwei angebliche Neuzugänge: 'Mme Sancy de Parabère' (Bonnet 1873) und 'Inermis Morleti' (Morlet 1883). Geschwind entdeckte durch Vergleichsanbau, dass unter beiden Namen ein und dieselbe Rose in Umlauf war. Welche der beiden fälschlich die andere vertrat oder ob es sich um eine dritte Unbekannte handelte, die man damals Geschwind verkaufte, ist unklar. Er konnte aber sagen, dass Morletis neue 'Inermis' nicht mit der alten übereinstimme, die er bereits 1852 am Teplitzer Schlossberg gepflanzt hatte. Offen musste er leider lassen, ob seine alte 'Inermis' mit der ursprünglich von Bonnet entdeckten 'Mme Sancy de Parabère' übereinstimmt. Denn das war der Verdacht in der aufgeflammten Diskussion.
In unseren Tagen geht die Diskussion um das Geheimnis der Boursault-Rosen in die Richtung, dass es nicht die Alpina ist, sondern die amerikanische, ebenfalls stachellose Rosa blanda. Seit einer DNA-Analyse haben wir Gewissheit. Doch diese lässt uns ein weiteres altes Geheimnis wieder neu aufrollen: In den oben vom Baumschuler Münchhausen 1770 aufgeführten Rosenbeschreibungen (*Der Hausvater* 5. Theil) gibt es auch eine *Rosa pendulina* L. (Dill. Elth.), für die der Autor »aus Neuengland« anführt. Dreißig Jahre später, 1800, bezweifelt Joh. Phil. Du Roi, Betreiber der Harbkeschen Baumschule, bzw. der Braunschweiger Herausgeber J. F. Pott, die dahinter stehenden Angaben von Dillenius, dieser hätte die »Rose mit hängenden Früchten« aus Samen gezogen, die er aus Neuengland bekommen hätte. Das damalige Argument, eine *Rosa pendulina* käme in der Literatur über amerikanische Rosenarten nicht vor, ist schwach, falls Dillenius der Name der Rose, von der er Samen aus Amerika erhielt, nicht bekannt war. Auf alle Fälle wurde im 19. Jh. Rosa pendulina zur Gruppe der Alpina gezählt und zur Verwirrung der Name bis heute öfters mit der *Rosa alpina* gleichgesetzt. Könnten die Gene der *Rosa blanda* nicht schon seit dem 18. Jh. in der Rosenzucht am Werke gewesen sein, während man harmlos nur an Spezies aus den Alpen dachte?

Klein und doch fast komplett

'Amadis' (Frankreich, Laffay 1829)
Synonym: 'Crimson Boursault'
Als Strauch ist diese Varietät sehr wirkungsvoll, lässt sich meiner Erfahrung nach auch leichter so ziehen als an einer Säule oder einer Wand, da die Zweige stark auseinanderfallen. Die Sorte ist von

lockerem Wuchs, mit braun-rötlichen, hechtblau bereiften Trieben, die im Herbst und Winter zu einem schönen Violett tendieren. Keine Stacheln, an denen man hängenbleibt, und gut frostresistent ist sie auch. Die halbgefüllten Blütenschalen sind nicht sehr einheitlich in der Farbe, von dunklem bis hellem Purpurrot, lila schattiert im Verblühen. Gelegentlich erfreut uns der sehr früh blühende Strauch mit vereinzelten Nachblüten.

Amadis ist der Held einer unendlichen Geschichte, eine mittelalterliche Ritterromanze und eine fast ins Endlose fortgesetzte Familiensaga – ein ursprünglich portugiesisches Werk, das um 1370 entstand und dann verloren ging. Fast ein Jahrhundert später wurde eine spanische Bearbeitung des Garcia Ordossez de Montalvo zum Ausgangspunkt dieser jahrhundertelangen Fortsetzungsserie. Der beliebteste der Ritterromanserie war Amadis von Gallien (Amadis de Gaula), mit gleichnamigem Held, ein Ritter von sagenhafter Tugend, Sohn des Königs Perion von Gaula und der britischen Prinzessin Elisena. Amadis wird nach Schottland verschlagen, wo er sich in die schöne Oriana, Tochter des Königs Lisuart von England, verliebt. Zwischen der Verherrlichung einer Liebesgeschichte, reichlichen Abenteuern in den entferntesten Ländern und zahllosen Kämpfen gegen Ritter, Riesen und Zauberer erlebt man mit dem Helden Amadis eine epische Schöpfung, mit zahlreichen Nachfolgebänden des Sohnes von Amadis und eines Neffen, weiter bis zum Urenkel usf. In Frankreich, England, Deutschland und weiteren Ländern wurden Romane aus dieser Serie übersetzt und später zusätzliche Fortsetzungen der ritterlichen Heldentaten geschrieben. In Frankreich wurden die Bände auf vierundzwanzig erweitert, in Deutschland (übersetzt aus dem Französischen) auf sage und schreibe dreißig Bände ausgedehnt. – Georg Friedrich Händel nutzte den Stoff für eine Oper, die am 25. Mai 1715 erstmalig am Londoner Kings Theatre am Haymarket aufgeführt wurde: »Amadigi di Gaula«. Händel reduzierte den langatmigen Bestseller auf vier Charaktere, spitzte ihn dramatisch zu und machte daraus eine grandiose Opera seria.

Blüte mittelgroß, halbgefüllt, in Büscheln – vereinzelt Nachblüte | **Farbe** hellpurpurrot, weiße Mitte und gelegentlich Streifen | **Duft** kein | **Laub** 7–9 Fiederblättchen, hellgrün, licht **Stacheln** keine | **Früchte** keine | **Höhe** 2,20–4,00 m (in warmem Klima) | **Frosthärte** sehr gut, Klimazone 5

Titelblatt einer spanischen *Amadis*-Ausgabe von 1533

'Amadis'

'Mme Sancy de Parabère'

'Mme Sancy de Parabère' (Frankreich, Bonnet (?), durch Jamain 1874 im Handel)
Synonym: 'Mme de Sancy de Parabère'
In der noch frühen Blütezeit eröffnet sie die Saison der Gartenrosen, zusammen mit nur wenigen anderen Sorten ('Morletii', 'Amadis', 'Agnes', 'Stanwell Perpetuel').

'Morletii'

Die Blütenblätter sind von einem märchenhaften, hellen Rosa, ähnlich den Zentifolien. Zunächst öffnen sich die Blüten elegant, um sich dann etwas flatterig, als ob der Wind mit ihnen spielt, schalig aufzublättern. Und der Duft! Er ist einzigartig, wie auch in alter Literatur bestätigt wird. Die völlig stachellosen, rotbraunen Triebe werden bei uns etwa 2,50 bis 3,00 m lang, in milderem Klima soll die Rose doppelt so hoch wachsen. Einen Wermutstropfen haben meine drei an einem Spalier gezogenen Pflanzen: Das Laub und sogar die Triebe werden schon kurz vor Ende der Blütezeit stark von Sternrußtau befallen. Das schwächt ganz gewiss die Gewächse. Sie ist nicht ganz so frostresistent wie die beiden anderen Boursault-Sorten 'Morletii' oder 'Amadis'. Ob Bonnet der Züchter ist oder ob er sie nur gefunden hat, darüber gibt es keine Gewissheit. Möglicherweise ist diese Varietät sogar noch älter (s. Einleitung).

Blüte groß, locker gefüllt, schalenförmig, einzeln und in Büscheln, reich – einmalblühend | **Farbe** hellrosa, bläulich schimmernd | **Duft** gut | **Laub** dunkelgrün, licht | **Stacheln** keine | **Früchte** keine | **Höhe** 2,50 m | **Frosthärte** gut, Klimazone 6

'Morletii'

(Frankreich, entdeckt von Morlet fils 1883)
Synonym: *Rosa inermis* 'Morletii', 'Inermis Morletii'
Die Varietät 'Morletii' wurde von dem Schweizer Morlet 1883 entdeckt und auf den Markt gebracht. Die Gärtnerei lag in der Nähe von Fontainebleau in Frankreich. Er spezialisierte sich vorwiegend auf Rugosa-Züchtungen (z. B. 'Fimbriata', 1891), seinem Vater gelangen einige Remontant- und Teerosen. Mit Sicherheit handelt es sich um eine ältere Züchtung eines unbekannten Gärtners. Mehr als sechzig Jahre liegen zwischen 'Morletii' und der ersten von Vibert in den Handel gebrachten Rose des Herrn Boursault, der vor 1820 Gartenpflanzen aller Art in seinen Pariser Gärten sammelte.
Der Strauch hat den Habitus einer Wildrose und für uns sind die Bogenformen der überhängenden, rotbraunen Zweige die geometrisch schönsten in unserem Rosengarten. Auf den bogigen Ruten reihen sich nach Wildrosenmanier die kurzen und schnell reifenden Blütentriebe. Vielleicht ist es diese Eigenart, die Morlet bewog, den Namen der Rose aus dem seinigen

abzuleiten, in der lateinisierenden Art, wie es bei Botanikern üblich ist, die Wildrosen entdecken. Die Stachellosigkeit (inermis = unbewaffnet) wird zur Einordnung »Boursault« den Ausschlag gegeben haben. Auch blüht sie sehr früh im Juni; im Herbst verwandelt sich das Laub in gelb und rot, vereinzelt erscheinen Hagebutten. So manches Jahr brachte der Strauch auch eine leichte Nachblüte. Beim Schnitt des stattlichen Strauches kommt es darauf an, die schöne Form zu erhalten. Bei weniger Platz oder in windgefährdeter Lage empfiehlt sich eine Stütze der Mittelachse.

Blüte mittelgroß, halbgefüllt, schalenförmig, in Büscheln, reich – vereinzelt Nachblüten | **Farbe** rosa, violett überhaucht **Duft** schwach | **Laub** dunkelgrün, Austrieb rötlich, teilweise rote Herbstfärbung | **Stacheln** keine | **Früchte** wenig | **Höhe** 2,50–3,00 m | **Frosthärte** sehr gut, Klimazone 5

'Morletii'

Die kleine Ausgabe der großen Multiflora-Rambler

Vielblütig und klein wie die der großen Multiflora-Rambler sind die Blüten der niedrigen und buschigen Sträucher der Polyantha-Rosen. Geradezu zwergig wirken manche Sorten gegenüber ihren großen Geschwistern. Einige davon eignen sich besonders gut für die Blumenbinderei und in der Zeit gegen Ende des 19. Jahrhunderts und auch um die Jahrhundertwende wurden diese viel und gerne dazu verwendet.

Mancherlei Prädikate erhielten die Polyantharöschen in den verschiedenen Ländern, »Tausendschön-Rosen« nennen wir sie. Die Engländer titulieren sie »Daisy Roses« und »Sweetheart Roses« die Amerikaner. Könnte man da nicht davon ausgehen, dass diese Gruppe äußerst beliebt war? Keineswegs war dies aber von Anfang an der Fall. Garten- und Blumenliebhaber bevorzugten seit Jahren (und immer noch) die großblütigen Remontant- und Teehybriden, als der französische Rosenzüchter J. B. Guillot fils seine und damit die erste Polyantharose 1875 in den Handel gab. Er war enttäuscht, als er 1873 auf einer Ausstellung in Lyon diese Rose präsentierte und die Jury sie im Wettbewerb überging. Bescheinigten ihm doch Rosenliebhaber und Kenner, dass 'Paquerette', wie Guillot sie nannte, etwas Besonderes sei. Aus einer einmalblühenden Multiflora, von der er Samen von seinem Freund und Züchterkollegen Jean Sisley erhielt, säte er 1869 aus. Schon bald zeigten sich sehr viele unterschiedliche Sorten, aus denen er eine besondere einmalblühende aussuchte, deren Samen er wiederum 1872 aussäte. So berichtet Guillot selbst in der Zeitschrift *Journal des Roses* im September 1872. Man kann nur vermuten, dass die öfterblühende 'Paquerette' eine Kreuzung mit einer Chinarose darstellt. Ein paar Jahre später, 1881, brachte Guillot eine weitere, weitaus hübschere Sorte heraus: 'Mignonette'. Auch hier kann nur spekuliert werden, dass es sich um einen Sämling von *R. multiflora* handelt, möglicherweise mit einer Chinarose gekreuzt. Diese ersten beiden Sorten sind wiederum Eltern bedeutender späterer Züchtungen.

In Frankreich züchteten nun außer Guillot in Lyon, vorwiegend Levavasseur in Orléans, Turbat, ebenfalls dort, in Luxemburg Soupert & Notting, Louis Walter in Zabern im Elsass, in England waren es W. und G. Paul, auch H. Bennett und in Deutschland widmete sich Peter Lambert ohnedies gerne den Kleinblütigen, den Multifloras, so natürlich auch den Polyantha-Sorten.

Trotzdem, blättert man in den Jahrgängen Ende und um die Jahrhundertwende der *Rosen-Zeitung* vom »Verein Deutscher Rosenfreunde«, dann überwiegen in Beschreibung und Darstellung Remontant- und Teehybriden. Erst allmählich in den Jahren ab 1900 erkennt man, mit Zunahme der neuen Polyanthasorten, häufigere Erwähnungen von Neuerscheinungen; sie erreichen aber nie die Beliebtheit der großblütigen Remontanten, von denen eine Anzahl nur einmal blüht.

Vielfältig sind die niedrigen, buschigen Sträuchlein zu verwenden: Ganz niedrige eignen sich als Topfrosen, als Beeteinfassung oder Vorpflanzung vor höheren Rosen oder Stauden. Fast dauerblühend kann man die Polyantharosen bezeichnen. Selbstverständlich können sie auch als Gruppenpflanzen im öffentlichen Raum eingesetzt werden. Wenn sie reichlich zusätzliche Nahrung bekommen, ist eine noch reichhaltigere Blüte gewiss. Starker Schnitt trägt ebenso dazu bei, auch im Sommer. Einige Sorten allerdings neigen zu Mehltau. Und dieser Zustand mit den weiß bereiften Blütenstielen und Knospen ist kein erhebender Anblick. Deshalb müssen diese schon vorbeugend an sehr trockenen Sommertagen immer gut feucht gehalten werden.

'Little White Pet' ist ein Sport von *R. sempervirens* 'Félicité-Perpétue' und gehört zu dieser Gruppe und wird nicht zu den Polyanthas gerechnet, nur weil sie kleine Blüten trägt.

Meine fleißigen Mädchen

oben: 'Anne Marie de Montravel', unten: 'Katharina Zeimet'

'Anne Marie de Montravel'

(Frankreich, Rambaux 1879)

Ein anmutiges Sträuchlein, als Beeteinfassung ideal, aber auch als Topfrose ist dieses Kleinod fabelhaft anzusehen. Bezaubernde milchweiße Blütenbüschel, deren Blütchen gut gefüllt sind und wenn sie sich ganz entfaltet haben, ihre gelben Staubgefäße zeigen, fügen sich zu großen Dolden. Die Knospen sind zart rosa angehaucht, auch die gerade sich öffnenden Blüten. Nach August Jäger sollen die Eltern *R. alba sarmanteux* × 'Mme Tartas' (Teerose) sein. Mich lassen diese kleinen Büschel an einen Multiflora-Abkömmling denken. Jedoch die Teerose als Elternteil deutet schon wieder darauf hin, dass sie für wärmere Regionen besser geeignet ist, als für unser Voralpengebiet.

Blüte sehr klein, gefüllt, in Büscheln – gute Nachblüte | **Farbe** milchweiß | **Duft** leicht | **Laub** dunkelgrün, winzig | **Stacheln** wenig **Früchte** klein, rund | **Höhe** 0,40 m | **Frosthärte** mittel, Klimazone 7

'Katharina Zeimet' (Deutschland, Lambert 1901)

Peter Lamberts Züchtungen 'Katharina Zeimet' und sein ebenso kleinblütiges, büscheliges 'Schneewittchen' sind in ein und demselben Jahr entstanden und haben sehr viel Ähnlichkeit. Beide Sorten empfehle ich stets meinen Rosenfreunden. Sie sind die Verkörperung an Gesundheit, Frostresistenz und Schönheit. Man muss sie schon beinahe als Dauerblüher bezeichnen.

Bei dem »fleißigen Kathrinchen«, wie die Rose wegen ihrer Blühfreudigkeit tituliert wird, leuchten die gelben Staubgefäße ein wenig strahlender. Die äußeren Reihen der Blütenblätter legen sich geordnet übereinander, die mittleren, kurzen Petalen säumen die Staubgefäße ein. Die Rose entstand aus den beiden Polyanthasorten 'Etoile de Mai' und 'Marie Pavič'. Meine beiden Pflanzen, sie stehen an verschiedenen Stellen, bekommen einen jährlichen Frühjahrsschnitt und noch einmal nach dem ersten Blütenflor. Unter Berücksichtigung der Hagebuttenbildung schneide ich aber einige Zweige nicht.

Blüte klein, gefüllt, schalenförmig, in großen Büscheln, reich, gelbe Staubgefäße – sehr gute Nachblüte | **Farbe** rahmweiß **Duft** leicht, gut | **Laub** dunkelgrün | **Stacheln** fast keine | **Früchte** reichlich, klein, rund | **Höhe** 1,50–1,70 m | **Frosthärte** sehr gut, Klimazone 5

'Marie Pavić'

'Marie Pavić' (Frankreich, Alégatière 1888)

Synonym: 'Marie Pavié'

Im Jahrgang 1911 der *Rosen-Zeitung* (Heft Nr. 5, S. 107) des VDR erklärt ein Herr Vladimir Pavić die richtige Schreibweise des Namens: »... Der Name Pavić ist nicht polnisch, sondern kroatisch. Die Polyantha-Rose Marie Pavić ist nach meiner lieben Mutter benannt worden. Das Zeichen auf dem c ist kein Accent, sondern das ć ist ein besonderer Buchstabe im kroatischen Alphabet und wird – ganz richtig wie der betreffenden Notiz zu entnehmen ist – tsch ausgesprochen. Vladimir Pavić zu Agram in Kroatien«. Agram gehörte zu diesem Zeitpunkt noch zur Österreichischen Donaumonarchie und in dem großen Bereich konnte der VDR viele Mitglieder verzeichnen. Ob es der französische Züchter Alphonse Alégatière war, der den Namen womöglich etwas französisiert hat, oder ob später in den ausländischen Gärtnereien angenommen wurde, es müsse sich um den französischen Akzent auf einem »e« handeln, ist nicht ganz klar.

Aber bleiben wir gleich bei den Beschreibungen der *Rosen-Zeitung* aus dieser Zeit. Zu den »Drei besten Polyantha-Rosen zur Binderei« wird in Nr. 5 im Jahre 1894 die Sorte 'Marie Pavić' »als ausgezeichnete Schnittrose für Binderei« an zweiter Stelle genannt. Und »was diese Rose noch besonders wertvoll macht, ist, dass man jetzt im Oktober noch Hunderte von Blumen schneiden kann.« Ich möchte aber die anderen beiden Sorten nicht vorenthalten, die Erwähnung finden: An erster Stelle wird 'Mlle Cécile Brunner' genannt und den dritten Platz nimmt 'Perle d'Or' ein. Auch 1891 werden die Polyanthas in der genannten Zeitung Nr. 1 erwähnt: »Die Gruppe der niedrigen Polyantha vergrößert sich in den letzten Jahren verhältnismäßig sehr schnell. Diese Gattung liefert zur Blumenbinderei, zu Einfassungen von Rosengruppen und dergl. unschätzbares und unentbehrliches Material, ich erinnere nur an Mlle Cécile Brunner, Perle d'Or, Anne Marie de Montravel, Mignorette u. Paquerette.«

Als Rosensträußchen lässt sich diese Sorte besonders gut verwenden wegen ihrer langen Stiele. Zartrosafarbene Blüten wirken naturgemäß stets lieblich, was die Zierlichkeit der Blütchen noch unterstreicht.

Ich habe die spärlichen Überreste dieses bezaubernden Röschens nun endlich in einen Topf gepflanzt. Fürs Freie ist 'Marie Pavić' in unserem Gartenklima nicht geeignet. Drei bereits früher gepflanzte Rosen dieser Varietät (sie waren zu einer Gruppe zusammengesetzt) haben den letzten, langen Schnee-Winter nicht überlebt. Das Sträuchlein bringt große Dolden hervor, da wo es ihm gefällt. In meinem schönen Pflanzgefäß wird ihr das nun künftig auch gelingen.

Blüte mittelgroß, halbgefüllt, schalig, in Büscheln – dauerblühend | **Farbe** zartrosa, perlmuttrosa, weiß verblassend | **Duft** gut | **Laub** dunkelgrün, klein | **Stacheln** keine | **Früchte** keine **Höhe** 0,40–0,60 m | **Frosthärte** gering, Klimazone 7

'Mlle Cécile Brunner'

(Frankreich, Vve. Ducher 1880)

Synonyme: 'Cécile Brunner', 'Mignon', 'The Sweetheart Rose'

Als Ebenbild eines Mini-Edelröschen erkennt man die zierlichen Knospen, wenn sie sich elegant zur Blüte entfalten. Es ist sehr angemessen, dass die Witwe Ducher das bezaubernde

'Mlle Cécile Brunner'

Röschen der Tochter eines Schweizer Rosenzüchterkollegen (Ulrich Brunner jun. in Lausanne) gewidmet hat. Blüten in zartestem Rosa, zur Mitte dunkler schattiert, erscheinen auf langen, dünnen Trieben gebündelt in großen Dolden. Die Abstammung Multiflora oder Polyantha alba plena mit der Teerose 'Mme de Tartas' erklärt wieder die geringe Frostresistenz. Richtige Freude hat man mit diesem empfindsamen Röslein nur in wärmerem Klima. Von meinen vor etwa dreißig Jahren gepflanzten drei Pflanzen ist noch eine einzige übrig. Sie hält sich tapfer, selbst als ich vor einigen Jahren vergaß, sie mit Erde anzuhäufeln. Sie ist zu meiner Überraschung wieder wie »Phönix aus der Asche« auferstanden.

Blüte klein, gefüllt, edle Form, in Büscheln, reich – Nachblüte **Farbe** zartrosa, Mitte dunkler | **Duft** schwach | **Laub** mittelgrün, klein, licht | **Stacheln** keine | **Früchte** keine | **Höhe** 0,40 m | **Frosthärte** mäßig, Klimazone 7

oben: 'Orléans Rose', unten: 'Perle d'Or'

'Orléans Rose' (Frankreich, Levavasseur 1909)
Eine ausgesprochen robuste und frostresistente Züchtung, entstanden aus 'Mme Norbert Levavasseur' und einem unbekannten Sämling. Für die Gartengestaltung ein sehr effektvoller Strauch, der große Blütendolden hervorbringt; ab Spätsommer erfreut er noch mit einem großartigen Blütenflor, der sich den ganzen Herbst hinzieht. Die geranienroten Blüten, mit weißem Grund, verblassen zu lilarosa. In trockenen Sommern besteht die Gefahr, dass die Pflanze Mehltau bekommt, da sie bei mir an der südlichen Hauswand und obendrein unter dem Dachvorsprung steht. Gut wässern heißt dann die Devise.

Blüte klein, halbgefüllt, in dichten Büscheln, reich – gute Nachblüte von Spätsommer bis Herbst | **Farbe** geranienrot, kirschrot, Blütengrund weiß | **Duft** leicht | **Laub** dunkelgrün, glänzend | **Stacheln** zahlreich, klein | **Früchte** selten | **Höhe** 1,00–1,20 m | **Frosthärte** gut, Klimazone 6

'Perle d'Or' (Frankreich, J. Rambaux 1875, von Dubreuil 1883 in den Handel gebracht)
Auch sie besitzt klassisch edelrosengleiche Mini-Knospen, bei dieser Varietät in apricot mit bräunlich überhauchter Tönung. Wenn sich die größeren Kronblätter auseinander falten, entstehen kleine helle Rosetten, in deren Mitte der apricotfarbene Schimmer erhalten bleibt.
Das bezaubernde Röschen ist aus einer unbekannten Polyantha und der berühmten Teerose 'Mme Falcot' entstanden. An verschiedenen, jedoch geschützten Stellen pflanzte ich die Sorte. Sie alle erfrieren mal mehr mal weniger zurück und sind deshalb nur kleine Sträucher um die vierzig Zentimeter. Einen Kümmerling setzte ich in einen großen Tontopf. Jetzt kann ich mal staunend erleben, wie groß diese Sorte in einem wärmeren Klima werden kann, in einer Region, wo sie zur Winterzeit nicht zurückfriert.

Allerdings muss sie hier den Winter im dunklen Keller verbringen.

Blüte mittelgroß, gefüllt, gute Form – gut remontierend **Farbe** hell apricotrosa, zur Mitte dunkler | **Duft** gut | **Laub** mittelgrün | **Stacheln** wenig | **Früchte** keine | **Höhe** 1,00–1,20 m **Frosthärte** mäßig, Klimazone 7

'Petite Françoise' (Frankreich, Gravereaux 1915)
Meine »kleine Französin« ist überaus graziös, aber sehr robust, dauerblühend und gut frostresistent. Wer hätte das gedacht! An einer Züchtung von Gravereaux möchte ich mich doch auch in meinem Garten erfreuen. Leider sind die Ahnen nicht bekannt. Die Blüten entfalten sich auch wieder in lieblichem hellem Rosa, das im Verblühen dann zu weißlich rosa verblasst. Das Sträuchlein wächst schön buschig.

Blüte klein, halbgefüllt, schöne Form – gut remontierend **Farbe** zartrosa, Mitte etwas dunkler, später verblassend | **Duft** leicht | **Laub** dunkelgrün, klein | **Stacheln** sporadisch, groß **Früchte** keine | **Höhe** 0,60–0,80 m | **Frosthärte** gut, Klimazone 6

'Princesse Marie Adélaïde de Luxembourg'
(Luxemburg, Soupert & Notting 1896)
Jedes Röschen steht für ein Wort in dem langen Rosennamen der »Prinzessin Marie Adelaide von Luxemburg«. So ein Sträuchlein entwickelt erstaunlicherweise verhältnismäßig große Blütenbüschel. Aus der Tiefe der Blüten leuchtet es zart himbeerrosa, wie Himbeeren mit viel Sahne vermischt. Das liebreizende Röschen ist ein Sämling von 'Mignonnette', einer kirschroten Remontanthybride.

Selbstverständlich habe ich dieses Juwel sofort in eine schöne Terrakotta eingepflanzt. Ich wollte nichts riskieren und gar nicht erst mit einem Versuch im Freien beginnen.

Blüte klein, gefüllt, in Büscheln, reich – gut remontierend **Farbe** Mitte himbeerrosa nuanciert, Rand weiß | **Duft** gut **Laub** dunkelgrün, klein | **Stacheln** zahlreich | **Früchte** keine | **Höhe** 0,40–0,80 m | **Frosthärte** mäßig, Klimazone 7

'Schneewittchen' (Deutschland, Lambert 1901)
Wie oben schon erwähnt, ist es überraschend, dass diese Sorte fast ein Ebenbild von Peter Lamberts 'Katharina Zeimet' ist, obwohl sie eine andere Abstammung besitzt: 'Aglaia' × ('Pâquerette' × 'Souvenir de Mme Levet'), eine orangegelbe Teerose. Die bereits erwähnten gelben Staubgefäße fallen nicht so deutlich auf wie bei dem »fleißigen Kathrinchen«. Die weißen Blüten von

oben: 'Petite Françoise', unten: 'Princesse Marie Adélaïde de Luxembourg'

'Schneewittchen' wirken gefüllter, sie sind etwas zerzauster und geben deshalb nicht so leicht die Mitte der Staubgefäße frei.

Als Beetvorpflanzung ist sie wegen ihrer Höhe (1,70 m) weniger geeignet (ich selbst habe diesen Fehler begangen). Als »Raumteiler« zwischen höhere Stauden macht sie sich besser.

Blüte klein, gefüllt, in Büscheln, sehr reich – sehr gut remontierend | **Farbe** cremeweiß, reinweiß | **Duft** gut | **Laub** dunkelgrün, jung rötlich, bronze | **Stacheln** fast keine | **Früchte** wenig **Höhe** 1,50–1,70 m | **Frosthärte** sehr gut, Klimazone 5

'Yvonne Rabier' (Frankreich, Turbat, 1910)

Aus kugeligen Knospen entrollen sich die Blütenblätter zu flachen Blüten mit sichtbaren, gelben Staubgefäßen. Die Rose neigt nach dem Sommerflor zu Sternrußtau und je nach Trockenheit zu Mehltau, ist aber sehr robust und gut frostresistent. Sie blüht lange und remontiert gut. Es steht nicht viel über ihre Herkunft geschrieben, jedoch lassen die glänzenden Fiederblättchen an *R. wichurana*, die Blütenbüschel an *R. multiflora* denken. Sicherlich wird die Sorte im warmen Klima doppelt so hoch wie bei uns.

Blüte klein, gefüllt, kugelig, in Büscheln, reich – Spätsommer nachblühend | **Farbe** weiß, Mitte lemongelber Hauch, Knospen weiß, leicht grün überhaucht | **Duft** leicht | **Laub** dunkelgrün, glänzend | **Stacheln** nahezu ohne | **Früchte** keine **Höhe** 0,60–1,00 m, in mildem Klima höher | **Frosthärte** gut, Klimazone 6

links: 'Schneewittchen'
unten: 'Yvonne Rabier'

Rosen aus uralter Zeit

Wildrosen

Am Anfang aller Begegnung zwischen Mensch und Rose stehen die Wildrosen, die Vielfalt der Gehölze nach Stacheln, Wuchsart, Größe, Fruchtformen, -farben, -geschmack und nicht zuletzt nach Blüten. Und auch hier sind es die Farben von Rot über Rosa bis Weiß sowie Form, Größe und Zusammenballung in Büscheln, ganzen Hügeln oder hohen Wänden voller Blütenwunder. Mal nur wenige Tage dauernd, in den Farben wechselnd, mal voller Bienen und Hummeln und schließlich die Umgebung durchtränkend mit Duft – mal stark, mal schwach, mal eigenartig.

Der nomadisch lebende Mensch dürfte sich wohl solche Stellen und Blühzeiten gemerkt haben, um wiederzukommen. Der Sesshafte hat sich irgendwann Rosen an die Behausung, in die ersten Gärten geholt. Es liegt nahe, dass die stacheligen Formen mehr als Schutzwall und Hecke attraktiv waren – natürlich in Konkurrenz zu anderem dornigen Gesträuch. Früchte dürfte er wohl in erster Linie in der Landschaft gesammelt haben. Extra Namen für die roten Früchte, z. B. Hagebutten verweisen auf diese Heraushebung eines Nutzens und der Fundstellen. So bleibt die Schönheit des Rosenstrauches nach Form, Duft und Blüten – ein weiterer Anstoß zur Selektion, doch auch im Wettbewerb zu den unzähligen Blumen, Stauden und Sträuchern der Nordhalbkugel. Solcher Konkurrenzdruck auf die Rose ist in artenreichen Ländern wie China übermächtig. In Europa hatte die Rose bessere Chancen, ein Grund mit, warum gefüllte Formen aus dem Orient über das Mittelmeer nach Südeuropa zur Zeit der Antike in hoch entwickelten Kulturen übernommen wurden. In West-, Mittel- und Nordeuropa gesellte sich im frühen Mittelalter eine gewisse medizinische Nutzbarkeit dazu. Kräuterbücher des ausgehenden Mittelalters zeigen uns skizzenartig bestimmte medizinisch wirksame Pflanzenarten. Mit Wort und Bild konzentrieren sich die Autoren darauf, dass der Benutzer z. B. eine Form von Rosa gallica oder Rosa canina von anderen Sträuchern unterscheiden kann. Das Bedürfnis nach Konservierung der wirksamen oder begehrten Bestandteile, auch von Duftstoffen, regte die Entdeckung von entsprechenden Methoden an. Für die Produktion drogistischer Artikel entwickelte sich intensiver Gartenbau, wie in der französischen Stadt Provins.

Aus dem Sammeln und Beschreiben von Pflanzen in der freien Natur, lediglich aus purem Erkenntnisinteresse, wurde ab dem 16. Jahrhundert die wissenschaftliche Botanik. Ihre ersten Vertreter waren typische sich lateinisch ausdrückende Universalgelehrte der Renaissance, die von der Theologie und vor allem vom Arztberuf herkamen und wie Luther die neue Drucktechnologie nutzten. Sie schufen neue umfassende illustrierte Kräuterbücher, mit denen sie die aus der Antike überlieferten und immer wieder abgeschriebenen Pflanzenwerke ablösten. Sie lehrten an Schulen oder an den noch jungen Universitäten: z. B. Brunfels in Bern, Bock in Hornbach/Zweibrücken und Fuchs in Tübingen. Erste botanische Sammlungen entstanden, Gärten für lebendige, dorthin umgesetzte Pflanzen und Herbarien als Belegmaterial mit getrockneten gepressten Pflanzenteilen zum Studium während des Winters. Es war auch die Schaffenszeit eines Dürer in Nürnberg und eines Leonardo da Vinci in Italien und am Hof in Paris – Maler, die sich in ihren Pflanzenbildern leider nicht mehr der Rose annahmen, die hundert Jahre zuvor als religiöses Symbol von der katholischen Kirche vereinnahmt worden war und nun vielleicht nicht mehr in das Programm säkularer Themen passte. Überliefert sind uns aber aus dem frühen 15. Jahrhundert Altargemälde mit Mariendarstellungen, die über eine ornamental-schematische Auffassung hinaus uns einen erstaunlich realistischen Blick auf frühe Rosen erlauben; besonders schön zu sehen beim Meister des Paradiesgärtleins, um 1420 (Stadtmuseum von Solothurn).

Auf die ersten Pflanzenkundler folgte in der zweiten Hälfte des 16. Jahrhunderts eine ebenso produktive Generation von europäischen, lateinisch schreibenden Botanikern: Gesnerus in Basel und Zürich, Dodenaeus in Antwerpen, Lobelius in Flandern, Tabernaemontanus aus dem pfälzischen Bergzabern, Daléchamps aus Lyon, sowie Clusius aus dem damals flandrischen Arras, dessen Wirkungsstätten sich u. a. von Lyon bis Straßburg und von Wien über Frankfurt bis ins holländische Leiden erstreckten. Die rasant zunehmende Menge der beschriebenen Pflanzen aus den neu entdeckten Ländern, aber auch die systematische Erfassung heimischer Flora schloss Rosen mit ein, wobei die Trennung der frühen Gartenformen von den Wildrosen noch nicht eindeutig vollzogen werden konnte.

Meister des Paradiesgärtleins, »Madonna in den Erdbeeren« (Ausschnitt), um 1420

Mit zunehmendem Alltagskomfort, Vermehrung der Residenzen und vermögenden Bürger in den Städten des 16. und 17. Jahrhunderts zeigten immer mehr Menschen ihren Reichtum, ihre Liebhaberei oder ihre Macht, auch durch Darstellung ihrer Gärten und des Blumenschmucks im Haus und in der Vase: eine zweite Schiene für Rosenbilder. Die bekannten Blumenmaler des Barock wie Breughel in Holland oder Flegel in Frankfurt gehören hierhin. In der ersten Hälfte des 17. Jahrhunderts entstand so manche Tafelmalerei in Schlössern, z. B. das Blumenzimmer in Ancy Le Franc. Buchillustrationen bedurften besonders genauer botanischer Kenntnisse und korrekter Bezeichnungen auf Latein. Ein frühes Werk ist Beslers Florilegium von 1613 über die Gewächse im Garten des Bischofs von Eichstätt werden 21 real vorhandene Rosen als voneinander verschieden abgebildet: Zweige mit oder ohne Stacheln, gefiederte Blätter, Knospen, Blüten, teils von rückwärts oder seitlich, den Bau der Blüte und die Kelchblätter zeigend. Sie wurden zusätzlich mit lateinischen Bildunterschriften versehen, die in ihrer lateintypischen Logik eine Wortfolge darstellen, die wie ein Name klingt. Er schreitet vom Allgemeinen, »Rosa«, über das Besondere, z. B. »lutea« (die ungewöhnliche Farbe gelb), zu immer feinerer Unterscheidung fort, im Beispiel »maxima« (äußerst große Blüten) und »flore pleno« (blühend: voll, gefüllt) bzw. »flore simplici« (einfach, nur 5 Blütenblätter). Eine stark beeindruckende Füllung heißt pauschal »centifolia« (hundertblättrig). Als weitere Ausdrücke für die Färbung tauchen auf: »alba«, »flore albo«, »lacteola« (milchweiß) und »incarnato« (fleischfarben, zartes Rosa, Hauttöne); »rubra« (rosa bis rot), »flore rubro«, »rubicunda«, »ex rubro nigricans« (dunkles, meist samtiges Rot) und »variegata« (gemustert, rot-weiß gebändert). Herkunft, Verbreitung oder Sammelorte sind genannt und werden Teil der Namen: Damascena (aus Damaskus/Syrien), Milesia (aus Milet/Ionische Küste), provincialis (aus den Provinzen, Landrose), praenestina (lt. Wörterbuch in Palestrina heimisch, einem Ausflugsgebiet bei Rom, für einen Bischofsgarten eine nahe liegende Herkunft), sylvestris (in Waldgebieten). Bau der Blüte, die Art des Zeigens der Staubgefäße, deren Anordnung und der Knopf der Narben zeigen die kolorierten Zeichnungen, ebenso die Knospenformen mit ihren Deck- bzw. Kelchblättern samt eventueller Anhängsel. Als Unterscheidungshilfe dient auch die Gestalt der am Ansatz der Blattrippen von der Einhüllung des Austriebs verbliebenen Nebenblättchen.

Zum Inbegriff von Rose gehören die Stacheln. Sie zu zeichnen muss wohl sehr langweilig sein, nicht immer sehen wir welche auf den Bildern. Mal ist es wirklich eine »Rose ohne Dornen« (inermis, unbewehrt), mal waren vielleicht nur an dem grafisch festgehaltenen Blütentrieb keine Stacheln oder sie wurden vergessen. Mal sieht es aus, als hätte der Zeichner/Kupferstecher die einzelnen, gekrümmten, großen Stacheln mit breiter Basis sogar räumlich genau auf der Rinde angeordnet, mal sind Stacheln nur durch Striche angedeutet, die den Zweig begleiten – manchmal mit schneller Hand rechts aufwärts und links abwärts umgebogen. Die üppigste Bestachelung wurde Teil des Namens bei »Rosa praecox spinosa albo«, später *Rosa spinosissima* genannt. Interessant ist auch das »praecox«, das den sehr frühen Blühtermin als Merkmal herausstellt. Diese Wildrosengruppe hat aber auch noch eine andere Besonderheit, sehr kleine Fiederblättchen, ähnlich der des Wiesenknopfes, der Pimpernelle, was später von anderen Autoren in ihrem »Beschreibungslatein« als Wichtigstes und Einziges übrig blieb: Quelle für den Streit nachfolgender Botaniker-Generationen, ob *Rosa spinosissima* und *Rosa pimpinellifolia* Synonyme sind und die Zugehörigkeit zur gleichen Rosengruppe meint. Hinzu kommt oft noch die Unterscheidung nach Herkunftsgebieten, bei dieser Rosengruppe das große Vorkommen in Schottland, »Rosa Scotica«. Sammler, die ihre Exemplare miteinander vergleichen, weil sie zu möglichst vielen verschiedenen Arten und Sorten kommen wollen und darin untereinander Anerkennung anstreben, haben viel zur Klärung strittiger Fragen beigetragen. Ein Ausweg aus dem Namensdilemma war schon früh die Untergruppenbildung, denn ein Bezeichnungswort (Taxa) kann erhalten bleiben, wenn man es in der Einordnungshierarchie auf- oder absteigen lässt. So wurde schließlich aus dem »Pimpinellifolia« des Rosennamens der Rosengruppenname »Pimpinellifoliae«, und *R. spinosissima* durfte als Name einer existierenden Art seine Geltung behalten. Diese Schachtellogik, die, wie schon erwähnt, bereits dem Latein zugrunde liegt, brauchte der Schwede Carl v. Linné (lateinisiert Linnaeus, 1707–1778) nur als für die Botanik verbindlich festzuschreiben, konsequent anzuwenden und durch seine Veröffentlichung 1753 zur Grundfeste der botanischen Wissenschaft werden zu lassen. Seine Bedeutung liegt vor allem darin, dass der begabte, in Leiden promovierte und in Uppsala lehrende Wissenschaftler von seinen akademischen Zeitgenossen anerkannt wurde und so eine weltweit eindeutige Namensgebung für Pflanzen und Tiere ins Leben rief. Seither gilt nur diese lateinische Nomenklatur als verbindlich. Entscheidend für diesen Erfolg dürfte Linnés nützlicher Vorschlag gewesen sein, dass jeder Botaniker, der zuerst eine Pflanze hinreichend beschreibt, seinen eigenen Namen anhängen darf, als Bürgschaft für die Richtigkeit. Linnaeus machte selbst den Anfang in diesem Wettlauf um »lebendige Namenstafeln«, z. B. bei allen Wildrosen, die ein »L.« oder »Lin.« hinter der lateinischen Bezeichnung tragen. Nachfolgend wichtige, hier im Buch vorkommende Autoren sind u. a./mit Abkürzungen: Philipp Miller/Mill. (1691–1771), Otto von Münchhausen/Münch. (1716–1774), Humphry Marshall/Marsh. (1722–1801), Johann Herrmann/Herrm. (1738–1800), Hugh Davies (1739–1821), Johann Philipp Du Roi/Du Roi (1741–1785), Friedrich Erhart (1742–1795), Carl Thunberg/Thunb. (1743–1828), Pierre André Pourret/Pourr. (1754–1818), Hans West (1758–1811), Leopold Trattinnick/Tratt. (1764–1849), Karl-Ludwig Willdenow/Willd. (1765–1812), Domenico Viviana/Viv. (1772–1840).

Zur Generation des 19. Jahrhunderts gehören: Pierre Alfred Déséglise/Déségl. (1823–1883), Adrien Franchet/Franch. (1834–1900), François Crépin/Crep. (1830–1903), William Hemsley/Hemsl. (1843–1924), Georg Dieck (1847–1925), Robert Allen Rolfe (1855–1921), Alfred Rehder/Rehd. (1863–1949). Die teils sehr interessanten Biografien dieser Botaniker locken wiederum zum Einstieg in die Geschichte.

Laien, Liebhaber, Dilettanten dürfen auch muttersprachlich über Species, hier Wildrosenarten, reden. Doch schon Gärtner befleißigen sich des Lateins, besonders in den vielen Fällen, wo die Alltagssprache keine Namen gebildet hat. Was die Gärtner und Amateure allerdings durch Zähmung aus den wilden Rosen hergestellt haben – durch Selektion, künstliche Fortpflanzungsnachbarschaften und später durch aktives Kreuzen in die Welt setzten, gehört nicht mehr zur Botanik. Aber was ist mit den von der Natur selber erzeugten Bastarden? Die Menge der natürlich vorkommenden Zwischenformen vor allem in Überlappungsgebieten von Wildrosen ist groß und verwirrend, die Zuordnung zu Gruppen und Untergruppen oft vorläufig. Hier haben Botaniker viel zu tun, wie man z. B. dem Wildrosenverzeichnis des Europa-Rosariums Sangerhausen (5. Aufl. 2006) entnehmen kann. Die Trennlinie zwischen Gartenformen, die per Taufe und Veröffentlichung einen (in Grenzen) beliebigen, in Hochkommata zu setzenden Eigennamen erhalten dürfen, und den von der Botanik als zu ihrem Gegenstand zählenden aufgefundenen Zwischenformen ist eindeutig: Wenn aus Samen einer Rose anders geartete Formen hervorkommen, sind diese und mindestens eine der Elternpflanzen ein Bastard, eine instabile Pflanze, die man nur gärtnerisch durch ungeschlechtliche Vermehrung in ihren Eigenschaften erhalten kann. Als Natur gilt, was relativ stabil ist. Schon der Baumschuler Otto von Münchhausen stellte 1770 in seinem umfangreichen »Hausvaterbuch« im fünften Teil diesen Test heraus, weil er daran erkannte, ob Samen von Wildrosen, die man ihm aus Amerika gesendet hatte, zur Erzeugung der identischen Art tauglich waren. Erst im 19. Jahrhundert erforschte man die genauen Erklärungen zum Wie der Vererbung, Entwicklung der Arten und der Hybridation.

Rosa canina L.

Wildrosen und Abkömmlinge in meinem Garten

Bei den Ramblern wurden schon deren Wildformen vorgestellt, die fast ausnahmslos zu der Sektion Synstyle gehören. Schöne Strauchrosen aus den anderen Sektionen folgen hier.

Sektion Caninae

Hierzu gehören *R. canina, R. glauca, R. rubiginosa, R. tomentosa, R. villosa*.

Rosa canina L.
Sektion: Caninae
Synonyme: Hundsrose, Common Briar, Rosier des chiens, Eglantier commun
Die Verbreitung von *R. canina* erstreckt sich über ganz Europa mit Skandinavien, Nordafrika, Vorderasien, Türkei, Iran. Aber die Art ist in den Ländern sehr veränderlich. Über fünfzig verschiedene Formen und Varietäten wurden beschrieben.
Unsere allseits bekannte Hecken- oder Hundsrose – wem ist sie nicht eine schöne Erinnerung an die Kinderzeit: Naturkundeunterricht im Freien, Schulausflug. Ihre Blütezeit, Anfang Juni, ist für mich das Symbol der beginnenden Sommerzeit. Aus diesem Grunde muss die Hundsrose in meinem Garten blühen. Den Namen Hundsrose erhielt sie vor langer Zeit. Man schrieb dem Wurzelsaft von *R. canina* die Befähigung zu, Tollwut heilen zu können.

Ihre zartrosa bis weiß verblassenden Blüten sind von großem Liebreiz und im Herbst freuen sich nicht nur die Vögel über die runden bis ovalen, leuchtend roten Hagebutten. Auch für unser Auge ist der Anblick in der farblosen Jahreszeit erfreulich. Bis 3 m hoch wird der Strauch, die kräftigen Triebe sind stark bestachelt und stellen deshalb einen guten Schutz für die Vögel dar, vom Nahrungsangebot mal abgesehen. Zur Wildform *R. canina* heißt es allgemein in der Literatur, dass sie als Gartenrose nicht interessant sei. Dazu trägt freilich die unterirdische Ausbreitung der Wurzeln auch noch bei. Der Garten kann schnell mit einem Dickicht zugewachsen sein, was aber auf die meisten Wildarten zutrifft und dort in Ordnung ist, wo man sich eine Hecke wünscht.
Früher wurden *R. canina* (Pfänder) und *R. rubiginosa* als Unterlage für die Rosenvermehrung verwendet, heute leider nur noch selten. Das ist sehr schade, denn diese beiden Arten garantierten in unseren etwas raueren Gegenden mehr Frosthärte als die Okulation auf *R. laxa*.

Blüte mittelgroß, einfach, einzeln und in Gruppen zu 2–3, lange Griffel, Narben kegelförmiger Kopf – einmal, früh | **Farbe** kräftig rosa bis fast weiß | **Duft** leicht, angenehm | **Laub** mittelgrün, eiförmig, elliptisch 5–7, einfach gesägt | **Holz** grau **Stacheln** zahlreich, groß, stark gekrümmt | **Früchte** elliptisch, rund, orangerot | **Höhe** bis 3,00 m | **Frosthärte** sehr gut, Klimazone 4

Rosa canina blondaeana Rip.

Sektion: Caninae
Eine wenig beschriebene Species, die jedoch schon seit 1861 bekannt ist. In Gärten dürfte sie noch seltener stehen, sofern diese Varietät nicht ein spezialisierter Wildrosenfreund (oder -freundin) für sich bei dem anerkannten Wildrosenspezialisten Raymonde Loubert in Frankreich (Les-Roses-sur-Loire) entdeckt hätte. So erlebte ich es: Seit vielen Jahren suche ich mir bei meinen jährlichen Bestellungen eine oder auch mehrere besondere Wildrosensorten aus, als Bonbon sozusagen obendrauf. Durch den Namen neugierig geworden, wollte ich mich überraschen lassen. Die zunächst im Aufblühen in warmen, dunklerem Rosaton sich zeigenden Blüten dieser Canina sind reizend, verblassen aber am zweiten Tag ebenso wie *R. canina*. Die spitzen, lange auslaufenden Sepalen besitzen drüsige Anhängsel, ebenfalls die spitzen grünen, doppelgesägten Blätter. Der Wuchs ist niedriger, folglich durchaus für kleinere Gärten geeignet.

Blüte mittelgroß, einfach, runde Kelchblätter, in Gruppen von 2–3 und einzeln, Narben kegelförmiger Kopf aufsitzend auf kurzen Griffeln – einmal, früh | **Farbe** anfangs dunkler rosa, dann verblassend zu weißlichrosa | **Duft** leicht | **Laub** graugrün, 5–9 oval, doppelt gesägt | **Holz** graubraun | **Stacheln** zahlreich | **Früchte** ovalrund, rot | **Höhe** 1,50 m | **Frosthärte** sehr gut, Klimazone 4

Rosa glauca Pourr.

Sektion: Caninae
Synonyme: *R. rubrifolia* Vill., Rubrifolia, Rotblättrige Rose, Bereifte Rose, Hechtrose
In alter Zeit war die Bezeichnung *Rosa rubrifolia* (Vill.), später wurde die Benennung *R. glauca* Pourr. allgemein eingeführt. Heute, 2008 mit dem Erscheinen von *Modern Roses 12*, wird von der »American Rose Society« als internationale Registrierungsstelle die alte Nennung *R. rubrifolia* (Villars) vorgeschlagen. Wir wollen in diesem Buch noch die weitverbreitete allgemeine Bezeichnung beibehalten.
In Europa, in den Gebirgen der Pyrenäen, des Jura, der Alpen, Serbien und Dalmatien ist *R. glauca* sehr verbreitet.

Rosa canina blondaeana Rip., Blüte und Hagebutte

Rosa glauca Pourr.

Auch ohne die reizenden kleinen, an Sternchen erinnernden Blüten (in den großen Zwischenräumen der Petalen schiebt sich jeweils ein schmales Kelchblatt, das den strahlenden Effekt erzeugt), ist dieser bis 3 m hohe und breit auseinanderfallende Strauch im Garten sehr effektvoll. Das augenfällige blaugraue bis rötliche, bereifte und von roten feinen Adern durchzogene Laub hebt sich von all den anderen, grünen Sträuchern ab. Unser Strauch steht seit über dreißig Jahren wirkungsvoll zwischen violettblühenden Rhododendren. Die Blühzeit von *R. glauca* fällt mit denen der Rhododendren zusammen. Aus den kleinen purpurrosafarbenen Blüten entsteht im Herbst eine große Zahl von kugeligen, roten Hagebutten, die wiederum sehr dekorativ zwischen dem gelben Herbstlaub hängen.

Blüte klein, einfach, lange schmale Kelchblätter, in Gruppen zu 2–3 und einzeln – einmal, früh | **Farbe** karminrosa, lilarosa, Mitte weiß | **Duft** kaum wahrnehmbar | **Laub** schiefergrauer bis pflaumenblauer Schimmer ober- und unterseits, 5–7 elliptische Fiederblättchen, scharf gesägt, rote Blattadern **Holz** kastanienbraun, rötlich, violett bereift | **Stacheln** wenig, hakenförmig, mehr Borsten | **Früchte** kugelig rund, rot | **Höhe** 2,00–3,00 m | **Frosthärte** sehr gut, Klimazone 4

Rosa rubiginosa L.

Sektion: Caninae
Synonyme: 'Sweet Briar', Schottische Zaunrose, Wein-Rose, Rost-Rose, Eglanteria

Die Rose ist in ganz Europa verbreitet; die Ostgrenze verläuft durch Estland und Mittelrussland zur Krim. In Deutschland wächst sie besonders gern auf Kalk, man findet sie deshalb häufig an felsigen Hängen, auch auf Magerwiesen vom Tiefland bis in die alpine Stufe.

Sehr ausgeprägt ist ein Apfelduft, der von dem Strauch ausstrahlt, besonders bei feuchtem Wetter, ja sogar im Winter duften dann und wann ihre Zweige danach. Man schreibt diesen Duft dem Laub zu; meine Feststellung ist jedoch, dass ich eben auch zu Zeiten, in denen der Strauch unbelaubt dasteht, ein gewisses Aroma von Äpfeln feststellen kann. Die Rose besitzt kleine rosa Blüten mit herzförmigen Petalen, die in Büscheln zu 3–7 sitzen. Schön ist im Herbst das gelbgefärbte Laub mit den zahlreichen scharlachroten, ovalen Hagebutten. Die Blütezeit ist später im Juni. Junge Triebe und auch das Laub sind von eigenartig violett schattiertem Rot, besonders die Unterseite des späteren grünen Blattes ist noch lange von einem auffallenden Rostrot geprägt, das der Rose ihren Namen gab. Diese Erscheinung beruht auf einem feinen Flor von rostroten Drüsenhaaren, der sich aber am älteren Blatt verliert.

Von dieser Rose stammt eine große Zahl von Sorten ab. Vor allem die in England bekannteren Rosen, die «Penzance-Rosen«.

Blüte klein, einfach, einzeln oder in Gruppen zu 3–7 auf kurzen drüsigen Stielen – einmal, später | **Farbe** hellrosa bis rosarot | **Duft** Apfelduft von Laub und Zweige, Blüte feiner

Duft | **Laub** dunkelgrün, Blättchen oval zu 5–7, junges Laub Unterseite rostroter Schimmer | **Rinde** graugrün, junge Triebe und Stacheln rot | **Stacheln** zahlreich, lang und breit und mit Borsten durchsetzt, hakenförmig | **Früchte** eiförmig, rot | **Höhe** 2,00–3,00 m | **Frosthärte** sehr gut, Klimazone 4

Rosa rubiginosa L. Stacheln und Hagebutten

Besondere Rubiginosa-Abkömmlinge für den Garten

'La Belle Distinguée' (Frankreich, etwa 1820)
Man weiß nichts über sie, weder ihr genaues Alter noch Herkunft. Möglicherweise ist es eine frühe Rubiginosa-Hybride. Auf alle Fälle ist es ein zierliches Sträuchlein, das während der Blütezeit nett anzusehen ist und außerhalb dieser Zeit gar nicht auffällt; für ein Staudenbeet sehr gut geeignet, wenn danach andere Blumen die Aufgabe des Blühens übernehmen. Die gelben Staubgefäße wird man erst gewahr, wenn sich die kleinen, purpurroten Blüten vollends geöffnet haben. Das Laub ist unauffällig klein.

Blüte klein, gefüllt, schalenförmig – einmal | **Farbe** purpurrot, gelbe Staubfäden | **Duft** gut | **Laub** dunkelgrün, klein | **Rinde** graubraun | **Stacheln** zahlreich, sehr kurz | **Früchte** rund | **Höhe** 0,80–1,00 m | **Frosthärte** gut, Klimazone 5

'Magnifica' (Deutschland, Hesse 1916)
Diese schöne Rubiginosa-Hybride ist ein Sämling von 'Lucy Ashton' (einer weißen Penzance-Rose). Bei diesem Strauch ist der Apfelduft des Laubes und sogar der Zweige nach einem warmen Sommerregen sehr substanzhaltig. Selbst an feuchten Wintertagen habe ich diesen Duft verspürt, der dann nur von den Zweigen herrührt. Der imponierende Strauch ist übersät von den fast einfachen schönen, dunkelrosa Blüten und er ist voller Leben, denn Hummeln und Bienen holen sich Nektar aus den goldgelben Staubgefäßen. Die bis zu drei Meter langen Triebe werden bei mir in einen dahinterwachsenden Pfeifenstrauch dekoriert, und ein Teil der Zweige verbindet sich mit den »Lianen« der 'Ayrshire Splendens'. Was ich aber nicht verschweigen sollte, auch diese Sorte neigt dazu, so wie einige Rubiginosa-Hybriden, schon im Juli/August gelbes Laub zu bekommen, das dann schnell abfällt. Für den Strauch ist dann bereits Herbst. Jedoch nicht jedes Jahr ist dies von der gleichen Intensität. Erst seit ich mehrere Rubiginosa-Hybriden in meinem Garten beobachten konnte, fiel mir diese Gemeinsamkeit auf. Keine Seltenheit sind im Laufe des Sommers einige Nachblüten.

Blüte mittelgroß, halb gefüllt – einmal, früh, einzelne Nachblüten | **Farbe** dunkelrosa, weiße Mitte, gelbe Staubblätter **Duft** gut, fruchtig, Laub und Zweige nach Apfel | **Laub** dunkelgrün, runzelig | **Rinde** jung grün, alt graubraun | **Stacheln** wenig, hakenförmig | **Früchte** rund, orangerot | **Höhe** 2,00–3,00 m **Frosthärte** sehr gut, Klimazone 4

links: 'La Belle Distinguée', rechts: 'Magnifica'

'Manning's Blush'

'Manning's Blush'

(England, Manning, Ende 18. Jahrhundert)

Der Habitus, die bestachelten Zweige und das kleinblättrige Laub dieser Rose lassen eher an eine *R. spinosissima* denken als an eine Rubiginosa-Hybride. Sie wächst sperrig breit und die gefüllten, zart rosa überhauchten Blüten erscheinen eingestreut an diesem Strauch. Der Grund für die verteilten Blüten ist wohl das Werk des Himbeerblütenstechers und da die Rose sehr früh blüht, wird so das Interesse dieses Schädlings für die vielen Knospen geweckt.

Blüte mittelgroß, gefüllt, schalenförmig – einmal, früh | **Farbe** weißlich rosa, gelbe Staubfäden | **Duft** gut | **Laub** dunkelgrün, klein | **Rinde** jung rötlichbraun, alt grau | **Stacheln** zahlreich, groß, breit, sowie Borstenstacheln | **Früchte** keine | **Höhe** 1,60 m | **Frosthärte** sehr gut, Klimazone 5

Rosa serafinii Viv.

Rosa serafinii Viv.

Sektion: Caninae

Synonyme: *Rosa seraphini*,
Rosa appenninia Woods.

Verbreitet ist die Art im Mittelmeerraum, in Europa und Nordafrika.

Ein graziöses Sträuchlein, das von seiner Zierlichkeit her auch in einen Steingarten gepflanzt werden könnte. In der Höhe erreicht es höchstens 60 cm, die schmucken rotbraunen, stark bestachelten Triebe wachsen mehr in die Breite. Kleine (etwa 2,5 cm) weißlich rosa Blüten, die einzeln auftreten, glänzen zwischen der dunkelgrünen, wie poliert erscheinenden Belaubung, in der Blütezeit im Juni. Im Herbst sitzen dann kleine runde, glänzend rote Hagebutten wie Spielzeugperlen inmitten des rötlich verfärbten Laubes.

Blüte klein, einfach, einzeln – einmal, früh | **Farbe** hellrosa, lilarosa, weißlichrosa verblassend | **Duft** kein | **Laub** klein, glänzend dunkelgrün, 7–11, eirundlich, gesägt | **Rinde** jung rot, alt dunkelbraun | **Stacheln** zahlreich, dünn, hakenförmig, rötlich, alt braun | **Früchte** klein, kugelig rund, glänzend rot | **Höhe** 0,30–0,60 m | **Frosthärte** sehr gut, Klimazone 4

Rosa sherardii Davies

Rosa sherardii Davies

Sektion: Caninae

Synonym: Samt-Rose

Die Heimat von *R. sherardii* dehnt sich von Nordost-West- und Mitteleuropa aus.

Auf diesen sehr attraktiven Rosenstrauch möchte ich betont hinweisen. Er ist ein Schmuck für jeden Garten. Im Juni erscheinen leuchtend dunkel magentarosa Blüten in dem dicht graugrün belaubten Strauch. Besondere Aufmerksamkeit erheischt, leuchtend und breit rot auslaufend, die aus dem Nebenblatt herauswachsende Blattspindel. Ebenso die jungen roten Triebe samt Stacheln, die deutlich zwischen dem grünen Laub zu glühen scheinen. Die Blattspindel ist behaart, die Blättchen weisen eine interessante, tiefe Zähnung auf. Schöne, ebenso strahlend rote Hagebutten folgen dann im Herbst.

Blüte mittelgroß, einfach, in Gruppen zu 3–4 und einzeln, an kurzen Stielen – einmal, früh | **Farbe** dunkel magentarosa **Duft** leicht | **Laub** graugrün, 7–9, breit elliptisch, tief gesägt, Nebenblatt von der Mitte breit auslaufend rot, Blattspindel rötlich, behaart | **Rinde** jung rot, später graubraun | **Stacheln** jung rot, Basis zahlreiche Stachelborsten, zum Triebende unregelmäßig | **Früchte** kreiselförmig, rot | **Höhe** 1,50–1,80 m **Frosthärte** sehr gut, Klimazone 4

Rosa villosa L.
Sektion: Caninae
Synonyme: *R. pomifera* Herrm., Apfelrose, Apple Rose

Verbreitet ist *R. villosa* in den Gebirgen Europas und Vorderasiens, von Mittelspanien über Anatolien, Kaukasus und Persien, Nordwesteuropa. In Deutschland kommt sie wild im Alpenraum bis 1400 m NN vor. Ursprünglich in Europa und Kleinasien beheimatet, wird sie seit 1761 in Gärten kultiviert. Ein schöner Strauch, der mehr schmal aufrecht als breit wächst. Die Blüten sind von auffallendem Rosa, manchmal mit weißer Mitte, in denen die gelben Staubfäden blitzen. Lange währt ihre Blütezeit. Wie *R. tomentosa* bringt die Rose im Juli und August noch einzelne Blüten hervor. Ansehnlich sind die Hagebutten, die früher als die von anderen Wildrosen im Strauch zu erkennen sind, schon im August reift die Frucht; bis Oktober glänzen sie voll ausgereift dunkelrot mit wenig Borsten. Diese Früchte, die mich in ihrem Farbton an kleine rote Weihnachtsäpfel erinnern, gaben dieser Wildrose wohl den Namen »Apfelrose«.

Blüte mittelgroß, einfach, einzelständig oder in Gruppen zu 2–3, Blütenstiel und Kelch drüsig borstig – einmal, früh | **Farbe** rosa | **Duft** leicht | **Laub** graugrün, bläulich bereift, 5–7 flaumig behaarte Fiederblättchen, elliptisch länglich, stark gesägt, harzig duftend | **Rinde** jung purpur, bereift, alt dunkelbraun **Stacheln** dünn, gerade | **Früchte** rund länglich, groß, dunkelrot, leichte Borsten, hoher Vitamin-C-Gehalt | **Höhe** bis 2,00 m **Frosthärte** sehr gut, Klimazone 4

'Duplex' West. (England, vor 1770 bekannt)
Synonyme: *R. pomifera* duplex, 'Wolley Dod's Rose'

Eine halb gefüllte Hybride aus *R. villosa* und einer unbekannten Gartenrose, die in England schon vor 1770 bekannt war. Sie steht in der gleichen Pracht da wie die Urform, doch alles an ihr ist noch imposanter: Strauch, Blüten, Hagebutten, ja sogar Triebe und Stacheln. Das Kolorit der Blüten ist von lieblicherer Anmut; es ist ein feineres, helleres Rosa aus deren Mitte gelbe Staubfäden leuchten. Die Hagebutten werden nicht ganz so dunkelrot wie die der Art, dafür leuchtend orangerot, etwas behaart und beeindruckend in ihrem Ausmaß. Es fiel mir auf, dass besonders Männer glühende Verehrer dieser Rose sind.

Blüte groß, halb gefüllt, einzeln oder in Gruppen zu 2–3, Stiel, Kelch, Kelchblätter stark behaart – einmal, früh | **Farbe** rein rosa | **Duft** gut | **Laub** graugrün, gesägt | **Rinde** jung grün, alt graubraun | **Stacheln** kräftig, breit, gerade | **Früchte** rund, groß, leuchtend rot, einzelne Borsten | **Höhe** 1,80 m | **Frosthärte** sehr gut, Klimazone 4

Rosa villosa L., Blüten und Hagebutten

R. pomifera duplex

Sektion Carolinae

Dazu gehören *R. carolina, R. nitida, R. palustris, R. virginiana.*

R. carolina L. ist im östlichen Nordamerika beheimatet. Sie ist in trockenen Standorten zu finden und mit armen Böden zufrieden. Der Staat Iowa erwählte eine Wildrose offiziell zur Wappenblume, natürlich handelt es sich um eine dort heimische Art. Man legte sich nicht auf eine bestimmte fest, *R. carolina* L. (Syn. Carolina Rose) ist eine von dreien. Die beiden anderen sind *R. blanda* Aiton (Syn. Labrador-Rose, Hudson bay-Rose) und *R. arkansana* Porter (Syn. Prairie Rose, Prärie-Rose). Die beiden letzteren Arten gehören zur Sektion Cinnamomeae.

Rosa nitida Willd.

Rosa nitida Willd.

Sektion: Carolinae

Synonym: Glanzblättrige Rose, Glanzrose

Die Heimat dieses dankbaren und entzückenden Kleinstrauchs ist das nordöstliche Amerika, von Neufundland bis Massachusetts. In Europa wurde sie 1807 eingeführt. In ihrem natürlichen Gebiet wächst sie überwiegend an Gewässern, in sauren Böden. Als niedrige Hecke für kleine Abgrenzungen im Garten ist sie sehr vorteilhaft. Schöne, leuchtend dunkelrosa Blüten sitzen in dem dunkelgrün glänzenden Laub (nítere = glänzen). Sie blüht bei uns erst Ende Juni/Anfang Juli. Im Herbst verfärben sich die farnartigen Blätter in gelb-braun-rot und die roten Hagebutten leuchten dazwischen wie glänzend rote Kinder-Perlen. Die neue Ausgabe von *Modern Roses 12* (2007) rechnet R. nitida zur Sektion Cinnamomae.

Blüte klein, einfach, meist einzeln – einmal, später im Juni/Juli **Farbe** leuchtend rosa | **Duft** leicht | **Laub** Fiederblättchen dunkelgrün, gesägt, elliptisch, glänzend, 7–9, Herbst gelb bis rot **Rinde** rötlich-dunkelbraun | **Stacheln** zahlreich, auch Borsten **Früchte** klein, rund, rot | **Höhe** 0,60–1,00 m | **Frosthärte** sehr gut, Klimazone 5

Rosa virginiana Mill.

Sektion: Carolinae

Synonyme: *Rosa carolinensis* Marsh., *Rosa lucida* Ehrh., Virginische Rose, 'Rosier de Virginie'

Die Heimat dieser Rose ist das östliche Nordamerika. In den 1770er-Jahren muss sie schon in Gärten und Parks gestanden haben; Münchhausen erwähnt die Rose in seinem Buch *Der Hausvater* (1770). Wegen ihrer goldgelben Herbstfärbung ist die Wildrose sehr beliebt. Hinzu kommt die späte Blühzeit, nämlich erst im Juli oder sogar im August, wenn andere, einmalblühende Rosen bereits verblüht sind. Ein Kranz gelber Staubblätter strahlt aus der Mitte der kleinen rosa Blüten, die Hagebutten, die darauf folgen, sind rund, mittelgroß und glänzend hellrot. In weitem Umkreis sorgt die Rose für sehr viele Ausläufer und von ihren ursprünglichen Standorten her hat sie keine Probleme in mageren Böden.

Blüte klein, einfach, einzeln oder in Gruppen zu 4, Kelchblätter lanzettlich – einmal, spät im Juli/August | **Farbe** hellrosa **Duft** leicht | **Laub** hellgrün, glänzend, 7–9 Fiederblättchen, elliptisch, gesägt, Herbst gelb bis orangerot | **Rinde** jung grünbraun, alt braun | **Stacheln** zahlreich, teils paarweise unter Blattansatz, dünn, hakenförmig | **Früchte** rund, rot | **Höhe** 1,50–1,80 m | **Frosthärte** sehr gut, Klimazone 4

Rosa virginiana **'Plena'** Rehder
Synonym: 'Rose d'Amour'
Die gefüllte Form der Kulturrose *R. virginia* 'Plena', wurde ebenfalls sehr früh, im 18. Jahrhundert, in Europa eingeführt. Sie hat Ähnlichkeit mit der Art, nur eben mit Füllung, sie besitzt fast kletternden Charakter und erreicht etwa zwei Meter Höhe.
Zum Verkauf wird in der Mehrheit *R. virginiana* 'Plena' angeboten mit dem hübsch klingenden Synonym 'Rose d'Amour'. Was man aber zumeist bei der Bestellung erhält, ist nicht diese Sorte, sondern eine mit dem Namensschild *R. virginiana* 'Plena' versehene, niedrigere, buschige Varietät:

'D'Orsay Rose'
Vita Sackville-West war voll des Lobes über *R. virginiana* 'Plena'. So kam meine Bestellung zustande. Nach Jahren erst las ich über den Unterschied zwischen dieser und einer sehr ähnlichen Varietät, der 'D'Orsay Rose'. Auffallendes Merkmal seien bei dieser Spielart die paarweise angeordneten Stacheln unter den Blattansätzen. Erwähnt wird als Unterschied die entzückende Knospe, die wie »gerollt« aussieht bei *R. virginiana* 'Plena'. Dann besitze ich einwandfrei 'D'Orsay Rose'. Welche von beiden Varietäten Vita Sackville-West tatsächlich besaß, ist mir nicht bekannt. Beide Rosen blühen wie die Art, Ende Juni oder Anfang Juli. Die Blühphase zieht sich bei 'D'Orsay Rose' über mehrere Wochen hin, in denen es allerdings nicht regnen sollte, denn dann mumifizieren die lieblichen Knöspchen und der Strauch ist leider kein schöner Anblick mehr, es sei denn, man unterzieht sich der Mühe und schneidet die unschönen, verdorbenen Knospen aus. Die Tönung des Herbstlaubes variiert je nach trockenem und armem Boden von gelb bis feuerrot. Auch 'D'Orsay Rose' verbreitet sich durch Ausläufer und ist inzwischen über diese schon in weitere, mir bekannte Rosengärten gewandert.

Blüte mittelgroß, halb gefüllt, in Gruppen, reich – einmal, spät im Juni, Anfang Juli | **Farbe** hellrosa, Mitte dunkler | **Duft** gut, süß | **Laub** dunkelgrün, Fiederblättchen zu 5–7, glänzend, gesägt, Herbst gelb bis feuerrot | **Rinde** jung rot, alt rotbraun **Stacheln** paarweise stehend, gerade, spitz | **Früchte** rund, rot **Höhe** 1,50 m | **Frosthärte** sehr gut, Klimazone 4

Sektion Cinnamomeae

Hierzu gehören *R. acicularis, R. blanda, R. majalis, R. moyesii, R. pendulina, R. rugosa, R. setipoda, R. sweginzowii, R. woodsii.*
Rosa majalis Herrm.
Sektion: Cinnamomeae
Synonyme: *R. cinnamomea* L., Mai-Rose, Zimt-Rose, Cinnamon Rose, May Rose, Rosier canelle, Rosier de Mai.
R. majalis ist verbreitet von West-Sibirien bis Skandinavien, den Baltischen Ländern, westlich bis zur Weichsel, am Oberrheingebiet, an der oberen Donau und im Voralpengebiet. Südlich verläuft die Grenze entlang der Karpaten bis Südrussland, mit Ausnahme des Schwarzen Meers. Die Pflanze liebt Feuchtigkeit – recht häufig ist sie in Auenwäldern des Donautales und an den Nebenflüssen vom Bodensee bis Niederösterreich anzutreffen. In Westeuropa ist sie mindestens seit

Rosa virginiana Mill.

'D'Orsay Rose'

Rosa majalis Herrm.

Anfang des 16. Jahrhunderts bekannt. Auch die gefüllte Form *R. majalis* 'Plena' West. ist ebenso alt. Recht früh im Jahr, meist im Mai, erscheinen die karminfarbenen, einfachen Blüten, weshalb man von der Mai-Rose spricht. Der Name Zimt-Rose rührt nicht von einem gewissen Duft nach Zimt her, sondern von der zimtbraunen Rinde, mit denen die älteren Triebe überzogen sind. Die jungen Triebe sind von glänzendem, dunklem Rot. Kurze, spitze Stacheln tauchen mehr oder weniger sporadisch auf. An einigen Zweigen (nicht bei jedem) sind 2 paarweise auftretende dünne, kurze Stacheln zu sehen. Im Herbst leuchten die runden, roten Hagebutten.

In alter Literatur z. B. bei Rößig (1799), der in hervorragender Weise eigene Beobachtungen und die anderer zeitnaher Autoren zitiert und wenn nötig widerlegt, nennt 3 verschiedene Species für Mairose (*R. majalis*), Zimtrose (*R. cinnamomea*) und einfache Zimtrose (*R. cinnamomea* Simplex). Für Du Roi (1741–1785) war *R. cinnamomea* sowohl die einfache wie die gefüllte. Rößig beschreibt die Blüte von *R. majalis* »mäßig gefüllt«, Kelchblätter sehr lang, über die Knospe ragend. Das Aussehen der Blüte bei *R. cinnamomea* erwähnt er gar nicht, lediglich sieht er eine Ungleichheit bei den Kelchblättern: Kelchabschnitte nicht gefiedert und »so lang wie Blütenblätter«. Die Mairose hinterlasse »keine eigentliche Frucht, sondern blos Putzen«, während die Zimtrose rote Früchte hervorbringt, die dann schwarz werden. *R. majalis* besitzt 2 oder 3 Stacheln unter dem Blattansatz, an derselben Stelle habe die *R. cinnamomea* paarweise 2 Stacheln. Wie oben schon erwähnt, sitzen diese Paar-Stacheln nur an wenigen Zweigen. Der Stamm sei bei der Mairose fahl braunrot, bei der Zimtrose dunkelrot. Ich denke aber, dass dies vom Alter des Strauches abhängt. Paarweise Bestachelung am Blattansatz ist bei Rosen häufig anzutreffen und muss nicht unbedingt ein verlässliches Unterscheidungsmerkmal sein. Der Hinweis eines zimtartigen Geruchs der Blüte von *R. cinnamomea* kann dem Geruchssinn des Herrn Rößig entsprungen sein, dies schreibt sich dann so fort. Geruchswahrnehmungen sind so verschieden wie die Rosen selbst. Das wäre ein Kapitel für sich allein. Auch lange Traditionen können zu selektiver Wahrnehmung führen, hier, dass es irgendwie immer eine »zimmet-riechende« Rose gegeben haben mag, wo selbst jedes Lexikon (z. B. Gleditsch 1731) dies kundtat. Zu einem ähnlichen Fall, der »teeduftenden Rose« siehe dort.

Zu dem Punkt der »richtigen« Rosenbenennung (zumindest kommunikativ und für die Gegenwart gültig) hilft uns hierzu die »American Rose Society« in ihrer Funktion als ICRA-R (International Cultivar Registration Authority-Roses): *R. majalis* (Herrmann) Blüten gefüllt, *R. majalis* flore simplici Blüten einfach, *R. cinnamomea* (Linnaeus) Blüten purpurrot. In *Modern Roses IV* (1954) gab es noch *R. cinnamomea* plena – bei Münchhausen R. cinnamomea duplex genannt: Einfach sowie gefüllt, letztere nur in Gärten.

Blüte klein, einfach, meist einzeln – einmal, lange | **Farbe** mauve, karminrosa | **Duft** leicht | **Laub** Blättchen elliptisch, 5–7, Oberseits mattgrün, behaart, unterseits heller | **Holz** jung rötlich, alt zimtbraun | **Stacheln** kurz, leicht gebogen, spitz | **Früchte** klein, rund, rot | **Höhe** 1,50–1,80 m | **Frosthärte** sehr gut, Klimazone 4

Rosa moyesii Hemsley & Wilson
Sektion: Cinnamomeae
Synonym: Mandarin-Rose

In Sichuan (West-China) wurde die Rose bereits 1890 entdeckt und 1894 nach England geschickt. Sie erhielt ihren Namen nach dem Missionar Moyes, der in der Gegend, wo die Rose beheimatet ist, lebte und arbeitete. Im Jahr 1903 wurde sie von Wilson erneut in England eingeführt.

In der Mitte der Blüte ziert ein Kranz goldener Staubgefäße die attraktiven blutroten, bräunlich nuancierten Kelchblätter – die Blühzeit liegt im Rosenmonat Juni. *R. moyesii* wächst zu einem ausladenden, imponierenden Strauch heran. Oft wird sie als eine der schönsten Wildrosen genannt, die in unseren Gärten und in Parks Verwendung finden sollten. Allerdings gilt dies nur für die rote Art. Erst jetzt bei meiner Recherche entdeckte ich, dass es auch noch eine rosafarbene Form gibt. Die großen, flaschenförmigen Früchte zwischen dem goldgelben Herbstlaub ergeben einen zusätzlichen Reiz.

Blüte mittelgroß, einfach, in Büscheln – einmal, Juni | **Farbe** blutrot, bräunlich nuanciert | **Duft** leicht | **Laub** hellgrün, oval zu 7–13 | **Holz** braunrot | **Stacheln** gelblich, kräftig | **Früchte** groß, flaschenförmig, orangerot | **Höhe** 3,00 m, meist ebenso breit | **Frosthärte** gut, Klimazone 5

Abkömmlinge: Aus *Rosa moyesii* sind mancherlei ansehnliche Gartensorten entstanden und für natürlich angelegte Gärten gibt es großartige Auslesen von Sämlingen dieser Art. Aus Platzgründen musste in meinem Garten die Sorte **'Geranium'** (Wisley Garden, 1938) leider weichen. Viele Rosenfreunde bevorzugen diese Varietät, ihre Blüten sind zwar der Mutterrose sehr ähnlich, ihr Kranz mit den Staubfäden ist noch auffälliger und legt sich wie eine Haartracht um die Stempel.

Auch ***R. × pruhoniciana***, Kriechbaum (von František Zeman, Pruhonitz, 1924 erzielt). Die Moyesii-Hybride (*R. mojesii × R. willmottiae*) brachte Hillier in England auf den Markt und gab ihr auch gleich den Namen 'Hillier Rose'. Die Sorte hat sehr viel Ähnlichkeit mit *R. moyesii* und 'Geranium'. Der Farbton der Blüten ist noch dunkler als bei *R. moyesii*, er ist ansprechend tief rotbraun. Die Sorte besitzt kleineres Laub und bringt kaum Hagebutten hervor.

R. sweginzowii macrocarpa hort. (Deutschland, Vogel, Sangerhausen, Anf. 20. Jahrhundert)
Synonym: 'Macrocarpa'

Wir haben es bei dieser Varietät mit einem Abkömmling zu tun, vermutlich einer Hybride, den der Gärtner des Rosariums Sangerhausen, Richard Vogel, dort fand. Die Varietät stammt von *R. sweginzowii* Koehne ab und ist als Gartenrose sicher noch attraktiver als die aus Nordwest-China (Europa 1910) eingeführte Art selbst. Von Sangerhausen aus fand diese Sorte hauptsächlich in deutsche Gärtnereien und von da in Parks und Gärten. Die Blüten von 'Macrocarpa' sind dunkler im Rosaton und die flaschenförmigen Früchte sind schmaler und länger als der Urtyp. Die Petalen einzelner Blüten fallen leider rasch ab – selbst hier an ihrem sonnenlosen Standort im Waldgartenbereich, aber insgesamt dauert

oben: *Rosa moyesii* Hemsley & Wilson, unten: *R. × pruhoniciana*

R. sweginzowii macrocarpa hort.

die Blühzeit etwa zwei Wochen. Der elegant bogig überhängende Strauch mit dem auffälligen Laub ist auch nach der Blütezeit ein erfreulicher Anblick bis zur Reifung der schmucken Hagebutten.

Blüte mittelgroß, einfach in kleinen Büscheln zu 4–5 – einmal, früh | **Farbe** kirschrosa, lilarosa verblassend | **Duft** leicht **Laub** graugrün, 9–13 Fiederblättchen | **Rinde** jung braunrot, im Alter braun | **Stacheln** zahlreich, lang, dünn, spitz und Stachelborsten | **Früchte** flaschenförmig, gelborange bis orangerot | **Höhe** 2,00 m | **Frosthärte** sehr gut, Klimazone 4

Rosa rugosa Thunb.

Sektion: Cinnamomeae

Synonyme: Kartoffelrose, Japanese Rose, Rosier du Japon

Die natürlichen Verbreitungsgebiete sind die schmalen Küstenstreifen Nordasiens, in Nordchina, Japan und Korea. Der Engländer Edward Bunyard (1936) zeigt in seinem Buch *Old Garden Roses* eine chinesische Seidenmalerei (um 1000 n. Chr.). Die Interpretation eines Zweiges mit vier gefüllten Blüten, Knospen und Blättern als *R. rugosa* ist Glaubenssache.

Reisende berichteten bereits 1784 über diese Rose, 1796 kam *R. rugosa* durch den schwedischen Botaniker Peter (Pehr) Thunberg, einen Schüler Linnés, aus Japan nach Europa; vorerst jedoch stand sie nur in Botanischen Gärten. In den USA wurde sie 1845 eingeführt. Mit der Züchtung wurde fast einhundert Jahre, nachdem *R. rugosa* in Europa eintraf, begonnen; zunächst in Frankreich 1887 (zur Parfümherstellung, z. B. Jules Gravereaux, der mit dieser Art duftende Sorten erzielen wollte), kurze Zeit später in Deutschland, dann in den USA. Rudolf Geschwind versuchte sich schon in den 1860er-Jahren mit der Rugosa-Hybridation.

R. rugosa, ebenso ihre Abkömmlinge, breiten sich gern durch Ausläufer aus. Mein Nachbar im Süden hat seine vor vielen Jahren gepflanzten Rugosas niedergemäht, bzw. er muss dies jedes Jahr wiederholen. So fanden und finden immer noch die armen heimatlosen Ausläufer nach Norden in meinen Garten. Vereinzelte Austriebe lasse ich stehen, den Rest muss ich schweren Herzens ausgraben. Die Triebe der Art sind dicht mit großen Stacheln bewehrt, was nicht bei allen Hybriden vorkommt. Ein typisches Merkmal ist das runzlige Laub (rugosa = runzelig) und der intensive, wundervolle Duft. *R. rugosa* blüht fast pausenlos, ja sogar zusammen mit den reifen Früchten. Im Herbst erfreut obendrein das goldgelbe und rote Laub. Diese Rose ist sehr robust, weshalb sie seit Jahren als Hecken an Straßen und zur Befestigung der Dünen gepflanzt wird. Auf der Insel Sylt werden Rugosas teilweise den Unkundigen als die »Sylter Rose« untergejubelt, da fast nur noch diese Rose dort anzutreffen ist. Zu befürchten ist allerdings, dass *R. rugosa* unsere heimische Dünenrose, *R. spinosissima,* verdrängt. *R. rugosa* und viele ihrer Hybriden sind äußerst frosthart. Für R. Geschwind war *R. rugosa* als Stammmutter einer ganz neuen, frostharten Klasse bedeutend, allerdings nur bei vernünftiger Ba-

Rosa rugosa Thunb.

stardierung – Kreuzungen mit empfindlichen Rosen würden auch wenig frostresistente Sorten ergeben (s. auch 'Fürstin von Pless').

Blüte groß, einfach, einzeln oder zu mehreren – öfterblühend **Farbe** rosarot | **Duft** sehr gut | **Laub** tiefgrün, runzelig durch tiefer liegende Nerven, Blatt mit 5–9 Fiederblättchen | **Rinde** im Alter braun, Stamm dick, filzig | **Stacheln** zahlreich, unregelmäßig, spitz; borstig | **Früchte** groß, flach kugelig, glatt, orangerot **Höhe** 1,00–1,50 m | **Frosthärte** sehr gut, Klimazone 4

Ausgewählte Rugosa-Hybriden für den Garten

In sehr rauen Gegenden, wie z. B. im Bayerischen Wald, geben Rosenfreunde (vor allem Kenner) Rugosa-Abkömmlingen neben Gallica-Hybriden den Vorrang. Einige meiner liebsten Sorten stelle ich in dem Buch vor. Es sollen hier allerdings nur die alten Gartenrosen dargestellt werden, trotz vieler neuer wunderbarer Sorten, die heute zu haben sind.

'Belle Poitvine' (Frankreich, Bruant 1894)

Man kann nicht an den schönen hellmagenta- oder lilarosafarbenen Blüten vorübergehen, ohne stehen zu bleiben und die Nase in die Blüten zu versenken, sofern nicht gerade eine Biene oder Hummel dasselbe an den blassgelben Staubgefäßen treibt. Der Duft ist einzigartig intensiv süß, was jedoch nicht außergewöhnlich bei den Rugosasorten ist. Locker gefüllt sind die Blüten, die darauffolgenden großen Hagebutten leuchten orangerot. Alles an dem Strauch ist typisch Rugosa – das runzlige, dunkelgrüne Laub, die stacheligen dicken Triebe und natürlich die gute Frosthärte. Eine Hecke aus verschiedenen, stark duftenden Rugosa-Varietäten müsste großartig sein.

Blüte groß, locker gefüllt, einzeln und in Gruppen zu 2–4 – dauerblühend | **Farbe** magentarosa, gelbe Staubgefäße | **Duft** sehr gut | **Laub** dunkelgrün, runzelig | **Rinde** braun, alt grau **Stacheln** zahlreich, lang und kurz, und Borsten | **Früchte** groß, rund, orangerot | **Höhe** 1,60–1,80 m | **Frosthärte** sehr gut, Klimazone 5

'Blanc Double de Coubert'

(Frankreich, Cochet-Cochet 1892)

Für eine Züchtung aus *Rosa rugosa* × 'Sombreuil' ist sie sehr frosthart und gar nicht zimperlich, wie die Teerose 'Sombreuil' vermuten lässt. Aus großen Knospen öffnen sich weiße, wunderbar duftende Blüten. Ich neige dazu, sie zu meinen schönsten weißen Rugosa-Hybriden zu rechnen. Allerdings in unserer – besonders im Juni – regenreichen Gegend sind die Blüten bald nicht mehr fotogen. Hagebutten setzen nur wenige an – in typischer großer Rugosaform. Das leuchtende, hellgelbe Herbstlaub behält der Strauch sehr lange.

Blüte groß, locker gefüllt, einzeln und in Gruppen – gute Nachblüte | **Farbe** weiß | **Duft** sehr gut | **Laub** dunkelgrün, runzelig, Herbst gelb | **Rinde** graubraun, altes Holz dunkelbraun **Stacheln** zahlreich, große und kleine Stachelborsten | **Früchte** groß, rund, orangerot | **Höhe** 1,70–2,00 m | **Frosthärte** sehr gut

'Belle Poitvine'

'Blanc Double de Coubert'

links: 'Carmen', rechts: 'Cibles'

'Carmen' (Deutschland, Lambert 1907 , Züchter möglicherweise Geschwind)
Der Name verspricht eigentlich ein rassiges, leuchtendes Rot; der Farbton dieser Rose ist jedoch samtig dunkelrot wie ein edler Wein aus der Bourgogne. So denke ich beim Anblick der zwar überaus schönen, einfachblühenden Rugosa-Hybride wohl nicht an eine feurige Carmen. Ich liebe ja die Einfachblühenden, besonders wenn, wie bei dieser Sorte, ein samtweicher Schimmer auf den dunkelroten Petalen liegt und ein Kranz von Staubblättern leuchtend gelb kontrastiert. Als Eltern gelten *R. rugosa* × 'Princesse de Béarn', einer schwärzlich mohnroten, braunschattierten Remontant-Hybride. Von dieser wird 'Carmen' ihre phantastische dunkelrote Farbe geerbt haben.

Blüte mittelgroß, einfach, einzeln und in Gruppen zu 4 – gute Nachblüte im Herbst | **Farbe** dunkel, samtig bordeauxrot **Duft** gut | **Laub** dunkelgrün, bläulich nuanciert, runzelig | **Rinde** dunkelbraun | **Stacheln** kurze und Stachelborsten | **Früchte** wenig | **Höhe** 1,50 m | **Frosthärte** sehr gut, Klimazone 5

'Cibles' (Ungarn, Kaufmann 1894)
Aus *R. rugosa rubra* und der gelben Teerose 'Perle de Lyon' soll 'Cibles' entstanden sein. Dr. Ernst Kaufmann hatte im Jahr 1894 fünf Rugosa-Hybriden gezüchtet, darunter die reizvolle 'Cibles'. Sein Engagement galt mehr der Redaktion der deutschen Ausgabe der *Ungarischen Rosenzeitung*, 1889-96.
Die Farbwirkung der Blüten tendiert leicht in ein bläuliches Rot. Büschel mit länglichen Knospen, die von noch längeren Kelchblättern überragt werden, was mir besonders gefällt. Gelbe Staubblätter bilden in den fast einfachen Blüten noch einen hübschen Kontrast. Der Strauch wächst aufrecht und ist dicht belaubt. 'Cibles', sowie 'Carmen' stehen in meinem Garten im nahezu schattigen Bereich.

Blüte mittelgroß, einfach, in Gruppen – gute Nachblüte | **Farbe** karmin | **Duft** gut | **Laub** dunkelgrün, bläulich nuanciert, runzelig | **Rinde** hellbraun | **Stacheln** gerade, groß, und Stachelborsten | **Früchte** bis jetzt keine | **Höhe** 1,60 m | **Frosthärte** sehr gut, Klimazone 5

'Fürstin von Pless' (Deutschland, Lambert 1911)
Über diese Rose kann ich noch nicht viel erzählen. Sie ist vor einem Jahr von mir in einen Tonkübel gepflanzt worden; trotzdem macht sie keinen besonders robusten Eindruck auf mich. Genügende Frostresistenz kann man nicht automatisch von jeder Rugosa-Sorte erwarten, wenn mit einer empfindlichen Tee-, China- oder auch Bourbonrose gekreuzt wurde. Die Stammeltern

'Fürstin von Pless'

sind 'Mme Caroline Testout' und 'Conrad Ferdinand Meyer'. Im ersten Sommer brachte die Fürstin nur eine einzige, dafür aber sehr schöne, gut duftende Blüte hervor. Die äußeren Kronblätter sind weiß und sehr groß, die inneren kurzen Petalen erscheinen in einem rosagelblichen Ton.

Blüte groß, gefüllt, gute Form, einzeln und bis zu 2 – remontierend | **Farbe** weiß, Mitte leicht cremegelb, rosa nuanciert **Duft** gut | **Laub** dunkelgrün | **Rinde** grün | **Stacheln** zahlreich **Früchte** keine | **Höhe** 1,00 m | **Frosthärte** noch keine Erfahrung

'Mrs. Antony Waterer' (England, Waterer 1896)

R. rugosa mit 'Général Jacqueminot' sind die Eltern. Von der Remontant-Hybride hat 'Mrs. Antony Waterer' wohl den klassisch roten Farbton geerbt. Entsprechend hervorragend ist diese Rugosa-Varietät zu bewerten: Prächtige Blüten in Farbe und Form, reichblühend, remontierend, und was für uns sehr wichtig ist, das ist ihre Frosthärte. Ich erlebte die Rose in einer völlig verwilderten Hecke in Frankreich, das Gras überwucherte die Pflanze förmlich, jedoch ihre leuchtenden Blüten sorgten dafür, dass sie doch nicht zu übersehen war. Diese Rose wollte ich unbedingt haben – und ich bekam sie – geschenkt. In meiner nächsten großen Lieferung der Gärtnerei Guillot in Frankreich lag sie als Zugabe dabei.

In trockener, sommerlicher Hitze zeigen die Blüten ein helles, reines Feuerrot, während sie in unserer kühleren und feuchteren Umgebung eher in bläuliches Rot getaucht sind. So ist meine Beobachtung. Die Hauptblühzeit ist im Juni, danach zeigen sich nur noch peu à peu einzelne Blüten. Unerfreulich ist die starke Neigung zum Sternrußtau.

Blüte groß, gefüllt, flach, in Büscheln zu 3–4 und einzeln – Nachblüte im Herbst | **Farbe** karminrot, purpur im Verblühen **Duft** sehr gut | **Laub** dunkelgrün, weniger runzelig | **Rinde** graugrün | **Stacheln** Basis viele Stachelborsten, nach oben vereinzelt | **Früchte** keine | **Höhe** 1,80 m | **Frosthärte** sehr gut, Klimazone 4

'Rose à Parfum de L'Haÿ'

(Frankreich, Gravereaux 1901)

Sie gehört zu meinen ersten Rosen, die ich vor mehr als dreißig Jahren hier pflanzte. Ich liebe sie sehr, obwohl sie wegen ihres starken Sternrußtau-Befalls weiß Gott keine Schönheit darstellt, in der Zeit, wenn sie wieder nackt direkt am Wege steht und ich ständig das Bedürfnis habe, mich für den Strauch bei den Besuchern zu entschuldigen. Ihre Blüten entschädigen mich wahrhaftig, denn sie sind dafür prächtig und der Duft köstlich. Dazu ist die Sorte auch ein Fall für Liebhaber schöner Stacheln und roter Austriebe. Freilich vermute ich, dass nur wir beide zu diesen Bewunderern gehören; manche halten gerade die Stacheligkeit für eine Schwäche. Jules Gravereaux hat sie aus (*R. damascena* × 'Général Jacqueminot') × *R. rugosa* gezogen. Wahrscheinlich handelte es sich bei *R. rugosa* um eine Rugosa-Hybride von Dr. Müller, 'Germanica' var. A (1900), dunkelviolettrot.

Blüte groß, gefüllt, gute Form, einzeln und in Gruppen von 2–3 – sehr gute Nachblüte | **Farbe** kirsch- bis karminrot | **Duft** sehr gut | **Laub** dunkelgrün, glatt, nicht gerunzelt | **Rinde** grau **Stacheln** große und kleine | **Früchte** keine | **Höhe** 1,80 m | **Frosthärte** sehr gut, Klimazone 5

links: 'Mrs. Antony Waterer'
rechts: 'Rose à Parfum de L'Haÿ'

'Roseraie de L'Haÿ'

'Roseraie de L'Haÿ'

(Frankreich, Cochet-Cochet 1901)

Die Sorte ist ein imponierender Sport einer unbekannten Rugosa-Hybride. Mit duftenden Rugosas arbeiteten Jules Gravereaux und Cochet gezielt zusammen. Die Petalen an den noch geschlossenen Knospen sind auffällig gedreht, die Blütenfarbe bei den erblühten ist violett-purpur. Die gefüllten, gerüschten Blütenblätter rollen sich leicht nach hinten und legen die gelben Staubgefäße frei. Es ist eine gesunde, problemlose Sorte und von aufregendem Farbton. Nach der Hauptblühzeit im Juni erscheinen immer wieder Blüten. Ich liebe 'Roseraie de L'Haÿ' und 'Rose à Parfum de L'Haÿ' gleichermaßen. Mag erstere die bessere, gesündere Pflanze sein, so sind beide doch sehr unterschiedlich und jede auf ihre Art schön und großartig.

Blüte groß, gefüllt, einzeln und in Gruppen zu 2–4 – dauerblühend | **Farbe** violett-purpur | **Duft** sehr gut | **Laub** dunkelgrün, runzelig | **Rinde** braun | **Stacheln** Borsten und kurze Stacheln | **Früchte** groß, rund, orangerot | **Höhe** 1,80 m | **Frosthärte** sehr gut, Klimazone 4

Rosa × *micrugosa* Henkel

Rosa × *micrugosa* Henkel

Aus einer Kreuzung von *R. roxburghii* und *R. rugosa* entstand 1905 im Straßburger Botanischen Garten eine Arthybride – die robuste Sorte *Rosa* × *micrugosa*. Vor vier Jahren brachte ich mir die Rose aus Sangerhausen mit, im Handel findet man diese Rose kaum noch. Seitdem freue mich an dem Kontrast der seidigen und zartrosafarbenen Blütenblätter zu der sonst eher derb wirkenden Pflanze. Sie besitzt das runzlige Laub der *R. rugosa* und zeigt andererseits die nah beieinanderstehenden Fiederblättchen wie *R. roxburghii*. Auch im Herbst ist sie ein Glanzpunkt im Garten: Das Laub färbt sich gelb, die großen runden Hagebutten sind orangerot, typisch für *R. rugosa,* aber etwas borstig was auf die Charakteristik der *R. roxburghii*-Hagebutten hinweist.

Blüte groß, einfach bis halb gefüllt, einzeln und Gruppen – leicht remontierend | **Farbe** zart rosa bis weiß | **Duft** leicht **Laub** dunkelgrün, runzelig | **Rinde** hellbraun | **Stacheln** zahlreich, lang und kurz | **Früchte** groß, rund, orangerot, borstig **Höhe** 1,50–1,80 m | **Frosthärte** sehr gut, Klimazone 5

'Schneelicht' (k. k. Monarchie Österreich-Ungarn, Geschwind 1896)

Diese bezaubernde Rose, die mit dem Namen 'Schneelicht' im Handel ist, gehört zu den unbekannten Schönheiten. Die einfachblühende Sorte, die R. Geschwind so nannte, existiert nicht mehr. Trotzdem ist es diese Rose wert, im Garten gepflanzt zu werden.

Blüte groß, einfach, einzeln und in Büscheln – gute Nachblüte | **Farbe** schneeweiß, gelbe Staubggefäße | **Duft** gut | **Laub** dunkelgrün, runzelig | **Rinde** jung rotbraun, alt graubraun **Stacheln** gerade, lang und kurz gemischt | **Früchte** keine | **Höhe** 1,60–1,80 m | **Frosthärte** sehr gut, Klimazone 5

links: 'Schneelicht'
rechts: *Rosa setipoda* Hemsley & Wilson
Blüte und Strauch

Rosa setipoda Hemsley & Wilson
Sektion: Cinnamomeae
Synonym: Borsten-Rose (seti poda = borstiger Stiel)
Die Heimat von *R. setipoda* ist Mittelchina; 1895 wurde sie in Europa eingeführt.

Früh im Juni eröffnet der gewaltige Strauch die Blühsaison. Die Rosenzeit ist da! Mit der dickstämmigen Setipoda, die sich gerade und aufrecht wie ein Baum in die Höhe reckt, beginnt die wirkliche Zeit der einmalblühenden, der viel besungenen, der ursprünglichen Rosen. Eine Besucherin stellte eines Tages fest, dass der Rosenstrauch doch zweimal blühe: Einmal im Strauch und ein zweites Mal im Gras. Rosa Blütenblätter breiten sich wie ein Teppich aus. Und unter der Krone des imponierenden Strauches kann man wie unter einem Baldachin stehen und entlang der dicken, mit gewaltigen Stacheln übersäten Stämme ehrfurchtsvoll den Blick nach oben gleiten lassen und den Hummeln und Bienen bis zu den bezaubernden Blüten folgen. Hier brummt und summt es. Hagebuttenschmuck gibt es schon früh im Jahr; gegen Ende August sind die länglichen, flaschenförmigen Früchte zu bewundern, die dann allerdings Ende September schon schrumpeln und abfallen.

Blüte mittelgroß, einfach, einzeln und in Rispen zu 5–8, reich – einmal, Juni | **Farbe** hellrosa, etwas verblassend | **Duft** gut | **Laub** hellgrün, 7–9 oval | **Rinde** jung grün, alt graubraun **Stacheln** Stamm zahlreich groß, Basis verbreitert, und Stachelborsten, an den Enden der Zweige wenig, lang und kurz **Früchte** groß, flaschenförmig, behaart, orangerot, August | **Höhe** 4,00–5,00 m | **Frosthärte** sehr gut, Klimazone 4

Rosa webbiana Royle

Rosa webbiana Royle

Sektion: Cinnamomeae

Im Zentral-Himalaya ist der Heimatstandort von *R. webbiana*, ebenso Afghanistan und Pakistan; sie kam 1879 aus Turkestan nach Europa. Ein graziler Strauch, von dem man erwarten würde, dass er nicht sehr frosthart ist. Da besteht in meinem Garten eher die Gefahr, dass die Wurzeln meiner Pflanze eines Tages von den Wühlmäusen gefressen werden, als dass der Frost die Rose zerstört. Die zart rosafarbenen Blüten mit den gelben Staubgefäßen sind allerliebst, passend dazu die schmalen, leicht behaarten Knospen und die feingliedrigen, purpurfarbenen jungen Triebe, die violettgrau bereift sind.

Blüte mittelgroß, einfach, zu 1–3 – einmal, Juni | **Farbe** zart rosa **Duft** leicht | **Laub** graugrün, bläulich schimmernd, 5–9, meist 7, rundlich, einfach gesägt | **Rinde** jung purpur, bereift, alt grünbraun | **Stacheln** wenig, dünn, paarweise, hell | **Früchte** länglich oval, rot | **Höhe** 1,60–1,80 m | **Frosthärte** gut, Klimazone 6

Rosa woodsii fendleri Rehder

Sektion: Cinnamomeae

Die Art *R. woodsii* ist in weiten Teilen Nordamerikas beheimatet und wurde von Botanikern in vielen Arten aufgespalten. Eine der prächtigsten ist *R. woodsii fendleri*, 1888 von Alfred Rehder bestimmt.

Rosa woodsii fendleri Rehder: Strauch, Hagebutten und Blüte

Die Wildrose ist in fast jeder Jahreszeit ein Glanzstück im Garten: Während der langen Blühzeit im Juni – im Oktober beeindrucken eine besonders schöne Herbstfärbung und die glänzendroten, runden Hagebutten, die auch im Winter noch lange haften. Meine Pflanze bildet viele Ausläufer und ist nicht, wie man mir versprach, ein kleiner Strauch. Auf Grund dieser Behauptung steht er nun am falschen Platz, direkt am Teich und seine Ausläuferwurzeln bohren sich schon durch die Teichfolie. Ich bemühe mich, die Wildrose stets in einer erträglichen Höhe und Breite zu halten. Schade darum, denn dieser Strauch würde freiwachsend wirkungsvoller und noch großartiger dastehen. Die einfachen Blüten sind von reinem, hellem Rosa mit weißer Mitte. Die junge Rinde ist sehr eindrucksvoll und dies zeigt sie eben auch in der weniger farbigen Zeit.

Blüte mittelgroß, einfach, in Gruppen zu 3–5, reich – einmal, Juni | **Farbe** hellrosa, mauve, Mitte weiß | **Duft** leicht | **Laub** Blättchen doppelt gesägt, dunkelgrün, Herbst goldgelb **Rinde** jung rot, alt rot-grau | **Stacheln** dünn, gerade | **Früchte** mittelgroß, rund, glänzend rot, im Winter lange verbleibend **Höhe** 1,80–2,00 m | **Frosthärte** sehr gut, Klimazone 5

Gallica-Wildformen und Abkömmlinge

Die Rosen der Sektion Gallicanae, die Gartenformen von *R. centifolia*, *R.* × *damascena* und *R. gallica*, die im 17. und 18. Jahrhundert für den Gartenbau bedeutend waren, wurden zu Anfang bereits beschrieben. Hier folgend werden noch ein paar besondere Wildformen und gartenwürdige Abkömmlinge vorgestellt.

R. gallica L.

Sektion: Gallicanae
Synonyme: Essigrose, Gallische Rose
Wie schon im Kapitel über Gallicarosen erwähnt, findet man den ursprünglichen Typus, die zuerst beschriebene botanische Art, heute fast nicht mehr. Wie bei *R. canina* findet man sehr unterschiedliche Formen und Unterarten. Wildrosen sollte man – zur besseren Kontrolle der Identität – versuchen wurzelecht einzukaufen. Im Handel ist es nicht sicher, ob man *R. gallica* in der ursprünglichen Art noch erhält. Selbst die Wildformen, die in unserem Gebiet vorkommen, haben sich im Laufe der Jahrhunderte verändert, durch zufällige Hybridationen über ihre Samenvermehrung und Mutationen, sowie Selektionsdruck durch veränderte Umwelt. Im Fachhandel, aufgepfropft oder auch auf eigener Wurzel, kann das Aussehen der Art zusätzlich Abweichungen zeigen. Ich bin mir sicher, dass meine veredelte *R. gallica* anders aussieht als eine »natürliche«. Genforschungen zur Wildform der *R. gallica* für einen Vergleich mit anderen Rosenarten fassen immer mehrere gesammelte Pflanzen aus verschiedenen Gebieten zusammen.

Blüte mittelgroß, einfach – einmal, Juni/Juli | **Farbe** rosa bis rot | **Duft** leicht | **Laub** oben dunkelgrün, rau, unten heller und behaart, 3–5, Stiel und Spindel borstig und drüsig | **Stacheln** wenig, ungleich, mit spitzen Borsten | **Früchte** rund oder birnenförmig, orangerot | **Höhe** 1,00 m | **Frosthärte** sehr gut, Klimazone 4

R. gallica L.

Rosa gallica 'Pumila'

Eine reizende Wildrose mit großen, einfachen Blüten in bläulichem Rosa und leuchtend gelben Staubgefäßen. Im Herbst trägt sie viele orangefarbene Hagebutten. Meine 'Pumila' ist eine okulierte Pflanze, vor langer Zeit in der Rosenschule Jensen erstanden. Sie unterscheidet

oben: *Rosa gallica* 'Pumila', unten: 'Complicata'

sich in der Höhe stark von der entdeckten Ausgangsform, die, leicht kriechend, nur 20–30 cm Höhe schafft und den Beschreibungen nach rot getönt sein soll. Meiner veredelten Pflanze helfe ich allerdings mit Stützen, aufrecht zu stehen. So erreicht sie dann eine respektable Höhe von 60 cm. Ohne diese Hilfen würde sie niederliegend auch nur etwa dreißig Zentimeter erreichen und so ihrem lateinischen Namen »Zwergin« noch gerechter werden.

Blüte groß, einfach – einmal, reich, Juni | **Farbe** rosa | **Duft** leicht | **Laub** hellgrün | **Stacheln** wenig | **Früchte** zahlreich, orangerot | **Höhe** 0,80 m | **Frosthärte** sehr gut, Klimazone 4

'Complicata' (Herkunft unbekannt)

Synonym: *R. gallica* 'Complicata'

Eine sehr dekorative Strauchrose mit auffallenden großen, einfachen Blüten, die rosa mit weißem Grund und gelben Staubgefäßen strahlen. Es ist wohl selbstverständlich, dass danach im Herbst schöne große, leuchtende rote Hagebutten folgen. Möglicherweise ist es eine Hybride von *R. gallica und R. canina* von denen ja im Laufe der Jahrhunderte eine große Zahl entstanden sein muss.

Das Wort Complicata (lat.) bedeutet »Die Zusammengefaltete«. Es bezieht sich auf die oft noch lange sichtbare »Bügelfalte« des innersten in der Knospe eingeklappten großen Blütenblattes, nachdem sich die Petalen entfaltet haben.

Blüte groß, einfach, in Büscheln zu 2–5 – einmal, reich, Juni **Farbe** leuchtend rosa, weiße Mitte, gelbe Staubfäden | **Duft** gut | **Laub** dunkelgrün | **Stacheln** wenig, kurz, Borsten | **Früchte** zahlreich, groß, orangerot | **Höhe** 1,80–2,50 m | **Frosthärte** sehr gut, Klimazone 4

'Dupontii' *Rosa × dupontii*

Déségl. (Frankreich, entdeckt von Du Pont)

Ein stattlicher Strauch, dessen graugrünes, mattes Laub gut mit den großen einfachen weißen Blüten, rosa überhaucht, gut harmonieren. Er wächst aufrecht, aber durch das Gewicht von Blätter und Blüten neigen sich die grünen, stachellosen Triebe elegant im Bogen, und es entsteht der Anschein, dass der Strauch ebenso breit wie hoch wird. Man kann aber gleichermaßen die weichen Triebe als Wandbekleidung ziehen. Ich liebe diese großen, formvollendeten, einfachen Blüten, die im Herbst dann sehr schöne Hagebutten hervorbringen. Vermutlich ist es eine *R. gallica × R. moschata*; die gute Frosthärte käme dann von der Gallicarose. Auffallend ist die herausragende Griffelsäule, die auf den Elternteil einer Synstylae-Rose, hier *R. moschata* hinweist. Dem graugrünen Laub nach könnte auch eine Albarose bei einem der Elternteile bastardmäßig bereits mit enthalten gewesen sein. Sonst weiß man wenig über die Herkunft – Pierre A. Déséglise schrieb sie später seinem Entdecker André Du Pont (1756–1817) zu, der ein leidenschaftlicher Rosensammler war, ein Amateur und von Beruf Postangestellter. Trotzdem spielte er durch seine Kontakte zur Kaiserin Josefine in der Anfangszeit der französischen Rosenzüchtung eine große Rolle.

Blüte groß, einfach, einzeln und in Büscheln zu 3–5, reich – einmal, reich, Juni | **Farbe** weiß, gelegentlich mit Hauch von zartrosa wie Knospe | **Duft** leicht | **Laub** matt, graugrün **Stacheln** klein, rot, mit Borsten | **Früchte** groß, oval, orangerot **Höhe** 3,00 m **Frosthärte** sehr gut, Klimazone 5

'Dupontii' *Rosa* × *dupontii Déségl.*

'Sancta'

Synonyme: *R. sancta*, 'Rosa × richardii', Heilige Rose

Es dürfte sich bei dieser Rose um eine Varietät aus einer sehr alten Artenkreuzung handeln. Möglicherweise ist diese Art bereits in der Überlappungszone der Verbreitungsgebiete von *Rosa gallica* und *Rosa phoenicia* durch natürliche Hybridation entstanden und durch Missionare im 4. Jahrhundert für christliche Bräuche ins heutige Äthiopien gelangt. Zu Beginn und Mitte des 19. Jahrhunderts wurde sie dort mehrfach entdeckt (Salt u. a.) und schließlich von dem englischen Botaniker Richard als Belegexemplar nach England geschickt. Am Ende des 19. Jahrhunderts, als Italien Kolonialherr in Abessinien geworden war, wurde die Rose von einem italienischen Botaniker erneut gesammelt und als Gartenrose über eine Gärtnerei in Neapel in den europäischen Handel gebracht. Seit 1922 heißt sie offiziell *'R. richardii'* Rehd.

'Sancta' ist ein wunderbarer Strauch für den Garten, der einen erfreulichen Anblick darstellt (s. auch S. 50). Große, einfache Blüten, zartrosa beim Aufblühen und langsam in Weiß übergehend. Die kräftig gelben Staubgefäße sind nicht nur fürs menschliche Auge schön anzusehen, sondern auch für Bienen und Hummeln ein attraktiver Anziehungspunkt. Für Freunde einfachblühender Rosen ist es geradezu eine Notwendigkeit, sie in den Garten zu pflanzen. Hagebutten entwickelt sie jedoch nur sehr wenig, was dann eher dagegen spricht, dass unsere in Europa kultivierte Form die reine Wildrose darstellt, wie sie von Salt beschrieben wurde und unter Nr. 63 in Lindley's Systematik von 1820 unter dem Namen *Rosa abyssinica* Brown zu finden ist. Wer weiß, vielleicht fehlt ihr bei mir nur das nordafrikanische Klima. Allerdings hat es hier in den fast dreißig Jahren kein Frost geschafft, R. sancta den Garaus zu machen, was ein Gallicaelternteil sein könnte oder auf weitere Selektion in hohen Gebirgslagen Äthiopiens hindeutet. Auch Wühlmäuse konnten sie nicht umbringen,

'Sancta'

Rosa foetida Herrm.

denn der vor einigen Jahren völlig abgefressene, gewaltige Strunk »fasste wieder Fuß« und nun sieht die Rose wieder nach einem Strauch aus. Ich schneide meine 'Sancta' regelmäßig im ausgehenden Winter zurück auf etwa 1,00 m Höhe. Ein paar Zweige dürfen aber ihre Länge behalten und sich an der dahinter stehenden, stachellosen 'Zephirine Drouhin' festhalten und auf 2,00 m nach oben wachsen.

Blüte groß, einfach, in Doldenrispen, Petalen herzförmig – einmal, reich, Juni | **Farbe** zartrosa, weiß verblassend | **Duft** leicht | **Laub** graugrün, elliptisch länglich, runzlig, 3–5, Rand drüsig | **Stacheln** wenig, klein, hakenförmig | **Früchte** wenig, rund, orangerot | **Höhe** 1,50–1,80 m | **Frosthärte** sehr gut, Klilmazone 4

Sektion Pimpinellifoliae

Hierzu gehören europäische und asiatische Arten, angepasst an unterschiedliche Klimate, u. a. *R. ecae, R. foetida, R. × harisonii, R. hugonis, R. omeiensis, R. spinosissima, R. sericea*

Rosa foetida Herrm.
Sektion Pimpinellifoliae
Synonyme: *R. lutea* Mill., Fuchs-Rose, Gelbe Rose, Austrian Briar
Eine Rose, die sich bei uns meistens nicht wohlfühlt. Sie liebt keine regennassen Sommer, sie wünscht sich diese sehr warm und vor allem trocken, aber auch der Rest des Jahres sollte nicht zu feucht und zu kalt sein. Wenn die Gelbe Rose erfriert, dann soll es, an der Veredlungsunterlage liegen. Empfohlen wird deshalb eine wurzelechte Rose. In meinem Garten stand diese Rose vor etwa 30 Jahren. Ich konnte nicht feststellen, lag es an den Winterfrösten oder am ewigen Sternrußtau; die Pflanze war ständig geschwächt und konnte sich nie erholen. Das Foto entstand im schönen Botanischen Garten Augsburg.
Das natürliche Verbreitungsgebiet reicht von Afghanistan bis zur Türkei. Die Rose ist in Europa seit dem 16. Jahrhundert bekannt, im Hortus Eystettensis wurde sie 1613 beschrieben und abgebildet.

Blüte klein, einfach, meist einzeln oder zu zweit am Ende der Zweige, gelbe Staubgefäße – einmal, reich, Anfang Juni **Farbe** warmes dottergelb | **Duft** unangenehm, streng | **Laub** dunkelgrün, glänzend, gesägt, meist zu 7, breit oval | **Rinde** jung dunkelbraun, alt graubraun | **Stacheln** gerade, anfangs hellgrau | **Früchte** wenig, kugelförmig, dunkelrot | **Höhe** bis 2,00 m | **Frosthärte** mittel, Klimazone 6

R. sericea subsp. _omeiensis_ fo. _pteracantha_
(Franch.) Rehder et E. H. Wilson
Sektion Pimpinellifoliae
Der Name ist ebenso kompliziert wie das Auseinanderhalten der vielen Subspecies, Varietäten und Formen von *R. sericea* und *R. omeiensis*. Daher findet man in Katalogen und Büchern einfachere Bezeichnungen wie *R. omeiensis pteracantha* oder *R. sericea pteracantha*. Gemeint ist mit Sicherheit immer die vom Volksmund so bezeichnete »Stacheldrahtrose«. Die korrekte Namensbezeichnung ändert sich auch alle paar Jahre, da ist es kein Wunder, wenn man bei Zu-

hilfenahme älterer Literatur am Verzweifeln ist und sich ständig fragt, welche Rose denn nun gemeint sei. Aktuell ist im Augenblick noch die Schreibweise, die man im »Zander« (*Handwörterbuch der Pflanzennamen,* 2002, 16. Aufl.) nachlesen kann (s. o.). Die Autoren Roger Phillips und der Botaniker Martyn Rix beschrieben dies korrekt und sehr anschaulich in ihrem Buch (*Rosarium, Ulmers großes Rosenbuch*, 2005), ebenso Horst Noack (*Wild- und Parkrosen*, 1989). In beiden Büchern sind die Unterschiede der beiden Formen deutlich sichtbar: *R. sericea* subsp. *omeiensis* mit birnenförmigen Früchten und verdickten Fruchtstielen und die fo. *pteracantha* dagegen mit kleinen glänzend kugelrunden roten, die schon im Juli reifen.

Kurioserweise durfte ich diesen Sommer zweierlei Formen an meiner Pflanze feststellen, in runder und in länglicher Gestalt. Zudem findet man die am meisten abgebildeten auffälligen, breiten flügelartig flachen Stacheln, rot wie von Blut durchflossen. Nur die jungen Zweige der Form (fo.) *pteracantha* zeigen dies. Gegen die Sonne fotografiert leuchten sie besonders stark. Diese eindrucksvolle Eigenart ist auch das Hauptmotiv für die Beliebtheit der Rose. Die Form *pteracantha* (pter = flügel-, acantha = stachel-, stachelig) ist die am meisten verkaufte und deshalb auch am häufigsten in Parks und Gärten anzutreffen. Die Blüten besitzen nur vier Petalen und nicht, wie üblich, fünf. Die Vierblättrigkeit ist jedoch allen Sericea- und Omeiensistypen eigen. Die Blütenblätter fallen früh ab und die schwarzen Rapsglanzkäfer sorgen obendrein noch für einen rascheren Reifungsprozess.

Der Strauch ist nicht besonders frosthart, für manche Landstriche deshalb weniger geeignet. Meine Rose hat folglich Mühe, sich in die Höhe zu kämpfen.

Die ursprüngliche Heimat ist Westchina in Höhen zwischen 2500 und 2800 m des Omei-Gebirges; dort wurde die Wildrose von einem französischen Pater entdeckt und folglich in Frankreich eingeführt. Die Beschreibung datiert von dem Botaniker Adrien Franchet.

Blüte klein, 4 cm, einfach, nur 4 Blütenblätter, selten 5, einzeln am Zweig aufgereiht – einmal, früh Mai/Anfang Juni | **Farbe** weiß | **Duft** kaum | **Laub** dunkelgrün, 7, 9 oder 11 kleine Fiederblättchen | **Rinde** graubraun | **Stacheln** große Flügelstacheln jung rot, später hellbraun, und Borsten | **Früchte** rund, dunkelrot | **Höhe** 2,00 m und höher | **Frosthärte** mittel, Klimazone 6

Rosa spinosissima L.

Sektion: Pimpinellifoliae

Synonyme: Bibernell-Rose, Dünen-Rose, Rosier d'Ecosse, Burnet-Rose, Scotch-Rose, Scotch-Briar, Scots-Rose

Die Bezeichnung spinosissima (spino- = dornig, stachlig – spinosissima = am stachligsten) deutet auf die besonders massive Bestachelung hin. Die Dünenrose blüht schon im Mai, ist aber für normale Gärten problematisch wegen der zahlreichen Ausläufer, die sich überall in ihrer Umgebung aus der Erde schieben. Wenn unsere Spinosissima als eine der ersten Rosen ihre wei-

R. sericea subsp. *omeiensis* fo. *pteracantha* (Franch.) Rehder et E. H. Wilson zwei verschiedene Fruchtformen an einem Strauch: rund und birnenförmig

Rosa spinosissima L.

ßen, einfachen Blüten hervorbringt, aufgereiht an den braunen Zweigen, sieht dies sehr hübsch aus; es verbreitet im Mai frohe Stimmung. Die Bienen besetzen auch sofort die auffallenden, gelben Staubblätter.

Das Vorkommen der Pimpinellifolien (= kleinblättrig und zahlreich wie die der Bibernelle, englisch burnet), umfasst praktisch überall die Dünen an den Küsten von Island bis Sibirien und Teilen von Kleinasien und China. In Europa ist die Bibernellrose seit langem bekannt; bei uns wächst sie wild an der Nordseeküste. In Schottland ist sie besonders stark verbreitet, die Engländer gaben ihr den Namen »Burnet Rose«, »Scotch Rose«. Peter Boyd, anerkannter Spezialist dieser Species und Sammler (300 verschiedene Sorten) in England, sieht den Namen »Scots-Rose« lieber als »Scotch-Rose« wie er in mehreren seiner Artikel betont. Seit etwa fünfzehn Jahren beschäftigt er sich intensiv mit dieser Gruppe.

Um die Jahrhundertwende vom 18. zum 19. Jahrhundert brachten die Gebrüder Brown in ihrer Gärtnerei bei Perth (Schottland) verschiedene schöne Auslesen heraus, halbgefüllt und gefüllt, weiß, gelb, rosa. Sehr schnell entwickelte sich ein regelrechter Boom dieser »Scots Roses«. Anfang des 19. Jahrhundert gab es über 200 Sorten. Andere englische Baumschulen erhielten von den ersten Rosen von Brown Zuchtmaterial. In gleicher Weise kamen diese Rosen in anderen Ländern in Mode, z. B. in Deutschland. Eine Schottische Rose zu besitzen war etwas Besonderes. Die Namen sind sehr einfach; sie deuten entweder auf das Aussehen der Blüte wie 'Double White', 'Double Yellow', oder sie sind nach dem jeweiligen Fundort benannt, z. B. 'Glory of Edzell', Stanwell Perpetual' oder 'Staffa'. Die Mode jedoch war sehr kurzlebig, da teilen sie ihr Schicksal mit vielen anderen einmalblühenden Rosen; sie wurden alsbald von den öfterblühenden großblumigen Tee- und Remontant-Hybriden verdrängt. Heute sind nur noch relativ wenige dieser historischen Strauchrosen erhalten. Einige schöne Beispiele sollen es wert sein, einzeln vorgestellt zu werden.

Blüte mittelgroß, einfach, in Gruppen, einzeln an Zweigen aneinandergereiht, reich – einmal, lange, Mai/Juni | **Farbe** weiß bis cremeweiß | **Duft** leicht | **Laub** dunkelgrün, 7–11 klein, rundlich, gesägt | **Rinde** dunkelbraun | **Stacheln** zahlreich, nadelartig | **Früchte** rund, schwarz | **Höhe** natürliche Vorkommen 1,00 m, in Kultur 1,60 m | **Frosthärte** sehr gut, Klimazone 4

Ausgewählte Pimpinellifolia-Hybriden für den Garten

'Double Yellow' (England, Williams, ca. 1828)
Synonym: 'Williams' Double Yellow'
Bei Th. Nietner (*Die Rose*, 1880) wird unter dem Namen 'Double Yellow' auf 'Jaune double des Anglais' verwiesen. Erst später setzte sich der kürzere Name immer mehr durch.

Eine sehr attraktive Spinosissima-Hybride, die früh blühende »Gefüllte Gelbe«, wahrscheinlich eine Kreuzung mit *R. foetida*. Sie steht bei uns am Eingang, auf der Nordseite des Hauses, und empfängt die Besucher in einer besonders freundlichen Art. Ein stattlicher Strauch, mit überhängenden Zweigen vom Gewicht der goldgelben Blüten. Da hat man den Eindruck, dass auch bei trübem Wetter die Sonne scheint. Hier und in dieser frühen Jahreszeit liebe ich auch gelbe Rosen. Anfang Juni steht die Mittagssonne schon senkrecht über dem Giebel. Aber schon zwei Stunden später herrscht wieder Schatten, die gelben Blüten leuchten warm und – sie blühen lange.

Blüte mittelgroß, halb gefüllt – einmal, früh Mai/Anfang Juni **Farbe** gelb | **Duft** gut | **Laub** dunkelgrün, 7–9 Fiederblättchen **Rinde** graubraun | **Stacheln** spitz | **Früchte** keine | **Höhe** 1,80 m **Frosthärte** sehr gut, Klimazone 5

'Dunwich Rose'

Synonyme: *R. spinosissima* 'Dunwichensis', *R. dunwichensis*

Man findet immer wieder Sämlinge oder Hybriden. Eine kleine Kulturform, die angeblich 1950 in den Sanddünen nahe dem Dorf Dunwich in England gefunden wurde, ist das niedrig- und breitwachsende Sträuchlein, eine richtige Zwergform von *R. spinosissima*. Die Rose breitet sich auch mit vielen Ausläufern aus, ebenso wie die Art. Besonders liebevoll zeichnete und aquarellierte Mary McMurtrie die Scots Roses und in ihrem gleichnamigen Buch (*Scots Roses of hedgerows and wild gardens*) lässt man sich gerne anstecken beim Durchblättern, diese Rosen in den eigenen Garten zu pflanzen. Seit Peter Boyd die Bestände an Pimpinellifoliae in den großen Sammlungen sichtet und darüber schreibt, finden sie weltweit stärkere Beachtung.

Blüte klein, einfach – einmal, früh | **Farbe** weiß, gelbliches Weiß, gelbe Staubblätter | **Duft** leicht | **Laub** dunkelgrün, 9–11 **Rinde** braun, im Alter grau | **Stacheln** zahlreich, klein, dünn **Früchte** klein, rund, schwarz | **Höhe** 0,60–1,00 m | **Frosthärte** sehr gut, Klimazone 4

'Double Yellow'

'Dunwich Rose'

'Glory of Edzell'

'Glory of Edzell' (England, bekannt vor 1900)
'Glory of Edsell' wird häufig als Synonym angegeben, ist jedoch ein Schreibfehler. Die Sorte wurde nach ihrem Fundort Edzell (Schloss und Dorf) in Schottland benannt. Vom Schloss existiert heute nur noch eine Ruine, eine sehr romantische dazu, in deren Fensterlöchern zuweilen des Nachts ein Gespenst erscheint, wie sich das eben so gehört. Weitaus reizvoller dürfte der großzügig angelegte Garten sein, den Lord Edzell 1602 zusammen mit der Fertigstellung des Schlosses anlegen ließ. »The Pleasance« mit Badehaus ist ein von Mauern umgebener Ziergarten, der festgelegte Öffnungszeiten hat. Die Sage, wie es zu dem Geist, der »White Lady« gekommen sein soll, möchte ich aber doch noch leicht verkürzt wiedergeben. Die Jahreszahlen sind ebenfalls sagenhaft – als Vorlage diente mir ein Reiseführer über Schottland (A. Neumeier, 4. Aufl. 2005).

In einer eisigen Winternacht des Jahres 1543 fand man Catherine Campbell, die Ehefrau von Sir David Lindsay (Lord Edzell), bewusstlos. Man hielt sie für tot und bettete sie auf dem Friedhof in Edzell zur letzten Ruhe. Ein Beschäftigter des Schlosses öffnete die Grabplatte, um an den Schmuck zu kommen. Als er der Frau gerade den Finger abschneiden wollte, erwachte diese aus ihrer Bewusstlosigkeit und rief um Hilfe. Sie schleppte sich vor das Tor des Schlosses, jedoch ihr wurde entsetzt der Eintritt verwehrt. Erfroren fand man sie nun am nächsten Tag. Seitdem sieht man zeitweise ihren Geist – den Geist der »White Lady«.

Die wunderbare Pimpinellifolia-Hybride ist seit dem 19. Jahrhundert bekannt. Eine Rose mit lieblichen, rosaroten Blüten, denen nachgesagt wird, dass sie schnell verblühen würden. Drei bis vier Tage, je nach Witterung, verbleiben die Petalen und die gesamte Blütezeit ist erstaunlich lange; etwa drei bis vier Wochen, da sie eine Menge Knospen hervorbringt, die nacheinander aufblühen. Der Farbton der Blüten ist anfangs kräftig magenta, er verliert dieses Kolorit aber sehr rasch und die Färbung geht in Lilarosa über mit heller bis weißer Mitte. Die Petalenränder legen sich schon zu Anfang leicht rückwärts. Ich besuche 'Glory of Edzell' mehrmals am Tag in unserem Waldgarten, denn ich kann mich nicht genügend satt sehen an ihren reizvollen Blüten.

Blüte mittelgroß, 5–6 cm, einfach – einmal, reich, lange, Mai/Juni | **Farbe** lilarosa, helle bis weiße Mitte | **Duft** leicht | **Laub** dunkelgrün, 7–9, stark gesägt | **Rinde** braun | **Stacheln** spitz **Früchte** keine | **Höhe** 1,60 m | **Frosthärte** sehr gut, Klimazone 5

'Staffa'
(Schottland, vermutlich schon um 1825 bekannt)
Eine besonders schöne Art, die nach ihrem Fundort Staffa in Schottland benannt ist. Zartrosa mit kugeligen mittelgroßen Blüten – kleiner als die Blüten von 'Stanwell Perpetual', denen sie sonst ähneln. Staffa ist eine unbewohnte Insel, die aber jährlich von Tausenden von Touristen besucht wird. Beeindruckende Basaltsäulen, fünfzig Millionen Jahre alte, langsam abgekühlte Lava, erheben sich an der Südseite der Insel aus dem Meer. Berühmtheiten wie Keats und Wordsworth beschrieben und dichteten über diese Naturwunder und Turner malte den eindrucksvollen Anblick. Das Rauschen des Meeres in der größten Höhle der Insel, die Fingal's Cave, inspirierte Felix Mendelssohn Bartholdy zu der »Hebriden-Ouvertüre«, dieser herrlichen Tondichtung, die Richard Wagner lobte als eines »der schönsten Musikwerke, das wir besitzen«. Mir war dieses wunderbare Erlebnis auf der Insel leider noch nicht vergönnt.
Meine 'Staffa' war ein Geschenk einer Besucherin, die mir ein noch kleines Sträuchlein mitbrachte und erzählte, dass sie dieses an einem Waldrand gefunden hatte. Zunächst ließ ich die Wildrose jahrelang in dem Topf, in dem das Rosengeschenk eingepflanzt war. Erst nachdem sie ausgepflanzt ihre Freiheit genießen konnte, entwickelte sie sich zu einem herrlich

links: 'Staffa'
rechts und unten:
'Stanwell Perpetual'

blühenden Frühlingsstrauß, und längst liefert sie selbst etliche Ausläufer. Da die Spenderin damals den Namen nicht wusste, blieb sie zwangsläufig jahrelang namenlos. Erst das Internet half mir. So erfuhr ich, dass diese Sorte in Schleswig-Holstein vielerorts wild wachsen soll.

Blüte mittelgroß, kugelig, leicht gefüllt, sichtbare Staubgefäße – einmal, früh | **Farbe** zartrosa, fast zu weiß verblassend **Duft** gut | **Laub** graugrün, 9–11, stark gesägt | **Rinde** dunkelbraun | **Stacheln** zahlreich | **Früchte** sehr selten | **Höhe** 1,60 m **Frosthärte** sehr gut, Klimazone 4

'Stanwell Perpetual' (England, Lee 1836)
Gefunden wurde sie in einem Garten in Stanwell, bei einer Mrs. Lee. Stanwell liegt nicht weit entfernt von der Rosengärtnerei Lee, wie 1838 Mrs Catherine Frances Gore in ihrem Buch *The Book of Roses* schreibt. Die Gärtnerei Lee – eine zufällige Namensgleichheit – in Hammersmith (jetzt ein westlicher Stadtteil von London) hatte sie im Jahre 1836 lediglich herausgebracht. Dies ist sicherlich die bekannteste, beliebteste und auch am häufigsten gepflanzte Sorte unter den Bibernell-Rosen. Nicht nur wegen der bezaubernden Blüten und dem unvergleichlichen Rosenduft, sondern auch deshalb weil sie in unserer Gegend ab Anfang Juni – eine mehrwöchige Blühpause sei ihr vergönnt – bis zum Frost Blüten hervorbringt. Das ist bei dieser Art der Pimpinellifolien einzigartig. Dieses wiederholte Blühen verdankt sie wahrscheinlich *R. × damascena bifera*, eine Zufallskreuzung mit

R. pimpinellifolia. Bei dieser Rose kommen sogar Männer ins Schwärmen.

Blüte mittelgroß bis groß, gefüllt, geviertelt, sichtbare Staubgefäße – öfter, bis zum Frost | **Farbe** zartrosa, fast zu weiß verblassend | **Duft** sehr gut | **Laub** graugrün, 9–11 Fiederblättchen | **Rinde** dunkelbraun | **Stacheln** zahlreich | **Früchte** sehr selten | **Höhe** 1,50–1,80 m | **Frosthärte** gut, Klimazone 5

'William III' (England, Anfang 20. Jahrhundert)
'William III' wächst niedrig und mehr breit. Die Farbe ihrer Blüten ist einzigartig, von »kastanienbraun« bis »karminrot« lauten die Beschreibungen. Im Handel gibt es verschiedene unter diesem Namen, was das Verwirrspiel der Namensgleichheit nur vergrößert.

Ich war über die Farbschattierungen zuerst etwas irritiert, ja fast ein bisschen enttäuscht. Anfänglich leuchtete sie in grellem Magentarot, aber seit dem dritten Pflanzjahr bin ich fasziniert von den funkelnden Amethysten, die dieses Sträuchlein bedecken. Violett überhaucht mit samtigem Schimmer sind die Blüten, in deren weißer Mitte sich die gelben Staubblätter auffällig abheben. Einen wundervollen Kontrast ergibt die hellere Abseite der Blütenblätter.

Blüte mittelgroß, halbgefüllt – einmal, zuweilen auch einzelne Nachblüten, früh | **Farbe** violett-magentarot, weiße Mitte **Duft** leicht, fruchtig | **Laub** dunkelgrün, 5–7 Fiederblättchen **Rinde** jung rot, im Alter braun | **Stacheln** zahlreich, lang, dünn, spitz und Stachelborsten | **Früchte** rund, schwarzbraun, lange Fruchtstiele | **Höhe** 0,80–1,00 m | **Frosthärte** sehr gut, Klimazone 4

Zum Schluss noch ein Ausblick auf künftige Möglichkeiten dieser eigenwilligen Gruppe:

'Johann Evangelist Fürst'
(Deutschland, Meile 1999)
Entdeckt im eigenen Garten – damals ein kleines Rosenpflänzchen, dem man es nicht ansah, was für ein schöner Strauch es mal wird. Zunächst vermuteten wir wegen seiner spitzen Stacheln und kleinem Laub einen Spinosissima-Abkömmling, da auch die Blüten fünf Petalen zeigten. Doch später entdeckten wir rote Flügelstacheln an den jungen Stockaustrieben. Anders als die von *R. sericea omeiensis fo. pteracantha* sind sie etwas verteilter und einfacher geformt. Die Neu-

'William III'

austriebe waren nun auch mit einem dichten Pelz feiner Borsten überzogen, der sich nach oben zu verliert. Der zweite, dominantere Elternteil war gefunden, auch vom Habitus her. Eine allererste 'Pteracantha' hatte in den 1980er-Jahren unweit von diesem Platz gestanden, aber die junge Pflanze überlebte damals auf Dauer die Winter nicht.

Heute steht ein schöner Strauch vor uns mit anmutigem cremeweißen Flor und gelblichen Resten am Blütengrund, aufgereiht an den Zweigen, ähnlich einer Perlenkette. Der früh einsetzenden, langen Blühphase folgen bald kugelige rote Hagebutten, die schon abgefallen sind, wenn sich der Strauch in gelbem Herbstlaub zeigt.

Mit dem Namen für diese neue, sehr frostharte, elegante Parkrose ehren wir einen Pionier der Sortenprüfung der »Nutzholzpflanzen« ab den 1820er-Jahren. Die Rosentaufe in Vilshofen, im Passauer Land, würdigte den Gründer der »Praktischen Gartenbaugesellschaft in Frauendorf« und deren Wochenblatt *Allgemeine deutsche Gartenzeitung*, 1823 (s. »Rosenschreiber«).

Blüte mittelgroß, einfach, einzeln auf den Zweigen aufgereiht, 5 Blütenblätter – einmal, früh | **Farbe** creme, dann weiß, gelbe Staubgefäße | **Duft** leicht | **Laub** dunkelgrün, meist 9 Fiederblättchen, eirunde, kleine Fiederblättchen, zur Spitze zu größer werdend | **Rinde** braunrot, im Alter grau **Stacheln** verschieden, jung meist außer einem Borstenpelz, dunkelrote Flügelstacheln, an Blütentrieben eher dünn, spitz **Früchte** rund, rot, glänzend, langer Fruchtstiel | **Höhe** 2,50–3,00 m | **Frosthärte** sehr gut, Klimazone 4

'Johann Evangelist Fürst'

Rosa roxburghii fo. normalis Rehder et E. H. Wilson

Sektion Microphyllae (Platyrhodon)

***Rosa roxburghii* fo. normalis** Rehder et E. H. Wilson
Synonyme: Kastanienfruchtige Rose, Igel-Rose, Chestnut Rose

Die Art selbst, *R. roxburghii* Tratt., wurde in England 1824 eingeführt. Die einfache Wildform *Rosa roxburghii* f. *normalis* wurde 1908 in China (Provinz Sichuan) entdeckt. Sie gilt als die schönste Form. Beliebt ist die Rose wegen ihrer interessanten Früchte, dem charakteristischen, farnartigen Laub und auch wegen ihrer eigenartigen Kelchblätter, die auch an den Früchten haftend sind. Die übliche Höhe von vier Metern wird der Strauch in unserem Klima (500 m) nicht erreichen, dafür sorgt schon der Frost. Die Farben der Blüten variieren, meist sind sie weißlichrosa. Leider halten die zarten Petalen nicht lange, die Blütezeit dieses Strauches ist also recht kurz. Junge Triebe sind rötlich, später grau mit jährlich abschälender Rinde, was auch für eine außergewöhnliche Erscheinung spricht. Das Ausgefallenste aber sind die grünen, kugelrunden bestachelten Früchte, die ihr die Synomyme einbrachten.

Blüte groß, einfach, einzeln oder in kleinen Gruppen – einmal, Juni | **Farbe** anfangs zart rosa, rasch zu weiß verblassend **Duft** leicht | **Laub** hellgrün, 9–15, elliptisch, paarweise unter den Blättern angeordnete Stacheln | **Rinde** jung beigebraun, Alter grau, ältere Rinde abblätternd, kurze Seitentriebe grün **Stacheln** vereinzelt, breit | **Früchte** groß, grün, gereift gelblich, rund, kastanienfrüchteartig bestachelt, Stacheln weich, früh abfallend | **Höhe** 2,00–3,00 m | **Frosthärte** mittel, Klimazone 7

»Rosenschreiber« in alter Zeit

Hintergründe und Lebensbilder

Menschen mit Interesse an der Sichtung und Verbreitung von Rosen und der Liebe zu dieser Gattung in all ihrer Vielfalt: Ärzte, Pflanzensammler, Botaniker, Gärtner, Züchter, Maler, Verleger, Schriftsteller und Liebhaber beobachteten die Rosen und legten immer wieder Gärten an, deren Bestand sich als wertvoll erwies. Überlieferte Verzeichnisse, Abbildungen und gesammelte zeitgenössische Informationen sind wichtige historischen Quellen der Rosenvielfalt und Rosenverbreitung. Die folgenden Schilderungen von historischen Hintergründen und Lebensbildern solcher Personen für einzelne Phasen des 18. und 19. Jahrhunderts in Mitteleuropa ergänzen die historischen Bezüge in den Texten zu den »Rosen in meinem Garten«. Sie stimmen auch ein auf das Leben der Menschen in dieser vergangenen Zeit. Die Auswahl unserer markanten Beispiele und unsere favorisierten Interpretationen konzentrieren sich eher auf weniger bekannte Personen oder Informationen. Die Ausführungen zu den verschiedenen Motiven, Lebensleistungen und Nachwirkungen dieser Menschen sind in ihrem Bezug auf die Alten Rosen oft Ertrag unserer bisherigen Nachforschungen. Im Anhang listen wir unseren Handapparat (Bibliographische Werke und Hilfsbücher). Eine chronologische Übersicht über die Quellen und rosengeschichtlich bedeutsamen Veröffentlichungen vor 1945 schließt sich an und spiegelt die Geschichte der Rosen und der „Rosenschreiberei". Die übrige genutzte oder empfohlene Literatur folgt, nach Themenbereichen gruppiert.

Baumschuler, Gärtner und Sammler von Gehölzen

Ausgerichtet auf den besonderen Umgang mit den langsam wachsenden und langlebigen Bäumen und Gehölzen aller Art hatten sich schon im 16. Jahrhundert Baumschulen entwickelt. Im Vordergrund standen die Vermehrung und die Selektion von Obstbäumen. Da auch Rosen zu den Gehölzen zählen, finden sich in den Beratungswerken und Verkaufskatalogen der Baumschuler oft auch Hinweise auf Rosensträucher. Die von den Botanikern Mitte des 18. Jahrhunderts dokumentierte Vielfalt der Rosen, samt den bis dahin bekannt gewordenen Ab- und Spielarten, wurde rasch von den Baumschulen und Gärtnereien aufgegriffen. Denn im Zuge fortschreitender Umstellung von Parks und Gärten auf den englischen Gartenstil erwarteten die Besitzer von Gartenanlagen und

Renaissance-Schloss Schwöbber – heute »Schlosshotel Münchhausen« (Foto 2008)

Pflanzensammlungen Angebotskataloge mit professioneller Zusammenstellung einer breiten Vielfalt, eindeutigen Bezeichnungen sowie verlässlichen Beschreibungen und Empfehlungen. Es ging nun nicht mehr um Pflanzenmaterial, das man durch Schneiden zu allerlei Zierrat trimmt, sondern um individuelle botanische Besonderheiten. Im ausgehenden 18. Jh. überwogen schließlich die pittoresk gestalteten Landschaftsparks und Lustwälder, in denen zwar exotische Bäume und Sträucher Aufsehen erregen sollten, aber in denen insgesamt auch die einheimische Natur im Rahmen der lokalen Wetterbedingungen ihren Stellenwert für die Landschaftsgestaltung besaß. Die Pflanzen wurden teils langwierig durch Samen gezogen, dann aber, um der Effizienz willen und um erzielte Ab- und Spielarten stabil zu vermehren, durch allerlei künstliche Methoden fortgepflanzt, wie Stockteilung, Ausläufer, Absenker, Stecklinge oder Pfropfen, Copulieren und Okulieren von Augen auf Wildrosenstämmen. Man holte die Unterlagen aus der Natur oder zog sie auf Äckern, um sie ständig vorrätig zu haben. Die Vermehrungsmethoden waren in der Obstbaumzucht über Jahrhunderte entdeckt und durch Erfahrung immer mehr verfeinert worden. Die Literatur des 17. bis 19. Jahrhunderts gab viele Ratschläge und Erläuterungen hierzu weiter, die sich voll auch auf den Umgang mit Rosen übertragen ließen. Gefördert wurde dies im 18. Jahrhundert durch das Bedürfnis der Aufklärung, das rasant zunehmende Wissen der Zeit zusammenzufassen, mit Betonung von Erfahrung und Vernunft. Die ersten Lexika und Enzyklopädien der Neuzeit zielten daher auf Ökonomie und praktische Anwendung im Alltag, verbunden mit Anregung zur Weiterbildung und Vervollkommnung. Ende des 17. Jahrhunderts hatten auch die Gärtner begonnen, die eigene Erfahrung höher als den Aberglauben und überlieferte Tipps aus der Antike zu werten. Einer der erfolgreichsten schreibenden Gärtner war **Louis Liger** (1658–1717), der 1704 in Paris, seinen *Jardinier Fleuriste* herausgab. In den Mittelpunkt stellte er die praktische erfolgreiche Arbeit mit allen damals gängigen Gartenpflanzen. Die Fülle der Kopien in verschiedenen Sprachen signalisiert den Bedarf in jener Zeit. Bereits ab 1706 konnten die Engländer den *Compleat Florist* kaufen. In lockerem Englisch schildert der Text nach Liger auch den Umgang mit 14 Rosengruppen, was diese unterscheidet und wie man das Jahr über jeweils am besten mit Rosen dieser Gruppen verfährt. Auf Deutsch erschienen seine Texte erst ab 1715. Herausgeber war Gleditsch in Leipzig, der später diese auch in seinem *Allgemeinen Oeconomischen Lexicon* verwertete, 1731, zeitgleich mit Philipp Millers *Gardeners Dictionary*.

Otto von Münchhausen (1716–1774) – *Der Hausvater*, ein Klassiker: Ottos Lebensdaten decken sich politisch und kulturell mit Absolutismus und Rokoko. Sein aus 30-jähriger Erfahrung erwachsenes Hausvater-Werk, 1.–5. Teil (1767–1771), lässt nichts aus, was für den ökonomischen Erfolg einer Haushaltung sich bis dahin bewährt hatte: »Haus« als Inbegriff der Ganzheitlichkeit

links: Landschaft mit Steyerberg, *Der Hausvater*, 5. Teil, 1770 (Ausschnitt aus dem Frontispiz)

rechts: Otto von Münchhausen (*Annalen der Braunschweig-Lüneburgischen Churlande*, 3. Jg. 1. Stück, 1789)

eines Systems, vom Hausstand über das Betreiben von Gutshöfen bis zur Verwaltung eines aufgeklärten Fürstentums. »Vater« meint die Rolle des fürsorglichen Planens, Lenkens und verantwortlichen Reagierens in einem Gemeinwesen, sei es als Familienoberhaupt, Regierungsbeamter oder Landesvater. Otto von Münchhausen bekleidete nicht nur verschiedene Ämter im niedersächsischen Staatsdienst (z. B. Regierungspräsident im Kreis Harburg), er besaß auch selber Ländereien und lobte seine Bauern, weil sie seine Hausvaterschriften läsen und zu seiner großen Zufriedenheit und zum Wohlstand aller im Alltag umzusetzen wüssten. In den Jahren 1735–38 hatte er in Göttingen studiert und neben dieser Vorbereitung auf den Verwaltungsdienst sich auch naturwissenschaftlichen Studien gewidmet, bevor er 1741 von seinem Vater außer Schloss und Garten mit Baumschulbetrieb in Schwöbber auch das Landdrostenamt (Kreisverwaltung) in Liebenau und Steyerberg übernahm. »Einem Orte, wo ich fünf und zwanzig Jahr mit vielem Vergnügen zugebracht, und meine mehrsten ökonomischen und botanischen Versuche angestellt habe«, bemerkt Münchhausen in seiner Vorrede zum 5. Band (S. XXI) und erläutert das Titel-Kupfer, mit dem er dem Flecken Steyerberg und dessen Landschaft an der Weser unterhalb der Porta Westfalica ein Denkmal setzen wolle.

Als er um 1750 seinen Park am Rittergut Schwöbber, westlich von Hameln, im Englischen Stil (aufgekommen in England 1720) umgestaltete, war er der erste in Deutschland, aber weniger aus Neigung zur Gartenkunst, sondern aus Liebe zu Bäumen und zur Natur. Die zugehörige Baumschule war damals führend, was ausländische Gehölzarten betrifft, nicht nur im Weserbergland. Nachforschungen von Hans Joachim Tute (2005) über die Herren auf dem Renaissance-Schloss Schwöbber (erbaut von Hilmar von Munichhausen – siehe Wappen) zeichnen von Otto das Bild eines bedeutenden, botanisch versierten Pflanzensammlers, in der Tradition seines Großvaters, ebenfalls Otto, Herr auf Schwöbber von 1668 bis 1717. Bereits auf das Jahr 1689 lässt sich dort die Kultivierung der ersten Ananas datieren. Die Pflanzensammlung in der Orangerie mit 50 m Außenlänge reizte 1716

Münchhausen-Wappen in Schwöbber, 1588 (Hilmar und Dorothea)

Rosa Majalis Herrm. ‚Foecundissima', von Redouté gemalt als *Rosa Cinnamomea Maialis.*

sogar den russischen Zaren Peter den Großen zu einem Besuch, während einer Kur in Bad Pyrmont. Das Pflanzenverzeichnis seines Vaters überarbeitete Otto 1751 in seinem *Catalogus Horti Muenchhausiani*: 1044 Pflanzen (nach Tute). Sein Werk *Der Hausvater* enthält im 5. Band, 1770, ein Kapitel »Verzeichniß aller Bäume und Stauden, welche in Deutschland fortkommen« mit 288 Seiten, darunter auch 18 Seiten Rosen, deren lateinische Beschreibungen er sorgfältig zitierte, oft Textpassagen seiner nur wenig älteren Zeitgenossen wie Miller, Duhamel oder Linné. Den englischen Chefgärtner im botanischen Garten von Chelsea, **Philipp Miller** (1691–1771), dessen *Gardener's Dictionary* schon 1731 in erster Auflage erschienen war, hatte Münchhausen 1750 persönlich kennen gelernt und bei ihm etliche amerikanische Gehölze bestellt. Der vielseitige Franzose **Henri Louis Duhamel du Monceau** (1700–1782) gilt als Begründer der Forstbotanik und der biologischen Holzforschung, die besonders für den damaligen Schiffbau von der französischen Marine sehr wichtig genommen wurde. Die Lektüre des Duhamel'schen Standardwerk von 1755 (dt. 1762) hat Münchhausen immer wieder für vertieftes Wissen empfohlen. Mit dem schwedischen Botaniker Carl Linné (1707–1778), seit 1757 auch ein Ritter, begann er April 1751 einen Briefkontakt. Bis Juli 1773 tauschten beide 31 Briefe aus, fast alle in Latein verfasst – zugänglich im Internet dank der schwedischen Linnaeus Gesellschaft (Projekt »The Linnaean correspondence«). Leider sind Rosen in keinem der Briefe Gegenstand des Meinungsaustausches. Zu sehr standen die neu nach Europa gelangten Gehölze aus Amerika im Vordergrund, mit denen Münchhausen systematische Versuche anstellte. Mit Stolz zeigt er am Schluss der Beschreibungen (S. 355–359) eine neue Baumart, die zu einem neuen Geschlecht gezählt wird, das der Ritter nach ihm benannt hat: Münchhausia. Der Gartentheoretiker Hirschfeld hielt damals Miller und Münchhausen für die größten Kapazitäten auf dem wissenschaftlichen Gebiet des Gartenwesens (nach Tute).

Auch bei den Rosenbeschreibungen setzte Münchhausen seine eigenen Beobachtungen und sein eigenes Urteil hinzu, wenn er dies um der Wahrheit willen für nötig hielt. Was die Namensgebung betrifft, richtete er sich streng nach Linnés Vorgaben. Englische, französische und alle ihm bekannt gewordenen deutschen sowie volkstümlichen Bezeichnungen fügte er an. Auf den 18 Seiten stehen 58 verschiedene Sträucher unter dem Genus Rosa, das sind 30 Arten, einige davon mit mehreren Varietäten. Eine bei Steyerberg wild gefundene Art hat er von sich aus beigegeben, genau beschrieben und *Rosa foecundissima* genannt. Diese Rose wurde oft zitiert und von Redouté gemalt. Seine Aufstellung solle dazu dienen, schrieb er, dass jeder die Rosen kennen lerne und dadurch wisse, welche einheimisch bereits wachsen oder schon in Deutschland in Vermehrung sind, und »ein jeder sich die besten darunter aussuchen könne, und sich nicht etwa (…) aus England oder Holland mit Kosten die ganze Sammlung von Rosen kommen lasse, da er denn alle und jede Spielarten, auch die in allen Hecken wild wachsende Rosen theuer bezahlen muß, und am Ende wenig Arten mehr finden wird, als die er bey sich in allen Gärten und bey jedem Gärtner erhalten könnte« (S. 273). Bei den einzelnen Rosen fällt auf, dass er die *Rosa eglanteria* L. eindeutig auf die weißrötlich blühende Rose mit dem duftenden Laub und den rötlichen Härchen im Austrieb (also auf die *R. rubiginosa*) bezogen haben will und sich gegen die Angabe von gelben Blumen wehrt, wie sie der Ritter mache. Es sei wohl eine Verwechslung, weil die gelb blühende *R. lutea* Mill. auch duftendes Laub habe. (Auf seine Ausführungen zur *Rosa indica* L. bzw. *Rosa chinensis* Jacqu. wird hier im Buch beim Kapitel der China-Rosen eingegangen.)

Johann Philipp Du Roi (1741–1785) – *Die Harbkesche wilde Baumzucht*: Der an Botanik interessierte Herzoglich Braunschweig-Lüneburgische Hofrichter **Friedrich August von Veltheim** hatte bei seinem Renaissance-Schloss in Harbke, westlich von Marienborn, einen Park, den er ab 1765 im Englischen Stil umwandelte. Auch er begann mit forstlichen Versuchen, vor allem mit nordamerikanischen Baumarten, die er sammelte. Der Park soll alles bis dahin in Deutschland gestaltete übertroffen haben. Als 1765 an der nah gelegenen Medizinischen Akademie Helmstedt der junge Braunschweiger

Johann Philipp Du Roi (1780)

Botaniker Johann Philipp Du Roi sein Studium gerade beendet hatte, bot ihm Veltheim bereits die Gelegenheit an, die botanische Aufsicht über seine Gehölz-Sammlung zu übernehmen. Du Roi sagte gerne zu und konnte sich so voll seinem Lieblingsfach, der Botanik, widmen. Öfters nahm er am sehr anregenden ausgesuchten gesellschaftlichen Zirkel Veltheims teil, zu dem auch Otto von Münchhausen und Friedrich Albrecht, regierender Fürst zu Anhalt-Bernburg, gehörten.

Bis September 1771 fasste Du Roi die Beschreibung der Gehölzarten samt Ergebnissen aller Versuche in einem Werk zusammen, dessen Erscheinen bereits Münchhausen 1770 im *Hausvater* angekündigt hatte (Bd. 5, S. 89). Gedruckt wurde das mit 959 Seiten (in zwei Bänden) sehr umfangreiche Gehölzbuch 1772 – es gilt als die erste deutsche wissenschaftliche Abhandlung zur Dendrologie: *Die Harbkesche wilde Baumzucht*. Den Rosen sind im zweiten Band 39 Seiten gewidmet. Schon Ende Oktober erwarb Du Roi in Helmstedt den Doktortitel, um danach in Braunschweig eine sehr erfolgreiche Arzt-Karriere zu beginnen. Er heiratete 1755, von seinen fünf Kindern lebten noch drei Söhne, als der inzwischen berühmte und beliebte Arzt im Zuge intensivster Betreuung der Patienten Ende 1785 selbst am grassierenden Faulfieber erkrankte und plötzlich im Alter von 44 Jahren verstarb.

Sein Freund, der Arzt **Johann Friedrich Pott** (1738–1805) mit Interessenschwerpunkt Pharmazie, war ebenfalls Pflanzensammler. Zu seinen zwischen 1779 und 1789 datierenden Herbar-Belegen übernahm er 1786 die von Du Roi. Einige haben sich noch erhalten. Unter Nr. 252.25 fand ein unbestimmtes Rosenexemplar Eingang in Linnés Herbarium, ein Brief von Pott an Linné (L5203) trägt das Datum 1776.

Pott war so gut mit der botanischen Arbeit seines Freundes vertraut gewesen, dass er sich der Aktualisierung des Du Roi'schen Werkes annahm, als es vergriffen war und neu aufgelegt werden sollte. Als der erste Band der überarbeiteten und vermehrten Auflage 1795 erschien, mit einer Würdigung seines Freundes Du Roi durch eine kurze Biographie, war zwischenzeitlich auf Harbke auch der Hofrichter Friedrich August verstorben.

oben: Schlosspark Harbke, barocke Nischenwand 1745 mit Steinfigur »Pomona«

unten: Veltheim'sche Renaissance-Schloss-Ruine in Harbke (Foto 2008)

Berghauptmann August Ferdinand von Veltheim folgte 1795 nach. Nach 28 Jahren Verwaltungstätigkeit im Oberharzer Bergbau widmete dieser sich nun im Ruhestand bis zu seinem Tod, 1801, der Geologie und Botanik. Bis dahin, 1800, hatte J. F. Pott auch den Rest der Neuauflage *der Harbke'schen wilden Baumzucht*, zwei weitere Bände, fertig gestellt, auch Bd. 2 mit dem Buchstaben R (Rosa). Die Rosen präsentieren sich auf 56 Seiten – Entdeckungen von neuen Arten und Varietäten waren in den bald 30 Jahren hinzugekommen. Du Roi als Autor und sein Werk blieben noch lange lebendig. Noch Meyer's Lexikon von 1851 gab im Artikel »Rosen« bei R. foecundissima Du Roi als Quelle an.

Schloss und Park Harbke blieben bis Ende des zweiten Weltkrieges im Besitz derer von Veltheim. Ab der russischen Besetzung verfiel das Schloss in Folge kommunistischer Missachtung »feudalen Kulturerbes«. Nur der Park hat sich mit etlichen botanischen Besonderheiten erhalten. Eindrucksvoll sind auch heute noch: eine eigenwillige barocke Nischenmauer, in die sich nun Rosensträucher schmiegen, und der jetzt älteste in Deutschland noch existierende Ginkgo-Baum, den schon Goethe 1805 besichtigte. Im 19. Jahrhundert hatte man die Orangerie im Park erneuert. Inzwischen ist in Sachsen-Anhalt ein landesweites Rettungs-Projekt angelaufen, das auch in der Gemeinde Harbke historisch Wertvolles der Gegenwart und Nachwelt bewahren möchte. Weitere Autoren von Gehölz-Literatur und botanischen Rosen-Listen sind mit ihren Werken im chronologischen Verzeichnis des Kapitels „Rosen auf Papier" (S. 366) genannt.

Der Landgraf und sein Rosen-Züchter

Als in Kassel der Hessische Landgraf Friedrich II. 1765 die Stelle eines Hofgärtners am Schlosspark Weißenstein ausschrieb, bekam nicht der daran interessierte Kieler Gartentheoretiker Christian Cay Lorenz Hirschfeld den Zuschlag, obwohl die Modernisierung der barocken Gartenanlage in Richtung Landschaftspark angesagt war. Ausgewählt wurde der gärtnerisch gut geschulte und erfahrene Praktiker **Daniel August Schwarzkopf** (1738–1817) der in Harbke bei Veltheim gelernt hatte und auch in England 1758 und 1759 beim berühmten Philipp Miller mit dessen Kreuzungsmethoden für die Züchtung neuer Rosensorten vertraut wurde.

»Rosensammlung zu Wilhelmshöhe« (Schnell + Steiner, Regensburg 2001): Pinhas-Aquarell »Rose Aimable Rouge«

Friedrich (1720–1785), war schon als Prinz wider die Familientradition zum katholischen Glauben übergetreten und begünstigte nun als Landgraf die Kasseler Freimaurerlogen mit ihrer Rosenverehrung. Gehölze und Rosen konnte Schwarzkopf direkt aus Harbke und Schwöbber beziehen; die Verbindungen zu England und dessen nordamerikanische Kolonien waren gut. Der Graf war zudem mit einer englischen Prinzessin, Maria von Hannover, verheiratet. Allerdings lebte diese seit Amtsantritt Friedrichs 1764 – durch hessisches Konfessionsrecht verfügt – von ihm getrennt zusammen mit den drei Kindern im extra abgegrenzten Grafschaftsteil Hanau-Münzenberg. Der älteste Sohn, der 1743 geborene Wilhelm, war dort als Regent eingesetzt, bis zum Tod seines Vaters 1785; ein Datum, ab dem Wilhelm – endlich als Herr über ganz Hessen – mit den alten spätbarocken Zuständen am Kasseler Hof seines Vaters gründlich aufräumte.

Zunächst zurück zum Anfang dieser letzten 20 Friedrich-Jahre, einer Frühphase der Huldigung rosiger Spielarten, weit vor dem Jahrhundert der Gartenrose. Schwarzkopf hatte sofort eine Gehölzschule gründet und widmete sich der Bereicherung und der modernen landschaftlichen Weiterentwicklung des Parks, der immer noch den alten Namen eines Klosters Weißenstein aus dem 12. Jh. trug, das zum territorialen Besitz des Bischofs von Mainz gehörte. Nach der Reformation wurde es 1527 durch Ratsbeschluss der Stadt Kassel aufgelöst und als Jagdschloss in den Besitz der Landgrafen gegeben. Der Nachfolgebau, ein Jagdschloss im Renaissance-Stil von 1606 diente noch Friedrich bei seinen prunkvollen Empfängen und Theateraufführungen in den Gartenanlagen. Schwarzkopf pflanzte die eingeführten und von ihm vermehrten üblichen Wildrosenarten und die traditionellen Gartensorten vor Hecken und auf kleine Hügel (vergl. Jean Baptiste Klébers Gartenarchitektur mit Rosen ab 1783 für Mömpelgard). Unterhalb des alten Schlosses entstand ein besonderes „Rosenwäldchen". Von dessen Mitte aus führten vier Stichwege zu Lichtungen mit Rosen. Dieses Rosen-Boskett hatte wohl eine rituelle Bedeutung (M. Lutze, H. Becker in *Die Rosensammlung zu Wilhelmshöhe*,1999). So ergab sich ein glücklicher Umstand, der Schwarzkopf anregte, seine Rosenzüchtungskünste ausgiebig zu betreiben. Ab 1773 konnte er aus neu entstandenen Sorten erste gartenwerte Varietäten selektieren, weitere folgten und wurden vermehrt. Diese neuen Rosen erfreuten wahrscheinlich die sich versammelnden Rosenfreunde, auch Mitglieder des Hofes, und so gab man ihnen, der höfischen Sitte entsprechend, französische schöne Namen – also nicht erst 1811 während der französischen Besatzung (Napoleons Königreich Westfalen).

Diese Vorstellung drängte sich uns auf, als wir vor einiger Zeit von Herrn Kurt Grübl, „Bayerische Verwaltung der staatlichen Schlösser, Gärten und Seen", die Kopien jeweils der Rosenseiten der Verzeichnisse von Schönbusch (1783 bis 1876) erhielten. Schönbusch ist ein Landschaftsgarten bei Aschaffenburg, damals eine Ersatzresidenzstadt des Bischofs von Mainz, nur ca. 25 km südöstlich von Hanau, 1814 zu Bayern. Die umfangreichen Arbeiten für die Umwandlung eines Wäldchens in einen kurfürstlichen Landschaftspark am linken Mainufer begannen erst 1775. Vier Jahre später hatte man etliche Problem erkannt und gelöst. Aber erst, als 1780 Friedrich Ludwig Sckell in Stilfragen zu Rate gezogen wurde, hob sich das Niveau der Gestaltung. Nach Weggang des Hofgärtners im Folgejahr, wurde ein zweiter Geselle mit Namen Bode eingestellt, der 1783 auf die vakante Hofgärtnerstelle aufrückte, was die Titelblätter 1791, 1797 und 1802 belegen, auf den zwei letzten mit Vornamen Christian. Die Autoren des Buches *Der Landschaftsgarten Schönbusch bei Aschaffenburg* (Worms 1999, S. 25), vermuten, dass dieser tüchtige Gärtner Bode aus Kassel kam. Sie erwähnen auch, dass in der Zwischenzeit ein „botanisch beschlagener Benediktinerpater Bonifacius Bestlen aus Seligenstadt" sich mit Auswahl und Ankauf von Pflanzen für den Schönbusch befasste. Das passt zu „herausgegeben von B. B." auf dem Titelblatt des Bestands-Verzeichnisses von 1783: Von den 106 Rosennamen gehörten 58 mit „Rosa" und sachlich beschreibendem Latein zum Repertoire, wie wir es von Münchhausen und Du Rois gewohnt waren, allerdings mit guten deutschen Umschreibungen ausgestattet.

Die Überraschung war das „Neue Sortiment": 48 Pflanzen mit „Rose" und französischem Namen, von denen uns einige sofort an die Pinhas-Kollektion erinnerten. Tatsächlich stimmen 18 Namen mit Pinhas-Bildern überein. Alles spricht dafür, dass es sich um eine Lieferung von Schwarzkopf-Rosen aus Kassel handelt, – zumindest ein kleiner Ersatz für den bis heute noch nicht gefundenen Weißensteiner Verkaufskatalog von 1781, erwähnt von Freiherr v. Günderode mit Hinweis auf 8 damals bereits von Schwarzkopf für den Vertrieb vermehrte Sorten aus eigener Züchtung.

In der Schönbusch-Liste von Bestlen, die eine Art Ausstellungskatalog für die im Park präsentierten Rosen darstellt, ist interessanterweise noch keine 'Perle de Weissenstein' vorhanden, dafür aber eine 'Perle brillante' und eine 'nouvelle Perle', aus denen sie später vielleicht durch Umbenennung hervorging. Neu sind 'Ornament…' und 'aimable de Weissenstein'. Die bei Pinhas vorkommende 'Belle de Weißenstein' könnte 'belle gagné' oder 'Belle amante' als Vorläufer haben. Das sind aber Spekulationen, denn Schwarzkopf dürfte als Rosenzüchter selber sein zum Verkauf freigegebenes Sortiment immer wieder selektiert und mit neuen, besseren Sämlingen aufgefüllt haben. Zwischen der Schönbusch-Liste und manchen Aquarellen von Pinhas, der erst 1788 an den Hof kam, liegen zum Teil gut 20 Jahre Züchtungsarbeit. Schwarzkopf scheint lange Zeit der erste und einzige Züchter in Europa gewesen zu sein, der seinen Rosensorten Sentimentalnamen gab (oder geben ließ). Dem Maler Pinhas, dem Transfer von Kassel-Napoleonshöhe nach Paris-Malmaison und dem Verkauf von Rosen an andere Gärten verdanken wir, dass diese Leistung des Daniel August Schwarzkopf nicht unbemerkt verloren ging. Vielleicht schlummern noch in einigen Archiven weitere Rosen-Listen aus Hofgärten, wo man gegen Ende des 18. Jahrhunderts neugierig genug war, neu gezüchtete Rosen in Kassel zu bestellen, wie dieser Pater des altehrwürdigen Benediktinerklosters in Seligenstadt mit eigenem noch erhaltenen, großen Klostergarten.

Neues Roſen-Sortiment.

Roſe jolie.
---- gracieuſe.
---- centfeuille de Heſſe.
---- grandeur ſuperbe.
---- aimable rouge.
---- Beauté tendre.
---- illuſtre Beauté.
---- incomparable.
---- noble.
---- triomphe.
---- de parade.
---- la reſpectable.
---- Paſſe la Reine.
---- agreable.
---- pourpre de Weiſſenſtein.
---- grandeur royal.
---- Violette nouvelle.
---- Cœur tendre.
---- nouvelle couleur.
---- mediocre nouvelle.
---- tardive nouvelle.
---- ma favorite.
---- Ornement de Weiſſenſtein.

Roſe Belle gagné.
.... la ſingularite gagne.
.... Belle amante.
.... Papaver minor.
.... ſurpaſſe ſingletton.
.... Belle ſans flatterie.
.... Velour nouveau
.... Feu amoureux.
.... Belle aimable.
.... Perle brillante.
.... nouvelle Perle.
.... Mignonne.
.... Manteau pourpre.
.... Belle parade.
.... Bonet pourpre.
.... Pulchra.
.... Sang de Bœuf.
.... violette ſuperlative.
.... Rouge en feu.
.... aimable de Weiſſenſtein.
.... incarnate.
.... flamboyante.
.... Soleil brillant.
.... la Tropheé.
.... belle Roſe grande.

Rosensorten aus dem Schönbusch-Verzeichnis 1783. In ZANDERA 25 (2010, S. 69–93) listet Jost Albert (Buchautor und Grübls Kollege) am Ende seines Schönbusch-Artikels den gesamten Bestand von 1783. Bodes Lehrzeit bei Schwarzkopf Kassel hat sich bestätigt.

Zur Dokumentationsgeschichte der Gehölze und Pflanzen im Schlosspark Weissenstein gehören noch zwei Veröffentlichungen: Die Residenzstadt Kassel hatte eine Hochschule (Carolinum), dessen Professor für Botanik, der Arzt **Christoph Böttger**, schon früh an der wissenschaftlichen Begutachtung der sich vergrößernden beachtlichen Gehölz-Sammlung interessiert war. Er legte 1777 erstmals eine Erfassungsliste samt Beschreibung vor. Leider, aber aus botanischer Sicht verständlich, fanden die künstlich erzeugten Sorten eines Hofgärtners damals darin keinen Platz. Böttger listete in seiner Schrift zumindest die 33 identifizierbaren Rosenarten und fügte lediglich Hinweise auf gefundene Spielarten an – insgesamt ca. 100 Varietäten. Sein Nachfolger **Conrad Mönch** aktualisierte für 1785 die botanische Bestandsaufnahme und konnte bei der Gattung Rosa die Zahl der Arten auf 49 erhöhen. Bei der Beurteilung der Sämlinge des Hofgärtners Schwarzkopf zählte er ca. 150 unterscheidbare Sorten, aber ohne Angabe von Sortennamen. Vielleicht standen damals schon bei den Sämlingen im Zucht-Beet, wie heute üblich, nur Nummern und Schwarzkopf verwaltete eine Extra-Liste von zugeteilten Sortennamen. Dem Rosenfreundeskreis des Landgrafen wäre auch zuzutrauen, dass sie ein Ritual der Rosentaufe zelebrierten. Ein Zusatz „de Weissenstein" klingt dabei einerseits wie ein Markenzeichen für den Zustand der Handelsqualität dieser Rose, andererseits hilft es, die eigene Ware von ähnlichen Sorten mit anderer Herkunft abzugrenzen.

Es scheint, dass Schwarzkopf der erste und zu seiner Zeit wohl einzige Züchter mit französischen Sentimentalnamen für seine künstlich erzielten Sorten war, denn unsere Suche ergab:

Der früheste Züchter Frankreichs Jean Louis Descemet (1761–1839) kannte durch die spezialisierte Vermehrungs-Gärtnerei seines Vaters zunächst nur die medizinische Rosennutzung. François Joyaux's Descemet-Biografie von 2005 stellt aber Kontakte mit Freimaurern heraus, die ihn die Schönheit von Rosensorten, den Gartenwert und wirkungsvolle Sentimentalnamen wichtig werden ließen. Doch Descemet begann erst in den 1790er-Jahren mit Aussaaten. Die Handels-Kataloge der frühen Holländer, veröffentlicht von Gerrit Kleis in seiner Geschichte der Rosenzucht in den Niederlanden 2007 zeigen: Du Vivie's Register von 1717 (vor Linné) besteht noch aus 32 holländischen beschreibenden Namen. Der Catalog von Jacobus Gans von 1780 (nach Linné) bietet 56 lateinische beschreibende und teils die Herkunft nennende Bezeichnungen, ergänzt jeweils durch englische und holländische Übersetzungen. Erst Cornelius und Jan de Graaff te Lisse führen um 1800 im Verkaufs-Katalog ihrer 151 sog. Neuheiten neben 109 lateinischen Namen (meist Farbvarietäten) auch 42 französische Bezeichnungen. Dabei französische Sentimentalnamen wie: 'Germain', 'Perle d'Orient', 'Eveque', 'Premiere Couronne', 'Lustre d'Eglise, 'Rouge charmante', 'la Plaizante', 'la belle extra ordinair', 'Bez. Triumphante beau', 'Delitieuse'. Es zeigt, dass der offene Handel mit solchen Rosen erst zu Beginn des 19. Jahrhunderts aufkam und die Vergabe von Sentimentalnamen für selektierte Varietäten in Mode kam. Die Namen wurden zu Werbeträgern. Zusätzliche Hinweise auf den Entdecker einer neuen Gartensorte zur leichteren Sicherung der Identität, in Analogie zu den botanischen Entdeckungen, waren noch nicht gebräuchlich, so auch Jahreszahlen, echte Züchterangaben bis dahin ja kaum schon möglich.

Was wurde aus dem „Weißensteiner Sortiment" im Schönbusch? Eine erste eigene Aufstellung gab der Hofgärtner Bode 1791 heraus, diesmal eine Verkaufsliste. Lediglich unter der Nr. 312 lesen wir ein Rosenangebot: „50 Stück der besten Sorten". Die begonnenen Koalitionskriege mit Besetzung von Mainz könnten eine Erklärung dafür sein. Die folgenden Verkaufskataloge des „kurfürstlichen Hofgärtners Christian Bode" für „Die neue wilde Baumzucht" im Schönbusch von 1797 und 1802 enthalten beim Rosen-Angebot beide den gleichen Text bei dem 90 Nummern umfassenden Sortiment – nun auf Botanik getrimmt: Latein mit deutschen Hinweisen und sortiert nach „kugelrundem" und „eyrundem" Fruchtknoten, zehn „unbestimmte Rosen" blieben übrig. Vier mal wurden zu einer Art Untervarietäten geführt. Spuren von Schwarzkopf-Rosen zeigen sich unter centifolia L. / Belgica M. / Nr. 47: „Rosa (b.) emabeles. mafavoritte. ein großblumigte Abart", und Nr. 50: „Rosa (e.) R. papaver minor. kleine Mohnrose". Auffällig sind noch unter den unbestimmten die Nr. 88 Rosa Dyoica, (vielleicht von Schloss Dyck) und Nr. 89 Rosa trojaectum. mastricher Rose.

In der bayerischen Zeit tauchen 1830 im *Verzeichniss der in dem Königlichen Hofgarten Schönbusch bei Aschaffenburg cultivirten Baeume, Straeucher, Hauspflanzen und Staudengewächse* folgende 16 Namen aus dem damals fast 50 Jahre alten „Neuen Sortiment" der 1783er-Liste wieder auf: 'belle parade' (17.), 'flamboyant' (51.), gallica Lin. / 'incomparable' (57.), 'illustre beauté' (75.), 'ma favorite' (78.), 'mignonne' (80.), 'nouvelle perle' (90.), 'Ornement de Weisenstein', (90.), 'papaverina major' (93.), 'papaverina minor' (94.), 'perle brillante' (95.), 'rouge en feu' (101.), 'sang de boeuf' (103.), 'soleil brillante' (105.), 'surpasse' (107.), 'triomphe' (109.). Bemerkenswert ist eine Landrosen mit Namen 'Ornement de Schönbusch' (4.).

Zurück nach Kassel zum Hofgärtner Schwarzkopf, der bis zum Tod seines Landgrafen 1785 noch frei seinem Züchterhobby nachgehen konnte. Ab dann werden wohl die gärtnerischen Anforderungen an ihn sehr hoch gewesen sein, denn der Sohn seines Landgrafs ergriff als Wilhelm IX. sofort die Initiative zur zeitgemäßen Erneuerung: Um Platz zu schaffen für einen modernen Neubau ließ er bereits 1786 das alte Schloss abreißen und die Trümmer im vorgelagerten See zu einer Insel aufschütten. Die Rosen des Wäldchens mussten ab 1789 auf diese Insel umziehen. Salomon Pinhas kam an den Hof. Das ganze Anwesen wurde auf seinen Namen umgetauft in „Wilhelmshöhe". Der Park verwandelte sich nun konsequent in einen stilreinen Landschaftsgarten, was wohl 1795 einen ersten Abschluss fand mit der Einweihung der „Roseninsel" und dem Plan, den Rosenbestand mit einem „Werk der Blumen" zu dokumentieren, illustriert mit Aquarellen des Hofmalers Pinhas. Schwarzkopf war bereits 1790 zum Garteninspektor über alle Gärten in Hessen aufgestiegen, wurde aber schon drei Jahre später in die Karlsaue versetzt, von wo aus er die Umgestaltung von Wilhelmsthal zu leiten hatte. Eigentlich wissen wir sehr wenig über das Leben dieses Rosen-Pioniers, geboren in Ostrau bei Halle, ein Ort mit einem Veltheim-Schloss, als Sohn eines Gärtners und Architekten. Uns Rosenfreunden ist nicht bekannt, ob Schwarzkopf bei der Planung des „Rosen-Buches" oder bei der Ausführung der Aquarelle, insbesondere der seiner Züchtungen, dem Hofmaler Pinhas beratend zur Seite stand. Kommentare zu den Rosen hat er, wie es aussieht, nicht aufgeschrieben, er schrieb aber Rosengeschichte. Sicher ist sein Sterbejahr 1817. Sein Name findet sich bis dahin ab und zu im Parkpflegewerk der Karlsaue. Es gibt Hinweise auf seine Ehefrau und einen Sohn, Carl Friedrich, der ihn wohl abgelöst hat.

Rambler-Rosen im heutigen Landschaftspark Kassel-Wilhelmshöhe

Der menschlichen Seite Schwarzkopfs sind wir bis jetzt nur in einem Rückblick begegnet, den Freiherr von Truchseß 1823 schrieb, als Vorwort für sein umfangreiches pomologisches Werk (ADGZ 1823, S. 135 f). Als junger Mann hatte Truchseß von 1775 bis zum Ende der Friedrich-Ära Militärdienst in Kassel geleistet und für die Schönheit des Bergparks geschwärmt: „... *Wie erwünscht mir nun die Bekanntschaft und bald hingebende Freundschaft des ehemaligen landgräflich-hessischen Hofgärtners Schwarzkopf zu Weißenstein werden mußte, können alle diejenigen ermessen, die das Glück hatten, diesen edlen, frohsinnigen und doch tief denkenden Mann gekannt und genauer erkannt zu haben. In unserem ersten Zusammenleben (Treffen 1780) war die schönere Gartenkunst und Anpflanzung fremder Holzarten fast ausschließlich der Zweck seiner mich sehr belehrenden Unterhaltungen, und das Pomologische wurde nur nebenbei berührt. Aber, als ich einst Schwarzkopf in der Kirschenzeit 1785 besuchte, traf ich ihn vor seinem Kirschgarten; mir die Tür öfnend, rief er aus: „Heute, Freund Truchseß, sollen Sie köstlich mit mir schmausen," und führte mich von einem Kirschbaum zum andern. Ich staunte über die große Mannigfaltigkeit der Kirschen-Varietäten, noch mehr über die Schönheit und den hohen Wohlgeschmak der meisten dieser Kirschen-Sorten. Schwarzkopfs Hand drückend, ihm auch wohl um den Hals fallend, rief ich aus: „O hätte ich diese Sorten alle auch auf meiner Burg!" „Weiter nichts?" war seine Antwort; „mein Freund Baars, der Plantagenmeister zu Herrenhausen, läßt Ihnen alle diese Sorten in den schönsten Stämmen ab."* Diese Sorten aus Hannover waren Truchseß' Einstieg in die Sammelleidenschaft von Kirschvarietäten in seinem eigenen Burgpark bei Hofheim in Unterfranken.

Salomon Pinhas (1759–1837) – 200 Jahre Rosenschau: Das Kasseler Ehepaar Hedi und Wernt Grimm hatte aus Anlass einer bevorstehenden Gartenschau 1981 in Kassel die Idee, Alte Rosen auf der Roseninsel und im Park Wilhelmshöhe wieder anzupflanzen. Dafür suchten sie Dokumente in hessischen Archiven und sammelten Rosenlisten von zeitgenössischen Baumschulen, Gehölzspezialisten und Versandgärtnereien. Dabei entdeckten sie die Aquarellmappe von Salomon Pinhas mit 133 Abbildungen Alter Rosen – ein gewaltiger Anstoß, das Projekt zur lebendigen Darstellung der Rosenzüchtungsgeschichte über viele Jahre hinweg zusammen mit Rosenfreunden zu realisieren. Eingebettet in den weitläufigen Bergparkpark ist die frei zugängliche Strauchrosensammlung „Roseninsel Park Wilhelmshöhe" ein Teil des historischen Landschaftsgartens, der mit allen Anlagen und Bauten am 23. Juni 2013 als UNESCO-Weltkulturerbe anerkannt wurde. Während Pinhas seine Bilder malte, rückten die Franzosen nach ihrer Revolution im anschließenden Krieg gegen Österreich über den zu Habsburg gehörenden Teil der Niederlande vor und erreichten 1798 den Rhein. Umordnungen in den rechtsrheinischen Ländern des deutschen Reiches bescherten Wilhelm den Kurfürstentitel, an dem er sich aber nur drei Jahre erfreuen konnte. Denn 1806, nach Zusammenbruch des ersten gesamtdeutschen Kaiserreichs, flüchtete Wilhelm vor den französischen Truppen. Als sie in Kassel einrückten, schuf Napoleon 1807 ein neues Königreich Westfalen mit Kassel als Hauptstadt und mit seinem Bruder Jérôme als König. Wilhelm kehrte nach diesem bis 1813 dauernden Zwischenspiel 1815 sicher in sein Kasseler Schloss zurück, ließ die Aquarelle-Sammlung, deren Beschriftung während der Besatzungszeit mit dem Verkaufskatalog der Baumschule von 1811 abgeglichen und nach 1813 zu Ende gemalt worden war, binden und im Archiv des Schlosses ablagern, wo sie 150 Jahre gut verwaltet wurden. Vom Ehepaar Grimm 1978 entdeckt und den Rosenfreunden endlich zur Kenntnis gebracht, vor allem über Artikel im *Rosenbogen* des VDR, wurden die Bilder schließlich 2001 veröffentlicht, in der Reihe »Studien zum Kulturerbe in Hessen« (Bd. 2) im Regensburger Verlag Schnell und Steiner unter dem Titel: *Rosensammlung zu Wilhelmshöhe. Nach der Natur gemalt von Salomon Pinhas. Kurfürstlich Hessischer Hof-Miniaturmaler 1815*. Die Rosen der Napoleonshöhe, wie der Park in der Franzosenzeit hieß, übernahm auch der Kasseler Handelsgärtner Schelhase, was Vergleiche mit seinen erhaltenen Versandkatalogen von 1808 und teilweise noch 1825 belegen.

Vom Sammelsurium der Kaiserin Joséphine

Liebte Joséphine wirklich die Rosen? Kein Zweifel, sie liebte Blumen sehr, sie zeigte aber ganz allgemein großes Interesse an Pflanzen, an der Natur und an der Botanik. Joséphine jedoch als ausgesprochene Rosensammlerin zu bezeichnen, wäre weit übertrieben. Erst Jahre nach ihrem Tod, in der Zeit der Romantik und des Historismus begann diese Darstellungsweise einer vor allem die »Rosen liebenden« und einer »Rosen sammelnden Kaiserin«. Man titulierte sie posthum mit »Rosenkaiserin«. Und dies setzte sich bis in unsere Zeit fort. Natürlich verstanden es einige Rosenzüchter ausgezeichnet, ihre neuesten Züchtungen der Kaiserin zu präsentieren, wie es auch andere Blumisten, Gärtner, Gewerbetreibende, Künstler, nutzten, ihre Erzeugnisse vorzustellen und darauf zu spekulieren, die Kaiserin für ihre Warenangebote gewinnen zu können. Das war eigentlich nicht schwierig, denn sie konnte Händler nicht so ohne weiteres wegschicken, ohne ihnen etwas abzukaufen. Fast täglich erhielten Juweliere, Modistinnen, Couturiers Audienz, denn »Toilette machen«, das war Joséphines Lust und Leidenschaft. Schon vor ihrer Heirat mit Napoleon, als Mme de Beauharnais war sie stets nach der neuesten Mode gekleidet. Luxus, ihr Lebensinhalt, nahm viel Raum in ihrem Leben ein. Vermutlich nutzten etliche Händler Joséphines Schwäche aus, um sie zu übervorteilen, sie erkundigte sich nie nach dem Preis. Oft kürzte der Hof Rechnungen auf die Hälfte, die Händler gaben sich damit ebenso zufrieden. Für ihre Bekleidung standen Joséphine jährlich 360 000 Francs zu, ab 1809 dann 540 000 Francs; zum Vergleich: Ein Gärtner in Malmaison hingegen erhielt 600 Francs als jährliches Entgelt.

Die Wurzel ihres Geltungsbedürfnisses lag wohl darin, dass sie als Kolonialistentochter zu dominieren verstand, auch wenn die Familie – verursacht durch wetterbedingte Katastrophen – eher sehr bescheiden leben musste, was auch wiederum ihre spätere Verschwendungssucht erklären mag. Marie-Josèphe-Rose Tascher de la Pagerie (Napoleon nannte sie Joséphine) wurde am 23. Juni 1763 auf Martinique geboren, einer der zu Frankreich gehörenden Inseln unter dem Wind, die zu den Kleinen Antillen zählt. Marie-Josèphe-Rose wuchs in einer Umgebung üppigster Natur auf. Das tropische Klima lässt Kaffee-, Mango- und Mandelbäume wachsen, zwischen den schönsten Blumen konnte sie schwelgerisch wandeln. Nicht umsonst nennt der Volksmund Martinique die »Blumeninsel«. Diese vegetative Pracht mag sie in ihrem späteren Leben dazu bewogen haben, sich mit vielen Pflanzen zu umgeben und sich mit ihnen zu beschäftigen. Nur wollte sie in ihrer Unersättlichkeit Pflanzen aus der ganzen Welt in ihrer Umgebung unterbringen. Trotzdem hegte das junge Mädchen schon lange den Wunsch, der Armut ihres Elternhauses zu entkommen. Eine in Paris lebende Tante vermittelte eine Heirat zwischen ihrer sechzehnjährigen Nichte mit ihrem Patenkind Vicomte Alexandre de Beauharnais, dem Sohn des Marquis François de Beauharnais, ihrem Geliebten. Aus Marie-Josèphe-Rose Tascher de la Pagerie wurde eine Vicomtesse. Zwei Kinder entstammen dieser kurzen, wenig glücklichen Ehe: Eugène und Hortense, die sie sehr liebte. Bald nach der Geburt des zweiten Kindes wurde im gegenseitigen Einvernehmen eine Trennung vereinbart. Nach dem notariellen Vorgang, der keine Scheidung darstellte, wurde das Sorgerecht aufgeteilt: Die Tochter Hortense sollte bei der Mutter aufwachsen, der Sohn Eugène beim Vater.

Mme de Beauharnais musste mit einer bescheidenen Jahresrente auskommen und einer zusätzlichen Unterstützung von ihrem Schwiegervater und ihrer Tante. Es reichte ihr jedoch nie, weshalb sie sich von allen Seiten Geld lieh, um ihre alten Schulden zu bezahlen. Um 1790 hatte sich in Frankreich die Welt verändert. Die Monarchie war aufgelöst worden, die Privilegien des Adels abgeschafft, aus der Vicomtesse wurde wieder eine Bürgerin. Den Namen Mme de Beauharnais führte sie noch, ja sie profitierte sogar davon, nun als die Frau des Präsidenten der Natioinalversammlung zu gelten. Sogar aus Alexandre de Beauharnais' Karriere als General zog sie Vorteile: diese versorgte sie mit neuen Kontakten und reichlich öffentlichem Ansehen.

Aber 1793 änderte sich die Situation drastisch – die Köpfe rollten, der König wurde hingerichtet und alle, die adliger Abkunft waren, auch trotz patriotischen Geistes, unter Verdacht des Landesverrats gestellt. Alexandre de Beauharnais wurde im März 1794 verhaftet. Seine von ihm getrennt lebende Frau versuchte alles in ihren Kräften stehende, um ihren Mann frei zu bekommen. Doch ohne Erfolg. Sie wurde selbst ins Gefängnis gebracht. Ihr Mann musste am 23. Juli 1794 den Gang zur Guillotine antreten, vier Tage bevor die Schreckensherrschaft der Diktatur zu Ende war. Mme de Beauharnais hingegen konnte mit vielen anderen das Gefängnis verlassen. Nach Monaten, in denen sie immer noch unter Angstzuständen litt, meldete sich jedoch ihr alter Kampfgeist zurück und damit auch ihre Wertvorstellungen. Als Witwe de Beauharnais hatte sie keinerlei Einnahmen; immer wieder musste sie Darlehen aufnehmen. Ihre Bemühungen, aus Alexandres Nachlass Geld zurückzubekommen, verliefen erfolgreich. In den Salons, in denen sie nun wieder verkehrte, lernte sie einflussreiche Freunde kennen. Zum Beispiel Paul Barras, Graf und ehemaliger Offizier, Befehlshaber der Pariser

»Das Schloss Malmaison von der Eingangsseite gesehen« (J. Gravereaux, La Malmaison, Paris 1912)

Truppen und entscheidend beteiligt am Sturz des Diktators Robespierre – Barras stieg zum Präsidenten des Konvents auf. In ihrem neuen Kreis war Mme de Beauharnais sehr begehrt – mit ihrem Charme, ihrem sanften Wesen und ihrer Anmut eroberte sie die Menschen und vor allem die Männer. Sie mietete sich ein größeres Stadthaus, das alles konnte sie sich als Mätresse des mächtigen Barras leisten.

Im Herbst 1795 lernte Mme de Beauharnais Napoleon kennen, kurz nachdem er einen Aufstand niedergeschlagen hatte und Ende Oktober Paul Barras als Kommandierenden General der Armee des Innern ablöste.

Joséphine war für Napoleon als Vermittlerin sehr wichtig, und umgekehrt hielt sie ihn für ihre Interessen und ihre Zukunft unentbehrlich. Am 8. März 1796 unterzeichneten beide vor einem Notar eine Übereinkunft für eine Heirat mit Gütertrennung. Einen Tag später erfolgte die Trauung mit dem sechs Jahre jüngeren Napoleon Bonaparte. Luxus und Schulden waren von da an nur noch steigerbar. Dubiose Geschäfte betrieb Joséphine sogar noch, als ihr Mann zum Staatsoberhaupt, zum Ersten Konsul aufgestiegen war, nur um an Geld zu kommen, das ihr immer mangelte. Er beglich sogar ihre hohen Schulden, machte ihr heftige Vorwürfe und war voll des Zorns, doch auch in Zukunft hielt sie das niemals davon ab, neue zu schaffen.

Sie legte großen Wert auf ihre Gesichts- und Körperpflege, benutzte Rouge und ließ sich aus Grasse Rosenmilch und Rosenwasser kommen. Vormittags empfing sie Modistinnen und Geschäftsleute, die ihr ihre neuesten Schöpfungen anboten. Und die Rechnungen belegen, welche Unsummen sie nun für Kleidung und Schmuck verwendete. Sogar Modeschmuck ließ sie sich von überall mitbringen, nicht nur Pflanzen. Der Generalintendant Daru, der Napoleon auf seinen Eroberungszügen begleitete, wurde von ihr dafür beauftragt.

In der Zeit von Napoleons langer Abwesenheit im ägyptischen Feldzug schloss Joséphine den Kaufvertrag für Schloss Malmaison ab – das Paar hatte es gemeinsam ein Jahr zuvor schon besichtigt. Seit Monaten ohne Nachricht von ihm, unterschrieb sie am 21. April 1799 unbekümmert, obwohl sie die 15 000 Francs Anzahlung nicht mal flüssig hatte. Jedoch für ihr Versprechen, den Verwalter des vorherigen Besitzers weiter zu behalten, lieh ihr dieser den Betrag.

Im Schloss Saint Cloud, das nur eine Viertelstunde mit der Kutsche entfernt von Malmaison lag, hielt sie sich am liebsten auf, da sie hier – wie in Malmaison – mehr Privatatmosphäre genießen konnte als in den Tuilerien, wo der Park öffentlich war. Von wechselnden Architekten ließ Joséphine zusammen mit Napoleon ab 1800 zunächst den Bau in Malmaison restaurieren und modernisieren, später dann weitere Um- und Anbauten durchführen. Allerhand Nebengebäude wurden erbaut, zusätzliche Stallungen zu denen, des Vorbesitzers kamen hinzu, Wirtschaftsgebäude und ein kleines Theater für bis zu 300 Zuschauer entstanden. Der noch vom ehemaligen Besitzer im englischen Stil angelegte Park wurde in derselben Richtung fortgeführt mit weiteren Anlagen, Bepflanzungen und nicht, wie spätere Darstellungen zeigen, in französisch formalen Stil umgewandelt. Das vielbewunderte »Grande Serre Chaude«, ein Warmhaus für tropische Pflanzen, entstand 1805, zwei Jahre später ließ Joséphine daran luxuriöse Salons anbauen, in denen man wandeln und die sehr seltenen Pflanzen betrachten konnte. Ihre großartige Antikensammlung fand hier in einem extra Raum Platz. Rund fünfzig Meter lang und sechseinhalb Meter breit war das Glashaus »Grand Serre Chaude«, fünf Öfen sorgten in der kalten Jahreshälfte für Wärme. Hier hielt sie sich sehr oft auf, weil sie sich am wohlsten inmitten der exotischen Pflanzen fühlte – Pflanzen, die zum Teil als Souvenirs aus fernen Ländern hier gediehen.

Im verlängerten Musiksalon des Schlosses entstand eine Galerie für ihre Sammlung erlesener Gemälde und zusätzliche wertvolle Statuen. In Joséphines Todesjahr wurden rund 250 griechische Vasen in Malmaison gezählt, eine einmalige Sammlung, bei den Gemälden kam man auf eine Zahl von 450, ohne die in den anderen Schlössern. An Gemälden konnte sie sich erfreuen – Beutekunst musste zuerst bei der Kaiserin abgegeben werden, sie traf für sich persönlich eine Auswahl, bevor sie weiter in den Louvre gebracht werden durfte. Die Kisten mit dem wertvollen Gut standen häufig ungeöffnet übergebührlich lange in ihrem Schloss und das Museum musste häufig die Herausgabe anmahnen, denn diese waren für die Öffentlichkeit bestimmt.

Sie beschäftigte sich mit Musik, spielte ausgezeichnet Harfe, sang gern, Zeitgenossen bescheinigten ihr eine schöne Stimme, und sie schätzte das Klavierspiel – allein sieben Klaviere befanden sich 1814 in Malmaison, in jedem der anderen Schlösser stand mindestens ein Klavier. Die Bibliothek in Malmaison umfasste 14 000 Bände, darunter Partituren für Harfe, auch sehr viele Opern- und Liederhefte. Ebenfalls schätzte und benutzte sie oft die Bücher aus den Palastbibliotheken.

Weitere Grundstücke der Nachbarschaft kaufte Joséphine dazu, zum Beispiel das Jagdschlösschen von König Louis XV. Zwei Bauernhöfe folgten, Schloss und Herrschaft Buzenval mit Park von 53 Hektar und Wälder mit 167 Hektar. Im Jahr 1805 gelang es ihr das Tal Hudrée von zwölf Grundstückseigentümern zu erwerben. Schloss Bois-Préau, das Aimé Bonpland, ihr Garten-Verwalter, bewohnen durfte, war 1809 der letzte Ankauf, das war zwei Monate vor der Scheidung. Insgesamt betrug am Schluss die Fläche von Malmaison 726 Hektar.

Die Themen Botanik und Natur beschäftigten sie schon sehr früh. Innenminister Chaptal empfahl in einem Schreiben an die Wissenschaftler des Naturkunde-Museums, sie mögen Mme Bonaparte nach Kräften unterstützen, da sie Wesentliches für Frankreich leiste. Als der Professor für Baumzucht André Thouin (Professeur d'agriculture au Muséum d'Histoire naturelle, membre de l'Institut) ihr exotische Früchte aus Treibhäusern sandte, erinnerten sie diese an ihre Heimat. Das brachte sie auf den Gedanken, ihre Mutter zu bitten, ihr so viel wie möglich Samen zu schicken. Sie korrespondierte mit dem Unterkommissar von Portsmouth in den Vereinigten Staaten sowie weltweit, man möge ihr verschiedene Samen zukommen lassen. »Ich möchte, dass Malmaison bald als Vorbild für gelungene Pflanzenzucht gilt und den Départements seine Reichtümer anbieten kann. Im Hinblick darauf lasse ich unzählige Bäume und Sträucher aus Australien und Nordamerika anpflanzen …« Bei der Besetzung Wiens 1809 durch die Franzosen mussten annähernd achthundert seltene Pflanzen aus den Gewächshäusern in Schönbrunn auf Vorschlag Aimé Bonplands nach Malmaison verbracht werden.

Sie kaufte aber auch Samen und Pflanzen für ihre Sammlungen bei bekannten Gärtnern und Rosisten wie Vilmorin in Paris, dem Rosensammler Du Pont, Lee & Kennedy in Hammersmith. Um Letzteren wird es sich bei der Nachricht in Napoleons Brief im Jahre 1801 an Joséphine gehandelt haben, als er ihr mitteilte, dass er für sie Pflanzen aus London erhalten habe. Trotz Krieg mit England und Kontinentalsperre erhielt John Kennedy eine Sondergenehmigung, Pflanzen für die Kaiserin nach Frankreich zu verschiffen.

Joséphine erhielt aus allen Erdteilen Tiere für ihre private Menagerie. Die Kaiserin hatte hier genau so das Vorrecht wie für die Kunstwerke und Pflanzen. Was ihr nicht zusagte, gab sie weiter, so zum Beispiel die wilden Tiere; sie bevorzugte die sanften, die im Park sich teilweise vollkommen frei bewegen konnten und nach damaligen oder ihren Vorstellungen »artgemäß« gehalten wurden. Sicherlich ergab dies ein schönes Bild, wenn die schwarzen Schwäne aus Australien auf dem See schwammen, auf den Wiesen im Park sich schlanke Gazellen anmutig bewegten, Känguruhs, Gnus, ein Lamapaar, Papageien und so weiter. Und man kann sich lebhaft vorstellen, dass die Besucher diese Szenen sehr beeindruckend fanden.

Als oberste Instanz aller Bediensteten setzte Napoleon wechselnde Intendanten ein, ähnlich

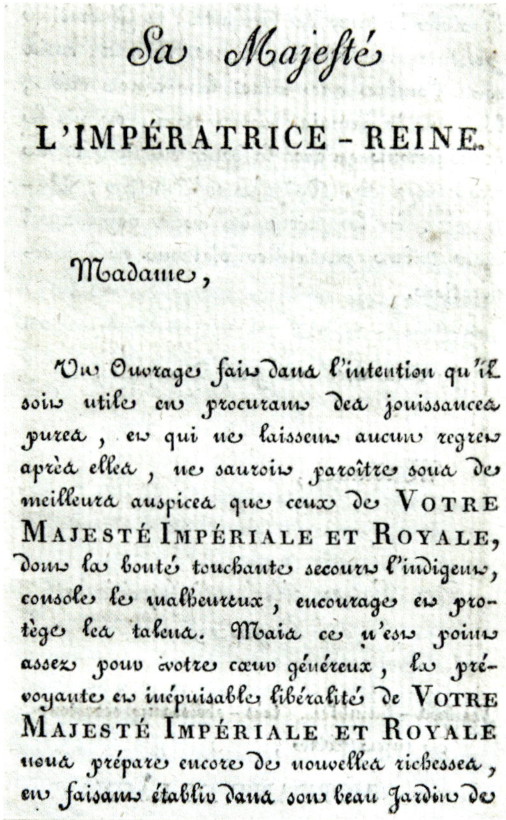

Sa Majesté

L'IMPÉRATRICE - REINE.

Madame,

Un Ouvrage fait dans l'intention qu'il soit utile en procurant des jouissances pures, et qui ne laissent aucun regret après elles, ne sauroit paroître sous de meilleurs auspices que ceux de VOTRE MAJESTÉ IMPÉRIALE ET ROYALE, dont la bonté touchante secourt l'indigent, console le malheureux, encourage et protège les talens. Mais ce n'est point assez pour votre cœur généreux, la prévoyante et inépuisable libéralité de VOTRE MAJESTÉ IMPÉRIALE ET ROYALE nous prépare encore de nouvelles richesses, en faisant établir dans son beau Jardin de

Anfang des Schreibens von Mordant de Launay, Herausgeber des *Le Bon Jardinier* für 1808, an Kaiserin Josephine, das ihr die Widmung des Almanach kundtut und begründet.

wie bei den Architekten. Ein allen Rosenliebhabern bekannter Mann wurde 1806 zum Verwalter der kaiserlichen Parkanlagen, Baumschulen und Gärten in Saint Cloud bestimmt, es war Comte **Jean Baptiste Louis Le Lieur** de Ville-sur-Arce. Ihm (oder seinem Gärtner Suchet) verdanken wir die herrliche Portland-Rose 'Rose du Roi' (1815). Der Herausgeber des Almanach *Le Bon Jardinier*, 1823, Eugène Pirolle, schrieb über einen späteren Besuch in diesem Garten (S. 1148): »… habe ich in diesem Jahr den Blumengarten besucht, wo M. Le Lieur vor einigen Jahren eine der reichsten Rosensammlungen vereinigt hatte, welche damals M. Suchet, der jetzt Vorsteher des Blumengartens zu Fontainebleau ist, mit so viel Geschicklichkeit erzog.«

Lelieur brachte 1811 eine Schrift heraus: *De la Culture du Rosier* (par M. Lelieur de Ville-sur-Arce, Administrateur des Parcs, Pépinieres et Jardins Impériaux).

Joséphine aber fand in dem Botaniker **Aimé Bonpland** einen guten Fachmann, den sie als Privat-Botaniker und Verwalter für ihre Parks in Malmaison und Navarre beschäftigte. Bonpland brachte von seiner Expeditionsreise, die er zusammen mit seinem Freund Alexander von Humboldt 1799 bis 1804 nach Mittel- und Südamerika unternahm, seltene Pflanzen mit. In Paris veröffentlichte er die botanische Ausbeute.

Bonpland katalogisierte die botanischen Seltenheiten von Malmaison und Navarre. Verschiedentlich wird zwischen 1803 und 1814 in Malmaison eine Zahl von vorhandenen »250 verschiedenen Rosenarten« genannt. Später tauchten immer wieder verschiedenste Vermutungen auf über Anzahl und Sorten. Über die Wild- und Gartenformen gibt es leider keine Aufzeichnungen, bzw. sie könnten ebenso verloren gegangen sein, denn Carl T. von Uklanski, der 1809 über einen Rundgang im Park von Malmaison, zusammen mit Bonpland schreibt: »… Jetzt beschäftigt er [Bonpland] sich mit der Anfertigung eines vollständigen Catalogs aller in Malmaison vorräthigen Pflanzen.« Möglicherweise könnte auch aus dem Vorhaben nie etwas geworden sein. Bonplands Vorgänger, der 1808 verstorbene Amateurbotaniker **Étienne-Pierre Ventenat**, hatte 1803 die in Malmaison befindlichen raren Pflanzen aus fünf Kontinenten beschrieben und zeichnen lassen. Bonpland nannte sein eigenes nachfolgendes Werk *Description des plantes rares cultivées à Malmaison et à Navarre*, das auch Pflanzen umfasst, die in Navarre bessere Bedingungen haben, beispielsweise Erica-Arten. Beide Werke enthalten jedoch keine Rosen. Originale wie die auf Pergament gemalten Darstellungen von Pierre-Joseph Redouté sowie von Pancrase Bessa sind noch, wenn auch sehr verstreut, erhalten.

Nur die ersten zwei Jahre amüsierte sich Napoleon in Malmaison, sofern die Zeit es zuließ und er sich nicht unterwegs auf seinen Eroberungszügen befand. Danach zog er Saint Cloud vor. Joséphine betrachtete Malmaison als ihr persönliches Refugium. Von der Zeit an, als Joséphine die Kaiserkrone empfing (Dezember 1804), bis zur Scheidung (Dezember 1809) verbrachte sie insgesamt nur acht Monate in Malmaison. Ihre Repräsentationspflichten als Kaiserin erforderten ihre Anwesenheit im Elysée-Palast und für Malmaison blieben ihr nur wenige Erholungsstunden, es sei denn, das Schloss diente besonderen Empfängen. In der Zeit nach der Scheidung weilte sie mehr auf Reisen – in der Schweiz kaufte sie sich ein kleines Schloss, das sie sich noch umbauen ließ, aber nur noch einmal sah. Sie besuchte mehrmals ihre Kinder oder begab sich etlichemale in Kur. Öfter als in Malmaison hielt sie sich, auf Wunsch Napoleons, in dem düsteren Schloss Navarre auf, das extra für sie umgebaut werden musste. Die herrliche Residenz des Élisée-Palastes in Paris wurde Joséphine zugesprochen, ebenso wie Malmaison und Schloss Navarre. Im Élisée-Palast hielt sie es nicht lange. Zu nahe waren die Tuilerien, der Ort, wo demnächst die neue Frau des Kaisers leben sollte. Joséphine erhielt von Napoleon jährlich drei Millionen Francs, er zahlte sämtliche zurückliegende Schulden und auch die weiterhin folgenden. Trotz allem vermisste Napoleon Joséphine sehr, weshalb er sie auch viele Male noch besuchte. Anfang Januar 1810, also rund vier Wochen nach der vollzogenen Scheidung, schrieb er ihr aus Paris: »Ich war sehr froh, Dich gestern gesehen zu haben; ich fühle, welchen Reiz Deine Gesellschaft auf mich ausübt. Heute habe ich mit Estève [ein Intendant] gearbeitet. Ich habe für das Jahr 1810 100 000 Frs. zu außerordentlichen Ausgaben für Malmaison bewilligt. Du kannst also anpflanzen lassen, so viel Du willst; Du kannst diese Summe ganz nach Deinem Gutdünken verwenden …« In einem anderen Brief schrieb er Anfang Januar 1810: »… Ich habe mit Freuden vernommen, dass Du bei dieser Kälte in Deinem Garten spazierengegangen bist …« Rosen werden in den Briefen nicht erwähnt. Im Jahr 1814, am 6. April, musste Napoleon abdanken, und am 29. Mai starb Joséphine in Malmaison im Alter von 51 Jahren.

Als »Rosenkaiserin«, wie man sie sehr viel später gefühlvoll nannte, wird sie bis heute verherrlicht und vielfach in Gemälden mit Rosen dargestellt, typisch für die romantische Verklärung von Helden in der Malerei der bürgerlichen Kultur der zweiten Hälfte des 19. Jahrhunderts. Durch diesen Rosenmythos aber fiel kaiserlicher Glanz auf die Rosen selbst, ein bis heute beobachtbares Bedürfnis bei Rosenfreunden.

Joséphine kam es niemals, wie aus allem hervorgeht, im realen Leben primär darauf an, bestimmte Rosen zu besitzen, sie wollte alles haben, was aktuell war.

Dass sämtliche von **Pierre Joseph Redouté** erstellten Rosenaquarelle in Malmaison entstanden sein sollen, ist ein weit verbreiteter Glaube. Die Originale fand dieser jedoch auch in Paris, Sèvres, Versailles und ebenso in seinem eigenen Garten in Fleury-sous-Meudon, wo er selbst Rosen zog.

Wir können heute nur Vermutungen darüber anstellen, welche Rosensorten damals existierten, das wären dann die, die auch in Malmaison gestanden haben dürften. Zu ihrer Zeit gehörten Wildrosen auf alle Fälle zum Hauptanteil. Lediglich die Rosenspezialisten und wir Rosenfreunde wollten es immer genau wissen.

Quellen: *Jardin de la Malmaison* H. W. Lack, mit Reproduktionen der Tafeln und Aufsätzen über Malmaison, Prestel, 2004; *Kaiserin Josephine*, B. Chevallier, C. Pincemaille, Heyne Biographien, 1991; *Ansichten von Paris im Jahr 1809*, Uklanski, Olms Microfiches; *Napoleon, Briefe an Joséphine*, W. Müller, Winkler, 1967; *Briefe Napoleon I. an seine Gemahlin Josephine*, O. Marschall v. Bieberstein, Schmidt & Günther, 1901; *Enzyklopädie der Alten Rosen*, F. Joyaux, Ulmer, 2008; *Die Rosen*, Pierre-Joseph Redouté, Die bibliophilen Taschenbücher, Harenberg, 1980, Nachwort von E. Launert; *Les Roses de l'Impératrice*, F. Joyaux, Editions Complexe 2005; *Le Bon Jardinier*, Pirolle, Audot, 1821 und 1823; *Le Bon Jardinier*, Launay, 1808: J. F. Lippold, *Taschenbuch des verständigen Gärtners*, Cotta, 1824 (dt. Übersetzung des *Le Bon Jardinier*, 1821).

Die bemerkenswerte Rosen-Sammlung eines Postangestellten

Allem Anschein nach hatte André Du Pont gute Kontakte zur Kaiserin Joséphine. Es gibt dafür zahlreiche Beweise. So schrieb u. a. Vibert: »Sie [die Kaiserin] bedenkt M. Dupont mit einem besonderen Wohlwollen …« Du Pont war aber niemals Obergärtner in Malmaison, wie hin und wieder zu lesen ist. Er widmete seine ganze Freizeit seiner Rosensammlung, er war Amateurgärtner und Rosenfreund, beruflich Postangestellter. In der Rue d'Enfer, nahe des Jardin du Luxembourg in Paris, später in der Rue de la Fontaine-au-Roi 8, au Faubourg du Temple pachtete er ein Gelände für seine »Rosen-Schule« und begann auch nach der Revolution mit ihnen zu handeln.

André Du Pont wurde 1756 in der Pfalz geboren und kam schon sehr jung nach Paris. Als

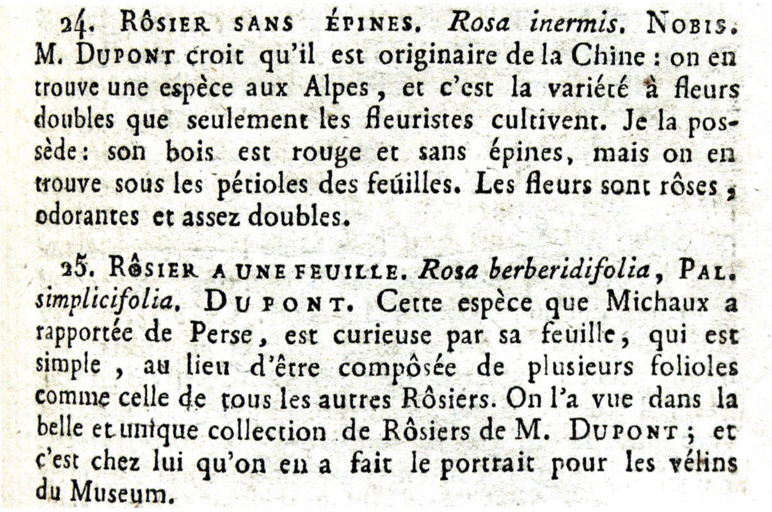

24. RÔSIER SANS ÉPINES. *Rosa inermis.* NOBIS. M. DUPONT croit qu'il est originaire de la Chine : on en trouve une espèce aux Alpes, et c'est la variété à fleurs doubles que seulement les fleuristes cultivent. Je la possède : son bois est rouge et sans épines, mais on en trouve sous les pétioles des feüilles. Les fleurs sont rôses, odorantes et assez doubles.

25. RÔSIER A UNE FEUILLE. *Rosa berberidifolia*, PAL. *simplicifolia.* DUPONT. Cette espèce que Michaux a rapportée de Perse, est curieuse par sa feüille, qui est simple, au lieu d'être composée de plusieurs folioles comme celle de tous les autres Rôsiers. On l'a vue dans la belle et unique collection de Rôsiers de M. DUPONT ; et c'est chez lui qu'on en a fait le portrait pour les vélins du Museum.

Beispiele der Rosenhinweise (*Le Bon Jardinier* für 1808, S. 717)

Zweiundzwanzigjähriger trat er bei der Post an und arbeitete dort 35 Jahre lang, bis zu seiner Rente, im Jahre 1813. Er publizierte 1809 einen Katalog über seine Sorten. Leider scheint dieser verloren zu sein, denn er befindet sich in keiner französischen Bibliothek. Es existiert hingegen ein Verzeichnis, das 218 Rosen-Sorten und Varietäten auflistete, welche er 1813 selbst verfasst hatte. Es ist allerdings bei weitem nicht komplett, denn zu diesem Zeitpunkt besaß er bereits 537 Rosen. Seine große Kollektion bestand aus bemerkenswerten Wildarten und Gartenformen. Dass Du Pont 1808 für 2870 Francs Rosen nach Malmaison lieferte, weiß man allerdings genau; eine weitere Übergabe geschah 1809 für 1530 Francs (*Les Roses de l'Impératrice*, F. Joyaux, 2005). Es ist denkbar, dass nahezu alle Sorten aus seiner Sammlung auch in Malmaison standen. *Le Bon Jardinier pour l'année 1808* zeigt zwar, dass dieser Almanach in der Zeit Joséphines der Kaiserin gewidmet wurde, jedoch wird im Rosenabschnitt, Seite 709–720, als Standort nie Malmaison erwähnt, aber oft bei Neuheiten Sammlungen von Amateuren und Baumschulen, am häufigsten Du Pont, gefolgt von den Gärtnereien Vilmorin, Noisette et Stein und Godefroy. Immer wieder wird Du Ponts Urteil zitiert, er wird auch als Züchter herausgestellt.

Du Pont war offenbar sehr erfolgreich, anscheinend aber doch nicht so, dass er zu Beginn seiner Rentenzeit im Jahre 1813 vom Rosenhandel hätte leben können. Die Miete von Wohnung und Garten von 1132 Francs trug sich nicht mehr, wie er in einem späteren Brief an das Ministerium des Königshauses erklärte. Der Jardin du Luxembourg lag in seiner Nachbarschaft, so ist es verständlich, dass er sich dorthin wandte und dem M. Le Comte de Sémonville den Vorschlag einer jährlichen Pension von 600 Francs unterbreitete als Gegenleistung für die Überlassung seiner vollständigen Rosensammlung. Damit wanderte die gesamte Kollektion von 537 Sorten und Varietäten in den Garten von Luxembourg, jede in doppelten Exemplaren, einmal wurzelnackt, und einmal auf Wildrose okuliert. Es fiel Du Pont sicherlich nicht leicht, sich von seinen Rosen zu trennen und alles zu verkaufen. Doch zu seiner Zeit stand Angestellten noch keine automatische Rente zu.

Das Schicksal meinte es nicht gut mit ihm: In der Restauration, nach Napoleons Abdankung, teilte man Du Pont im Jahre 1817 mit, dass diese Vereinbarung durch die neue Situation ihre Gültigkeit verloren habe, die Auszahlung an ihn wurde einfach abgeschafft. In einem Bittbrief von 1817 wandte er sich an den Generaldirektor des Ministeriums des Königshauses (directeur général du ministière de la Maison du Roi) und bat ihn untertänigst um Hilfe für die Einhaltung der Abmachung, um seine Miete bezahlen zu können. Er schilderte seinen Lebenslauf und erinnerte auch daran, dass er ein Angebot von 8 bis 10000 Francs abgelehnt hatte, wofür er von M Le Comte de Sémonville gelobt wurde. Abgedruckt ist dieser Originalbrief in der Vereinsschrift von »ROSA GALLICA«, Heft Nr. 7/2001. Ein weiteres Detail geht aus diesem sehr interessanten Dokument hervor: dass Du Pont seinen Namen mit zwei Wörtern schrieb. André Du Pont starb noch im selben Jahr, 1817.

Quellen: »André Du Pont était postier«, *Rosa Gallica*, Nr. 7/2001, S. 5–7; *Les Roses de l'Impératrice*, F. Joyaux, Complexe, 2005

Bekannte Rosenzüchter und -lieferanten für Malmaison: Die Kaiserin ließ sich in all den Jahren von verschiedenen bedeutenden Lieferanten Rosen kommen. In Frankreich galt damals der früheste Züchter Descemet als 1. Adresse. **Descemet**, ein Bonapartist, verkaufte nach Napoleons Abdankung seine Züchtungen an Vibert, da er sich aus politischen Gründen absetzen musste – er lebte und arbeitete dann in

Odessa auf der Krim. Als einen der beständigsten Lieferanten kann man **Philippe Leveque de Villmorin** bezeichnen, der einige Zeit mit der Kaiserin in Geschäftsverbindung war. **Godefroy** in Sèvres legte sich von 1810 bis 1814 eine Rosensammlung an; er soll ebenfalls Rosen nach Malmaison geliefert haben. Es heißt, dass Godefroy zahlreiche unbenannte Sämlinge von Schwarzkopf, Schloss Weißenstein bei Kassel, erwarb. Die hier im Buch beschriebene herrliche Gallicarose 'Aimable Rouge' (1811) zum Beispiel stand sicherlich im Garten von Malmaison – vermutlich aber direkt von der Napoleonshöhe 1808/1809. So hieß die Kasseler Residenz unter dem König von Westfalen, Napoleons Bruder Jerome und dessen Gemahlin Catharina von Württemberg. **Louis Claude Noisette** sandte gleichermaßen Rosen an die Kaiserin. Jacques Martin Cels war in Montrouge ansässig, einem Vorort von Paris; er besaß eine große Sammlung von exotischen Pflanzen, dies könnte Joséphines Interesse geweckt haben; er züchtete zudem auch einige Rosen.

Aimé Bonpland, der von 1808 an als Intendant im Dienst der Kaiserin stand, amtierte nach Joséphines Tod noch bis 1816 unter Eugène, der Malmaison geerbt hatte, doch seine Stelle war nicht mehr so attraktiv wie zu früheren Zeiten. Aus diesem Grunde wird er wohl nach Argentinien ausgewandert sein, in das Land, das gerade bei seiner Ankunft souverän wurde.

Quelle: *Les Roses de l'Impératrice*, F. Joyaux, Editions Complexe 2005; *Le Bon Jardinier*, de Launay, 1808.

Kundenwechsel – von der Fürstenrose zur Bürgerblume

Mit der französischen Revolution stürzte die alte Ordnung. Das Ancien Régime, die herrschenden Fürsten, brechen als Arbeitgeber oder große Kunden zunächst einmal weg, besonders in Frankreich, wo jedoch in und um Paris ein emanzipiertes Bürgertum den Ziergehölz- und Blumenmarkt anheizt, protegiert durch die Kaiserin Joséphine, und begünstigt durch Einfuhren aus besetzten Gebieten und Importe von Exoten aus der ganzen Welt. In der nachfolgenden Zeit der Restauration finden sich wieder Auftraggeber von Seiten des europäischen Adels. Napoleons Eingriff in das deutsche Territorialgewirr stärkte allerdings die zentralistischen Obrigkeiten auf Kosten der Kleinstfürsten, gesteigert durch die Übernahme von kirchenfürstlichem und klösterlichem Besitz per Säkularisation. Auch büßten die bisher freien Reichsstädte, wie Augsburg, ihre Autonomie ein, von nun an degradiert zu höchstens regionalen wirtschaftlichen Oberzentren, soweit die Kommunen gewillt waren und es ihnen gelang, diese Rolle gegenüber dem Umland einzunehmen. Im Verlauf des 19. Jahrhunderts erwuchs den Gärtnereien in den neu entstehenden »Wirtschaftsfürsten«, den Fabrik-, Konzern-, Handelshaus- und Bankhausbesitzern eine Kundschaft, die wiederum mit Außenanlagen und Parks repräsentieren wollten. Weiterhin ließen durchaus vermögender Adel und Großgrundbesitzer noch Gartenanlagen pflegen. Durch die öffentliche Förderung und den Ausbau der gefeierten Wissenschaften nahm die Zahl der Botanischen Gärten weiter zu. Für das Bürgertum in Residenzstädten, z. B. Düsseldorf, hatte Napoleon durch Umwandlung von Hofgärten zu öffentlichen Parks und die Anlage breiter Alleen neue Zeichen gesetzt und kommunalen Gartenämtern neue Aufgabenbereiche erschlossen. Hinzu kamen im 19. Jahrhundert wegen wirkungslos gewordener Stadtmauern und Wallanlagen deren Abriss und die Umwandlung von Festungsgürteln zu Ringstraßen, zu Grünanlagen und Reservaten mit exklusiven Privatgärten, wie dem des Industriellen und Rosensammlers Heinrich Arnz in Düsseldorf (s. u.).

Noch um die Wende zum 19. Jahrhundert betrachtete man die Natur sehr differenziert, angestachelt durch Neugier auf Details, Möglichkeiten logischer Ordnung und das Funktionieren der Abläufe in ihrer Gestalt. Künstler wie Goethe waren sich nicht zu schade, sich mit Botanik, besonders mit der Metamorphose der Pflanzen, zu beschäftigen, Phänomenen wie dem Durchwachsen einer Rosenblüte auf den Grund zu gehen oder Beobachtbares exakt zu beschreiben und zu zeichnen (s. Rose 'Prolifera de Redouté').

Ordnung und Anschauung: *Ökonomisch-Botanische Beschreibung der Rosen* heißt das erste deutsche Werk, das sich 1799 ausschließlich den Rosen widmet. Der Autor **Carl Gottlob Rössig** (geb. 1752) beschreibt in diesem noch existierenden Büchlein, das sich an Liebhaber von Lustanlagen und Gärten richtet, ausführlich 138 auf Verschiedenheit und Identität überprüfte Rosen – vorzügliche Arten mit Ab- und Spielarten, wie man damals sagte. Bald darauf, 1802, begann er mit Illustrationen zu diesen Rosen: *Die Rosen nach der Natur gezeichnet und coloriert mit kurzen botanischen Bestimmungen*. Sein kleines Beschreibungswerk überarbeitete und ergänzte er 1803 durch einen zweiten Teil – drei Jahre später verstarb dieser vielseitig begabte Jurist und Professor der Universität Leipzig, der auch an anderen Blumenarten interessiert war. Kammersekretär **Karl Friedrich Waitz** (1774–1848) in Altenburg, selbst Rosensammler, setzte das Werk, die Lieferung von 60 Rosenbildern, von 1809 bis 1820 fort, ab dem 9. bis zum 12. Heft.

Rössig hatte in seinem Vorwort von 1799 angegeben, keine eigene Sammlung zu besitzen. Er habe seine konkrete Rosenkenntnis aus den vielen Gärten der Umgebung gewonnen und durch viele Spaziergänge und durch Beobachtungen sich die Erfahrung angeeignet. Zwar besaßen Zeitgenossen, wie Johann Wolfgang von Goethe und viele andere, große Gärten, in denen sie allerlei ansammelten, auch Rosen, aber der Wunsch, sich speziell auf Rosen zu verlegen, war noch selten.

In Frankreich veröffentlichte 1800 **Jean Louis Marie Guillemeau** die erste französische Monographie über die Rose, aus der die Falttafel auf dem Vorsatzpapier unseres Buches reproduziert ist. Seine *Histoire naturelle de la Rose* deckt fast alle Gebiete des damaligen Rosenwissens ab, von einem historischen Rückblick über botanische Hinweise, Vorstellung der bekannten Arten und Sorten bis zur Pflege und einem Überblick über die Schadinsekten. Gedichte und Rezepte runden das Buch ab zu einem Vorläufer unserer heutigen Rosenratgeberliteratur. Schon damals, vor gut 200 Jahren, wurde so ein Büchlein laut Rezension in der Allgemeinen Literatur-Zeitung 1801 (Nr. 206) zwar als nützlich angesehen, aber auch wegen einiger dort aufgezählter Fehler in der Identifizierung und Beschreibung der Rosen kritisiert. Die ebenfalls zur Jahrhundertwende, 1799, von einer Lehrerin, **Mary Lawrence**, in England herausgegebene Sammlung gezeichneter und kolorierter 90 Rosenbilder, *A Collection of Roses from Nature*, fand nachhaltigeren Anklang bei den Rosenfreunden, und Nachahmer durch Bewunderer und Kritiker, bis hin zu **Pierre-Joseph Redouté**, dessen Aquarelle (1817–1824) den künstlerischen Höhepunkt bildeten. Auch auf diesen, weil allseits bekannten »ikonographischen Rosen-Schreiber« wird im Folgenden nicht näher eingegangen.

Rosen-Medien für Schule und Elternhaus: Einer der Inhaber einer weitläufigen Gartenanlage in Weimar war ab 1777 der Verleger **Friedrich Justin Bertuch** (1747–1822), der mit gut 50 Sorten in etwa die gleichen Rosen gesammelt hatte wie Goethe. In seinem ab 1804 herausgegebenen *Allgemeinen Teutschen Gartenmagazin* stellte er einige davon in Wort und Bild vor. Zu seinen besonders geliebten zählt *Rosa muscosa*. Bertuch wurde 1776 Mitglied der Freimaurerloge »Anna Amalia zu den drei Rosen« und gründete 1782 eine Fabrik für künstliche Blumen. Der hinzu kommende Verlag entwickelte sich zur Goethezeit zu einem der größten in Deutschland. Ab 1790 begann er mit einem auf 12 Bände anwachsenden umfassenden Bilderbuch für Kinder. Im Sinne des berühmten Didaktikers Comenius und im Einklang mit Gedankengut des damals aktuellen Schweizer Pädagogen Pestalozzi ließ er Anschauungsmaterial aus allen Bereichen des Lebens für Kinder aufbereiten. Im Verlauf von 40 Jahren wurden 273 Hefte an die Abonnenten ausgeliefert mit insgesamt 1185 kolorierten Kupferstichen und 6000 weiteren Zeichnungen. Begleitbände mit Texten für Eltern entstanden ab 1796. Verteilt auf die Bände 4 und 5 präsentierte Bertuch von 1804 bis 1805 auch 18 Rosentafeln mit insgesamt 31 sehr lebendig gezeichneten verschiedene Sorten, jeweils begleitet mit einem schönen erläuternden Kommentar. In der Bibliothek des Europarosariums Sangerhausen existieren diese Tafeln, mit ihren Textseiten zu einem Extra-Büchlein gebunden. Hedi Grimm hat diese Abbildungen in kleinen Reproduktionen zu ihrem Artikel im *Rosenjahrbuch 1993* beigegeben: »Rosen der Goethezeit« (S. 103–116). In Artikeln der 1820er-Jahre der *Allgemeinen Deut-*

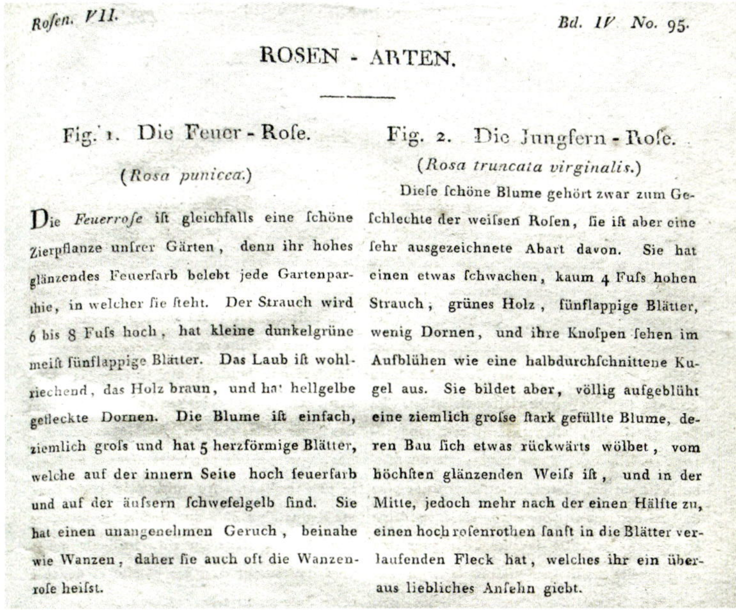

Roſen. VII. Bd. IV No. 95.

ROSEN - ARTEN.

Fig. 1. Die Feuer - Roſe.

(*Roſa punicea.*)

Die *Feuerroſe* iſt gleichfalls eine ſchöne Zierpflanze unſrer Gärten, denn ihr hohes glänzendes Feuerfarb belebt jede Gartenparthie, in welcher ſie ſteht. Der Strauch wird 6 bis 8 Fuſs hoch, hat kleine dunkelgrüne meiſt fünflappige Blätter. Das Laub iſt wohlriechend, das Holz braun, und hat hellgelbe gefleckte Dornen. Die Blume iſt einfach, ziemlich groſs und hat 5 herzförmige Blätter, welche auf der innern Seite hoch feuerfarb und auf der äuſsern ſchwefelgelb ſind. Sie hat einen unangenehmen Geruch, beinahe wie Wanzen, daher ſie auch oft die Wanzenroſe heiſst.

Fig. 2. Die Jungfern - Roſe.

(*Roſa truncata virginalis.*)

Dieſe ſchöne Blume gehört zwar zum Geſchlechte der weiſsen Roſen, ſie iſt aber eine ſehr ausgezeichnete Abart davon. Sie hat einen etwas ſchwachen, kaum 4 Fuſs hohen Strauch; grünes Holz, fünflappige Blätter, wenig Dornen, und ihre Knoſpen ſehen im Aufblühen wie eine halbdurchſchnittene Kugel aus. Sie bildet aber, völlig aufgeblüht eine ziemlich groſse ſtark gefüllte Blume, deren Bau ſich etwas rückwärts wölbet, vom höchſten glänzenden Weiſs iſt, und in der Mitte, jedoch mehr nach der einen Hälfte zu, einen hoch roſenrothen ſanft in die Blätter verlaufenden Fleck hat, welches ihr ein überaus liebliches Anſehn giebt.

Rosentafel Nr. VII aus Bertuchs Bilderbuch für Kinder (Bd. 4, Nr. 95), rechts: Text zur Rosentafel Nr. VII

schen Gartenzeitung wies Johann Ev. Fürst in Beispielen immer wieder darauf hin, wie wichtig das Kennenlernen der Natur und der Pflanzen für die Bildung der Jugend ist und Schulgärten für die Erziehung große Dienste leisten.

Sammlerverbund »Rosenfreunde«: Bereits 1807, in Band 4 des *Allgemeinen Teutschen Gartenmagazins*, macht ein privater Rosensammler aus Lüneburg, Schatzrat **Christian Ludwig August v. Behr** (1755–1815), seinem Unbehagen den Rosenanbietern gegenüber Luft (zitiert wird der Text auch von Korth 1919). Es klingt zunächst wie eine Generation zuvor, bei Münchhausen (s. o.), wenn Behr schreibt: Nicht nur, dass die gleichen Rosen unter verschiedenen Namen angeboten würden und man immer befürchten müsse, eine Rose teuer zu bezahlen, die man bereits besitzt. Doch dann richtet sich Behr gegen die schlauen Rosenwerke seiner Zeit: Der bloße Blumenfreund sei nicht immer zugleich Botaniker und selbst solchen fehle es an Zeit und Lust, ständig sich mit gar zu genauen kritischen Untersuchungen und Vergleichungen zu befassen und jede Ab- und Spielart kennen zu lernen, um seine Blumen danach zu charakterisieren. Auch Dr. Rössigs Schrift sei ja wohl eher für Botaniker geschrieben, die gewohnt seien, auf sämtliche Eigenschaften einer Rose zu achten. Den Rosenfreund interessiere in erster Linie die Blüte. Es seien zwar mehrere Werke vorhanden, worin Rosenblüten nach der Natur abgebildet sind. Ob solche immer richtig getroffen, wage er nicht zu entscheiden; die dabei gelieferten Beschreibungen wichen oft sehr von einander ab. Ursache seien wohl auch die zufälligen äußeren Umstände wie Boden, Stand oder schlechter Wuchs. Zu dieser Unsicherheit komme, dass die Werke außerdem sämtlich so hoch im Preise seien, dass ein nicht sehr bemittelter Blumenfreund auf ihren Besitz verzichten müsse. Behr machte einerseits den Vorschlag, einfache, für jeden sichtbare Merkmale auszuwählen, mit denen für Rosen gearbeitet werden kann wie mit einem modernen Bestimmungssystem »Frage für Frage« und am Ende eindeutig der Name, hier einer bestimmten Rose, geliefert wird. Behr wies auf seine Erfolge bei den Nelken hin, wo es ihm zusammen mit anderen Nelkenfreunden gelungen sei, mit einem besseren Nelkensystem und einer Farbkarte so manche Schwierigkeit glücklich zu überwinden. Für das Gebiet der Rosenvielfalt schlug Behr in der Abfolge zuerst die Form des Fruchtknotens vor (da nicht jede Gartenform Hagebutten ausbildet), dann dessen Oberfläche, die Befiederung der Kelchblätter und schließlich Bau und Farbe der Blüten. Es gab in den 30 Jahren danach noch weitere Versuche dieser Art, das absolute Rosensystem zu entwickeln; der letzte war der von C. Nickels, dem großen Rosensammler

Christian Ludwig August von Behr (Gemälde, Internet: Ahnenforschung in Preußen und Lippe, Behr, Generation Nr. 20)

von Pressburg (s. u.). Der Realität der jährlich sich verschiebenden Hybriden-Vielfalt hielten keine stand.

Der spannendste Vorschlag des ernsthaften Sammlers Behr – er hatte zuletzt im Garten auf seinem Rittergut Stellichte bei Walsrode 138 zumindest dem Namen nach unterschiedliche Varietäten erworben – aber war dieser: Am meisten wäre den Rosenfreunden geholfen, wenn sie sich zu einer Rosen-Gesellschaft vereinigten und so manche verschiedene mäßige Sammlung als eine einzige sehr große Sammlung gedacht werden könnte. Sobald neue Rosen in Vermehrung wären, könnte man sich Rosenstöcke austauschen und systematisch ordnen, wenn alle sich auf ein Bestimmungssystem geeinigt hätten. Es ließen sich eindeutige Namen festlegen oder die von Rosen im Handel berichtigen.

Solche Anregung zur Gründung eines Vereins der Rosenfreunde wurde 1835 nochmals erhoben, wie Robert Zander in der *Geschichte des Gärtnertums* schrieb, aber erst 1883 in die juristische Tat umgesetzt. Vorab erfüllte die 1822 gegründete »Praktische Gartenbaugesellschaft« des Johann Evangelist Fürst mit seinem Wochenblatt eine solche Funktion, weil sie Kontakte zwischen Liebhabern von Pflanzenarten vermittelte. Doch erst heute kann das Internet den Traum eines weltweiten Echtzeitkontaktes von Pflanzen- bzw. Rosenliebhabern erfüllen.

In Behrs Vorschlag steckt auch die Idee einer Zentralen Prüf- und Registrierstelle für neue Rosensorten, eine Idee, die Herbarien, Botanischen Gärten oder einem Arboretum zu Grunde liegt. Pomologen, auf die Kenntnis und Pflege der Obstgehölze spezialisiert, strebten schon früh nach zentraler Erfassung und Entwicklung von Unterscheidungshilfen. Bertuch, auch Gründer einer Pomologischen Zeitschrift *Der teutsche Obstgärtner,* entwickelte ein Pomologisches Kabinett, eine in Wachs geformte Sammlung der wichtigsten Pfirsich-, Aprikosen-, Pflaumen- und Kirschentypen. Was Fürst in Frauendorf ins Leben rief, entsprang ebenfalls diesem Anliegen einer Vergleichsanpflanzung zur Prüfung und zum Erhalt der Sortenvielfalt (s. u.).

Die Rose ist eine Blume: Ausgehend vom Bedürfnis nach Ästhetik im Garten vermisste **Theodor Theuß** ein Buch für den Gartenfreund, das die vielen neuen Blumen, die es nun Anfang des 19. Jh. gab, so bekanntmacht und beschreibt, dass man sie nach Gestalt und Wuchshöhe, Formen und Farben der Blätter sowie der Blüten oder nach der Blühzeit für seinen Garten aussuchen kann.

Er hatte selber schon etliche Bücher zu fast allen Themen der Landwirtschaft und des Gartenbaues geschrieben. So fügte er kurzerhand 1811 ein zweibändiges *Allgemeines Blumenlexikon* hinzu, das der mit Weimar und dem botanischen Garten von Belvedere vertraute Theuß bei Bertuch erscheinen ließ. In der Einleitung zu den Rosen, die er in Band 2 (S. 440 bis 454) abhandelte, hob er Bertuchs Bilderbuch für Kinder hervor und dessen Ankündigung eines Werkes »Rosengarten« mit weiteren naturgetreuen Abbildungen. Er beklagte das Durcheinander der auf mehrere hundert angewachsenen Rosen-Namen für eigentlich viel weniger wesentlich sich unterscheidende Ab- und Spielarten. Teils würden die Handelsgärtner versuchen, ihre Verzeichnisse ansehnlicher zu machen, teils würden die Besitzer gleicher Rosen diese verschieden benennen. Nicht selten seien herausgestellte Unterschiede eher zufällig oder für den Blumenfreund kaum wahrnehmbar bzw. für die Gartenpraxis irrelevant. Das Gesamtvorwort (Bd. 1) hob bereits die Autoren Willdenow, Dietrich und Miller als botanisch verlässlich hervor und fügte speziell bei den Rosen noch Rößig und Waitz hinzu, ferner Guillemeau und Miss Lawrence, auch wenn er nicht alle Tafeln ihres teuren Prachtwerks als naturgetreu nachgezeichnet befand. Außer den schon erwähnten Bertuch und Waitz zählte er verlässliche Gärtnereien auf: Breiter in Leipzig, Schmalz in Lübeck und Wrede in Braunschweig, Namen, die er von allen am häufigsten als Bezugsquellen unter den einzelnen, nach festem Schema beschriebenen Rosen angab. Das *Allgemeine Teutsche Gartenmagazin* war eine seiner Hauptquellen. Insgesamt gesehen legte er den Schwerpunkt auf die Unterscheidung der ihm bekannten Wildrosengruppen und ging bei den sich daraus ableitenden Hybriden und Gartensorten nicht sonderlich ins Detail.

Titeblatt *Allgemeines Blumenlexikon*

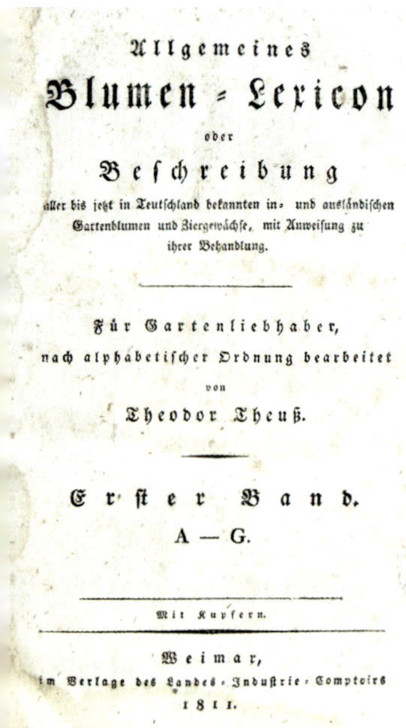

Allgemeines
Blumen-Lexicon
oder
Beschreibung
aller bis jetzt in Teutschland bekannten in- und ausländischen Gartenblumen und Ziergewächse, mit Anweisung zu ihrer Behandlung.

Für Gartenliebhaber,
nach alphabetischer Ordnung bearbeitet
von
Theodor Theuß.

Erster Band.
A — G.

Mit Kupfern.

Weimar,
im Verlage des Landes-Industrie-Comptoirs
1811.

Sammelziel Rosenvielfalt: Der 127. Band der Krünitz-Enzyklopädie mit Teilen des Buchstaben R erschien 1819. **Johann Wilhelm David Korth** hatte darin den Lexikonartikel »Rose« verfasst (neu bearbeitete Ausgabe durch die Universität Trier 2004). Dieser Artikel beschreibt nicht nur die aus früherer Literatur zusammengetragenen 55 auffällig unterschiedlichen Rosenvarietäten mit Hinweis auf jeweils weitere abweichende Formen, sondern auch zwei ältere Rosenlisten von damals bekannten deutschen Inhabern großer Rosen-Sammlungen: Die des bereits erwähnten Privatsammlers Karl Friedrich Waitz von 1811 (Liste mit 41 Varietäten, aus *Allgemeines Teutsches Garten-Magazin*, 8. Jg. S. 5 – 8) und die des für seine Rosen weithin bekannten Handelsgärtners Wrede in Braunschweig an der Petrikirche von 1809. Genannt zu werden verdient aber noch der Leipziger Pflanzensammler Breiter. In der Universitätsbibliothek Halle hat sich ein Verzeichnis seiner verschiedensten Pflanzen, incl. Rosen, von 1807 erhalten. Wrede wie auch Breiter verfassten zum Ende der Napoleonischen Zeit je eine gewichtige Neuauflage.

Der Handelsgärtner **Ernst Christian Conrad Wrede** veröffentlichte als dritte Auflage 1814 ein eigenständiges Rosenverzeichnis, das ihn berühmt machte. Auf 36 Seiten listete er etliche hundert Sorten, geordnet nach der von Seiten der Botanik üblich gewordenen Methode der Fruchtknotenklassifizierung, wie er in seinem Vorbericht schrieb. Der 16-seitige Vorbericht definiert u. a. über ein Ziffernsystem seine 216 unterschiedenen Merkmalsausprägungen (zu Blüten, Stacheln, Laub usw.), die er je nach Beobachtung bei den einzelnen Rosen Platz sparend anmerkte. Seit 1802 hatte er als Gärtner neben dem Samenhandel auf erworbenen großen Grundstücken auch jegliche Rose aufgepflanzt, die er als neu, zumindest dem Namen nach, in irgendeinem Verzeichnis vorfand. Er verglich und beschrieb alle seine Rosen und garantierte, dass alle nun über Absenker erzeugten, angebotenen Exemplare verschieden seien. Die verwendeten Namen, jeweils lateinisch (oder nach französischer oder englischer Vorgabe) und deutsch, finden sich auch oft bei anderen Anbietern und Autoren wieder, zumindest die lateinische Form. Auch im Frauendorfer Rosenangebot lässt sich so vielfach die Quelle »Wrede« nachweisen.

Christian August Breiter, großherzoglich Weimarischer Hofgärtner und Mitglied der Leipziger ökonomischen Societät, gab 1817 ein Verzeichnis aller derjenigen Gewächse heraus, welche im Breiterschen botanischen Garten zu Leipzig gezogen und unterhalten werden: Hortus Breiterianus. Auf 558 Seiten rühmte er sich äußerst vieler seltener Pflanzen in einem rein privat finanzierten botanischen Garten (Rosenlisten Seite 415 bis 433). Verteilt auf 324 laufende Nummern und geordnet nach dem »Linnéischen System« gab er auch hin und wieder Synonyme an und oft eine kurze Angabe der Eigenschaften, ferner Varietäten. Er vermerkte auch meist die Herkunft der Pflanzen und die Quelle, aus der er sie bezog, nicht selten »Wr. V. d. R.« (Wrede Verzeichnis der Rosen).

Lippolds verständiger Gärtner: Am Kaiserstuhl, in Bischoffingen mit Blick ins Elsass, gab es einen Pfarrer, der so leidenschaftlich gärtnerte und botanische Studien betrieb, dass er freiwillig von seinem Großherzoglich Badischen Amt zurücktrat, um ganz seinen Neigungen nachgehen zu können. In der einen Richtung war er Mitglied der botanischen Gesellschaft zu Altenburg in Sachsen, in der anderen nutzte er eifrig bei der Bewirtschaftung seines Pfarrgartens den französischen Almanach *Le Bon Jardinier*. Diese Handreichung für Gärtner erschien, nach Angaben im Vorwort, erstmals 1754/55 – wohl noch von allerlei Abergläubischem durchsetzt – und wurde immer wieder überarbeitet. Nach Angleichung der Pflanzenbeschreibungen an das Linné'sche System entwickelte sich der Almanach zu einem wertvollen Nachschlagewerk für gärtnerische Themen. Es wurde immer umfangreicher, besonders durch das rasch wachsende Angebot neuer Pflanzen. Die Ausgabe von 1813 war bereits so gut, dass dieser Expfarrer **Julius Friedrich Lippold** beschloss, eine Übersetzung ins Deutsche in Angriff zu nehmen. Bedingt durch die Kriegswirren im badisch-elsässischen Raum wurde die Arbeit unterbrochen und erst 1821 auf Anraten der Gebrüder Baumann in Bollweiler nahm er sie wieder auf. Er übersetzte nun die von Eugèn Pirolle herausgegebene Version für das Jahr 1822 mit über 1000 Seiten. Unter dem Titel *Taschen-*

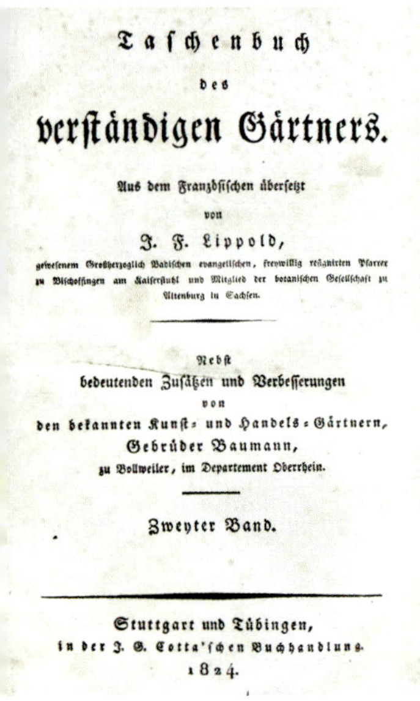
Taschenbuch
des
verständigen Gärtners.
Aus dem Französischen übersetzt
von
J. F. Lippold,
gewesenem Großherzoglich Badischen evangelischen, freywillig resignirten Pfarrer zu Bischoffingen am Kaiserstuhl und Mitglied der botanischen Gesellschaft zu Altenburg in Sachsen.
Nebst
bedeutenden Zusätzen und Verbesserungen
von
den bekannten Kunst- und Handels-Gärtnern,
Gebrüder Baumann,
zu Bollweiler, im Departement Oberrhein.
Zweyter Band.
Stuttgart und Tübingen,
in der J. G. Cotta'schen Buchhandlung.
1824.

Titeblatt *Taschenbuch des verständigen Gärtners*

buch des verständigen Gärtners erschien das Buch 1824 in der Cotta'schen Buchhandlung (Stuttgart und Tübingen), aufgeteilt auf 2 Bände. Der zweite Band enthält auf den Seiten 1132–44 die 45 beschriebenen Rosenarten mit Spiel- und Abarten. Es folgen bis Seite 1152 sowohl gärtnerische Hinweise zu den Rosen wie auch Informationen über die damaligen anbietenden Rosengärtner, Rosensammler und Rosenzüchter Frankreichs: Hardy, Boursault, Cartier, Cels, Le Lieur, Suchet, Noisette, Vilmorin und Vibert. In Lippolds Übersetzung kommt zum Ausdruck, dass Anfang der 1820er-Jahre Jean Pierre Vibert mit seinen Rosen wegen deren Klassifikation in den gelehrten Kreisen der Botaniker nicht die volle Anerkennung hatte. Dies beruhte auf Gegenseitigkeit, wie man Viberts Essays und einem in Kellers Katalog von 1833 zitierten Brief entnehmen kann. Lippold fügte in seinen Übersetzungstext zusätzlich den Gärtnerei- und Baumschulbetrieb der Gebrüder **Baumann** ein, der in der Nähe von Mülhausen in Bollweiler angesiedelt war, sowie deren eigene neue Züchtungen (vor 1824) wie 'Archiduchesse Henriette' (gefüllte Damaszener, rosenrot), 'Princesse Josephine de Hohenzollern' (Gallica, hochrosenrot), 'Madame Aimé Roman', 'Brillante d'Hoffmansegg', 'Madame Agate Becourt'. Im Anhang des Handbuchs folgt ein Nachtrag von Rosen für das Jahr der Publikation, 1824, den Lippold mit einem Katalogauszug von Baumann abschloss. Darin sind weitere Neuzüchtungen wie 'Pauline en pompon' (Burgunder-Rose) und 'Pourpre éblouissant' (Prov.). Für das künftige Angebot werden gelistet unter vielen anderen die 'Perle von Weißenstein' und 'Hessoise à feuilles de chanvre'.

Nach zwischenzeitlichen botanischen Forschungsreisen nach Afrika überarbeitete Lippold den ersten Band und gab ihn 1831 als *Neues Handbuch des verständigen Gärtners* heraus, das die Ausgaben des *Le Bon Jardinier* von 1825–28 berücksichtigte. Zu einer Aktualisierung von Band 2, der die Rosen enthalten hätte, kam es leider nicht mehr. Erst 1847 kam es wieder zu einer deutschen Übersetzung: In Weimar beschränkte sich aber der ehemals Karlsruher Jurist sowie zwischenzeitliche Theaterdirektor und Vielschreiber Ferdinand Freiherr von Biedenfeld auf den Pflanzenteil und überließ das Gärtnerische z. B. dem Heilbronner Handelsgärtner Pfau. Jedoch Lippolds *Handbuch* gehörte noch 1867, neben der Gartenzeitung aus Frauendorf (1825–38), unter der Rubrik »Literalien« zur bescheidenen Grundausstattung des Gärtners am Fürstlichen Hofgarten zu Oettingen, gemäß Inventarium. Übrigens: Eine nicht mehr existierende Züchtung Baumanns von 1826: 'Comtesse d'Oettingen'.

»Das ganze deutsche Vaterland ein Garten«

Es waren gerade zwei Jahre vergangen, seit Napoleons Truppen aus deutschen Gebieten abgezogen worden waren, im Jahre 1816; allgemeine Aufbruchsstimmung war offensichtlich zu spüren – ein Aufatmen bei den Menschen wahrzunehmen. **Johann Evangelist Fürst**, geboren am 28. Dezember 1784 in Frauendorf bei Vilshofen in Niederbayern, als letztes von sechs Kindern, erlebte noch während seiner Passauer Gymnasialzeit im Juli 1800 die französische Belagerung.

Frauendorf bestand aus vier Bauernhöfen – heute ist das Dorf nicht wesentlich gewachsen – von Ost nach West umgeben von »sieben Hügeln mit schmalen Wiesen-Thälern und bewaldeten Schluchten …« Auf der höchsten Anhöhe genießt man eine »schöne Aussicht auf Stunden weit sich ausdehnende Waldungen und Frucht-Felder benachbarter Dörfer …«, beschreibt Fürst selbst 1841 in seiner vierbändigen *Gründungs-Geschichte Frauendorfs* – gleichzeitig seine eigene erzählte Lebensgeschichte. Hier wuchs Johann auf einem der vier Höfe als Halbwaise auf, die Mutter starb, als er fünfzehn Monate alt war. Dies erklärt auch, dass Vater und Sohn eine besonders starke Beziehung zueinander hatten. Johann beherzigte die gleichen Lebensprinzipien wie sein Vater, er bemühte sich, stets ein Gott gefälliges Leben zu führen. Der Vater ermöglichte ihm, auf eigenen Wunsch des Sohnes, Schulbesuch und Studium in Passau und München. Damals gab es noch nicht überall öffentliche Schulen und entsprechend keinen Schulzwang. Johann bekam zunächst lediglich täglich eine Lehrstunde bei

Landschaft in Frauendorf (Foto 2008)

einem Lehrer, ein ehemaliger »Bedienter«, wechselte dann zu einem Maurer und Spielmann, der im Winter »Schule hielt, seine Schüler auch Fraktur schreiben und lateinischen Druk lesen« lehrte. Von einem Geistlichen wurde bald sein Talent entdeckt, der ihn dann entsprechend förderte. Doch als Johann während seiner Studienzeit in München seine zukünftige Frau Babet kennenlernte, musste er seinem Vater bekennen, dass er nun eine weltliche Laufbahn einschlagen wolle. Er wechselte das Studium, wurde königlich bayerischer Beamter, stieg rasch auf und war, nach mehreren beruflichen Versetzungen, 1815 Hall-Oberbeamter in Straubing.

Der Vater hatte 1802 dem älteren Bruder Simon traditionsgemäß den Hof übergeben. Johann Evangelist Fürst erlebte als aufgewecktes Kind selbst, in welcher Armut und Primitivität die Bauern lebten, und zog später seine Schlüsse daraus für die Analyse der Ursachen. Beruflich hatte er viel Kontakt mit Landwirten der Umgebung, wo immer er auch lebte, und entwickelte daraus seine Urteile durch eigene Erfahrungen. »Die Bauern verstehen ihr Handwerk nicht – mögen es auch nicht lernen« sagt Fürst in seiner *Gründungs-Geschichte Frauendorfs*. Den Bauern wurden zwar die Fesseln als leibeigene Sklaven eines ritterlichen Herrn abgenommen, sie durften erst spät eigenen Grund und Boden besitzen, aber dann forderte der Staat Sondersteuern und Abgaben in Naturalien; er hielt gerade beim Bauern sein Säckel unverhältnismäßig auf, so Fürsts Kritik.

Daraus entwickelte sich zunächst die Idee, eine *Bauernzeitung aus Frauendorf* herauszugeben, die dann tatsächlich erstmals als wöchentliches Blatt im Januar 1819 erschien. Der Name der Bauern-Zeitung wechselte 1831 in *Allgemeine deutsche Bürger- und Bauern-Zeitung* (»ein Organ zur Verhandlung allgemein interessanter Volks-Angelegenheiten; nebst den erprobt neuesten Entdeckungen in der Haus-, Garten- und Forst-Wirtschaft; beim Wein-, Obst-, Futterkräuter-, Oelpflanzen-, Hopfen-, Flachs-, Hanf- und Tabak-Bau; in der Vieh-, Bienen- und Seiden-Zucht, in Bau-Sachen und allen Theilen der innern Haushaltung in der Küche, im Keller, in der Speisekammer etc.«). Mit dem Wechsel des Namens erhielt auch der Inhalt ein breiteres Spektrum. Inzwischen gab es überall Landschulen mit einer 12-jährigen Schulpflicht, incl. Sonntagsschule. Er richtete aufklärerische Appelle zur Verbesserung aller Lebensumstände auf dem Land und schulreformerische Artikel für das Landschulwesen, ähnlich Pestalozzi. Fürst dachte schon früh darüber nach, die Landjugend nicht 12 Jahre in den Schulen mit »unnützem Zeug zu quälen«, stattdessen wollte er eine Bauernhandwerksschule gründen, die gleichzeitig eine praktische Landwirtschaft sein sollte. In den Landschulen hätte er die Schulbücher zweckmäßiger im Inhalt gestaltet und für den künftigen Weg der Landjugend ausgerichtet.

Den erfolglosen Bruder Simon beriet er, machte gute Vorschläge, wie er zu besseren Ernten komme. Doch Simon schlug alle Ratschläge in den Wind. Johann Fürst kannte ja die Bauern, die traditionell ihre Äcker gleich bebauten, jedem, der mal Neues wagen würde, spräche man jede Zurechnungsfähigkeit ab. Sogar den Vorschlag,

Johann Evangelist Fürst (aus Fürsts *Die Entstehungsgeschichte von Frauendorf*, 1841)

probeweise Simons Äcker für drei Jahre effizient zu bewirtschaften, schlug fehl. Johanns Idee war, vorwiegend auf Obstbaumzucht umzustellen, mit kleiner Baumschule, Hopfenanbau, Spargel- und Meerrettich-Beete und weiteren Gemüseanbau, Bienenzucht und Kardenbau dazu. Dies war im Frühjahr 1816, im Sommer darauf brachte eine Getreide-Missernte den Notstand; die Jahre 1816/1817 sind bekannt durch ihre große Hungersnot. Simon bot jetzt Johann sein Gut zum Kauf an, der gerne einwilligte. Auf vier Jahre wurde die Abzahlung beschlossen, in dieser Zeit setzte Johann seinen Bruder als Verwalter ein. Doch so einfach anfangs alles aussah, bald stellten sich unvorhergesehene Schwierigkeiten ein. Bruder und Schwägerin, Nachbarn, auch die Bauern der Nachbardörfer wollten boshaft all seine Bemühungen wegen der Erneuerungen auf seinem Grundstück vereiteln. Der Bruder Simon war vertragsmäßig für vier Jahre bis zur Abzahlung eingesetzt, er widersetzte sich jedoch allen Anordnungen, so dass Johann Gärtner bezahlen musste, da er seine Stelle in Straubing nicht aufgeben wollte. Im selben Jahr brachte im November seine schon seit einiger Zeit kränkelnde Frau das fünfte Kind zur Welt, ein halbes Jahr später starb sie. Johann gab nicht auf, auch als Simon den Monate später zur Zahlung fälligen Betrag vorher wollte. Die Bauern befürchteten, sie könnten ihr an Simon geliehenes Geld nicht zurückbekommen wegen der zu erwartenden totalen Misswirtschaft, die Johann durch seine Umstellungen mit Sicherheit erziele. Um schneller Geld aufzutreiben, schrieb er während der katastrophalen Phase, also in der Zeit der Geburt des fünften Kindes und Krankheit seiner Frau, ein mehrbändiges Werk: *Der wohlberathene Bauer Simon Strüf*. Die Hauptfigur, seinen Bruder (Strüf), ließ er als das ganze Gegenteil der Realität erscheinen, auch mit dem Hintergedanken, dass er seinen Bruder zur Erkenntnis und Vernunft bringen könnte. Zum Glück wurde die Publikation außerordentlich erfolgreich, seine vorherige Kosten/Verdienstaufstellung ging voll auf, ja der Verdienst übertraf die Berechnungen sogar. In landwirtschaftlichen Veröffentlichungen wird heute noch oft daraus zitiert. Uns gilt sie als typisches Beispiel damaliger narrativer Aufklärungsliteratur, wie sie auch Rousseau und Pestalozzi verfassten.

Johann bestellte gleich zu Anfang 200 verschiedene Obstbäume bei den Gebrüdern Baumann im elsässischen Bollweiler, später auch Rosen – für die Baumann ebenso berühmt war. Als die Pflanzen eintrafen, konnten sie nicht eingesetzt werden, da gerade im Jahr 1816 der Wintereinbruch ungewöhlich früh eintrat. Die Donau führte schon große Eisschollen. Die Bäume mussten eingeschlagen werden und im Frühjahr stellte Fürst und sein Gärtner fest, dass 27 Bäume gestohlen waren.

Fürst pflegte Kontakt mit dem bekannten Pomologen Dr. August Friedrich Adrian Diehl aus Dietz an der Lahn (1756–1839), der später Mitglied wurde in der »Praktischen Gartenbau-Gesellschaft Frauendorf«. Baron von Truchseß, der Kirschenfachmann und Herr auf der Bettenburg bei Hofheim in Unterfranken, schickte Fürst Reiser seines ganzen gesammelten Kirschensortiments und erklärte ihn zum »Adoptiv-Sohn seines Systems«. Frauendorf sollte ein »allgemein europäischer Central-Sammelplaz für alle bekannten Gattungen und Arten Obstes« sein, das war seine Vision. Fürsts Idee war so zusagen eine Art Vorläufer des heutigen Bundessortenamtes zur Klärung der Identität und Güteprüfung von Obstbaum- und Gemüsesorten, Ziergehölzen, einschließlich Rosen und Blumenschmuck. »… welche Sorten nach Boden, Klima und Witterungs-Einfluß jeder Gegend am Besten zusagen …«, war Sinn und Zweck des »Privat-Instituts Frauendorf«. Die Mitgliederzahl des am 3. August 1822 ins Leben gerufenen Vereins »Praktische Gartenbau-Gesellschaft in Frauendorf« stieg bis zum Jahresende sprunghaft an, im Folgejahr erschien als Organ der Gesellschaft die vereinseigene *Allgemeine Deutsche Garten-Zeitung*, deren Funktion 1844 die Zeitschrift *Vereinigte Frauendorfer Blätter* übernahm, eine Zusammenfassung aller seriellen Publikationen Frauendorfs. Die Garten-Zeitung diente zu ihrer Zeit als ein Angebot zur wöchentlichen Beratung; für das sich entwickelnde Netzwerk von gleichberechtigt anerkannten Mitgliedern aller Stände war sie der Aufruf zur Verschönerung des Alltags und der Dörfer: »Ganz Bayern ein Garten«

schwebte den Stiftern der Gesellschaft vor, bis hin zu »Noch besser werde ganz Deutschland ein Garten« schließt Fürst die Einleitung zum 4. Band der Gründungsgeschichte. Fürst war weniger ein Naturfreund. Als Bauernkind aufgewachsen, wurde er Landwirt und Ökonom. Es war tatsächlich seine Vorstellung, wie er mehrmals anführte, naturgewachsene Landschaften in gewinnbringende und vor allem nahrungsmittelerzeugende »Gärten« umzufunktionieren. Blumenschmuck gehörte dazu, auch exotischer, dies sprach für ihn als ein psychologisches Qualitätsmerkmal, das ihm äußerst wichtig erschien für eine gesunde Seele des Menschen.

Der Verein zählte Mitglieder und Autoren aus der ganzen Welt – durch die geographische Lage in Ostbayern, mit großem Zuspruch aus allen Gebieten der Donaumonarchie. Pfarrer und Lehrer, die in den Anfängerjahren des Vereins aufgefordert wurden, zur Dorfverschönerung beizutragen und Botanik in den Dorfschulen zu fördern, lieferten viele Berichte über ihre Erfahrungen und ihre Erfolge. In der Garten-Zeitung belegen diese tatsächlich eine merkliche Zunahme von Pfarr- und Schulgärten in nur wenigen Jahren.

Eine dritte Zeitung brachte Johann Evangelist Fürst am 1. Januar 1828 heraus, nachdem ihm von der königlichen Regierung eine eigene Druckerei genehmigt wurde: *Der Obstbaumfreund*.

Obst- und Gemüseanbau waren noch vor der Mitte des 19. Jahrhundert für die Landeskultur sehr bedeutsam und lebenswichtig. So verwundert es nicht, dass dem Institut Frauendorf ein Zuschuss von der Regierung gewährt wurde. Auf »höhern Antrag« wurde 1827 auch eine eigene Straße nach Frauendorf angelegt. Fürst beschäftigte mittlerweile etwa zwölf Gärtner und über einhundert Tagelöhner.

Seit 1824 lebte Fürst in seines Vaters Wohnhaus, das er vergrößern ließ, der Bruder kaufte sich einen Hof in einem im Umkreis liegenden Dorf. Im Jahr darauf bot der Nachbar Johann Fürst sein Haus zum Kauf an, da dieser andernorts seinen Lebensabend verbringen wollte, und zu Jahresende des gleichen Jahres kam der letzte Bauer des Ortes mit einem Angebot, die Übernahme wurde im Jahr 1826 beurkundet. Nun gehörte Johann Evangelist Fürst ganz Frauendorf, »… das einsame Dörflein, worin man früher nicht einen Rosenstok blühen sah …« (*Allgemeine deutsche Garten-Zeitung*, 1825, S. 513).

Wir wissen, Dank der *Allgemeinen Deutschen Garten-Zeitung* und der *Gründungs-Geschichte Frauendorfs*, dass zu seiner Sammlung auch Rosen gehörten. Fürst hatte bei den verschiedensten Rosenanbietern eingekauft und die Pflanzen in seinem großen Baumschulbetrieb geprüft, vermehrt und seinerseits weltweit den Mitgliedern seiner Gartenbaugesellschaft angeboten. In einigen Jahrgängen finden sich Rosen als Teil seines Versandhandels aufgeführt. Zum Beispiel gibt Fürst in seiner wöchentlichen Rubrik »Nachrichten aus Frauendorf« in der *Allgemeinen deutschen Garten-Zeitung* vom 31. Oktober 1827, eine vollständige Liste seiner Sorten mit Preisangaben: 6 verschiedene Albas, 5 Centifolias, 9 Rosa chinensis, wobei er eine davon Rosa chinensis Thea nennt, 1 Rosa indica, 2 Rosa moschata, 4 Multiflora, 1 Rosa noisettiana, 6 Rosa semperflorens, 3 Rosa Thea, die restlichen 41 besitzen keine Angaben der Zugehörigkeit zu einer Gruppe. In einem Nachtrag schreibt Fürst, dass er die Namen aufgeführt hat, wie er sie von den verschiedenen Zulieferern bekommen habe. Einige seiner Beobachtungen teilte er den Lesern mit, wie z. B. dieser interessante Ausschnitt: »… Zwischen Rosa calendarum und Rosa semperflorens haben wir gar keine Verschiedenheit wahrnehmen können; eben so wenig als zwischen Rosa chinensis microphylla und Rosa pumila. So auch kann man centifolia minima von semperflorens minima nicht unterscheiden. Rosa Thea und chinensis Thea scheinen nur durch ihren äußern Habitus von einander verschieden zu seyn. Rosa Thea rosea und Rosa odorata plena sind ebenfalls nicht zu unterscheiden …« Bereits

Allgemeine deutsche

Garten-Zeitung.

Herausgegeben

von der praktischen Gartenbau-Gesellschaft in Frauendorf.

Erster Jahrgang 1823.

Passau.

Bey Friedrich Pustet.

Titelblatt für den ersten Jahrgang der AdGZ, 1823

Institut Frauendorf, Ausschnitt aus einer Postkarte, ca. 1899

1825 (S. 107–108) hatte Fürst ein erstes Rosenangebot von 55 Sorten abgedruckt – etliche sind hier auch schon aufgeführt, z. B. Thea rosea, Thea purpurea, Rosa roxburghii, Rosa chinensis (einfach), gefüllt und als centifolia, jedoch kein einziger Sorteneigenname.

Am 12. Juli 1830 schwärmt Fürst in seiner Garten-Zeitung von seiner Rosenanpflanzung und schreibt u. a. in der wöchentlichen Kolumne »Nachrichten aus Frauendorf«:

»… unsere Rosenzeit – lange Reihen von mehr als 700 Rosensorten in den verschiedensten Schattirungen dem Auge gewähren … In dem Anblicke der holden Königin der Blumen lernen wir auch die herrlichste Lebensweisheit; – unser Leben ist eine Rose.« In Fürsts *Allgemeinen deutschen Garten-Zeitung* wird die Gunst in der Beliebtheit allen Blumen gleich zuteil. Wagt sich einmal ein Leser die Nelke als die »Königin der Blumen« in einem längeren Aufsatz zu erhöhen (1827, Nr. 7), trifft ihn prompt ein paar Monate später der »Giftpfeil« eines Verehrers der Rose. Der Nelkenfreund selbst widerlegt sogar in seinem Artikel, dass die Nelke die beliebteste Blume gewesen sei. Neun Jahre später warb Heinrich Arnz aus Düsseldorf für seine Rosenlithographien und meinte, dass diese Gattung in den letzten Jahren sehr in Mode gekommen sei (*Allgemeine Deutsche Garten-Zeitung*, Mai/Juni 1836).

Der Jahrgang 1841 enthält die Angebotsliste für alle Pflanzen (zugleich Band 4 der Gründungsgeschichte), darin eine gesonderte Preisliste für ausgewählte »Landrosen« in 389 übriggebliebenen Rosensorten. Die letzte angegebene Nummer 581 trügt, denn sehr viele Nummern fehlen – sie sind aus dem Verzeichnis entfernt worden. Fürst erklärt am Schluss hierzu: »Wir haben unsere Rosen-Sammlungen von verschiedenen Rosen-Cultivateurs bezogen und hiedurch unter den mannigfaltigsten Namen mehr als 1500 Sorten zusammengebracht. Allein durch mehrere Jahres-Floren zeigten so viele Rosen unter verschiedenen Namen sich ganz gleich, daß wir uns veranlasst fanden, dieselben sämmtlich einer eben so strengen Controlle, als genauen Ausscheidung zu unterwerfen. Was sich demnach gleich zeigte, so wie alles Mittelmässige, wurde ausgemerzt, und wir können nun verbürgen, daß die hier verzeichneten Sorten alle wesentlich von einander unterschieden und durchaus nur schöne Exemplare sind.« Die Rosennamen sind, soweit es die Vorgaben zuließen, in Latein aufgeführt – der Wunsch, einen fachlich korrekten Gartenbaubetrieb zu führen, wird hier erkennbar. Farbbeschreibung und Füllung der Blüte beinhalten sozusagen schon die meisten Namen (*Rosa purpurea pallidor, Rosa villosa grandis semiplena, Rosa centifolia saturata, Rosa purpurea violacea deliciosa* und weitere). Zu dieser Zeit gab es schon sehr viele Züchtungen, die einen Eigennamen führten, die aber nicht alle von den Wiederverkäufern übernommen wurden. Bei Fürst machen sie nur den kleineren Anteil aus und sind teilweise an immer noch gültigen Bezeichnungen erkennbar oder über Kataloge von Wrede, Baumann u. a. identifizierbar. Einige der Rosen im damaligen Frauendorf existieren heute noch, auf alle Fälle dem Namen nach; hier nur einige Beispiele der etwa 28 Sorten im Verzeichnis von 1841:

Nr. 43 'York and Lancaster'; Nr. 45 Amabilis, (Provinsrose); Nr. 66 Rosa muscosa; Nr. 105 'Juno'; Nr. 186 'Aimable Rouge'; Nr. 188 Rosa alba plena; Nr. 205 Rosa centifolia major; Nr. 207 Rosa centifolia minor; Nr. 232 Rosa invincible; Nr. 42 Rosa Mundi, die allerdings mit Nr. 256 Rosa gallica versicolor identisch ist; Nr. 257 R. gallica 'Velour pourpre'; Nr. 264 R. gallica incomparable; Nr. 281 R. cent. des Peintres; R. (Belle) sans flatterie; Nr. 326 'Great Maidens Blush; Nr. 350 'Marie Louise'; Nr. 363 R. cent. 'Bullata'; Nr. 370 R. gallica 'Fanny Bias'; Nr. 426 R. turbinata; Nr. 489 Rose

'Eveque'; Nr. 499 Lüstre de Angelese (ein Hörfehler, der zu dieser Zeit häufig auftaucht – der Name lautet 'Lustre d'Eglise'). Wildrosen sind genannt: *Rosa glauca; Rosa palustris; R. villosa; R. pendulina; Rosa rubiginosa, Rosa tomentosa.*

Die in einzelnen Zeitungsheften abgedruckten Anzeigen, Aufstellungen neuer Mitglieder samt Berufsangaben und die Gesamtlisten im Jahrgang 1830 und in Band 3 der Gründungsgeschichte, sortiert nach Namen, ebenso nach Herkunftsorten, erlaubt Aufschluss über das Netzwerk damaliger Garten-, Gehölz- und Blumenfreunde. Es trafen sich alle, von Wrede über Erben, Keller, den Buchautoren Seits und Selbstherr bis Arnz und Nickels. Häufig inserierende Handelsgärtner, teils auch mit Rosen, waren Platz und Haage in Erfurt, Seidel in Dresden. Zeitzeugen berichteten Interessantes, wie beispielsweise der Kirschsortensammler Truchseß über seine guten Kontakte zum 1817 verstorbenen Daniel August Schwarzkopf in Kassel, der ihm Verbindungen zu Hofgärtnerkollegen in Herrenhausen vermittelte.

Johann Evangelist Fürst arbeitete selbst bis zur Erschöpfung. Im Sommer 1844 bescherte ihm zudem das Schicksal das fürchterlichste Unwetter mit Orkan und Hagel, das alles zerstörte, sein Lebenswerk vernichtete. Überwältigend war für ihn danach die Flut der zahlreichen Spenden, die von Mitgliedern eingingen. Er bedankte sich immer wieder in seiner Zeitung *Vereinigte Frauendorfer Blätter*. Doch ein zweiter Aufbau ging wohl über seine Kräfte – am 11. November 1846 starb er. Er hinterließ zwölf Kinder aus zwei Ehen.

Eugen Fürst (1822–1877), der als erstes Kind aus der 1821 geschlossenen zweiten Ehe stammte, übernahm die Führung des Vereins und die *Vereinigten Frauendorfer Blätter*, hatte er doch zuvor schon so manchen Artikel in der Zeitschrift seines Vaters verfasst. Die Erbengemeinschaft versteigerte schließlich 1849 den Gesamtbesitz, die Zeitschrift blieb noch erhalten und in Eugens Hand.

Eugen Fürst heiratete 1852 eine anscheinend vermögende Frau aus Rathsmannsdorf, die 1855 den Rückkauf der Hälfte der ehemaligen Grundstücksgröße ermöglichte. Eugen Fürst gelang nun eine Wiederaufnahme eines diesmal rentablen gärtnerischen Betriebes, vor allem durch den Pflanzen- und Samenversand, und im Jahre 1875 fand die letzte Rückzahlung des Darlehens statt. Die bekannten Gärtner und Züchter Soupert & Notting im neutralen Großherzogtum Luxemburg widmete ihm 1875 eine herrliche rote Remontant-Rose, 'Eugène Fürst'. Die Firma war in den *Vereinigten Frauendorfer Blättern* ein guter Anzeigenkunde. Eugen starb 1877. Sein Sohn Willibald setzte die Redaktion und den Gartenbaubetrieb fort. Der letzte in den Bibliotheken vorhandene Jahrgang der *Vereinigten Frauendorfer Blätter* trägt die Jahreszahl 1893. Alle Rosenkunden waren mittlerweile zur sieben Jahre zuvor gegründeten *Rosen-Zeitung* des »Vereins Deutscher Rosenfreunde« (VDR) abgewandert. Wann die »Praktische Gartenbau-Gesellschaft in Bayern e.V.« juristisch aufgehört hat, ist bis jetzt nicht bekannt. Der gutgehende Gärtnerei- und Baumschulbetrieb ermöglichte Willibald 1896–99 ein heute noch vorhandenes, schlossähnliches Gebäude zu errichten. Willibald hatte nur drei Töchter, so dass mit seinem Tod 1920 der Name Fürst in Frauendorf erlosch. Die Erbengemeinschaft der Töchter musste das ganze Anwesen versteigern.

Eugen Fürst, nach einer Fotografie

Quellen: Johann Evangelist Fürst, *Gründungs-Geschichte Frauendorfs mit allen seinen Institutionen und Zwecken*, Pustet Regensburg, 1841; *Allgemeine deutsche Garten-Zeitung*, Pustet Passau, 1823–43; *Vereinigte Frauendorfer Blätter*, Pustet Regensburg, 1844–1893.

Handelsware mit Sammel-Charme von Duisburg bis Preßburg

Bosse und sein Einkaufsführer: Direktoren, Inspektoren oder Angestellte in fürstlichen oder akademischen Gärten, die weiterhin zugleich verkaufen oder tauschen durften, setzten im 19. Jahrhundert die Tradition und die reichhaltige Erfahrung der alten Baumschuler fort, auch wenn inzwischen die Branche der Blumengärtner sich ebenfalls der Rosen annahm. Das geht aus einer Aufstellung aus dem Jahre 1829 hervor, die der Herzoglich Oldenburgsche Hofgärtner **Julius Friedrich W. Bosse** (1793–1864) in der ersten Auflage seines *Vollständigen Handbuchs der Blumengärtnerei* am Ende einer umfassenden Einleitung über alle Zweige der

Blumengärtnerei gibt: »Adressen von Gartenbesitzern, Handelsgärtnern und Garten-Vorstehern, welche sich mit Pflanzen- und Saamenhandel beschäftigen«. Unter den 71 Pflanzenanbietern sind nämlich kaum mehr als die Hälfte privatwirtschaftliche Handelsgärtner. Neben 40 Adressen in den kleineren deutschen Ländern und 5 in Österreich (Wien, Schönbrunn u. a.) stehen, wohl wegen der traditionellen Ausrichtung des norddeutschen Raumes, 14 aus England, davon 11 zu London mit Namen wie Lee/Hammersmith (*R. spinosissima* Varietäten), Loddiges/Hackney (Varietäten von *R. indica* und *R. semperflorens*), Colville/Chelsea und Curtis. Es folgt die Blumenmetropole Haarlem mit vier Versand-Gärtnereien (u. a. die der Witwe Arie van Eden und Sohn), noch vor Paris und dem russischen Petersburg, mit je drei. Auffällig ist bei Bosse die spärliche Auswertung französischer Kataloge. In Paris sind dies lediglich die der Handelsgärtner L. Noisette, des königlichen Hof- und Handelsgärtners Cels und der des Chef-Gärtners des Jardin de Fromont. Aber auch der »Eigenthums- und Handelsgärtner« Baumann in Bollweiler im Elsass wird erwähnt. Johann Evangelist Fürst kaufte viele Obstbäume und Rosen für Frauendorf bei ihm. Von Baumann finden sich in der Literatur auch Rosen-Züchtungen (s. Lippold). Aus den deutschen Ländern führt Bosse in seiner Liste u. a.: James Booth und Söhne in Flottbeck; Großherzogl. Weimar. Hof- und Handelsgärtner Breiter in Leipzig; F. A. Haage jun. und C. Platz in Erfurt; Kunst- und Handelsgärtner A. Schelhase in Cassel/Churhessen; Skell, Großherzogl. Garteninspector zu Belvedere bei Weimar; Skell, Königl. Hofgarten-Inspektor zu Nymphenburg bei München; Kunst- und Handelsgärtner Jacob Seidel sowie die Königl. Hofgärtner C. Seidel und Terscheck in Dresden; Wendland, Königl. Garten-Inspektor zu Herrenhausen bei Hannnover; D. Nees von Esenbeck, Präsident, Professor und Director des königl. botan. Gartens zu Bonn; Otto, Königl. Gartendirektor im botan. Garten Berlin; Weyhe, Inspector des bot. Gartens in Düsseldorf; Hartweg, Großherzogl. Garteninspector zu Carlsruhe, wo ebenfalls durch Samenvermehrung die Entstehung neuer Rosensorten nachweisbar ist. Beim Handelsgärtner Conrad Wrede in Braunschweig fügte Bosse in Klammern hinzu: »besitzt eine besonders reiche Rosen-Sammlung« (s. o.). Einige dieser Namen sind auch aus Anzeigen in den damaligen neu entstandenen und entstehenden Gartenzeitungen bekannt. Neben bequemem Versand von Pflanzensamen gehörten fast immer auch Hinweise auf beziehbare Rosensorten dazu. Bosses zweibändiges 1150 Seiten starkes Werk nennt und beschreibt mehr als 4060 Pflanzen, gesammelt über alle seine ihm bekannt gewordenen Anbieter. Nur 2 % der Beschreibungen entfallen auf Rosen – 30 Arten mit etlichen Abarten, teils nur angedeutet und unter Hinweis auf die Anbieter von Besonderheiten. Rosen stellten nur eine relativ kleine Minderheit dar, unter den Blumen genauso wie vorher bei den Gehölzen, und somit auch die Rosenfreunde, wie es scheint. Doch sie holten auf, besonders dadurch, dass in Frankreich aus den Gallica-Rosen durch Einkreuzen der aus dem Ausland eingeführten und angesammelten neuen Arten und Gartenformen, vor allem aus China, wiederum neue Sorten entstanden. Deren anfängliche Samenvermehrung ließ die Sortenvielfalt fast exponentiell weiter ansteigen. Die bürgerliche Kundschaft der neuen Zeit begrüßte die vielen neu gewonnenen Rosensorten als weitere Bereicherung ihrer privaten Gärten. Hinzu gesellten sich Sammler dieser »Blumenfamilie«, nicht nur in Frankreich, wie dies F. Joyaux 2005 in seinem Buch über die »Rosomanie« in der Zeit Joséphines beschreibt. Die darin vorgestellten Sammler regten sich gegenseitig zum Wettbewerb an. Die abgedruckten überlieferten Verzeichnisse von Descemet, Du Pont (s. o.) und anderen sind wertvolle Dokumente der Rosenverbreitungsgeschichte.

Bosse schreibt 1829 am Ende seiner Anbieterliste, dass es zwar noch viele Gärten mit ansehnlichen Pflanzensammlungen gäbe, welche erwähnt zu werden verdienten, die er aber nicht aufführen könne, da deren Adressen ihm nicht bekannt seien. Zu diesen gehören, was die Rosen betrifft, z. B. in Duisburg der Gärtner Johann Erben und der Kaufmann Wilhelm Keller. Die bürgerliche Nachfrage ließ nämlich neben den traditionellen Baumschulen und Samenhandlungen besonders in Deutschland neue Anbieter entstehen, die als Importeure ihr kommerzielles Glück versuchten. Hinzu kamen Sammler, Blumenliebhaber mit speziellen Vorlieben, die auf Pflanzentausch mit Gleichgesinnten Ausschau hielten. Auch erste Rosenfreunde gehörten dazu, die nach einiger Zeit eine beträchtliche Anzahl von Rosen in ihrem Garten aufzuweisen hatten. Schließlich neigten sie dazu, Vermehrungen ihrer seltenen Arten und Sorten, weil ganz neu oder schon wieder vergessen, auch zum Verkauf anzubieten. Neu entstehende Gartenzeitungen und Spezialblätter für Blumisterei boten Gelegenheit schon damals zu einem weltweiten Kontakt.

Die Rosen von Duisburg: Von **Johann Erben** gibt es ein *Systematisches Verzeichnis aller bis jetzt bekannten, selbst der allerneuesten Rosen, welche aus den ersten französischen und englischen Pflanzschulen käuflich zu bekommen*. Gedruckt wurde es 1823 in Essen bei G. D. Baedeker. Auf 35 Seiten bietet Erben 732 durchnummerierte Posten, so dass jede Rose dadurch auch eine Bestell-Nr. trägt. Nur wenige Nummern sind Doppelnennungen der Sorte durch das zusätzliche Angebot der Rose als okuliert auf Hochstamm. Gegliedert ist die Liste zu 29 Hauptklassen. Abteilungen untergliedern meist in Rosen, die eindeutig zur Klasse gehören, und solche, die jeweils davon stärker abweichende Bastarde aus Kreuzung mit anderen Rosengruppen darstellen. Weitere Anlässe zur Untergliederung sind teilweise die Füllung der Blüten, mal die Art der Zweige, mal die Bestachelung. Auch die Herkunft lässt Untergruppen bilden, z. B. »Hessische Rosen«, das sind 11 Sorten Rubiginosa-Abkömmlinge, die wohl in Weißenstein ihren Anfang nahmen. Eine Überinterpretation des Synonyms »Weinrose« verbirgt sich wahrscheinlich bei der 22. Klasse hinter der Unterteilung in »mit rebenartigen Zweigen« und »mit nicht rebenartigen Zweigen«. Ansonsten richtete sich Erben wohl nach den Angebotslisten seiner Lieferanten und scheint auch deren Gliederungen übernommen zu haben. Für die letzten 29 Rosen machte er eine eigene Klasse auf: »Abarten oder ungewisse Varietäten«. Auch die meist französischen Eigen-Namen behielt er bei, so wie er sie bei den Rosen vorfand. Beschreibende Rosennamen übersetzte er allerdings öfters ins Deutsche. Ab und zu fügte Erben eine Kurzbeschreibung bei, meist wird die Farbe angegeben, aber nur von den Rosen, die im Herbst 1822 in Duisburg ankamen und im Sommer 1823 bereits blühten. Seine tabellarische Aufstellung zeigt eine Spalte mit »Jahr der ersten Blüte«. Hier finden sich vereinzelt Jahreszahlen, zurück bis 1816. Uns helfen die Zahlen bei der Identifizierung der Sorten in ihrem Bezug zur Entstehung. Jedoch das für uns heute wichtigste, der Züchter, war damals oft nur schwerlich definierbar, das Herausstellen eines »Autors einer neuen Sorte« war noch nicht üblich. Erschlossen wird die Urheberschaft damaliger Sorten heutzutage aus den alten Katalogen, wenn diese wie bei Vibert deutlich machten, wann sie Eigenware (selbst aus Samen Gezogenes) anboten und wann übernommenes Pflanzengut (von »Hobbyzüchtern« oder Kollegen). Für Erben waren seine französischen, holländischen und englischen Anbieter in erster Linie seine Lieferanten, z. T. sogar ebenfalls nur Wiederverkäufer. So liegt auch nahe, dass ein Rosenhändler nicht so gerne seine Quellen offen legte, aus denen er günstig die neuen Rosen einkaufen konnte. Danach vermehrte er sie selber. Die Preisspalte seines Verzeichnisse ist getrennt nach »okuliert« und »auf eigener Wurzel«.

Die größte Rosenklasse in Erbens Versand-Katalog von 1823 waren die Gallicas. Nach Alphabet sortiert bot er 270 Sorten. Rechnet man noch die 60 Provinzrosen hinzu, die Erben damals als traditionell von seinen Lieferanten extra geführte Gruppe auswies, macht diese Klasse fast die Hälfte der Rosen aus. Erben importierte auch 400 Sorten Obstgehölze aus Frankreich, darunter 125 Apfel- und 147 Birnensorten – mit Hinweis auf einen Extra-Katalog. Als Blumen werden hervorgehoben Lütticher und englische Aurikeln in 150 verschiedenen Farbmischungen. Durchgängig bei allen Arten und allen Händlern von damals war, dass sie Pflanzen billiger abgaben, wenn man auf eine Namensauszeichnung verzichtete. Das sparte Arbeit und ermöglichte den Vermehrungsgärtnern das für den Versand zusammenzupacken, wovon noch reichlich da war. Wer bei den Rosen auf die Namen Wert legt, sollte gleich eine Ersatzrose angeben. Für den Versand nutzte Erben die bis dahin von den Baumschulern gemachten Erfahrungen und versicherte seinen Kunden: »Obschon diese Rosen eine ziemlich weite Reise machen, und biswei-

Erbens *Systematisches Verzeichnis*

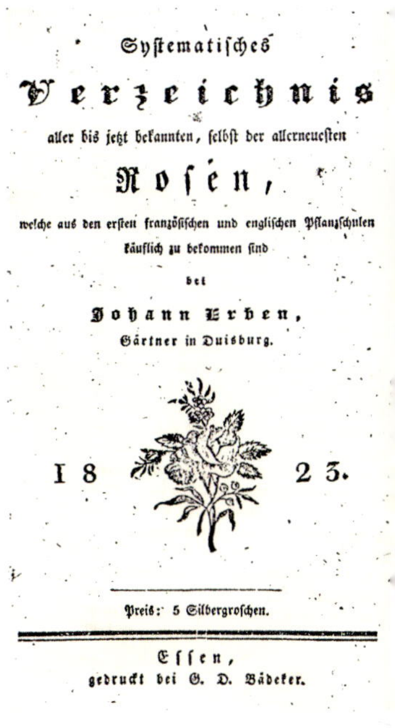

Systematisches
Verzeichnis
aller bis jetzt bekannten, selbst der allerneuesten
Rosen,
welche aus den ersten französischen und englischen Pflanzschulen
käuflich zu bekommen sind
bei
Johann Erben,
Gärtner in Duisburg.

18 23.

Preis: 5 Silbergroschen.

Essen,
gedruckt bei G. D. Bädeker.

Kehl, Heinr., Land= und Stadtgerichtsassessor.
Keller, Wilh., Baumwollen= und Stuhlwaarenfabrik, Inhaber einer berühmten Rosensammlung.
Kerkhoff, Chrn, stellvertretender Kreissekretair.

Aus Adressbuch Duisburg 1833

len 6 Wochen unterwegs sind, so tritt doch bei der sorgfältigen Verpackung nur höchst selten der Fall ein, dass selbst bei großen Parthien einzelne nicht anschlagen.« Monatsrosen würden nur in Töpfen geliefert – Preis nach Seltenheit und Anzahl.

Erben kündigte an, dass bei allen noch unbeschriebenen Rosen Hinweise im kommenden Jahr nachgeholt, »so wie dann auch über die neuesten Varietäten ein Nachtrag geliefert wird.« Nur für 1827 fanden wir einen solchen Nachtrag. In der Wochenausgabe vom 28. November der *Allgemeinen Deutschen Gartenzeitung* verfasste der Redakteur Johann Ev. Fürst eine solche Nachricht. Einen Eintrag als Mitglied im Verein der »Praktischen Gartenbaugesellschaft« in Frauendorf konnten wir in keinem der Mitgliederlisten entdecken. Jedoch fanden wir den eines anderen Duisburger Rosensammlers, des Kaufmanns Wilhelm Keller, dessen Beitritt in der Wochenausgabe vom 16.4.1825 angezeigt wurde.

Wer war Wilhelm Keller? Zur Beantwortung dieser Frage setzten wir unsere Recherchen im Duisburger Stadtarchiv fort, wo wir zugleich auch Näheres über Johann Erben erfahren wollten. Unsere ersten Spuren stammen aus den Wahllisten vom September 1822: »Erben, Johann, Gärtner, geb. 1784« und an anderer Stelle »Keller, W···, ohne Beruf, geb. 1754«. In einem Verzeichnis der Gewerbetreibenden von 1823, Bereich Fabrikant mit Handelsrechten, stand endlich »Keller, W···, Fabrikant von baumwollenen Waren«. Es gibt in Duisburg eine Familie Keller, deren Vorfahren bis 1575 nachweisbar sind und z. B. Offiziere, Bürgermeister und Ärzte aufzuweisen hatte. Im Stammbaum-Buch dieser Familie fanden wir einen Wilhelm Christian Keller, 1778–1834, Fabrikant zu Duisburg; das passte besser ins gesuchte Schema und das zweite »W mit dem kleinen hochgestellten, unleserlichen Zusatz« stand für den im damaligen Preußen häufigen Vornamen Wilhelm. Duisburg war mit der Grafschaft Kleve vor 360 Jahren durch den Westfälischen Frieden der brandenburgischen Linie der Hohenzollern zugefallen. Dem Stammbaumbuch konnten wir für Wilhelm Kellers aus Kleve stammende Mutter, Catharina Helena von Renesse, als Geburtsjahr die Zahl 1754 entnehmen. Das hochgestellte undeutliche Auf und Ab hinter dem ersten W konnte somit als Abkürzung für Witwe gedeutet werden, denn Kellers Vater, »Schöffe und Stadtrentmeister in Duisburg« verstarb bereits 1794. Der erstgeborene Wilhelm war zu diesem Zeitpunkt schon 16, hatte aber sechs Geschwister, zunächst vier Schwestern, die erste noch keine 13, zuletzt zwei Brüderchen, der jüngste genau zwei Jahre alt. Wilhelm dürfte sich mit seiner beruflichen Ausbildung beeilt haben und eine Stütze seiner Mutter geblieben sein. Die Familie Keller besaß ein großes Grundstück mitten in der »Altstadt« mit Gebäuden und Gartenflächen, wie ein Plan von 1829 mit nachträglichen Vermessungseinträgen zeigt. Sogar die Vogelschaupläne von Corputius (1566) und Merian (1624) können einen Eindruck von damals geben, weil sich die meisten Städte bis Anfang des 19. Jahrhunderts wenig verändert haben (s. Abb.). Ein Vergleich mit heutigem Plan der Altstadt lässt trotz gewaltiger Zerstörungen im 2. Weltkrieg die Position des Kellerschen Gartens gut orten. Die Häuser dienten in den 1820er-Jahren als Bezugseinheit für das Erfassen von Personen und weisen für das Kellersche Anwesen die Mutter als Rentmeister-Witwe und Wilhelm als Haushaltsvorstand aus. Wilhelm Keller blieb ledig. Den Steuerbüchern nach war sein Umsatz mit Baumwollbezügen eher gering. Vermutlich verbergen sich hinter weiteren zum Haushalt gehörigen Frauen seine zwei ledig und in Duisburg gebliebenen Schwestern. Die älteste jedoch hatte 1818 in Duisburg einen Essig-Fabrikanten geheiratet, starb aber 1820 gleich nach dem dritten Kind. Die anderen Geschwister zogen weg.

Im Ausschnitt des Plans von Duisburg sind drei benachbarte Handwerkerhäuser eingezeichnet. Im mittleren wohnte Johann Erben, sein Name ist eingetragen. Über die Listen zur Personenerfassung aus dieser Zeit ist diese Adresse ab 1826 für ihn zusätzlich belegbar. Erben war verheiratet, hatte ein Kind und zählte einen Gärtnergesellen und eine Magd bis 1830 zu seinem Haushalt. Zwischenzeitlich wohnten in dem kleinen Haus auch 2 Schreiner und 1 Maurer. Zu diesem Haus gehörte kein nennenswerter Garten. Erben muss vor den Toren der Stadt Land gepachtet haben, um Obstbäume und Rosen aufzupflanzen und Vermehrungen zu ziehen. Vielleicht hatte er bis 1825 dort auch gewohnt und Tiere gehalten. Seine Verkaufskataloge, besonders der mit Rosen von 1823, wurde oben schon gewürdigt. Wie mag es wohl weitergegangen sein? Hatte er zu wenig Umsatz? War die Anzeige 1827 in der Frauendorfer ADGZ der letzte Versuch? Wann hatte Wilhelm Keller die Rosen als Hobby entdeckt, in seinem großen Stadtgarten gesammelt und prächtige Pyramiden aufgepflanzt? Hatte er dem Gärtner Erben das nachbarlich gelegene Haus vermittelt und Erbens Angebots-Reste samt seiner Gärtner-Dienste für die Vermehrung der Rosen übernommen? Denn am 1. Dezember 1828 versuchte sich Keller selbst im Rosenverkauf, diesmal über die Blumenbranche: Abdruck eines Verzeichnisses in J. E. Reiders *Annalen der Blumisterei für Gartenbesitzer, Kunstgärtner, Samenhändler und Blumenfreunde* (4. Jg., S. 256–288), wobei er sich als Handelsgärtner bezeichnete, die Erlaubnis zu gewerbsmäßigem Handel hatte er ja. Bereits im Jahr darauf, folgte schon der »Nachtrag« (1829, S. 276–296). An einigen Stellen weist er darauf hin, dass die Rosen bereits einige Jahre in seinem Garten stünden, z. B. seine prachtvollen 16 Fuß hohen Rosenpyramiden (*Rosa alpina* bestaubt mit einer Monatsrose) gehen nach eigenen Angaben auf das Jahr 1822 zurück. Unterteilt in 26 Klassen (Erben hatte 29), führte Keller in seiner Aufstellung nur 487 Sorten auf, die die Weiterentwicklung des Rosenmarktes in den verstrichenen 5 Jahren andeuten.

Kellers Rosengarten mag innerhalb Duisburgs eine Werbung für die Rose gewesen sein, ein Beleg- und Schaugarten für Erbens Gärtnerei und Baumzuchtbetrieb war er nicht. Im »Nachtrag zu dem Verzeichnis der großen Rosen-Sammlung des Kaufmanns Wilhelm Keller in Duisburg am Rhein«, ein Jahr später, werden 352 Sorten, in erster Linie Sempervirens- und Bengal-Rosen sowie neue Gallicas, nachgeliefert. Einige Namen wiederholen sich, so dass man die beiden Zahlen nicht exakt addieren darf – ca. 800 Varietäten werden es wohl 1829 gewesen sein. Keller übersetzte in diesen beiden Zeitschriftenanzeigen eifrig auch französische Eigennamen von Rosen, als ob er sich davon mehr Akzeptanz und Umsatz verspräche. Professionell war das ganze nicht; außer der Klasseneinteilung gab es keine ersichtliche Ordnung der Rosenbenennungen, die bei den großen Gruppen Orientierung hätte bieten können, weder die Farbe noch ein lexikalischer Ansatz. Fehlende Bestellnummern sind das größte Manko. Da war Erbens Katalog besser.

Vier Jahre später, für die Rosensaison 1833, ließ Keller ein neues Verzeichnis, wie schon Erben, bei Baedeker in der Nachbarstadt Essen drucken – nun in einer Antiqua-Schrift mit eindeutigen Bestellnummern und Preisen, auch wieder in »Reichsthaler« und »Silbergroschen«. Die Rosen sind weitgehend gut beschrieben und die Listen wirken trotzdem überschaubar, das ganze wie eine Jubiläums-Fortsetzung zu einem 10-jährigen Gemeinschaftsunternehmen Erben-Keller. Über das Vereinsmitglied Keller schrieb Johann Evangelist Fürst am 16. März 1833 in seiner ADGZ: W. Keller habe das Verzeichnis seiner großen Rosensammlung ganz umgearbeitet auf Postpapier in Octav drucken lassen. Die Sammlung sei

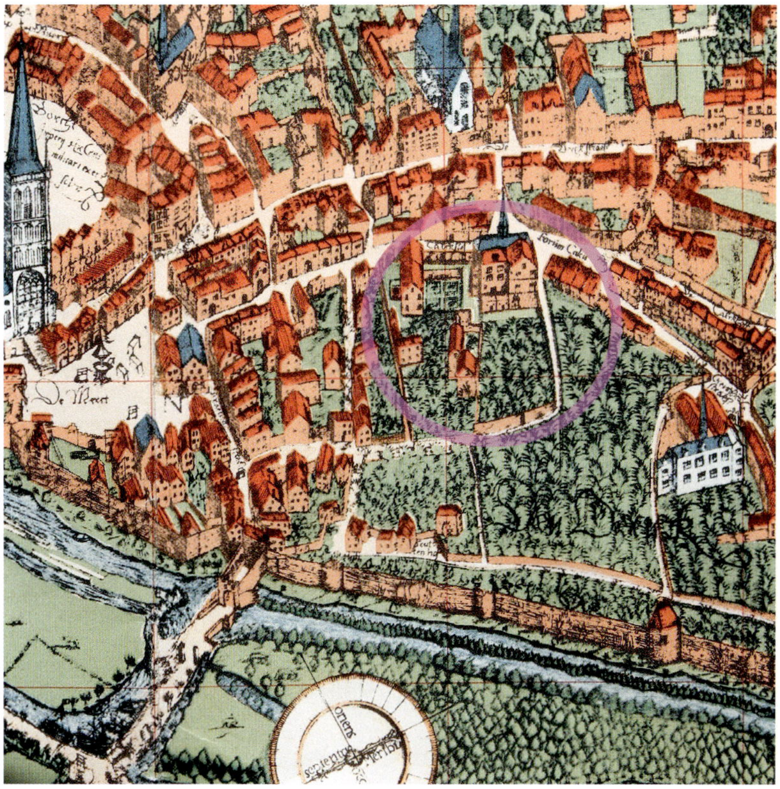

Duisburg, Corputius-Plan 1566. Im Kreis die Grundstücke und Bebauung, wie sie den Grundrissen nach Anfang 19. Jh. noch bestand: Rechts am Forum Calcis die drei Handwerkerhäuser – im mittleren wohnte Erben ab 1826. In der Mitte Eckgebäude und Gartengrundstücke im Besitz der Familie Keller – Wilhelms Rosengarten am Kalkhof.

in den letzten Jahren – nach Abschaffung vieler alter wertlos gewordener Sorten – mit dem Neuesten aller Länder bedeutend vermehrt worden. Das Verzeichnis bestehe aus 53 Arten mit zusammen 1068 Varietäten und Hybriden, welche nach den Monographien von Lindley und Pronville, sowie besonders nach den neuesten Erfahrungen der ausgezeichnetsten Blumisten Frankreichs systematisch geordnet sei – so weit es bei den vielen sich darbietenden Schwierigkeiten möglich wäre. Er hätte die wahren Namen beibehalten, welche ihnen von den verschiedenen Rosenpflanzern nach Ansicht ihrer ersten Blüte beigelegt worden seien und welche selbst die großen Pariser Blumisten und Botaniker in ihren neuesten Schriften größtenteils angenommen hätten und unter welchen sie auch nach und nach in den Handel gebracht würden. Worauf Fürst nicht eingeht, sind die Übersetzungen dieser »wahren Namen« in die deutsche Sprache, was verwundert, weil Fürst ein strenger Verfechter des Latein war, voll in der Tradition der Botaniker.

Für den individuellen Namenszusatz bei einer Sorte hatten englische und französische Gärtner die Weltsprache Latein verlassen, um sich in ihrer Muttersprache beschreibend oder übertreibend auszudrücken. Kann man es da den Gärtnern und Kunden anderer Länder verdenken, wenn sie diese vom Anbieter muttersprachlich herausgestellten Vorzüge einer Rose in der eigenen Muttersprache zum Ausdruck bringen wollten? Selbst der Tübinger Botanikprofessor **G. C. L. Sigwart**, der das *Vollständige Handbuch der Gartenkunst, enthaltend die Gemüse-, Baum-, Pflanzen-, Blumen- und Landschaftsgärtnerei von Louis Noisette* aus dem Französischen übersetzt hatte, übertrug bei den Rosen 1829 im vierten Band, zweiter Teil (S. 214–266), ebenfalls beschreibende Namensbestandteile ins Deutsche, soweit sich nicht die üblichen lateinischen Attribute anboten. Die Französische Rose musste sich damals erst noch als Markenbegriff durchsetzen und der originalsprachige Name als Identitätsbestandteil weltweit genügend Anerkennung finden. In Deutschland kam in gewissen Kreisen und Territorien hinzu, dass man im Gegensatz zur europäisch-höfischen Bildungstradition und der des aufstrebenden Bürgertums kein Französisch lernte und fremden Namen verständnislos gegenüberstand. Die Übersetzerei verhinderte allerdings die Aufstellung eines universal brauchbaren alphabetischen Verzeichnisses.

Alle drei Kellerverzeichnisse stehen seit 2004 zusammengefasst in einer Reprint-Ausgabe zur Verfügung, herausgegeben von Daphne Filiberti, einer amerikanischen Rosenfreundin. Brent Dickerson konnte daher in der zweiten Auflage seiner *Old Roses: The Masterlist*, 2007, die mittlerweile 35.355 historische Rosen-Namen enthält, auch die Keller-Bezeichnungen einarbeiten.

Zurück zu Wilhelm Keller, der voller Hoffnung mit seinem neuen fülligen Katalog in die Rosensaison 1833 startete. Als er sich der Rosen des Jahres 1834 erfreute, ahnte er noch nicht, dass es das letzte Mal sein würde. Im Dezember erkrankte er und starb am zweiten Weihnachtstag im Alter von 56 Jahren an »Unterleibsentzündung«, wie es im Sterberegister heißt.

Und die Rosensammlung? Von Johann Erben verliert sich die Spur. Von Wilhelm Kellers Geschwistern hatte anscheinend niemand Interesse. Die hochbetagte Mutter starb zwei Jahre später im Februar 1837. Es gibt nur zwei Verbindungen, in denen die Kellersche Sammlung weiterhin genannt wurde, die eine führt in die Donaumonarchie, die andere schon wenige Monate später rheinaufwärts nach Düsseldorf – unter Napoleon Residenzstadt eines neu gefassten Großherzogtums Berg, das nach Abzug der Franzosen an Preußen gefallen war und nun als Teil der Rheinprovinz von Koblenz aus verwaltet wurde.

Mit der Unterzeichnung »Düsseldorf im Mai 1835, Arnz et Comp.« endet die Mitteilung eines Herrn Arnz. Darin heißt es: »… Der verstorbene Kaufmann Keller in Duisburg hatte seinen Garten fast ausschließlich den Rosen gewidmet und durch eine ungemeine vieljährige Ausdauer zuletzt an 1400 verschiedenartige Blumen dieses Geschlechts zusammengebracht, welche zur Zeit ihrer Blüte alle Liebhaber aus der Nähe und Ferne herbeilockten, um sich an dem prachtvollsten Anblick dieser durch glückliche Behandlung und sinnige Aufstellung ausgezeichneten Sammlungen zu weiden, die in der That einen Genuß gewährt, welcher einzig in seiner Art genannt werden konnte.« Herr Keller sei eifrig bemüht gewesen, für die Verbreitung seiner Rosen in Deutschland, besonders im Norden und Osten zu sorgen. Er habe daher zuletzt wegen der Herausgabe seines Werkes über die Rosen mit ihnen verhandelt. Dieser in Mode gekommenen Blume sollte mehr Publizität gegeben und die Rosenfreunde auf die vielen neuen, schönen, alles Bisherige weit hinter sich zurück lassenden Spielarten aufmerksam gemacht werden. Zu diesem Zweck hätten sie bereits im vorigen Jahr, teils aus Kellers, teils aus ihrer eigenen Sammlung eine Anzahl der vorzüglichen Rosen nach der Natur abbilden lassen. Durch das frühe Ableben sei nun die Verbindung aufgelöst worden. Da aber die Fortsetzung des Rosenwerks ihnen zu sehr am Herzen liege, hätten sie nun aus eigenen Mitteln versucht, die für das Projekt noch fehlenden Rosen, auch die neuesten und teuersten, direkt vom Erzeuger herbeizuschaffen.

Rosen-Lithos aus Düsseldorf: Diese Mitteilung des Herrn Arnz war eine Einladung zur Subskription von Rosenbildern, herausgegeben und verlegt von der Lithographischen Anstalt Arnz et Comp. in Düsseldorf. Der Text begann mit einem Satz, der zeigt, dass das aktive, bewusste Züchten neuer Sorten 1835 voll im Gange war. Schon 1828 hatte ja Keller bei seinen geliebten Alpina-Hybriden auf die Bestäubung als Methode verwiesen. Ein unerbittlicher Verdrängungskampf zwischen den Rosen hatte begonnen: »Seit einigen Jahren sind die Rosen mehr als je ein Gegenstand der Aufmerksamkeit der Blumen-Liebhaber geworden, und man hat bereits die Kultur derselben in Frankreich, Belgien, England und Deutschland mit solcher Vorliebe betrieben, daß durch künstliche Befruchtungen und vielfältige Aussaaten die herrlichsten Spielarten entstanden sind, welche durch ausgezeichnete Formen, Pracht und Fülle der Blumen, so wie durch den manichfaltigsten Farben-Wechsel, die älteren bekannten Arten weit übertreffen.«

Heinrich Arnz, geboren 1785, gehörte zur neuen Generation von Unternehmern im graphischen Gewerbe, die sich auf den von Senefelder entdeckten und 1796–98 zur technischen Reife entwickelten Steindruck einließen, der aquarellartig farbige Darstellungen ermöglichte.

'Maria Leonida' (1829), R. Bracteata-Hybride, Rosen-Lithographie Nr. 51, Arnz & Comp. ca. 1838. (Rose existiert noch in L'Haÿ)

Wahrscheinlich ab 1815, belegt ab 1817, bestand – nach München, dem Frankfurter Raum, Berlin, London und Paris – auch in Düsseldorf eine Steindruckerei, Inhaber J. C. Winckelmann. Gleichzeitig gründeten die Brüder Heinrich und Joseph Arnz eine Lithographische Anstalt, gewannen Winckelmann als Kompagnon und begannen 1817 mit der ersten Produktion des Verlags Arnz & Co. Von Anfang an stand das Unternehmen selber im Verdrängungswettbewerb der beginnenden technischen Revolution. Mit verbesserter Technik setzte diese Nachfolgergeneration der Wirtschafts-Pioniere, wie sie Bertuch in Weimar verkörpert hatte, nun auf noch ökonomischere Produktion und höhere Auflagen für einen niedrigeren Preis, und auf spezielle Nischen sowie auf Wachstum. Verlockend war trotzdem andererseits der Versuch, auf eigene Faust, konzentriert auf sich selbst, sein Glück zu versuchen. Winckelmann schied 1828 aus der Firma aus und ging ins aufstrebende Berlin; Düsseldorf hatte 1827 noch keine 30000 Einwohner, aber schon zwei Konkurrenten, ab 1833 sieben. Man brauchte ständig neue Anwendungsideen und beobachtete die Märkte. Der Bedarf an Werbung machte die Medien zum Partner der Wirtschaft: War damals schon das Rosenbild auf dem Weg vom bildungsmotivierten Kunstdruck zur Produktdarstellung im Dienst der Vermarktung? Ein erster Schulatlas von 1817 war (zufällig?) im Titel mit Rosen verziert. Zeichnerisches Talent hatte sein Bruder, von den drei begabten Zeichnern, die bereits im Rahmen der damals üblichen Kinderarbeit entdeckt und gefördert worden waren, war ihm nur Johann Baptist Sonderland geblieben. Aimé Henry, der ab 1821 für die Plantae officinalis des M. F. Weyhe malte, war 1823 mit den Brüdern Nees van Esenbeck nach Bonn gegangen, um Pflanzenbestände im Botanischen Garten zu malen. Theodor Hosemann, dessen Vater als Offizier jährlich nur 200 Taler verdiente, war 1828 von Winckelmann mit einem Jahresgehalt von 400 Talern mit nach Berlin abgeworben worden. Arnz besaß 1833 fünf Steindruckpressen und wollte jährlich 10 × 10 ilder liefern, jeder Subskribent sollte verpflichtet sein, eine solche Centurie voll abzunehmen. Für jede Lieferung von 10 Tafeln sollte der Preis, 1 Taler, beim Empfang sofort zur Zahlung fällig werden. Bei dauernder hinreichender Teilnahme würden weitere Centurien erscheinen. Ein Jahr nach diesem Aufruf wurde der Text dieses Schreibens in Fürsts *Allgemeiner Deutscher Gartenzeitung*, in der Wochenausgabe vom 22. Mai 1836, abgedruckt, um zusätzliche Abonnenten der Rosentafeln zu werben, dazu folgende weitere Hinweise der Redaktion: »Die Herren Arnz et Comp. in Düsseldorf haben uns ihren Rosenkatalog und die ersten beiden Lieferungen ihrer Rosen-Abbildungen zugesendet, … Der vorliegende Katalog unter dem Titel: *Rosensammlung von Arnz et Comp. in Düsseldorf enthaltend: die neuesten und schönsten aus Frankreich, England, Belgien, und Deutschland bezogenen, in unseren Gärten kultivierten Rosen*, gibt uns in 20 Abtheilungen über 1400 Arten und Varietäten an, und wird jährlich mit den neuesten vermehrt. Derselbe ist gleichsam als Fortsetzung des früheren Katalogs der Sammlung des verstorbenen Kaufmanns Keller aus Duisburg zu betrachten, indem er wirklich alle die neuen Rosen enthält, deren Namen in den letzten Jahren bekannt wurden. Die Preise der Pflanzen sind der Seltenheit der Blumen angemessen und billiger gestellt, als man sie von den Erzeugern direkt beziehen kann. Sie variieren zwischen 15 Silbergroschen und 1 Thaler bei den Rosen aus den Jahren 1825 – 32, nur die neuesten Blumen stehen wegen ihrer Seltenheit und größeren Schönheit noch in höheren Preisen: es ist jedoch zu erwarten, dass bei einer größeren Vermehrung, die wir Herrn Arnz bestens empfehlen, auch diese bald zu geringeren Preisen werden abgelassen werden.«

Fürst weist danach darauf hin, dass der Katalog durch alle Buchhandlungen bezogen werden könne und er sich daher auf eine summarische Übersicht beschränke. Schade – einen solchen Arnz-Katalog konnten wir bis heute nirgends finden. Fürsts Übersicht ist lediglich zu entnehmen, dass der Schwerpunkt des Katalogs noch mit 509 Sorten bei den Gallicas liegt, gefolgt von den Hybrida (den späteren Remontanthybriden) mit 202. Dauerblühende Bengalrosen folgen mit 140. Das Mittelfeld wird angeführt von den Teerosen mit 75, gefolgt von den Noisettianas mit 65, den Bourbons mit 58, Portlands und Damaszener mit je 52. Es werden noch 50 Albas aufgeführt, 47 Pimpernell- und 43 Provinz-Rosen. Die 35 Zentifolien und 20 Moosrosen waren bis 1828 noch zusammengerechnet worden. Auch die Gruppe der Achatrosen blieb mit 22 bestehen, gefolgt von 15 Sempervirens-Rosen. Die kleinsten Gruppen bilden 8 Multifloras, 8 Lawrentianas, 7 Alpinas, die Keller so liebte, 4 Moschata und 3 Turbinata, Insgesamt ist die Konzentration auf Gartenrosen auffällig. Sogar in *Meyer's Conversations-Lexicon*, Bd. 6, 1851, wird noch am Schluss des Artikels »Rosen« hingewiesen auf den »Bezug von Rosen (aus Sammlungen und Gärtnereien) namentlich: in Düsseldorf bei Arnz u. Komp. (welche neuerdings auch vortreffliche Abbildungen der neuesten und schönsten Varietäten und Hybriden liefern), und beim Apotheker O. von Bärle.« Auf beide wies, außer Catherine F. Gore (1838), auch Wilhelm Döll 1855 hin und führte zusätzlich deren Züchtungen an.

Das angekündigte grafische Werk einer Centurie von Rosen-Abbildungen wurde leider vorzeitig abgebrochen. In Bibliographien, z. B. bei Nissen (1951) unter der Nr. 2384 oder in der Rosen-Bibliographie von Stock (1984) unter der Nr. 2480 liest man: »*Rosen. Sammlung der neuesten u. schönsten aus Frankreich, England, Belgien u. Deutschland bezogenen, in unserm Garten cultivirten, nach der Natur gezeichneten u. colorirten Rosen.* Herausgegeben und verlegt von der Lithographischen Anstalt Arnz & Comp. in Düsseldorf.« Weitere Angaben sind: 60 Lithographien, in Lieferungen I–VI à 10, und der Zeitraum 1835–1840. Im Stock sind auch mit laufender Nummer alle 60 Rosennamen aufgelistet. Einzelne Blätter, wie sie sich auch in der »Bücherei des Deutschen Gartenbau«, zumindest der Zanderkartei nach, erhalten haben, wurden bis heute rosengeschichtlich in Deutschland kaum wahrgenommen und konnten nicht in einem größeren Zusammenhang gedeutet werden.

Unsere Suche nach dem bis jetzt nominell als vermisst geltenden lithographischen Rosen-Werk (Krüßmann 1974, Lejeune 1983) war erfolgreich: Die Universität Jena besitzt einen vollständigen Satz der Arnz'schen Rosen und konnte uns eine digitale Kopie für Studienzwecke anbieten. Überraschenderweise liegen in Jena 8 Lieferungs-Deckblätter (beschriftet mit I bis VIII) zwischen den Abbildungen, die selber sich in ungestörter Reihenfolge befinden. Der unerwartete Tod des wichtigen Partners Wilhelm Keller, eine zu geringe Zahl von Abonnenten und ein zu rasches Veralten der »Neuesten Sorten« werden wohl dazu beigetragen haben, dass sich Arnz aus dem drohenden Verlustgeschäft zurückzog. Die naturkundliche Ikonographie blieb aber wichtig. Die Kontakte zu berühmten Wissenschaftlern wurden gepflegt, wie der zu Ludwig Nees van Esenbeck. Die Rosenbilder hätten so gut ins Programm gepasst.

Den echten Rosen blieb Arnz jedoch treu. Der oben im Wortlaut wiedergegebene Brief, sowie die Hinweise bei Gore, Döll und in Meyer's Lexikon belegen, dass Heinrich Arnz eine eigene Rosensammlung hatte. Ein zwei Morgen großes, geerbtes Grundstück mit einem Gebäude, die Petersburg, diente dem Ehepaar ab 1823 als Erholungsgarten, soweit es der Feierabend erlaubte (Elsbet Colmi in »Glanz und Elend einer Lithographischen Anstalt Arnz & Comp., Düsseldorf 1815–1858«, *Bibliothekarische Nebenstunden*, 1964, S. 67). In der 1813 geschlossenen Ehe mit Catharina Drach wurden ihnen fünfzehn Kinder geboren. Heinrich Arnz leitete ab 1828 Verlag und Betrieb faktisch allein. Sein Bruder und Mitinhaber Joseph war lediglich für die graphische Technik zuständig; er verstarb 1841. Die 1830er-Jahre waren sehr anstrengend. Sein Betrieb war 1827 umgezogen, in ein neues repräsentatives Haus. Der Konkurrenzdruck war gestiegen. Heinrich führte in seinem Garten zwar die ständig wachsende Rosensammlung fort, war aber wohl auch hier gedrängt, zumindest die gärtnerisch-kommerzielle Nutzung beizubehalten. Betrieblich war es ebenso wichtig auch anderes Angefangene, wie z. B. Werke zu Petrefakten und ein Anatomischer Atlas, fortzusetzen. Außerdem brachte Arnz immer wieder neue Kinderbücher heraus. Aus dem Feld der Schulatlanten musste er sich zurückziehen und es anderen Verlagen mit besseren Kontakten zu Geographen überlassen. Er druckte alles, was sich sonst noch anbot, von Eintrittskarten bis Heiligenbildern. In den 1840er-Jahren wurde es besser und Heinrich startete mit seinem ältesten Sohn eine Ausweitung durch eine Filiale in Leiden, die jedoch nach dessen frühem Tod 1846 wieder aufgegeben wurde.

Ein glücklicherer Umstand entwickelte sich daraus, dass die heranwachsenden Kinder mit Künstlerkreisen Bekanntschaft machten, was Berufswünsche prägte und Verbindungen durch Heirat schuf. Man gründete den »Malkasten« und es entstand die Düsseldorfer Malerschule, die der Lithographischen Anstalt und dem Verlag neue Felder erschloss, z. B. die Gründung der *Düsseldorfer Monatshefte* 1847 und das *Düsseldorfer Künstleralbum* ab 1851. In diesem Lebensabschnitt wird es wohl wieder Zeit für Rosen im Garten gegeben haben, denn ein leidenschaftlicher Rosenfreund soll er geblieben sein. Einer dieser Maler, Oswald Achenbach (1827–1905), wurde 1851 Schwiegersohn von Heinrich Arnz. Seine Frau war Julie, zehntes Kind seiner Schwiegereltern. Zwei Jahre später nutzte Achenbach, 26, bei einem Aufenthalt im Rosengarten die Gelegenheit, diese beiden unermüdlichen Menschen aus der Generation vor ihm in einem Aquarell festzuhalten: Catharina, 59, in den Händen ein Strickzeug, wie ein Symbol für ihr nachhaltiges Lebenswerk; Heinrich, 63, als Gärtner mit roter Rose in der Hand.

Aquarell von Oswald Achenbach, 1853: Schwiegereltern Heinrich Arnz mit Frau im Rosengarten. (Original in Privatbesitz)

Als im Jahr darauf wieder die Rosen blühten, am 11. Juni 1854, verstarb der Rosensammler Heinrich Arnz. Zwei der Söhne, Nachfolger im Unternehmen, setzten sich Ende des Jahres 1857 nach Argentinien ab, wegen geplatzter Wechsel – der Bankrott der Firma war nicht mehr abzuwenden. Noch 1858 wurde das Grundstück mit dem Rosengarten aufgeteilt und verkauft. Catharina lebte noch 12 Jahre im Kreise ihrer verbliebenen Kinder und über 30 Enkel.

Eine Fußnote hatte uns zum Buch über den Maler Oswald Achenbach von 1944 geleitet, das einen Graustufendruck des Aquarells enthielt. Der Bildnachweis führte uns nach Tübingen mit seiner Geschichte der dortigen Buchhandlungen und Verlage in der Mitte des 19. Jahrhunderts und ihre deutschlandweiten Verbindungen. Als es endlich gelang, eine Angehörige der ehemaligen Besitzerin des Bildes ausfindig zu machen, kam in der weitläufigen Verwandtschaft eine, schließlich erfolgreiche, Suche in Gang.

Der Rosensammler von Preßburg: Die Zeit nach dem Wiener Kongress bedeutete für viele Menschen eine Neuorientierung. Das galt auch für **Christian Nickels**, als k. k. österreichischer Hauptmann. Nachdem er 20 Jahre lang Rosen und Erfahrungen mit ihnen bei Beschaffung, Benennung und Pflege gesammelt hatte, erarbeitete er in den 1830er-Jahren ein Hilfsbuch für den Rosenfreund, den dornigen Weg der Sammelleidenschaft etwas zu begradigen und zu glätten. Das 80 Seiten starke erste Heft, *Die Eintheilung und Cultur der Rosen überhaupt*, veröffentlichte er 1836 in Preßburg. Noch im gleichen Jahr folgte mit 92 Seiten Heft 2, *Die immerblühenden Rosen*, darin auf 16 Seiten Übersichtstabellen für seine 16 Arten, eine Farbentafel und ein 11-seitiges alphabetisches Rosen-Register. Ein Jahr später lieferte sein Verleger Anton Edlen von Schmid Heft 3 aus, *Die zwei- und dreimal im Jahre blühenden Rosen, dann die bengalischen Hybriden* mit zwei 5-seitigen Registern und insgesamt 74 Seiten. Zum Schluss, 1838, erschien mit insgesamt 131 Seiten unter dem Titel *Einmal im Jahre blühenden Rosen* das Doppelheft 4 und 5, mit einer zehnseitigen tabellarischen Übersicht der Sorten und Arten und einem 27 Seiten starken Rosenregister. Durch genauen Vergleich dieser ersten Auflage mit dem Frick-Reprint (Moos bei Konstanz 1976), dem die zweite Auflage, Pressburg 1845 zu Grunde lag, stellten wir fest, dass es sich bei der zweiten Auflage bis auf Jahreszahl und Impressum exakt um einen Nachdruck mit den gleichen Druckplatten von 1836–38 handelt, den damals der Verlag von Joseph Landes sel. Wwe Buchhandlung durchführte, damit, ergänzend zum 1846 bei ihm erscheinenden 6. Heft des Autors, für den Leser nun das ganze Werk greifbar ist: C. Nickels, *Cultur und Benennung der Rosen*, Pressburg 1836–1846. Jedes rosengeschichtlich wichtige Zitat aus dem »Frickschen Nickels« (ca. 1500 Rosenbeschreibungen) muss und darf also, abgestimmt je nach Heft, auf die Jahre 1836, 37 oder 38 vorverlegt werden, was wir in unserem Buch mit Freude und Neugier korrigierten. Nickels bezog auch die Kenntnis des Kellerkatalogs mit ein. Bei etlichen Rosen gab er einen Hinweis auf die Duisburger Sammlung.

Das wirklich neue Heft 6 des Autors »Enthält als Nachtrag zu den bereits erschienenen fünf Heften dieses Buches, die seither neu vorgefundenen vorzüglichen Rosen aller Arten, nebst einer auch in die Obstbaumzucht wesentlich einschlagenden Bemerkung« – gut 300 weitere Rosen. Nickels gibt hier seine Adresse für Rosenbestellungen an, die auch dem Hamburger großen Kenner der Rosengeschichte Servais Lejeune (1983) bekannt war: Grösslinger Gasse Nr. 675. Im Zentrum von Bratislava existiert heute noch eine lange West-Ost verlaufende Straße mit Namen »Grösslingova«. Nickels schreibt im Vorwort, dass er Beschreibungen zu Rosen nachliefere, die er zwischenzeitlich selbst angeschafft oder blühend gesehen und für wertvoll befunden habe. Seine Bemerkung zur Baumzucht ist die Werbung für sein Hohleisen, das er bereits 1836 in Heft 1, S. 14, vorgestellt hatte und von dessen Anwendung er nach 10 Jahren Erfahrung absolut überzeugt war. Beim Veredeln solle man nur okulieren: Das Auge sollte nur bis auf die Bastschicht mit dem Hohleisen abgelöst und auf dem Wildling auch nur bis auf diese Schicht eingesetzt werden. Die Pflanze sei so schneller in der Triebbildung und sicherer. »Holz auf Holz wächst bei der Rose nie zusammen.« Zu Beginn seines Vorwortes gibt sich Nickels als charmanter Liebhaber der Rosen: Er habe inzwischen so viele andere Prachtblumen gesehen, die aus den fernsten Zonen herbeigeschafft oder von »Männern der Kunst« selbst erzogen wären, den glänzenden Schmelz der Kamelien, das Farbenspiel der Eriken, der Rhododendren, Azaleen, Dahlien und Orchideen. Doch kehre er dann nach Hause in seinen Garten zurück, wo die lieblich geformten süß duftenden Rosen durch ihr grünes Laub schelmisch auf ihn blickten und einlüden, sie zu pflücken, bereit, ihn zu zerkratzen, dann sage er, von den Reizen seiner lieben Coquetten verzaubert, es seien ja doch alles keine Rosen gewesen, die er draußen gesehen habe, und nur den Rosen bleibe er treu.

Nickels wurde 1826 Mitglied der Praktischen Gartenbau-Gesellschaft und war zu der Zeit noch aktiver Offizier in Österreichisch Galizien, das galt auch noch für die Mitgliederliste 1830. Erst die Liste von 1841 nennt ihn »k. k. Hauptmann im Ruhestand, Preßburg«. Auch Nickels' Vorname, 1983 von Lejeune in Rosenkreisen Bratislavas noch vergeblich gesucht, geht aus der Liste hervor. Alle Neuen wurden jedes Mal mit Namen und Titel in der ADGZ aufgelistet. Kontakte untereinander wurden auf Wunsch vermittelt, soweit sie selber nicht so leicht hergestellt werden konnten, Dankesschreiben von Lesern wurden abgedruckt, die gleichgesinnte Blumenfreunde fanden. Jede Woche las man von neuen Pflanzen, Methoden, Büchern und Erfahrungen. In der *Geschichte der Entstehung Frauendorfs* von 1841 finden sich in der Gesamtliste über 2000 Mitglieder. Neben Bayern und Württemberg war die Donaumonarchie bestens vertreten, hauptsächlich das Land, aber auch die Städte: Salzburg mit 7, Linz mit 8 und Preßburg mit 10 Gartenfreunden; Triest 12, Klausenburg/Cluj 13, Ofen u. Pesth/Budapest 16, Carlstadt/Karlovac (18), Prag 22, Laibach/Ljubljana 27, Agram/Zagreb 36. Sogar die Zahl von 61 Münchnern wurde von 74 Wienern noch übertroffen. Der Kontakt nach Preußen (Berlin 1 Mitglied) war den Bayern weniger sympathisch, da finden sich eher 4 Mitglieder in New York. Die Höhepunkte des schwach vertretenen Nordens sind Hildesheim (8), Leipzig (7), Erfurt (7, darunter die Handelsgärtner Haage und Platz), Braunschweig (5, inclusive Conrad Wrede), Magdeburg und Köln (4), Hannover (3), Düsseldorf (3, doch ohne Heinrich Arnz). In Dresden gab es nur den annoncierenden Handelsgärtner Seidel. Genauso viele Mitglieder wie in Quakenbrück oder in Kassel (2) wohnten in Hamburg, aber auch in Duisburg, neben Wilhelm Keller noch ein zweiter, weitläufig mit ihm verwandter Arzt aus der Kellerfamilie.

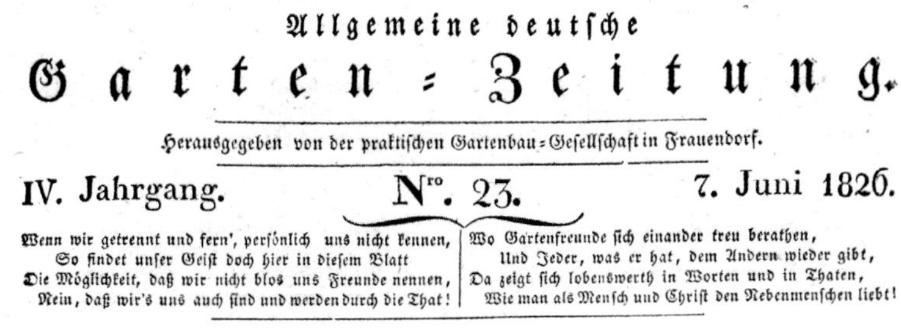
Allgemeine deutsche
Garten-Zeitung.
Herausgegeben von der praktischen Gartenbau-Gesellschaft in Frauendorf.
IV. Jahrgang. Nro. 23. 7. Juni 1826.

Wenn wir getrennt und fern', persönlich uns nicht kennen,
So findet unser Geist doch hier in diesem Blatt
Die Möglichkeit, daß wir nicht blos uns Freunde nennen,
Nein, daß wir's uns auch sind und werden durch die That!

Wo Gartenfreunde sich einander treu berathen,
Und Jeder, was er hat, dem Andern wieder gibt,
Da zeigt sich lobenswerth in Worten und in Thaten,
Wie man als Mensch und Christ den Nebenmenschen liebt!

Die 8 Verse unter der »Nro. 23.« (Autor Fürst) zeigen die Freude über die wachsende Gemeinschaft der aktiven Gartenfreunde.

Besondere Beachtung verdient noch eines der »Correspondirenden Mitglieder«: Dominik Nowak, Hofgärtner zu Weilburg bei Wien. Bereits 1830 steht er in der Liste, wie auch noch 1841. Der Autor der handschriftlich überlieferten, 1000 Namen umfassenden Liste der Rosen im Park des Schlosses Weiburg in Baden von 1834 ist nach Auskunft der Historikerin Andrea Buchmann der Badener vielseitige Arzt und Naturforscher Anton Rollett (1778–1842), der auch ein Herbarium mit über 14.000 Pflanzen anlegte.

Die Systematiker: In Breslau hatten sich 5 Personen angemeldet, darunter **Carl Selbstherr**, Kaufmann und Weinhändler, der 1832 ein Buch drucken ließ *Die Rosen in 25 Gruppen und 95 Arten*. Mitglied war Selbstherr seit 1825, wie Keller. Sein Buch, eine äußerst trockene Rosensystematik, beginnt er mit den Worten: »Es ist Vieles und manches Gute über die Rosen geschrieben worden; das Gute aber liefert uns nur die Beschreibung und Ordnung einzelner Arten und Floren, eine allgemeine Classification jedoch, haben Wenige und nicht mit Glück versucht, – ja wohl gar durch ihre Bemühungen mehr Verwirrung als Aufklärung in die Sache gebracht. Das Bedürfnis, meine grosse Rosensammlung zu ordnen, führte mich zu folgendem Versuch. Die anerkannt guten Werke, welche über die Rosen erschienen sind, waren der Grund, auf den ich baute, und sie und meine eigenen Beobachtungen machten mir es möglich, folgende Classification zu Stande zu bringen.« Schon im nächsten Satz nennt er Merkmale, nach denen er sortiert. Form der Kelchzipfel: glatt und gleichförmig gegen ungleichförmig und zusammengesetzt. Lediglich die erste Gruppe teilt er wieder auf, nach dem Merkmal zweier verschiedener Formen der Nebenblätter. Eine davon wird weiter unterteilt nach dem Stand der Griffel, was auch später von den Botanikern zur Zusammenfassung von Arten zu einer Hauptgruppe gewählt wurde (Gruppe der Synstylae) usw. Durch diese Gliederung kommt Selbstherr zu 25 Gruppen, in die er 95 Arten einsortiert. Alle Benennungen sind lateinisch und man ist an Lindleys botanische Rosengruppierung von 1822 erinnert. Diese Artnamen sind gleichzeitig Namen von Schubladen, bzw. von angelegten Ordnern, wie wir heute am Computer sagen würden. Das Problem nach Schaffung solcher »Schubladen« bestand dann darin, alle zwischenzeitlich aufgetretenen so genannten Spielarten der Rosen auf diese Ordnungskästen eindeutig zu verteilen und innerhalb wieder eindeutig zu benennen, aber so, dass man über Selbstgespräche hinaus sich auch mit anderen Rosenfreunden und Gärtnern über jeweils die gleiche Rose verständigen kann. Hierbei ging Selbstherr nicht konsequent in immer gleicher Reihenfolge bei der Bestimmung weiterer Merkmale vor und bleibt nur jeweils so objektiv wie nötig. Er war aber stolz darauf, alle Rosen aus seiner Sammlung auf diese Weise unterschieden und mit den sich daraus ergebenden lateinischen Wortfolgen als neue, eindeutige und zugleich informative Namen belegt zu haben. Für das Gespräch mit anderen, so scheint es, hat er das Buch verfasst, damit jeder darin nachschauen kann, welche Rose er meint. Doch dazu fehlt eine Codierungsspalte für gärtnerische Synonyme. Platz hätte er wenigstens lassen sollen mit dem Hinweis, man möge sich selber die gärtnerischen Namen eintragen, von den Rosen, die man bestimmt hat.

»Nicht universell genug«, »nicht übertragbar auf andere Sammlungen«, »nicht zukunftsfähig«, sagen wir heute dazu. Die Menge aller Rosenbastarde ist nach oben hin offen. Wer wie Schatzrat Behr 1807 noch geglaubt hatte, dass die in der Rose steckende Vielfalt bald erschöpft und sich vollständig in ihren Abarten dargestellt habe, hätte eigentlich spätestens 1830 vom Gegenteil überzeugt sein müssen. Außerdem sind solche »Wegenamen« nur für kleinere Mengen von Wegzielen geeignet. Der Weg zu einem Objekt in einer Menge ist sein Informationsgehalt, messbar durch die Länge des kürzesten genormten Satzes von Bezeichnungswörtern, die diesen Weg beschreiben. In größeren Mengen braucht man daher eine Codierungstabelle für die Vergabe von noch handhabbaren Kurznamen: Bei Orten z. B. die Postleitzahlen, in Bibliotheken und Rosarien die Stand-Nummer, bei Kaufleuten und Rosengärtnern die Bestell-Nummer, in Verzeichnissen von Sammlern mindestens eine Listen-Nummer oder der lexikalische Individualname, möglichst verbunden mit einem alphabetischen Index. Schnittstellen zu umgebenden Systemen, bei Rosen die Botanik, sind ein Gebot des Fortschritts.

Kritiker sagten damals, Selbstherr habe sein System von 25 Gruppen lediglich bei Thory ohne Quellenangabe abgeschrieben. Claude Antoine Thory hatte nicht nur die Texte zu Redoutés Rosen verfasst, sondern auch in dem Werk *Prodrome de la monographie des espèces et variétés connues du genre Rosier* (Paris 1820), nach einer solchen Einteilung der Rosen, Instruktionen zusammengestellt, für alle, die sich einen Rosengarten anlegen möchten. Weitere »Verdammer« des Buches von Selbstherr weisen darauf hin, dass er durch sein privates »Gärtnerlatein« der Unsitte Vorschub geleistet habe, immer mehr Spielarten mutwillig in den Rang botanischer Arten (Spezies) zu erheben. Den Vorwurf müsste man aber auch Thory machen – Vibert beschwerte sich in seinem Essay 1824 bereits darüber, dass die Herren Botaniker willkürlich das umstießen, was sich die Gärtner und Züchter an Erkenntnissen von Unterschieden erarbeitet hätten, und in der Öffentlichkeit Verwirrung stifteten, wenn sie neue eigene Namen für Kulturrosen erfänden. Dieser Streit schien sich immer wieder dadurch zu erledigen, dass jedes zu enge und ungenormte Beschreibungssystem von der Realität durch wachsende Sortenvielfalt und zunehmende Varianz immer rascher durchbrochen wurde. So fand man zum Identität stiftenden Wert eines kurzen Individualnamens zurück, möglichst dem, den der Züchter oder Entdecker der Rose gab. Aber irgendwo an zentraler Stelle muss man dann zu diesem Namen, der die Funktion einer abgekürzten Codierung hat, die zugehörige hinreichende Beschreibung mit allen Mitteln (sprachlich, Mess-Ergebnisse, Herbar-Belege und Abbildungen) für alle zugänglich und verbindlich hinterlegen. Das lehrt uns heute die Informatik als wesentliches Paradigma. Nichts geringeres hatte Linné im Sinn und ab 1753 zumindest für die natürlichen Vorkommen unterscheidbarer Lebewesen installiert, nichts Komplizierteres will man heute, wenn man Rosenbestände auf Boniturbögen so genau wie möglich erfasst und die Daten zusätzlich in Datenbanken zusammenführt, wie es z. B. auch im Europa-Rosarium Sangerhausen geschieht. Genau dies ist von Anfang an das Ziel jedes Sammlers, seine Vielfalt zu vermehren und gleichzeitig diese Vielfalt darzustellen – nach außen für die Staunenden in aller verwirrenden Fülle, nach innen für sich selbst in aller Ordnung, die hilft, die Übersicht zu bewahren. Erkennen wollen, was doppelt ist, und Spüren, wo noch Lücken in der Sammlung klaffen, sind ständige Begleiter eines Sammlers aus Leidenschaft. Daraus ergibt sich auch der Wert der Objekte; auch ist Sammeln ein Prozess zunehmender Wahrnehmungstiefe. Das Gebiet der Sammlerrosen und die Geschichte der Sammler und Sammlungen sollte samt der daraus entstandenen Literatur in diesem Sinne neu gewürdigt werden. Sortiersysteme und Identifizierverfahren von Sammlern sind weder eine Konkurrenz zu den Lehrgebäuden der Botanik noch ein Unterlaufen der »Systemhoheit« akademischer Wissenschaft. Sogar Kooperationen müssten möglich sein, wenn man die Kontexte berücksichtigt, in denen Menschen mit einem Objektbereich umgehen oder in historischer Zeit umgegangen sind. Dazu gehört auch die Würdigung zeitgenössischer Ausdrucksweise wie beispielsweise bei Kellers Übersetzungen 1828. 'Die Bäuerin in der Toilette' als Rosenname hatte bis Ende des 19. Jahrhunderts noch nicht den Sinn, der uns heute lächeln lässt. In Frankreich wie in Deutschland sah man damals in diesem Sprachbild eine »Frau vom Lande«, die sich durch Kleidung und Haartracht zurechtgemacht hat, hier vielleicht für den sonntäglichen Kirchgang oder einen festlichen Anlass.

Selbstherr hat auf andere Sammler als Vorbild gewirkt. Keller dürfte sein Werk noch gesehen haben, bevor er seinen Katalog in Druck gab, und zumindest in dem einen oder anderen Punkt bestärkt worden sein (s. o.). Nickels beruft sich auf Selbstherr und hat von ihm die Tabellendarstellungen übernommen und den Grundgedanken, dass es darauf ankommt, über eine detektivische Methode in Form einer Kette von Entscheidungsfragen, die leicht zu beantworten sind, der Identität eines Objektes in einer Sammlung so nahe wie nötig zu kommen und Urteile so sicher wie möglich zu machen. Wenn am Ende einer solchen Bestimmungsprozedur, wie bei Nickels,

Roseraie de L'Haÿ, große Arkadenwand mit 'Alexandre Gireault'

der gärtnerisch allgemein anerkannte Eigenname der Rose steht, dürfte doch alles damals, wie für uns heute, bestens sein. Was nachbleibt, ist der Ärger über »falsche Rosen«, ob es der private Sammler ist, die Verantwortlichen oder Besucher eines Rosariums oder ein Gärtner, der sich aus seiner Quelle eine falsche Rose zur Vermehrung geholt hat. Hören wir dazu noch einmal den Originalton des Rosen sammelnden Weinhändlers Selbstherr aus seinem Vorwort und seinen Vorbehalt gegen den »Gärtner-/Züchternamen«:

»Jede dieser 95 Arten bildet mehr oder weniger Spielarten, welche von Gärtnern oder Spekulanten mit schön klingenden, viel versprechenden Namen beehrt worden sind; Kaiser und Könige, Helden der ältern und neuern Zeit, berühmte Frauen und liebenswürdige Mädchen finden sich da in bunter Menge untereinander. Diese Namen aber sind von mir gar nicht berücksichtiget worden, sondern, da sich die Spielarten durch Stand, Bau und Farbe der Blumen oder Blätter recht gut bezeichnen lassen, so habe ich diese Bezeichnungen gewählt, um die Spielarten zu benennen. Nur auf diese Weise wurde es mir möglich, ein Chaos zu ordnen, bei dessen Entwirrung schon so mancher Rosenfreund gescheitert ist.«

Nickels bezog schon 1836–38 seine Gliederung in verschiedene Hefte auf das für den Blumenfreund wichtigste Merkmal, die Häufigkeit des Blühens, von »immer« über »zwei bis drei mal« zu nur »einmal«. Danach kam das für den Gartenfreund wichtigste Merkmal, die Farbe der Blüte in 6 Stufen, die er mit Farbwörtern, abgestützt durch eine Farbtafel beschrieb, dann das anscheinend damals für botanische Ansprüche wichtigste, die Form des Fruchtknotens, dann die vom Züchter der Rose mitgegebene Abstammungsgruppe als Vorab-Teil der Beschreibung, wenn möglich noch zum Schluss sortiert nach rankend oder niedrig bleibendem Habitus. In der gleichen Zeit, 1837 gliederte auch der britische Gärtner Rivers die erste Auflage seines *The Rose Amateur's Guide* entsprechend seiner Kundennachfrage in die Teile Sommer- und Herbstrosen.

Übrigens, der Verfasser des Buches *Die Rosen nach ihren Früchten. Ein unentbehrlicher Leitfaden zu ihrer richtigen Bestimmung für Botaniker, Gärtner, Gartenbesitzer und Blumenliebhaber* (Prag 1825), **Tobias Seits**, ebenfalls Mitglied der »Praktischen Gartenbaugesellschaft« in Frauendorf, war Pfarrer zu Oberhofen bei Mondsee in Oberösterreich. Dieses Buch, vermutlich dem

Bestimmungs-Schema in den Obstbaumkulturen nachgebildet, berief sich auf den Österreicher **Leopold Trattinnik**, der am Anfang dieses doch eher unfruchtbaren Weges einer ausschließlichen Ausrichtung auf die Form von Fruchtknoten und Hagebutten stand: *Rosacearum Monographia*, Wien 1823 – 24. Dieses noch dem Latein, aber nicht Linné sich verpflichtet fühlende Werk wurde auch in der *Allgemeinen Deutschen Garten-Zeitung* besprochen. Erst zum Ende des Jahrhunderts kam Ruhe in die Abstammungs-Klassifikation der Gartenrosen durch das System des Belgiers **Crépin**, nach dem sich auch Jules Gravereaux bei der Schaffung des ersten Rosariums zur Erhaltung des französischen Rosenerbes richtete.

Rosen im Museum

Bis zur Hälfte des 19. Jahrhunderts hatten sich drei Begriffe von »Rose« im Alltag vollends auseinander gelebt: (1) »Die Rose« als Symbol und Metapher, besonders in der deutschen Romantik, einschließlich kultur- und gesellschaftsgeschichtlicher Betrachtungen, aber ohne Interesse an der Rosenpflanze und deren Vielfalt, wie es bei Wilhelm Döring 1835 am deutlichsten zum Ausdruck kommt. (2) »Rose« als botanischer Gattungsbegriff, deren Arten die Botanik morphologisch und geographisch beschreibt und einteilt, aber im Rahmen von Gesamtsystematiken aller Pflanzen, also ohne Sonderstellung der Rosen. (3) »Gärtnerrosen« – das sind alle durch künstliche Befruchtung oder Naturspiel erzeugte Varietäten und Hybriden der modernen Lieblingsgeschlechter – hier der Gattung Rosa. Letztere würden in die »Kataloge der Handelsgärtner gehören, weil 2/3 aller solcher Neuigkeiten bald wieder verschwinden und heutzutage das Neue nur Werth hat, so lange nichts Neueres vorhanden ist, welches stets wieder schnell von dem Neuesten verdrängt wird«, schrieb 1847 Ferdinand Freiherr von Biedenfeld in seinem Weimarer Vorwort des *Neuesten Garten-Jahrbuch nach Le bon Jardinier 1846*, das er dem Erfurter Kunstgärtner Friedrich Adolf Haage widmete. Die zu kurz gekommenen Rosen hatte Biedenfeld bereits 1840 präsentiert in Das Buch der Rosen. Seine zweite Auflage enthielt bereits 2200 Arten und Varietäten.

Dieses Abdrängen der zeitgenössischen Gartenrosen in den privaten Hobbybereich und das Fehlen von bibliothekarischem Sammeln von Katalogen und Verzeichnissen erschweren Versuche, Rosenforschung als eigenes Spezialgebiet einer Kultur- und Wirtschaftsgeschichte des Alltags und des Gartenbaues zu betreiben. Bibliographisch erfasste Buchausgaben sind daher die bekanntesten Stützen im Zeitraster für Verlaufskurven historischer Prozesse.

Die zweite Hälfte des 19. Jahrhunderts verschärfte den Verdrängungskampf durch Hybridformen aus Kombination aller bisherigen Rosenklassen. Den Franzosen galt es, mit immer neuen Sorten Marktführer zu bleiben, den Engländern kam es darauf an, auf Ausstellungen durch Wettbewerbe die Selektion der Besten zu intensivieren. Der 26-jährige **William Paul** setzte 1848 mit seinem Buch *The Rose Garden* eine Startlinie für den Betrachtungswechsel. Die »Funktion im Garten« und andere Verwendungsaufgaben eröffneten neue praktische Einteilungsweisen von Rosen und mahnten zu radikaler Auslese. Erst 1855 gab dieses Buch in der deutschen Übersetzung von Wilhelm Döll für Deutschland diese Richtung vor, ergänzt durch wiederum die neuesten Sorten. Adolf Otto, 1858, Obergärtner auf Belvoir bei Zürich, und Rudolf Geschwind, 1864, lenkten schließlich mit ihren Werken die Aufmerksamkeit auch im deutschen Sprachraum auf das Züchten selbst. In Frankreich, England und Amerika entstanden Rosenvereine und Zeitschriften. Erst gegen Ende des »Jahrhunderts der Rose« meldete sich die Erkenntnis der kulturellen Gesamtleistung und des Wertes der Vielfalt der Kulturrosen. **Theodor Eduard Nietner** war 1880 der erste, der einen Überblick über die bis dahin entstandenen und noch bekannten Gartenrosen versuchte und in seinem Buch 5000 Namen und Beschreibungen zusammentrug. Doch erst rund 15 Jahre danach ergriff in Frankreich ein Privatmann die Initiative, aktuelle gute Sorten und alle noch bis dahin erhaltene wie in einem Freilichtmuseum zu sammeln und zu präsentieren.

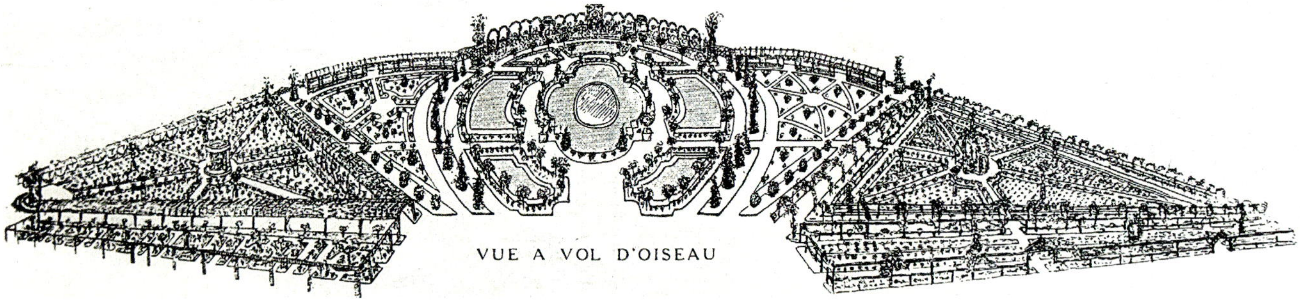

oben: Gartenplan der Gesamtanlage (aus Gravereaux, Les Roses cultivées à L'Haÿ, 1902)
unten: Roseraie de L'Haÿ, Brunnen und Bögen

Nachdem es 1883 auch in Deutschland zur Gründung eines Vereins und 1886 einer Rosenzeitung gekommen war, ließ man sich auch dort anstecken, in gemeinsamer Anstrengung ein »Museum für lebendige Rosen« zu schaffen.

Privatinitiative rettet Rosenerbe – der Garten in L'Haÿ: Die Rosenleidenschaft hat sich **Jules Gravereaux** ab dem 50. Lebensjahr, also ziemlich spät gegönnt und angesichts dieser relativ wenigen Jahre, die er mit den Rosen verbracht hat, ist ihm in jeder Facette seiner Aktivitäten Großartiges gelungen. Ende des 19. Jahrhunderts bis zum 1. Weltkrieg entstand stets etwas Neues in »Roseraie de L'Haÿ-Les-Roses«. Heute können wir auf eine historisch wichtige Sammlung alter Rosensorten blicken, besonders die aus der Frühzeit der französischen Rosenzüchtung und die Sorten, die damals als Neuheiten gepflanzt wurden.

Gravereaux wuchs in bescheidenen Familienverhältnissen auf. Geboren am 1. Mai 1844 in Vitry (in der Nähe von L'Haÿ), begann er mit 12 Jahren eine Lehre bei einem Trikotagenhändler in Paris. Mit 16 fing er als Angestellter in einem Kurzwarengeschäft an, bei dem Ehepaar Aristide und Marguerite Boncicaut, in der Rue du Bac. Sie waren die Gründer des berühmten Kaufhauses »Bon Marché«, das heute noch existiert. Der Bau wurde 1869 vergrößert und galt damals als Attraktion. Danach entstanden in mehreren Großstädten mächtige Kaufhäuser. Im »Bon Marché« blieb Gravereaux bis 1892, in den letzten Jahren als Direktor. Da ergab sich für ihn eine besonders günstige Gelegenheit, ein großes Grundstück von 11 ha zu erwerben, mit einem Haus, umgeben von einem weitläufigen Park im englischen Stil. Aus den ersten Rosen am Haus wurden immer mehr, der Gemüsegarten musste weichen, die Sammlung entstand – 1894 gilt als das Entstehungsjahr des Rosars. Fünf Jahre später, 1899, besaß Gravereaux 2000 Gartenrosen und Wildrosensorten. Er bemühte sich, den angesehenen Gartenarchitekten und Professor für Gartenarchitektur an der Staatlichen Gartenbauschule in Versailles, Edouard André, für den Entwurf einer außergewöhnlichen Gartenanlage zu gewinnen: Der erste reine Rosengarten, nur den Rosenpflanzen gewidmet, in der Organisation ganz auf die Pflege und Präsentation abgestimmt. Weitere Anforderungen waren: Genügend Raum für die Sammlungen, Gelegenheit zum Studieren der Rosen wie auch zum lustvollen Flanieren zwischen ihnen. Heraus kam ein weites Dreieck von 2300 qm für die neuen französischen Züchtungen. André sah die Rose nicht nur in ihrer Schmuckfunktion, sondern auch als Instrument und als Material für architektonische

Schöpfungen. Anbindung und Stützung waren wichtige gärtnerische Momente, Auswahlkriterien, Wuchskraft und Farben. Kletterrosen und die einmal, aber überschwänglich blühenden Rambler wurden zu Wandverkleidungen, über Bögen geführt, um Säulen gewunden oder als Girlanden von Rosenbäumchen zu Rosenbäumchen geschwungen, was damals sehr beliebt war. Jedoch in der Gesamtgestaltung war dieser Rosengarten einmalig, als gleichzeitiger Ort der Harmonie und der Freude, und ebenso des Studiums, für Gravereaux ein äußerst wichtiges Thema. Kein Wunder, dass sein »Roseraie de L'Haÿ« bald weltberühmt wurde.

Rosensträucher befanden sich bis dahin nur in Botanischen Gärten. In Paris stand die wichtigste, öffentlich zugängliche Sammlung verschiedener Rosenarten im »Jardin du Luxembourg«, der später verkleinert und 1859, nach dem Weggang des Gärtners Hardy, vernachlässigt worden war, ein Park mit Bäumen und Sträuchern, darunter auch Rosen.

Der Garten von Malmaison, in dem Joséphine Bonaparte unter anderen exotischen Pflanzen auch Wildrosen aus aller Welt und die wenigen frühen Gartensorten sammelte, existierte schon lange nicht mehr. Die im Verlauf des 19. Jahrhunderts speziellen Rosensammlungsgärten nannte man »Rosarium«, sie dienten weitgehend lediglich botanischen Studien, so das »Rosarium Linné« in Stockholm (1836) oder das in Laeken in der Nähe Brüssels (1880) – beide kreisrund angelegt.

Gravereaux' Streben galt bald auch der Erhaltung von Varietäten, die drohten für immer verloren zu gehen, und er fühlte sich zunehmend als ein Spezialist der Nomenklatur und Klassifizierung, die die Botanik und der Gartenbau bis dahin kannte. Er publizierte 1902 sein 2. Verzeichnis mit mehr als 5000 Arten und Sorten, als Buch wissenschaftlich angeordnet nach Crépin: Die Rosen seiner Zeit und auch Rosen aus vergangenen Epochen. Die Gruppen der Zentifolien, Gallica- und Damaszenerrosen wurden schon seit längerem nicht mehr durch Neuzüchtungen bereichert. Der Zeitstil hatte sich geändert. Es war die Zeit der großblumigen Blüten, die lange Epoche der Remontant- und Teehybriden. Ebenso verdrängten die öfterblühenden China-Hybriden in der Mitte des 19. Jahrhunderts die einmalblühenden Rosen.

Gravereaux' Grundprinzip des Rosensammelns war der Gesichtspunkt der klassifizierenden Wissenschaft. Er studierte in botanischen Büchern, pflanzte ebenso Wildrosen in seinem Garten, 180 verschiedene Arten.

Mit der ihn auszeichnenden Verbindung von hartnäckiger Leidenschaft und buchhalterischer Sorgfalt befasste sich Gravereaux auch mit der Züchtung von Rosen. In einem kleinen »Versuchsgarten« kultivierte er: Microphylla-Hybriden, Lutea, Wichurana und auch andere wie Remontant- und Teehybriden und Polyanthas. Er hoffte auf neue Varietäten, die ihn vor allem bei den Duftrosen weiter bringen sollten. Am meisten versprach er sich von den stark duftenden Rugosa-Sorten, das verband ihn mit dem berühmten Roseristen Cochet-Cochet aus Coubert. Zwischen 1899 und 1906 züchtete Gravereaux mehr als 50 Sorten. Elf existieren heute noch, teils nur noch in Rosarien: 'Amelie Gravereaux', 'Chateau de la Juvenie', 'Domaine de Chapuis', 'Don Casteri', 'George Sand', 'Madame Ancelot', 'Madame Julien Potin', 'Madame Lucien Villeminot', 'Maria Star'. 'Petite Françoise' und 'Rose à Parfum de L'Haÿ' sind hier im Buch besprochen.

Der Erforschung der Duftrosen galt ein großer Abschnitt in seinem Rosen-Leben. Im Jahre 1901 gelang es ihm, einen Auftrag des Landwirtschaftsministeriums für die Erforschung über die Destillation und die Produktion auf dem Balkan zu erlangen. Um weniger abhängig vom damaligen Osmanischen Reich zu sein, war Frankreich auf der Suche nach Alternativen zur Parfümherstellung, bei wachsendem Bedarf. Wie in Grasse und den Kolonien in Nordafrika, sollten auch im Norden Frankreichs Rosenkulturen zur Parfumherstellung entstehen. Hier paarte sich in idealer Weise Jules Gravereaux' Geschäftssinn mit seinen Vorlieben. Er bereiste Serbien, Bulgarien und die Gegend von Konstantinopel und brachte zahlreiche Wildrosen mit sowie wichtige Dokumentationen über Destillation und Produktion der Rosenessenz. Der ganze Aufwand seiner Bemühungen führte zu keinem nachhaltigen Ergebnis. Die simplen Destillationsmethoden auf dem Balkan waren kein Vorbild. In der Literatur

von damals finden sich eher Hinweise auf modernste Destillationsmethoden im Raum Leipzig (mit der bulgarischen Ölrose) und in Grasse (mit der Provencerose, der Zentifolie).
Ein »Théâtre des roses«, bisher ein Privileg des Adels, mit einem »Theater im Grünen« die Gäste zu unterhalten, entwarf er 1906 für seinen Rosengarten. Damit kam der ehemalige Geschäftsmann Gravereaux nun wieder mit einem völlig anderen Gesellschaftskreis in Berührung: z. B. mit Isadora Duncan, Jean Cocteau und vielen anderen Künstlern. Das war weit entfernt von der Rosenzucht und der Gelehrsamkeit der Botanik. In dieser Zeit interessierte er sich auch mehr und mehr für die Geschichte der Rose. Mit seinem Sohn Henri schuf er noch einen weiteren Garten speziell für die alten Rosen, für Sorten, die fast schon verloren waren, vollendet 1910. Mit einem letzten Gartenteil, dem »Garten der schönsten Rosen«, war die gesamte Rosenanlage mit 7000 Sorten und Varietäten auf 17000 qm der größte Rosengarten eines privaten Sammlers dieser Zeit.
Ein Rosenverrückter? Ein Rosennarr? Unter gewissen Aspekten ist etwas daran, diese Sammelei war wie ein Zwang. Das Sammeln beschränkte sich bei ihm ja nicht nur auf Rosenpflanzen, sondern auf alles, was mit Rosen zu tun hatte. In einem kleinen Museum häuften sich die Objekte wie Bücher, Parfümartikel, Rosendarstellungen, Kunst, Wappen, Briefmarken und Münzen. Er war mitreißend, zog viele in seinen Bann und verstand es gut zu organisieren und zu delegieren.
Aber man weiß, dass er auch selber saubere wissenschaftliche Arbeiten geleistet hat. Unterschätzt wird leicht sein wissenschaftliches Umfeld und das Ansehen, das er genoss: Da waren zum einen die Botaniker und Gartenbaufachleute, mit denen er eine beeindruckende Korrespondenz pflegte, wie aus dem Archiv von L'Haÿ zu ersehen ist. Mit **François Crépin**, Direktor des Botanischen Gartens in Brüssel, unterhielt er überdies freundschaftliche Kontakte. Crépin war ein leidenschaftlicher Botaniker und wichtigster Kenner in der Gattung Rosa. Von Botanischen Gärten aus Paris, München, Frankfurt, Genf oder Wien erhielt Jules Gravereaux die von ihm angeforderten Rosen nach L'Haÿ gesandt, umgekehrt konnte er ebenfalls mit seltenen Sorten dienen. Aus seinem Katalog von 1902 geht klar hervor, dass seine Sammlung dem öffentlichen Interesse zur Verfügung steht: »Wir stellen allen wissenschaftlichen Einrichtungen und Liebhabern Jungpflanzen, Reiser (falls wir Doppelte besitzen), Samen von allen botanischen Sammlungen frei zur Verfügung«. Vielfach holte man den Rat von Gravereaux ein. Er hatte einen sehr starken Einfluss auf bekannte Rosengärten. Die Gründer des Rosariums von Sangerhausen, eröffnet 1903, wandten sich an ihn, er möge den Garten mit seltenen Varietäten ausstatten. Danach, 1907, war er Berater für »Bagatelle« in Paris und 1910 für einen Rosengarten im Elysée-Palast. Der Stadtrat von L'Haÿ honorierte seinen prominenten Mitbürger und benannte die Gemeinde 1914 um in »L'Haÿ-les-Roses«. Viele Auszeichnungen häuften sich im Laufe der Jahre.
Der Versuch zur Rekonstruktion eines Rosengartens in Malmaison mit Sorten, die vermutlich von Joséphine Bonaparte gesammelt wurden, dürfte mehr einem Wunschtraum von Jules Gravereaux entsprungen sein. In Ermangelung genauer Verzeichnisse ist dies eher eine Schau »der Rosen aus der Zeit um die Wende des 18. zum 19. Jahrhundert« geworden als »der tatsächlichen Rosensorten der (zum Schluss) Exkaiserin«. Nur von einigen wenigen Aufträgen von Rosenbildern, die Joséphine an Redouté vergeben hatte, sind Rechnungsbelege vorhanden. Redouté malte Rosen auch in verschiedenen anderen Gärten, so z. B. in Botanischen Gärten. Eine Freude ist es indes, in Gravereaux' Büchlein zu blättern und zu studieren, das er 1912 publizierte: *Les Roses de l'Imperatrice Joséphine*. Nur wenige Rosen sind davon heute noch erhalten.
Am 23. März 1916 starb Jules Gravereaux in Paris. Seine Ehefrau Laure und sein Sohn Henri haben sich für den Erhalt der Sammlung eingesetzt, was ihnen auch für mehrere Jahre gelang. Jedoch 1937 waren sie gezwungen, die Anlage an das Departement La Seine zu verkaufen; im Jahre 1968 wird es an das neu geschaffene Departement Val-de-Marne übertragen. Die Anzahl der Rosensorten und Arten hat sich im Laufe des Jahrhunderts leider halbiert. Ein Verein »Les Amis de la Roseraie du Val-de-Marne à l'Haÿ-les-Roses« ist derzeit bemüht, gefährdete Sorten zu

sichern, zweifelhafte Identitäten zu überprüfen und Lücken wieder aufzufüllen.

Spenden für die Rosenvielfalt – das Vereinsrosar in Sangerhausen: Als 1883 in Deutschland die inzwischen 200 Jahre alte Idee des Schatzrat Behr zur Gründung eines Rosenvereins endlich Wirklichkeit wurde, um den Austausch von Erfahrungen zwischen Rosenfreunden und von Rosen für die eigene Sammlung zu befördern, dauerte es doch noch 20 Jahre, bis der Plan zur Anlage einer gemeinsamen Riesensammlung nach Gravereaux'schem Vorbild umgesetzt werden konnte. Den Kern bilden wieder begeisterte Rosenliebhaber, Menschen, die Vielfalt und Schönheit in ihren Gärten zu Sammlern werden ließen und spendeten.

Albert Hoffmann (1846–1924), Industrieller und seit 1871 Bürger in Sangerhausen, bewirkte, dass die Stadt einen Teil des Stadtparks zur Verfügung stellte. Er selbst stiftete aus seiner eigenen Sammlung (Rosar mit 4000 Rosen) 1100 verschiedene Sorten als Grundausstattung. Die Mitglieder eines für diesen Zweck zusammengekommenen Verschönerungsvereins konnten schließlich allesamt den Verein Deutscher Rosenfreunde (VDR) 1897 voll vom Standort Sangerhausen überzeugen. Hoffmann rief in der *Rosen-Zeitung* Züchter und Rosenfreunde zu Rosenspenden auf. Unentgeltlich arbeitete er von morgens bis abends, pflanzte, okulierte und pflegte die ersten bereitgestellten Rosen. Auch Erdarbeiten, Geländeregulierung und Baumbepflanzung organisierte und beaufsichtigte er persönlich. Nochmals, in der *Rosen-Zeitung* von 1900, rief er zur Einsendung von Rosen auf: »Hauptsächlich wünschen wir jedoch ältere, selten gewordene Rosen-Sorten«. In den über 100 Jahren bis heute standen die Stadt und Personen wie der Gymnasialprofessor **Ewald Gnau** (1853–1943) vorbehaltlos hinter diesem Rosenerbe. Eine wichtige Rolle als Planer und Lieferant spielte damals auch der Rosenzüchter Peter Lambert in Trier (siehe »Lamberts Multiflora-Hybriden«).

Ein weiteres Gründungsmitglied des VDR und erster Redakteur der *Rosen-Zeitung* bis 1890, **Conrad Peter Straßheim** (1850–1923), leistete verschiedene Beiträge. Aus kleinsten Anfängen in der Baubranche hatte er sich hochgearbeitet und später, nach Rückzug aus seinem Unternehmen, sich mit viel Elan und Eigenmitteln seiner Liebe zu Rosen und Gärten gewidmet (siehe Ramblerrosen, 'Frau Lina Straßheim'). Er besaß in Frankfurt selber eine große Rosensammlung. Seine zahlreichen Rosenausstellungen von Chicago bis Petersburg zeugten von seinem Organisationstalent. Hundert Wildrosenarten soll er nach Paris für die Weltausstellung des Jahres 1900 gegeben und anschließend Gravereaux für dessen Sammlung überlassen haben. Der große Katalog des Rosariums von L'Haÿ, 1902, listet interessanterweise bei allen 996 Arten und Unterarten in einer zusätzlichen Spalte die Spender auf: Hinter 55 Spezies steht »Strassheim, Francf.«, hinter 46 Pflanzen steht »Arb. Zoeschen«. Das Arboretum in Zöschen (auf halbem Weg zwischen Leipzig und Halle, 70 km östlich Sangerhausen) hatte der Botaniker Georg Dieck angelegt. Aus diesem hatte Straßheim bereits Rosen für die eigene Sammlung übernommen, zusätzliche Spezies hatte er wohl direkt von Zöschen nach Paris dirigiert. In der Literaturliste des Katalogs von 1902 wird ein Verzeichnis des Pflanzenbestandes im Zöschener Arboretum geführt, datiert 1900. Aus Deutschland sind anzahlmäßig als Lieferanten für Gravereaux noch auffällig ver-

Hans Vonholdt, Leiter des Rosariums, schrieb 1962 im »Nachruf für August Jäger« (*Rosenjahrbuch* 1962 XXVI, S. 244 f.): Er »trug etwa 17 000 Rosensorten mit Beschreibungen auf dem Papier zusammen, eine ungeheure Kleinarbeit. Jäger ließ sich Rosenkataloge aus dem In- und Ausland kommen, arbeitete viele rhodologische Schriften durch, die ihm in der damals größten Rosenbibliothek der Welt im Rosenforschungsinstitut in Sangerhausen zur Verfügung standen. Und so stellte er die Rosen bis zum Jahre 1936 zusammen. Er setzte die Buchstaben selbst und druckte sein 768 Seiten starkes Lexikon mit eigener Druckmaschine, eine gewaltige Arbeitsleistung.«

Prof. Ewald Gnau freute sich im Oktober 1940, dass erste Abzüge des Rosenlexikon, dessen Schaffung samt Herstellung sich über 14 Jahre erstreckt hatte, nun schon »... in den Händen von Rosenkennern des In- und Auslandes, auch der so rührigen amerikanischen Rosenforscher« waren (handschriftlicher zweiter Entwurf zu einem Vorwort, Archiv des Europa-Rosariums Sangerhausen).

Europa-Rosarium Sangershausen

treten: Späth in Berlin mit 36 und Lambert in Trier mit 17 Wildrosen. Bemerkenswert ist ein weiteres Kontingent von 50 Wildrosen aus der Forstakademie Hannoversch Münden. Es liegt nahe zu denken, dass alle diese ca. 200 Rosen auch auf direktem Weg nach Sangerhausen gelangten und den Grundstock der Sammlung dort bildeten. Genaue Aufzeichnungen darüber scheint es nicht zu geben, lediglich ein Nachruf Gnaus auf Straßheim 1934 weist darauf hin, dass Reiser der 100 Rosen der Weltausstellung ins Vereinsrosar nach Sangerhausen gelangten. Eine hierbei auftauchende Jahreszahl 1902 bezieht sich mit Sicherheit auf den L'Haÿ-Katalog, als Referenzliste für die Lieferung durch Gravereaux an das Rosarium. Gravereaux gab noch etliche alte Rosensorten an Sangerhausen. Auch französische Firmen beteiligten sich mit Rosenspenden. Die Namen aller stiftenden Gärtnereien wurden dem besuchenden Publikum bekannt gemacht.

Mit Sangerhausen eng verbunden ist das *Rosenlexikon* von **August Jäger** (1876–1962) aus dem benachbarten Uftrungen. Angeregt von Gnau, VDR-Präsident und Rosariumsleiter, begann er als Frühpensionär 1926 und konnte 1930 das *Rosenlexikon* in erster Version vorlegen. Überarbeitet und im Selbstdruck und Eigenverlag erschien es 1936, verbreitet über Sangerhausen – Nachdrucke ab 1960. Sternchen am Rosennamen markieren die Rosen, die Jäger im Sangerhäuser Rosarium vorfand. Es enthält somit indirekt auch das erste umfassende Verzeichnis des Rosariums. Die ganz große Rosensammlung des Europa-Rosariums und sein jeweils neuestes Verzeichnis ist uns im Verbund mit allen auf Alte Rosen spezialisierten Gartenbaubetrieben wichtigster Partner für unser Interesse an Rosen aus alter Zeit. Unsere eigene Sammlung bietet uns Gelegenheit, Rosenpflanzen in ihrem Wachsen und Blühen mitzuerleben. Die alte Literatur und das Wissen sowie die Erfahrung gleichgesinnter Rosenfreunde weltweit begleiten uns dabei. Mit unserem Buch und unseren Vorträgen legen wir zur Geschichte der Sammler lediglich noch ein Blatt dazu – was bleibt, sind die Rosen selbst, die mit ihrem Charme in jeder neuen Generation immer wieder sich selber ihre neuen Freunde zu sammeln verstehen.

Nachhall zur ersten Auflage

Es ist eine unendliche Geschichte, über Alte Rosen zu schwelgen und zusammen mit den Menschen, den Rosensammlern und Rosenschreibern aus dieser Zeit spazierenzugehen. Letzte Gewissheit lässt sich dadurch des Öfteren nicht erreichen.

Jetzt, am Ende des Buches angekommen, bilanziere ich:

Die Gallicarosen in meinem Garten mussten eigentlich in ihrer Darstellung zurückstehen.

So kann ich nun, nach drei Sommer Beobachtung, über die wunderbare Gallicasorte 'Seguier' über die Veränderlichkeit der Blütenfarbe berichten: Zwei Tage lang erscheinen die Blüten in dem gleichen, satten, dunklen Rot wie 'Tuscany', einen Tag danach sind die Petalen bläulich überzogen. Die Staubgefäße leuchten jedoch immer noch in tiefem, warmem Gelb.

'Cramoisi Eblouissant', eine außergewöhnliche Gallicasorte, fand in diesem Buch keinen Eingang, weil eine zweijährige Erfahrung nicht genügt, um mich in ihrer Identität abzusichern. Im ersten Sommer überraschten mich ihre dunkel mauvefarbenen Blüten, gleichzeitig erschienen auch einige in Rot. Das Jahr darauf bescherte mir die Rosenpflanze einheitlich rote Blumen, leicht samtig schwarz gefleckt wie 'Alain Blanchard'. Die Blüten »meiner« Rose sind halb gefüllt, was der Beschreibung in alten Katalogen widerspricht. F. Joyaux erwähnt sogar, dass weder im Rosarium von L'Haÿ noch von Sangerhausen die Sorte richtig sei, ja er vermutet ihr völliges Verschwinden. Andererseits ist sie in seiner Enzyklopädie der Alten Rosen unter der Rubrik »Für Spezialisten und Sammler« aufgeführt. Das gleiche gilt für 'Bouquet de Vénus'.

Ähnliches erlebte ich mit der Moosrose 'Catherine de Wurttemberg'. Seit zwei Jahren bin ich auf der Suche nach der einzig wahren Catherine, nachdem mir jemand schrieb, dass meine von der Roseninsel Kassel-Wilhelmshöhe stammende Rose falsch sei. Die in Sangerhausen sei die richtige. Jedoch erwies es sich, dass diese auch nur dem Namen nach dort steht. Zuletzt bemühte sich die holländische Rosenfreundin I. Hempenius und fotografierte für mich die Rose mit dem Namen in Wageningen. Die Farbe gleicht nun endlich meiner, aber meine Enttäuschung war sehr groß: Sie sieht doch anders aus, aber sie gleicht auch keiner von all den Rosen, die man mir als die richtige 'Catherine de Wurttemberg' vorstellte. Welche Instanz hat die Kompetenz, das letzte Urteil zu fällen? Jetzt verstehe ich noch besser Hedi Grimms Artikel »Auch Rosenpäpste können irren« (Rosenbogen 1984, S. 128 f).

Wen wundert es da noch, wenn aus einer »gläubigen« Rosensammlerin eine weibliche Form von »ungläubigem Thomas« wurde?

Der kleine Prinz ging zurück, um all die Rosen noch einmal anzuschauen, wie es ihm sein Freund, der Fuchs, geraten hatte, und er gelangte zu der Einsicht: »… Ihr gleicht meiner Rose gar nicht […] Ihr seid schön, aber ihr seid leer. […] Gewiss, ein Irgendwer, der vorübergeht, könnte glauben, meine Rose ähnle euch.« Und seine Erkenntnis war, dass durch all die Pflege, die er seiner Rose angedeihen ließ, nur diese eine Rose, seine Rose, für ihn bedeutend war. »Die Zeit, die du für deine Rose verloren hast, sie macht deine Rose so wichtig.«

Diedorf, 24. Oktober 2008

Christine Meile
Rosenschreiberin

Nachwort zur zweiten Auflage

Als wir 2004 zum ersten Mal bei Dr. Bernd Wißner vorsprachen – ohne Manuskript, nur mit ein paar Rosenfotos im Gepäck und unserer Beteuerung, ein interessantes Rosenbuch erstellen zu wollen, glaubte er an unser Projekt, hatte immer ein offenes Ohr und viel Geduld für unsere Ideen und Gestaltungswünsche. Das Buch sollte in erster Linie unsere jahrzehntelangen Erfahrungen mit den Rosen im eigenen Garten weitergeben und Lesern Mut und Lust machen, selber einer Alten Rose im Garten einen Platz anzubieten. Wir wollten auch die Forschungserträge unserer rosengeschichtlichen Neugier referieren. All das bedarf aber auch fachlicher Beratung und Zugang zu Quellenmaterial. Wir danken allen, die uns darin unterstützten. Das Buch hat reifen können, auch dank der „Zutaten und Fermente": Einladungen zu Gartenbesuchen, Interviews mit Rosensammlern, Kontakte mit Gärtnern und der Austausch mit Rosenfreunden in Internet-Foren und im persönlichen Gespräch.

Schließlich kam im Verlag die intensive Phase »Lektorat und Layout« mit Dr. Michael Friedrichs. Besonders wichtig war uns die Bildbearbeitung durch Alfred Neff, einem Pflanzenkenner, dem es meisterlich gelang, auch für die schwierigsten Farben eigenwilliger Rosen im engen Farbraum der Druckwelt ein treffendes Pendant zu finden. Im Dezember 2008 konnte die erste Auflage unseres Rosenbuches erscheinen. Hier nochmals unser Dank an alle Beteiligten.

Gute Buchbesprechungen in den Medien, persönliche Briefe und E-Mails und nicht zuletzt der Gartenbuchpreis auf Schloss Dennenlohe 2009 sind für uns Zeichen der Wertschätzung. Drei Jahre hielten wir Vorträge, erhielten Einladungen und gewannen neue Freunde, auch in der Schweiz, in Frankreich und der Slowakei. Dann war die erste Auflage vergriffen, was immer wieder bedauert wurde.

Die Erforschung der Geschichte der Alten Rosen bleibt nicht stehen. Neue Veröffentlichungen, Artikel in Fachzeitschriften und Ergebnisse eigener Arbeit und Überprüfungen drängen auf Aktualisierung: Mal legen neue Archiv-Quellen überraschende Vermutungen nahe, wie im Fall des Kasseler Hofgärtners Schwarzkopf, über dessen Leben Ruth Weiß zusätzliche Dokumente aufspürte. Im Idealfall tauchen verschollen geglaubte Original-Tagebücher des Züchters auf, die höchste Geltungsstufe eines Belegs, wie im Falle von Rudolf Geschwind, aufgearbeitet von der Historikerin Andrea Buchmann und dem Geschwind-Rosen-Spezialisten Erich Unmuth.

Es freut uns, dass die Neuauflage im Wißner-Verlag uns die Gelegenheit zur Aktualisierung bietet. Das neue Layout verdanken wir der Nachfolgerin im Lektorat Ute Haidar.

Die Beschäftigung mit der Rosengeschichte ist inzwischen ein großer Teil in unserem Leben geworden. Unser eigenes Gärtnern wollen wir jetzt im überschaubaren Rahmen halten. Private Pflanzen-Sammlungen, das hat uns die Beschäftigung mit der Geschichte gezeigt, können nicht auf Dauer präsent bleiben. So war es uns ein Anliegen, uns selbst um die Zukunft unseres Gartens zu kümmern. Es ist uns gelungen, den Diedorfer Garten einem jungen, naturliebenden Ehepaar zu übergeben. Der Zweibrücker Rosengarten und der Wildrosengarten zum eigenen kleinen Garten in unserem neuen Wohnort sind genug.

'Lyon Rose'

Rosen an der Wand

Im Medienzeitalter besannen sich die französischen Rosenfreunde auf das älteste Darstellungsmedium, die Wand. Keine Jagdszenen wie in der Höhle von Lascaux, sondern »Rosengeschichte« pur, frei zugänglich unter freiem Himmel, in vollendetem Trompe l'œil.

Parterre ein Fries mit drei Arkaden-Nischen und einem Blick auf Rosenfelder, wie sie sich vor 150 Jahren an dieser Stelle im Osten der damals noch kleinen Stadt Lyon ausbreiteten. In unserer Zeit wachsen dort Hochhäuser, sie säumen die Auto-Trassen der Großstadt. Und dann, plötzlich recken sich blühende Rosen elf Stockwerke hoch in den Himmel. Rosen aus Lyon, Züchtungen, die im 19. Jahrhundert den Weltmarkt beherrschten. Das im Juni 2011 eingeweihte Monument wurde zu einem rosigen Wahrzeichen der Stadt, eine Attraktion für Freunde der Rosengeschichte.

Sie ist liebevoll, originell, schön und didaktisch geschickt in die drei Nischen hineingemalt.

Links die Anfänge nach 1800 mit Rosensendungen der Kaiserin Josephine aus Paris für den Lyoner Botanischen Garten, daher 'La Belle Sultane' oben auf der Wand. In der Nische: Alte Bücher und Namen wie Plantier stehen für den Eifer der Pioniere. Die über die ersten beiden Bögen gemalte Rose ist 'Mme Plantier'. Auf Regalen prangen in Vasen und Körben frühe berühmte Züchtungen. »Aufgestellte und aufgehängte« Bilder zeigen

Porträts wichtigster Züchter wie Guillot père und Lacharme.

Die zweite Nische ist Dubreuil, Schwartz und Guillot fils gewidmet. Zwischen den beiden Bögen symbolisieren zwei moderne junge Menschen die Macht der Liebe und geben und nehmen die Rose als Ausdruck der Zuneigung und Symbol des friedlichen Miteinanders. Die Bewohner des Stadtteils, ein buntes Völkergemisch, identifizieren sich inzwischen mit dieser Wandmalerei. Lehrer mit Schulklassen besuchen die museale immerblühende Rosenschau – ein trefflicher Ort für Gespräche und Diskussionen zu Kultur- und Wirtschaftsgeschichte, Botanik, Gärtnern und Kunst.

Die rechte Nische ist dem letzten Teil des 19. Jahrhunderts gewidmet, von Pernet-Ducher bis Meilland. Im Juli 2011 trafen wir uns mit Spezialisten der Rosengeschichte und Marielle Jourdan-David, Präsidentin des Vereins „Roses anciennes en France", auch vertreten auf der Wand. Josiane Pierre-Bissey, ihre Vorgängerin, hatte das Projekt angestoßen, die Planung geleitet und finanzielle Mittel eingeworben. Links unten finden sich originelle Hinweise auf ausführende Firmen. Auf dem Foto des Hochhauses sieht man halb verdeckt 'Mme Alfred Carrière', darüber 'Marie van Houtte', ganz oben 'Mme Eugène Résal'.

Lyon bewarb sich mit Erfolg für den Weltrosenkongress 2015 und will mit weiteren Rosen-Riesenporträts seiner gewichtigen Rosenvergangenheit ein Denkmal setzen.

Rosen auf Papier

Bibliographie, Hilfsmittel, Chronologie

Auf die Werke der Kräuterbuch-Autoren wird in der Einleitung zu den Wildrosen hingewiesen, sowie in Sekundärliteratur. Im Internet aufrufbar: Hieronimus Bock, Otto Brunfels (1536), Leonhard Fuchs (1543, Rose: Blatt 636f) – aber auch Florilegien wie Basilius Besler (1613). Durch Kopie im Internet werden die Inhalte der Quellen vor dem Verlust gesichert und stehen der Forschung und Privatpersonen frei im Web oder über Gebühren zur Verfügung. Auf der Internetseite der Bücherei des Deutschen Gartenbaues e.V. wird eine Linkliste zu Digitalisaten gepflegt. In den sehr umfangreichen Bestand der Bücherei kann eingesehen werden, sie ist in das Netz der Hochschulbibliotheken eingebunden. Arbeit mit historischen Nomenklaturen wird ergänzt durch Verzeichnisse noch existierender Alter Rosen (vor allem: *Modern Roses 12*, Joyaux's *Enzyklopädie der Alten Rosen*, *Rosenverzeichnis Rosarium Sangerhausen* 9.) und das Internet (helpmefind.com, rogersroses.com, roseraieduvaldemarne.fr u. a.).

Bibliografien und bibliografische Artikel

ARBER, Agnes, *Herbals, Their Origin and Evolution, A Chapter in the History of Botany 1470–1670,* University Press, Cambridge 1912.

DOCHNAHL, Friedrich Jacob, *Bibliotheca Hortensis. Vollständige Gartenbibliothek oder alphabetisches Verzeichnis aller Bücher, welche über Gärtnerei, Blumen- und Gemüsezucht, Obst- und Weinbau, Gartenbotanik und bildende Gartenkunst von 1750–1860 in Deutschland erschienen sind*, Nürnberg 1861.

DRUDE, Gerhard., WIMMER, Clemens Alexander, »Alte Gartenkataloge«, *Zandera* 10 (1995), Nr. 1, S. 1–13.

LEJEUNE, Servais, *Rosenbücher : Mein Steckenpferd,* Weiland, Lübeck 1970, 2. erw. Aufl. 1978.

NISSEN, Claus, *Die botanische Buchillustration, Band I: Geschichte, 264 S., Band II: Bibliographie,* 324 S., Hiersemann, Stuttgart 1951.

REIMELT, Elisabeth, »Rose und Buch«, *Rosenbogen*, 1977, H. 4, S. 52–63. (Bericht über eine Ausstellung der UB Tübingen 1977)

STOBBE, Urte, »Das Kasseler Gartenliteraturverzeichnis als historische Quelle«, *Zandera* 27 (2012), Nr. 1, S. 11–28.

STOCK, Keith L., *Rose Books. A Bibliography of books and important articles in journals on the genus Rosa, in English, French, German and Latin, 1550–1975,* Selbstverlag, London 1984. (Deutsche Literatur nach Servais Lejeune und Anny Jacob)

WIMMER, Clemens Alexander, »Die Bücherei des deutschen Gartenbaues e. V. und ihre Rosenliteratur«, *Rosenjahrbuch* 1996, (1997), S. 95–99.

WIMMER, Clemens Alexander, »Garten- und Pflanzenbücher in großen Bibliotheken, einige Reiseeindrücke«, *Zandera* 11 (1996), Nr. 1, S. 3–16.

WIMMER, Clemens Alexander; LAUTERBACH, Iris, *Bibliographie der Deutschen Gartenbücher 1471–1750*, Alfons Uhl, Nördlingen 2003.

WIMMER, Clemens Alexander, »... Die Publikationen des Gartenarchitekten Louis Liger und ihre Bedeutung für die Gartengeschichte«. *Zandera* 25 (2010), Nr. 1, S. 5–26.

WIMMER, Clemens Alexander, »Alte Bücher online – Chancen und Irrwege«. *Zandera*, 26 (2011). Nr. 1, S. 5–13.

WISSEMANN, Volker, »Die Rosen der Kräuterbücher: Rosenforschung in der Renaissance«, *Rosenjahrbuch 1996*, (1997), S. 72–80.

Gesamtlisten historischer Rosennamen, Nomenklaturen

DICKERSON, Brent C., *The Old Rose Advisor*, Timber Press, Portland (Oregon) 1992.

– *The Old Rose Adventurer*, Timber Press, Portland 1999.

– Weitere Bände und Neuauflagen als »*The Old Rose Researcher Series«,* Writers Club Press, New York 2001:
Roll-Call: The Old Rose Breeder,
The Old Rose Informant,
The Old Rose Advisor, 2. Aufl. 2011 (2 Bde.),
The Old Rose Index,
Old Roses: The Master List, 2. Aufl. 2007.

JÄGER, August, *Das Rosenlexikon*, Uftrungen 1930, Selbstdruck 1936. Nachdruck: *Rosenlexikon*, Zentralantiquariat, Leipzig 1960, 1970, 1983 (Sonderausgabe für Weiland, Lübeck). (* markieren den damaligen Bestand im Rosarium Sangerhausen).

SIMON, Léon; COCHET, Pierre, *Nomenclature de tous les noms de roses*, Librairie horticole, 2. Aufl. Paris 1906.

TEPELMANN, R. (Rektor), *Rosennamen-Dolmetscher – Ein Führer durch den Irrgarten der fremden Rosennamen, enthaltend die berichtigte Schreibung, genaue Aussprache und die Übersetzung bezw. Erklärung von gegen 3000 Rosennamen,* im Selbstverlag, 2. sehr vermehrte und verbesserte Aufl. Ratzeburg 1894.

Quellen, chronologisch geordnet, mit Verweisen auf Reprints oder Abdruck in anderer Literatur

1600 – 1798: Florilegien, Lexika, Baumschulkataloge

1613 BESLER, Basilius, *Hortus Eystettensis,* Nürnberg 1613. (zahlr. Reprints) (Rosen: Tafeln 94 – 99)

1642 SPERLING, Otto, *Hortus Christianaeus seu catalogus plantarum,* Kopenhagen 1642. (Rosen: THIM, 2006)

1648 PAULLI, Simon, *Flora Danica*, Kopenhagen 1648 (Rosen: THIM, 2006)

1704 LIGER, Louis, *Le Jardinier Fleuriste*, Beugnié, Paris 1704. Engl. Hrsg: Benj. Tooke, London 1706: *The Compleat Florist*, zusammen mit der Übersetzung von François GENTIL *Le Jardinier Solitaire*. (Text in lockerem Englisch im Internet; Rosenarten und ihre gärtnerischen Besonderheiten S. 435 – 440). Dt. Hrsg: Gleditsch und Weidmann, Leipzig 1715; Braun, Leipzig 1716.

1717 VIVIE, Johannes du, *Lijst van rozen in Du Vivie's Register van alle Sorten van Peeren en Appelen …*, 1717. (Rosen: KLEIS, 2007, S. 169 f.)

1731 *Allgemeines Oeconomisches Lexicon,* Gleditsch, Leipzig 1731. (Art. »Rose«, Spalte 2051–2056)

1731 MILLER, Philipp, *The Gardeners dictionary*, London 1731. (Erste dt. Ausgabe: Nürnberg 1750 –1758, nach der 5. Aufl. 1741).

1742 ZEDLER, Johann Heinrich: *Grosses vollständiges Universal-Lexikon Aller Wissenschafften und Künste,* 32. Band Ro – Rz, Leipzig und Halle 1742. (Art. »Rose« / bot. und med.: Spalte 835 – 850. Verfügbarkeit: Internet)

1744 ZINCKE, Georg Heinrich: *Allgemeines Oeconomisches Lexicon*, Gleditsch, 2. Ausgabe Leipzig 1744.

1753 LINNÉ, Carl von, *Species plantarum,* Stockholm 1753.

1754 *Le Bon Jardinier*, Almanach. Paris 1754 (1. Ausgabe 1954/55 laut Vorwort in 1808)

1755 DUHAMEL DU MONCEAU, Henri-Louis, *Traité des arbres et arbustes, qui se cultivent en France en pleine terre,* Paris 1755. (dt. Carl Christian OELHAFEN v. Schöllenbach, 2 Bde. Nürnberg 1762/63)

1761 OEDER, Georg Christian (Hg.), Florae Danicae Iconum fasciculus, Teil 1 – 3, Kopenhagen 1761 – 1770. (Verfügbarkeit des gesamten Tafelwerks, 1761 – 1874, im Internet, Nationalbibliothek Kopenhagen) (15 Rosen-Tafeln: <G. C. Oeder / bis 1770> Nr. 398, 555; <O. F. Müller / 1775 –1782> Nr. 688, 868, 870; <v. Mart. Vahl / 1787–1799> Nr. 1214, 1215; <J. W. Hornemann / 1806 –1840> Nr. 1458, 1695, 2233, Sup2 –75 [sic]; <F. M. Liebmann; Joh. Lange> Nr. 2718, 2719, 2906, 2907)

1770 MÜNCHHAUSEN, Otto v., *Der Hausvater*, Fünfter Theil, Förster, Hannover 1770. (Rosen: S. 273 – 290. Nachdruck 1780). (Erster Teil, Hannover 1767)

1772 DU ROI, Johann Philipp, *Die Harbkesche wilde Baumzucht theils Nordamerikanischer und anderer fremder, theils einheimischer Bäume, Sträucher und Strauchartigen Pflanzen nach den Kennzeichen der Anzucht, den Eigenschaften und der Benutzung beschrieben*, Weisenhaus, 2 Bde. Braunschweig 1772. (Rosen: 2. Bd., S. 333 – 371)

1776 MILLER, Philipp, *Allgemeines Gärtnerlexikon … ausführliche Beschreibung der Geschlechter und Gattungen aller und jeder Pflanzen nach dem neuesten Lehrgebäude des Ritter Linne eingerichtet … Nach der allerneuesten, sehr vermehrten und veränderten achten Ausgabe aus dem englischen* [London 1768] *übersetzt*, Dritter Teil, Felßecker, Nürnberg 1776. (Rosen: S. 852 – 864)

1777 BÖTTGER, Christoph Heinrich, *Verzeichnis derjenigen fremden und einheimischen Bäume und stauden, welche in den angelegten englischen Parks und Gärten des fürstl. Lustschlosses Weissenstein dermalen befindlich sind,* Cassel 1777

1778 LINNÉ, Carl von, *Des Ritters Carl von Linné … vollständiges Pflanzensystem nach der dreyzehnten lateinischen Ausgabe* (Wien 1770) und nach Anleitung des holländischen Houttuynischen Werks übersetzt (S. F. CHRISTMANN; G. W. F. PANZER) und mit einer ausführlichen Erklärung ausgefertiget. Dritter Theil. Von den Gesträuchen. Raspe, Nürnberg 1778. (Rosen: »389ste Gattung Rose – Rosa«, Abdruck in

Rosenjahrbuch 1969, (1970), S. 168–178 [mit Vorbemerkung der Redaktion (Ilse JAEHNER) und »Anmerkungen von Franz Boerner«]) (Erste Fassung der *Systema naturae,* 1735. Letzte eigenhändige 12. Auflage, 3 Bde., Stockholm 1766–1768) (Herbarbelege im Internet, The Linnean Society of London, »Rosa«: Nr. 49)

1780 GANS, Jacobus (te Hillegom by Haarlem), *Catalogus*, 1780. (Rosen: KLEIS, 2007, S. 171–176)

1783 BESTLEN, Bonifacius, *Verzeichniß Nordamericanischer und andrer fremder auch einheimischer Bäume, Sträucher, Stauden und Pflanzen, welche in Kurfürstl. Schönbusche bei Aschaffenburg sich vorfinden, Zur Bequemlichkeit deren Kennern und Liebhabern* herausgegeben von B. B., Aschaffenburg, gedruckt bei Alexander Kauffmann, Kurfürstl. privilegirt. Buchdrucker, 1783. (Rosen: S. 16–20)

1783 *Taschenbuch für Gartenfreunde*, Voß, Leipzig 1795–99 (5 Jahrbücher mit Gartenthemen, Hg. Wilhelm Gottlieb BECKER)

1784 LUEDER, Franz Hermann Heinrich, *Botanischpraktische Lustgärtnerey nach Anleitung der besten neuesten brittischen Gartenschriftsteller, mit nöthigen Anmerkungen für das Clima in Deutschland*, Weidmann, 4 Bde. Leipzig 1783–86. (Rosen: 2. Bd., 1884, S. 583–606)

1785 MOENCH, Conrad, *Verzeichnis ausländischer Bäume und Stauden des Lustschlosses Weissenstein bey Cassel,* Fleischer, Frankfurt 1785.

1790 BORKHAUSEN, Moritz Balthasar, *Versuch einer forstbotanischen Beschreibung der in den Hessen-Darmstädtischen Landen im Freien wachsenden Holzarten.* Varrentrapp und Wenner, Frankfurt 1790.

1790 MOERBEEK, Paul und Simon, *Catalogue de plusieurs sortes d'arbres de l'Amerique … à Haarlem*, ca. 1790. (Rosen: KLEIS, 2007, S. 177 f.)

1793 BRAKEL, Zacharias, *Catalogus van allerhande harde, zoo in- als uitlandsche Boomen, …* Utrecht 1793. (Rosen: KLEIS, 2007, S. 179 f.)

1796 WILLDENOW, Carl Ludwig, *Berlinische Baumzucht, oder Beschreibung der in den Gärten um Berlin, im Freien ausdauernden Bäume und Sträucher, für Gartenliebhaber und Freunde der Botanik.* Nauck, Berlin 1796.

1796 PINHAS, Salomon beginnt vermutlich mit Aqarell-Serie. (s. 1815)

1797 BODE, Christian, *Die neue wilde Baumzucht nordamericanischer und anderer fremder, als auch einheimischer Bäume, Sträucher und strauchartiger Pflanzen, welche in dem kurfürstlichen Schönbusch bei Aschaffenburg um beigefügte Preise daselbst abgegeben werden.* (Rosen: S. 56–61). (1802: Druck bei Kaufmann, Aschaffenburg, Rosen unverändert)

1799 – 1815 Rosenkenner, Sammler, Blumenfreunde

1799 LAWRANCE, Mary, A Collection of Roses from Nature, Selbstverlag, London 1799. (90 Rosen-Bilder)

1799 ROESSIG, Carl Gottlob, *Ökonomisch-Botanische Beschreibung der Rosen,* Kleefeld, Leipzig 1799. (Zweiter Band, Ergänzungen, Erweiterungen 1803)

1800 de GRAAFF, Cornelius und Jan, *Catalogue des arbres rosiers …, Lisse bei Haarlem*, 1800. (Rosen: KLEIS, 2007, S. 182–186)

1800 GUILLEMEAU, Jean-Louis (jeune), *Histoire naturelle de la Rose, ca culture, ses vertus et ses proppriétés,* Vatar-Jouannet, Paris 1800.

1800 POTT, Johann Friedrich (Hg.), *D. Joh. Phil. Du Roi, Harbkesche wilde Baumzucht, herausgegeben mit Vermehrungen und Veränderungen*, 2. Bd. Schulbuchhandlung, Braunschweig 1800. (Rosen: S. 537–592) (1. Bd.: 1795)

1802 ROESSIG, Carl Gottlob; WAITZ, Karl Friedrich, *Die Rosen nach der Natur gezeichnet und coloriert mit kurzen botanischen Bestimmungen,* Leipzig 1802–1820. (60 Bilder; Nr. 31 und 49 in: *Rosenjahrbuch* 1984 H. 4, S. 243)

1803 DESCEMET, Jacques-Louis, *Catalogue …*, Paris 1803; (Rosen: »La collection de Descemet", JOYAUX, *Les Roses de l'Impératrice,* 2005, S. 168–173)

1804 *Allgemeines Teutsches Garten-Magazin,* Bertuch, F. J. (Hg.), Weimar. 1 (1804) – 8 (1811), 9 (1816) – 16 (1824), *Neues ATGM* 1825–1828.

1804–1805 BERTUCH, Friedrich Justin (Hg.), *Bilderbuch für Kinder,* (18 Rosentafeln mit Texten), ab Bd. IV. No. 15 bis Bd. V. No. 90., Weimar 1804/5. (Auch als Sonderdruck, Weimar 1810)

1804 BUC'HOZ, Pierre Joseph, *Monographie de la Rose et de la Violette*, Paris, 1804.

1805 ANDREWS, Henry Charles, *Roses or A Monograph of The Genus Rosa*, London 1805 (1. Bd. 65 Rosenbilder), 1828 (2. Bd. 64 Rosenbilder)

1807 BREITER, Christian August, *Verzeichnis von Treibhauspflanzen, …, Bäumen und Sträuchern, …, Rosensorten, …, welche um beygesetzte Preise zu bekommen sind bey dem Kunst- und Handelsgärtner August Breiter in Leipzig*, Fischer, Leipzig 1807. (63 S.)

1808 DIETRICH, Friedrich Gottlieb, *Vollständiges Lexicon der Gärtnerei und Botanik, oder alphabetische Beschreibung vom Bau, Wartung und Nutzen aller in- und ausländischen, ökonomischen, officinellen und zur Zierde dienenden Gewächse*, 8. Bd. (Rosen), Gädicke, Weimar 1808.

1808 *Le Bon Jardinier, Almanach avec supplément pour l'année 1808*, Paris 1808 (Rosen: S. 709–721). s. a. 1821, 1823, 1824 dt., 1831 dt., 1847 dt.)

1808 SCHELHASE, August, *Verzeichniß von Glas- und Treibhaus-Pflanzen, verennirende* [sic] *Stauden-Gewächse und Blumen-Zwiebeln, wie auch ausländische Bäume, Sträucher und Rosen…* 2. Aufl. Kassel, 1808. (Rosen: S. 53–57)

1809 WREDE, Ernst Christian Conrad, Verzeichnis der Rosensträucher, … Braunschweig 1809. (Rosen: KORTH 1819, Neuausgabe Trier 2004, S. 44–50)

1811 GUERRAPAIN, Thomas, *Almanach des Roses, dédié aux Dames*, Gobelet, Troyes 1811. (Reprint: Journal des Roses, Melun 1902/03)

1811 THEUß, Theodor, *Allgemeines Blumen-Lexicon oder Beschreibung aller bis jetzt in Teutschland bekannten in- und ausländischen Gartenblumen und Ziergewächse, mit Anweisung zu ihrer Behandlung. Für Gartenliebhaber, nach alphabetischer Ordnung bearbeitet.* Landes-Industrie-Comptoirs, 2 Bde. Weimar 1811. (»Rosa«: Bd. 2, S. 440–454)

1811 WAITZ, Karl Friedrich »Beschreibung einiger in meinem Garten cultivierten neuen Rosenarten«, in: *Allgemeines Teutsches Garten-Magazin*, 8 (1811), S. 5–8. (KORTH 1819, Neuausgabe Trier 2004, S. 41–43)

1811 WILLDENOW, Carl Ludwig, *Berlinische Baumzucht oder Beschreibung der im Königlichen botanischen Gärten bei Berlin im Freien ausdauernden Bäume und Sträucher …*, 2. Aufl. Nagel, Berlin 1811. (Rosen: S. 379–406). (1. Aufl. s. o. 1796)

1813 DU PONT, André, »Gymnasium Rosarium seu Transcriptio, conferta cum Catalogo autographo Rosarum quas in horto suo ipse colebat, anno 1813«, in: Antoine THORY, *Rosa Candolleana seu descriptio …*, Paris 1819. (Rosen: JOYAUX *Les Roses de l'Impératrice*, 2005, S. 162–167)

1814 KRELAGE, E. H. et Comp., *Verzeichnis über die edelsten Obstbäumen und von einem extra schönen Assortiment Rosen, die zu haben sind bei … Blumisten zu Haarlem in Holland*, 1814. (Rosen, auch 1824: KLEIS, 2007)

1814 WREDE, Ernst Christian Conrad, *Verzeichnis meiner Rosen nach einer genauen systematischen Bestimmung, 3. verbesserte Ausgabe*, Waisenhaus, Braunschweig 1814 (16 S. Vorbericht und Eigenschaftscodierung, 36 S. Rosen).

1815 PINHAS, Salomon, *Rosen-Sammlung zu Wilhelmshöhe . Nach der Natur gemalt von Salomon Pinhas, Kurfürstlich Hessischen Hof-Miniaturmaler – 1815.* (Aquarelle: Titelbild und 133 benannte Rosen, mit einer auf 150 Posten ausgelegten Namensliste: »Rosen-Gattungen auf Wilhelmshöhe«.)
Erstdruck/Reproduktion: 132 Farbtafeln, kommentiert von Wernt GRIMM. Weitere Beiträge Margot LUTZE und Horst BECKER. *Rosen-Sammlung zu Wilhelmshöhe*, Schnell & Steiner, Regensburg 2001)

1816 – 1839 Künstler, Systematiker, Handelsgärtner

1817–1824 REDOUTÉ, Pierre-Joseph, THORY, C. Antoine, *Les Roses*, 3 Bde., Paris 1817–1824. (Abdruck nur der Tafeln: *Die Rosen, 170 Farbtafeln*, Harenberg, Dortmund 1980) (Faksimile von weiteren 17 Aquarellen der Sammlung des Hunt Instituts für Botanische Dokumentation Pittsburg, Hg.: Gesellschaft Schweizerischer Rosenfreunde; Lotte Günthart, 1971)

1817 BREITER, Christian August, *Hortus Breiterianus oder Verzeichnis aller derjenigen Gewächse, welche im Breiterschen botanischen Garten zu Leipzig gezogen und unterhalten werden: nebst einem Theil der in Deutschland einheimischen Pflanzen nach ihren systematischen Namen und Synonymen, einer Erklärung des Linneischen Systems und geographischen und literarischen Nachweisungen*, Franz, Leipzig, 1817. (Rosen S. 415–433)

1818 MALO, Charles, *Histoire des Roses, ornée de 12 planches en couleur*, Janet, Paris 1818 und 1821.

1818 PRONVILLE, Auguste de, *Nomenclature raisonnée des espèces, variétés et sous- variétés du genre rosier, observées au Jardin royal des Plantes, dans ceux de Trianon, de Malmaison, et dans les pépinières des environs de Paris*, Huzard, Paris 1818.

1819 KORTH, Johann Wilhelm David, »Rose« aus Band 127 von Johann Georg Krünitz' *Ökonomisch-technologischer Enzyklopädie*, 1819. (Artikel »Rose«, S. 55–182, modernisiert und neu herausgegeben: REINSTEIN, Hagen;

SEIFERT, Hans-Ulrich, Universitätsbibliothek, Trier 2004) (Rosenarten u. -sorten: S. 8–33. Weitere Rosenlisten s. 1809 Wrede und 1811 Waitz) (Faksimile der gesamten *Krünitzschen Enzyklopädie, 142 Bände, 1773–1885,* im Internet, DFG-Projekt)

1820 LINDLEY, John, *Rosarum Monographia, or a Botanical History of Roses*, London 1820. (Reprint: Coleman, New York 1979)

1821 *Le Bon Jardinier, Almanach avec supplément pour l'année 1821*. (Hg.: Eugène PIROLLE; VILMORIN; Louis NOISETTE, Audot, Paris 1821) (Rosen: S. 799–819)

1822 PRONVILLE, Auguste de, *Sommaire d'une monographie du genre Rosier*, Huzard, Paris 1822.

1823 *Allgemeine Deutsche Gartenzeitung,* 1 (1823) – 21 (1843). (Hg.: Praktische Gartenbaugesellschaft in Frauendorf)

1823 ERBEN, Johann, *Systematisches Verzeichnis aller bis jetzt bekannten, selbst der allerneuesten Rosen, welche aus den ersten französischen und englischen Pflanzschulen käuflich zu bekommen sind bei Johann Erben, Gärtner in Duisburg*, Baedeker, Essen 1823.

1823 *Le Bon Jardinier, Almanach avec supplément pour l'année 1823.* (Rosen: S. 1010–1034)

1824 *Taschenbuch des verständigen Gärtners, aus dem Französischen übersetzt von* Julius Friedrich LIPPOLD *nebst bedeutenden Zusätzen und Verbesserugen,* Cotta, 2 Bde., Stuttgart 1824. (Übersetzung des *Le Bon Jardinier* für 1822) (Rosen: S. 1132–1152. Zusatz zum Artikel Rose, neue Varietäten bis 1824 und Verkaufskatalog Gebr. Baumann, Bollweiler, 1824: S. 1251–1260)

1824 VIBERT Jean-Pierre, *Essai sur les roses*, Mme Huzard, Paris 1824–30. (Engl. Übersetzung in: DICKERSON, B. C. *The Old Rose Informant,* 2001, S. 17–183)

1825 FÜRST, Johann Evangelist, »Rosenangebot der Praktischen Gartenbaugesellschaft in Frauendorf«, *Allgemeine Deutsche Gartenzeitung,* 3 (1825), S. 107–108.

1825 *Annalen der Blumisterei*, Zeh, Nürnberg. 1 (1825) –12 (1836). (Hg.: Ernst Jakob v. REIDER)

1825 SCHELHASE, August, *Verzeichniß von Pflanzen, Sträuchern, Bäumen und Blumen-Saamen, welche zu haben sind…*, Kassel, 1825. (Rosen: S. 89–98)

1825 SEITS, Tobias, *Die Rosen nach ihren Früchten. Ein unentbehrlicher Leitfaden zu ihrer richtigen Bestimmung für Botaniker, Gärtner, Gartenbesitzer und Blumenliebhaber, oder: Alle bisher bekannten Rosenarten, nach Trattinniks synodus, karpologisch dargestellt*, Enders, Prag 1825. (Reprint: Olms, Hildesheim 2003)

1828 KELLER, Wilhelm, »Verzeichnis der grossen Rosen-Sammlung des Kaufmanns Wilhelm Keller in Duisburg am Rhein«, *Annalen der Blumisterei,* 4 (1828), S. 256–288, »Nachtrag« 5 (1829), S. 276–296. (Reprint, siehe 1833)

1828 DESPORTES, Narcisse, *Rosetum Gallicum, ou énumération méthodique des espèces et variétés cultivées du* genre *Rosier, indigènes en France ou cultivées dans les jardins, avec la synonymie française et latine*, Huzard, Paris 1828.

1828 WALLROTH, Carl Friedrich Wilhelm, *Rosae Plantarum Generis Historia Succincta*, König, Nordhausen 1828. (Alle bis dahin von Botanikern als wissenschaftlich anerkannt beschriebenen Rosenvarietäten, mit Autorenkürzel.)

1829 BOSSE, Julius Friedrich W., *Vollständiges Handbuch der Blumengärtnerei,* 1150 S. in 2 Bänden, Hahn, Hannover 1829. (Rosen: S. 919–938) (*Adressen von Gartenbesitzern, Handelsgärtnern und Gartenvorstehern, welche sich mit Pflanzen- und Saamenhandel beschäftigen*: S. 127–130)

1829 NOISETTE, *Louis*, *Vollständiges Handbuch der Gartenkunst, aus dem Franz. übers. von* SIGWART, G. C. L, Metzler, Stuttgart 1829. (Rosen: 4. Bd., 2. Teil, S. 214–266) (Originalausgabe: Paris 1825).

1830 Verzeichniss der in dem Königlichen Hofgarten Schoenbusch bei Aschaffenburg cultivierten Baeume, Straeucher, Hauspflanzen und Staudengewaechse. M. I. wailandt's Wiittib und Sohn, Aschaffenburg 1830. (Rosen: S. 33–36, 60 f.)

1831 LIPPOLD, Julius Friedrich, *Neues Handbuch des verständigen Gärtners, oder eine neue Umarbeitung des Taschenbuch des verständigen Gärtners von 1824. Aus dem Französischen des Almanach du bon jardinier von 1825 bis 1828 frei übersetzt und aus eignen und fremden Erfahrungen ansehnlich vermehrt,* Cotta, Stuttgart 1831 (nur 1. Bd.)

1832 SELBSTHERR, Carl, *Die Rosen in 25 Gruppen und 95 Arten*, Philipp, Breslau 1832.

1833 KELLER, Wilhelm, *Verzeichnis und kurze Beschreibung der grossen Rosen-Sammlung des Kaufmann Wilhelm Keller in Duisburg am Rhein*, Baedeker, Essen 1833. (Reprint zusammen mit dem Verzeichniss von 1828 und Nachtrag 1829: Daphne Filiberti, Weiland, Lübeck 2004)

1834 ROLLETT, Anton, *Verzeichniß der im Garten des herzoglichen Schlosses Weilburg befindlichen Strauchrosen*, handschriftlich, Baden/Wien 1834.

1835–1838 (?) ARNZ, Heinrich (Hg.), *Rosen – Sammlung der neuesten u. schönsten aus Frankreich, England, Belgien u. Deutschland bezogenen in unserm Garten cultivirten nach der Natur gezeichneten u. colorirten Rosen*, Arnz & Comp., Düsseldorf 1835. (60 Lithographien)

1836 NICKELS, Christian, *Cultur, Benennung und Beschreibung der Rosen*, Anton v. Schmid, Heft 1–4/5 Pressburg 1836–38. H 1 *Die Eintheilung und Cultur der Rosen überhaupt*; H 2 *Die immerblühenden Rosen*; H 3 *Die zwei- und dreimal im Jahr blühenden Rosen, dann die bengalischen Hybriden*; H 4/5 *Einmal im Jahr blühende Rosen.* (Arnold Arboretum, Harvard Univ.) (Reprint des Nachdrucks der Hefte 1–5, Joseph Landes, Pressburg 1845: Frick, Moos 1976. Heft 6, siehe 1846)

1837 RIVERS, Thomas, *The Rose Amateur's Guide*, London 1837, 2. Aufl. London 1840. (Reprint der 4. Aufl. 1846: Coleman, New York 1979). (11. Aufl. London 1877)

1838 GORE, Catherine Francis, *The Book of Roses or The Rose fancier's Manual*, Colburn, London 1838. (teils in der Funktion einer englischen Übersetzung von Pierre BOITARD's *Manuel complet de l'amateur de roses,* Paris 1836) (Reprint: Coleman, New York 1978)

1840–1869 Sortenvielfalt, Züchtung, Wettbewerb

1840 BIEDENFELD, Ferdinand Freiherr von, *Das Buch der Rosen*, Voigt, Weimar 1840. (2. Aufl. 1847, Beschreibung von 2200 Arten und Varietäten)

1841 FÜRST, Johann Evangelist, *Die Entstehungsgeschichte von Frauendorf,* Passau 1841. (Viertes Bändchen, Katalog der Obstsorten und Gehölzarten, Landrosen: S. 163–174)

1842 NEUBERT, Wilhelm, *Die Rosen – Ihre Beschreibung, Cultur und Vermehrung. Mit besonderer Rücksicht für Privatliebhaber*, Cotta, Stuttgart 1842.

1843 FÖRSTER, Carl Friedrich, *Heinrich Gruner's praktischer Blumengärtner*, Wöller, 4. Auflage Leipzig 1843. (Rosen S. 183–205) (1. Aufl. GRUNER, Heinrich, *Der praktische Blumengärtner,* Hartmann, Leipzig 1824)

1844 BUIST, Robert, *The Rose Manual*, Philadelphia 1844, (Reprint der 3. Aufl. «with additions«, Philadelphia 1851: Coleman, New York 1978)

1844 *Vereinigte Frauendorfer Blätter*, 1 (1844) – 50 (1893). (Zusammenfassung mehrer Periodika aus Frauendorf, Nachfolger der *Allgemeinen Deutschen Garten-Zeitung*, als Organ der Praktischen Gartenbaugesellschaft in Bayern, siehe 1823)

1846 NICKELS, Christian, *Cultur, Benennung und Beschreibung der Rosen*, Heft 6 Nachtrag, Joseph Landes, Pressburg 1846. (Arnold Arboretum, Harvard Univ., im Internet)

1846 PFAU, Ph., *Die Cultur der Rosen mit besonderer Rücksicht auf das Überwintern der immerblühenden im freien Lande*, Ruoff, Heilbronn 1846.

1846 PRINCE, William Robert, *Prince's Manual of Roses,* New York 1846. (Reprint mit *Catalogue of Roses*: Coleman, New York 1979)

1847 BIEDENFELD, Ferdinand Freiherr von, *Neuestes Gartenjahrbuch nach Le bon jardinier 1846 …* Voigt, Weimar 1847. (Rosen S. 283 f.)

1848 BOITARD Pierre; NOISETTE, Louis, *Manuel theoritique et pratique du Jardinier par M. Pirolle,* Nouvelle Edition, revue et augmentée, Pigoreau, Paris 1848. (Rosen: S. 529–545)

1848 PAUL, William, *The Rose Garden*, Sherwood, London 1848. (Reprint: Coleman, New York 1978)

1850 LORBERG, Heinrich, *Rosenkatalog*, Berlin 1850.

1851 *La Belgique Horticole, Journal des Jardins, des serres et des vergers*, Lièges, 1 (1851) – 35 (1885). (Rose 'André Leroy': 13 (1863), S. 161)

1851 *Meyer's Conversations-Lexicon,* Joseph MEYER (Hg.), Hildburghausen 1 (1840) – 52 (1855). (Art. »Rosa (Bot.)«: 6. Bd.1851, S. 315–326)

1854 *Journal des Roses (et des Vergers) – Revue des Jardins*, 1 (1853/54) – 6 (1859). (Hg.: Jean CHERPIN. Lyon)

1855 DÖLL, Wilhelm, *Der Rosen-Garten nach W. Paul* (deutsche aktualisierte Übersetzung der 1. Aufl.); Weber, Leipzig 1855. (Reprint: Frick, Moos 1978)

1858 OTTO, Adolph, *Der Rosenzüchter oder die Cultur der Rosen in den Töpfen und im freien Lande – nach eigener mehrjähriger Erfahrung,* Enke, Erlangen 1858. (Reprint: Servais Lejeune, Eigenverlag, Hamburg 1980)

1862 *Verzeichniss der Bäume, Sträucher, Obstbäume etc. welche aus den Baumschulen des königl. Parks Schönbusch um beigesetzte Preise abgegeben werden können.* Fünfte Ausgabe, Aschaffenburg 1862. (Rosen: S. 15, 16, 18–20)

1864 GESCHWIND, Rudolf, *Die Hybridation und Sämlingszucht der Rosen, ihre Botanik, Classification und Cultur*, Wien 1864. (Reprint der 2. Aufl. Leipzig 1885, Olms, Hildesheim 1997)

1866 *Nestel's Rosengarten*, Schweizerbart, Stuttgart 1 (1866) – 4 (1869).

1866 WESSELHÖFT, Johannes, *Der Rosenfreund*, Weimar, 1866. (Reprint der 3. Aufl. 1873: Frick, Moos 1976)

1868–75 KOMLOSY, Franz, *Rosen-Album*, 92 Farb-Lithographien. Wien 1868–75.

1869 HOLE, Samuel Reynold, *A Book about Roses*, Blackwood, London 1869. Deutsche Ausgabe: WORTHMANN, F., *Reynolds Hole's Buch von der Rose*, Übers. nach 6. Aufl., Parey, Berlin 1880. (Siehe auch 1911)

1870 – 1945: Vereine, Journale, Rosarien

1877 D'OMBRAIN, Henry Honywood (Hg.), *The Rosarian's Year-Book for 1877*, London 1877. (Jahrbuch 1879–1902 mit Anhang: Jahresbericht der NRS, gegr. 1876)

1877 *Journal des Roses*, 1 (1877) – 38 (1914). (Hg.: Pierre COCHET; Camille Bernardin & Pierre Charles Marie COCHET-COCHET. Melun)

1880 NIETNER, Theodor, *Die Rose, ihre Geschichte, Arten, Kultur und Verwendung nebst einem Verzeichnis von 5000 beschriebenen Gartenrosen*, Parey, Berlin 1880. (Reprint: Frick, Moos 1983)

1883 *Rosenjahrbuch*, Friedrich SCHNEIDER II (Hg.), Parey, Berlin 1 (1883). (Reprint, mit Einladung zur Gründung eines Vereins deutscher Rosisten: Servais Lejeune, Selbstverlag, Hamburg 1981)

1885 SINGER, Max, *Dictionnaire des roses ou Guide général du Rosiériste*, Bd. 1, Parey, Berlin 1885, Bd. 2 Selbstverlag, Tournai 1885.

1886 *Rosen-Zeitung*, 1 (1886) – 48 (1933). (Organ des Vereins Deutscher Rosenfreunde, Frankfurt 1886–97, Trier 1898–1910, Karlsruhe 1911–1922, Sangerhausen 1923–1933) (Farbtafeln in: JACOB, Anny, *Rosen-Porträts, Die schönsten Farbtafeln aus der »Rosen-Zeitung« 1886–1921*, Manuscriptum 1997) (Digitalisiert/DVD: *Rosen-Zeitung 1886–1833*, Bücherei des Deutschen Gartenbaues e. V., Berlin 2008)

1888 PARSONS, Samuel Bowne, *Parsons on the rose. A Treatise on the Propagation, culture, and history of the Rose*, Judd, New York 1888. (New and Revised edition, Illustrated, seit 1869) (Erste Fassung unter dem Titel *The Rose*, 1847)

1889 *Deutsches Rosenbuch*, Rosenfirma Gebr. SCHULTHEIS (Hg.), Steinfurth 1889. (Reprint: Weiland, Lübeck 1979)

1890 STRAßHEIM, Conrad Peter, *Otto's Rosenzucht im freien Lande und in Töpfen – Zweite Aufl. vollständig neu bearbeitet*, Parey, Berlin 1890.

1892 ELLWANGER, Henry Brooks, *The Rose*, Dodd & Mead, Rev. Ed. New York 1892. (1. Aufl. 1882, Reprint: Coleman, New York 1979)

1897 BETTEN, Robert, *Die Rose, ihre Anzucht und Pflege*, Trowitzsch, Frankfurt a. d. Oder 1897.

1902 GRAVEREAUX, Jules, *Les roses cultivées à L'Haÿ en 1902*, Paris 1902. (6781 Rosenarten und -sorten)

1906 KRÜGER, Gustav, *Stammbuch der Edelrosen*, Trier 1906.

1907 *Rose Annual*, 1 (1907) –. (Hg.: [Royal] National Rose Society. London, St. Albans)

1911 WILLMOTT, Ellen, *The Genus Rosa*, Murray, 2 Bde., London 1911–1914. (Pro Bd. 66 Rosen-Zeichnungen von Alfred PARSONS)

1911 HOLE, Samuel Reynolds, *A Book About Roses*, New Edition with an Additional Chapter and Lists of Roses by Dr. A. H. Williams, Arnold, London 1911.

1911 WRIGHT, Walter P., *Roses and Rose Gardens – illustrated in colour* (Photos/Paintings), Headley, London 1911, 2. Aufl. 1914

1912 GRAVEREAUX, Jules, *»La Malmaison« – Les Roses de l'Impératrice Joséphine*, Éditions d'Art et de Littérature, Paris 1912.

1912 *Les plus belles roses au début du XXe siècle*, Amat, Paris 1912.

1929 CHOTEK, Marie Henriette, *Rosensorten und Preisliste*, Dolna Krupa 1929.

1934 *Rosenjahrbuch* 1934–1940. (Hg.: VDR e. V. in der Deutschen Gesellschaft für Gartenkultur e. V., Berlin. Jahrbuch 1934 und 1935 zugleich 49. und 50. Jg. der Rosenzeitung, danach ohne Jahrgangszählung)

1935 KEAYS, Ethelyn E., *Old Roses*, New York, 1935. (Reprint: KEAYS, Ethelyn Emery, *Old Roses*, New York, Coleman, 1978)

1936 BUNYARD, Edward A., *Old Garden Roses*, London, Country Life, 1936. (Reprint: New York, Coleman, 1978)

1939 ZANDER, Robert; TESCHNER, Carla, *Der Rosengarten* – Eine geschichtliche Studie durch

2 Jahrtausende, Trowitzsch, Frankfurt a. d. Oder 1933. (Reprint: Weiland, Lübeck 1978) (Tabelle zu Nachrichten über Rosengärten und Rosarien weltweit in früheren Bänden der Rosen-Zeitung und den Rosen-Jahrbüchern)

1942 LESTER, Francis E. *My Friend the Rose*, with 16 Illustrations (Mary Lawrence), Harrisburg 1942.

Literatur (sonstige, nach Themen, alphabetisch)

Bezug zu Alten Rosen

ACCATI, Elena; COSTA, Elena, *Theatrum Rosarum – Le Rose Antiche* (Alte Rosen der Sammlung von Cavriglia) – Le Rose Moderne (auf DVD), Allemandi, Turin 2004.

AUSTIN, David, *The Heritage of the Rose,* Woodbridge, The Antique Collectors Club, 1988. Erweiterte Aufl. 1992, dt. *Alte und Englische Rosen*, Dumont, Köln 1993.

BEALES, Peter; MONEY, Keith, *A Jarrold Book of Roses,* Jarrold, Norwich 1977: No 1 *Georgian and Regency Roses,* No 2 *Early Victorian Roses;* 1979: No 3 *Late Victorian Roses,* No 4 *Edwardian Roses.*

BEALES, Peter; RUSSEL, Vivian, *Rosengärten – 33 Privatgärten in Europa und Amerika,* Christian, München 1998 (Originalausgabe: London 1996). (keine Gärten in Deutschland)

BEALES, Peter, *Classic Roses,* London, 1985; dt. *Klassische Rosen,* Köln 1992, 2. erw. Aufl. 2002.

BEALES, Peter, *Rosen meine Leidenschaft,* Christian, München 2004.

BOYD, Peter D. A., *Scots Roses, Rosa spinosissima and other Pimpinellifolias*, The Royal Botanic Garden Edinburgh (RBGE) and the Royal Horticultural Society (RHS), in Produktion: London, Frühjahr 2014.

BUCHMANN, Andrea / UNMUTH, Erich, „Rudolf Geschwind (1829–1910)", in *Rosenjahrbuch 2011* (GRF), Aquensis, Baden-Baden 2012. (S. 43–132).

CATOIRE. Christian; CRUSE, Eléonore, *Les Roses sauvages*, Etudes & Communication, Esparon 2001.

CHRISTOPHER, Thomas, *In Search of Lost Roses*, New York, 1989.

ENDERS, Harald, *Bourbon Rosen*, Reihe: Historische Rosenklassen, Bd. 1, Fitzbeker Verlag 2005 (Books on Demand).

GRIFFITHS, Trevor, *The Book of Old Roses*, Michael Joseph, London 1984.

GRIFFITHS, Trevor, *The Book of Classic Old Roses*, Michael Joseph, London 1987.

GRIMM Hedi; GRIMM, Wernt, *Die Rosensammlung zu Wilhelmshöhe,* Verein Roseninsel Park Wilhelmshöhe, 4. neubearb. Aufl. Kassel 1996.

HARKNESS, Peter, *Rosen, Die schönsten Illustrationen der Royal Horticultural Society*, DuMont, Köln 2003.

HAUDEBOURG, Marie-Thérèse, *Roses & Jardins*, Hachette, Paris 1995.

HOFMANN, Claire, *Claire Hofmanns Rosenkurs*, Müller, Rüschlikon 1975.

100 Jahre Rosarium Sangerhausen, Jubiläumsband, Rosenstadt Sangerhausen GmbH (Hg.), Sangerhausen 2003.

JACOB, Anny; GRIMM, Hedi; GRIMM, Wernt; MÜLLER, Bruno, *Alte Rosen und Wildrosen,* Ulmer, Stuttgart 1990.

JOYAUX, François, *La Rose de France*, Imprimerie nationale, Paris 1998.

JOYAUX, François, *La Rose, une passion française (1778–1914),* Complexe, Brüssel 2001.

JOYAUX, François, *Les Roses de l'Impératrice. La rosomanie au temps de Joséphine*, Complexe, Brüssel 2005.

JOYAUX, François, *Descemet, premier rosiériste français,* Connaissance et Mémoires, Paris 2005.

JOYAUX, François, *Roses Lyonnaises d'autrefois,* Les Cahiers de Rosa Gallica 1 (2007), Commer 2007.

JOYAUX, François, *Enzyklopädie der Alten Rosen*, Ulmer, Stuttgart 2008. (Originalausgabe: *Nouvelle Encyclopedie des Roses anciennes*, Ulmer, Paris 2006)

KARL, Udo, »Rosenmaler – Malerrosen«, *Rosenbogen*, 2001, H. 4, S. 36–41.

KARL, Udo, »Die Allgemeine Deutsche Gartenzeitung und die zentrale Frauendorfer Sortenprüfung in der turbulenten Anfangszeit der Züchtung von Gartenrosen« in: Gröschel/Scheuer *Frauendorfer Gartenschätze*, 2012.

KLEIS, Gerrit, *De rozenteelt in Nederland – geschiedenis, literatuur en documenten*, Hes & De Graaf, Houten 2007.

KORDES, Wilhelm, »Das Problem winterharte Rosen«, *Rosenjahrbuch 1950 III*, 3 (1950), S. 44–55.

KRÜSSMANN, Gerd, *Rosen, Rosen, Rosen*, Parey, Berlin 1974. (Sehr vielschichtiges Werk)

LEJEUNE, Servais (Hg.), *Rosen-Almanach 1979–1980*, Weiland, Lübeck 1980. (Texte u. a. von und über Rudolf GESCHWIND, aus Österreich, Ungarn, Tschechoslowakei, DDR)

LEJEUNE, Servais, *Der Rose Pilgerfahrt*, Selbstverlag/ Freundeskreis des VDR, Hamburg 1983. (Teil 1: Rosenkultur und Rosenkult in Deutschland im 19. Jahrhundert, Teil 2: Quellen-Texte)

MASQUELIER, Odile, *La Bonne Maison – Jardin de Roses Anciennes*, Flammarion 2001.

McMURTRIE, Mary, *Scots Roses of hedgerows and wild gardens*, Garden Art, Woodbridge 1988. (65 Rosenaquarelle)

MEILE, Christine und Hans-G., »... *ich habe die Lust zu reisen gegen einen Rosenstrauch eingetauscht.«*, Stadler, Konstanz 1987. (Historisches zu Alten Rosen mit 40 farbigen Aquarellen von H.-G. Meile)

MEILE, Christine; KARL, Udo, »'Rosen aus alter Zeit' – eine immer wiederkehrende Faszination«, Text 1 (Internationales Rosenseminar 2006): *Rosa Helvetica* 22 (2006), S. 31–34. Text 2 (Kasseler Rundgespräch 2007): *Rosenjahrbuch 2007*, (2008), S. 56–68.

Modern Roses IV, McFARLAND, J. Horace (Hg.), in Cooperation with the American Rose Society (ARS), Harrisburg 1952 (1. Ausgabe 1930).

Modern Roses X, CAIRNS, Thommy / ARS (Hg.), Academic Press, San Diego 1993.

Modern Roses XI, CAIRNS, Thommy / ARS (Hg.), Academic Press, San Diego 2000.

Modern Roses 12, YOUNG, Marily A.; SCHORR, Phillip / ARS (Hg.), Academic Press, (Bd. 1 «the data base") San Diego 2007.

MONEY, Keith, *The Bedside Book of Old-fashioned Roses*, Degamo, Carbrooke 1984.

NISSEN, Gerda, *Alte Rosen*, Boyens, 9. Aufl., Heide 1997. (1. Aufl. 1984)

NOACK, Horst, *Wild- und Parkrosen*, Neumann-Neudamm, Melsungen 1989. (Autor: 30 Jahre Berufserfahrung bei Rosenschule Kordes)

NOTTLE, Trevor, *Growing Old-Fashioned Roses in Australia & New Zealand*, Kangaroo, Kenthurst 1983.

PHILLIPS, Roger; RIX, Martin, *Rosarium*, Ulmer, Stuttgart 2005. (Originalausgabe: *The Ultimate Guide to Roses – A Comprehensive Selection*, MacMillan, London 2004)

QUEST-RITSON, Charles, *Climbing Roses of the World*, Timber Press, Portland 2003.

QUEST-RITSON, Charles und Brigid, *Enzyklopädie der Rosen*, Dorling Kindersley, Starnberg 2004. (Originalausgabe: *The Royal Horticultural Society Encyclopedia of Roses*, Dorling Kindersley, London 2003)

RONDEAU, Anne Sophie; VERDEGEM, Ingrid, *Auf der Suche nach der schwarzen Rose*, Ulmer, Stuttgart 2006. (Originalausgabe: *De zoekt naar de zwarte roos*, Stichting, Oostkamp 2004)

Rosarium Sangerhausen. Der Welt bedeutendster Rosengarten, Sangerhausen 8. Aufl. 1990. (Hg.: Ingomar LANG).

Rosenbogen, 1964–1989, 1994 –. (Hg.: VDR/Verein Deutscher Rosenfreunde, ab 2007 GRF/ Gesellschaft Deutscher Rosenfreunde)

Rosenjahrbuch 1 (1950) – 39 (1973), *Rosenjahrbuch 1990* (1991) – . (Hg.: VDR, ab 2007 GRF)

Rosenverzeichnis Rosarium Sangerhausen, neu bearbeitete Ausgaben von Paul TÄCKELBURG: 1. (1962), 2. (1970), 3. (1976) mit Wildrosen, Nachtrag (1978, 1979); Hella BRUMME: 4. (1988), *Nachtrag* (1994), ... *Europa-Rosarium Sangerhausen* 5. (1998), 6. (2000), 7. (2003), 8. (2005), 9. (2011) incl. Wildrosen 6. Aufl.

Rosenwelten, Gesellschaft Deutscher Rosenfreunde (Hg.), Aquensis, Baden-Baden 2008.

Rudolf Geschwind 1829–2009 (1910–2010) Sammelband des Int. Symposiums, Ed. Miroslav Luká, Krupina 2011.

SCARMAN, John, *Gärtnern mit alten Rosen*, Christian, München 1997. (Originalausgabe: HarperCollins, London 1996)

SCHEERER, Oskar, *Rosen in unserem Garten*, BLV, München 1976.

SHEPHERD, Roy E., *History of the Rose*, New York, Macmillan, 1954; Reprint: Coleman, New York 1978.

STAROSTA, Paul; CRUSE, Eléonore, *Rosen, Alte & Botanische Rosen*, Taschen, Köln 1998. (Originalausgabe: *Roses*, Hachette, Paris 1997)

STEEN, Nancy, *The Charm of Old Roses*, Wellington (NZ) 1966, London 1967.

STETTLER, Alfred, *Gereimtes und Ungereimtes über Rosen*, Gaffner Stettler & Co., Spiez 1975.

STORK, Adélaïde L., *De l'églantine à la rose*, Conservatoire et Jardin botaniques, Genf 2002.

STROBEL, Klaus-Jürgen, *Alles über Rosen*, Ulmer, Stuttgart 2006.

THIM, Torben, *Christian IV og hans roser, (1577, 1648)*, Gyldendal, Kopenhagen 2006.

THIM, Torben, *Historiske Roser*, Gyldendal, Kopenhagen 2004.

THOMAS, Graham Stuart, *The Old Shrub Roses*, London, 1955. (G. S. Thomas-Gesamtausgabe: *Rose Book*, Murray, London 1994)

THOMSON, Richard, *Old Roses for Modern Gardens*, Nostrand, New York 1959.

TIMMERMANN, Georg, »Zauber heimischer Wildrosen«, *Rosenjahrbuch 2007*, (2008), S. 97–151. (Zusammenfassung aller Artikel in den Ausgaben des *Rosenbogen*)

VERRIER, Susanne, *Rosa Rugosa*, Firefly, New York 1999. (1. Aufl. 1991)

VERRIER, Susanne, *Rosa Gallica*, Firefly, New York 1999 (1. Aufl. 1995)

WHITMAN, John; OLSON, Jerry, *Growing Roses in Cold Climates*, Contemporary Books, Chicago 1998.

Wildrosen-Verzeichnis, Europa-Rosarium Sangerhausen (Hg.), 5. Aufl. Sangerhausen 2006.

WIMMER, Clemens Alexander, »Rosen im Barockgarten«, in: *Zandera* 9 (1994), S. 41–60.

WIMMER, Clemens Alexander, »Eine Rose bei Goethe: Forschungen über Rosa × francofurtana an Goethes Gartenhaus«, *Rosenjahrbuch 1996*, (1997), S. 89–94.

WIMMER, Clemens Alexander, »Geschichte der barocken Rosen«, Gartenpraxis 29 (2003), S. 24–30.

WISSEMANN, Volker, »Evolution in der Gattung Rosa«, (Internationales Rosenseminar 2006): *Rosa Helvetica*, 22 (2006), S. 20–24.

WITT, Reinhard, *Naturnahe Rosen – Garten- und Wildformen*, Naturgarten Verlag, Ottenhofen 2010. 2. Auflage 2 Bände, Ottenhofen 2012. (Bd. 1 Strauchrosen, Bd. 2 Kletter- und Kleinstrauchrosen)

Geschichte: Botanik, Blumen, Garten

ALBERT, Jost / HELMBERGER, Werner, *Der Landschaftsgarten Schönbusch bei Aschaffenburg*, Wernersche V., Worms 1999.

ANTZ, Christian (Hg.), *Gartenträume - Historische Parks in Sachsen-Anhalt*, Stekovics, 2. akt. Aufl. Dössel 2004. (Harbke: S. 101–104)

BALZER, Georg, *Goethe als Gartenfreund*, Bruckmann, München 1966/1978.

BUTTLAR, Adrian von, *Der Landschaftsgarten – Gartenkunst des Klassizismus und der Romantik*, DuMont, Köln 1989.

DÜLMEN, Andrea van, *Das irdische Paradies – Bürgerliche Gartenkultur der Goethezeit*, Böhlau, Köln 1999.

DONZEL, Catherine, *Geliebte Blumen – eine Kulturgeschichte*, Gerstenberg, Hildesheim 1998. (Originalausgabe: *Le livre des Fleurs*, Flammarion, Paris 1997)

Düsseldorfer Gartenlust, Stadtmuseum Düsseldorf (Hg.), Winterscheidt, Düsseldorf 1987. (Katalog zur Ausstellung mit Schwerpunkt Zeit der Klassik und Romantik)

FORTUNE, Robert, *Dreijährige Wanderungen in den Nord-Provinzen von China*, nach der 2. Aufl. aus dem Englischen übersetzt von E. A. W. Himly, Vandenhoeck, Göttingen 1853.

GOETHE, Johann Wolfgang von, *Versuch, die Metamorphose der Pflanzen zu erklären*, Ettinger, Gotha 1790. (Reprint: Acta Humaniora, Weinheim 1984)

GOTHEIN, Marie Luise, *Geschichte der Gartenkunst*, 2 Bde., Diederichs, Jena 1914.

GRÖSCHEL, Claudia / SCHEUER, Hermann (Hg). *Frauendorfer Gartenschätze – Das Werk Johann Evangelist Fürsts im Spiegel seiner Zeit*, Klinger, Passau 2012.

HENNEBO, Dieter, *Gärten des Mittelalters*, Broschek, Hamburg 1962.

HIELSCHER, Kej, HÜCKING, Renate, *Pflanzenjäger – In fernen Welten auf der Suche nach dem Paradies*, Piper, München 2002.

HÜCKING, Renate (mit Beiträgen von Kej Hielscher), *Süchtig nach Grün – Gärtnerinnen aus Leidenschaft*, Piper, München 2007.

KATZ, Richard, *Übern Gartenhag*, Droemer Knaur, 1977.

KEHN, Wolfgang, *Lorenz Christian Cay Hirschfeld 1742–1792 – Eine Biographie*, Wernersche, Worms 1992.

KIRCHHEIMER, Franz, »Die Rose in der geologischen Vergangenheit«, *Rosenjahrbuch 1950 III*, 3 (1951), S. 5–23.

KRAFFT, Jean Charles, *Plans des plus beaux jardins pittoresques de France, d'Angleterre et de l'Allemagne* (dreisprachig), 2 Bde. Levrault, Paris 1809–1810. (Reprint: Wernersche, Worms 1993)

LACK, Hans W., *Jardin de la Malmaison*, Prestel, München 2004.

MÄGDEFRAU, Karl, *Geschichte der Botanik – Leben und Leistung großer Forscher*, G. Fischer, Stuttgart 2. Aufl. 1992.

MAIER, Raimund, »Johann Evangelist Fürst (1784–1846) – Vom Bauernbuben zum Bestsellerautor und Unternehmer von Weltruf«,*Vilshofener Jahrbuch 2005*, 13 (2005), S. 33–56.

MEILE, Christine (und Hans-G.) … *ich habe die Träume meiner Kindheit in einem Garten wiedergefunden,* Eigenverlag, 1991.

PFEUFFER, Eberhard (Hg.), *Von der Natur fasziniert … – Frühe Augsburger Naturforscher und ihre Bilder*, Wißner, Augsburg 2003. (u. a. Jacob Hübner, 1761–1826.)

POTTER, Jenniffer, *Verborgene Gärten*, DVA, Stuttgart 1999. (Originalausgabe: London 1998) (Romantischer Gartenstil in der Gegenwart.)

POTTER, Jennifer, *The Rose – a true history*, Atlantic Books, London 2010.

ROHDE, Michael; SCHOMANN, Rainer (Hg.) *Historische Gärten heute – zum 80. Geb. von Prof. Dr. Dieter HENNEBO* [1923–2008], (Themenband zu einer Tagung in der Deutschen Bundesstiftung Umwelt über Interpretation und Restaurierung historischer Gartenanlagen in Deutschland), Seemann Henschel, Leipzig 2003.

SCHEUER, Hermann, »800 Jahre Gartengeschichte und ihre Spuren im Vilshofener Umland«, *Vilshofener Jahrbuch 2006*, 14 (2006), S. 77–89.

STOBBE, Urte, *Kassel-Wilhelmshöhe – Ein hochadeliger Lustgarten im 18. Jahrhundert*, Deutscher Kunstverlag, Berlin München 2009.

TUTE, Hans Joachim, *Schloss Schwöbber – Geschichte und Gegenwart,* Quensen, Hildesheim 2005.

VERGILIUS MARO, Publius, *Bucolica, Georgica, Catalepton* um 40–30 v. Chr. (editiert von GÖTTE, Johannes und Maria, in: *Vergil, Landleben* (lateinisch und deutsch), 4. verb. Aufl. Artemis, München 1981.

WENDLAND, Bernd, *Historische Pfarrhöfe und Pastoratsgärten*, Husum Verlagsges., Husum 2004. (Pfarrer als Anwender und Autoren der Hausvater- und Pomologenliteratur in Schleswig-Holstein)

WICHURA, Max, *Aus vier Welttheilen,* Morgenstern, Breslau 1868. (Reisetagebuch in Briefen) (Reproduktion durch Mikrofilm: Olms Microform, Hildesheim 1995–1998)

WIMMER, Clemens Alexander, *Geschichte der Gartentheorie*, Wissenschaftliche Buchges., Darmstadt 1989

ZANDER, Robert, *Geschichte des Gärtnertums*, Trowitzsch, Frankfurt a. d. Oder 1939.

ZANDER, Robert, *Handwörterbuch der Pflanzennamen*, 8. Aufl. Ulmer, Stuttgart 1954. (1. Aufl. Stuttgart 1927)

Zander – Handwörterbuch der Pflanzennamen, 17. Aufl. (deutsch, englisch, französisch) bearb. von Walter ERHARDT; Erich GÖTZ; Nils BÖDEKER; Siegmund SEYBOLD, Ulmer, Stuttgart 2006.

Zandera, 1 (1982) – 5 (1986/1990), 6 (1991) – . (Hg.: Bücherei des Deutschen Gartenbaues e. V.)

Kultur-, Kunst- und Weltgeschichte

APPEL, Sabine, *Madame de Staël – Biografie einer großen Europäerin,* Patmos, Düsseldorf 2006.

BALDINI, Umberto, *Der Frühling von Boticelli – Geschichte, Wiedergeburt und Deutung eines berühmten Gemäldes,* Lübbe, Bergisch Gladbach 1986. (Originalausgabe: Mondadori, Meiland 1984)

BULLA, Heinz, *Heimatbüchlein von Teplitz-Schönau und Umgebung, Teil 1*, Heimatruf, 2. Aufl. München 2006.

CERWINSKE, Laura, *The Book of the Rose,* Thames and Hudson, New York 1992.

CHEVALLIER, Bernard, PINCEMAILLE, Christophe, *Kaiserin Joséphine*, Heyne, München 1991. (Originalausgabe: Paris 1988)

CISERI, Ilaria, *Die Kunst der Romantik*, Belser, Stuttgart 2004 (Originalausgabe: *Il Romanticismo 1760–1860: La Nascita di una nuova Sensibilità*, Mondadori, Mailand 2003)

COLMI, Elsbeth, »Glanz und Elend einer Lithographischen Anstalt Arnz & Comp., Düsseldorf

1815–1858«, in: Veröffentlichungen der Landes- und Stadt-Bibliothek Düsseldorf, 5, *Bibliothekarische Nebenstunden*, Düsseldorf 1964.

DÖRING, Wilhelm Ludwig, *Die Königin der Blumen oder die höhere Bedeutung der Rose an sich und in Beziehung auf die Gemüthswelt, nach Naturanschauung, Poesie und Geschichte*, Lucas, Elberfeld 1835. (Reprint: Olms, Hildesheim 2001)

DÜLMEN, Richard van, *Die Gesellschaft der Aufklärer – Zur bürgerlichen Emanzipation und aufklärerischen Kultur in Deutschland*, Fischer, Frankfurt 1986.

DÜLMEN, Richard van, *Kultur und Alltag in der frühen Neuzeit, zweiter Band Dorf und Stadt 16.–18. Jahrhundert*, Beck, München 1992.

DÜLMEN, Richard van, *Poesie des Lebens – eine Kulturgeschichte der deutschen Romantik 1795–1820, Band 1 Lebenswelten*, Böhlau, Köln 2002.

EBERHARD, Wolfram, *Lexikon Chinesischer Symbole – Die Bildsprache der Chinesen*, Hugendubel, München 2004.

ENGLER, Winfried, *Lexikon der französischen Literatur*, Kröner, Stuttgart 1994.

Ereignis Weimar, Anna Amalia, Carl August und das Entstehen der Klassik 1757–1807, Klassik Stiftung Weimar und Univ. Jena Sfb 482 »Ereignis Weimar-Jena. Kultur um 1800.« (Hg.), Koehler & Amelang, Leipzig 2007. (Katalog zur gleichnamigen Ausstellung in Weimar 2007)

FREVERT, Ute; HAUPT, Heinz-Gerhard (Hg.), *Der Mensch des 19. Jahrhunderts*, Magnus, Essen 2004. (Originalausgabe: Campus, Frankfurt 1999)

GAUL, Jens-Peter, *Jean-Jacques Rousseau*, dtv, München 2001.

GRANT, Michael; HAZEL, John, *Lexikon der antiken Mythen und Gestalten*, List, München 1976.

GYR, Ueli (Hg.), *Soll und Haben, Alltag und Lebensformen bürgerlicher Kultur*, Offizin, Zürich 1995. (Darin u. a. MOHRMANN, Ruth-E. »Der braunschweigische Samenhändler Ernst Christian Conrad Wrede. Ein bürgerliches Leben der Goethezeit.«)

HAUPT, Heinz-Gerhard, *Konsum und Handel – Europa im 19. und 20. Jahrhundert*, Vandenhoeck & Ruprecht, Göttingen 2003.

HEIDE, Annie v. d.; NOLLEN, Bernard, »*... und eine kleine Blume muß man haben« – Blumenzauber aus der Zeit Hans Christian Andersens*, DuMont, Köln 1984. (Dänische Blumenmaler des 19. Jh.) (Originalausgabe: Bern 1982)

HELD, Jutta; SCHNEIDER, Norbert, *Sozialgeschichte der Malerei vom Spätmittelalter bis ins 20. Jahrhundert*, DuMont, Köln 1998.

KALUS, Peter, *Die Fugger in der Slowakei*, Wißner, Augsburg 1999.

LEISERING, Walter (Hg.) *Historischer Weltatlas*, Cornelsen, 102. Aufl. Berlin 1997. (1. Aufl. F. W. Putzger, Berlin 1877)

LIEDTKE, Max, *Pestalozzi*, Rowohlt, Hamburg 1968.

Meyers Konversationslexikon, 16 Bde. Leipzig, 1889, Bd. 17 Ergänzungsband, 1890.

Napoleon I., Briefe an seine Gemahlin Josephine und Briefe Josephine's an Napoleon und ihre Tochter, die Königin Hortense, übertragen mit erläuternden Anmerkungen von Oscar MARSCHALL v. BIEBERSTEIN, Schmidt & Günther, Leipzig 1901.

Napoléon, Briefe an Joséphine, übertragen und mit Anmerkungen von Werner MÜLLER, Winkler, München 1967.

OTTOMEYER, Hans; SCHRÖDER, Klaus Albrecht; WINTERS, Laurie (Hg.), *Biedermeier – Die Erfindung der Einfachheit*, Hatje Cantz, Ostfildern 2006. (Katalog zur gleichnamigen Ausstellung in Milwaukee, Wien, Berlin, Paris)

ROTH, Michael; PÉNOT, Sabine, *Georg Flegel – Die Aquarelle*, Prestel, München 2003. (Flegel, 1566–1638, Maler in Frankfurt)

Sappho, *Strophen und Verse*, Schickel, Joachim (Hg. und Übers.), Insel, Frankfurt 1978.

SCHLEIDEN, Matthias Jacob, *Die Rose. Geschichte und Symbolik in ethnographischer und kulturhistorischer Beziehung. Ein Versuch*, Engelmann, Leipzig 1873. (Reprint: Frick, Moos 1976)

SCHMIDT, J. Heinrich, *Oswald Achenbach*, Schwann, Düsseldorf 1944. (Düsseldorfer Maler, 1827–1905, Biografie und 168 Bilder)

STEFAN, Sen. (Hg.), *Hundert Jahre in Wort und Bild. Eine Kulturgeschichte des XIX. Jahrhunderts*, Pallas, Berlin 1899.

STEINER, Walter; KÜHN-STILLMARK, Uta, *Friedrich Justin Bertuch – Ein Leben im klassischen Weimar zwischen Kultur und Kommerz*, Böhlau, Köln 2001.

UKLANSKI, Carl T., *Ansichten von Paris im Jahr 1809*, Berlin 1810. (Reproduktion durch Mikrofilm: Olms Microform, Hildesheim 1995–1998)

VOVELLE, Michel (Hg.), *Der Mensch der Aufklärung*, Magnus, Essen 2004. (Originalausgabe: Laterza, Rom 1992)

WAGNER, Heinz, *Das große Handbuch der Oper*, Nikol, 4. Aufl. Hamburg 2006.

WICHMANN, Siegfried, *Carl Spitzweg – Reisen und Wandern in Europa und der Glückliche Winkel*, Belser, Stuttgart 2002. (Katalog zur gleichnamigen Ausstellung in Pfäffikon und München 2003)

WINKELMANN-RHEIN, Gertraude, *Blumen-Brueghel*, DuMont, Köln 1968. (Jan Brueghel d. Ä. 1568–1625)

Informationsseiten & Vereine im Internet

www.rareroses.de
Christine Meile-Karl und Udo Karl: Seltene Rosen, Rosengeschichte (Artikel, kommentierte Links; Vereine und Bezugsquellen für Alte Rosen).

www.rosenfoto.de
Rosenfotos und -beschreibungen der Fotografin Christine Meile (viele Alte Rosen).
www.rosenmeile.de

www.roseninsel-kassel.de
Verein für Geschichte u. Pflege des Kasseler Rosenerbes.

www.rosagallica.org
Französischer Verein für die Geschichte der Alten Rosen. Zweimonatliches Bulletin *Rosa Gallica* 1 (1999) – 60 (2009), engl. 1 (2005) – 5 (2007). F. Joyaux, F-53470 Commer.

www.heritagerosefoundation.org
Amerikanischer Verein für Geschichte und Erhaltung alter Rosensorten. *Rosa mundi*, Journal der Heritage Rose Foundation (drei mal jährlich), 1 (1987) –.

www.rosesanciennesenfrance.org
Französischer Verein in Lyon für Freunde Alter Rosen mit jährlichem vielseitigem Bulletin (frz. u. engl.), 1 (1996) –.

www.gartenbaubuecherei.de
Bestand, Angebote, Verein, Geschichte, *Zandera*.

www.geschichte-der-biologie.de
Deutsche Gesellschaft für Geschichte und Theorie der Biologie e. V. (DGGTB).

www.rosenfreunde.de
Gesellschaft Deutscher Rosenfreunde e. V. (GRF, bis 2006 VDR) mit regionalen Freundeskreisen. *Rosenbogen*, vierteljährlich 1 (1964) – . *Rosenjahrbuch 1–39* (1950–1973) *1990* (1991) – .

www.rosen-stiftung.de
VDR-Stiftung Europa-Rosarium Sangerhausen, mit Informationen zur Förderung des Rosariums und der Rosenforschung.

www.europa-rosarium.de
Alle Informationen zur größten Rosensammlung der Welt. Literatursuche in der Rosen-Bibliothek.

www.rosenfreunde.ch
Gesellschaft Schweizerischer Rosenfreunde. Jahresblatt *Rosa Helvetica* 1 (1985) –.

www.oegg.or.at
Österreichische Gartenbau-Gesellschaft (>> Fachgruppe Rosen und Ziergehölze).

www.worldrose.org
Weltverband der nationalen Rosengesellschaften (Linkliste). Übersicht: Sammlungen seltener Rosen.

www.roseraieduvaldemarne.fr
Rosarium in L'Haÿ-les-Roses, Rosensuche mit Standort. Verein »Les Amis de la Roseraie du Val-de-Marne«. Bulletin: *Roses et Roseraies*, 1 (1990) –.

www.rogersroses.com
Englische Rosen-Datenbank der Autoren Roger Phillips und Martin Rix; vom Weltrosenverband als zuverlässige Referenz-Bildbank anerkannt.

www.helpmefind.com/roses/
International offene Sammelstelle in den USA. Suche nach Fotos und Infos zu Rosenvarietäten, Züchtern, usw.

www.simolanrosario.com
Finnische Rosen-Website mit vielen alten und frostharten Rosen (auch englisch).

www.welt-der-rosen.de
Privates Portal zu vielen Rosenthemen.

www.namen-der-rosen.de
Informationen zu Namensgebern von historischen Rosen.

www.gds-staudenfreunde.de

www.naturgarten.org

www.dgg1822.de
Deutsche Gartenbau-Gesellschaft 1822 e.V.

www.netzwerkpflanzensammlungen.de

www.eghn.org
Netzwerk für das Europäische Gartenerbe

Ausgesuchte Anbieter Alter Rosen

Deutschland
Rosen Jensen-Lützow GmbH
Am Schlosspark 2b
24960 Glücksburg
www.rosen-jensen.de

Rosengärtnerei Kalbus
Hagenhausener Hauptstraße 1b
90518 Altdorf
www.rosen-kalbus.de

Landhaus Ettenbühl
Hof Ettenbühl
79415 Bad Bellingen
www.landhaus-ettenbuehl.de

RosaRot Pflanzenversand Gerd Hartung
Besenbek 4b
25335 Raa-Besenbek
www.rosenversand24.de

Bioland Rosenschule Ruf
Zum Sauerbrunnen 35
61231 Bad Nauheim-Steinfurth
www.rosenschule.de

Schmid Gartenpflanzen
Karl-Heinz Schmid
Allgäuerstraße 15
87700 Memmingen
www.schmid-gartenpflanzen.de

Rosenhof Schultheis GbR
Bad Nauheimer Straße 3–7
61231 Bad Nauheim
www.rosenhof-schultheis.de

Karl Otto Schütt
BdB-Markenbaumschule
Vorder-Neuendorf 16
25554 Neuendorf/Wilster
www.historische-rosen-schuett.de

Rosenschule Martin Weingart
Hirtengasse 16
99947 Bad Langensalza/Thüringen
www.rosenschule-weingart.de

Belgien
Lens Roses
Redinnestraat 11
B-8460 Oudenburg
www.lens-roses.be

Daniel Schmitz Roses
Roses du Temps Passé
Bellevaux, 19 A
B-4960 Malmedy
www.danielschmitz-roses.com

Dänemark
Rosenposten Knud Pedersens Planteskole
Tåstrup Søvej 1
DK-8462 Harlev
www.rosenposten.dk

Rosenplanteskolen i Løve Torben Thim
Plantevej 3
DK-4270 Høng
www.roses.dk

England
Peter Beales Roses
London Road Attleborough
Norfolk England NR17 1AY
www.classicroses.co.uk

David Austin Roses Ltd.
Bowling Green Lane
Albrighton
Wolverhampton WV7 3HB
www.davidaustinroses.com/german

Frankreich
Les Roses Anciennes André Eve
Pithiviers le Vieil
www.roses-anciennes-eve.com

Roseraie Fabien Ducher
F-42800 Châteauneuf
www.roseraie-fabien-ducher.com

Roseraie Guillot
Domaine de la Plaine
F-38460 Chamagnieu
www.rosesguillot.com

Loubert
Les-rosiers-sur-Loire
www.rosesloubert.com

Roseraie de Berty
Eléonore Cruse
F-07110 Largentière
www.roseraie-de-berty.com

Österreich
Rosarium Gruber
Trattwörth bei Eferding
www.rosarium-gruber.at

Schweiz
Richard Huber AG
Rothenbühlstraße 8
CH-5805 Dottikon
www.rosen-huber.ch

Alain Tschanz SA
CH-1123 Aclens
www.rosiers.ch

USA
The Antique Rose Emporium
www.weareroses.com

Vintage Gardens
www.vintagegardens.com

Serbien
Petrovic Roses
www.petrovicroses.rs

Rosen-Register

Hauptnamen sind **fett** gedruckt, ebenso die Seitenzahlen mit **Abbildungen.**

'Perle d'Or'

C. Klinger

Christine Meile, freiberufliche Werbefotografin und Autorin, widmet sich seit Mitte der 1970er-Jahre auch der Rosen-Fotografie und schuf sich im Garten ihres Vaters ein Freilicht-Atelier, aus dem ein wertvoller Sammlungsgarten wurde. Ende der 1980er-Jahre entstanden die ersten beiden Bücher: 1987 zur Geschichte Alter Rosen mit Aquarellen ihres ersten verstorbenen Mannes, Hans-G. Meile; 1991 ein Fotobuch mit Beobachtungen und Geschichten im Jahresverlauf ihres Gartens.

Udo Karl, Dipl.-Psych., stellte 1993 seinem bisherigen Thema »Menschen vor Computern« die für ihn neue Herausforderung an die Seite: »Menschen vor Rosen«. Denn seitdem teilt er mit Christine Meile-Karl das Leben zwischen Alten Rosen und offenen Fragen zu Botanik und Geschichte – Themen, denen er sich seit seiner Pensionierung voll widmen kann.

Anfang 2011 entschieden sie sich für einen neuen Lebensabschnitt. Näher zu Frankreich, in milderem Klima und mit öffentlichen Rosenanlagen als Ergänzung zum eigenen jetzt kleinen Garten sollte die Basis für neue Rosenerfahrungen sein. Die Lust auf Erforschung der Rosengeschichte ist ungebrochen.

Impressum

Bibliografische Information der Deutschen Nationalbibliothek
Die Deutsche Nationalbibliothek verzeichnet diese Publikation in der Deutschen Nationalbibliografie; detaillierte bibliografische Daten sind im Internet über http://dnb.d-nb.de abrufbar.

ISBN 978-3-89639-931-1

www.wissner.com
Druck: Druckerei Joh. Walch, Augsburg

Bildnachweis

Alle Fotos, soweit nicht anders vermerkt:
© Christine Meile.
Einige historische Abbildungen wurden aus gemeinfreien Quellen übernommen. Sollte jemand versehentlich in seinem Urheberrecht verletzt worden sein, bedauern wir den Irrtum und bitten um Mitteilung an den Verlag, um Abhilfe schaffen zu können.

Umschlagbild: 'Coupe d'Hébé'